民 / 国 / 人 / 物 / 传 / 记 / 丛 / 书

CHIANG KAI-SHEK'S LATTER LIFE:
TAIWAN, 1950-1975

蒋介石的后半生

陈红民 赵兴胜 韩文宁◎著

ZHEJIANG UNIVERSITY PRESS
浙江大学出版社

序

一

蒋永敬

陈红民教授从事中国近现代史和国民党史，以及民国史的研究工作，历有年所，卓有成就。发表的著作，质、量均丰。陈教授研究的途径，是从研究国民党人胡汉民着手，进而扩及更多的相关人物和史事。其所表现的成就，是精于资料考订和分析，来探求历史的真相。故其发表的著作，深受国内外学者的重视和肯定。在史学界中，陈教授属于年轻的一代，所负的任务，至为重大。现任浙江大学人文学院教授和浙大中国近现代史研究所所长、蒋介石与近现代中国研究中心主任，可谓任重道远。

江浙文风至盛，历代皆然，于今亦然。当此中国国势蒸蒸日上，社会经济欣欣向荣之际，人文学科的研究发展，更显得重要而突出。本人两年前在奉化溪口参加民国史研讨会时，深有所感，曾应当地民国研究中心之嘱，留一题词："山明水秀，人杰地灵；地大物博，民富国强。"意思是说，要使富强可大可久，人杰地灵至为必要。而要人杰地灵，就要重视人文学科的研究发展。陈教授以浙大人文学院教授之职，来推动这两大研究（"中国近现代史"、"蒋介石与近现代中国"）工作，必可大展宏图。尤其是对蒋介石的研究，有地理、人文与资料之便。

蒋永敬教授曾长期在国民党中央党史会工作，曾任台北政治大学历史研究所所长，研究成果丰硕，是台湾研究中国现代史、国民党史与蒋介石的最重要学者之一。

陈教授在南京大学时期，曾经参与《蒋介石全传》和《台湾30年（1949—1979）》，以及《80年代的台湾》、《蒋家王朝2——台湾风雨》等撰著工作，对蒋在台湾26年的经过，至为熟悉。现在出版《蒋介石的后半生》，论述蒋介石在台湾统治时期的史事，加以评论。这是陈教授的"拿手好戏"。现在，陈教授在以前研究工作的基础上，借近年新资料的出现，特别是蒋氏档案与日记分别在台湾与美国对学者开放的有利时机，对蒋氏历史地位有了更全面、更客观的认识。陈教授在书中所记述和评论蒋介石统治台湾26年（1950—1975）这期间，正是我在台湾充当国民党的"小卒"，对这段史事，虽然身历其境，只是身在庐山中，不知庐山真面目。读了陈教授这本著作以后，恍然有悟。但也觉得蒋对台湾和中国文化，有相当的贡献。例如随蒋和国民党从大陆撤退到台湾的一批专家和知识分子，使台湾从20世纪60年代到80年代走上近代化，实在功不可没。尤其台湾回归中国，正是蒋氏领导对日抗战的结果。过去由于政治的原因，对历史人物的评价，往往两极化，即如我十年前在陈教授《蒋家王朝2——台湾风雨》的序中所言：

就近年来个人的感受所及，两岸对蒋氏的历史评价，似有逆转的趋势，台湾方面过去的著作，对蒋氏能褒而不能贬，近年则以贬蒋为时尚。影响所及，毁其铜像者此起彼落，大有"文革"的批斗意味。大陆方面过去对蒋则是能贬而不能褒，近年已渐趋理性，虽不免毁多于誉，但亦不乏实事求是较为客观的评价。这是对近代人物研究的态度一大进步，是忠于近代史研究的可喜现象。

因为政治的变迁，台湾方面曾有很长"神化"蒋氏的历史，2000年之后，主政的民进党对蒋氏进行了近十年的"文革"式批斗，最近因政治环境的改变，势将告一段落。复以蒋氏档案资料的公开，今后两岸对蒋氏的研究和评价，必将趋于客观。陈教授这一著作正是不断与时俱进的表现。

2008年10月于台北

序二

杨
天
石

在中国近代史上，评价悬殊，争议最大的人物恐怕要数蒋介石。或尊之为千古完人，或斥之为独夫民贼。褒贬之间，悬隔天壤。对于他一生中的许多具体作为，更是众说多歧，即以抗日一事而论，或视之为民族英雄，或斥之为消极抗日、积极反共。褒贬之间，也判若云泥。这些看法的形成，原因复杂。孰是孰非？或者两说皆非，需要另立持平、公允、全面之论？不经充分的争鸣、研讨、切磋，在相当长的时期之内，或者在特定的历史过程尚未终结、历史的本质尚未完全显露之前，恐怕还难于达成一致的看法。"不识庐山真面目，只缘身在此山中。"辛亥革命以来的中国历史，风云变幻、丘壑诡秘，研究者置身其中，立足点不同、视角不同，难免有横看成岭、侧看成峰之叹。

然而，对于蒋介石这样一个重要的历史人物，没有比较准确、符合实际的评价和定位又不行。蒋介石对于近代中国历史的影响实在太大了。自辛亥革命始，近代中国的许多重大历史事件，蒋介石几乎无役不与。自北伐战争前夕始，蒋介石即居于"党国"中心，扮演着引领和推动历史前行的核心角色。可以说，从那以后，近代中国的许多重大历史事件都和他的思考、

杨天石教授，中国社会科学院荣誉学部委员，我国著名的民国史研究专家，尤长于蒋介石和中国国民党史的研究。

决策、运作密切相关。辛亥以后的中国近代史、民国史、国共关系史、抗日战争史、台湾史，以至中共党史、军史，都无法回避蒋介石；一部科学的、真实的中国近现代史，必须正确地叙述并评价蒋介石以及与之相关的历史事件。蒋介石研究的谬误和偏差将在不同程度上影响中国近现代史的正确书写，而研究的进展和深入则无疑将推动中国近现代史研究的充实和发展。这是有助于提高我们整个中国近现代史科学水平的一件要事。在众多近现代史的研究项目中，蒋介石研究应该被视为重中之重。

正确地叙述并评价蒋介石并不很容易。除了蒋介石本人及与他相关的各项文献、档案资料实在太多，需要长期、耐心、细致地收集、整理之外，更重要的是，研究者必须要有彻底的、实事求是的科学精神和冷静、细致、客观的治学态度，既深入于历史之中，又超脱于历史之上。毋庸讳言，在中国近代史上，国共两党为振兴中华曾两次合作，又因思想、理论、政策上的种种分歧而两次分裂。合作时间较短，而分裂、交战、相峙的时间较长。自然，彼此之间积累了许多隔阂、误解、曲解以至敌意和仇恨，留给历史学以深刻影响。如今，往日的战火硝烟早已消逝，两党之间重新对话，开启了两岸关系和平发展的大门。在这一情况下，环境已经允许，学者也已经有了比较充分的可能，去开阔视野，摆脱历史恩怨和个人爱憎的拘牵，摒弃狭隘的功利需要，尊重历史、尊重事实，以客观存在的历史实际作为检验历史判断的唯一标准，从而拨开长期积聚的层层雾霭，洗清多年政治斗争涂附于人物身上的种种油彩，去伪存真，还历史和历史人物以本来面目。"度尽劫波兄弟在，相逢一笑泯恩仇。"实事求是地、准确地、科学地还原历史、说明历史，有助于"恩仇"的泯除和化解。

蒋介石长寿。除青年时期留学日本5年外，在大陆生活57年，在台湾生活26年。在台湾的26年中，蒋介石的思想、性格、作为也都体现出这个人物性格中特有的多重性和复杂性：既坚持反共复国，又坚持一个中国；既敌视美国，又依赖美国；既力图维护国民党的统治基础，又不得不适应时变，力图改造国民党，开始对台湾社会的政治、经济进行改革。他在大陆失败了，但是，却能于风雨飘摇之际，在台湾站稳脚跟，完成权力交替。在他去世后，蒋经国继续他的未竟之业，使台湾社会转型，并且创造出"台湾经验"和"台湾奇迹"。蒋介石在台湾的26年，是蒋介石历史的重要部分，也是中国现代历史的重要部分。

陈红民教授本书专写台湾时期的蒋介石。坦率地说，我们对蒋介石的前62年比较熟悉，对后26年，则比较陌生。由于1949年之后，海峡两岸即长期处于对峙状态，我们对于彼岸的了解实在太少，可以利用的资料也实在太少。因此，许多研究蒋介石的著作写到台湾时期大都简略带过，或者篇幅虽大，却充塞模糊影响之谈，难以视为信史。多年前，陈红民教授即与其合作者辛勤地一点一滴地收集资料，对蒋氏在台湾的统治作了系统而扎实的研究，出版了多本著作，言必有据，在学界产生不小影响。其后，陈红民教授精进不已，继续收集相关资料，最近又远赴美国，阅读新近开放的蒋介石日记1949至1955年部分，进一步充实、修改原著，终于为我们比较完整而准确地勾绘出蒋介石在台湾26年的面貌。可以说，它填补了蒋介石研究的空白、台湾史研究的空白和中国近现代史研究的空白。我为陈红民教授等人贺。相信本书将受到两岸读者的欢迎，增加人们对台湾时期蒋介石的了解，促进两岸学者的交流，并且推动两岸和平关系的进一步发展。

2009年2月于北京

目　录

第一章　重掌国民党政权

一　涵碧楼的新年

台湾，日月潭，潭水涟漪，环山幽翠，景色迷人。1949年12月24日，坐落在潭边的涵碧楼迎来了一群不寻常的居住者，他们就是前"中华民国总统"、中国国民党总裁蒋介石及其家人、随从。他们专程从台北赶到这儿，辞旧岁，迎新年。那些日子里，人们常发现蒋介石或"散步林中，观赏朝日"，或泛舟湖中，静坐独钓，或"至化番社，参观山胞歌舞"，[1]一时间，他似乎过起了闲云野鹤般的隐居生活。

然而，此时的蒋介石心情是十分不平静的。自1946年夏他发动"剿共"内战以来，数百万全副美式武装的"国军"不仅没能消灭共产党，反而被"小米加步枪"的人民解放军歼灭了。尽管仍有一些残余力量在大陆上从事抵抗活动，但其被消灭也只是个时间问题。国民党所能控制的领土，事实只剩下3万余平方公里的台湾岛及其附近的几个小岛。而他本人也从抗战时的民族救星，沦为中国共产党宣布的战犯名单上的一员，从全国的统治者沦为一个小小台湾岛的主人，而且由于桂系的施压，他还不得不放弃了"中华民国总统"的职位。所谓往事不堪回首，此其时也。

但蒋介石并不善罢甘休，梦想着东山再起。因此，他自决定引退之日起，便为卷土重来而悄悄地进行着各种准备工作。作为第一步，蒋介石于1948年底派曾长期担任其"内迁供奉"机构励志社总干事的国民党军联勤副司令黄仁霖赶赴台湾成立"美援物资接收处"，并命令"所有军援物资都必须转运到台湾去"，由此而控制了美国全部援华军用物资。[2]据黄仁霖回忆，在其控制下，自1949年后的3年内，"总计接收了不下300余条船的美援军用物资"。这成为蒋介石东山再起的一项重要资本。就在正式宣布引退的前一天，他指示"行政院长"孙科任命得力干将陈诚为台湾省政府主席。1949年1月18日，他以军事委员会委员长的名义任命陈诚兼任台湾省警备总司令。不久，他又以中国国民党总裁的身份任命蒋经国为国民党台湾省党部主任。3月，"行政院"授权陈诚指挥监督所有迁台的行政机构。在陈诚控制台湾后，蒋介石又密令曾任上海市长、中央银行总裁、财政部长俞鸿钧将国库所存全部黄金、银元和美钞运往台湾。据当时监察院财政委员会秘密会议报告，此项被转移资产共值美钞33500万元，"若照海外比值，尚不止此数"。库存全部黄金为390万盎司，外汇7000万美元和价值7000万美元的白银。各项总计约在美金5亿上下。这也成为蒋介石在台湾站稳脚跟、东山再起的资本。

在蒋介石支持下，陈诚在全台实行戒严，采取严厉措施整编军队，清洗异己，镇压地下共产党，打击贪污腐败、投机倒把分子，推行"三七五"农地改革。通过陈诚，蒋介石初步控制了台湾这块最后的根据地。

与此同时，蒋介石继续从幕后遥控指挥其嫡系将领在前线作战，并且随着形势的发展逐步走上前台。7月16日，蒋介石在广州召开国民党中央常会，并提议成立国民党中央非常委员会，自任该会主席，以"代总统"李宗仁为副主席，以张群、陈诚分任其西南分会主席和东南分会主席；同时，还任命陈诚为东南军政长官，直辖闽、浙、台、粤及海南岛等地区；并规定："凡政府重大决策，先在党中获致协议，再由政府依法定程序实施。"[3]由此，蒋介石彻底架空了"代总统"李宗仁，重新夺回了国民党政府的实际控制权。8月1日，又在台北草山成立总裁办公室，下设8个组及1个设计委员会，分管政治、经济、军事等各项工作。通过这两个机构的设立，蒋介石既架空了李宗仁，也为自己走上前台寻到了借口。"广州保卫战"、"重庆保卫战"及"成都保卫战"，蒋介石都以"中央"非常委员会主席的身份，亲临指挥、督战，处理军政事务。

此外，为了"提高自己的威信"，并谋求国际势力的支持，蒋介

溃逃台湾后，蒋氏仍梦想拉拢国际反共力量来挽回败局，先后于1949年7月和8月赴菲律宾与韩国，磋商筹建『东亚反共联盟』的问题。图为蒋介石与菲总统季里诺在会谈。

石还在吴国桢等人陪同下，于7月10日自台湾飞往菲律宾碧瑶，与菲总统季里诺举行会谈，"推动建立亚洲反共联盟"。季里诺热情接待了蒋介石一行，并与其发表了联合声明。声明说：我们都认为中菲的关系应该强化，并且两国政府应该立即采取措施，使经济与文化的合作得以促进和更加密切。同时，对于远东国家协力求取充分发展，以保障它们的稳定与安全之迫切问题，也增加通盘的磋商。鉴于它们在过去的未能密切合作，又鉴于今日共产党对它们的自由与独立严重威胁，我们深深感到它们有立刻团结为一个联盟的必要，联盟的目的便在团结与互助以遏止并反抗此同一共同的遭遇到的威胁。[4]8月6日至8日，蒋介石又在吴国桢等人陪同下飞往韩国镇海，与韩国总统李承晚举行会谈，讨论远东各国筹组反共联盟问题，并发表声明，表示要联合起来，消灭"国际共产主义的威胁"。声明说：国际共产主义之威胁，必须予以消灭，而且欲制止此共同威胁，吾人固须各自尽力，而同时必须联合奋斗，吾人之安全，只有团结，始能确保。吾人深觉太平洋各国，尤其是远东各国，今日由于国际共产主义威胁，所遭遇之危机，较世界任何其他部分均为严重，所以，上述各国之需要团结，与需要行动一致，亦较世界任何其他部分均为迫切。基于以上所述，吾人对予季里诺总统暨蒋总裁于本年七月十二日在碧瑶所发联合声明中，关于联盟之主张，完全表示同意。吾人更进而同意，应请菲律宾总统采取一切必要步骤，以促上述联盟之实现。为此，吾人现正敦促季里诺总统于最短期间，在碧瑶召集一预备会议，以拟订关于联盟之各项具体办法。[5]尽管这些声明大多"徒托空言"，但蒋介石却"非常满意"。[6]

但所有这些都已无济于事，国民党先失广州，再失重庆，继失成都。蒋介石不仅回天乏术，而且险被人民解放军俘虏。12月10日，蒋介石无望地告别大陆，乘飞机自成都飞往台湾，把经营重点寄托到台湾这一孤岛上，也把所有的希望寄托在来年上："从前种种譬如昨日死，今后种种譬如今日生"，"过去一年间，党务、政治、经济、军事、外交、教育已彻底失败而绝望矣。如余仍能持志养气、贯彻到底，则应彻悟新事业、新历史，皆从今日做起……近日独思党政军改革方针与着手之点甚切，此时若不能将现在的党彻底改造，决无法担负革命工作之效能也。其次为整顿军队，以求内部精纯，团结一致"。[7]他下定了决心要对国民党彻底来一次改造。

此次，他离开台北的闹市区躲到日月潭来，就是为了反思失败教训，筹划未来举措。在涵碧楼，蒋介石做的第一件事就是总结失败教训，决定改造国民党。关于这个问题，他自下野回到溪口老家之时即开始考虑了。概括起来，他认为国民党的失败主要有三个方面的原因：

从政治上说，他认为失败之最大原因，"乃在于新制度未能成熟与确立，而旧制度先已放弃崩溃，在此新旧交接紧要危急之一刻，而所恃以建国救民之基本条件，完全失去，是无异失去灵魂，焉得不为之失败"，且国民党"当政二十年，对其社会改造与民众福利，毫未着手，而党政军事教育人员，只注重做官，从未注意三民主义之实行"。

从思想上说，他认为领导方向的失败是关键，"党应为政治之神经中枢与军队之灵魂，但过去对于军政干部也无思想领导，驯至干部本身

蒋介石退守台湾时 62 岁。自抗战胜利后，蒋介石自以为打败共产党信心满满，却因其自身政治腐败失去人心。如果说蒋氏在抗战时尚能从容自若，则在此时，不知心境如何？

无思想，而在形式上，党政军三种干部互相冲突，党与军政分立，使党立于军政之外，乃至党的干部自相分化。干部无政治教育，不能使全党党员理解中央之政策，而且对于干部亦未能集体的、配合的、系统的领导与运用。于是领导方向不明，而无力贯彻政策之执行，使每一个干部只感觉受其拘束，无权力，于是心存怨望，且诿责任"。[8]

在外交上，他把失败归罪于西方国家特别是美国的坐视不管，"北大西洋同盟公布，东西集团壁垒分明，中国共匪且明白宣布，追随俄国，反对西方美国集团。而美对华政策仍坚持过去作风，坐视共匪长大扩张，对其盟邦共同患难之政府，不愿予以援手，实不智之极"。[9]

针对上述问题以及日益危机的局面，蒋介石于12月30日、31日连续召开会议，讨论国民党的改造、保卫台湾、建设台湾、"总统"复职等一系列问题。参加会议的是他亲自指定的陈立夫、黄少谷、谷正纲、陶希圣、郑彦　、洪兰友、王世杰、张其昀及蒋经国等人。

同时，他还考虑着如何利用国际反共势力以达到自己的目的。他在12月27日接见美国合众社记者时便呼吁"民主国家"要加强反共联系，援助反共前线国家，尤其是他的"中华民国"：[10]

　　问：1950年中，足以增进世界谅解者何事，而成为世界谅解之损失者又为何事？

　　答：世界更进一步的谅解，惟有在为民主与和平而奋斗的路程上始能获得，故民主国家各自为谋，特别是放弃一个在为民主和平而对共产国际侵略者孤独苦战国家如中国者，徒使人类迷惑于民主与极权，争取和平与制造战争之歧途，对于世界谅解，将为无可补偿之损失。

　　问：阁下认为何者对1950年世界和平与安全有最大之贡献？

　　答：对世界和平安全之贡献，应以人类自由、民族平等、不受歧视、不受侵略为一切和平与安全之基础。为此，太平洋区域亦须缔结与大西洋公约相同之公约，否则……决不会阻止苏俄共产国际侵略世界洪流之横决。在为世界和平安全之奋斗中，决无牺牲一方面能保住另一方之安全者……如民主阵线一部分遭受失败，必将影响整个阵线之失败。民主国家倘如在第二次世界大战初期听任中国独任反侵略战之前哨，因而蒙受重大之损失，再为苟且姑息之计，放弃此一阵线，必将引起破坏和平之后果，乃可断言。

但蒋介石到涵碧楼过新年的真正目的，还在于试图作出摆脱过去、扎根台湾、重塑未来的样子。在他住进涵碧楼的第九天，1950年的新年到来了。同往年一样，国民党的广播电台播发了蒋介石的《元旦告全国同胞书》，书中称："剿匪军事节节败退，中华民国国号被废"，是中华民族有史以来"空前未有的变局"，在新的一年里，将继续坚持"剿共"政策，深信这一年将是转败为胜、转危为安的枢纽，且"转败为胜，易如反掌"。

文中，蒋介石表示："我所以引退在野，不复执政者，虽已届一年，而耿耿此心，无时不以国家存亡与人民祸福引以我惟一的责任，今后仍愿以在野之身，不计辱荣，不避毁誉，与我全国同胞共患难，同休戚，尽忠竭智，协助政府争取反共抗俄的胜利，以报答全国同胞对我迫切的期望。"[11]台北的各机关也循例举行各种庆祝活动，国民党中央党部在上午9时举行新年团拜会。除了局势比上年略显紧张和庆祝地点有所变动外，似乎没有特殊之处。但细心人会发现，参加团拜会的人员大多数是国民党的元老如居正、邹鲁、于右任等以及一些赋闲在家的达官显宦，国民党的总裁蒋介石却没有参加。过去，蒋氏总是身穿文官大礼服参加庆祝会，接受百官祝贺。这个新年，他却带领其"青年才俊"如蒋经国等跑到山上躲起来了。蒋介石立意要与这些老大腐朽的代表者决裂，也就难怪团拜会弥漫着冷清与颓丧气氛了。元老们及各派系的首脑们晚景凄凉已见端倪。

在总结国民党大陆失败教训时，蒋介石批评国民党的干部只注重形式，不以实际行动贯彻民生主义、关心民众疾苦。他说："今日我要特别指出的一点，就是我们同志人人都认定四年来反共战争的失败是政府没有实行民生主义，人人都知道今后反共战争要用民生主义战胜共匪。但是，我要问：过去四年间，大陆哪一个乡村党部做过土地调查？哪一个市党部做过劳工统计？哪一个省市党部对中央提出过有系统的社会调查和经济研究报告？"他指出，"我们民生主义的实施，不是单凭学理做实验，而要用事实做根据"，"我们党的工作，要一改过去主观主义和形式主义的作风，要养成科学精神，采取客观态度，实事求是，来解决实际问题"。[12]

因而，当台北忙着举行新年庆祝活动时，他带领蒋经国等人深入基层，进行实地调查，一来以示与过去的历史一刀两断，二来为所倡导的新工作作风树立典范。元旦上午9时，蒋介石乘车由日月潭出发，经过浦里，冒雨下山，12时到达雾社。雾社民众齐集街头，高山族姑娘载歌载舞，向蒋介石献花致敬以示欢迎。蒋也频频致意，询问当地教育、生产等状况。下午3时，他又到春阳高山族同胞居住地视察。

蒋介石1950年元旦的日记，颇为详细地记录了他当天的感想与活动，全文如下：[13]

> 雪耻。从前种种譬如昨日死，自后种种譬如今日生。对于党务、军事、政治与政策、组织、教育及作风与领导方式，皆须彻底改革重新来过，而以"复苏、实践"四字自矢，不失为基督信徒，以期完成上帝所赋予之使命，不负总理之厚望也。
>
> 六时后起床，朝课。与经儿共同默祷及记事。约在日月潭诸同志朝餐，九时后乘车经鱼池乌牛栏，于浦里本部溪下车休憩，及登雾社山路，十二时半到达雾社视察警察所，镇公所等毕，到职业学校午餐后，乃赴春阳社即樱社视察山胞住所生活，冒雨观跳舞，赏给酒烟慰之。此雾社即民国十九年山地同胞大杀日人，反抗虐政之重大事件之基地也。以大雨不能详考其碑记。三时回程，在浦里神社休息，浏览其地，已多被侵占，社会亦破乱不堪，国人无组织管理能力，自惭不置。回日月潭已五时半矣。

1950年1月4日下午，在涵碧楼过完新年的蒋介石偕张群、陶希圣、蒋经国、俞大维等人及随员数十人下山，悄悄返回台北。新的一年按他的计划紧锣密鼓地开始了，重新夺回"总统"职位，成为新一年的首要工作。

二　蒋、李"斗法"

在蒋介石早年的历史上，曾有多次辞职下野经历，但每次他都能以退为进，又东山再起。与先前同样，他在1949年1月下野后，即开始准

李宗仁（1892—1969），1949年1月蒋介石第三次下野，任代"总统"。在引退下野期间，蒋介石只是暂时停止履行总统一职的权力，但并没有辞职或解职，所以蒋介石在身份上仍然是中华民国总统，只是职权由副"总统"李宗仁代理。

备重掌大权。他严密遥控自己的部下，处处与"代总统"李宗仁掣肘，使李宗仁不能顺利行使权力，以迫使其知难而退。随着国民党军队在大陆的大规模溃败及李宗仁对局势表现出的无能为力，蒋介石在其亲信的怂恿下，开始筹划实施取李宗仁而代之的计划。

10月8日，"国民大会"秘书长洪兰友密电蒋介石"广州危急，李宗仁有知难而退之意"；"参谋总长"顾祝同也致电蒋介石："粤省西北与湘黔军事已趋劣势，请毅然复任总统，长驻西南。"[14]10月9日，吴忠信奉命到台湾见蒋介石。吴临行前专门去见李宗仁，问其"有无知难而退之意"。[15]根据这些迹象，蒋介石于10月18日召集国民党中央设计委员会议，研讨其复职问题，得到大多数与会委员的支持。随后他又向丁惟汾、于右任、吴敬恒等国民党元老征询意见，但遭到反对。他们认为蒋介石在1月21日宣布引退，是根据其"宪法"第四十九条之规定，由副"总统"代行"总统"职权，此为举国的会议，若非李宗仁出于至诚，自动退职，"则蒋不宜径自宣布复职"。同时，蒋本人也认为"李宗仁之求退并非心悦诚服，亦仅知难而退，想脱却沉重包袱而已"。[16]他一时不想接过大陆这个烂摊子，更不想负起国民党失败的领导责任。于是他暂缓考虑复职问题，而继续在幕后操纵全局。

广州解放后，李宗仁及其国民党政府逃至重庆，桂系势力进一步削弱，见此情景，蒋介石的文武亲信公开"劝进"。CC系和政学系控制的报纸直呼蒋介石为"总统"；台北的《中央日报》头版头条发表"川康人民竭诚效忠，电迎总裁莅渝领导"的新闻；吴忠信、张群、朱家骅等人也纷纷向李宗仁施加压力，希望李"声明'引退'，并参加他们的'劝进'"。面对国民党军的一败再败，李宗仁本无意恋栈名位，但他认为"蒋欺人太甚，起初，我并不想上台，是蒋强迫我做代总统的；在我到职后，他把库存金银外汇和武器弹药全部运往台湾，并且先后破坏守江计划和保卫广东的军事措施。等到局面搞垮了，他又要出来了。好像我的进退完全以他的意志为转移似的"。[17]故对蒋介石亲信的劝导，李宗仁毫不客气地拒绝。他怒气冲冲地对吴忠信说："当初蒋先生引退要我出来，我誓死不愿，你一再劝我勉为其难；后来蒋先生处处在后掣肘，把局面弄垮了，你似又要我来'劝进'。蒋先生如果要复辟，就自选复辟好了。我没有这个脸来'劝进'。"

不仅如此，李宗仁为了避免蒋介石到重庆后"运用各种手段强迫他签署'劝进书'"，干脆以"出巡"为名，在蒋介石到达重庆以前，于11月3日离开重庆飞昆明。在李居昆明期间，白崇禧提出调解蒋介石、李宗仁关系的"妥协案"，即"蒋介石宣布复职，李宗仁回任副"总统"，但李因患胃溃疡，亟须赴美就医，并借以在美国进行外交活动"。但蒋介石仅同意其复职及李宗仁回任副"总统"的提议，至于李出国问题，则由于担心其出国后会"进行反蒋活动"，坚决拒绝。白崇禧的调解遂告失败。11月11日，李宗仁自昆明飞桂林，后转飞海口、南宁。11月20日，李宗仁径自飞赴香港，准备经香港赴美就医。赴港前，李宗仁发表书面谈话说：[18]

余此次出巡西南各省，意在视察各地军政情形，原拟行程完毕，即行遄返中枢。惟自海口返南宁后，胃病复发，十二指肠有流血征象，精神至感疲惫，因决于本日赴港，转美检验，从速施用手术，否则对于身体健康，可能发生极严重之影响。目前局势严重，不敢自逸，余决以最经济之时间，致力于体力的恢复，俾今后得以全部精力与我军民共同战斗。在治疗期间之中枢军政事宜，已电阎院长负责，照常进行；总统府日常公务，则令由邱昌渭秘书长及刘士毅参军长分别代行处理。

李宗仁不和蒋介石打招呼即自行跑了，虽对后事有所嘱托，但丝毫未涉及蒋介石，更未涉及蒋所关心的"总统"职位问题。这使刚刚从台北赶到重庆的蒋介石十分恼火，同时也强化了其重新夺回"总统"职位的决心："复行视事为不二之道，至于成败利弊，在所不计。"但是碍于自己所鼓吹的"宪政"形象，蒋介石不便直接宣布复位，而是先通过各种渠道围逼李宗仁，造成其众叛亲离而自己众望所归的局面。于是，蒋、李围绕"总统"职位之争不断升级。就在李发表声明的当晚，蒋介石连夜召集国民党中常会，商讨李宗仁的"突然出国问题"，并决定派人挽留。22日，居正、朱家骅、洪兰友、郑彦棻四人携蒋介石亲笔信到香港劝李宗仁回重庆。蒋在信中允诺"将以'充分权力'交给李宗仁掌握"，但被李拒绝。27日，蒋在重庆再次召集国民党中央常委会，"会上一致拥蒋复职"。他也表示："对外关系，尤其我国政府在联合国中之代表地位问题，极其重要。如果李宗仁长期滞港，不在政府主持，而余又不复行视事，则各国政府乃至友邦，可藉此以为我国已无元首，成为无政府状态，则不得不考虑对于北平匪伪政权之承认。此外，对内尚有维系人心之作用。"[19]会议决定，继续设法劝李回国执政；同时，也做好蒋介石复任"总统"的准备。次日，蒋介石再派洪兰友、朱家骅携国民党中常会决议飞赴香港，促李返驾。决议说："以当前国家局势之严重，西南战况之艰危，中枢不可一日无人主持。仍望李代总统宗仁同志迅返中枢，力疾视事。万一病势所不许，再请总裁复行总统职权。"这等于蒋介石向李宗仁摊牌了，准备取而代之了，但李宗仁则以"本人具有'法统'地位，不受中央常会决议所约制"而加以拒绝。12月5日，李宗仁以"代总统"的身份偕夫人郭德洁，儿子李幼邻、李志坚，原国民政府内政部长李汉魂等人，离开香港，飞赴美国。离行前，他再次致电行政院长阎锡山，强调："在仁出国之短暂时期，请兄对中枢军政仍照常进行，至于重大决策，尽可随时与仁电商。来电所云，似未明了仁之本意，特再电达，仍希就兄职权范围处理一切。"其意显然是在警告阎锡山，要他阻止蒋介石复职。

李宗仁扛着"总统"的乌纱帽跑了，蒋介石更抓到批李的把柄。1950年元旦，蒋介石考虑到台湾"危急纷乱无政府之状态，以及美援绝望之际"，应该"统一事权，集中力量以挽救危局于万一"。之前，蒋也曾考虑避开与李宗仁在"总统"问题上的纠缠，而以某种"军政府"的方式取得实权，抛弃李宗仁，如以"公推方式"由他来"主持军委会与出任反共救国军统帅，下置各部会替代政府，彻底改革军需与军政制度"，"惟有亲任陆海空军总司令（而不复总统之位），以军法治理台湾为反共基地，澄清现局"。但蒋介石担心，如果真的做了，"此必为美国反蒋派藉口"，而且如何能再担任陆海空军总司令，"产生手续与方式，应加研究"。[20]权衡利弊后，确定最直接有效的方式还是逼李宗仁交出职位。1月20日，"监察院"致电在纽约的李宗仁，以委婉的口气指责他擅离职守，玩忽代"总统"的职责，并促请其立刻回台北"视事"。[21]

蒋介石清楚，李宗仁绝不可能返台。因为台北党、政、军、财各种大权，"已完全严密控制在蒋的掌握之中"，而李宗仁的桂系部队已在大陆被人民解放军全歼，逃到台湾的只有白崇禧，已难成气候。李宗仁"是无法和委员长争夺台湾控制权的"，如果他真的敢于回台湾，那无疑是自投罗网。果然不出蒋介石所料，2月2日李宗仁自纽约致电"总统府"秘书长邱昌渭转"监察院"院长于右任等人，拒绝赴台。李在介绍

阎锡山（1883—1960），人称『山西王』。于1949年6月13日在广州接替何应钦出任『行政院长』。蒋介石复职后，阎锡山即率『内阁』提出总辞呈，蒋介石当即接受，并借机开始对『行政院』进行大改组。

了自己的病情后说：[22]

　　仁每念中央诸同志及各地将士之辛勤劳瘁，弥增忧愧，所幸在美留医期间，除施行手术之数日外，对府院各方所来函电，均亲自批阅，府院命令照常办公，并未因仁之病而受丝毫影响。至于执行部分，系由行政院负责处理，故不特府务无废弛之虞，政务亦无中断之虞。目前国内形势，美援至为重要，仁留美期间，曾与美朝野直接间接密切联系，以冀有所补救，披沥奉告，诸希查照是幸。

　　李宗仁以争取美援为由拒绝赴台，又不放弃"代总统"一职，台北方面便继续向其施加压力，接连致电，促请返国。2月3日，台北举行

"国大联谊会"，会议根据胡钟吾、刘宜达等人的提议，致电李宗仁，要求其明白表示，要么放弃"代总统"职位，要么立即回来：[23]

> 李代总统勋鉴：当戡乱军事进入紧急之际，先生忽称病出国，时届两月，迟迟未归，对宪法第49条之规定，未能重视，致中枢无主，举国惶惶，莫知所措。代表等迭电促返，迄未见复。复以先生竞选时之主张及就职时之誓词，殊多不合，违宪误国，咎将谁负。代表等受全国人民付托之重，目睹时艰，痛恨无似。特再电请明白示复，以明责任。

14日，国民党中央非常委员会委员居正、于右任、张群、吴铁城、朱家骅、陈立夫、何应钦、阎锡山、吴忠信等人又联名致电李氏，表示如果李再不回来，他们将请蒋介石复职：[24]

> 李副主席德公赐鉴……立法院第二会期已定本月24日开始，现任行政院院长暨副院长已先后向中央常委会递呈请辞，意志坚决，中枢现势真有岌岌不可终日之虑。总裁为非常委员会主席，对于我公苦心孤诣，促归则有涉求全责备之嫌，任之则陷国家于无元首状态，亦非所安。故每于谈次，辄避免论及。然今事处万难，人民苦于倒悬，国命决于俄顷，同人等佥认为总统及统帅职权，不可再事虚悬，政府更不容长此处于危疑莫定之境，如我公能于立法院集会以前命驾返台，主持国政，实为衷心所蕲。倘公届时实在不能返国，则同人等怵于时局艰危，群情望切，惟有吁请总裁依照中常会三十八年十一月二十七日临时会议之决议，继续行使总统职权，以惟大局。迫切陈辞，候明教。

同一天，"监察院"也向李宗仁发出最后通牒式的函电，电文短劲严厉，怒斥其复电：[25]

　　李代总统勋鉴：奉读艳电，深为慨惋！本院为团结救国，乃
有前电，同心之苦，人所共谅。不期先生在复电中反饰词自辩，稽
诸宪法，总统职权决不能寄居国外，遥为处理，故尊电自总统府发
表后，民情愤激，舆论哗然，事实俱在，当荷明察。先生如仍不体
念当前局势之砠危，及前电之忠告，而不迅为明确之表示，则拖延
贻误，无异自绝于国人。同仁实不能不肩负人民之付托，以恪尽职
责，惟不忍与此时再与先生作文电之往还也，谨此电达。

　　按照国民党的"宪法"规定，"总统"缺位由副"总统"继任，
如再缺位，则由"行政院长"继任。根据这一点，李宗仁认为自己是
"中华民国"的合法元首，只要他不停止执行职务，不将"总统"权力
移交"行政院长"，就没有人能把他撤职。[26]李宗仁对已变得有名无实
的"总统"职位坚决不肯拱手相让。所以，对于台北的威胁，仍置之不
理。2月18日他复电台北："弟出院后即准备回国，嗣据医嘱，身体尚
未完全复原，不能于此时遽作长途旅行。国事至此，拯救危亡，维护宪
法，至为重要。先生等老成忧国，谅有同感。"李宗仁不但拒绝赴台，
还暗示他们，如果蒋介石擅自"复职"，将是违犯"宪法"的行为。

　　蒋、李文电往来，互相斗法。李宗仁虽欲竭力保住"总统"职位，
然形势的发展使得此企图成为泡影。

　　2月4日，蒋介石约集蒋经国等人商讨"广西子无耻丑行及其动态之
检讨，不禁为之发指皆裂"，"广西子"是蒋咒骂李宗仁、白崇禧等人
之词。当即决定"作复位之准备，以非此不能救国也"。[27]此时，"行
政院长"阎锡山有意辞职，蒋介石本以为可借此为"解决总统复位问题
之途径"，不料阎锡山却表示，他要向"代总统"李宗仁辞职，而不愿
宣言自动去职。蒋认为，如此一来，则反而给李宗仁待命职权的机会，
"使问题更为拖延复杂而不能解决"。[28]1950年2月9日。他在日记中骂
阎"其旧性仍未改变也。往日所谓共患难之言何在"？他多次当面劝阎
锡山不得向李辞职，并让人转告阎"辞职不可轻率"，须蒋亲自批准方

可。[29]最后，阎锡山是向国民党中常会辞职，再由中常会转而借此事向李宗仁施压，要李限期回台。此后，蒋便终日考虑"复职"及之后政策，他在2月13日的日记中写道：[30]

> 此次复出主政，对于军政、经济、政策、人事、组织以及本党改造方案，皆未确定。恐难□*过去功亏一篑之覆辙，或不如过去之尚有所成也。故于此十日之内必须积极准备，对于下列各项必须切实研究，有所决定也：一、政府组织方式，总体战军政府之精神出之；二、干部会议纲领与人选；三、总体战实施程序与经济政策之决定；四、研究设计、监察制度与组织之实施，五、党的改造方针之决定；六、台湾党政方针与人选之决定。

*蒋日记中有无法辨识的字，均以方框代替，下同。——引者注

颇有意思的是，在蒋、李斗法的过程中，桂系二号人物，人称"小诸葛"的白崇禧也逐渐站在蒋介石一边，向李宗仁施压。李、白二人，"自统一两广而至拒伐抗战，甘苦与共，患难相扶持，数十年如一日"。然而，随着国民党政权的瓦解，桂系力量的削弱，蒋、李矛盾的升级，白崇禧成为蒋介石重点争取的对象。先是许之以"国防部长"，进而许之以"组阁"之权。经不住诱惑的白崇禧渐渐转向，一方面向蒋介石"劝进"，另一方面向李宗仁"劝退"。1949年9月，白氏应蒋介石之邀而与其闭门密谈后声称："蒋之复出已成定局，不管环境如何恶劣，亦必力促实现。"10月，重庆迎蒋复职的呼声日盛，白崇禧乘机劝李宗仁去昆明休息一个月，并提出"蒋介石宣布'复职'，李宗仁回任副总统"的妥协方案，以力图调节蒋、李矛盾，后被蒋介石所拒绝。李宗仁飞赴香港前，白崇禧又劝其出国之前应"先在政治上部署一番"，暗示其将"总统"职位交还蒋介石，但也被李拒绝。1949年12月30日，经不住诱惑的白崇禧跑到了蒋介石控制下的台湾。然而其时桂系已经彻底瓦解，在台湾更是全无根基。苟于自存的白崇禧遂不得不在蒋、李斗法中充当蒋介石的"电钮"，在其需要时即应声而起。1950年1月，蒋

白崇禧（1893—1966），有『小诸葛』之称，是国民党『桂系』二号人物。蒋介石、李宗仁矛盾上升后，白崇禧成为蒋介石制衡李宗仁的『电钮』。

介石急于"复职"，白崇禧遂率桂系老将李品仙、刘士毅、邱昌渭等人致电李宗仁，建议其若继续在美休养，应致电国民党中央"自动解除代总统职务"。蒋介石"复职"后，白崇禧又立即电李宗仁，"望公不持反对态度"。但蒋介石对白崇禧是恨之入骨的，不仅不谅解白当初"逼宫"让他下野的旧仇，且认为白在台湾与在海外的李宗仁是唱双簧。1950年初，白崇禧向蒋介石要求十六万兵额之粮饷，经费困窘之蒋介石认为实际已无"一兵一卒"的白是狮子大开口，私下痛骂其"可谓无耻极矣"。[31]1月底的日记里，蒋更以"奸"来称谓白，表示必欲除之："白崇禧又在台北作无耻无赖之宣传煽惑，希图作最后之毁蒋运动，对此应有以制之。此奸不去，姜笋混淆，无以复兴，二十四年来之辛勤牺牲所得之党国，皆为此奸彻底毁灭矣。"[32]蒋"复职"的当天，曾专门邀宴白崇禧等桂系将领，以示安抚。但他对于桂系与白崇禧的仇恨非常深，对于他们的"输诚"，再也不表信任："约白崇禧等聚餐，广西子之伪言伪行。不能再信以误国，彼虽表示必诚实，实不能令我有所动也，其害国害民之大，无法取信也。"[33]在蒋的眼中，白崇禧成了"忘恩负义"的代名词，他在责骂薛岳时，曾说："其忘恩负义，为掩饰其平身罪恶而不惜污辱国家与领袖，此人之背谬乃为白崇禧之第二也。"[34]当蒋介石的地位渐渐稳固后，白崇禧等人失权失势，只能拱手称臣，完全沦为蒋介石对李宗仁斗争时的棋子。对于李宗仁在美国的反蒋活动，白崇禧也总是应蒋之要求，不断批驳。1964年2月，李在美发表文章要求美国政府学习法国，调整对中国大陆的政策。白崇禧遂致电李宗仁："总统蒋公率全国人民，尝胆卧薪，先聚教训，正在待机执弋西指，完成反攻复国大业。而我公旅居海外，迭发谬论，危及邦交，为亲痛仇快。最近闻报，法国与中共建交后，我公竟于2月12日投函纽约先锋论坛报，劝说美国学步法国，与中共调整关系。我公对国难既不能共赴，反为中共张目，危害国家，是诚何心，是真自毁其立场矣！自毁其历史矣！自绝于国人矣！伏望我公激发良知，远离肖小，幡然悔悟，以全晚节。"[35]

有趣的是，当其"电钮"的作用失效后，白崇禧的大限也到了。1965年7月，李宗仁冲破种种障碍回到大陆，白崇禧也失去了"制衡"李宗仁的作用，遂于次年12月无疾而终。白崇禧之死也成为蒋氏台湾时代之一大历史谜案。

三 复任"总统"

据蒋介石日记，他在2月5日下定"复职"的决心，开始各种布置。蒋判断，以台湾当时风雨飘摇无人担当的局面，他再不出而负责，"则仅存之台湾最多不出三月，其必为若辈自取灭亡矣"。[36]为了解决"复职"的法律问题，他特意避开"复职"一词，而只称是"复行视事"。在"请教"从香港赶到台北的"司法院长"王宠惠时，王的答复是："此乃政治问题，而并未违宪也。"[37]蒋"复职"之时，王宠惠以其特

殊的身份发表谈话："总统复行视事，有宪法根据，蒋总统不能视事原因消失，李副总统行权当然解除。"这为蒋提供了"法律保障"。2月下旬，蒋介石着手准备"复职"的文告，多次与幕僚推敲修改。起初的稿子中有一段蒋想表白自己并非恋栈权位，只以"待罪之身"暂时负责主持，"一俟国势转危为安，仍再召集国大正式负咎辞职，以维护神圣宪法之尊严"。[38]但这意味着日后必须辞职，这绝非蒋的意愿，故对此句"甚费心神"。蒋在2月25日写道："无论其今后变化如何，决于下月一日复位。"

就在蒋准备就绪之时，27日突然从美国传来杜鲁门总统将在3月2日设宴招待李宗仁的情报。这是李宗仁为阻止蒋复位的一个策略。为了能见到杜鲁门，李宗仁称将"回国"，行前求见。杜鲁门出于礼节，设便餐招待。李对此大事声张，以提高身价。蒋介石不知原由，以为又是杜鲁门与国务卿艾奇逊与他为难，大发感慨："此乃其国务院又一倒蒋之阴谋也，以其恐其一日复位之消息实现，而又望余展期则其以拥李之手段达成毁蒋之目的。"[39]蒋此时对美国既恐惧又仇恨，只能一面紧张地观察美国动静，一面加紧准备。

2月23日下午，国民党中常会举行第266次会议，居正、于右任等52人出席，专门讨论蒋介石"复职"问题，决定"请蒋总裁尊重各级民意机关及全体军民与海外侨胞之公意，继续行使总统职权，早日复行视事，以挽危局"。[40]次日，"立法院"又在"院长"刘健群的带头下，联合签名致电蒋介石，"敦请"他复职视事："恳我公本救国救民之职，尊重舆情，即日继续视事，行使总统职权，挽垂亡之局势，竟戡乱之全功，临电不胜切祷之至。"[41]

对于台北的各种举动，远在美国的李宗仁是十分清楚的。他在给"监察委员"居正的信中说，他虽然在美国，但是仍在履行"总统"职责，他不会屈从压力以"违反宪法"的方式放弃"代总统"职位。但李宗仁也充分认识到自己的劣势地位，因而他请孔祥熙致电蒋介石说，最好的和解方式是"安排交回总统"职位。所谓"安排交回"，意指李宗仁在以"代总统"身份访问过杜鲁门后，即主动宣布辞去代"总统"一职，体面地下台。[42]

台北方面对李宗仁的暗示不予理睬，恼怒的李宗仁开始公开抨击蒋介石。2月27日他让秘书甘介侯在美举行记者招待会，批评蒋介石的复职活动，是专横跋扈的行为，是"非法的"和"违宪的"。他说，蒋介石放弃"总统"职位而让位给当时的副"总统"李宗仁后，已成为一个平民，一个平民怎能自称为"总统"？[43]

李宗仁的批评并未能阻止蒋介石"复职"的步伐。2月28日，蒋介石在台北宾馆召集国民党中常委及军政要员40余人开会，讨论"复职"问题。会上蒋介石宣布定于3月1日上午正式"复职"，并通知"总统府"秘书长邱昌渭做好准备工作。

1950年3月1日，是蒋介石政治生涯非常重要的一天。他当天的日记记事甚详：[44]

三时起床，修补致桂李电文，请其代表中正访问美国朝野，从速回国诸句再三考虑，以为无损于内容也。静默祷告至五时方毕，再睡也。

七时复起，继续朝课，与妻跪祷自今日复位起，愿誓以一切奉献于上帝，此身非为自我所有矣，惟上帝垂察之。

记事后，与少谷同到台北总统府宣布复行视事，举行仪式毕，乃回办公室摄影，在阳台上对府前群众答礼后，视察秘书长、参军长各室后乃离府，顺访稚老先生致敬。

回寓批阅公文。自今日起，公文由周秘书口述而后指示要旨代批之，如此乃可省目力，而只用耳力，较易也。

正午，约宴干部商谈就职后应办要事。

下午午课如常。约见民青两党代表后，修正明日对民意机关代表讲稿。

入浴后晚课。

蒋
介
石
的
后
半
生

日记中透露的信息是，蒋介石"复职"当天的心情十分紧张，对如何处置在美国的李宗仁没有把握，早晨3时即起床，修改致李的电稿。信仰基督的他罕见地一天四次祷告（包括早上与宋美龄的跪祷），求上帝保佑："自今日复位起，愿誓以一切奉献于上帝，此身非为自我所有矣，惟上帝垂察之。"

3月1日，台北万人空巷，庆祝蒋介石"复职"。上午10时，蒋介石到达"总统府"参加"复职典礼"仪式，阎锡山、陈诚等文武百官参加。蒋介石在仪式上发表了"复行视事"文告。蒋在文告中说明了"复职"的背景与决心：[45]

> ……李代总统自去年11月积劳致疾，出国疗养，迄今健康未复，返旆无期，于是全体军民对国事惶惑不安，而各级民意机关对中正素望尤切。

> 中正许身革命四十余年，生死荣辱早已置诸度外，进退出处，惟国民之公意是从。际此存亡危急之时期，已无推诿责任之可能。爰于三月一日复行视事，继续行使总统职权。抗战胜利至今不及五年，而国事演变至此，中正领导无方，弥用自责，惟有鞠躬尽瘁，补过去之缺失，策未来之成效。所望我海内外爱国同胞，精诚团结，三军将士砥砺奋发，各级官吏竭诚奉公，为恢复中华民国之领土主权，拯救沦陷同胞之生命自由，维护世界之和平安全，同心一德，奋发到底。……

随后，蒋介石来到"总统府"办公室，召见"行政院长"阎锡山，询问有关事宜，批阅了邱昌渭呈递的几份文件，以示正式开始行使"总统"职权。

次日下午，蒋介石又在中山堂光复厅举行茶会，招待在台的"立法委员"、"监察委员"、"国大代表"及青年党、民社党的负责人，对他们在"复职"过程中给予的支持表示感谢，并讲述其施政方针。

"复行视事"文告。

蒋介石在"复职"会上作演讲。

他表示，在军事上，"先要巩固台湾基地，继图光复大陆"；在国际上，"必须先尽其在我，自力更生"；在经济上，"必须以劳动为第一要义，提倡节约，奖励生产"；在政治上，"必须尊重民意，厉行法制"。[46]最后，蒋介石在"蒋总统万岁"的欢呼声中离开茶会，返回士林官邸。

同时，蒋介石还命令"外交部长"叶公超和"驻美大使"顾维钧通知美国，他已经恢复"总统"职务，是"中华民国的国家元首"，希望美国政府能予以承认。对仍在美国以"代总统"身份活动的李宗仁，蒋介石于复职当天即致电加以抚慰、笼络：

　　李副总统德邻吾兄勋鉴：自兄以胃疾出国就医，瞬已三月，各方候言旋，中正迄望尤切。而兄以健康未复，归期难定。乃者史毛盟约宣布，国家危难日深，人民望救益急。中枢军政不能久未秉承，在此状危震骇之中，群情更注望于中正之身。兹为尊复民意，挽救危机，乃于三月一日复行视事，继续行总统职权。一年以来，我兄代主国政，宵旰干卒劳，公意交感，无时或已。今虽养病国外，固知爱国之殷，无闲暇疑。谨期早日康复，并请代替中正访问美国朝野。

文电最后，蒋还希望李早日"返国辅政"，企图以此来减轻李宗仁的怒火，以免其走向极端。蒋介石的上述举动遭到李宗仁的一连串回击。李宗仁在回电中引用"宪法"指出，"总统缺位时，由副总统继任，至总统任期届满为止；总统、副总统均缺位时，由行政院长代行其职权，并依本宪法第30条之规定，召集国民大会临时会，补选总统、副总统，其任期以补选原任总统未满之任期为止"，而蒋介石早在1949年1月即辞去"总统"职位了，即使补选"总统"也应该是时任"行政院长"阎锡山而不是蒋介石，表示："蒋先生的复职并未使我惊异，因为事实上他早已是台湾的独裁者了。不过站在国家法统的立场上，我不能不通电斥其荒谬。"李宗仁还在美国的记者招待会上表示，他还是"中华民国总统"，即将返国行使职权；此后，他还宣称将在六个月内回国领导"倒蒋"运动。但蒋介石更关心的是美国人对其"复职"的态度。因此，在强行"复职"后，他即命令"外交部长"叶公超尽快探听李宗仁与杜鲁门会晤的有关消息，会谈的内容是什么，接待的规格如何，特别想急于了解杜鲁门是如何称呼李宗仁的，是否称他为"代总统"。

当天下午，美国国务院宣布，"美国承认蒋介石是中国政府的首脑"，"关于谁是中国总统的问题，是一个由中国政府自己解决的问题"，并声明杜鲁门与李宗仁的会晤纯属社交性质，来宾名单也只称其为"李将军"。至此，蒋介石才放下心来。蒋、李"斗法"，复任"总统"的工作告一段落。

就蒋介石而言，此次"复职"是他人生中的重大转折，开创了他的"台湾时代"。就国民党政权而言，他的"辞职"、"复职"过程本身确实充满了权术与谋略，或许在"法理"上有许多可追究质询之处。

但在当时的条件下，能够稍事统合各派力量，稳定普遍惶恐的台湾局势者，国民党内恐怕也找不出比蒋更合适的人选了，更何况他已为此处心积虑多时。从这一点看，蒋介石的"复职"有其必然的一面。

"复职"一个月后，蒋自己总结道："复职已经一月……余之信誉不仅无所损，而且中外观感大转，全国民心之归向至月抄益显。共匪虽凶，广西子虽诈毒，亦不能减损我毫发，而国家转危为安之机，则甚明也。……总统府、行政院各部改组已经完毕，今后军政财政皆有重要主持之人，当然政府加强显见重大改革与进步。一年余来无政府无责任之状态至此可告一结束矣。自觉上月有形工作之进步犹在其次，而精神上无形中之功效，实有不可限量之□慰也。"[47]

四　陈诚"组阁"

大陆时期，国民党各级党政机构臃肿，人浮于事，贪污腐败横行，且内部山头林立，派系纷争不断。结果，耗尽了国民党自身的力量，也彻底失去了全国民众的支持，最终成为国民党兵败大陆的主要原因。对此，作为国民党总裁的蒋介石是十分清楚的。他对大陆失败进行反省时深切地总结道："不是共产党有多么强大的力量打败了我们，我们是被自己打败的。"蒋介石对此还进行了具体分析：

第一，内部不能精诚团结，各派系之间尔虞我诈，自相水火，不仅自损力量，因之亦予共产党以分化挑拨的可乘之机。

第二，违反孙中山遗教，"大家不以服务为目的，而以夺取为目的"。抗战胜利后，国民党的干部都反其道而行之，从不想到对国家、对主义、对革命应尽的天职，反而只想伸出罪恶的黑手，去巧取豪夺，即使国民党的高层干部，"亦惟但求无过，不求有功"，"置服务于不顾，视夺取为当然"。

第三，"丧失了革命的党德，不能以个人自由与能力，贡献于革命大业"；"一般党员只重视个人无限度的自由，而党是不能有他组织的自由"，"只顾如何表现他个人的能力，却不许党发挥他组织的权力"，"一切以个人为前提"。[48]

此外，他还指出，国民党在干部选用方面，缺乏一种新陈代谢的机制，"致干部能力无法利用，不能发挥"。[49]

所有这一切都可归结为干部的选用问题。因此，蒋介石在复任"总统"后，为挽救国民党残余势力的命运，首先针对上述症状对高层军政人事进行大改组，清除异己分子和年高昏迈者，启用忠于自己、年轻干练的青年才俊。陈诚"组阁"就是在此背景下开始的。

此时，任"行政院长"者乃"山西王"阎锡山。随着国民党的逐渐溃退，从不离开大本营的阎锡山，也不得不放弃多年苦心经营的根据地山西，随"国民政府"不断南撤，并于1949年6月13日在广州接替何应钦出任"行政院长"。这是当时混乱的国民党政权不得不采用的"换马术"。此时正值人民解放军以破竹之势，在江南各地对国民党军衔尾追歼。于是阎锡山不得不领着他七零八落的"行政院"东奔西逃。先从广州迁到重庆，再从重庆跑到成都，到1949年12月初，无路可逃的国民党"政府"只好迁至台北，其状虽惨极，但毕竟逃脱了被消灭的厄运。就此而论，阎锡山没有功劳，也有苦劳。

但阎锡山与蒋介石在历史上貌合神离，其矛盾人所共知。阎本人也明白，时至今日，除了服从已别无他途。蒋介石对台湾"政府"早就心怀不满，"李德邻避美不回，阎伯川权威尽失，任人侮辱，无政府之状态，至今尤甚，其实已无政府可立矣，思之忧愤"。[50]阎锡山在蒋准备"复职"期间即提出辞职。起初蒋还希望对此举进行"善意之运用"，来打击李宗仁。不想，阎竟然是要向"代总统"李宗仁辞职，无端增加李的分量，这使蒋非常难堪："阎院长向李辞职，认李在海外仍能行使职权，此为大错，应力加阻止，未知其用意究竟何在？"[51]2月11日，他不仅当面劝诫阎，还找到阎身边的人传话："伯川辞职不可轻率，务须得余同意之，余开诚明告其政治应循正大途径，不可拖延误国，彼

当能让之。"[52]阎锡山知道，蒋介石"复职"之日，就是他自己去职之时，与其被赶下台，不如自己主动下台来得体面。因此，在3月1日蒋介石"复职"后，阎锡山即率"内阁"提出总辞呈，蒋当即接受，并希望他在"新内阁"诞生之前能暂时"继续负责"。

然而，提出辞呈的阎锡山甫一去职，便遭到猛烈的抨击。3月3日，"立法院"开会，阎作出其接任以来首次"施政报告"，"立法委员"们多方责难。刘振东说，"阎院长执政以来，崇尚空谈，言行不符，使政府威望日坠。一年来之失败，多源于坐失时机，未能事先防范，失地丧师，均以此故"；有人说，"过去之失败在于错误之未能改进，首长之不负责任所致"；也有人说，"阎院长失败在无赏罚无是非，如对军事失败如此，而对高级将领除西北二马外，从未有予处分者。一部分部门丢失大印，如何议处？！"要求阎锡山对"政府撤退时的混乱局面"作出解释。[53]这里似乎是要阎锡山为丢失大陆负全部责任，显然是要将他当做"替罪羊"。阎受命于兵荒战败之际，国民党内斗激化，大权仍握在下野的蒋介石手上，内外交困的阎很难有所作为，要他为失败负全责，有欠公允。如处分高级将领，岂是阎锡山能做得了的？自此之后，阎锡山逐渐被挤出权力核心，挂一个虚名的"总统府战略顾问委员会"顾问之职，靠著书立说消磨时光，过着归隐林泉的生活。

"阎内阁"既已提出辞职，蒋介石便借机开始对"行政院"进行大改组。3月6日下午，蒋介石以国民党总裁的身份在中山堂举行茶会，招待国民党"立法委员"，征询他们对"新内阁阁揆"人选的意见，以使"意志集中、力量集中"，参加者有260余名"立委"。他还邀请了国民党中常委于右任、居正、张群、何应钦等人参加。会上，蒋介石提名陈诚为新的"行政院院长"，得到与会人员的赞同。

陈诚（1878—1965），字辞修，别名石叟，保定军官学校第八期炮兵科毕业，是蒋介石的老乡，浙江青田人。同时，他还是蒋介石的嫡系将领，早在黄埔军校建立之初，陈诚即任职于蒋介石的校长办公室，后跟随蒋介石东征、北伐、"剿共"、抗战，作战勇敢，屡立战功，也因此而成为黄埔系军人中地位仅次于蒋介石的人物，深为蒋所信任和倚重，以至于蒋介石说："中正不可一日无辞修"。此外，蒋介石与陈诚还有一层"翁婿"的关系。陈诚的夫人谭祥乃原国民政府主席谭廷闿的三女儿，蒋介石认其为干女儿后，又让宋美龄从中撮合，介绍嫁给了陈诚。[54]也正因为上述原因，蒋在下野之前，任命陈为台湾省政府主席，将这最后的根据地的经营大权交给他，并亲自指导其治台方针：[55]

一、多方引用台籍学识较优、资望素孚人士参加政府。二、特别培植台湾有为之青年与组训。三、收揽人心，安定地方。四、处事稳重，对下和蔼，切不可躁急，亦不可操切，要求速功速效，亦不可多订计划，总以脚踏实地，实心实力实地做事，而不多发议论。五、每日要特别注意种种制度之建立，注意治事方法与检点用人标准，不可专凭热情与个人主观。六、勤求己过，用人自辅。

可以称得上是谆谆教导了。

其实，蒋介石一度对陈诚也有不满，蒋在日记中，曾详细记述了陈诚在研讨政工制度时当众顶撞自己的经过：[56]

到研究院开会，研讨政工制度问题。最后辞修发言，面腔怨厌之心理暴发无遗，几视余为之所为与言行皆为迂谈，认为干涉其事，使诸事拖延，台湾召乱，皆由此而起。闻者皆相愕。余惟婉言切戒，以其心理全系病态也，故谅也。

蒋筹备"复职"过程中，新的"行政院长"人选是其考虑的重要问题，他希望建立一个执行力强的"战时行政院"。他在与王世杰讨论时提出，"辞修之心理病态，绝不能担当此重任"，希望由王世杰担任，"而彼未允就也"。[57]环顾台湾内外，能合蒋介石意而执掌"战时行政院"的人不多，故在2月下旬还是决定由陈诚担任"行政院长"。当时，台湾政坛陈诚、吴国桢二雄相争，吴国桢闻讯，以辞职来反对陈诚任"行政院长"，这让蒋颇感为难："吴国桢以辞修出掌行政院，其心不安，坚求辞职，此在意中事，应恳慰之。如何使之安心服务，辞修气狭量小，动辄严斥苛求，令人难堪。奈何？"[58]

而陈诚亦不负蒋介石之托，上任之初即宣示："政府是人民的政府，政府应以人民的意志为意志，以人民的利益为利益"，提出"人民至上"、"民生第一"的口号，宣称："今日台湾所最需要的，就是政府与人民共患难同生死的精神，使台湾成为一个复兴中华民族的堡垒，来担负复兴中华民族的使命。"上任之后更是采取一连串措施，如政治上筹划实施地方自治，经济上推动经济恢复、实施公地放领、减租及粮食增产计划。其中，又以以下两点用力最多：

第一，整顿军事，规定所有退台的国民党军上岸后的第一件事就是放下武器，重新登记整编，统一编制，减少指挥机关，裁汰冗员。据陈诚统计，到1949年底，即取消20多个军和10多个总司令部的番号；1950年内又裁撤了高级指挥机构9个，空军指挥机构58个，联勤机构12个，教育机构6个，总共245个单位，取得了初步效果。

第二，颁布戒严令，开展严厉的政治镇压活动，严格控制社会舆论。

上述措施，对于大败之余的国民党政权稳定情绪、在台湾站稳脚跟，无疑是有重要作用的。因此，在选择接替阎锡山的人选时，蒋介石首先想到了陈诚。3月7日下午，蒋介石正式咨文"立法院"，提名陈诚为"行政院长"，咨文称：[59]

行政院长阎锡山呈请辞职，情词恳挚，已予照准。兹拟以陈诚继任行政院院长。陈君籍浙江青田，毕业于保定军官学校，忠贞干练，公正勤廉，历任师军长、总指挥、总司令、司令长官、政治部长、军政部长、参谋总长、行辕主任、省政府主席等职，部署周详，绩效彰著。去岁授任东南军政长官兼台湾省政府主席，对于整军御敌，政治、经济诸项设施，尤多建树，深为台湾省人民所爱戴。现值巩固台湾，策划反攻大陆之际，以陈君严厉中外，文武兼资，对于剿匪戡乱，夙具坚定信心，任为行政院长，必能胜任愉快。爰依宪法第55条第一款之规定，提请贵院同意，以便任命。

根据规定，"行政院长"的提名须经"立法院"同意方有效。有些"立法委员"觉得这是个讨价还价的良机，遂提出对"行政院长"要先举行假投票。蒋介石闻讯"不禁怒从中来，痛愤莫名"，"半日郁结不能自解，甚以立法委员至今还未有觉悟，仍如往年在南京无法无天，以致有今日亡国之悲剧，是诚死不回头矣"。他将有关人员招来"严斥之"，[60]使其不敢妄动。"立法院"接到咨文后立即于次日下午在中山堂召开临时会议，行使同意权投票。出席会议者388人，投票同意者306人。这样，陈诚以多数票获得通过，出任新的"行政院长"。

接到蒋提名并获"立法院"通过的消息后，陈诚当天下午即发表书面谈话：

> 诚此次蒙总统提名，立法院同意，受命出任行政院院长。当此国家危难之际，不胜履渊之极。台湾为国家存亡世界安危所系，其地位之重要，无待赘述。今后一切措施，当恪遵国父遗教，以台湾为三民主义实验区，遵照总统训示，巩固台湾及其他反共基地，以确保全体民众生命财产之安全，并积极做反攻大陆之准备。同时，根据民众需要，贯彻"人民至上，民生第一"之主张，并依据宪法规定，实行民主政治，团结一切反共力量，以消灭卖国殃民之共匪，抵抗对我侵略之苏俄。尤其国际间反共民主国家之联系与合作，当本自助人助之精神，而力求加强。

谈到新"内阁"人选，陈诚表示，"本人将遵总统训示，为施政最高之原则，本此原则选贤与能"。[61]随后，陈诚赴草山蒋介石住所，请示"行政院"各部会首长人选问题。

3月10日，蒋介石下达"总统令"，解散"阎锡山内阁"，任命陈诚为"行政院长"。同一天及次日下午，蒋介石连续主持召开国民党高层会议，讨论陈诚所提"内阁"人选问题。陈诚"组阁"也是困难重重，吴国桢开始坚持不合作态度，蒋介石再三规劝，有意让其担任"副院长"兼任台湾省政府主席，但吴"坚执不允"。[62]蒋又邀吴国桢夫妇聚餐，宋美龄也利用与吴的关系来调解，"劝告其强勉忍耐，与陈合作"。陈立夫、王世杰等人都希望在"内阁"中有自己的位置。这使蒋在用人方面非常头痛，花很多时间"煞费苦心"，而且用人与不用人"不能明示理由，只有受人不谅之苦心而已"。

3月11日，他与陈诚最后确定了"自觉较合理想"的名单。吴国桢这时却突然提出要求，"以财政部长人选不能与其省府合作，要求其自兼部长相胁"。蒋对此颇感意外，意识到吴背后有美国人撑腰，"余以名单已定，而且已提常会，不能改动告之，而彼仍要求不置，美使馆亦间接表示支持国桢，心滋不怿，最后仍照原定名单提案通过，不管美国之态度如何也"。[63]当此失败之际，如何重新集结力量，渡过难关，同时要安抚老政客，不致引起太大的混乱，确实是棘手的难题。3月12日，国民党正式公布了其退台后的第一届"行政院"内阁成员名单：

行政院院长　陈　诚

副院长张　厉　生

内政部长　余井塘

国防部长　俞大维

外交部长　叶公超

财政部长　严家淦

经济部长　郑道儒

交通部长　贺衷寒

教育部长　程天放

司法行政部长　林　彬

蒙藏委员会委员长　余井塘（兼）

侨务委员会委员长　叶公超（兼）

政务委员　吴国桢　蔡培火　董文琦　王师曾　杨玉滋

秘　书　长　黄少谷

国民党政权败退台湾，庞大的政权结构与官僚体制和狭小的统治区域产生了矛盾，政出多门，非常混乱。陈诚"组阁"前，台湾省政府比"行政院"更有实权，尤其在财政方面。蒋介石需钱，常常直接找台湾省财政厅长，而不是找"经济部长"。"陈诚内阁"的成立，标志着"行政院"权力的部分恢复。为了适应台湾的环境，陈诚对大陆时期"行政院"下辖十多个部会的庞大机构动手精减，确定了"八部二会"的新构架。"八部二会"构架后来沿用了很长时间。

就其组成人员而论，与以往几届"内阁"相比，"陈诚内阁"有两个显著的特点：首先是"内阁"中新人居多，除黄少谷、叶公超等少数几人曾在上届"内阁"中任职外，大部分均是第一次参与"内阁"。这批人年纪轻，绝大部分在50岁左右；学历高，在15个"阁员"中有9人曾留学英、法、美、日、德、苏等国，有几人还获有博士学位，是所在领域的专家学者，如严家淦是金融专家、林彬是法学专家、董文琦是水利专家；有行政经验，他们大部分担任过国民党党、政、军要职，具有一定的实践经验。可谓既有精力，又有学历和能力。

其次，增加了非国民党籍人士。大陆时期国民党实行独裁统治，不仅遭到全国人民的强烈反对，同时还遭到其盟友美国人的强烈批评，要求国民党采取措施改变这一状况，并以此作为增加军援的条件之一。国民党到台湾后，迫切需要美援，于是，蒋介石在新内阁名单中增加了三个非国民党籍人士以示点缀，这三个人是王师曾、杨玉滋和俞大维。王师曾是青年党宣传部长，曾任"立法委员"、"国大代表"等职；杨玉滋是民社党中央常委会副秘书长，曾任"总统府国策顾问"；而"国防部长"俞大维则是位无党无派的文人，曾留学美、德，出任过国民党政府的交通部长，他虽未加入国民党，却始终位居要职，与蒋家的关系非同一般。后来，蒋经国的大女儿蒋孝璋与俞大维的儿子成婚，两家又结成儿女亲家。

从"陈诚内阁"的安排可以看出蒋介石的决心与苦心，青年党、民社党的领导人脱离了民主党派的阵营，将自己绑在了国民党的战车上，随国民党退出大陆（少数领导人滞留香港，未去台湾）。国民党虽称之为"友党"，却处处加以防范，只将它们当作"政治花瓶"。王师曾、杨玉滋虽"入阁"，担任的却是有职无权的"政务委员"，点缀的意味十分明显。对此，国民党的喉舌《中央日报》曾发表短评《值得欣慰的内阁阵容》，评论说："这一内阁的阵容，除国民党各方面的人物外，还包括了青民两党的人物，也包括了无党无派的人物，表现为举国一致的内阁，这又是值得欣慰的一事"，而俞大维以文人之身出任"国防部长"，更开民国以来之先河。[64]不过具有讽刺意味的是，俞大维任职不到一年便辞去职务。1951年2月20日蒋介石下令："一、行政院政务委员、国防部长俞大维呈请辞职，准予辞职；二、特任郭寄峤为国防部长并为行政院政务委员。"[65]于是，这一"先河"也到此断流。

"陈诚内阁"走马上任后，于3月28日公布"施政方针"。该方针的主要精神是："团结海内外同胞，集中一切力量，确保台湾，反攻大陆，从事反共抗俄战争，以达成胜利之早日实现。"根据这一精神，"陈诚内阁"制定的新政策是：[66]

第一，军事方面，确保台湾现有基地，作为反攻大陆之标准，厉行精兵。

第二，财政方面，整顿税收，开源节流，紧缩发行，稳定金融。

第三，外交方面，联合爱好民主和平国家，加强反侵略、反极权阵营，阻遏东亚赤祸蔓延。

第四，内政方面，严明赏罚，重振纪纲，动员一切人力物力财力，以争取反共抗俄战争之胜利。

第五，经济方面，发展国营事业，增加生产，增进对反共抗俄各国之贸易关系。

第六，教育方面，奖励科学发明，对忠贞教授学生及专门人才妥为安顿，并予救济。

第七，交通方面，展修公路铁路，储备器材，训练员工，作反攻大陆之复员准备。

第八，侨务方面，维护海外侨胞权益，加强海外侨胞反共抗俄的信心。

第九，司法方面，厉行法制，养成守法及民主政治之精神。

第十，对台湾方面，逐步实现地方自治，动员人力物力，培养并加强自卫力量。

综观这些政策，其核心就是整修武备，抵抗大陆随时可能的攻击，确保台湾的安全。朝鲜战争爆发后，"陈诚内阁"又适时地提出了"建设台湾"的口号，并采取了一些具体而现实的措施。

随后，蒋介石又对"总统府"进行了大换血。3月13日、20日蒋介石先后发布命令，免去"总统府秘书长"邱昌渭的职务，特任王世杰为"总统府秘书长"，俞济时兼"总统府第二局局长"，梅嶙高为"总统府秘书兼人事室主任"，徐本生为"总统府秘书兼主任室主任"。李宗仁时代的"总统府"班子被彻底更换。

这样，蒋介石"复职"后的政治改组暂告一段落，军事改组开始提上议事日程。

五　军队大改组

继"陈诚组阁"之后，蒋介石又着手军事改组问题，而且心情更加迫切。导致国民党大陆溃败的直接原因是军事上的惨败，退到台湾后，仍面临着誓言"一定要解放台湾"的解放军随时进攻的威胁，而惊魂未定的国民党军队很难再承受最后一击。经过三年大战之后，退到台湾、海南、金门、舟山、大陈的国民党军仅剩下60余万，且多系有名无实之师，战斗力薄弱。曾亲身经历过国民党溃败的江南，在其所著《蒋经国传》中这样描述当时国民党军的状况："败兵残卒，乌合之众，未经整补训练前，难挡强敌；很多单位，徒具虚名，官多于兵，或有官无兵，为普遍现象；官兵成分，五花八门，职业军人，混杂着受裹胁的农民；野战师团，零零星星，系临时由流亡学生、保安团队拼凑。"即使蒋介石引以为骄傲的海空军也面临着巨大困难。据其权威部门估计，当时周至柔指挥的空军，兵员8.5万余人，各型飞机400架，但缺乏维修的零件，真正能作战的仅有半数，汽油储存量两个月；桂永清控制的海军，官兵3.5万人，舰艇50艘，但实际发挥战斗力的海军攻击舰艇，不及半数，且零部件缺乏。蒋介石观察到，士兵的生活极其艰辛，"士兵苦痛，至今军毯尚有四人拼一张也"[67]这样的军队与士气，如何能打仗。1950年初，蒋对台湾的危局有如下判断：[68]

> 军事失败，大陆沉沦有形之损失，尚在其次。而各部会长卷款逃港，以及留港物资故意滞角以待交共之资金足供二年以上之军政费用，半数冷结半数供匪，李德邻不仅不知管制，而且接受刘航琛等之购款充其赴美之私用。此种纪纲扫地之精神损失，实为二十年余之奋斗所得之基业完全被其颠覆殆尽。目睹今日之空军，装甲兵、陆军与海军主管皆拥兵自私，视同私物，国既不国，军亦非军，而革命军人之人格荡然矣。呜呼，如余复出，果能救国抑误国而已乎？若照去年一月间大陆沉沦之速，则余如再不出而负责，则仅存之台湾最多不出三月，其必为若辈自取灭亡矣。悲乎？奈何。

面对这种情况，蒋介石不得不加紧军事改组的步伐。元旦期间在日月潭谋划时，整理军事就是蒋考虑的重要问题之一，他审阅关于未来军队组织与训练的方针，"计划今后军队党务与政工关系及组织方案，与提倡模范官兵与部队计划，皆为目前整军基本要务也"。[69]

3月9日，蒋介石在蒋经国、俞济时的陪同下，离开台北举行"复行视事"后的第一次出巡，至高雄左营海军基地检阅海军部队。海军总司令桂永清进行了精心安排，巡视的蒋介石被"总统万岁"和"誓灭共匪"的口号包围着。下午3时，蒋介石又到海军全代会致词。首先由代表会主席团全体代表向蒋宣誓效忠：

> 余等谨代表海军全体官兵，竭尽赤诚，誓死效忠总统蒋公，并在桂总司令领导下，集中意志，团结力量，达成反共抗俄，救国救民之使命。如违誓言，人人得而诛之。

通篇誓词，特别是后几句，不禁使人想起昔日的封建会道门，可此类表现对蒋个人"效忠"的誓词，却常常出现在20世纪50年代台湾的军队里。蒋听完这誓词后非常感动地对士兵们说："我接受你们的宣誓，我接受你们的决议，我要领导你们走到成功的路上去。"[70]

接着，桂永清代表海军将写有"民族救星"的旗帜献给蒋介石。蒋向参加大会的代表致训词："海军要能确保反共抗俄的基地，成为陆空军反攻大陆光复祖国的先锋，则必须本同舟共济的精神，先求本军各单位间精诚团结，协同一致。"在训词的最后，蒋介石表示："我一定引导大家在一个主义、一个目标、一个历史、一个生命的前提之下，和我海军全体官兵同生死，共患难，坚强奋斗来完成我们反共抗俄、复兴我们中华民族的历史使命。"[71]

结束左营之行后，蒋介石正式开始了军事改组工作。根据蒋介石的指令，"东南军政长官公署"被撤销，其业务归并"国防部"及其他相关单位，台湾防卫司令部和陆军训练司令部归并于陆军总司令部，东南区海军司令部、空军司令部和补给司令部归并于各该司令部。此前，溃不成军的陆军装甲兵司令部已经被缩减成装甲兵旅，由蒋介石的次子蒋纬国任少将旅长。[72]这对于简化指挥机构，提高行政效率是颇有益处的。

国民党军惨败的一个重要原因就是各单位之间职责不明，政出多门，互相扯皮，互相推诿，不能很好地配合协作，共同作战。特别是军令和军政两系统的权责不明，给部队造成了很大混乱。所以，对国民党军组织系统加以调整，是蒋介石整顿军事的中心之一。3月15日，蒋介石发布命令：[73]

一、兹拟定国防机构组织系统表及国防职务互相关系对照表，着自39年7月16日起实施。

二、总统根据宪法第36条统帅陆海空军。

三、国防部长依法行使行政权，负责控制军事预算，获得人力、物力，监督有效使用，充实国防力量。

四、参谋总长在统帅系统上为总统之幕僚长。在行政系统上为国防部长之执行官。

五、在统帅系统下设陆海空各总司令部及联勤总司令部，为陆海空军及联勤业务之执行者。

六、依战斗序列成立之高级指挥机构，隶属于统帅系统。

通过上述命令，强调了"总统"对三军的统帅权，旨在加强蒋介石对各部队的直接控制，同时，也明确划分了军令与军政两系统，尤其是这两系统的首脑"参谋总长"与"国防部长"的职权，凡有关"国防"建设、军事行政部门等统由"国防部长"负责，而有关陆海空作战计划及指导等属于军事指挥部门之职权，统由"参谋总长"负责。

在经过上述军事机构调整后，蒋介石以"总统"名义发布了一系列任免命令，更换各主要军事部门的领导人。3月17日，蒋介石发布命令，任命周至柔为"参谋总长"，仍兼"空军总司令"，孙立人为"陆军总司令"，免去顾祝同的"参谋总长"、关麟征的"陆军总司令"职务。[74]3月23日、25日，台北又公布两批任免名单，任命蒋经国为"国防部总政治部主任"，袁守谦为"国防部政务次长"，萧毅肃为"参谋次长"，黄镇球为"联勤总司令"，郑介民、宋锷为"国防部参谋次长"。同时，蒋介石对"总统府"内的有关军事人员进行调配，"参军

孙立人（1900—1990），毕业于清华大学，后留学美国著名的弗吉尼亚步兵学校。因出征缅甸，孙率部参加，充分展示了自己的军事才能，取得了非凡战绩，赢得了盟国的高度赞赏。战后他成为美国军界巨头的座上客，深为美国人赏识，也因此获得蒋介石的青睐。

长"刘士毅、"侍卫长"李宇清被免职，一大批中将级的"参军"如张鹤龄、刘诚之、黎铁汉、萧勃、汤家威、徐会之、杜从成、毕书文、龙绳组等也失宠去职。

大陆时期，国民党兵多将广，但派系林立，有些将领还挟兵自重，不买蒋介石的账，蒋能控制的只有黄埔系的军官。退到台湾后，地方派系首领普遍失去了军队，再加上台、澎、金、马地域十分有限，倒为蒋介石剥夺杂牌军将领们的军权、直接全面控制军队提供了客观条件。经过这次改组，老将们及杂牌军首领被清除殆尽，三军高级将领几乎是清一色的黄埔系。例如，"参谋总长"兼"空军总司令"周至柔（1899—

1986），是蒋介石的浙江老乡（临海人），前妻毛福梅的姨甥；保定军校第八期步兵科毕业，后任黄埔军校教官，跟随蒋介石参加北伐、"剿共"战争；1933年被蒋介石派往欧美考察空军教育，回国后任中央航空学校教育长、航空委员会主任；抗战时期任空军前敌司令部指挥官、蒋介石侍从室第一厅厅长，并作为顾问陪同蒋介石出席开罗会议，1946年出任国民党军空军总司令。[75]周至柔不但与蒋介石关系密切，而且是宋美龄在航空界的主要代表，是陈诚保定军校的同学，十八军的老搭档。由此，蒋介石对军队的控制达到了前所未有的程度。惟一的例外，是之前一向被冷落、非黄埔系的孙立人被任命为"陆军总司令"的要职。

孙立人毕业于清华大学，后留学美国著名的弗吉尼亚步兵学校。但毕业回国后一直不被重用，只好在宋子文的税警团任职，无法在国民党正规军中立足。抗战爆发后，税警团改编为新38师，并出征缅甸，孙率部参加，充分展示了自己的军事才能，取得了非凡战绩，赢得了盟国的高度赞赏。他本人战后也成为美国军界巨头如马歇尔、麦克阿瑟等人的座上客，深为美国人赏识。抗战结束后，他再遭冷落，被派到台湾任"陆军司令部训练司令"。此次黄埔系化的改组中，与蒋介石既无师生之情又无乡土之谊的孙立人，在其他派系将领纷纷落马之时，却被留了下来，而且被委以重任。蒋介石如此青睐孙立人，原因不在于孙的军事才能，而是他的美国背景。蒋要保卫台湾，没有美国的援助是不可能的，而没有几个亲美人物作招牌，美国人是不会轻易将经济军事援助送上门的。此外，重用孙立人还有安抚非嫡系将领，免为他人攻击之用意，可谓一箭双雕。当然上述目的只可意会，不可言传。表面上对外宣称，孙立人之所以被重用，是"孙将军本人具备现代军事学识，专心致志于治军，而不驰心旁骛，他是今日中国稀有的典型军人"。[76]舆论界也盛赞孙立人之被任命，是国民党军事改革四大举措之一。那时，美国已改变对台政策，大规模援助台湾当局。

1950年3月25日上午，改组后的各高级将领就职典礼在"总统府"举行。参加宣誓就职的有新被任命的"参谋总长"周至柔、"副总长"

郭寄峤、"陆军司令"孙立人、"联勤司令"黄镇球、"国防部次长"袁守谦、"参谋次长"萧毅肃、郑介民、宋锷等。蒋介石亲自主持典礼，"行政院长"陈诚等高级文官也都参加。首先由新就职者宣誓：

> 余誓以至诚，实行三民主义，服从命令，尽忠职守，捍卫国家，达成反共抗俄使命。如有违背誓言，愿受严厉处刑。

随后，蒋介石致训词，要求各高级将领率所部重振纪纲，确立制度，奋发图强，消灭共产党，重新夺回大陆，"假如我们不能达成此项任务，则惟有一死以报党国同胞及国父暨先烈在天之灵！"他说：[77]

> 参谋总长及各级官长第一要务，在上下一致重振纪纲。过去一年间，纪纲废弛，精神松弛，致使军队一败涂地，遭受节节失利，大多数人民被匪关入铁幕，吾人八年抗日战争所获得成果，国际人士对吾人之崇敬，遂因此而告丧失，受尽侮辱与歧视，稍有廉耻有人性之人，于别人欺伤讥笑之下，自不愿亦不能忍受。欲洗雪耻辱，必重振纪纲，此乃第一要务。
>
> 其次为确立制度，吾人过去所受失败教训，在于制度之未臻健全。去年一年来，余耳闻目睹各种缺点造成之严重后果，此后，吾人应确立制度，造成有系统有组织之机构，始能发挥无比力量，否则将丧失国家人民与自己之生命。盖建立新国家，必先建立新制度，如此始克完成剿匪戡乱任务，否则，即使获得了胜利，则仍将遭受失败之教训。

蒋介石明白，要保卫台湾，军事是第一要务，而要对在溃败之中的国民党军重新整理，所做的工作非常繁多，包括军纪的整饬、军队中政工制度的确立、对军官的训练、军事院校的建立、军队的整编、士兵素质与福利的改善等。

　　蒋提出，"军事制度之建立，先以各兵种业务人事之组训着手，再加以统一集中，□以通信情报与参谋学院之建立为急务"。[78]20世纪50年代初期的蒋介石可以说是全身心在整理军事上，以改善士兵素质与待遇为例，蒋曾试图通过"换血"方式，招募台湾的新兵取代从大陆溃败去的老兵，无奈此项工作所费甚巨，终因"经费不足以致停顿"。[79]蒋便只能通过加强训练旧有士兵来提高实力，他不断地巡视部队，为士兵打气。在经费困难的情况下，蒋想到了古代"兵农合一"的方式：实行"退伍军人征田安置政策"，他认为，"如果能成事实，则整军与限田同时并行，一举两得矣"。[80]通过给士兵"授田"来满足其基本的要求。1952年，蒋又在经济稍得喘息后，首先给士兵加薪。"士兵增加饷项已于本月实施，而官长薪饷以预算无着未能增加，因之更加强士兵之士气，此为数年来最关心之要务，而今幸得实现。"[81]1952年后，台湾当局规定所有专科与大学毕业生，"一律皆入军官学校受训一年，取得预备军官资格以后方给毕业文凭"。这一制度的实行，改善了基层军官的素质，扩大了兵源。

　　在被迫退出海南岛与浙江定海等地之后，蒋介石将所有军队的战线收缩到台湾、澎湖等处，并将部队缩编整编，至1952年10月底完成，把原有的31个师压缩成21个师，并成立4个师管区。同时，对中下级军官实行来回培训，对高级军官，尤其是心怀二志的杂牌军官进行了清理。蒋签发了两项命令：对逃亡海外将官不归的一律"免官除役令"，对陈诚等已经不在军队担任职务的官员"退役令"。蒋事后总结道："国军官籍整理之原则实施，所有高级军官未随政府来台及散居国外者，一律免官除役之发表，李宗仁、张发奎、熊式辉等均一律在内，此举实与党员全国大会淘汰腐劣中委之性质同一重要也，实为整党整军最重要之步骤也。"[82]确实，部队整编与高级军官的"官籍整理"，使得军队更"职业化"，军官更忠诚，蒋介石更易控制。

　　对于整理军事的成果，蒋介石在1950年底与1952年底均有认真总结，现将其日记中的相关内容录于下，可见其在两年间的"进步"。

1950年底，蒋介石写道：[83]

> 关于军事之整理，收效各点：甲、政治部制之建立；乙、人事之统一；丙、缺额之清理；丁、补给到团经理之改制；戊、军官保险制实施；已、兵额之核实；庚、发饷之定期；辛、分配菜田，补充副食物；壬、军官训练团之成立，教育制度之改正；癸、四次联合演习之亲临主持，定海大撤军，总校阅之实施，军官学校之重建，此实皆为整军奏效之因事也。

1952年底，蒋介石写道：[84]

> 军事最大之成就：子、圆山军训团高级班第三期训练如计完成，至此，团长以上高级将领皆已训练完毕，此为建军之最大基业也；丑、四月间海空军各总司令如期撤调，严拒美国武官横加干涉；寅、自五月起，各军彻底整编，以卅一个师至十一月止整编为廿一个师，设立四个师管区，皆如期实施；卯、陆军各防守区司令与海军各舰队司令皆重新编调，而空军各区联队司令亦于年底完成；辰、陆海空三军物资对流，所有各总司令据为私有之仓库，一律交予联勤总部办收管。午、炮、工二科及陆海参谋各学校与国防大学，皆已举办开学。战术、空军与装甲、通讯、情报、政工、测量各校皆由美国协办而加强矣。

两相比较，1950年，蒋的整理军事工作要点在"人事统一"、"核定兵员"、"缺额清理"、"发饷准时"、"分配菜田"等收拾残局、安定军心的低层次上，而1952年则关注于军事院校的建设、中高级军官的训练、部队整编等提高部队战力与军队发展等较高的层次上了。

第二章 "保卫大台湾"

一 神秘的"白团"

提到国民党军队到台湾后的"蜕变"，大多数人能想到的是美国的军事援助与美军顾问团。其实，最早对国民党军队进行改造的，不是美国军事顾问团，而是来自一个由旧日本军官组成的顾问团，这个被称为"白团"的神秘组织的面纱，一直到近年才被揭开。

国民党军队在大陆全面溃败，证明其各级军官的无能与军事素养低劣，需要严加培训，可培养他们的师资又在哪里？困境之中的蒋介石四处无援，居然想到请日本教官对国民党的中高级军官进行培训。早年在日本学习军事的蒋对日本的军事教育印象极佳，即使在抗日战争期间，他也时常称赞日本官兵的军事素养。而此时蒋能与日本旧军官联络上，得益于他在抗日战争结束后对部分侵华军官，尤其是冈村宁次等人的"以德报怨"政策。冈村宁次是抗日战争末期日军在华的最高长官"支那派遣军总司令"，对中国人民犯下了不可饶恕的罪恶，但日本投降后，蒋介石出于日后对抗共产党的需要，对冈村宁次等人予以宽大处理，让他留在中国暗助其"剿共"。由于蒋介石等人包庇，在1949年的军法审判中，对中国血债累累的冈村宁次等一批侵华日军军官竟被判决"无罪"，由汤恩伯护送回日本。消息一出，举国哗然，甚至代"总统"李宗仁也要求将其引渡回中国，重新审判。

国民党军在大陆的节节败退，在美国表明其"弃蒋"政策之时，蒋介石向冈村宁次提出希望在军事上协助的要求，而冈村宁次等一批得到过"庇护"的旧日本军官，也"知恩图报"，密商组织力量帮助蒋介石。1949年7月，冈村宁次等在日本秘密招募旧军官，经挑选后，决定由曾任日本第二十三军参谋长、华南派遣军参谋长的富田直亮（化名"白鸿亮"）少将为总领队，前海军少将山本亲雄（化名"帅本源"）

与前炮兵大佐李乡健（化名"范健"）为副领队，率17名旧日军兵团参谋或连队长级军官组成"白团"，他们中的大多数人参加过侵华战争，少量人参加了太平洋战争，有丰富的作战经验。富田直亮（以下称其"白鸿亮"）通谋略，曾在华南战场上指挥日军攻城略地，无恶不作，施放毒气杀害中国军民，战后被关押，但未经任何审讯，便跟冈村宁次同船被遣送回日本。他对蒋介石很感激，在住所内悬挂蒋介石的照片。为掩饰其身份，所有日本军官也均以中国化名。日本参谋团所以取名"白团"，一方面是因为领队的化名"白鸿亮"，另一方面是以帮助蒋介石以"白"来对抗"赤色"共产党。"白团"组成后，其成员在东京的一家旅馆签下"血盟书"，保证效忠于蒋。

1949年11月1日，白鸿亮飞抵台北，他曾到重庆协助国民党军，失败后再返台北。至1950年初，先后到达台湾的旧日本军官共达19人，这是"白团"的最初班底。"白团"在台的最初任务是设计台湾防卫计划，帮助蒋介石重整军队，尤其是施予精神教育。台湾军方将"白团"成员安排在台北以西的军事基地内。那里建有日本式房屋，树林茂密且戒备森严，保证外人无法接触。蒋介石聘请旧日本军官的方式，与其20世纪二三十年代聘请德国顾问有相似之处：都是由其私人邀请而非"政府间"合作，顾问均是退役而非现役军官，顾问的责任都是协助其对共产党作战与训练军队。

聘请"白团"旧日本军官的事情是在极端秘密的情况下进行的，蒋介石命令彭孟缉负责此事。日本侵华造成中国巨大的灾难，日本军人在中国烧杀抢奸，犯下的滔天罪行尚未清算，请其来当"座上宾"，这是任何有良知的中国人感情上所不能接受的。而且从军事上讲，日军是向中国军队战败投降的，是"不能言勇"的手下败将，有何能耐训练指导中国军队？！即使有与共产党作战的压力，蒋介石这种不顾民族大义、"认贼为友"的行径，也要受国民党人的指责。

对"白团"这么重要的事情，蒋介石日记中不能不记，又不敢明确地记，故相关的记载十分隐蔽，多数情况下以"日本教官"来称之，

如何改造国民党使之获得「新生」，如何继续巩固蒋家统治地位，成为蒋后半生苦苦思索的主题之一。图为1950年1月蒋介石在主持国民党中央改革委员会会议。

需要配合其他资料才能理出脉络。1950年1月初"白团"第一次出现蒋的日记里："召见彭孟缉，商议日本教官参观凤山训练情形。……约岳军、雪艇、立人聚餐，谈英美外交关系及李白态度。"[1]由这段日记，我们可以推测，到此时聘请旧日本军官的事情连张群、王世杰、孙立人这些蒋十分倚重的人最初都不知晓。如何向自己的部下说明，蒋也没有把握，他把"任用日员之理由说明"列为需要考虑的重要问题。1月12日，蒋介石第一次向其高级将领说明任用旧日本军官之事，遇到了抵制，他在日记中记道："正午，研讨用日本教官事，征求高级将领意见，多数仍以八年血战之心理难忘，此固难怪其然，故对日人之用法，应另为检讨也。"[2]以蒋介石的权威，而多数人仍敢反对，是因为理由太充分了，八年抗日血战相去不远，如何能接受敌人的"训练"？蒋介石也不得不表面上接受反对意见，要"另为检讨"。然而，在当时四处无援的情况下，蒋利用旧日本军官训练部队的主张是坚定的。他后来又对高级干部专门训话，说明"日本非中国不能生存，日本亦非中国不能独立之道"，并以是否接受日本教官作为对他个人信仰的标准，而不信仰领袖，则事业不能成功。实际上是强制大家接受。[3]他后来想到的办法，就是在其"革命实践研究院"之下，分设"圆山军官训练团"，从部队中选拔年轻、有一定文化、体格健壮、"反共意识强"的上士以上官兵数千人，由"白团"教官，实行半封闭式军事训练，以期两年后全军推广。"圆山军官训练团"团长由蒋介石亲自兼任，彭孟缉任教育长，具体负责。

5月21日，军官训练团开学，蒋介石亲自到冈山主持开学式，并对参训军官"点名训话"，他不但在训话中向军官们说明"聘请日本教官之重要，与中日将来必须合作团结之关系"，而且在聚餐后又"讲解'大亚洲主义'之要义"。[4]蒋介石在此时既用现实需要为自己的行径辩解，更搬出了孙中山"大亚洲主义"做挡箭牌。1924年孙中山在日本演讲"大亚洲主义"，强调"亚洲"与"欧美"的对立，有争取日本支持的现实背景，曾被别有用心的日本人篡改来搞"东亚共荣圈"，侵略中国。汪精卫也曾以此为其卖国行为张目，此时蒋介石也搬出孙中山与"大亚洲主义"的招牌来为自己的行为遮羞。次日，蒋介石"召见日本教官训勉"。[5]这可能是蒋第一次与"白团"成员见面。蒋介石对军官训练团十分重视，他也担心团员的反日情绪会影响训练质量，"甚恐学员对过去敌意难忘与自大自弃，不能虚心受教获益"，故他时常去视察训话，与团员谈话，了解情况，自称是"不遗余力"。训练团第一期共5个星期，他前后去对团员训话11次，对训练成果与日本教官的表现相当满意。他在日记中写道：[6]

本周发现军官训练团之无限的希望，其团员多半优秀，超过其军、师长高级将领远甚。此为今后革命惟一之基业，故对于考核与组织亦不遗余力。而日本教官之教育得法与努力，卒使全体学员消弭敌我界限，以建立今后中日合作之基础，更足自慰。

6月27日，蒋介石出席军官训练团第一期毕业典礼，他表示"此期训练之成效，实超过所预期者"。蒋对日本教官的态度更进了一步，如果说他以前还较含蓄有保留的话，现在变成了大肆赞扬，更将白鸿亮比喻为朱舜水（蒋日记中此时也第一次出现"白鸿亮"的名字），强调要"尊师重道"，"令学员对（日本）教员须特别优礼与尊重"。[7]朱舜水（1600—1682），原名朱之瑜，明末清初著名学者，曾参与郑成功的反清斗争，失败后流落日本，传授儒学，在日本颇受尊重。事后，蒋对如此赞美旧日本军官，强迫中国团员对其特别优礼，自己也有"似或太过乎"的感觉。

训练团第一期的成功，使得蒋介石要继续利用日本教官办下去。蒋的观察是"训练课目与方法亦更进步，学员得益收获亦比以前数期更大"，更重要的是，"白鸿亮教官讲述武士道，对于学员感觉尤深"。国民党军队溃败后，军心涣散，毫无信仰，此时日本旧军人传授的"武士道"竟成了蒋介石收拾军心的救命稻草。[8]1950年下半年，美国已经表明军事、经济援助台湾的计划，但蒋制定了依靠"白团"扩大训练军官的计划，并增建了新的学舍。到1951年夏天，"白团"规模最大时，日本教官竟达到83人，全是旧日本军队中从少佐到少将级的核心精英，有人折算，他们的参战与谋划能力，相当于战前日军三个师团的参谋力量。冈村宁次本人还被蒋介石聘为台湾"革命实践研究院"的高级教官，以后又担任日本右翼势力"日本战友会"副会长等职。

蒋介石将"白团"在台湾当成最大的机密，知之者甚少，但终归纸包不住火。1951年春天，还是有香港的报纸披露了神秘的"白鸿亮团"在台湾训练国民党军队的行踪，报纸指出，这是非常可耻的行径，足以证明蒋介石没有起码的民族尊严。大陆方面也了解此事，但当时并不太在意。大陆的基本判断是，前日本军官与国民党军队的结合，并不能构成多大的战斗力而威胁到大陆的安全。对蒋介石更大的批评与压力来自美国。美国军事顾问团到达台湾后，希望用美国的军制与装备改造国民党的军队，对蒋介石任用旧日本军官的行径提出批评。美军顾问团团长蔡斯在给蒋介石的报告中，要求解除对日本军官的聘任。这使蒋颇为头痛："近日思虑最痛切之事，莫过于美国顾问团蔡斯报告其建议书，而对于日本教官今后运用之计划更为费心，在静坐与默祷时几乎不能遗忘。"[9] "考虑美顾问对日籍教官之排除问题的解决办法颇久。"[10]就在蒋犹豫不决之际，抗日战争期间担任过蒋介石私人顾问的拉铁摩尔又在华盛顿公开发表演讲和撰文，抨击蒋介石秘密招募以"白鸿亮"为首的一批日本旧军人去台湾训练军队的行为，批评其做法是"轻率的、非理性的"。这使得以"民族英雄"自居的蒋在国际上非常难堪。他不能不有所顾忌，指示有关部门进一步加强新闻封锁，否认"白团"的存在（多数台湾的民众也是近年才知道"白团"真相的）。同时，派人秘密地将山本亲雄等57名前日本军官送返日本。

美国的压力，使蒋介石利用"白团"的规模与方式有了很大变化，但却没有阻止蒋利用旧日本军官为其服务的决心。为了避美军耳目，"白团"从1952年起转移至石牌，并改以"实践学社"之名继续活动。仍留在台湾的白鸿亮等人，深居简出，不再公开出面训练军官，转而着重于军事战略战术研究，为蒋介石及国民党高级将领提供咨询。他们还编写各军种、兵种技术训练教材、讲义，化名出版。白鸿亮等人仍隐蔽不定期地去台湾的陆军学校、装甲兵学校等军校授课。"白团"协助蒋介石培训军官的形式较多，有专门训练师团长、兵团参谋长以上高级军官的"长期高级班"，也有训练兵团参谋、连队长级军官的"短期中级班"。各类训练班用不同的名称来遮人耳目，如"党政军联合作战研究班"、"战史研究班"、"高级兵学班"、"战术教育研究班"、"动员干部训练班"等。据不完全统计，经由日本军事顾问在台训练的国民党各级军官约6000名。蒋介石对经过"白团"的训练军官格外青睐，台湾军中一度有非经过"实践学社"培训不得晋升师长级以上军职的传言。蒋介石本人也是"白团"的听众，1951年曾让白鸿亮专门为他讲"战争科学与哲学"达6小时。[11]1953年，他又请日籍教官系统地讲解古今战史，包括"甲、太平洋日军失败之战史；乙、亚历山大；丙、菲特主大王；丁、拿破仑各战史"。并将此事记入当年的"总反省"中，称听完讲解后"皆有心得，于我今后作战之助益必多"。[12]

由于美国的反对，1953年后"白团"在台湾的影响日益缩小，作为集体军事顾问与教官的作用消失。因而，美国方面也不再强烈抗议，蒋对此深有感受，在日记中写下：美国"对我在实践学社日籍教官之特别训练工作，而竟亦停止其抗议"。[13]然而，蒋介石与旧日本军官的密切关系持续了很久。冈村宁次纠集了一批前日本高级军官，在东京成立军事研究所，对外号称"富士俱乐部"，定期开会，配合在台湾"白团"的需要搜集战史、战略与战术资料，分不同专题将数据资料寄送到台湾。至1963年，寄到台湾军事图书约7000册，各类资料5000余件。1954年，"白团"曾制定了"反攻大陆初期作战大纲之方案"交给蒋介石参考。1958年，"八二三"台海危机在大陆炮击金门发生两天后，白鸿亮率少量"白团"成员巡视金马防务，对守备区指挥部的作战有所建议。1963年，"实践学社"关门结束。白鸿亮被聘为"陆军总司令总顾问"，他与江秀坪（岩坪博秀）、乔本（大桥策郎）、贺公吉（系贺公一）、楚立三（立山一男）组成"实践小组"，在陆军指挥参谋大学内工作，由蒋纬国充当联络人。

由旧日本军官组成的"白团"在1968年撤出台湾，次年2月在东京正式解散，其时尚有23名成员。由于对蒋介石的忠诚等原因，白鸿亮本人则一直留在台湾，到1979年去世前才回日本。神秘的"白团"前后持续了18年，对台湾的军事影响较大。

一个显而易见的问题是，蒋介石为什么对有着官方协议来全面帮助他的美国军事顾问团处处防范，而要甘冒各种批评对偷偷摸摸到来的日本旧军官有那么大的兴趣？除去他早年受日本军事教育，印象深刻外，从蒋介石个人的经验中或许能找到答案。历史上蒋介石打过交道的官方军事顾问团包括苏联与美国，这些顾问都依靠本国政府的政治军事资源，在支持蒋的同时，也维护其国家在中国的利益，对蒋并不"尊重"，最后多以不愉快而结束。而日本旧军官完全受聘于蒋本人，听命与效忠于蒋，甘心成为蒋的工具而不会干涉蒋的决策，这与20世纪30年代蒋介石与德国军事顾问团的关系相似。而这是处于逆境而心理倔强的蒋介石喜欢的模式。在美国军事顾问团压迫蒋介石解聘"白团"时，蒋极端愤怒，在日记中写道：美国人在援助的同时，时刻不忘对他进行"侮辱与卖弄"，使他对美援有"受之有愧，而却之不恭之叹"，一度发狠说："我宁不接受其援助，而不愿再受其长此侮辱污蔑，以丧失我国格与士气也。"[14]

二 政工改制，整饬军纪

1950年初，蒋介石控制的台湾岛的局势，用危如累卵来形容是再恰当不过了。自中华人民共和国中央人民政府在北京宣告成立后，国民党军在大陆的溃败已成定局，至蒋介石"复职"之时，国民党军在大陆的力量所剩无几。国民党最倚重的盟友美国也态度暧昧，其总统杜鲁门在1月5日明确表示对中国采取"不干涉"政策，不会向台湾的国民党军提供"军事援助和顾问"。[15]所幸仗着其海空军的绝对优势，利用大海的天然屏障，国民党军避免了被全歼的命运，暂时保住了台湾、海南、舟山等沿海岛屿，以图与共产党继续对抗。但人民解放军利用高昂的战斗士气，驾木舟帆船，开始探索海岛作战的经验，虽然付出了一定代价，但也解放了不少沿海重要岛屿，积累了许多海岛登陆作战经验。特别是《中苏友好同盟条约》签订后，人民解放军开始加强海空军建设，海空力量迅速壮大，与国民党海空军的差距不断缩小。与此同时，人民解放军在海峡沿岸集中了数十万大军，加紧赶制战船，进行登陆演习。在蒋介石复职的当天，中国人民解放军总司令朱德在北京表示："废除蒋介石在台湾统治已成为全国的当务之急。""一定要解放台湾"是其时新政府的核心工作之一。

国民党新败之余，惊魂甫定，对对岸的隔海摇旗呐喊，心惊肉跳。台湾岛人心惶惶，草木皆兵，局势动荡。蒋介石复职前后，采取各种措施，整饬军纪，改革政工制度，整肃"匪谍"，调整军事部署，动员民

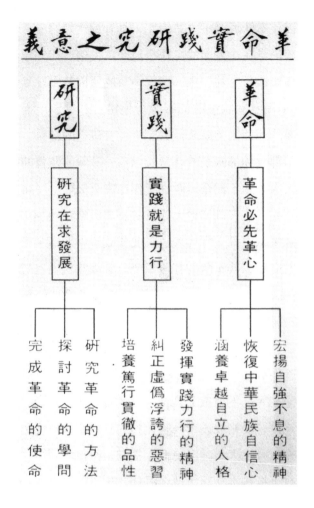

为了提高国民党干部的素质，蒋介石父子加紧培训工作。图为蒋介石手订『革命实践研究之意义』图解，要求国民党干部改变工作方法，提高部队战斗力，从而大大强化了蒋氏父子对干部、军队的控制。

众，以保卫这最后弹丸之地。

　　蒋介石控制军队、整饬军纪的重要手段，是在军队中恢复以统一官兵思想、监督官兵言行的政治工作制度（简称"政工制度"）。他在1950年的工作计划中，把恢复政工制度放在重要位置，安排手下干部提出方案，研究实施。1月中旬，蒋介石即在"革命实践研究院"中与他人"研讨政工制度问题"。[16]他认为，"士兵如果不知道为何而战，那他们只是一种募兵，而募兵是不会成为优良的士兵或斗士的"，所以，必须在军队中建立政治作战制度，以激励军队中的高度战斗精神。为达此目的，"每一军官或士兵必须充分信仰三民主义，并有为三民主义而不惜任何牺牲之坚决意志"，"军队精神之完全统一必须确立，最高水准的士气才能达到，藉此而使军队成为一支革命军，具有钢铁般的战斗意志"。[17]但大陆时期，国民党在这方面的工作令他非常失望。1950年1月5日，他在阳明山"革命实践研究院"做《国军失败的原因及雪耻复国的急务》的演讲，检讨国民党军队失败的根源。他说："就制度而言，我们所以失败，最重要的还是因为军队监察制度没有确立的结果。自从党代表制度取消，政治部改为部队长的幕僚长以后，军队的监督即无从实施。同时，因为政工人事的不健全，政训工作亦完全失败。"蒋介石早年访问苏联，对红军的党代表制度曾大为赞赏。国民党在1924年进行改组时，曾仿照苏联在军队中设立党代表，在北伐战争中发挥了重要作用。1927年国民党反共以后，其军队的性质蜕变，各级党代表也被废除，官兵皆缺乏政治训练，主要靠对派系与私人的忠心来维持。结果，部队意志薄弱，战斗精神完全丧失，尤其对民众不知爱护、联系，甚至恣意骚扰，以致军纪荡然无存。蒋介石也意识到"这种没有灵魂的军队，自然非走上失败的道路不可"。

因此，蒋介石指出，重建军队的监察制度，从改革政工制度开始，在军队中"从长官公署至连排，要构成一个公正无私的监察系统，要选择最积极最优秀的干部来充任政工人员，以使命令贯彻，纪律严明"，"今后政工人员必须由其政工机构本身逐级甄选派任，决不能再由各部队长任意撤换，滥竽充数，务使其能切实负责，襄助部队长为其所部官兵政治教育的负责执行者，使全体官兵能为主义而战，为党国而战"。他还特别说明，他将亲自领导重建政工工作，"我一定大公无私，慎重选派优秀积极人员来负责执行，务期能建立崭新的革命阵营，扫除一切腐败贪污的积弊，来雪去我们过去的奇耻大辱"。[18]

基于上述认识，在蒋介石的要求下，1950年2月国民党中常会决定恢复在军队中的党务，以建立国民党在军队中的领导核心，加强军队战斗力。根据这个决议，蒋介石派其长子蒋经国与"国防部"政工局局长邓文仪筹划政工改制工作，准备全面接管。

蒋介石"复职"后，加快了政工改制的步伐，将"国防部"政工局改为"国防部"总政治部，任命蒋经国为总政治部主任。蒋介石选择蒋经国担任总政治部主任，除了血缘上的关系便于操控外，也与其经历有关。蒋经国曾于1925年10月入莫斯科中山大学学习，1928年秋入列宁格勒中央军事学院学习，做过工厂的学徒、厂长。1937年回国后，曾任国民党赣南行政督察专员、三青团中央干校教育长、青年军政治部主任、国民党台湾省党部主任，他工作作风硬朗，甚至可以说是有"左"倾色彩。蒋经国是熟悉该工作，有军事、党务和政治经验，是比较合适的人选。当然最重要的是，这为蒋经国全面介入国民党军队创造了机会，也为其将来全面接管台湾奠定了基础。

4月1日，蒋介石亲自批准的《国军政治工作纲领》公布实施。纲要规定，政治工作的基本任务有五项：一、主持军队政治教育思想领导，建立精神武器；二、筹划军中组织，考核官兵思想，防止逃亡反动；三、监察所属单位之人事经费，核实人员马匹；四、激发官兵战斗情绪；五、推行保密防谍教育，展开官兵保防工作。[19]按照上述纲要的精神，蒋经国在各部队中自上而下安插骨干亲信，建立了一套严密的政工体系。各部队政工人员根据蒋经国的命令，向士兵灌输反共思想，及效忠于蒋介石的教育，鼓励士兵和士兵之间、军官和军官之间、官兵之间互相监视，互相揭发，从而有效地加强了对军队的控制。

为了促进政工工作的开展，蒋经国举办各种活动，要求政工干部们互相学习，互相竞赛，互相交流，以共同提高政工业务水平。6月19日，"国防部"政治部政工业务会议在阳明山"革命实践研究院"召开。会议在蒋经国的主持下，围绕台湾所承受的压力越来越大的情况及如何发挥政治工作的作用、提高国民党军战斗力等问题做了详细的研讨规划。会议结束时，蒋介石亲自到会，集合政工会议的全体会员点名并训话，阐述"中共必败"的道理，要求政工人员努力研究政工方法，提高部队战斗力。他说："革命固然要有道理，维护传统精神和文化是我们革命的基础。但革命的方法也很重要，现在革命的道理完全在我们手里，如果方法不好，也难免不遭受挫折。"[20]

　　为了提高政工干部的素质，适应政工业务发展的需要，蒋介石父子还加紧了政工干部的培训工作。3月1日，"国防部政治干部训练班"在台北开学，学员达3821人。从学历来看，学员中有原陆大毕业者21人，中央军校1045人，中央干训团417人，战干团160人，各部队训练班1138人，专科以上学校146人；就军衔而言，上校学员277人，中校353人，少校694人，上尉约占1/3，中下尉约占1/3，很多曾任参谋长、团长、政工处长。班主任由台湾省保安副司令彭孟缉兼任，各大队大队长、副大队长均有少将军衔。"政干班"毕业生被分发到各部队任职，从事政治工作，积极进行反共活动，而"政干班"也被台舆论界称为"政治、经济、军事性的反共堡垒"。[21]

　　1950年9月，蒋经国又让亲信、政治部第一组副组长王昇草拟"政

蒋介石与蒋经国父子在台湾山居的合影。此时，蒋介石正逐渐把台湾权力的接力棒交给蒋家第二代——蒋经国手上。

工干校"的建校计划，以把政工干部的培养、训练由短期、临时变为系统、正规，形成制度化。次年2月，成立了建校委员会，选台北北投的竞马场为政工干校的校址，并把竞马场改名为"复兴冈"，1952年11月正式招生。干校的教育宗旨为"以培养笃信三民主义，服从最高领袖，忠党爱国，坚决反共抗俄之健全政治工作干部，使能参与陆海空军各级部队，共同完成国民革命第三期任务之使命"。[22]干校为国民党军队培养了大批政工干部。1952年，国民党在军队建立了特别党部，蒋介石甚为高兴，认为是奋斗的结果，"实已奠定建军之基础大业矣"。[23]

政工改制大大强化了蒋介石、蒋经国父子对军队的控制。目睹其整个历程的吴国桢后来回忆说："改组后的国防部总政治部可以任命每个师、旅的政治军官，甚至下至连的政治军官，表面上这些人负责训练和给部队灌输某种思想，但实际上都是军中的密探，蒋想让自己的儿子经国以这种方式控制军队。从旅长一级开始层层改组指挥部，无论何时，蒋如要撤换一个人，他会要指挥提名，但实际上都是由经国筛选的。后来通常须有经国的批准，军官们才能被任命司令官。这样到1951年底，蒋介石就能确信所有的军官，我（吴国桢——引者注）是说旅长以上的军官，都是他和经国的人了。"[24]

那么，政工制度的改革，对于提高国民党军队的战斗力究竟有多大作用？江南在其《蒋经国传》中的评述颇有见地，他说，"政工监军制度……分散指挥官事权，因此减低了效率。如果行之过甚，则军队虽然忠字当头，没有兵变的危险，却也使指挥系统的效率降低，有碍克敌制胜"；为了求胜，优秀的军事人才比较重要；为了肃反，政治热情分子又比较受重视，"两者往往难以兼顾"。[25]政工制度的建立，实际上是在军队内自上而下地形成了一个体系化的控制力量，而政工人员干预军事指挥、军官晋级不以军事才能而以政治标准等种种错误，则引起了官兵的强烈不满。还在蒋介石提出要在军队中恢复政工制度之时，陈诚就在会上当面提出不同意见，他认为蒋恢复政工制度的想法是"迂谈"，必然导致蒋任意干涉事务，"使诸事拖延，台湾召乱，皆由此而起"，当时，闻者皆相愕，蒋竟也一时不敢强求。[26]数年之后，"孙立人事件"的发生就源于其对政工制度的抨击和对蒋经国干涉军事的批评。当然，更多的人对军中政工人员的飞扬跋扈是敢怒不敢言。

蒋介石在军队中推行政工制度遇到的最大阻力来自美国。1951年美国军事顾问团到台湾后，对台湾军队以美式装备进行整编训练，美国的理念与蒋介石将军队牢牢控制在自己手中的想法有极大的冲突。蒋、美双方在政工制度上的矛盾一下就显现出来，且几乎激化到不能收拾的地步，蒋介石甚至怀疑美国的对台湾军队设政治部的批评，是美方要直接控制军队架空自己，"此乃其国务院国防部毁蒋（介石）之一贯手段也"。[27]他在1951年底的日记中专门记载了这场争端：[28]

美国军援代表团四月派来以后，以六月杪韩战停火会议开始以来，对于军援并无一枪一弹之到来，而且对我经济与政治之控置，要求无已，尤其要求取消政工制度，必欲动摇我中央军事经济之控置权移于总司令部，以便其军援团之控置也。幸政策坚定，不为其外物所动，直至年杪，方运进若干子弹而已。

1952年，美国驻台陆军武官包瑞德与美军顾问团又对国民党军队中的政治部发起批评，蒋介石认为这受"'共匪'之操纵"、"肆意破坏"，让他找不到"妥善之对策"而大伤脑筋。为了向美国表示自己的决心，以阻止其批评，蒋下了最大决心，"要求美使撤换包瑞德，以全邦交也"。[29]然而，这一问题并未解决，作为妥协，蒋介石只能同意美国顾问团在其政治部内专门派驻顾问，巡视政治部的工作。双方在政工制度上的矛盾冲突，一有机会就泛上台面。1953年，蒋介石决定完全接受美式军制，"国军教育方针、决定采用美制之实施"。美国军事顾问团再次提出"反对政工制度，要求改正"，蒋介石则认为是"无理干涉"，而"暂置不理"。[30]

其实，若根据台湾"宪法"规定，在军队中设立国民党部，从事党务活动是"非法"的。该"宪法"第138条明文规定，"全国海陆空军，须超出个人、地域及党派关系以外，效忠国家，爱护人民"，以达军队国家化之目的。废除军队中政工制度，撤销军中党部，真正实现"军队国家化"，成为日后反国民党人士长期的政治要求。至于其对士兵进行的反共宣传和反共思想的灌输，则是建立在对事实歪曲之上的愚兵政策。

大陆时期，军队中结党营私，任人惟亲，导致军纪废弛，部队战斗力下降，且散兵游勇骚扰民众，强抢财物，强派壮丁，极大地损害了国民党形象。对此，蒋介石也十分清楚。因此，在进行政工改制的同时，也下令整饬军纪。3月26日，刚上任的新"参谋总长"周至柔即"奉命整饬纪纲"，对各种违纪官兵严惩，直至交军法局审办。

防止贪污腐败，是整治军纪的重要内容。大陆时期，一些国民党军官除贪生怕死外，还爱财如命，虚报兵力吃空额，倒卖军事物资赚钱。蒋介石对此深恶痛绝，为此对军官的贪腐行为严加管制。他先从制度层面着手，将所有物资与仓库全部收归"联勤总部"负责，下令"陆海空三军物资对流，所有各总司令据为私有之仓库，一律交予联勤总部办收管"。[31]部队长官不再经手物资，使其无法倒卖。而一旦发现贪污的军官，则严惩不贷。长期担任国民党军"海军总司令"的桂永清，对蒋介石颇为忠诚，是蒋的爱将，1949年指挥27艘战舰及其船只共计15万吨位撤到台湾，成为海军的基本班底。桂永清虽然一度抵制政工人员进入海军，与蒋经国产生矛盾，但蒋介石对桂仍能容忍，在1952年免去其"海军总司令"职的两年后即提拔其为"参谋总长"。然而，桂永清上任不久，即有人向蒋举报桂在任"海军总司令"期间，曾利用购置军舰、采购零配件之机"巧取豪夺，贪污了大量军费"。这使蒋介石十分震怒，下令彻底清查。桂永清自知贪污问题一旦暴露，蒋介石绝对不会轻饶，于1954年8月在家中自杀，距其担任"参谋总长"才45天。[32]

6月11日，"国防部"政治部又颁布《国军纪律须知》，目的皆在"整肃纪律、融洽军民"。《须知》由"四大纪律"和"爱民守则"两大部分组成，前者包括服从命令、严守秘密、缴获归公、秋毫无犯等内容，后者有说话要和气、买卖要公道、尊重妇女、不打架不争吵、不损失庄稼、不砍伐树木、借住房屋要先商量、尊重风俗、借用东西要送还、损坏东西要赔偿、乘坐车船要守规则、没有准假不外出等规定。[33]就具体内容而言，这一《须知》很接近中国共产党领导下的人民军队多年来行之有效的"三大纪律八项注意"。没有史料证明前者参考了后者，但说这些具体的规定确实是针对国民党军队侵民扰民的劣迹而制定的，且力图改善之，大概不为过分。

为重振军纪，蒋介石还从国民党高级将领中挑出几人，严厉惩处，杀一儆百。第六兵团司令、陆军中将李延年和第七十三军军长、陆军中将李天霞均以"身为高级将领，指挥大军于平潭战役激战之际，不能身先士卒，督师杀敌，乃竟畏缩不前，先后擅自撤退，致影响军心，战事失利"罪名，被交付高等军事法庭会审，并于6月14日被军事法庭以"不尽其应尽职责，临阵退却"为名，各判处有期徒刑12年，剥夺公权10年。[34]

国民党内"畏缩不前"、未败先逃的高级将领不在少数，李延年、李天霞不是仅有的两人。与丢失了整个大陆相比，丢失一个小小的平潭岛又算得了什么。他们遭到了严厉处分，只能说是运气不佳，撞到了枪口上。

三 "防谍肃奸"与制台

解放战争时期，中国共产党成功的对敌情报工作，对于猎取国民党军作战计划，分化国民党军阵营，瓦解其士气，动摇其军心，促使其溃败发挥了巨大作用。有人甚至将策划国民党军队大量阵前倒戈起义，称之为解放军攻势、国统区反蒋民主运动之外的"第三条战线"。蒋介石对此也有深刻反省，他说，共军制胜"完全是由于我们党务、政治、社会、军事各种组织都不健全"，给共产党的侦探提供了渗透的机会。他们充分利用这种机会，渗透入国民党的核心，或者从中获取情报，或者干脆控制、打乱其首脑机关，使指挥中枢失灵，造成军队迅速瓦解。蒋介石并把中共这种渗透工作称为"断头战术或挖心战术"。[35]吃过大苦头的他自然十分害怕共产党的势力再潜入台湾。

国民党政权虽退守台湾，但它的社会基础却非常不稳，台湾民众对国民党怀有深深的敌意。抗战胜利，台湾重回祖国怀抱。在日本殖民统治下生活了50年的台湾民众无不扬眉吐气，欢天喜地，他们把来接收的国民党官员、军队当成"祖国来的亲人"迎接。但没料到国民党政权如此腐败，对他们政治上百般限制，经济上巧取豪夺。忍无可忍之下，终于在1947年2月28日爆发了反对国民党黑暗统治的"二二八事件"，提出革新政治的要求。国民党官员先是欺骗民众，拖延时间，暗中却从大陆调集军队。大批军队奉蒋介石之命开到台湾后，立即对参与事件的民众进行血腥镇压，造成重大伤亡，对台湾人民的感情造成了巨大的伤害。当时的蒋介石绝不会想到3年之内会惨败如此以至到这个"孤岛"上寻找栖身之地。虽然是挟着大军及整个政权迁台，且亲自坐镇，但蒋介石仍是不敢掉以轻心的，否则，真的会沦到"退此一步，即无死所"了。

作为第一步，国民党首先在台湾建立起严酷的"戒严"体制，并长期推行之。1949年5月9日，陈诚宣布在台湾实行"戒严令"，"规定自5月20日零点开始，台湾全境实行戒严：（一）除基隆、高雄、马公三港口在警备总司令部监督下开放外，其余各港一律封锁，严禁出入；（二）基隆、高雄两港市每天上午1点至5点为宵禁时间，两市所有商店及公共娱乐场所也必须在下午2点之前停止营业；（三）全省各地商店或流动摊贩，不得有抬高物价、闭门停业、囤积日用必需品、扰乱市场等情事；（四）出入境旅客必需办理登记手续并接受检查；（五）严禁聚众集会、罢工罢课、游行请愿等行动；（六）严禁以文字标语或其他方法，散布谣言；（七）严禁人民携带武器或危险物品；（八）居民无论家居外出，皆须随身携带身份证，以备检查，否则一律拘捕"。

"戒严令"还特别宣布了十大"掉脑袋"的行为："凡有下列行为者处死刑：（一）造谣惑众者；（二）聚众暴动者；（三）扰乱金融者；（四）抢掠财物者；（五）罢工、罢市扰乱秩序者；（六）鼓励学潮，公然煽动他人犯罪者；（七）破坏交通通信器材者；（八）妨害公众之用水及电器、煤气事业者；（九）放火决水发生公众危险者；（十）未受允许，持有枪弹及爆炸物者。"[36]

除此之外，国民党还颁布了一套与"戒严令"相配套的法规、办法。如，"戒严时期出版物管理办法"规定，凡出版品有"为'共匪'宣传者"、"诋毁国家元首者"、"淆乱视听，足以影响民心士气或危害社会治安者"、"挑拨政府与人民感情者"，均在查禁之列；凡在台湾地区印刷或出版发行品，应在印就发行时，检具样本一份，送台湾警备司令部备查。[37]

由此，蒋介石在台湾建立起了严酷的军事戒严体制，并长期存而不废，直到1987年蒋经国去世前一年，才被解除。在一个地区实行长达38年的"戒严"，全世界绝无仅有。

其次，整顿并重建国民党的特务机构。蒋介石要防止共产党的渗透，加强对整个台湾社会的控制，惟有依赖特务组织——情治机构。大陆时期，国民党依靠特务进行统治，残酷镇压反对力量。但庞大的特务组织内派系林立，"军统"、"中统"矛盾复杂，相互之间为邀功争宠，钩心斗角，甚至不惜火并，退到台湾时已近瘫痪。蒋介石复职之后，为充分利用特务，彻底清除在台的共产党，首先对特务系统重加整顿，让其子蒋经国负责情治机构的工作。

早在1949年7月，身为国民党台湾省党部主任委员的蒋经国就开始插手特务系统。那时，蒋介石在台湾召开了由特务系统和治安系统负责人参加的会议，会上成立了一个名为"政治行动委员会"的核心组织，参加该组织者都是国民党情治系统的头脑，他们有："内政部"调查局长叶秀峰，"军统"毛人凤、郑介民、魏大铭，"警察署长"唐纵，"宪兵司令"张镇，台湾省保安司令部副司令彭孟缉等人。他们均由蒋介石指定，其主要任务是统一所有情报和治安工作，并使之充实、强化。[38]蒋经国为该委员会同蒋介石之间的联系人。1950年2月底，在蒋介石复职前，"防匪肃谍"取得重大进展，毛人凤向蒋报告，位居"参谋次长"的吴石"通匪有据"，蒋介石"殊为寒心，令即逮捕"。[39]

蒋介石"复职"后，加快了接管情治工作的步伐。先是蒋经国出任"国防部"总政治部主任，根据《国军政治工作纲领》中关于"考核官兵思想"，"推行保密防谍教育，展开官兵保防工作"的规定，积极插手特工领域，军中的政工人员就是一种变相特工。随后，蒋介石建立了"总统府机要室资料组"，蒋经国又出任资料组主任。该组要求党、政、军特务部门向其汇报工作，从而使蒋经国得以"为总统搜集资料"

的名义操纵、指挥各系统的特务工作。不久，蒋介石又手令台湾省保安司令部副司令彭孟缉组织"台湾情报工作委员会"，以协调指挥在台各情报单位的工作，并受资料组的领导。根据这一命令，彭孟缉彻底掌握了各系统，并进一步强化了蒋经国对情治系统的控制。

3月7日，蒋介石召见彭孟缉，听取其防"匪谍工作"汇报，得到的结论是，"匪谍"对台湾内部各部门之渗透非常深入，这些情报人员正在配合解放军于5月以前完成对台湾全面进攻的准备。蒋大为吃惊，他庆幸及时破获"匪谍"，"海陆空军各部门之匪谍被我一网打尽，则彼若从新建立情报网，恐非半年以后不能成矣"。[40]同时要求情报部门更加努力工作。3月底，他召集情报会议，指出情报工作是生死攸关的大事，"今后对共战斗之成败，全在于情报斗争"。他对"匪谍"的精明干练非常感佩，叹息在戴笠死后，自己再无能干的情报人员与之相匹配："匪谍洪国式与李朋之精干，殊可叹惜。吾党自雨农逝世以后，再无可比者矣。"[41]

特务系统重建之后，蒋介石便借助这一庞大机器，以"防匪防谍"为名，在台湾实行"白色恐怖"的统治。他制定了一系列措施以清除隐藏的共产党。4月27日，蒋介石下令公布实施《修正惩治叛乱条例》。5月14日，蒋经国宣布实施《台湾中共党员自首报到办法》，要求凡加入中共组织而未被捕者两周内通函自首。6月13日，蒋介石又明令公布实施《戡乱时期检肃匪谍条例》，鼓励台湾民众互相监视、互相检举，并严惩隐匿不报者，如其第四条规定，"发现匪谍或有匪谍嫌疑者，无论何人，均应向当地政府或治安机关告密检举，主管机关对于告密检举人应保守其秘密"；第五条规定，"人民居住处所有无匪谍潜伏，该管保甲长或里邻长应随时严密清查"，如有隐匿不报，所在"各机关、部队、学校、工厂或其他团体所有人员应受处分"；第十四条规定，"没收匪谍之财产，得提30%做告密检举人之奖金，35%作承办出力人员之奖金及破案费用"。[42]此外，经蒋介石批准，"国防部"颁布了《潜伏国军内之匪谍自首办法》，并一再修改"惩奸条例"，扩大"惩戒"

范围。

1950年6月6日，台湾省保安司令部举行官兵代表大会，蒋介石又致训词，强调"保密防谍"的重要性。他说，今后能否确保台湾，问题的关键不在军事，而是在政治工作是不是能够密切配合，如肃清匪谍、维持治安、组织民众等，"如能彻底执行，必可使防卫的力量更为充实"。[43]根据蒋介石的训示和有关规定，蒋经国开动宣传机器，高喊"保密防谍"口号，出动宪兵、警察、保安部队及各种特工人员，大肆搜捕所谓的"中共匪谍"。据台湾报纸刊载，由蒋经国亲自宣布破获的大案有"中共台湾省工作委员会"案，其成员包括蔡孝乾、陈泽民、洪幼樵、张志忠等；"吴石案"，其成员有"国防部"参谋次长吴石、第四兵站总监陈宝仓和陆军上校聂曦等；"俄国间谍案"，其成员有汪声、李朋、廖凤娥、黄钰等；[44]被捕获者除极个别因宣布脱党外，大部分被处以极刑。原浙江省政府主席、陆军二级上将陈仪也以"勾结'共匪'，阴谋叛乱"的罪名，被蒋介石下令枪决。

蒋介石一度对"防谍肃奸"工作十分重视，在对1950年工作进行反省的日记中，特别列了"情报"一项：[45]

> 机构与工作改正，指挥统一以后，社会秩序安定，防奸成效亦较前进步，但并未十分满意。不过，重大匪谍案其在社会、政治、经济与军事机构者皆已一一破获：甲、李朋案；乙、黄钰案；丙、洪国式案；丁、苏艺林案；戊、山地与伪省党部案。此与三月以前匪谍到处横行无忌，恫赫威胁之情势完全不同矣。此乃行动委员会统一指挥以后，经国与孟缉二人最为得力也。陈仪与李玉堂之处死，对整肃纪律自具重大影响也。

对一些"防谍"意识松懈的官员，蒋介石也严加惩处。如国民党台湾省党部内有两人被检举为"通匪之共谍"，蒋介石"证实以后即令枪决"，并处分省党部主委倪文亚，"予以撤调"。[46]

国民党借"防谍肃奸",大肆镇压政治异己分子,稍有"嫌疑"即遭秘密逮捕。有不计其数的人被以"匪谍"名义,或送往台北青岛东路军人监狱、台东绿岛,或用麻袋捆扎,未经司法程序就被丢到海里喂鱼。逮捕与处决"匪谍"的各种消息占据了报纸的重要位置。据吴国桢估计,其时台湾的"政治犯"有1万—1.2万人,而胡适则估计,加上因政治原因而被监禁的军事人员,总数要超过10万人。[47]

在国民党从大陆败退过程中,许多士兵与部队溃散,还有流亡学生逃到台湾,这些流散士兵要吃饭,就近投靠部队,而有些军官为扩充实力,也予以收留,甚至诱惑其他部队士兵投靠自己。蒋介石认为,这种混乱局面,最易为"匪谍"利用,混入军队,故下令"各军不得收容无保及身分(份)不明之兵员,并严禁勾结友军士兵补充,其主管应加严处"。[48]对"来历不明"的士兵与学生要进行"甄别"与审查。在甄别过程中,有些找不到"保人"来证明自己身份的士兵与学生,也惨遭不幸。

经过全岛范围内大规模的整肃,蒋介石在台湾建立起严密的特务统治。但由于缺乏有效的约束机制,更没有必需的、合理的司法程序,因而挟嫌者乃视此为公报私仇之良机,执行者以此为升官发财之阶梯,于是曲意捏造、捕风捉影之事泛滥。如一位叫童轩荪者,家中收藏一本翻译小说《汤姆·索亚历险记》,因该书封面印有"马克·吐温"的字样,情治人员便认为这马克·吐温和马克思就是一家人,该书"就是思想有问题",最终这位收藏者不仅因此而被捕,受其株连者也达数十人之多。[49]

"防谍肃奸"的最大受害者是无辜平民百姓。相当长的一段时间内,民众的人身自由受到极大限制,生活在严密的监控之下,民众不可以随便"出境"与持有外币,电话被窃听,信件被拆看,书刊要检查,言语中稍有不慎,即被扣上"通匪"的帽子。这段时间被后来的台湾人称为"白色恐怖时期"。无处不在的特务统治,不仅给台湾人民造成了巨大的创痛与不便,搞得人人自危,也遭到了国民党内一些开明人士的强烈反对。时任台湾省主席吴国桢即曾对蒋介石说:"总统要培植经国兄,就不该派他主管特务,因为这种工作,越权干政,并且妨害人民生活与言论自由,易成为人们仇恨的焦点,是爱之适足以害之也。"蒋、吴矛盾也因此而激化,吴国桢后来干脆辞去省主席职务,以示其对蒋氏父子肆意践踏人权行为的不满。20世纪50年代,他在美国公开抨击蒋介石在台湾实行特务统治,滥捕滥杀无辜,并要求成立调查委员会,调查冤假错案,以平民愤。这引起政坛一场轩然大波,最终以吴国桢被罢官免职,开除党籍而结束。

当然,也有因此而飞黄腾达者,彭孟缉即为一例。彭孟缉(1907—1997),湖北人,1926年进入黄埔军校第五期,毕业后又至日本野战炮兵学校学习。回国后参与组织领导"复兴社",抗战时期任陆军炮兵团长、旅长,陆军总司令部中将炮兵指挥官。抗战胜利后随陈仪接收台湾,并任高雄要塞司令部司令官,后因在"二二八"事变中表现强硬,事件平息后升任"台湾全省警备总司令部"司令。1949年8月参加蒋介石秘密特务组织"政治行动委员会";1950年3月又奉蒋介石之派出任"台湾情报工作委员会"主任,负责协调各谍报部门,主持全台最高情报机构。在此任内,彭孟缉坚决执行蒋氏父子的命令,为其清除台湾的中共地下组织、镇压异己政治力量立下了大功。彭孟缉也因此而不断得到提升,先后担任过台湾保安司令部司令,台北市卫戍司令部司令,"参谋总长"、"陆军总司令","总统府参军长",国民党第八、九届中常委,"驻日大使","总统府战略顾问委员会一级上将委员"。其地位远非孙立人等职业军人所可比拟。吴国桢和彭孟缉的不同境遇,恰是"顺之者昌,逆之者亡"的特务专制政治的一个写照。

蒋介石与其子蒋经国在巡视海防前线。

四　弃守海南、舟山岛

　　蒋介石要保卫台湾，面临的最大问题仍是军事问题。随着国民党军被从大陆赶到沿海诸岛上，其防线也被大大拉长。而防线的拉长则使国民党军面临着异常严峻的局面：一是其微弱的海空军难以对如此漫长的防线提供后勤补给，二是分散在各岛的守军将在人民解放军各个击破的攻势下逐渐被全歼。1949年10月11日的蒋经国日记反映了对这种局势的担心，他写道："华北、西北、西南各重要地区，相继失陷，海南与舟山两地，已成孤立无援地带，今后对此两地之运输与补给困难尚在其次，而以寡敌众的形势，恐终将为'共匪'所蚕食也。"[50]权衡再三，蒋介石决定有选择地放弃一些岛屿，以收缩防线，集中兵力，重点保卫台湾，并从海南岛开始实施这一计划。

　　蒋介石放弃海南岛是迫不得已的。海南岛以其特殊的地理位置，具有极重要的战略价值。据有海南，一可策应大陆的国民党残余分子，为将来重返大陆之跳板；二可控制南海，从海上封锁大陆；三可在海上与台、澎形成"犄角"之势，遥相呼应。因此，早在退据台湾之前，蒋介石即加紧经营海南，成立了以薛岳为总司令的海南防卫总部，下辖3个军共6万人，积极在琼州海峡沿岸构筑防御工事，储运战备物资，并大规模"清剿"岛上的中共游击队，海南防务暂时得到强化。对此，蒋介石于1950年1月21日致电薛岳，予以嘉勉：

> 薛总司令：海南防务，赖兄指导适宜，已日益坚强，备念辛劳，至深佩慰。今后尤望奋励肃清内匪，巩固反共基地是盼。

此前，蒋介石还曾计划将自青岛南撤广东的刘安祺部运驻海南，加强防守力量。只是尚未行动，刘部即被人民解放军围歼于广东阳江一带。2月底，蒋介石判断战局继续不利，已经有收缩战线的设想，开始考虑"海南撤防之实施程序"。但他当时左右为难："琼州放弃主张，粤人必加反对，桂系更将从事挑拨，然为根本之图，无论财力兵力若非舍琼州，则不能保台，两者不能兼全，只可断臂以求生耳。"[51]果然，他的设想遭到一些人的反对，尤其是国民党内广东籍的军官因地缘关系，坚决不肯撤退。蒋介石因刚刚"复职"，顾忌"如果粤将领不愿撤守时，必为桂系所乘挑拨"，一度产生了犹豫。[52]3月底，国民党军队被赶出西昌，其在大陆的据点尽失。蒋介石下定了"集中一切兵力，保卫台湾基地"的决心，要从海南撤退，在解放军进攻时，不再死打硬拼。

自2月中旬始，海南岛国民党守军处境越来越糟。人民解放军第四野战军所部第15兵团，在积极进行渡海作战练习的同时，先以小股部队分批偷渡海峡，突破国民党军防线，与岛上游击队会合，积蓄力量，准备日后与强攻部队里应外合，聚歼国民党军。至4月15日已先后有10余支部队近万人偷渡成功。4月18日，人民解放军发起解放海南岛战役，登陆部队万船竞发，强渡海峡，迅速突破国民党军海防工事，向纵深发展，至4月22日已进至距海口10余公里地区。薛岳不得不将其指挥部从海口撤至榆林。

在海南作战过程中，国民党内部的矛盾再次显露出来。守卫海南的主将薛岳自恃"能战",不肯轻易撤兵,并不断向台湾方面发布"捷报",甚至在4月22日已经被解放军赶出海口前,仍谎报战绩,等蒋介石知道实情,为时已晚:"本日海南战况突变,据报薛岳已离海口而迁榆林,可知昨晚中央社战报完全诳妄虚伪,实令今后宣传无法取信,可耻之至。"[53]而薛岳则认为海南战败的主要原因是蒋介石有私心。他公开对美联社发表谈话,称蒋介石妒忌他,害怕粤籍将领"坐大","而不惜牺牲琼岛"。这令蒋介石十分愤怒,大骂薛岳"忘恩负义,为掩饰其平身罪恶而不惜污辱国家与领袖,此人之背谬乃为白崇禧之第二也"。[54]

在人民解放军的强大攻势面前,为避免残余部队被全歼的命运,蒋介石作出撤退的决定。但在正式公布撤退令之前,先由《中央日报》发表题为《再论海南问题》的社论,为台湾民众打一剂预防针,以安抚人心。社论说:"我们的军事不能够长此支撑,长此消耗,因此,我们在战斗上的努力,不能挽回海南的危机。我们以为政府应该为反共的持久战争作长期的打算。海南纵然是东南亚洲一个战略的基地,我们以为也应从整个军事政策上着眼,切实考虑这一局部问题","我们今天要求读者不必失望,这是军事政策上的问题,而不是军事战斗上的问题,我们的读者要了解这一军事政策的现实性,凡是现实的就是合理的"。[55]这是国民党军要撤离海南岛"转进"的信号。

4月25日,海南行政长官陈济棠、余汉谋离开海南,飞抵台北,海南撤退悄悄开始。28日,国民党正式公布从海南岛撤退的命令。随后,在海南南部港口开始大规模撤退行动。同一天,"政府发言人"沈昌焕举行新闻界人士茶会,蒋经国出席并专门就国民党军撤离海南一事发表谈话,他解释对海口的放弃,是基于巩固以台湾为主的据点、反攻大陆这一"全盘战略的要求而决定的措施"。[56]

经过5天的紧急抢运,至5月2日,残余的国民党军全部撤离海南。次日,《中央日报》发表关于海南撤退的长篇报道,声称"国军"海南作战的战略意图为"在海峡地带,利用陆海空军之联合威力,予匪以打击，使匪付出相当代价后，我即全部撤离"。自当年2月13日至4月15日，在海峡地带"共毙伤'共匪'7191人，俘1169人，战略目的已经达到，乃按原计划撤退"。报道还以历史事例证明其撤退的正确性，"当第二次世界大战时，日军袭击珍珠港、新加坡后，英美军即迅速缩短防线，撤退菲律宾、新加坡、关岛等地军队，集中力量。以后不仅恢复了上述各岛屿，且以雷霆万钧之势，如秋风之扫落叶，反攻欧陆，纵横海上，击败日军。故今日海南我军之撤退，吾人正应当奋发蹈励，加紧准备，迎击再度来犯之匪军，待机反攻大陆，固不因此以馁吾人志气也"。[57]把被迫的逃离说成主动的战略转移，以此来粉饰失败、推卸责任，是国民党军的一贯作风，此次又是故技重演。

但海南撤退，毕竟是国民党政权遭到的又一次毁灭性打击，使得台岛形势更加危机，花言巧语的解释很难祛除台湾军民种种疑虑。为挽回日渐低落的士气，蒋介石不得不召集在台文武官员2000余人在中山堂开会，亲自就海南撤退一事详加说明：

我们中国本身对日本抗战八年后，而又连接着对俄共单独作战至四年之久，实已感到筋疲力尽的时候。因为这样，所以力量益见单薄，经济资源亦将枯竭，事实已无固守海南之可能了。所以在去年12月海南军政长官曾来台请示：我们的力量既不足以久保海南，则不如早日集中兵力，以增强台湾防卫的力量，否则备多力分，不仅不能保卫海南，而台湾亦恐难确保，与其台湾海南两个主岛同时并失，乃不如集中全力确保台湾，而为得计。但我明告他们，海南岛的地位不仅关系着我们本国，而且关系于东南亚各国的安危，更为重要。目前，他们对于这一点还没有认识，但我们一定要先想办法来忠告他们，可使他们了解，而且我们一定要用我们最大的力量防卫海南，尽到我们的责任，非到万不得已，不宜轻言撤退。不幸在过去三个月中，东南亚有关各国对于我们的这个非正式的忠告，始终没有一个明确的反应，都是袖手旁观。乃到了上个月，"共匪"果然对海南大举进犯，我们政府认为已竭尽我们的力量，且已尽到我们对各邻邦掩护的职责，于是不得已乃只好宣告撤退，所幸海南全部军队都已按计划安全撤抵台湾。

蒋介石最后说，撤出海南岛后，"台湾防守的兵力，很显著地加强了，虽然装备方面还感不足，但台湾的防务，从此益形巩固。自信更能确保台湾"。[58]他在当年的总结中也写道："四月底乘匪攻海南之时，放弃海南，调军防台，此为集中兵力第一步之实行，而于内政影响及统一关系乃更为重大。否则，桂系与美艾□□专以海军为其分裂我政治，挑拨我内部，削弱我实力惟一工具也。"[59]

国民党自身岌岌可危，随时面临灭顶之灾，在惨败后只有部分部队弃甲丢盔逃到台湾，完全是势所必然。蒋介石却强词夺理地找出种种借口解脱，似乎成了主动的、有利于日后作战的"战略撤退"。为了安慰刚刚逃脱厄运的来台官兵，蒋介石又下令"国防部"政治部预算局会同"联勤总司令部"，给每人发了5元新台币，作为慰劳金。

但海南撤退震动尚未平息，东南沿海的舟山一线又告危急，蒋介石又不得不决定放弃舟山，回缩防线。

同海南相比，舟山群岛之战略价值，只在其上，不在其下。对此岛的经营，蒋介石一直十分重视，亲自领导制订该岛的防守计划。1949年10月初，舟山之云横岛及定海之门户金塘岛均被人民解放军攻占，舟山形势告急。蒋介石乘船前往该地视察战况，巡视驻军阵地，并于10日召集桂永清、石觉等陆海空军将领，研究防卫定海与收复金塘、云横之计划。11月1日蒋介石又召见陈诚研究定海防务问题，决定加派52军前往增防。

根据蒋介石的指示和训令，国民党在舟山一带集结了15万大军，并有大量的海空部队，屯集了大量军用物资，修筑了坚固的防御工事和大型军用机场。蒋经国的政工人员也积极活动，以彻底动员组织民众。舟山本岛25万人口，凡年满8岁者均被列入动员对象，8—12岁的男女儿童组成儿童队，13—17岁男女少年组成少年队，18—45岁壮年组成壮年队，18—45岁女性组成妇女队，46岁以上男女组成长老会。各队下面又分若干分队，分担不同工作，如壮年队又分警戒队、担架队、输送队、情报队、宣慰队，妇女队又分缝洗队、救护队等。国民党以地方保甲为中心组织上述各种会队，并强迫民众参加三个月的训练，以备战时之用。同时，蒋介石还以舟山诸岛为基地频频出动海空军，攻击大陆沿海各港口及长江中下游各大城镇。特别是对上海的轰炸和封锁，严重影响了这一地区的生产恢复和人民生活的稳定，对新政权的巩固和发展构成了很大威胁。海南战事开始之际，他还派蒋经国于4月18日赴定海视察舟山防务。5月3日，海南撤退刚刚结束，国民党陆军官兵第一届代表大会在舟山"革命干部学院"举行，大会发表宣言，"确认三民主义是救中国救世界的惟一主义，蒋总统是领导中国革命的惟一领袖"。蒋经国又专程前往致词，鼓动官兵士气。总之，蒋介石是要将舟山诸岛建成袭扰大陆的基地，防卫台澎的屏障。

但是，形势的发展迫使蒋介石不得不对舟山防卫问题重新加以考虑。

以舟山为基地的国民党海空军的频繁骚扰，给大陆沿岸人民生命财产造成了巨大损失，人民解放军制定了作战计划，要迅速解放舟山，歼灭此地区的国民党军。为此，在浙江沿海一带，特别是以杭州湾为屏障，征集、赶制了千余艘帆船及轮船，集结了大量兵力，准备发动两栖进攻，一举攻占舟山，并相机进攻台湾，国民党舟山防卫部队承受的压力越来越大。1950年4月始，人民解放军加紧在浙江沿海赶修大型军用机场，以使最新式的喷气式战斗机能够起降，舟山国民党军又面临着猛烈的空中打击。而解放海南岛、琼州海峡渡海作战的成功，也使解放军掌握了远距离渡海作战战术，积累了丰富的经验。舟山的国民党军处境越来越险恶。与此同时，又得到可怕的消息，在上海发现了苏联的喷气式军机，蒋判断，解放军已经有丰富的渡海作战经验，再加上优势空军的掩护，国民党军队将难逃覆灭命运。

舟山是守是撤？董显光的一段回忆很好地表露了此时蒋介石的心情，他说："蒋总统前海南岛所谓的决定，此际的舟山问题又呈现于眼前。他应否牺牲台湾所有资源之半以保卫舟山群岛呢？此举固又使匪军付出极大代价，但蒋总统知道如果他们愿付出这样的代价，那是无法阻止他们的"。[60]但如果真的撤退又将给本已心灰意冷的士气以更大的打击，从此更加一蹶不振，且国民党将领中抱此忧虑者不在少数。然若负隅顽抗，结果无异以卵击石，15万守岛部队将遭全歼，而这15万人占了国民党当时战斗部队的45%。惮于舟山守卫部队的可怕未来，蒋介石权衡利弊，最终决定在人民解放军发起攻击之前，悄悄地从舟山群岛全部撤出。5月7日，他紧急召见舟山防卫司令官石觉等高级将领，下达撤离命令。他对众人说："你们恐怕因为舟山撤退，就会使台湾人心不安，但是，如果这支兵力在舟山被'共匪'消灭了，台湾的人心又会不安到什么程度呢？你们又恐怕因为舟山撤退而使大陆同胞失望，但是，如果为了守舟山而台湾不保，大陆同胞又将失望到什么程度呢？"[61]蒋介石在会议上宣布放弃舟山的决定时，遭到"行政院长"陈诚、"空军总司令"周至柔等高级军政干部的"全力反对"，陈诚等所担心是撤退影响士气，且如果撤退过程中被解放军察觉而发起进攻，则后果不堪设想。蒋一再解释，表示撤退是他的最后决心，陈诚"仍不首肯"，而蒋介石也"置之不顾"，坚持实施撤退战略。[62]

5月9日，石觉等悄悄返回舟山。11日"国防部"参谋次长郭寄峤、空军副总司令王叔铭等也悄悄抵达舟山，秘密准备撤退工作。5月13日清晨，国民党空军开始出动，严密监视人民解放军的动态，掩护执行撤退任务的大批舰船进入港口。晚间，在王叔铭亲自指挥下，大规模撤退开始。至16日中午，撤退全部完成，15万人全部撤往台湾、金门等地。台湾舆论界称这次撤退"未遗一枪未失一弹，实为有史以来最成功的一次撤退"。同一天，台北正式向公众公布了舟山撤退的消息，蒋介石同时发表《为撤退舟山海南国军告全国民众书》，向公众宣称撤退乃既定计划，并再次开出空头支票，夸下海口：[63]

我现在先将当时政府所决定的根本大计与步骤明白报告大家，就是第一步要集中一切力量，第二步巩固台湾及其卫星岛屿，第三步反攻整个大陆及拯救全国同胞，第四步，复兴中华民国，建设三民主义独立自由的新中国。因此，半个月之前，我们撤退了海南的军队，今天定海的军队也主动地向台湾及其卫星岛上集中了。这就是我复职以后的第一步的计划完全实现了……

我可很确实地告诉你们，今后三个月内，"共匪"如果来侵犯台湾，那就是我们迎头痛击、乘胜反攻大陆的时机。这样，三个月以后我们就可以正式开始反攻大陆了。如果"共匪"始终不敢来侵犯台湾，那我们亦要在一年之内完成反攻大陆的准备，至迟一年之后，亦必能实行反攻大陆。

为振奋来台官兵的士气，蒋介石也下令给每人发慰劳金5元。蒋经国的政工人员组织了隆重而热烈的欢迎活动。宋美龄除给每人发面包代金2元外，并于18日晨率"中华妇女反共抗俄联合会"人员40余人，冒着初夏的炎热亲赴基隆码头，欢迎舟山退台之官兵，并发表演讲说：[64]

我今天不是以蒋夫人的身份，而是代表自由中国所有的妇女，来慰问你们劳苦功高的英勇战士。现在，自由中国只有这块土地，我们要齐心合力保卫台湾，反攻大陆，拯救水深火热中的亿万同胞，希望英勇的壮士们，负起这神圣的历史使命。

在放弃海南、舟山的同时，国民党军队在解放军的强大攻势下，也被迫撤出了东南沿海的另外一些岛屿。蒋介石自己总结道，舟山撤退是国民党军队"生死存亡之一关键"，也是他军事生涯中"最大之决心，实超过于十一年在桂林回师广州之决策"。"如果当时不能撤出定海，则共俄协定已成，且有喷气机为其攻定之掩护，陆空优势全在敌军，则必为匪消灭无疑。则台湾不足廿万之陆军兵力，其将何以当此陆空优势方张之寇？"[65]

蒋介石从收缩战线、保卫台湾的战略出发，认为"此时以保全兵力为主"，甚至一度要撤出在金门的驻军，认为"金门防军以势以理，此时皆应撤退"，且越早越好。但朝鲜战争爆发后，美国及麦克阿瑟均不同意，美国军事顾问"踌躇不决"。蒋最后只好放弃此念。[66]

就当时两岸实力、士气对比而言，集兵保台，尚嫌不足，"反攻大陆"更是妄言。蒋介石在被迫撤出海南岛、舟山前后的表现，说明他还算是"识实务"的，"反攻大陆"云云不过是自欺欺人的宣传而已。

五 "精神物质总动员"

面对岌岌可危的形势，蒋介石除加紧军事部署外，还对台湾的民众进行动员，以将他们也拉上战车，为其提供人力物力。为了调动台湾每个军民的积极性，蒋介石发表一系列谈话，号召他们立刻行动起来，"树立必胜信念"，努力生产，踊跃参军，勇敢作战。

1950年3月30日，蒋介石参加"青年节"纪念集会，他在致词中号召："全国青年们，起来，起来，为光复你祖国而拼命，为拯救你同胞而奋斗，奋斗，奋斗，快快起来。"[67]在致词后，他还领导与会全体青年男女，高呼"励志勤学"、"除奸讨共"、"劳动报国"、"复兴中华民国"等口号。五一国际劳动节，蒋介石又发表《告劳工同胞书》，称："我们今日反共抗俄的力量是在劳工"，"我们救亡复兴的口号是'劳工第一'，我们要在这一口号下，人人努力生产，人人参加战斗"。[68]5月16日，台湾各大传媒又发表了蒋介石一个月前在"革命实践研究院"第五期开学典礼上所致训词，训词名为《军人魂》，又名《革命军人成功成仁之要义》。训词说："国家存亡，本身生死，成败已临最后关头，革命军人要有坚定决心，否则上无以对先烈，下无以对后代。"但蒋介石所谓的"要义"不过是他对国民党官兵重复了几十年的"知廉耻"、"辨生死"、"负责任"、"重气节"等充满封建说教的老一套。或许要为其下属作出榜样，蒋介石声称自己"决定忍辱负重与匪周旋到底"，"台湾如陷敌手，决定以身殉国"。[69]6月12日，蒋介石向党政干部训话时，又提出了"革命魂"的概念加以阐述。

根据蒋介石的这些要求，在新闻媒体的渲染和政工人员的鼓动下，台湾上上下下掀起了一个宣誓效忠运动。先是国民党中央党部工作人员于5月22日集体宣誓效忠蒋介石："余谨以至诚，效忠本党总裁，誓死保卫台湾，反攻大陆，完成反共抗俄之神圣使命。"[70]随后各级党员干部也纷纷步其后尘，各部队也争先恐后召开代表大会，在"从死里求生"的口号声中，歃血宣誓，效忠蒋介石，组织"反共敢死队"。

大规模的军事行动，必然需要巨额的经费。台湾经济本不宽裕，国民党大批的军政人员的到来使岛上一时人满为患，供应匮乏，物价飞涨。巨额军费对台湾微薄的财政收入来说是个难以承载的重负。蒋介石在日记里，记下了当时台湾的经济困窘：1950年2月底，"经济较上月稳定，但物价仍在动荡中，此实为存亡之根本问题，……正在设法平衡收支"。[71]3月底，"黄金售出之数三个月来已有六十余万两之多，现存黄金总数已不足壹百五十万两，而米价已上涨至百元，殊为可虑"。[72]如按此速度兑换，全部黄金半年多即告罄，经济彻底崩溃。当时普遍认为，如果美援不到，台湾经济到九月必然崩溃。美国驻台使馆人员更悲观地宣扬，台湾连七月都"不能度过"[73]。

蒋介石在年底总结经济状况时，对老天爷的帮忙，使台湾农业"年成丰收为从来所未有，因之经济稳定，民心安康"而充满着侥幸：[74]

　　自去年台币改制，充实基金以后，至本年五月间，金融稳定，未有重大化，惟存金日渐减少，至七月间中央存金（除台行基金六万两外）不足五十万两矣，乃竭力整顿税收，紧束支出，至年底尚有四十万两之存金，殊为难得。尤其外汇头寸之支拙，去年以来外国使领馆经费积欠无着者，自余复职以后一律清偿，按月发给，更为自慰。其间虽于五月间为撤退海南定海之故，与十月及十二月秒为停兑黄金之故，物价与美钞均有一时之动荡，然皆不久卒告平复。……然而大平皆得天助，本年收成丰盛，风调雨顺，实为最大效果耳。

为解决财政实际困难，蒋介石决定进行物质总动员，宣布台湾进入"战时生活状态"，强迫民众压缩非"必需性"开支，全力支援前线，有钱出钱，有物出物，有人出人，在全台掀起"生产、节约"运动，其中最有特色的还是蒋经国一手扶植的军中"克难运动"。

"克难运动"，是在蒋介石生产节约运动背景下由国民党军某部士兵发起的，后被蒋经国发现这一典型，并把它推向全军。按照蒋经国的解释，"克难运动"的内容是"要运用全体官兵每一个人的良知良能克服生活上、战斗上、工作上、物资上和一切现实所能遭遇的困难，赢取反共抗俄建设国家最伟大的成功"；"克难运动"的目标是："第一步克服一切困难准备战斗；第二步克服一切困难反攻大陆；第三步克服一切困难扫荡敌匪；第四步克服一切困难完成建国。"因此，他要求每一个人要"冒人家所不敢冒的险，吃人家所不能吃的苦，负人家所不能负的责，忍人家所不愿忍的气"，要做到：[75]

第一，打破心理上的依赖观念，坚决维护中华民族的光荣传统，坚决实践领袖"革命魂"、"军人魂"、"民族正气"的革命教训，坚决保持"贫贱不能移，富贵不能淫，威武不能屈"的民族人格。

第二，克服生活上的困难，食的方面，开垦荒地，建立农场，自力更生，自给自足；衣的方面，改良衣服鞋袜保管和穿着方法，延长使用寿命；住的方面，自盖草棚，自筑营房，自编草褥竹椅；行的方面，自修道路，自造交通运输工具。

第三，克服战斗上的困难，进行战略战术上的研究和武器装备的维修保护。

第四，克服工作上的困难，依据领袖"建立科学化制度化军队"的指示，加强纪律，严格职权，研究改良工作方法，开展批评与自我批评。

第五，克服物质上的困难，依据"人定胜天"的道理，高度发挥精神力量，勤俭节约。

在蒋经国及其政工人员的鼓动下，各部队制定了各种各样的克难计划，如联勤总部制定的计划包括人造血浆的研究与制造、配制"克难号"卡车、研究仿制各种电池、武器装备、节约军粮、清查仓库、整修旧军服等。为了奖励有功人员，他还制定了各种措施，选拔克难英雄，举办克难英雄大会、克难成果展等。

蒋介石对此运动也十分重视，1951年元旦上午，"第一届克难英雄大会"在"总统府"大礼堂举行，蒋介石亲自主持。"参谋总长"周至柔，副总长郭寄峤，陆、海、空、联勤及宪兵总司令，"国防部"政治部主任蒋经国等参加。大会先由克难英雄代表向蒋介石致颂词：

> 总统，亲爱的总统，您到哪里，那里就有力量，您到哪里，那里就大放光明，在您坚强的领导下，我们的反共抗俄战争一定胜利，我们的复兴建国大业一定成功！让我们一致高呼"总统万岁、万岁、万万岁！"

在"万岁"声中，蒋介石亲自给来自陆、海、空、勤的代表佩戴奖章，并致训词："你们表现出的精神使我欣慰，无论国家，一个部队，一个人，要成功就必须遭遇困难，遭遇的困难愈大，成就也就愈大"；"任何严重的困难，任何强劲的武器都可以寻出克服的方法和对付的途径，只要我们有检讨、有发明、肯创造"；"在克难英雄的面前是没有任何困难的，希望诸位能真正成为克难英雄，克服一切困难，完成反共抗俄的大业"。[76]

最后，蒋介石在中山堂设宴招待代表们，并为每人赠"国旗"一面，签名照片一张。"克难英雄"们为表感激，一致通过了给蒋介石的致敬电：[77]

> 蒋总统钧鉴，乾坤斡旋，国祚更始，恭惟政躬康健，德威广布。职等谬以末技，辱蒙贾瓦选为克难英雄，铅刀初试，成果未新，此后收复失土，重建河山，艰巨当更甚于今日，自虑职责，弥深战兢。誓愿本斯忠贞，在钧座领导之下，为国家民族而奋斗到底，赴汤蹈火，在所不惜。尚祈时赐鞭策，俾合素志。

蒋经国把"克难运动"吹嘘为一股"扫荡我们历史上最强大的敌人俄帝和朱（德）毛（泽东），重新建立我们新的文化，我们新的社会"的洪流。然由其表现看来，它更多的是一场向蒋介石献忠心的运动。所以蒋经国对此活动的支持不遗余力，每年总要举行一次"克难英雄大会"，以渲染士兵对领袖的"崇拜与尊敬"。

为弥补财政亏空，台湾省政府还于5月26日决定，自6月1日起发行"节约救国有奖储蓄券"，第一期发行750万元，5年还本，周息2分，由各县、市、区、乡、镇、村、里、邻长，按人口财力推销，所得款项除奖金外，全部用于建设营房，安顿官兵。其推销标准为省辖市平均每人推销3券（每券新台币5元），台北等5县平均每人2券，花莲、澎湖等3县平均每人1券，完全用行政命令和各级政权机构，强迫民众购买，否则就是"不爱国"。5月30日，蒋介石召见台湾省17位县市长及高雄市长时，特别就发行储蓄券一事再加指示："此次推行有奖储蓄券，希望各县市长群策群力，达成任务，尤须避免苛刻，必使有钱者出钱，本人全力支持省政府这项政策，贯彻到底。"[78]

蒋介石面临的严峻形势是悬殊的力量对比，即使他竭尽全力，仅凭岛内的人力物力，仍难有胜算。因而，在加强内部动员、努力开源节流的同时，蒋介石还多方谋求外援，特别是来自美国的支持。虽然杜鲁门政府发表"白皮书"以来，美国就不再积极地援助国民党了，在很多问题上甚至故意冷淡蒋介石。国民党政权也发表声明，对"白皮书"多有责难。在1950年初的日记里，蒋介石对美国充满着抱怨，认为美国的所有政策是受共产党影响而针对他本人的"毁蒋灭华"政策，对实际主持对华政策的国务卿艾奇逊更是大肆攻击，直接以"艾奸"称之，称马歇尔为"顽石"，"比史（斯）大林更为冷酷与残忍也"。如蒋在1月初写道："美国务院对援华之阻止仍不遗余力，必欲达其倒蒋亡华之一贯目的，最近尚密令其远东各使领捏造台湾必败，无法保守之空气与报告……对我正式要求美政府援华之提议，则压制搁置不理，并声言并未接到我之正式要求美政府援华之提议以讳之。……（美）国务院恼羞成怒，不惜公开反对援华矣。……惟使我国更加痛苦而已。"[79] "近日社会应受美国务院反对援华之影响及其声明，尤其台湾动摇与不安之现象正在发展未已。又以美国驻台领事密劝其侨民所谓台湾恐遭空袭，不如准备回国之消息，更使社会动荡。此皆美共操纵其国务院，而其使领多受美共指使，故使各地使领馆凡可摇动我社会与政府之阴谋与行为，无所不用其极矣。中华民国完全为美国马、艾等所断送矣。"[80] 到1950年底，美国已经确定对台湾实行大规模经济与军事援助，蒋仍对美国原先的政策耿耿于怀：[81]

一月间，东京泄露其美国务去年十二月二十三日对台湾必将陷落之宣传，指示彼驻台之外交人员一面依此宣传，重加分口，一面勾结台湾民众，鼓励其反对政府，驱逐国军，助长其自治独立与托管之野心。其代表斯窟郎扬言，我政府经济六月间必然崩溃，"共匪"七月间必将进攻台湾，中央政府命运绝不能延续到七月以后也。艾其生在韩战未起以前其台湾政策：甲，以李宗仁为逼制我内政，使其分化瘫痪，乙，煽动台民独立与自治，丙，由美国托管，丁，由联合国共管，戊，让给匪俄占领。总其第一步，只要能达成毁蒋消灭国民政府之惟一目的，则无不可为之事。不料六月底韩战暴发，乃不能不变更其方式，使台湾中立化为名，而实冻结我政府与国本，不容我在韩战期间复活。

但蒋介石始终没有放弃与美国重归于好的希望。复职之初，他就先后秘密会见美国退伍情报官普雷斯顿·古德费洛上校和陆军上尉欧文·肖特，商讨组织美国退伍军人加入国民党军对共产党作战、帮助组织国民党特工在大陆活动等问题。不久，蒋致电其驻美军事代表皮宗敢转肖特，让他全力进行各项准备工作。

5月9日，蒋介石接见刚到台湾的美国报界、广播界和专栏作家访问团时，发表了一项声明，正式要求美国提供援助。他说，他虽然对于如何在欧洲避免大战不甚明白，但对亚洲却看得很清楚，那就是只有确保台湾，才能避免在亚洲爆发第三次世界大战。因此，美国应该像苏联帮助中共一样帮助其保卫台湾。[82]此后，蒋介石在会见美国记者斯坦劳·安度斯时再次谈到美援问题。他说："我们现在有足够的军事力量，未来的发展当然是很难预料的"，他将作战到底，"我们欢迎美国的技术援助，但不需要美国人来为我们作战"。他承认在过去运用美援时有浪费现象，军用物资大多消失于无形，"但是，在目前，我认为部队的组织，已大见改善，我确信今后不会重蹈覆辙"。他还保证说："任何人士欲使美援运用达于最高效率而提出的任何意见或建议，我都乐于接受"，"只要有美援，便绝对不会发生台湾失陷的事情"。[83]蒋介石看得很清楚，没有美援，台湾的"失陷"是难免的，他无回天之力。

与此同时，他一再电令在美国的孔祥熙、宋子文、顾维钧等人设法缓和与杜鲁门政府的紧张关系，促其改变美对国民党政权的"袖手"政策，以争取美国人的援助。但在当时的世界格局下，美国政府并不认为台湾岛有特别重要的战略地位，杜鲁门下定决心"不给蒋分文军援"，蒋介石的努力难有效果。

1950年上半年，在大陆政治、军事的双重攻势下，台湾如汹涌波浪中的漏船，随时有倾覆的危险。蒋介石的"肃谍"、"集兵"、"总动员"贯彻到台湾的每一个角落。在街头，在学校，在军营，从咿呀学语的儿童，至步履蹒跚的翁妪，都在传唱着《保卫大台湾》：[84]

保卫大台湾，保卫大台湾！

保卫民族复兴的圣地，保卫人民至上的乐园！

万众一心，全体动员！

节约增产，支援前线！

打倒苏联强盗，消灭"共匪"汉奸！

我们已经无处后退，只有勇敢向前！向前！

台胞七百万，快快总动员！

七百万人一条心，拿起武器上前线。

杀尽"共匪"保家乡，

打倒苏联护国权！

海陆空军声势壮，

勇敢战斗，齐步向前！

杀尽"共匪"，打倒苏联，

保卫反攻战线！

保卫金澎舟山！

保卫家乡，保卫自由，

保卫祖国，保卫台湾！

但是，国民党能否守住台湾，很少有人对此表示乐观。台北的高官富商们都在寻找退路，准备逃难。更有些人见机不妙，干脆就留在美国、香港等处观望，拒绝到台湾"共赴艰难"，这中间也包括孔祥熙、宋子文等蒋家亲属。蒋介石本人虽口口声声准备"与台湾共存亡"，但仍在秘密准备后事。有报道说他已派人到菲律宾的碧瑶购置了公馆，以备日后逃出台湾时居住。[85]

　　然而，就在此时，历史发生了戏剧性的转折，随着6月25日朝鲜战争的爆发，美国宣布"协防台湾"，派第七舰队进驻台湾海峡，以阻止人民解放军解放台湾。台湾的危机过去了，蒋介石终于保住了台湾，渡过了难关，但并非如他所说是靠自己的军队，而是靠了美国人的军舰。

第三章　朝鲜战争与蒋介石政权之起死回生

一　"出兵"受挫

1950年6月24日，朝鲜战争爆发，给在危机四伏中苦撑台湾局面的蒋介石送去了一只救生圈，也为其野心勃勃的反攻计划平添了一丝希望。台湾当局说："我们面临的中共军事威胁，以及友邦美国遗弃我国，与承认"共匪"的外交危机，已因韩战爆发而局势大变，露出一线转机。中韩休戚与共，今后韩战发展如果有利韩国，亦必有利我国，如果韩战演成美俄世界大战，不仅南北韩必然统一，我们还可能会由鸭绿江而东北而重返中国大陆。如果韩战进展不幸而不利韩国，也势必因此而提高美国及自由国家的警觉，加紧援韩，决不致任国际共党渡海进攻台湾了。"[1]总而言之，无论朝鲜战争的结局如何，对台湾都是有百利而无一弊。蒋介石密切注视着战局的变化，他先是积极策划，企图"出兵"朝鲜，参加"联合国军"，继而多方阻挠朝鲜战争的和平谈判，然后又插手战俘的遣返。而战场上以美军为首的"联合国军"的一胜一败，一进一退，都牵动着他的喜、怒、哀、乐。董显光在《蒋总统传》中曾如是说，自朝鲜战争爆发后，蒋介石个人的历史"参入韩战的复杂史实之内。从彼时起，台湾所遭遇的任何事都与韩战有不可避免的关系"。[2]

6月24日晚，战争爆发的消息即通过其驻韩"大使"邵毓麟传到台北；同时，蒋介石还收到了韩国总统李承晚的求援电报。蒋介石立即回电李承晚以示关切，电曰：[3]

　　总统阁下：据报所谓北韩人民政府，已大举进攻贵方，此举自系赤俄阴谋之另一表现。贵我两国之反共产反侵略之立场相同，闻讯深表关切。贵国军民当深明此义，在阁下贤明领导下，必能获致最后胜利。除已电令本国驻联合国代表促成安全理事会紧急会议之召开，俾其受理此案，并与其他国家洽商具体适当措置外，谨先电讯。

蒋介石清楚地意识到，朝鲜战争对风雨飘摇的台湾政局是个重大转机。他在日记中写道："晚课餐后，召集会议，商讨韩国事至廿四时，尚未能解决定方针也。"（6月26日）"晚课后，约宴非常委会及中央重要委员，商讨对韩国被侵之处理方针至十一时完。"（6月27日）蒋介石作息较有规律，基本是晚上10时入睡，连续两天开会至深夜，较为罕见。参加会议的军政官员包括陈诚、何应钦、周至柔、王世杰、谷正纲、黄少谷、孙立人、桂永清、蒋经国等。会议决定：从6月26日零时开始，台湾、澎湖、金门、马祖地区全面进入紧急战略状态，停止三军休假，实行宵禁；加强舆论宣传工作，营造反共反攻的社会氛围，加强对台海地区及大陆沿海的海空巡逻活动，加强岛内的防空、民防及交通与经济管制活动。

李承晚政权与蒋介石关系极为密切，蒋介石1949年夏曾访问韩国，"共商反共大计"。在各国纷纷抛弃台湾之际，惟有韩国与它保持"大使级"外交关系。韩国的命运自然使蒋有唇亡齿寒的预感，但以他当时自身难保的处境，"与其他国家洽商具体措施"云云，不过是象征性安慰罢了。

蒋介石所采取的上述应对策略即能说明一切，其中多半是鼓噪呐喊而已，其实质性的军事战略还是以防守、力保台湾不失为主的。

但随着形势的变化，蒋介石的心思也在发生变化。先是美国远东军总司令麦克阿瑟在朝鲜战争爆发后与美国国防部长约翰逊、参谋长联席会议主席布莱德雷等人炮制了一个所谓的"在亚洲遏制共产主义的战略计划"，在强调美国加强对韩国援助的同时，建议发挥台湾"这个永不沉没的航空母舰"的作用，作为其陆海空军作战的后方供应基地，并同时建议从台湾调一个军的兵力驰援李承晚。据此，李承晚再次向蒋介石

随着朝鲜战争爆发，另一位反共巨头韩国总统李承晚试图怂恿蒋介石出兵朝鲜前线，但因美国的干预而作罢。图为李承晚到访台湾时的情景。

提出援助请求。

　　美国人直接参加反共战争是蒋介石梦寐以求的事情，或许从麦克阿瑟的计划中看到了这一希望，他对李承晚的请求也迅速作出回应。6月26日蒋介石再次召集军政要员集会，集中讨论出兵援韩问题。刚刚在大陆经历了溃败而惊魂未定的将军们，大多借口国民党军队装备差、台湾防守压力大，不赞同出兵。但蒋介石认为："国民党之所以痛失大陆，就在于不敢痛下决心，不敢冒险。今日党国已无路可退，惟有拼死一搏，方可收复河山。"[4]他力排众议，通过了"出兵案"，并决定派遣其最精锐的第52军3万余人，另配以装甲兵1个旅，飞机20架。驰援李承晚。会后，台北即立刻电告了麦克阿瑟和杜鲁门国民党的出兵方案，表示一俟美国同意，"即可从空中和海上前往南朝鲜投入战斗"。同时，蒋介石还命令"陆军总司令"孙立人立刻整顿第52军，做好出兵准备。在7月份的预定工作中，蒋特意列入了"援韩部队之编成与出发及今后

八八

蒋介石的后半生

1950年6月27日，美国总统杜鲁门下令美国海军第七舰队进入台湾海峡巡逻，以防止大陆对台湾的进攻，并要求台湾的国民党军队也停止对大陆或对公海和中国水域内的航运采取军事行动。杜鲁门的声明显示美国突然转变了对台湾战略地位的认识和对国民党政权的态度，要重新介入中国事务，这粗暴地干涉了中国内政。

补充"一项。[5]

27日，美国总统杜鲁门发表了一项声明，声明称他已下令美国驻远东海空军支援和掩护韩国陆军抵抗朝鲜人民军的进攻，同时，他还命令美国海军第七舰队进入台湾海峡巡逻以防止大陆对台湾的进攻，并要求台湾的国民党军队也停止对大陆或对公海和中国水域内的航运采取军事行动。声明还宣称，有关台湾地位的确定，有待该地区恢复稳定与和平，或者签订对日和约后决定，或者由联合国讨论决定。[6]

杜鲁门的声明显示，美国突然转变了对台湾战略地位的认识和对国民党政权的态度，要重新介入中国事务，这粗暴地干涉了中国内政。声明中关于台湾地位问题的说法是错误的，是对中国领土主权的践踏，蕴含着"台湾的国民政府不再被认为拥有主权"之意。杜鲁门未同台北磋商即命令第七舰队进驻台湾海峡，并以"命令式"的口气要求台湾停止对大陆的军事行动，这种蛮横的做法几乎无视国民党政权的存在，这使一向以"美国盟友"自称的蒋介石大失脸面，其心中之不快自可想见。但蒋考虑到由于美国军队的参与，在台湾海峡建立起一道坚固的屏障，不仅阻挡了人民解放军的攻势，也使自己获得了喘息的机会，可以高枕无忧了。因此，他仍对美国这一政策表示了理解。爆发于中国境外的一场战争，改变了蒋介石政权的命运。

当天晚上，蒋介石约见美驻台"代办"史特朗，询问美国对此"声明"的有关解释，了解美国政府改变对台政策的真实意图。28日上午10时及下午4时，蒋介石两次召集陈诚、王宠惠、于右任、何应钦、张群、吴铁城、叶公超、周至柔、桂永清等党政要员，会商杜鲁门"声明"的影响及台湾应采取的态度。会后，由"外交部长"叶公超就杜鲁门"声明"发表了一项声明，声明说：[7]

> 对于美国政府关于台湾防卫之提议在原则上已予接受，并已命令中国海空军暂行停止攻击行动，本人兹便声明如次：
> 一、在对日和约未订之前，美国政府对予台湾之保卫，自可与中国政府共同负担其责任。
> 二、台湾系中国领土之一部分，乃为各国所公认。美国政府在其备忘录中，向中国所为之上项提议，当不影响开罗会议关于台湾未来地位之决定，亦不影响中国对台湾之主权。
> 三、中国政府之接受此项提议，自不影响中国反抗国际共产主义侵略，维护中国政府领土完整之立场。

这表明台湾当局既接受了美国将军事力量部署在中国领海，干涉中国内政的事实，又委婉地表达了要维护国家领土主权完整的立场。这种矛盾的姿态，是特殊环境与处境决定的。为了表示对美国介入朝鲜战争政策的支持，蒋介石还通过叶公超要求其"驻美大使"顾维钧和"驻联合国大使"蒋廷黻共同研究在联合国安理会中提出呼吁，控诉苏俄，并且要指明苏俄是入侵南朝鲜的"真正侵略者"，北朝鲜只不过是它的"傀儡"而已。[8]然而，美国方面的计划是使朝鲜战争成为一个局部性问题，并且希望莫斯科能够从中斡旋，促使朝鲜人民军北撤。蒋介石有心帮忙，而美国人并不领情，乃只好作罢。

但在出兵问题上，蒋介石仍然十分积极。6月28日，蒋介石又派驻美大使顾维钧向杜鲁门总统面交其出兵请求，以示响应联合国安理会"要求各会员国提供必要的援助以协助击退北朝鲜对韩国武装入侵"的决议。同时，他还训令国民党驻韩、日"代表"何世礼、邵毓麟：[9]

驻日代表团何团长、驻韩大使馆邵大使：密。韩国遭受侵略，中韩谊属手足，自应援救危局。中国政府兹特决定先以陆军三个师，运输机二十架，援助韩国，除饬整装待发并饬蒋代表向联合国秘书长提出此项建议外，即希分别通知麦帅及李总统，并希将办理情形具报为要。

蒋介石还敲定了援韩军的人事构成，援韩军司令官由原国民党第67军军长刘廉一担任，政治部主任由蒋经国的干将、"国防部"总政治部副主任胡伟克担任。但为了与美国政策保持一致，他还决定在向联合国安理会正式提议前，先就此计划征求美国方面的意见。其实，美"台"双方早在战前就围绕国民党军队赴韩参战之事有过接触。那时，驻日本盟军最高司令麦克阿瑟派太平洋舰队的柯克海军上将到台北，要求蒋介石派军到韩国参加协防，以抵抗北朝鲜的进攻。台湾的空军司令周至柔接待了柯克。台湾驻盟军代表何世礼奉蒋介石命令也直接与麦氏交涉。但此举与美国政府的远东政策不符，双方所开出的价码也差距甚大，直到战争爆发，双方并未达成实质性的协议。

朝鲜战争爆发，美国政策大变，蒋介石便寄望麦克阿瑟能回心转意。因此，他在同美国务院联系的同时，多次派何世礼前往游说麦氏。

但没有美国政府的命令，麦不敢擅作主张，何世礼虽三番五次前来劝说，都被一一拒绝，碰了不少钉子。蒋仍不甘心，当何世礼因感觉无望而拒绝再去时，蒋介石愤怒异常，对他严加训斥，坚持命令他再去交涉。[10]

蒋介石之所以要急于派部队参加韩战，一方面是借此作为向美国索取更多援助的借口，另一方面是通过参战来维持其日益下坠的"国际地位"。邵毓麟在其回忆录中说："这正如韩战之爆发，已经挽救了台湾宝岛免于沉沦的危机，中国的*能否派兵前来参战，乃是进一步是否能提高中国的*已因中共政权成立而一落千丈的国际地位。"[11]此外，还有一个潜在目的，是希望能引发美苏的直接冲突，以便从中取利，甚至借机从中朝边境将战火引到中国大陆，迫使美国不自觉地卷入他"反攻大陆"的内战。

*指台湾当
局。——引
者注

但美国似乎洞穿了台北的企图。7月1日，美国政府致函台北，在"赞扬"其出兵建议的积极性后说："鉴于北平中共政权发言人近日来一再发出大陆共军将入侵台湾的威胁，美利坚合众国认为，在就出兵朝鲜、削弱台湾防卫兵力是否明智一事作出最后决定前，宜由麦克阿瑟总部派出代表会同台湾中国军事当局，就台岛抵抗入侵之防务计划举行会谈"，[12]从而婉拒了蒋介石的请求。美国认为，朝鲜危机的局部化方针，无论从其国内还是从国际上考虑都是最佳方案。但如果允许把国民党军队置于联合国的旗帜下，就有可能使战争扩大到中国，而一旦中国政府参战，则谁也不能保证战争不会演变成世界大战，这又是美国在欧洲的盟友们最为忧虑的，它们曾不断以此向美国施加压力。因而，以艾奇逊为首的美国务院坚决反对台湾派兵，称台湾是"想利用美国为它的军队谋取新的武器和物资"。这样，朝鲜战争之初，蒋介石拟采取的出兵计划被否决了。

但是，蒋介石对朝鲜战场局势的关注一如既往。7月3日，蒋介石在国民党中央党部扩大纪念周上说：联合国和主要民主国家如要使韩国战事迅速结束，世界和平获得实际保障，仅仅宣布执行制裁是不够的，联合国和民主国家必须更进一步，采取下列严正的主张：

第一，必须严正正式地指出："苏俄是这次北韩侵略战争的主使者"，使其承担责任，否则，它会继续躲在幕后操纵"亚洲其他傀儡政权的军队和联合国作持久的拉锯战，甚至还可以煽动亚洲的各民族，说是欧美军队来侵略亚洲"。

第二，民主国家要坚强亚洲人民的反共决心，必须改变其过去只重视欧洲而忽略亚洲的政策，"对于亚洲人民反共努力，要像对欧洲一样支持"。[13]

9月28日，麦克阿瑟策划美军在仁川登陆成功，并攻占汉城，李承晚军队的败势暂得扭转。蒋介石立即致电麦氏祝贺："联合国部队在阁下卓超的计划与指挥下，收复汉城，捷报传来，中国政府及余本人莫不深感欣慰。兹特驰电表示余衷心的贺忱。同时余深信阁下必将获得全面的胜利。"[14]

同时，蒋介石仍积极进行出兵准备工作，等待有朝一日，中美之间会发生直接冲突，美国会改变现政策，允许其"出兵"。果然，美国对朝鲜内政肆意干涉，且不顾中国政府的一再警告，驱动大军直逼鸭绿江，对刚刚成立不久的新中国政权形成极大的威胁。本着救人自救的精神，中国政府提出"抗美援朝，保家卫国"的口号，在全国上下广泛动员，组成"中国人民志愿军"，于1950年10月25日秘密越过鸭绿江，入朝作战，并一举击溃狂妄的美军，使朝鲜战场局势为之一变，"联合国军"的攻势受到极大挫败。

志愿军赴朝参战后，蒋介石借机再做文章。接到消息后，他立刻致电李承晚，攻击中共，支持南朝鲜政权：[15]

邵大使转陈李承晚大统领阁下：中共匪徒公然参战，联合国军队遭受挫折，闻讯之余，愤慨与系念同深。联合国民主自由阵线，现仍有以过去姑息政策为未足，继续主张对敌妥协屈服者，我国必坚决反对之，并将不惮牺牲，为吾人共同目的而奋斗，以争取最后胜利也。蒋中正，亥支。

11月13日，他对大陆民众发表广播谈话，歪曲朝鲜战争的性质，颠倒敌友，挑拨大陆民众与政府的关系，甚至企图制造大陆的"内乱"，进行"策反"。他说，"美国是我们中国的朋友，凡是中国人都不愿和美国人打仗的"，"朱毛送你们到朝鲜打仗牺牲，不是为了我们中国，也不是为了朝鲜，完全是为了替苏俄帝国主义作工具，去侵略朝鲜大韩民国"，因此，"你们要拒绝参军，要拒绝献粮，你们要反对开拔北上，反对出国打仗，反对俄国侵略朝鲜，反对朱毛为俄国打仗"；"你们应该立即反正，在联合的旗帜下，与联合国盟军并肩作战。你们遇到联合国军队的时候，只要声明说，你是国民革命军的将士，你是中华民国蒋总统的旧部，那我可保证联合国统帅必定会优待你们，我并且一定可使你们归编到你们国军原有队伍中来"。[16]

蒋介石的谈话被重播了三次，但其实际用意与其说是"号召"大陆军民"反正"，不如说为台湾民众打气。

在朝鲜战场上出现拉锯局面时，蒋又反复强调国民党军对于挽救朝鲜战场"联合国军"颓势的作用，希望藉此引起美国的重视，让他将军队派到朝鲜。12月8日，蒋介石应美国广播公司之邀发表谈话：[17]

记者问：台湾国军的反攻大陆，是否可使联合国军队在韩境所受的压力大见减轻，以至于能获胜利的程度？

蒋总统答：我相信在联合国的海空军配合行动之下，台湾陆军的反攻大陆可得到大陆上150万游击队的响应，在共党控制下的许多部队也将投到我们这方面来。这样，北平政权的基础就将动摇，韩国的局势然后就将根本的改观。

问：自由国家只靠联合国海军和空军而没有地面部队的助力，能否在大陆上击败敌人？

答：在我们政府的收复大陆计划中，并未考虑到使用美国的地面部队。

问：目前局势虽极严重，阁下是否仍准备率军赴韩支持联合国？

答：中国军队为抗拒共党侵略起见，自准备应联合国或联军统率的要求前往韩国作战。

12月13日，他在接受《美国新闻与世界报道》杂志的访问时，抱怨美国在远东"反共"不够坚决，采取了姑息政策，要求美国改变在台湾海峡的政策，他说："美国对于台湾尽可以海空军协助其防卫，而不再要求国民政府停止其对大陆的军事行动。"但当美国记者提出如果美国对中国政府使用原子弹可能会产生的问题时，蒋介石却不愿做肯定的回答："因为这个时候对中共作战使用原子弹能否发生相当效果，实在是一个疑问。"[18]次年5月16日，他在会见美联社记者时再次夸大台湾的军事能力。他说，他"率领下的中国国军能够制止中共对韩国之侵略，其方法即为国军向大陆进攻"，"一旦国军开始反攻，中共对韩之侵略即将终止，至少中共不能再在韩国发动新的任何攻势"，而且"台湾获得其必需的配备与供应后，有6个月之时间，即可开始大规模之反攻"。[19]他试图通过这种夸大来突出台湾的战略地位，以期引起美国的注意。

在美国国内，确实有以麦克阿瑟为代表的一批强硬反共分子，力主让国民党军入朝参战，期望通过重新武装国民党军队，开辟亚洲的第二反共战场。但杜鲁门政府坚持认为，蒋介石"对中国人民来说是一个名誉扫地的领袖，如果美国把他作为领导反对共产党军队的反共运动的领袖，那是愚蠢的"。[20]所以，尽管蒋介石与麦克阿瑟一唱一和，但最终还是被否决了。杜鲁门没有上蒋介石的"贼船"。

1952年底，艾森豪威尔当选为美国新总统，表示要改变对台政策，增强对其援助的力度。蒋介石觉得又有了机会，指令叶公超求见艾氏，重提台湾军队赴朝加入"联合国军"的要求，结果再次被拒绝。美国不让台湾卷入朝鲜战争的原则始终未变，蒋介石"出兵"朝鲜的企图经历了一次次挫败后彻底落空了。而更让蒋介石始料未及的是，不仅美国反对其派兵，韩国政权同样也反对。在联合国尚未决定全面军事援韩以前，李承晚等曾一再表示希望蒋介石派兵助战。及至美国对韩实施全面援助，其对派兵问题，"态度亦渐趋冷淡"。志愿军入朝之后，李承晚提出了由美国装备50万新兵的建军计划，因害怕国民党军的参战"而使美国不同意或减少对韩国新兵的装备"，他更加反对蒋介石的"出兵"计划。1951年2月11日，李承晚在韩国大邱谈话声称，"现在使用中国国民政府军队参加韩战，无此必要。此一问题应由麦帅决定，但韩国国民为保卫韩国作战，故望美国对韩军予以装备及武器援助"。5月9日，韩国政权则公开声明："与其使国民政府派兵来韩参战，而予中国人以武器，实应将武器给予韩国人。"[21]事实上是李承晚不愿蒋介石与自己分享美国的援助，这愈加证明了蒋介石计划的一厢情愿。

更重要的是，美国人对于蒋介石"借刀杀人"的阴谋洞若观火。作为拒绝国民党出兵计划的主要人物、国务卿艾奇逊曾说："蒋总统知道，单凭自己实力，绝不可能打回大陆，而我国政府一旦答应其请求，韩鲜战争就有可能演变成美中战争，到那时，美国除了死心塌地帮蒋介石打垮共产党中国外，别无选择。可这场战争，一切成果归国民党政府，但一切负担只能由我国负担。这种吃力不讨好的事，对我国利益会带来极大的损害。"

二 麦克阿瑟突访台湾

1950年7月31日，盟军驻日本总司令、"联合国军"司令、美国远东军总司令麦克阿瑟未经宣布，即突然飞抵台北与蒋介石会晤，磋商有关远东局势，特别是朝鲜战争和协防台湾的问题。当朝鲜战争处于白热化状态之际，麦克阿瑟此行格外引人注目。

自1949年美国发表对华白皮书以来，美国对国民党政策急转直下。在美看来，蒋介石领导的国民政府的腐败无能已不可救药，美必须等尘埃落定之后再重新考虑其整个对华政策。因此，美国在划定其西太平洋防线时，国民党的最后根据地台湾被摒弃于计划之外，中止了许多援蒋贷款，特别是在军事援助方面，对台北处处加以限制。尽管如此，由于台湾特殊的战略地位，仍有一些美国人对其垂涎三尺。他们以此为借口，或鼓动由联合国对其托管，或者游说美国政府重新加强援助蒋介石，以让其替美国守住西大门，强硬的反共分子麦克阿瑟即是其中一员。

早在1948年11月，麦克阿瑟在应国务院之请，就"中共攻占台湾将对美国的安全可能产生何种战略影响"发表意见时，即表示："台湾对美国在西太平洋的安全具有重要的战略意义"，其理由有三：一、中国大陆易手之后，美国已经失去利用中国其他地区作为军事基地的可能性，由此而使台湾地位更加重要，必要时可以打造为战略基地，控制邻近航道；相反，如果台湾被"不友好"力量控制，就有可能被其利用，切断南亚至东亚的航道。二、台湾是日本粮食和其他物资主要来源地；如果台湾被他人控制，日本就会成为美国的负担而不是资产。三、中苏关系日渐密切，使苏联在远东优势日渐明显，如果台湾再被亲苏的政治力量所占领，苏联将会利用其切断美国的防线。不过，那时的麦克阿瑟，只是主张台湾不能落入苏联之手，并没有明确提援台和建立军事基地的建议。[22]

随着国民党在大陆的迅速崩溃和美苏冷战格局的形成，美国人控制台湾的意图日渐明显，尤其是以麦克阿瑟为代表的军方势力。1950年1月，美国参谋长联席会议决定，将其关于美苏战争爆发后控制台湾的"紧急应战计划"有效期，延长至1951年底。4月，参谋长联席会议又建议政府采取果断措施以"减少来自共产党中国的压力"，并说："有证据说明中国国民党的军队有所振兴并增强了效力"，美国国防部也建议政府"尽一切力量保住台湾"。5—6月间，麦克阿瑟又连续提出两份内容相近的备忘录给美国政府，突出强调台湾在美国远东战略中的作用。他说，台湾是从阿留申到菲律宾的美国远东防线不可分割的一环，如果发生战争，美国在该地区的作战能力将有赖于台湾留在"友好的或中立的"政权手中；否则，掌握在共产党手中的台湾就好比一艘不沉没

蒋介石与麦克阿瑟合影。1950年7月31日，麦克阿瑟访台，宣布『关于台湾本岛，包括澎湖在内，在目前情况下，不得遭受军事进攻之政策』，粗暴干涉中国内政。

的航空母舰和舰艇基地，其位置对苏联完成其进攻战略极为理想，同时还可以把美国在冲绳或菲律宾的部队的反攻行动完全将死；此外，台湾经济有很好的基础，有条件成为一个繁荣的地方。因此，麦克阿瑟主张："台湾归还中国之说现在应重新考虑，台湾最终的命运无疑取决于美国，美国应该在这里划线，制止共产主义扩张。"[23]6月中旬，他在同国防部长约翰逊、参谋长联席会议主席布莱德雷举行的东京会议上，再次极力强调增加对台湾的援助。他说，台湾及其他远东危险地区"仍可挽救，不受共党蹂躏"，"只要一个数量不大的武器援助，就可使中国政府守住台湾，不致沦陷"，"美国必须将配备赶快运往该地，并必须在一个类似驻希腊的军事代表团机构的指导之下，交由国民政府"。[24]但此时杜鲁门政府不想因援助蒋介石而触怒中国的新政权，麦氏等人的要求因而被搁置。但麦克阿瑟等人的主张为美国后来的援蒋保台政策提供了思想基础。因此，杜鲁门在朝鲜战争爆发后召开的紧急会议上，首先宣读的是麦克阿瑟6月份的备忘录。毫不夸张地说，是麦克阿瑟向台湾的蒋介石国民党送去了"救命的稻草"。

朝鲜战争爆发后，美国认为这次战争是社会主义阵营对资本主义阵营发动全面进攻的前奏，为遏制这一攻势，美国必须予以全面干预。所以，6月27日杜鲁门总统下令其远东海空军对南朝鲜陆军予以支援，同时决定协防台湾，以阻止中国政府解放该岛。他宣布：[25]

> 鉴于共产党军队的占领台湾将直接威胁到太平洋区域的安全，并威胁到在该区域履行合法而必要活动的美国部队，因之，本人已命令美国第七舰队防止对台湾的任何攻击，并且本人已请求台湾的中国政府停止对大陆的一切海空活动。

两天之后，美海军第七舰队的六艘驱逐舰、二艘巡洋舰和一艘运输舰进入台湾海峡并立即开始巡逻。7月8日，第七舰队司令史枢波访问了台湾并会见了蒋介石，商谈关于台湾基地利用、双方联络合作及台湾防卫等问题。不久，负责第七舰队与国民党军联络的美海军武官贾芮特少将率海、陆、空军武官八人抵台。这标志着美国改变了对国民党政权的"袖手"政策，全面同台湾当局接触。史枢波是国民党政权退台后公开访问台湾的第一位美军高级将领。美国悍然将军舰开入中国领海，干涉中国内政的行径，遭到中华人民共和国的抗议，外交部长周恩来发表了谴责美国军事侵略台湾的声明。[26]

美国政府改变弃蒋政策，不惜干涉中国内政而协防，战略用意除了巩固西太平洋防线外，更有从侧面牵制朝鲜战场，减轻以美军为首的"联合国军"的压力。但美国此举并没有立刻改变战场上的颓势，朝鲜人民军以高昂的战斗精神弥补了装备的劣势，将战线迅速向南推进。美国趁苏联代表缺席之机，策动联合国作出了干涉朝鲜内政、组成"联合国军"赴韩参战的决议。以美军为主体的"联合国军"进入朝鲜，即陷入苦战。为了给面临危难的"联合国军"筹划退路，为了确保台湾，协调美、蒋政治、军事行动，麦克阿瑟决定访问台湾。

在美国政府中"抛弃台湾"政策占主导的情形下，麦克阿瑟在远东的主张最接近蒋介石的期望，故蒋十分注意拉拢麦克阿瑟，特意在1月间的日记中预定要在麦克阿瑟70岁时亲自写信祝贺。[27]朝鲜战争爆发后，蒋立即派人到东京去与麦克阿瑟接洽。而麦克阿瑟访台的消息对被美国冷落很久的蒋来说，是天大的喜讯与强心针，他欣喜若狂，称其"实为美国军事政治家惟一之雄才"，"韩战美军一再失利，一个月来大田失陷后，锦江失守。……在此危急之际，麦帅竟拨冗访台以敦友谊，而其扶弱抑暴之精神，实为美国军事政治家惟一之雄才，其为罗斯福后之第一人乎？"[28]

31日下午1时，麦克阿瑟在国民党驻盟军代表团团长何世礼的陪同下，乘"巴丹"号专机抵达台北松山机场，同行者有美第七舰队司令史枢波中将、美远东空军司令斯特拉特梅耶中将、美远东海军司令卓伊中将、麦氏总部参谋长亚尔漠少将、盟总军事情报组主任威洛贝少将及高级参谋人员四十余人。蒋介石率"行政院长"陈诚、"总统府秘书长"王世杰、"参谋总长"周至柔、"陆军总司令"孙立人、"海军总司令"桂永清、台湾省主席吴国桢等文武大员数十人，冒雨至机场迎接，其规格也是最高的。

蒋介石亲自至机场迎接，让麦克阿瑟十分高兴，下机后的第一句话便是"承总统阁下亲自来欢迎，我非常荣幸"。两人相见甚欢，麦克阿瑟亲热地将手臂围在蒋介石的肩上，轻拍他的后背。看到此种情景，台湾当局上下似乎盼到了救星，兴奋之情溢于言表，有记者甚至写道："当麦帅步出他的机门时，整个上午并未停歇的阴雨突然中止，阳光从云层中间向下照耀，这使得不少欢迎人员高兴，认为这是一个好兆头。"[29]欢迎仪式后，麦氏随蒋介石至其官邸休息。

午餐后，双方立即开始会谈。会谈首先在蒋介石和麦克阿瑟两人之间进行，内容涉及国民党政权的国际地位问题、确保台湾及与中共作战问题、朝鲜半岛局势问题。蒋介石向麦氏通报了其军队在军火军械配件方面的急需，特别是海空军需要重新装备，请求美方予以援助。他要求美国支持其"反攻大陆"的军事行动，尤其是关于金门的防卫，他请求麦氏对杜鲁门声明作某些修正，例如，允许"国军空军得攻击共军飞机场，以防共军用作轰炸台湾之基地"。此外，他还向麦克阿瑟重提早已为美国所拒绝的向朝鲜战场派国民党军参战之事。[30]蒋介石甚至提出组织"亚洲反共同盟志愿军"赴朝鲜参战，但麦克阿瑟对此建议的反应"甚为冷淡"。碰了软钉子的蒋介石只好自找台阶："推其原意，甚恐志愿军之组织不能统一，易为共党渗透其间，反为联军之祸，而并非有意排除此种军队之故。"[31]

麦克阿瑟等人还与国民党高级军事人员举行了两次军事会议。先是由周至柔、孙立人、桂永清等人与麦克阿瑟随员会商有关在作战补给、运输、情报等方面的合作事宜。8月1日9时至10时，双方又在阳明山第一宾馆举行最高级军事会议。会议由麦克阿瑟主持，蒋介石与宋美龄陪坐左右。会上，双方达成两项协议：一、双方海陆空军归麦克阿瑟指挥，共同防守台湾；二、增派美国第十三航空队常驻台湾，在台湾设立军事联防办事处。此外，麦克阿瑟同意了蒋介石的请求，允许其空军对中国大陆进行自由攻击行动，并提出"中美军队有效合作防御敌人进犯的保证"。

与此同时，"财政部长"严家淦、美援运用委员会秘书长王崇植、台湾省财政厅长任显群也奉蒋介石之命，在阳明山第二宾馆与麦克阿瑟随员马圭特少将就台日贸易问题进行会谈。严家淦等人对台湾经济情形及现时所需的援助向美方做了说明，并与马圭特等人达成协议："一、对中日贸易协定草案中所拟的输入输出项目，原则上表示同意，台湾一年中对日本输出总额是4000万美元，输入总额也是4000万美元。至于账目结算及汇兑互通，原则上同意由台湾银行委托东京花旗银行办理。二、对以往中信局在大陆上所欠盟军总部贷款，商定分年偿还办法。"[32]

会谈进行到后期，吴国桢也参加进来，在他的要求下，马圭特同意将台湾生产的食盐、焦煤运销日本，以免过剩，但拒绝了将煤炭也运销日本的提议。

在会场之外，台北还进行了一系列公关活动。除蒋介石在麦克阿瑟抵台当晚举行了隆重的欢迎宴会外，叶公超、徐永昌、张群、何应钦、吴铁城、王世杰、董显光、吴国桢、沈昌焕、顾维钧等人也纷纷于次日早晨至麦氏寓所拜会叙旧。蒋夫人宋美龄也以台湾产西瓜、鲜菠萝、香蕉赠给麦克阿瑟在归途中解渴，同时赠给其余官佐每人西瓜2个、菠萝2个、香蕉2把，联勤副总司令黄仁霖则向每人各赠乌龙茶两听。

8月1日上午11时，麦克阿瑟结束了其22小时的台湾之行，自台北松山机场飞返东京，蒋介石又送其至机场，并坚持要把麦氏送上飞机，但被婉拒。行前，麦克阿瑟发表声明，盛赞蒋介石的"反共活动"，表示全力支持他"保卫台湾"。声明说："余统率下之美军，与中国政府军队间之有效联系办法，业已完成。敌对力量倘愚蠢至于企图发动攻势，则吾人当更能做有效之应付。就余个人观之，此项攻击，殊鲜有成功之希望。"

当天晚上，蒋介石也发表声明称："麦克阿瑟元帅此次率其高级幕僚，于我国艰苦反共抗俄之际，莅临台北，我全体军民实引为感奋。在过去二日内，吾人与麦帅举行之多次会谈中，对于有关各项问题，已获得一致之意见。其间关于共同保卫台湾与中美军事合作之基础，已告奠定。吾人反抗共党侵略之斗争，自必获得最后之胜利。"[33]蒋在日记里对麦克阿瑟充满感激："联合国统帅麦克合瑟来台协商共同防卫台澎之军事合作计划，彼之热情直爽，令人感动，而其在韩国危急之际，仍能如期拔冗来访，是诚仗义为他，不失为持颠扶危有道之麦帅矣。"[34]

根据麦蒋会谈的协议，麦克阿瑟回到日本后即开始加强对蒋介石的援助。8月3日，美空军第13航空队司令滕纳自菲律宾抵达台湾。台北宣布：美国为协助防卫台湾，已在台湾设空军第13航空队前进指挥所，派遣F-80型喷气式战斗机若干架自冲绳基地移驻台湾。同一天，麦克阿瑟总部副参谋长福克斯少将率海空军联络员25人，分乘3架C-54型飞机抵达台北，以筹设军事联络组，福克斯代表美远东军总部任该组代理组长。

麦克阿瑟台湾之行，标志着美国开始重新启动其援蒋计划。台湾省主席吴国桢说："麦帅此次访台，不仅使中美传统关系展开新页，同时表明整个远东反共国家现正走上团结合作的道路，过去远东各国错综观念，将从此廓清。"[35]

蒋介石从此把麦克阿瑟引为知己，对于麦氏叫嚣把战争扩大到中华人民共和国，轰炸中国东北和在朝鲜战场使用国民党军，也不遗余力地呼应。然而让他失望的是，这位桀骜不驯的将军，由于不断对杜鲁门政府的外交政策指指点点而被逐渐摒弃于权力核心之外。麦克阿瑟台湾之行刚刚结束，便有美国报道指责麦氏此举没有得到杜鲁门的许可，并越权讨论了不属于其职责范围的政治问题。1951年4月10日，麦克阿瑟因再次越权发表关于美国远东政策的谈话，被杜鲁门突然下令免去本兼各职。消息传到台北，蒋介石震惊异常。顾维钧在其回忆录中称，对台北来说"这简直是一个晴空霹雳"。蒋乃派"驻日大使"董显光代表他去向麦克阿瑟转达对其被撤职之遗憾。他还企图让"驻美大使"顾维钧转送他致麦氏的慰问信。但蒋的高级幕僚们担心此举会得罪杜鲁门总统，坚决反对，最终未能实现。

尽管如此，自麦克阿瑟访问台湾之后，美援特别是军事援助源源不断地涌进台湾，国民党军队装备有所改善，其战斗力也有所提高。台湾所面临的危机大大减缓了。

三　阻挠停战谈判

美国不仅不让台湾"出兵"，限制朝鲜战争规模，且在内外压力下，要尽早结束战争。这当然使从战争中获得巨大好处的台湾感到不安，因此，蒋介石又把注意力从"出兵"转移到和谈上。

自1951年3月，朝鲜战争开始在"三八线"附近出现僵持的局面。在中国人民志愿军和朝鲜人民军的勇猛打击下，以美军为主的"联合国军"伤亡惨重，损失巨大。因此，杜鲁门政府遭到来自国内外越来越多的批评。在国内，从普通老百姓到国会领袖都指责杜鲁门，出兵朝鲜是个得不偿失的错误决定。在国际上，由于其在朝鲜倾注了太多财力、物力和人力，从而严重背离了"欧洲第一"的原则。美国的欧洲盟国特别是英国也越来越反对战争继续下去。迫于形势，美国政府开始放弃武力统一朝鲜的计划，谋求停战和谈，并把此计划通告了其他参加"联合国军"的国家。

美国对朝鲜政策的变化，使蒋介石立即感到了一股不祥的气息。蒋介石明白，朝鲜战争一旦实现和平解决，大陆就会把其军事、政治和宣传力量全部南移，再次集中到台湾这个目标上来。而那时台湾的战略地位就会下降，美国的各种援助会随之减少，美国海军也将失去再为其庇护的理由，稍得喘息的台湾将再次面临大陆巨大的军事压力。同时，如果朝鲜战争结束，美国等国就失去了阻止中华人民共和国进入联合国的借口，新中国极有可能在短期内取代国民党政权在联合国及其他国际组织中代表中国的位置，国民党政权在国际社会的生存空间将被大大压缩。

由于上述利害关系，对蒋介石而言，朝鲜战争当然是打得越激烈，持续时间越长，中国与美国结怨越深，对他越有利。因而，他千方百计地阻挠朝鲜停战谈判的进行。他通过各种场合发表谈话，危言耸听，警告联合国警惕"共产主义侵略者"在朝鲜停战后，会在其他地区发动新的战争。1951年10月4日，他在接见美国合众国际社副总经理巴索·洛谬时说："自由世界人民应知，对于"共匪"之和平之论调及甜言蜜语不可轻信。就一个军人之观点而言，如果联军能在北韩彻底而决定性地击败"共匪"军队，则对于亚洲及整个世界之和平，将为最大之贡献。余希望联军之军事长官，能有充分权力导致胜利。如此，则在不久"共匪"选择之其他战场上，联军始不致再遭遇目前在韩之匪军。"[36] "外交部长"叶公超在同美国国务卿艾奇逊会谈时说："如果联合国不争取实现它在朝鲜的预定目标，而是接受现时战线的停战，那就是对联合国道义立场的致命打击，不仅使朝鲜人民而且使所有亚洲自由国家非常失望。"[37]台湾媒体更是叫嚣"停战有害论"，连篇累牍地鼓吹对共产主义要"作战到底"，"斩草除根"。

对于蒋介石这些基于自身利益的呼吁，美国从其全球战略出发，置之不理，继续同中、朝方面接触。但让蒋介石感到高兴的是，由于距离太远，致使朝鲜战场上双方在接触谈判的同时，仍在激烈地厮杀。

进入1953年后，情况发生了变化。3月5日，苏联部长会议主席马林科夫在斯大林葬礼上发表谈话，着重阐述了社会主义国家同资本主义国家和平共存，以及通过和平谈判解决一切重大问题的可能性，呼吁通过和平手段解决朝鲜问题。响应苏联的倡议，中、朝方面代表也决定在一定条件下恢复停战谈判。一时之间，和平解决朝鲜战争出现了柳暗花明的前景。惧怕朝鲜停战的蒋介石再次积极活动，施加影响，阻挠和谈。4月16日，他亲自写信给美国总统艾森豪威尔，就苏联和平攻势的意图及对付办法提出建议。蒋介石认为，以苏联为首的共产主义阵营的和平攻势，主要是因为美国"正在执行的逐渐具体化的联合反共政策"，其目的是："一、赢得时间以便在国内巩固新的苏维埃统治集团的权力，在国外加强对卫星国家的控制；二、给联合国内部带来更大的不和，特别是在英美两国之间的不和，从而使苏联自己处于有利地位，以其在联合国获得的政治利益，来为中国和朝鲜共产党收取侵略的果实；三、为贵国政府与国会之间在联邦预算提交审议时制造困难；四、让美国战俘返回家园，制造民意，要求美军撤出朝鲜，为在联合国再度提出同样要求铺平道路。"

他用很大篇幅分析了停战谈判所造成的诸多"严重后果"：

阁下已经看到，旷日持久的板门店谈判如何使联合国内部产生不和；在谈判过程中，如何因纵容而使共产党的渗透活动在亚洲和南北美洲得以发展；你们自己在朝鲜前线的士兵如何被搞得士气低落，群情激奋；共产党人如何利用僵持局面在前线掘壕固守；尤有甚者，由于长期迁延不决而造成对停战的殷切期望，如何使广大群众把朝鲜停战当作惟一目标，而看不出朝鲜问题的症结所在。总之，板门店的僵局起了对共产党有利的作用，使他们从西方国家获得了主动权。

因此，蒋介石建议艾森豪威尔："和平攻势固应按表面价值予以接受，但必须规定时限，何时达到战场上的停火，何时按照联合国的既定目标和在合理满足自由朝鲜人民意愿的情况下，政治解决朝鲜问题。"他最后还向艾森豪威尔表示："苏联目前提出的和平倡议，无论是属于进攻性或防御性，决不能容许其抵消阁下已经取得的成就，或妨碍阁下已经决定执行的计划，在这方面我愿保证全力合作。"[38]

蒋介石这封信的实质是敦促美国坚持强硬政策，取消板门店谈判，或开出中朝方面难以接受的条件，迫其就范，从而达到使谈判无疾而终，再走上沙场决战的目的。

但是，美国政府却没有采纳蒋介石的建议。艾森豪威尔在致蒋介石的复信中一面说明，美国"并未忽视朝鲜所包含的根本问题"，共产主义阵营的和平攻势"并不意味着共产党世界有了主动权"，以打消蒋介石的疑虑。艾氏还同时说明，对苏联的和平建议不能断然拒绝："不是和平倡议不受欢迎"，而是"必须给他们以表明诚意的机会，但诚意必须确实而且始终如一地逐步表现于行动，这是继续谈判的必要条件"，表明美国将不改变既定政策，继续在朝鲜的谈判。

美国执意和谈，放弃武力统一朝鲜的计划，还使李承晚政权感到了危机。因而，李承晚不断以退出"联合国军"为要挟，向美施加压力，反对美国同中、朝联军的和谈，并要求美国如果坚持谈判停战，则必须保证在停战协定达成前，签订一项美韩军事协定，以确保美国在停战后能继续对韩国的安全负责。

李承晚政权的危机感使蒋介石看到了台湾可怕的未来，同病相怜的他急不可待地站在韩国立场上，为李承晚辩护，联手向美方施加压力。6月7日，李氏宣布韩国处于"半紧急状态"，命令国防部长召回正在美国受训的全部韩国陆军军官，号召全国继续作战，独立向北推进，统一全朝鲜，以抵制"联合国军"司令部正在与中朝联军进行的谈判。同一天，蒋介石也致电艾森豪威尔，就朝鲜问题和远东局势要求美国慎重考虑。他要求美国政府严格坚持原定的目标，"即建立一个统一、独立和民主之朝鲜；为共同捍卫联合国之目标，继续给予韩国道义上支持及军事上援助，以确保其安全；确实兑现联合国司令部代表于板门店谈判中作出之保证，即停战后举行之任何政治会议，范围应仅限于讨论朝鲜问题"。蒋介石提出，如果朝鲜停战实现，亚洲国家安全仍然受到威胁，美国政府应考虑对"亚洲反共国家"给予强有力的保障，"而于受苏联与中共直接威胁之国家，即中华民国、泰国及印度支那，尤应给予有效援助，以增强其国防军力。为确保亚洲和平，美国政府似有必要声明拟与上述直接受威胁国家，缔结双边和多边共同安全条约，并声明适时帮助组织成立所有亚洲反共国家之总组织"。[39]此信道出了蒋介石的本意，要求美国给台湾以更多的援助、更确实的安全保障。

6月23日，他二次致电艾森豪威尔总统，老调重弹，为李承晚呐喊，希望美国在签订停战协定前，先签订"美韩共同安全条约"。

随着时间的推移，美国在朝鲜战场上所受的损失越来越大，而来自国内外的指责也越来越强烈，因此，谋求朝鲜停战，以尽快从该地抽身成为其既定方针。然而，台北方面却逆势而行，喋喋不休，与李承晚一唱一和，从中作梗，终于惹怒了美国人。6月25日，美国国务卿杜勒斯通过其驻台"代表"向蒋介石传话：李承晚企图迫使联合国和美国军队继续留在朝鲜作战是不会成功的，如果他坚持这样做，联合国及美国对朝鲜的"义务"将留给李承晚的军队独自承担；同是，如果由于美国撤军而造成朝鲜的军事惨败，毫无疑问，美国届时将重新考虑其对台政策；而所谓的"重新考虑"，杜勒斯把它解释为"第一步即可能导致缩减美国对台湾的军事援助"。

也许蒋介石从传话中嗅到了一股火药味，台北方面的蒋介石于是改变口径，并向美国方面反复解释。6月27日，他通过顾维钧匆忙向杜勒斯解释致艾森豪威尔电的原因：[40]

> 我所希望的是弱小国家的地位不会最后成为强大侵略者的牺牲品。这样就不至于在小国和弱国中有损美国的领导声望，同时也不会鼓励侵略者去发动其他侵略战争。这种侵略战争最后会导致人类的第三次最大灾难……如果我的真诚建议得不到充分理解，我将深感遗憾。

7月8日，蒋介石在会见美国驻台"大使"蓝钦时又解释了其立场，"我们无意鼓励韩国的李总统，因为在我们方面是赞成停火的，而且希望它成功"，"韩国应该得到安全保证，如果韩国已获得安全保证，但仍坚持在三个月之后看到政治会议未带来任何结果时，即执行诉诸武力统一的政策，则韩国的这种态度是不合理的"。[41]这里，蒋介石的态度发生了很大变化，间接地批评了李承晚，并向美国表明了自己与李氏之间的距离。

23日，蒋介石又对新闻界重申，他不反对韩境停战，他所坚持的是美国应在韩境停战后，不管是以何种方式实现，都"应以军事援助界予共产主义威胁下的各个国家"，同时与所有正遭遇和即将面临""共匪"压迫的亚洲国家，包括自由中国在内，订立范围较为广泛的安全公约"，而他所主张的"军事援助"并非要美国向共产党国家发动直接战争，而是向目前反共之国家提供援助。易言之，美国可以援助他人反共，如援助台湾、韩国、越南、泰国，"如此即可迅速使中国大陆上情形基本改观"。[42]

蒋介石很清楚，缺少了美国人的保护和援助，台湾的国民党很难生存。相比之下，与其得罪美国倒不如远离韩国，于是，蒋介石改变了其反对和谈的立场，把目光转向他处。

四 劫掠志愿军战俘

朝鲜战争已给台湾提供了起死回生的机会，但蒋介石幻想从中获得更多利益，先是谋求"出兵"参战，继而阻挠和谈均以失败而告终。朝鲜停战在即，无奈之余，蒋介石又把目标转向了战俘问题。

朝鲜战争中，志愿军在俘虏大批美军的同时，也有志愿军战士被俘。蒋介石认识到，如果把这批战俘弄到台湾以补充国民党军，无疑是一支有生力量。同时，也可将战俘作为攻击大陆、说明台湾是"人心所向"的人质。因此，他千方百计要把这批原本与其毫不相干的战俘抢到台湾去。同时，美国为了武装台湾，也故意阻挠战俘的遣返。在美国帮助下，国民党特工跑到战俘营中对被俘志愿军官兵威逼利诱，强迫他们刺字、写血书、宣誓"反对共产党"，要求到台湾而不回大陆。美国则以此为借口，在谈判桌上反对中朝方面提出的全部遣返的方法，先是提出"一对一"遣返，后又提出"自愿"遣返，企图在"自愿"二字上做文章。为了使朝鲜半岛尽快实现和平，中、朝双方做了很大妥协，同意了这一原则。但双方还协议，那些不愿遣返者应在协定生效两个月内交由"中立国"监管，让双方各自派代表前去劝说，劝说无效后仍交回"联合国军"，就地释放，由战俘们自己选择其所去之地。这样，在国民党特工人员的威胁策动下，美国与韩国方面强制扣下了一批志愿军战俘，这些"不愿"回大陆的战俘，被交给"中立国"监管。

为了把这批战俘顺利劫回台湾，台北方面加紧了活动。一方面国民党特工继续在战俘中进行各种策划，并在战俘营建立了特务组织，以制造所谓的"民意基础"。作为第一步，6月28日少数人盗用"全体战俘"的名义写血书一封呈蒋介石，要求蒋准许他们在释放后参加国民党军，吁请蒋介石设法使他们早日获释，"俾能归往自由中国，并保证为反攻大陆的国军先锋"，血书还表示反对提名波兰、捷克及印度为中立国，将以武力反抗试图把他们遣返大陆的任何人；反对共产党代表进入战俘营，威胁要"杀死"每一个进入战俘营的共党代表及亲共的中立国代表。[43]从其用词及态度看，这份血书完全是台湾一手炮制出来的。

第二步，蒋介石请求李承晚帮忙，确保关押的部分战俘能到台湾。7月12日，李承晚在同美国助理国务卿劳勃森会谈后声明，"关于战俘方面，吾人重申吾人的决心，即任何俘虏不容许受制于敌人，即在规定终止时，一切希望避免返回共区之战俘，应在韩国释放，而反共的中国战俘，应予遣送他们所选择的目的地"，这也给战俘们施加了巨大的压力。

第三步，蒋介石又出面发表文告，"回应""不愿遣返者"的"血书"，"对留韩反共华籍俘虏劝勉之文电告已颁发"，表示与美国的合作对台湾利益"无所损也"。[44]鼓励"反共义士"要意志坚定：[45]

> 亲爱的反共同胞们，自从你们向全世界宣告了你们的反共决心，更不顾一切危难毅然反抗被遣回匪区之后，你们不但获得了自由中国同胞们的敬仰，而且博得了整个自由世界的同情与尊敬。联合国为了支持你们的立场，确定了志愿遣俘的原则，这项原则现在已由双方接受，在停战协定里已有了规定。而且韩国李承晚总统已为你们的自由作负责的保证，今后你们要意志坚定，不受任何诱惑，也不受任何威胁，只要你们能如此做，你们必能获得自由。
>
> ……
>
> 我本人更将密切注视联合国贯彻志愿遣俘的原则，不使你们被逼再回到匪区去。我并且要使联合国依照他们的公开诺言，照着你们的志愿，回到自由中国的台湾来。

美国方面违背协议，袒护国民党，允许他们派大量特工到济州岛战俘营活动，对不愿去台湾的战俘，毒打迫害。蒋介石的文告由他亲自口述录音制片，在华籍战俘营中连续播放，文告原件也被影印在战俘中大量散发。但对中、朝方面前往解说的代表却百般刁难，处处限制。这种行径遭到中、朝方面的严正谴责，他们要求美方制止台湾特工的活动，保证停战协定的顺利执行。

朝鲜战争双方从8月1日开始交换战俘工作，至9月6日初步完成，美方遣返75799人，其中非朝鲜籍5640人，中、朝遣返12760人，其中非朝鲜籍4912人。[46]8月26日，由蒋介石得力助手谷正纲领导的"中国大陆灾胞救济总会"组织了"慰问留韩反共忠贞义士代表团"，在秘书长方治率领下，前往韩国济州岛战俘营进行宣教活动，并先带着63名战俘返回台湾。蒋介石对此十分满意，除派谷正纲、沈昌焕等人前往机场迎接外，并亲自召见方治等人予以慰勉。

有了美国的默许和李承晚的直接关照，蒋介石在内战战场上无法获得的胜利，在朝鲜战场上不劳而获了。1953年11月，在战争双方围绕剩余战俘遣返问题的谈判进入胶着状态时，蒋介石又邀请李承晚访问台北。李承晚的访问名义上是礼节性回访，但蒋介石为争取其在战俘问题上的支持，给予李承晚特殊礼遇，派出16架战斗机迎护李承晚的座机；亲率"行政院长"陈诚、"外交部长"叶公超、"国防部长"郭寄峤、"参谋总长"周至柔等党政要员至机场迎接，并将其安排在自己的官邸吃住；李承晚在台期间除大部分时间由蒋介石夫妇亲自陪吃、陪玩外，还动员了台湾党、政、军、群各个部门宴请、讲演、科会、交流等，以密切感情。而李承晚也十分配合，除了吹捧蒋介石为"全世界最早的反共领袖"、"伟大之先知先觉者"外，更明确表示将在"自由遣俘"的口号下，将朝鲜人民军和中国人民志愿军战俘留在南朝鲜和运往台湾，满足了蒋介石的要求。蒋介石认为，李承晚的到访"对于目前之影响并不甚大"，但于今后东亚之前途与台韩之关系影响至大，故对这位亚洲反共盟友热烈欢迎。双方会议中并无多少实质的内容，蒋在日记中反倒是记下了两个分歧：一是在台湾方面初拟双方　"联合声明"稿中，有

"领导自由世界之美国"的字句，希望能满足"美国好大喜功之优越感"，但李承晚不同意用"领导自由世界"来强化美国的地位，蒋介石只能顺从其意，在最后发表的"联合声明"中接纳了韩国的意见。[47]二是蒋介石希望与韩国建立军事合作，但因事先韩国方面已经表示不愿谈军事问题，故蒋虽在正式会议中也不便提及，却又不甘心，便抓住在送李去机场的路上提出，居然得到李承晚的响应，蒋对此十分自得，在日记中记下此一幕：[48]

> 昨十时，夫妻送李（承晚）至机场途中，余提中韩军事配合行动问题，以其不敢有军事协定，故其力避商谈军事，余在此最后时间不得不顺便一提。只以我国军反攻大陆时，彼韩军亦向北韩进攻，如美国以中韩有否相商军事，吾人皆以相约同时并进之语答之，何如？彼即同意也。余认此问题应为李访台重要之问题，而竟如此决定，是犹不幸中之幸。如余不提，则彼必抹煞过去也。

1954年1月22日，以美国为首的"联合国军"不顾中国政府的强烈反对，宣布释放在韩志愿军战俘，并从23日起，将其中的14207名战俘用美国军舰、飞机分批强行押送到台湾。[49]中华人民共和国外交部长周恩来发表声明，抗议美国强行扣留朝中方战俘，指出美方破坏停战协定，派遣大量台湾特务在战俘营中进行破坏活动，污辱战俘人格，摧残他们的生命，又强迫他们去台湾，美国必须承担全部责任。

争取到一批战俘到台湾，蒋介石大为得意，他在得到蒋经国报告第一批战俘到达台湾的情况后的日记中写道："经儿来报，伤患义士昨已由韩空运来台之情绪与民众热烈欢迎，以及招待一万四千名义士之准备完成等事，此为二年来反共奋斗中之重大胜利也。"[50]他于24日发表文告，封到台的战俘为"反共义士"，并借机发挥说大陆军民也如"反共义士"一样向往台湾。同日，蒋介石致电李承晚对其在争夺战俘过程中所提供的帮助表示感谢：[51]

李总统阁下：值此韩境反共义士被释放之际，对于阁下不断为华籍义士重获自由所为之努力，本国政府及人民谨表示深切感荷之意。此次反共义士终获脱离共产桎梏，有赖阁下坚定不移之立场者，实非浅鲜，本人深信此一自由战胜奴役之始举，将为自由世界未来辟一坦途。

战俘们被美国军舰运抵台湾时，蒋介石派蒋经国、张其昀、谷正纲等到码头欢迎。台湾还举行了盛大的欢迎集会，"行政院长"陈诚在会上致词。不久，蒋介石还派"总统府参军长"桂永清代表他前往各"义士新村"及各医院宣慰战俘们。2月4日，他又出面接见战俘代表30人，对他们"慰问勉励"。他说："你们这次回到自由祖国的怀抱，就犹如被匪绑票日久的子弟，经过了漫长的挣扎和斗争，终于获致了今日，比父兄子弟团圆欢欣更为有意义，有价值，无比快乐和胜利。"他没有忘记台湾的险恶处境，要求战俘们继续努力："现在是你们反共义士反共抗俄工作的开端，准备从事比以前更艰苦，更要奋斗的工作"，他最后要求全体战俘"为三民主义而奋斗，为反共复国而牺牲"。[52]

战俘们在被胁迫至台湾途中，仍有很多人反抗，拒绝前往。国民党特工将他们拷打关押，甚至把坚决反抗者从船上丢进大海喂鱼。因此，到台湾后，蒋介石首先加强了对他们的思想改造，组织成立了"反共义士就业辅导处"，以蒋经国为处长，"国防部"总政治部副主任蒋坚忍、北部防守区中将副司令官高魁元为副处长，并成立"反共义士就业辅导总队"，将战俘按军事编制编组，由蒋经国的政工人员对他们集中进行反共思想灌输。让他们进行自我清查反省，刺血字、写血书，集体签订《反共救国公约》，举行向蒋介石宣誓效忠仪式，到各地做巡回反共报告，出版各种反共书刊。在经过不到三个月的训练后，除极个别老弱病残者退役外，"国防部"把士官以下的约9000人全部于4月下旬分拨陆海空军，4000名校尉级军官参照国民党原有的军官战斗团，编为"反共义士战斗团"，以台湾北部防守区少将参谋长汪锡钧为团长，由"国防部"总政治部直接指挥，从事对大陆的心战工作。[53]为了笼络他们，国民党政权为这些战俘专门建了"义士新村"，供其集中居住，送伤者入医院，允诺为他们"授田"。台湾报章上充斥着"义士"的反共事迹和到台后受到的"热烈欢迎及优待"。

对1.4万多名战俘被胁迫至台加入国民党军，蒋自是兴奋不已，把它吹捧为其"一声反攻大陆以后，奸匪的残暴武力崩溃的前兆"。[54] 1955年1月23日，台湾当局为纪念战俘们到台一周年，将该天定名为"自由日"，发起"条条大路通自由运动"。

朝鲜战争作为第二次世界大战之后社会主义阵营和资本主义阵营的第一次直接交锋，曾激起了蒋介石的美丽梦想，他跃跃欲试，企图卷入战争，将战火延至中国大陆，借助外力完成反攻计划，但其请求均被美国等西方国家一一拒绝。对此蒋介石感到愤愤不平。他甚至将美国在朝鲜失败的主要原因归结为拒绝台湾"出兵参战"。他曾对人说："1950年韩战发生后，西方国家因为恐惧苏俄和姑息中共，而反对我们中华民国派遣军队参加联军，于是造成了中共在韩战末期有恃无恐，任意勒索，与反资为主的结果……反之只要我们国民革命军进入战场，即可使匪军在作战中发生政治和心理的影响，在韩国境内，即可以瓦解中'共匪'军了，如由我国军追过鸭绿江，进入东北，则国军不仅是在我们自己中国的民众中间作战，并且在全国人民中，更将激起普遍的反共革命运动，使我们的国民革命军无须后方兵员的补给，而转变联军的有限战争。所以，我认为当时西方国家反对我们中华民国派遣军队参加联军，乃是韩战最后没有结果的一个最大原因。"以国民党军在大陆时期的种种表现来看，其介入朝鲜战争绝不能改变战争结果，似乎无须多言，但蒋介石的这段话却充分表明了他插足朝鲜事务的真实目的，是要从中渔利，重返大陆。

朝鲜战争的爆发，使美国重新认识到台湾的"战略地位"，美国出兵巡航台湾海峡，终于使台湾解除了重重危机，成为其起死回生的关键。抢到1.4万多名战俘到台湾，又成了蒋介石政治宣传的重要筹码。从这一角度上看，蒋介石"出兵"的企图虽被挫败，但他确实是朝鲜战争的最大获利者之一。

第四章　改造国民党

一　反　省

蒋介石第三次下野之时，他对国民党及其军队的控制程度已大为削弱，国民党在内战中的颓势已难以挽回。但他并不甘心失败，幻想找到克服党内顽症、重执牛耳的方法。因而，他宣布将总统职位交李宗仁代理，却没有放弃更重要的国民党总裁一职。下野之初居住在奉化的日子里，他已下定决心要效法孙中山1914年和1924年对国民党的改造行动，再次对国民党进行改造，以凝聚国民党的精神，加强团结和战斗力，加强他对国民党的控制及党的干部对他的忠诚。国民党军队在大陆土崩瓦解式的溃败，更坚定了他的决心。

很长一段时间里，蒋介石痛定思痛，对大陆失败的原因进行了深刻的思考。这些反省式的思考，成为国民党改造运动的基础。他认为，国民党在大陆失败的原因是复杂的，概括起来，主要是外交、政治、经济、教育、军事等方面。

从国际外交上说，蒋介石将国民党的失败归因为"苏俄侵略"的结果，而苏俄得以放手侵华则是美国纵容的结果。他把国共内战歪曲为中俄之间的"民族战争"，抱怨美国错误地认为"斯大林放弃了世界革命，赤俄必能与资本主义国家和平共存"，认为"中共不是共产党，乃是土地改革者"；于是，美国先是同意雅尔塔协定，以东北的利益讨好苏联，继而在国民党败退大陆前发表中美关系白皮书，"宣布了把中华民国一笔勾销的政策"，助长了"俄帝侵略阴谋"的实现。毫无疑问，在现代社会中，任何国家内部政治力量的较量都或多或少地受国际因素的影响，但最终起决定作用的仍是国内因素。中国人民所以选择了共产党而抛弃国民党，不是由于共产党人获得了多少卢布的援助，而是因为当时的共产党人来自民众，真心诚意为人民谋福利。蒋介石这类将自身失败归罪于外部原因的解释，显然是文过饰非，把自己标榜为反共反苏先锋，以获取世界上反共反苏国家如美国的同情和援助，并无助于他真正认识到其失败的本质原因。

当然，需要指出的是，蒋介石在外交方面的反思仍然悟出了些东西，这就是他认识到以往对外的过于依赖。他说："我们对外交的方针，始终一贯，信赖美国，我认为并没有错误。可是信赖友人而缺乏自力更生的决心，那就是铸成今日悲剧的一个大错。"[1]

从政治上说，蒋介石认为其失败应归因于民主政治，归因于政党政治的失败。他对1948年桂系不服从安排，强行让李宗仁竞选副"总统"，致使其权力分赃计划落空之事耿耿于怀。他说："为什么在大敌当前，走到国家存亡，文化绝续的关头，乃在国民大会选举副总统的问题上，竟不顾党的纪律，而强求自由选举？本党就在这样自由竞选斗争攘夺之中，而招致整个的崩溃。为什么只顾派系，只争地位，不能视当前敌情，认清党国危机，甚至以敌为我，以我为敌，投降靠拢，恬不知耻？这是党的组织不能坚强，党的纪律不能严肃，而使政党政治无从健全，给予奸匪以分化的机会，渗透的空隙。"他还指出，由于民主政府的实施，使"苏俄共匪利用民主政治的弱点，渗透操纵社会的舆论，政府的政策"。[2]众所周知，国民党在大陆最不得人心的地方，就是实行独裁统治，一党专政，人民根本谈不到什么民主、自由。姑且不论国民党内的争权夺利与民主政治的本质南辕北辙，蒋介石连党内各派系分享政治权力的要求都要扼杀，可见其所谓的"健全"政党政治是何意义了。

从经济方面分析，蒋介石认为经过长期抗战，农村经济凋敝、工业尚未恢复、城市人口超量、失业严重等方面的问题导致了经济危机。他特别把责任推到宋子文身上："特别是民国卅六年（1947）间，行政院宋院长擅自动用了中央银行改革币制的基金，打破了政府改革币制的基本政策。于是，经济就在恶性通货膨胀的情势之下，游资走向投机垄断，正当企业不能生存，中产阶级流于没落，经济崩溃的狂澜，就无法挽救。这是大陆经济总溃败最重要的环节，亦是今后经济事业最重要的教训。"[3]

的确，国统区经济的总崩溃源于恶性通货膨胀，但导致恶性膨胀的真正原因并不是宋子文动用了币制的基金，而是国民党政府在抗战胜利后，不体恤民情、使国家社会有休养生息的机会，而是推行导致内战的政策，把国家推向全面内战的火坑。政府大量搜刮民脂民膏，但微薄的财政收入仍难以负担巨额的"剿共"军事支出，不得不靠膨胀性货币政策来维持。蒋介石把全部责任推卸给宋子文，是让这位宁肯在美国做"寓公"，也不肯到台湾共患难的舅爷充当自己在政治、军事、经济上失误的替罪羊。

从教育方面分析，蒋介石认为其主要原因在于未能对文化教育加强管理，而放任共产主义思想"泛滥"。他指责电影、广播和书刊，"不是国际主义的文字，便是赤色组织的宣传"。在学校教育中，"自北京大学发起'五四'运动，提倡民主与科学口号以来，学校教育局限于科学的讲习，对于人生处世的意义和革命立国的道理，让教师们随意闲谈胡说。尤其是大专学校里充斥了共产主义的国际思想，否则就是自由主义的个人思想，而对于国家观念和民族意识，几乎消失殆尽。其对于三民主义和民生哲学，不但讽刺讥笑，而且破坏反对，惟恐不至。于是个人自由主义者总以为政府少一分干涉，便是学术思想多一分自由，更认为本党退出了学校，学术思想才有自由"。蒋介石在此基础上得出结论说："科学的口号演成了仇视民族文化的口实，民主的口号更做了俄帝奸匪劫取我抗战成果，消灭民族精神的手法。"[4]

据此分析可以看出，虽然不能说蒋介石对于"科学"与"民主"充满敌意，至少也可说有深深的误解。他所需要的是符合他的意识形态，或为其所用的"科学"与"民主"，别人倡导的都是口号或宣传。历史事实是，国民党统治下的文化教育绝不是如蒋所说，放任自流，更谈不上民主，而是受到了严格的管制。在新闻检查制度下，进步刊物不断被查封，特务在校园内猖狂活动，进步人士与学生被捕杀。这在当时是司

一二八 蒋介石的后半生

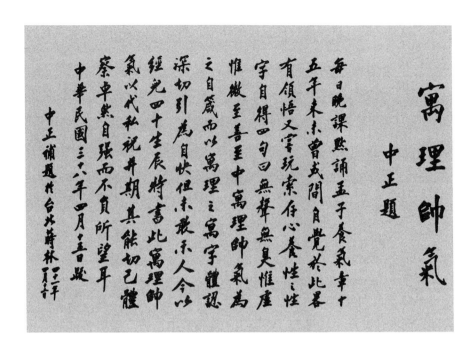

众多学者赴美解读。本书大量史料即来自于其日记。

每日晚课以自省是蒋介石自年轻时即已养成的习惯。美国斯坦福大学胡佛研究所开始陆续公布其一生日记，吸引了

空见惯的，且不断受到国内外舆论的抨击。但蒋介石的这种反思却为其日后在台湾强化文化专制主义、钳制进步思想传播奠定了基础。

从军事方面分析，蒋介石认为其失败原因主要是由于美国的军事调处。他大言不惭地说，1946年前期，其"剿匪"斗争是无往不胜的，所向无敌的，但军事调处却一再阻止了进攻势头，削弱了军队士气，给中共造成了喘息的机会。这样一来蒋介石又把军事失败的责任推给了美国人。谁都知道，抗战胜利后国民党军是在美国飞机、军舰的援助下从大后方匆匆赶往华北、东北等地抢占大批地盘的，也是美国以庞大的剩余物资来装备国民党军，才使其有恃无恐地发动内战的。蒋介石如此怪罪，美国人太冤枉。

但同时，蒋介石也确实无法回避国民党军存在的种种问题，例如，他批评国民党军的高级将领"不学无术，愚昧无知，为中外所讥刺，为社会所鄙弃"；对于战略战术的修养，"不仅毫无根底，而且不加切实研究，甚至连军校时期所得的一点知识，都已经抛荒殆尽"。他还承认："自从抗战末期到现在，我们国民革命军内部所表现的贪污腐化的

内容和实情，其光怪陆离，简直令人不能想象。"[5]

找出了上述各项具体原因，蒋介石认为归根结底还是由于国民党的失败所致，国民党的失败是大陆失败的根本原因。他说："这次大陆反共军事悲惨的失败，并不是共匪有什么强大的力量，足够打败我们国民革命军，完全是领导国民革命的本党，组织瓦解，纪纲废弛，精神衰落，藩篱尽撤之所招致。"[6]他历数国民党的失误：工作只在党部里面做，而不能向民众中间发展；党的工作离开了民众，只有形式，没有内容；党犯了形式主义的毛病，中了官僚主义的流毒；党员干部"论派系，不论政策，论地域关系，不论工作的需要"等等。[7]而其中最重要的是思想的混乱和信仰的动摇。因此，他强调"总结失败原因，特别要从思想上和信仰上追寻"，思想的混乱是指对三民主义解释的歧义和误解，信仰动摇则是指对蒋介石个人崇拜的动摇。蒋介石吹嘘自己为"革命的领导者"和"民族的向心力"，对他的信仰与崇拜是事业成功的基本保证。他说："我们对日抗战所以能百折不回，坚持到底，就是靠着这举国一致对我的坚定信仰"，而俄苏看清了这一点，所以它"覆灭我中华民国最后的一着，就是集中诬蔑于中正之一身"，"自抗战后四年之间，国内外流言的传播，谤书的重叠，真有'众口铄金，积毁销国'的情景，到三十八年初，本人便不能不毅然下野了"。[8]以此推之，国民党之失败，对三民主义信仰的动摇倒在其次，对蒋介石个人信仰的动摇实乃根本。

在所有的反省中，蒋介石也注意从对手那里学习。1949年下野后，他注意研究中共的组织、军队等各方面情况，不再是单纯的谩骂，有时能冷静地总结。他曾将共产党的优点概括为七个大的方面：[9]

一、组织严密。二、纪律严厉。三、精神紧张。四、手段彻底。五、军政公开，形式：甲、检讨，乙、研究，丙、批评，丁、学习，戊、坦白，己、计察，庚、侦探。六、办事方法：甲、调查，乙、立案，丙、报告，丁、审查，戊、批准，己、执行，庚、工作检讨。七、组织内容：甲、干部领导，乙、由下而上，丙、纵横联系，丁、互相节制，戊、监察彻底（情报），己、审判间捷（迅速执行纪律），庚、主义第一（革命利益与思想错误为定罪标准）。

这个概括虽不能说全面，但是客观的，而在总结以上七条后，蒋又补写了"干部不准有私产"，把它当成是中共最重要的优点，显然是针对国民党的状况有感而发。到台湾后，蒋也不忘以对岸的情况来对照台湾："近观共匪公营事业之财产整理与往日之仓库清查，以及其增产节约运动与林区勘察工作等积极行动，反观我党政之消极矛盾，自私把持，殊令人寒心忧惶。"[10]仔细考察蒋介石到台湾后在政治、经济、党务、军事与民众运动等方面的举措，确实能找到不少他向中共学习的影子。

检讨反思是为了改进，蒋介石把对他个人信仰的动摇列为国民党众多失败原因中的最重要元素，这就为后来的国民党改造运动以强化个人崇拜、制造个人神话、造就和巩固蒋介石党内独裁地位为核心目标、埋下了伏笔。

二　建立"革命实践研究院"

国民党的失败，党内干部贪污腐败，领导层派系倾轧，致使干部队伍瘫痪为其主要原因之一。蒋介石曾反省自己一生最大缺点为："明知干部人选与核心组织为事业之基础，而28年来特别注重之事，至今竟一无着落，不能实现，何哉？"他表示今后应以培养干部为"第一要务"，要"放弃一切，而先完成此一工作也"。[11]因此，对于国民党干部队伍的改造工作，蒋介石尤为重视，他让蒋经国亲手抓干部训练委员会的工作，自己则亲自控制着党政干部的任免权。

为了加强对干部的管理，国民党中央改造委员会于1950年12月27日通过了《干部政策纲要》。根据这个纲要所规定的原则，又制定了《干部分子产生规程》、《本党干部分子管理通则》、《本党党务干部分子管理办法》、《本党从政党员管理办法》、《本党社会干部分子管理办法》、《本党党务干部分子保障办法》、《本党干部分子训练计划大纲》、《本党干部分子任期条例》等一系列条例办法，以期严格干部的管理、任免与考核政策，达到国民党中央及蒋介石个人对党政干部的直接控制。

与加强组织管理的措施相比，蒋介石似乎更重视加强对各级干部的思想教育训练。根据蒋介石的规定，干部训练的主要内容有："一、研究本党之中心理论，俾对共党谬说，作思想斗争；二、研究对共党斗争之方法与技术；三、研究实施民主政治之具体方案；四、检讨过去失败的因素，努力革除，并在积极方面提高干部分子的革命精神。"[12]具体的训练方式是，对于基层干部举行巡回训练，组织各类专家、学者进行巡回演讲，就地向其灌输上述有关之各种反共思想、方法，以统一意志，统一认识；对于中高级干部，则集中到"革命实践研究院"，由蒋介石亲自主持对其讲训。

图为蒋介石参加「革命实践研究院」第一期开学典礼合影。

蒋介石甫一抵台，即总结在大陆失败的经验教训，创立了在当时看来「缓不济急」的「革命实践研究院」，专为培训国民党高级将领党政人员而设，可见干部训练在他心目中占了何等重要位置。

　　"革命实践研究院"创立于1949年10月16日，专为培训国民党高级党政人员而设。蒋介石那时刚在台北觅得落脚点，大陆战事正急，百事待理，他却创立了这所缓不济急的研究院，可见干部训练在他心目中占了何等重要的位置。在解放战争中，国民党大批军政要员与蒋介石决裂，加速了国民党统治的崩溃，使他感触颇深。于是，他把自己所钦佩的古代思想家王阳明的"知行合一"哲学与孙中山的"知难行易"学说结合起来，发展出自己的所谓"力行哲学"，强调人们在工作中需要高尚品质和为原则而献身的精神。他认为这一理论对于国民党党员学习和纠正过去党的"无灵魂行为"非常重要，是整顿和复兴国民党的基础。为此，他继黄埔军校和庐山军官训练团之后，又设立了"革命实践研究院"这一机构，向学员灌输他的理论，培养一批忠于自己的新干部，以完成稳固台湾、"光复大陆"的梦想。

　　"革命实践研究院"坐落在台北的草山（后由蒋介石易名"阳明山"以纪念王阳明），蒋介石兼任该院院长，起草该院组织与教育方针，拟定开设课目及其重点达数十条，主要有制度、战略、政策、各种原则之研究、理论基础、哲学思想、行动纲领之建立等。其实，学员们受训的主要内容，就是学习蒋介石根据自己长期与中共较量的"革命实践"所得出的经验教训，掌握"对敌斗争"的要领，培养对蒋介石的忠诚。

　　蒋介石确定了"干部重建之方针"：今后必须陶冶旧干部，训练新干部。而基本的原则是："甲、以思想为结合；乙、以工作为训练；丙、以成绩为黜陟。"[13]这也是他选拔"革命实践研究院"学员、任用干部的标准。他对学员的招收十分重视，除了招收一些已在任的党政要员外，他命令各部和有关机构定期呈交他们认为"最有出息"的人员名单，然后亲自进行审查，要看他们的姓名、个人简历，并召见他们谈话，对其外表和举止得出印象。然后，从那些名单中选出他认为最好的少数人，将他们招入"研究院"生活、工作和学习三个月，使部分年轻人参加过高级训练后，能在各个领域担当重任。值得一提的是，受训学员并不全是国民党员，但如果蒋介石一旦发现这些非党学员具有较高的才干，他必会想尽办法罗致他们入党。[14]由此可见，蒋介石创建"革命实践研究院"的用心颇深，不仅用来应急，也希望能成为培养新一代干部的基地。

经严格挑选进入研究院的学员们过着简朴的、严格的军人式生活。他们必须在规定的时间内起床，参加早操，整理内务，按时上各种专业课。他们被分配在各种不同的小组中，除集体听取蒋介石每周一次的反共训话、陈诚等高级党政领导人及叶青等理论家的报告外，每天下午各组成员举行讨论会，并写成读书报告，蒋介石最后对这些报告要进行审批。在受训结束前，蒋介石要一一召见受训人员，进行面试，看他们有多大收获，是否真正"领会"了他的思想，对他的忠诚程度如何。在1950年初的一段时间内，蒋介石时常去"研究院"对学员训话，听取学员的报告。因为当时其他党政要员也去"革命实践研究院"，蒋介石有时将重要的会议也放在"研究院"开。他1月5日在"研究院"的行程是："九时，到实践研究院，听取研究员之建议与报告，至十二时半方毕。与学员聚餐训话。二时半，再到研究院听取报告与训话。四时，举行研究院第二期结业典礼，训话毕入浴回寓"。对此忙碌的行程，他感慨道："本日对研究院三次训话，其效果如何，虽不可知，但已尽我心力矣。"[15]他根据考察结果，将"成绩优良"的学员列入一个名单，派至各部门任要职，或留待有重要职位出缺时，就从那个名单中遴选补缺。

按照上述办法，到国民党宣布改造结束时，共培训学员20期3666人，其中一大批人担任了台湾的党政重要职务。1953年8月，蒋介石认为国民党干部的训练工作已有相当进步，上了正轨，便将"革命实践研究院"主任（院长）的职务交给了张群。[16]

与此同时，蒋介石还举办了"圆山军官训练团"，整肃国民党高级军官。军队的溃败是国民党政权垮台大陆的最直接原因。因此总结军队失败的原因也就成为蒋介石重建国民党军、巩固其在台湾统治的重中之重的工作。在蒋介石看来，军队的失败源于其"无主义、无纪律、无组织、无训练、无灵魂、无根底"；而军队出现上述问题则是军人尤其是高级军官"无信仰、无廉耻、无责任、无知识、无生命、无气节"。因此，在建立"革命实践研究院"加强对其党政干部培训的同时，蒋介石也加强了对军队将校的培训、整肃。首先蒋介石于1950年2月，在"革命实践研究院"中设立"圆山军官训练班"，同年6月，又将训练班改为"圆山军官训练团"，并亲自兼任团长，以台湾省保安司令、台湾情报工作委员会主任彭孟缉兼主任，调训国民党各级官员。

训练的方法与精神和研究院大同小异，训练的内容主要针对大陆时期国民党军存在的主要问题，以及未来国民党军将面临的主要作战战略和作战任务。除了政治上的教训外，军事上主要侧重于陆、海、空军的联合作战能力，反登陆作战能力，以及战时军事动员能力。值得特别一提的是，蒋介石为提高训练团的训练质量，在战犯冈村宁次协助下秘密聘请了一批曾参与侵华战争并对中国人民犯下滔天罪行的日本军人为训练团的教官。"圆山军官训练团"训练了大批国民党军官，据统计至1952年夏共轮训4716人。[17]许多受训人员在大陆时期即已是国民党军兵团级高官了，如胡琏、方先觉等人。但训练团仍对其要求极为严格，胡琏就曾因不合适而被训两次。训练团的举办，使国民党军淘杂汰劣，军事素养与战斗力得到提高。更重要的是，蒋介石借此建立起一种新的军事指挥体系，即从旅长一级开始，所有的旅长由他直接任命。随着国民党军队内部的整肃及军官的淘杂汰劣，一批对蒋介石更忠诚的、与蒋经国关系密切的新锐军官渐渐占据了军中要津。

自1950年起，国民党还在各师范学校推行军训。次年8月起又开始对大专学校毕业生实施军训，所有毕业生一律受军官训练一年。此举不仅有效地控制了青年学生，保证了较高素质的兵源，进而强行建立了国民党与青年学生的联系，使多数人自觉不自觉地搭上了国民党的战车。

"革命实践研究院"的建立，不仅为国民党改造运动提供了思想与人员的基本保障，也为国民党创立了一种全新的培训干部的方式，此后长期保存了下来，一批又一批国民党党政干部几乎全部是从那个大门里走出来的。

三　改造经过

蒋介石下野之后，即责成陈立夫、蒋经国等人草拟改造国民党方案。1949年7月中，蒋携陈立夫等人草拟的方案至广州交国民党中常会讨论，并在18日的中常会第204次会议上通过《改造纲要及实施程序》。9月20日，蒋介石又在重庆发表《为本党改造告全党同志书》，号召全体党员认真研究改造方案，检讨过去的错误，反省自己的缺点，"把失败主义的毒素彻底肃清"，"把派系倾轧的恶习痛切悔改"，"把官僚主义的作风切实铲除"，以新组织、新纲领、新风气与共产党斗争，"争取第三期国民革命之胜利"。[18]但由于蒋介石先是忙于应付在大陆的残局，继而忙于安定台湾的危局，根本无暇他顾，改造国民党之事也就无从谈起。

败退到台湾后，蒋介石对于大陆失败的反省中，认为国民党的失败才是所有失败的根本原因："此次革命大败之起因，实在于党务内部之分裂，乃影响于军事、政治与经济、社会、及教育等纷乱与崩溃。"而党务失败的原因，又在于长期把持党务与组织系统的陈果夫、陈立夫兄弟："党之纷乱，起于党团合并一举，（陈）立夫藉此为消灭团之张本，不特不诚意联合团结以副合并之原意，迨选举各种各额之分配争持不决，几至半年之久，而立夫毫不报告其情势，以求得公平处理解决之道，以致选举副总统事一败涂地，党之威信扫地无遗。"因陈氏在国民党组织系统经营多年，取代不易，蒋暂时依靠其维持，而"从未加以深责"。但到了台湾后，陈立夫等仍不思改过，沿用大陆旧习，"仍挟以往组织部旧日力量与团部对立，无论在立法院与中央党部必欲把持包揽，不使有任何之改革"。蒋介石主张重选"立法院长"与"立法院"

休会期间授权"行政院"重要各案皆不能通过，情势至无法因循，迫使蒋痛下"改组之决心"。[19]

决心已定，但用何种方式来"改造"国民党，蒋颇费思量。1950年初，他不断地与身边亲信讨论，在"组建新党"与"重整旧党"，"彻底重建"与"改造"之间犹豫不定。[20]"本月大事预定表"。所谓"组建新党"，是觉得国民党是个烂摊子，"实在无法收拾，只有另起炉灶之一法"。[21]"组建新党"的念头并非始于台湾时期，在抗日战争时期蒋介石对国民党失望时也曾有过此想法。蒋经国给他的建议是："本党改造方针之不能实施，以人事关系，各干部成见太深，无法使之牺牲小我成全大我也，只有另组核心，遴选积极有为之青年受直接领导，秘密进行，树立革命新生之基础也。"蒋介石对此建议十分欣赏："审阅经国新组织意见，先得我心也。"[22]到5月底，蒋介石都是顺着"重组新党"的思路进行的："与其改选不能彻底，则不如重起炉灶，以老党让归老者，而自立新党以建立两党制，反能奠定宪政基础，以免研究系、民社党等借政党之名义捣乱革命基础也。"[23]即"老党归老者"，自己另建"新党"。由此观之，蒋介石的决心不可谓不大。但蒋介石又考虑到"此时军事紧急，不宜急求改造"，在局面未稳定之前进行"改造"等于自乱阵脚，只能加速失败。

1950年6月，朝鲜战争爆发，美国宣布协防台湾，台湾危机解除警报。蒋介石终于从疲于应付的危局中得到喘息之机，急不可待地决定要把思虑已久的国民党改造付诸实施。为统一思想、减少阻力，蒋介石确定分别与国民党内元老、反对实行改造的中央委员及确定为"改造委员"的人谈话。但对改造中受到最大冲击的陈立夫，则置之不理："不欲约见立夫，警告其应自立自强与改革习性。"[24]这实际上也是对所有反对改造官员的一种警告。7月22日，蒋介石主持召开国民党中常会临时会议，到会者50余人，会议主要内容就是讨论由蒋介石拟定的"国民党改造案"。

"改造案"主要包括三部分，在第一部分"关于实施本党改造之

1950年8月5日，中国国民党中央改造委员在国民党中央党部大礼堂举行宣誓就职典礼，16人宣誓就职。

说明"中，蒋介石着重说明了改造的原因和目的，指出改造的迫切性。他说："四年来党的信誉之失坠，两年来党的失败之惨痛，中正和六届中委诸同志不能不共负完全责任。详审本党当前环境，默察革命客观情势，深觉六届中委如不停止行使职权，则今日党的改造不能发挥其政治革命的效能，亦即本党今后将无法负荷革命的责任。""当此国家存亡革命绝续之交，中正惟有师法民三和民十三两次改造的精神，负起党章所赋予的重任，指派中央改造委员15—20人，协助中正进行本党改造的工作。同时，中正对于党中有功绩有德望的同志，聘为中央评议委员，督导改造，监察腐恶，使改造工作得奏实效。改造委员人数较少，专权集中，可责以实际之成效。评议委员延集本党耆宿，荟萃各种意见，将获致集思广益之功。"谈到改造的目的，蒋介石说："对原有党员腐化贪污的事实，反动投机的倾向，毁法乱纪自私自利者，要严厉整肃，以恢复本党的革命精神"；国民党经过改造后，要实现组织严密，纪律严整，"每一个党员必须编入基层组织，每一基层组织务必深入民众，我们要以民众的需要为本党的政策，以社会的心理为革命的向导"，以便能够"承接中华民族五千年历史文化，发扬光大，使其成为人类理性振聩发聋的木铎"，"使台湾成为自由中国复兴的基地，民主亚洲战斗的岗哨，世界和平英勇的先驱，人类理性睿智的先导"。

在第二部分"本党改造纲要"中，蒋介石规定了改造过程中所应遵循的原则，包括党的构成、组织、干部、作风、纪律、领导、党政关系及党员的权利和义务等。"纲要"规定，国民党继续信奉三民主义，坚持"反共抗俄"斗争，以"实现国家独立、人民自由、政治民主、经济平等与世界和平"为目标，它以青年知识分子及农、工生产者等广大劳动民众为社会基础，以民主集权制为党的组织原则；要健全从城市到乡村，从中央到地方的各级党的组织，整肃党内腐败分子，"选拔具有忠党爱国，对革命事业绝对忠诚，接近青年及劳动民众，并能为其利益而奋斗等品质的人作为党的各级干部"。"纲要"特别强调，国民党员要彻底改造过去的错误作风，必须做到以下六条："要实现主义"，"要尊重组织"，"要坚持政策"，"要深入民众"，"要讲求效能"，"要精诚团结"。

第三部分"本党改造之措施及程序"，规定了具体的改造措施及改造程序。其中主要措施有：第六届中央执行委员会、中央监察委员会均停止行使职权，成立中央改造委员会行使上述两委员会之职权。该委员会名额为15—25人，"由总裁遴选之"；中央改造委员会下设各种工作部门或委员会，分负推进改造工作之责，"人员由总裁遴选派之"；设中央评议委员若干人，对党的改造负监督与监察之责，"由总裁聘任之"。同时也规定了改造委员会成立后开展工作的程序，待改造工作完成、各级党部重建后，由改造委员会呈请总裁召开"全国代表大会"，正式宣布改造工作结束。[25]

国民党中常委临时会议经讨论，完全通过了这项提案，其决议如下：[26]

1950 年 8 月 5 日，中国国民党中央改造委员会宣誓正式成立。蒋介石亲临监誓。

　　本案承本党以往历史，应当前革命需要，并循全党同志要求，历经慎重研拟，复经总裁审订，应予通过，迅付实行。

　　随后，蒋介石对与会的中常委们训示："切实纠正过去错误，从新做起，各本其固有之岗位，以致力于本党之重建，达成反共抗俄光复大陆的责任。党国前途，为成为败，为功为罪，在此一举。"[27]蒋介石视国民党的改造运动为成败在此一举的重大举措。国民党中常委临时会议的召开及国民党改造案的通过，标志着蒋介石酝酿已久的国民党改造运动正式开始。

　　根据"改造案"的规定，7月26日下午，蒋介石在台北宾馆召集国民党中央委员会，就改造委员会成员遴选标准加以说明，并当场指定陈诚、张其昀、张道藩、谷正纲、郑彦　、陈雪屏、胡健中、袁守谦、崔书琴、谷凤翔、曾虚白、蒋经国、萧自诚、沈昌焕、连震东、郭澄等16人为改造委员会成员，他们取代了由460人组成的国民党第六届中央委员会，成为国民党的最高权力核心。蒋介石以"总裁"名义擅自决定停止中央委员会的职权，自行决定党的核心机构的更迭，任命成员，有违国民党的制度，反映了其反民主的独断作风。

新组成的权力核心具有很多特点，一是成员中新面孔居多，2／5以上不是原来的中央委员，多数成员在国民党中原先并非位居高职；二是平均年龄比较小，50岁以上者仅占1／5，50岁以下者占4／5，最大的曾虚白不过56岁，最小的沈昌焕只有38岁；三是学历高，16人中有10人曾留学美、苏、英、法、日、德等国，有的获博士学位，学历最低的陈诚和袁守谦也是保定军校和黄埔一期毕业。但新领导班子最引人注目的还是他们非同寻常的政治背景：张其昀、胡健中、曾虚白、萧自诚等人曾任蒋介石的侍从秘书；郑彦棻、崔书琴、连震东、郭澄4人则是蒋经国领导的"三青团"的干部出身；陈雪屏、袁守谦则和时任"行政院长"的陈诚关系密切；原CC系的骨干分子张道藩、谷正纲也有一段哭阻蒋介石下野的历史。改造委员会对蒋介石负责，开会时由蒋介石任主席。从中央改造委员会的组成可以看出，国民党的这次改组一开始就充满了浓重的个人色彩，权力已从有名无实的中央委员会公开移向以蒋介石为主，陈诚、蒋经国为辅助的新核心。

为了照顾国民党元老们的情绪，化解党内因权力争夺而激化的矛盾，蒋介石还特别设置了中央评议委员会，特聘吴敬恒、居正、于右任、钮永健、丁惟芬、邹鲁、王宠惠、阎锡山、吴忠信、张群、李文范、吴铁城、何应钦、白崇禧、陈济棠、马超俊、陈果夫、朱家骅、张厉生、刘健群、王世杰、董显光、吴国桢、章嘉、张默君等25位大陆时期地位显赫者，为中央评议委员会委员。中央评议委员完全是位尊而无权的赋闲职位。原在国民党党务系统内影响最大的陈立夫，竟然连评议委员也没有当上。对这种人事安排，蒋介石的解释是，"对于立夫所领导之腐化分子，投机分子之中央常委除了（张）道藩、（谷）正纲、（陈）建中等可以希望其能团结者勉予容纳外，其他一律摒除，解散常会，成立中央改造委员会，并将旧日各部会彻底改组，而以老者聘为评议委员以慰之"。"立夫对党失败之责任，诚不能恕，谅其蒙蔽欺诈之罪恶犹不自知乎？"[28]从这种全面"除旧迎新"的人事大格局看，蒋介石虽未采取"组建新党"的改造形式，但实质上还是有与"老党"决裂的决心。

改造委员会27日举行第一次会议，蒋介石主持了会议，他要求各委员应"积极、团结、负责，以求集中领导、集中工作，从速完成党的改造，而达成党对反共抗俄之重大使命"。8月5日，改造委员会在国民党中央党部大礼堂举行宣誓就职典礼，宣告改造委员会正式成立。蒋介石亲临监誓，国民党中央评议委员、中央常委及"政府"各部会领导人60余人参加，誓词曰：[29]

> 余誓以至诚，奉行总理遗教，遵从总裁领导，大公无私，竭智尽忠，团结全党忠贞同志，发扬革命精神，完成改造任务，为实现三民主义而奋斗，如有违背誓言，愿受党纪严厉之制裁。谨誓。

誓毕，蒋介石再致训词，指出："过去的失败乃在全党同志未能切实奉行总理遗教的结果。"接着，他又重新宣读孙中山在1924年国民党第一次全国代表大会上开会辞全文，以示改造运动的目的在于继承孙中山当年的改组精神。

改造委员会下设七个小组：第一组，掌理"自由地区"及大陆地区各级党部或秘密工作之组织，与党员之训练及指导其活动；第二组，掌理产业、职业等团队，知识青年及其他特种党部之组织，与党员之训练及指导其活动，并负有关民众运动指导之责；第三组，掌理海外党部之组织；第四组，掌理宣传工作之指导、设计，党义理论之阐扬，及对文化运动之策划；第五组，掌理民意机构与政府党员之组织与政治活动，及对各"反共抗俄"民主政党联络之有关事宜；第六组，掌理对社会、经济、政治等动态有关资料之搜集、整理、研究，与对敌斗争之策划；第七组，掌理党营事业之管理，及党员经济生活之辅导。[30]此外，还设有秘书处、干部训练委员会、纪律委员会、财务委员会、党史资料编纂委员会、设计委员会等部门。蒋介石任命陈雪屏、谷正纲、郑彦棻、曾虚白、袁守谦、唐纵、郭澄依次为各组组长，蒋经国为干部训练委员会主任。

9月2日，中央改造委员会又发表了由蒋介石审订的《本党现阶段政治主张》，其主要内容是：[31]

第一，革新党的组织，使之成为坚强的战斗体，用三民主义的光明来消灭共产主义的黑暗，一切从台湾做起，带到大陆；第二，团结海内外革命志士爱国同胞，拥护联合国宪章，集中力量来扑灭共匪，抵抗苏俄；第三，实行民生主义的社会经济措施，保障劳工权益，实施耕者有其田，使各行各业都有均衡发展的机会；第四，保障人民基本自由，建立廉能有为的政治，完成三民主义的民主政制；第五，反攻之后，对元凶首恶匪干决不宽赦，被匪俄劫掠资产一律收回，欢迎国际投资，实行军民分治。

以此为开始至1952年10月两年多时间里，中央改造委员会在蒋介石主持与指导下共举行420次会议，通过了包括上述"政治主张"以及"中国国民党现阶段青年运动指导方案"、"农民运动指导方案"、"劳工运动指导方案"、"妇女运动指导方案"、"反共抗俄时期侨务政策"、"民生主义现阶段经济政策与社会政策之纲目"、"筹组青年反共抗俄救国团原则"、"反共抗俄总动员运动纲领"等一系列决议案，奠定了国民党退台后的政治、经济、社会、文化等各项政策的轮廓与基础。

在"改造纲要"和上述各项政策的指导下，国民党的改造工作自上而下全面展开，概括起来主要有以下两方面：

第一，建立各级改造机构，整顿党的队伍。继中央改造委员会成立后，台湾省改造委员会也宣告成立，主任委员由曾任"三青团"中央团部组织处长的倪文亚担任。1951年2月12日，台湾22县、市党部及工矿党部等改造委员会又宣誓就职，蒋介石到会监誓并训话，他再次强调改造的重要性，"不但关系台湾前途的成败利钝，而且关系整个中华民国的生死存亡"，他要求各委员要"为大于微，图难于易"，从自身做起，从最小的事情做起，要学会服务，学会团结，要通过改造改变"党的干部与党员脱节，党员与群众脱节"的现象，树立一种服务的风气，"党部要为党员服务，党员为民众服务"，通过这些努力使民众"了解本党的性质，接受本党的领导"。[32]

随着各级改造机构的成立，整顿党的队伍的工作也逐步展开，首先进行的是"党员归队"。国民党的组织尤其是基层组织一直十分涣散，大陆时期被人讥为"只见党部，不见党员"。国民党政权退台之时，大量党员滞留大陆，不愿追随殉葬。到台的党员也有人对自己的党员身份讳之莫深，尽力隐瞒，更不肯参加组织活动，可以说各级组织几乎瘫痪。1950年12月22日，中央改造委员会发布公告，号召国民党员迅速"归队"，即要求到台党员向各地的组织报到，以便重新编组。次年1月4日党员归队登记工作正式开始，至23日结束时，台北市登记换补党证者2.99万人，蒋介石所记："党员归队如期结束，补行登记者只1万余人，总共既有在台党员为九万余名。"[33]虽然国民党的媒体吹嘘说"台北市各登记站，党员前往办理登记手续的，自晨至晚络绎不绝"，但相对于大陆时期的408.03万人，登记归队者仅占国民党原党员总数的2.4%，实在微不足道。[34]

对于所有登记党员，一律纳入党的基层组织小组，这些小组有乡村小组、工人小组、青年小组、机关小组、城镇小组、山地小组等共3万余个。党小组每两个星期召开一次全体党员会，进行思想学习，总结工作情况。对于不愿重新登记归队的党员一律撤销党籍。为扩充党员数量，改变党员构成，加强国民党在台湾的社会基础，国民党在整顿的同时，加大在普通民众中发展党员的力度，特别是在农民、工人和青年知识分子阶层中进行发展工作，吸收了一批本土党员。

第二，强化组织纪律建设。为改变国民党组织混乱、纪律松散的弊病，在改造过程中除严格执行党员登记、党员交费和党员定期学习的规定外，国民党还采取许多措施，加强组织纪律。

首先是改革监察制度，撤销形同虚设的各级监察委员会，在各级改造委员会中设立纪律委员会，负责监察党员行为、审核党的经费决算及审理各类违纪案件。对在党内搞小组织、违背上级政策与命令、不按时缴纳党费、不参加党小组活动、泄露党的秘密等行为，一律视为违反党纪而惩罚；将"变节通敌"、"跨党变节"、毁纪反党、贪污渎职、生活腐化且劣迹显著、放弃职守不负责任、信仰动摇、工作废弛、搞不正当经营以牟取暴利的党员皆视为腐恶分子，一经发现，当即清除。中央改造委员会号召各级党部、各个党员进行自身检讨，鼓励下级对上级的检举，党员之间相互检举。1951年7月，改造委员会颁布《本党各级党部业务设计执行考核办法》，定期考核各级党组织的工作。次年1月，又发起"自清运动"，要求所有党员对照"改造纲要"，进行自我反省。

其次是突出组织观念。中央改造委员会要求所有国民党员在党内要牺牲个人，服从组织，要按照"甲，一切通过组织，组织决定一切；乙，领袖采行组织的决议，干部贯彻领袖的意志；丙，以组织决定政策，以政策领导政治"的原则从事党的工作。凡不能执行党的政策、党的决议者，全部以违反党纪论处。此外，国民党在党政关系的确立、党营事业的管理、文化事业的鼓动、民众运动的开展、社会调查的举办、设计研究的进行等方面也采取了不少改革措施。

通过这些改造工作，国民党对党员的控制有所加强，确定了党的组织原则与纪律，党群关系有所改善，有利于党的政策的推广。党的队伍也比退台之初有所扩大。据统计至1952年8月，国民党党员总数达到282959人，比改造之初增加50%以上。特别值得注意的是，党员结构有很大变化，农工分子、青年知识分子增加较多，在所有党员中农工分子占49.31%，高中以上知识分子占29.77%，25岁以下青年占35.29%。[35]

蒋介石本人对国民党改造运动寄予极大希望，对结果也表示满意："本党改造提案正式通过，改造委员名单已发表，此乃革命史中之大

事，实亦本党起死回生最后之一服单方也。此关一过，则今后革命行动，当较易为乎？事前所谓独裁与反民主之反对声浪，与对内对外之疑虑，皆一扫而空，不可不谓熟虑断行之效。"[36]1950年7月21日，"上星期反省录"。他认为，国民党改造运动"实为政治复职，军事集中二大处置以后之最后一着也，若非党务改造，则政治与军事亦不能如今日之奏效也"。[37]确实，对于蒋介石重新控制台湾局面而言，复任"总统"掌握了权力，军事集中结束了混乱，改造运动则稳定了权力基础，三者环环相扣，缺一不可。

四　国民党"七全大会"

在经过近两年的改造运动后，为总结改造工作的经验，巩固改造工作的成果，按照改造案所规定的程序，召开"国民党第七次全国代表大会"（下称"七全大会"）之事被提上议事日程。1952年6月26日，中央改造委员会制订通过了《中国国民党第七次全国代表大会组织法》，开始进行大会的各项准备工作。1952年10月10—20日，国民党"七全大会"在台北召开，出席代表169人，列席代表259人。这是国民党退台后开的第一次"全国代表大会"，距1945年在重庆开的"六全大会"已有七年多。这七年间国民党从鼎盛转入低谷，经过了惊涛骇浪，从大陆败退孤岛，会议的规模与场面小了许多，不可与往昔同日而语。

蒋介石对"七全大会"极为重视，会前曾与改造委员会成员多次讨论，周密考虑，其自述："近日对党务与组织之研究，乃为二十余年主持党务以来未有如此之用心者也。"[38]当时，许多重要的国民党军政官员并未随蒋退到台湾，而是滞留海外，尤其是香港。他们也不认同蒋在台湾的所作所为，甚至在香港组织"第三势力"。蒋介石为了减少阻力，摸清情况，会前专门派洪兰友去了香港。而洪兰友返回后向蒋报告："一般老党员们仍旧以权利面子为重，而一般国民与党外人士则已无条件拥护领袖。"[39]说明在港的国民党要人反蒋声浪依然不小。

蒋介石、蒋经国父子对国民党的控制却空前加深了。据吴国桢回忆，参加大会的代表"十分之九是蒋经国的人"，"军方的代表大都是蒋经国的人"。[40]蒋经国已经感觉到党内其他人对其崛起的顾忌，甚至曾在会前一度向蒋介石表示自己不参加"七全大会"，以"略减嫉视"。[41]会议的中心议题是总结改造经验教训、制定未来各种政策、修改党章和选举新的中央领导层。会议回顾了两年多的国民党改造工作，对其成果给予了高度评价：[42]

中央改造委员会在总裁的坚强领导下，依照预定的程序和步骤，开展了本党的全面改造工作，两年以来，由于各级干部的竭智尽忠，努力不懈，使各项工作齐头并进。在自由中国，在大陆，在海外，不论是机关学校、工矿、农村、交通，以及部队中间都恢复并建立了党的组织，完成了原有党员的登记归队工作，淘汰了腐化恶化的反动分子，并根据党的社会基础，有选择地吸收了大量的、爱国的革命分子入党，使每一个党员都参加基层组织和小组活动，纠正过去党员脱离组织的现象，奠定了党的基础。

党员和干部的思想也发生了显著的效果。巡回训练能够深入基层，对于上下级的思想沟通、感情交流，起了很大作用。革命实践研究院有计划地调训党内高级和中级的干部分子，消除了失败主义和悲观、失望、依赖、等待的心理，确立了自力更生、雪耻复国的思想，恢复了革命精神与必胜信念，是扭转危局确保台湾的重要因素。

大会在蒋介石主持下讨论通过了由他提出的《中国国民党党章修正草案》。新的《党章》全文13章80条，主要是根据国民党的现实处境增列了"改造纲要"中规定的、且已被证明为较有成效的条文，如有关党的性质、党的成分、党的组织原则、党的领导原则、党与"政府"的关系等，特别强调了党员义务和必须遵守的党的纪律等。

"七全大会"的一项重要议程是选举国民党最高领导人——总裁。10月18日的第10次会议上由大会主席团依据国民党党章的有关规定提请蒋介石继续担任国民党总裁。主席团成员王宠惠专门就提案向代表作了说明，在历数了蒋介石对国民党的"历史功绩"后，王宠惠说："我们处在这个危险的时机，只有一条路可以自救救人，这一条路是什么呢？就是我们全党同志要坚持一致的团结，一心一德，拥护继总理而领导我们一直到今天的蒋中正同志为总裁，继续领导我们贯彻本党的主义，早日完成反共抗俄的伟大使命，希望代表公决。"[43]经过改造，国民党内已重新确立了对蒋介石个人的崇拜，参加会议的代表更是经过选择的"忠贞之士"，所以王宠惠说明完毕，全场代表便一致起立通过提案，拥护蒋介石连任总裁。接着向蒋介石呈递了由出席代表与列席人员共同签名的一份致敬信，文曰：[44]

钧座：经全体代表一致之推崇，懋膺隆选，大勋允继，全党欢腾。惟反共抗俄之伟业方遒，斯革命建国之大责弥重，全党同志率循领导，誓竭忠贞之忱，共履艰难之任，续承前绪，再造河山，丕扬主义之光，宏展中兴之业。

这种效忠信加上代表们在蒋介石当选后呼出的"总裁万岁"口号，清楚地表明，经过改造，蒋介石对国民党的控制确实加强了。

大会的另一主要议题是选举国民党中央执行委员会和中央执行委员会常委会成员。按照国民党的组织法，应该由全体代表大会在自由提名基础上，选举产生中央执行委员会，并在自由选举或提名基础上，由中央执行委员会选举产生常委会。但会议进行中，在蒋氏父子的亲信的提议和拥戴下，中执委和中常委候选人的提名权被交给了蒋介石。而蒋介石召开"七全大会"最重要的目的就是确定国民党新的权力机构，自称"余重在组织简洁与党员单纯，期在彻底整肃内部，乃为此次全代会之惟一宗旨也"。[45]故他对人事安排着力最多，在中央委员与评议委员选举名单确定的19日，他凌晨2时即醒，"未克安眠，考虑中央委员与评议委员名单甚切"，到5时最后决定拿去印刷。最大的难题是如何处置国民党内的有影响的人物，陈诚提出希望能将白崇禧、顾祝同、蒋铭三、钱大钧等人列入，但蒋坚持认为，如果保留这些人，就是换汤不换药，"又将何以建党，更何以反共抗俄耶"？因此，他坚持遗弃。当天蒋介石主持大会，在选举中央评议委员时，他见到原名列在改造委员会29位评议委员之中的白崇禧与刘健群二人因未在候选人名单中，"而失望先退矣"。[46]蒋在后来的日记中写下了他摒弃二人的原因：[47]

本党代表大会提出评议委员名单，除去白崇禧与刘健群二名，乃为革命消除渣滓第一决心之表示，亦为今后革命组织最有效之一着。刘之投机虽不如白之甚，但其取巧败党之恶行则一也。而白之罪恶，举世上所有无耻、污秽、贪劣腐败、倒戈叛逆、军阀、奸诈阴险、狠冷酷诸德乃集于其一身而有余。二十六年来忍受其污蔑陷害，余亦不自其有如此耐力耶？

可见，蒋摒弃他们是"公私兼顾"，有报私仇的因素。但他也还是留有余地：对白崇禧"今惟亦除其党内之名位而已，而其军职犹在也"。

会议遂根据蒋介石的提名，选举陈诚、蒋经国、张其昀、谷正纲、郑彦棻、吴国桢、陈雪屏、沈昌焕、上官业佑、袁守谦、张道藩等42人为中央委员及候补中央委员。与"六全大会"时相比，中央执行委员会规模大为缩小，中央改造委员会的成员大多成了中央委员。48位国民党内有影响与有代表性的人物被选为中央评议委员。蒋介石对此结果很满意："见中央委员当选名单，原有改造委员胡、曾、崔、连等委员皆未当选，但当选除黄朝琴稍差以外，其他皆颇年青有为或负责尽职之同志。……结果总算完满。"[48]

大会还听取了一系列报告，审议通过了《中国国民党反共抗俄时期工作纲领案》、《加强大陆地区对敌斗争工作案》、《对于政治报告之决议案》、《对于施政报告之决议案》、《对于军事报告之决议案》、《对于外交报告之决议案》、《对于党务报告之决议案》等。20日，大会闭幕时发表宣言，表示在内政方面要"保卫我们民族的历史文化，贯彻我们的民主宪政，从农业科学化和生产工业化的过程中力求社会财富的均衡"；在外交方面要"坚持在联合国的存在；反俄；建立太平洋反共阵线；恢复我国领土主权，挽救同胞的生命，夺回同胞的自由，筑定亚洲安全和世界和平"。[49]

会议期间，蒋介石多次出席会议的讨论，对"总章"的各项规定，尤其是对于中央组织系统与入党年龄，以及"特别与秘密党员"及"非党员顾问"之设置等内容发表意见。[50]会议期间，他再次提出更改"国民党"名称的问题，要求会议"专案讨论"。蒋经国等人研究后回复说，现在与"共匪"斗争时期，如果轻率改名，则会被"共匪"认为

"国民党"已经被其彻底消灭，故在"共匪"未消灭以前，"不忍更改"。蒋介石接受了这个建议。[51]

1952年11月1日，国民党第七届中央执行委员会与中央改造委员会举行交接典礼。至此，历时两年又三个月的国民党改造运动宣告结束。

客观地讲，改造有利于国民党在台湾的生存与发展。改造过程中它所采取的加强组织纪律的措施，在工、农、知识分子中发展力量的措施，在工厂企业中推行保险的措施，在农村中实施土地改革的措施都有效地提高了党员的组织纪律观念，改善了国民党与民众的关系，一定程度上扩大了其在台湾的统治基础。改造还促进了国民党顺利完成新老交替，一批年富力强、较有才干的官员被委以重任，这在中央领导层中更为突出。新的一届中央委员会80%以上是国民党的新人，他们拥有较高的学历，有丰富的实践经验，有较强的责任心和事业心，他们都是军政各界的精英，有的还是专家学者、大学教授，使国民党的决策层较以前有了活力。

但改造运动最大的成果是强化了蒋介石个人对国民党的控制。改造过程中，国民党内的派系山头基本上被削平，绝大多数元老重臣纷纷落马。在222名六届中执委中仅有陈诚、周至柔、袁守谦、黄季陆、郑彦棻、陈雪屏、谷正纲、张道藩、俞鸿钧、梅友卓等10人连选连任七届中央执行委员；104名六届中监委中仅有曾任蒋介石办公室秘书的黄少谷当选七届中央执行委员；90名六届候补中执委中仅有吴国桢、陈逸云、郭寄峤、王星舟、唐纵、倪文亚等6人继续当选。在总计460人的六届中执委、中监委及候补中执委和候补中监委中只有60人（包括候补中央委员和中央评议委员）在新一届中央获得席位。但是真正能进入权力核心即中央执行委员会的不到总数的3.5%。[52]而像孙中山的公子孙科，元老派的居正，蒋介石的"财神爷"孔祥熙、宋子文，军界强人白崇禧、顾祝同等都沦为明日黄花。尤其是陈氏兄弟的"CC系"，更是土崩瓦解：陈果夫重病缠身命逝黄泉；陈立夫远走美国，养鸡闲居；张道藩、谷正纲改弦更张，投身蒋介石；而谷正鼎、余井塘、萧铮、潘公展、程天放、马星野等则被挤出国民党中央。"陈家党"一统天下的格局被陈诚、蒋经国一分为二,共同听命于蒋介石。由此,蒋介石对国民党党、政、军高层人事安排的控制也得到强化。自蒋介石任命中央改造委员会开始,确立了以后历届国民党中常委人选首先由蒋介石提名的制度,在蒋介石提名之后,再由中央执行委员会煞有介事地表决通过。军政要员则多出身蒋介石的贴身亲信。在台湾"各院""院长"、各"部会""首长"中曾任蒋介石秘书、翻译或侍从的有黄少谷、俞国华、沈昌焕、周宏涛、沈剑虹、沈 、钱复等人;在国民党军"参谋总长"、"国防部长"、三军总司令等高级军事长官中,出身蒋介石侍卫官的有孙立人、马纪壮、于豪章、宋长志、郝柏村、俞济时、张彝鼎、唐纵等人。这样,在台湾政坛上形成了一个以蒋介石为核心的"官邸派",他们左右着台湾形势,"这种现象是寡头集权制,或曰'强人政治'的最突出标志"。[53]

改造运动也强化了对蒋介石的个人崇拜,改造委员会加强了对国民党党员的思想教化,把蒋介石树为"中华民族革命的导师"、"全人类反共的先知先觉"、"悲天悯人的圣者"、"中华文化道德与东方王道精神所凝结的最高美德的典范"。[54]把封建的"四维八德"作为国民党的行动准则,在台湾制造个人神话,掀起效忠运动,牢牢地培养起国民党人对蒋介石的愚忠思想。

蒋介石对"七全大会"的总结中,更强调的是"汰旧",认为清除了大量党内的"腐化分子"、"恶化分子":"第七届党员大会圆满完成,所有历来靠党为生之滓渣、凡腐化恶化分子、军阀如桂系,党阀如□□*,财阀如孔、宋及孙科等,皆已彻底扫清,此一行动,自认为比任何军事政治改革为艰巨。以五百余之中委而减为四十八人之限额,若非不计亲疏恩怨,而有革命大无畏之精神,决不能致此也。"[55]至于会议成功的原因,蒋介石不止一次提出是接受大陆失败教训所致,如"非失败以后不能有此机会,亦不能获此进步也,不能谓非失败也有益也";[56]"以退集台湾,范围较小,关系较简,所以有此始整以暇之良

* 此指陈立夫。——引者注

机，此乃赛（塞）翁失马，未始非福之证"。[57]这说明惨遭失败的蒋介石比过去清醒了不少。

蒋介石对"七全大会"的结果很满意，他在日记中写道："自有本党全国代表大会以来，自以为思虑之深切与准备之充分，未有如今次之代表大会者，或以此为党国存亡，革命成败之最后关键，不能不如此。亦以退集台湾范围较小关系，较简历，所以有此好整以暇之良机，此乃赛翁失马，未始非福之一证耳。"[58]

总之，1950年7月至1952年10月间，蒋介石对国民党的改造是一次以挽救党的危机为契机，以整顿党的队伍为主要内容的运动，改造之后，蒋介石个人独裁统治比大陆时期有过之而无不及。

第五章 "反共抗俄总动员"

一 "妇联会"

蒋介石败退台湾后，采取了许多措施加强对社会各阶层的控制，试图把每个人都纳入其反共战争体系，以保卫这最后的根据地，并进而"反攻大陆"，重主中原。其中两个比较重要的举措，便是组织成立"中华妇女反共抗俄联合会"（简称"妇联会"）和"中国青年反共抗俄救国团"（简称"救国团"）。

"妇联会"成立于1950年初。当时，台湾的国民党残余势力在中共强大的军事压力下，已如惊弓之鸟，随时面临灭顶之灾。在此关系国民党存亡绝续的时刻，蒋介石发起了"保卫大台湾"运动，广泛地进行社会动员，做最后的努力。刚从美国返回台湾、并发誓要陪同蒋介石与台湾"共存亡"的宋美龄，便"责无旁贷"地承担起了对妇女的组织动员工作。

抗战时期，在民族危亡的情况下，中国妇女激于爱国主义，走出家门从事抗日救亡工作，宣传、募捐、救济、医护等活动都对抗日战争的胜利作出了巨大贡献。作为第一夫人，并有强烈政治意识的宋美龄参与组织领导了上述活动。特别是太平洋战争爆发后，为了进一步密切美国舆论对中国抗战的同情，争取更多的美国援华项目，宋美龄于1943年借在美国治病之际，积极展开公关工作，掀起了一股"宋氏外交旋风"。宋美龄先是在美国国会作了热情洋溢的演讲，引起了巨大反响；随后又在美国总统罗斯福的亲自主持下召开大型记者招待会；继之，她又到美国各地巡回演讲，工厂、学校、议会、市政厅、街头广场，赢得了美国舆论的广泛赞誉，甚至罗斯福本人也在《纽约时报》发表文章，称赞说："由此演说，可知蒋夫人不但因为是蒋委员长的夫人，而是由于她本人有其伟大性格和卓越劳绩，作为其人民的代表，受到举世的尊敬和重视。"当然更重要的是，通过此行，把中国抗战之声传遍了美国，蒋介石政府与美国政府的关系更加密切，滚滚美元随之而来。宋美龄也因此而成为颇为活跃的政治人物。

但时过境迁，让蒋介石、宋美龄意想不到的是，到1948年，国民党政权在中共解放军的进攻下已是岌岌可危，而曾经给予大量援助的美国人，也因杜鲁门的上台而日趋冷淡，大量减少了对国民党政府的援助，并一度冻结之。为了重新获取美国援助，蒋介石再次记起"夫人外交"的法宝，于1948年11月，派宋美龄再赴美国游说。但此次访美受到了明显的冷遇，宋美龄尚未出门即接到美国方面通知，她只能以"私人名义"访问；到达美国后，也没有了往日的热烈与风光，只有少数右翼反共亲蒋分子对其表示了同情和支持。杜鲁门总统很长一段时间避而不见她。经多人撮合，杜鲁门终于在一次茶话会后约见了宋美龄。宋美龄代表蒋介石请求美国发表支持国民党政府反共救国的正式宣言，希望美国派遣高级军事代表团来华直接指挥国民党军的反共战争，要求美国再提供30亿美元的军事援助。但杜鲁门明确地表示了拒绝：除了已应允的4亿美元外，美国不可能提供更多的东西，"美国政府对蒋政府的援助已经到了极限"。[1]不仅如此，杜鲁门还在送走宋美龄后不断地批评国民党政权的腐败和贪污，直至若干年后，他还愤愤地说："他们全都是贼，他妈的，没有一个不是贼！……他们从我们送给老蒋的38亿美元中，偷走7.5亿美元。他们偷了这笔钱，把它投资在圣保罗的房地产中，有些就投资在纽约这里，这就是曾经而且仍然在为所谓的院外援华集团使用的钱。"

宋美龄在美处处碰壁后，遂在纽约里弗代尔的孔祥熙别墅中隐居下来，静观事变。其时，正是国民党政权崩溃之日，不少奸猾的政客纷纷借机到美国，孔祥熙、宋子文等干脆滞留不归，在美做"寓公"而不愿为国民党政权殉葬，美国也于此时宣布了弃蒋政策；蒋介石仓皇落草于孤岛台湾。倔强而不服输的宋美龄却选择了回归台湾之路，于1950年1月13日回到蒋介石身边。行前，宋美龄在里弗代尔对全美发表广播演说，批评美国的弃蒋政策，盛赞蒋介石为"世界政治家中首先揭发共产党徒阴谋的第一人，同时也是着手反共的第一人"，鼓吹"台湾是我们一切希望的堡垒，是反抗一个异族践踏我国的基地"。

这一"壮举"使众叛亲离的蒋介石感到"鼓舞"，他将宋美龄的返回，比作当年她在西安事变时的表现："夫人回国对国家发生之影响，在此大陆沦陷、革命绝望、国家危亡岌岌不保之际，有势有钱者惟恐逃避之无方，而夫人竟在此危急之秋毅然返国来共患难，此种精神，不仅打消过去共匪一切污蔑之宣传，而其意义实不亚于西安赴难也。"[2]宋到台湾加速了蒋的"复职"速度。宋美龄从美国返回台湾后，就决定效法抗日战争时期的妇女运动，利用已有的经验，在台湾妇女界中发动一次新的动员运动，不过动员的目的是"反共"而不是"抗日"了。她在蒋介石支持下，多方奔走策划，联络组织台湾各界达官显贵的家属，筹组"中华妇女反共抗俄联合会"。

经过近三个月的准备工作，1950年4月17日，"妇联会"在台北召开成立大会，蒋介石专程到会致词。他在致词中刻意攻击中共"用最残酷的手段，破坏我们的家庭，出卖我们的国家"，"甘愿做苏俄帝国主义者的侵略工具，致整个大陆沦入铁幕"。他指出"妇联会"要多做"反共抗俄"的工作，"就是要拯救整个的中国，拯救我们全国人民，拯救沦陷区的亿万同胞，同时也是拯救我们自己"。他向"妇联会"提出了三点要求：第一，支持自己的亲人参加"反共"斗争，他说："我们一定要大家联合起来，领导全体台湾的妇女同胞，在家庭，在社会，劝导自己的丈夫、兄弟，使每个人都能动员起来，参加反共抗俄的工作"；第二，防止中共渗透，"妇女同胞特别注意的是，现在匪谍的潜伏活动与阴谋……今天妇女最重要的工作就是严密防止共匪的破坏工作，从而拯救我们的国家和自己"；第三，节约支前，他说："希望全国妇女同胞贡献力量救国，而最要紧的就是节约，生活要特别节俭，以节余的人力、物力来推进反共抗俄的工作。"[3]显然，蒋介石是要将台湾妇女拉到自己"反共抗俄"的战车上，使其更便于组织动员。有人评论说，按蒋介石对"妇联会"的三项要求去做，当时台湾妇女人人都成了"身兼情报员、生产操作者、贤妻良母等三重身份的女超人了"。[4]

"妇联会"主任宋美龄在致词中也号召台湾的妇女"以精神成物质，以团结克服困难"，"在一个目标，一个旗帜之下，同为反共抗俄的圣战而战斗，而努力"。[5]

"妇联会"实际上是"一些蒋介石的门生故旧、部属随从的官太太们"，在宋美龄周围组成的一支"娘子军"。早期的骨干有"行政院长"陈诚的太太谭祥、省主席吴国桢的太太吴黄卓群、"参谋总长"周至柔的太太周王青莲、"海军总司令"桂永清的太太桂何相钦、台湾省保安司令彭孟缉的太太彭郑碧云，以及蒋介石儿媳蒋方良、石静宜等人。它设"中央总会"，由委员150人组成，其中常委15人，主任委员1人，由宋美龄担任。总会下设组训、宣传、慰劳、总务四组及秘书处，所有在台"中央行政机关"、军事机关、台湾省专科以上学校，以及各县市政府均奉令成立分会，海外华侨中的亲国民党者也成立了几个分会，前后共计50余个单位，各单位又在其附属机关及县市所辖乡镇区域成立支会，截至1952年3月，共成立支会172个。另外，"为使青年学子，均能纳入组织，以增加妇女反共抗俄力量"，所有台北市各中等以上女校以及县市所属中学先后奉令成立工作队。

"妇联会"成立后主要从事以下几方面的工作：

一、训练妇女。"本会为提高妇女知识，培养妇女技能，动员妇女参加反共抗俄工作起见，故将训练工作列为中心工作之一。""妇联会"先后举办了救护训练班、国语训练班、洋裁训练班及烹饪训练班。另外还组织了"妇女识字班"，"以达到扫除文盲的目的"。自1950年8月至1952年4月的一年半多的时间中，举办救护训练班9期440余人，国语师资训练班2期60余人，裁缝班2期70余人。这些训练班本身是为"反共抗俄"服务的，培训过程中注入了大量的"反共"内容。

二、慰劳军队。"妇联会"组成许多小队，分赴战区及后方伤病员所住医院进行劳军活动。如1950年6月，"妇联会"成员就先后赴澎湖、金门、台东及海空军基地"劳军"。在一些重要节日，则举办大规模的活动，如在中秋节、双十节、端午节、春节等节日，"妇联会"组织会员向士兵发放猪肉、罐头、牙刷、毛巾、糖果、拖鞋、短裤、汗衫等物品。宋美龄也曾亲自到各地"劳军"，别人"劳军"是在条件艰苦的前线与官兵吃住在一起，"惟独宋美龄不但是行在列车上，连带的吃喝拉撒睡，全部在她的那辆豪华专车上解决"。[6]

三、宣传。"妇联会"创办了《中华妇女》月刊，出版工作动态，举办妇女征文竞赛、壁报竞赛，印发《告英勇将士书》，搜集宣传资料，书报"劳军"，书写"劝降书"，设置图书阅览室，编制各项宣传工作纲要，撰文响应各项有关"反共"之工作和运动。"妇联会"还举办妇女讲座、广播演讲、时事座谈及歌咏比赛等活动，访问军眷，成立宣传工作队，放映电影，举办图片展，等等。

"妇联会"影响最大的一项工作是"缝制征衣"送往前线，激励官兵的"反共"士气。宋美龄倡导了"募集50万套衬衣裤运动"，发动各界妇女参加，报上经常刊登宋美龄坐在缝纫机前缝制衣服的照片和相关报道。自幼生长在富贵之家的宋美龄能缝制衣服本身就是一大新闻。很多年之后，当有人就此事求证于宋的贴身随从时，随从的一席话揭穿了国民党宣传上惯用的弄虚作假的伎俩：[7]

> 什么缝征衣？你们看到的是她在踩缝纫机的照片，可是，照片又不是连续画面，我跟她那么久，从来没有看到她缝过一件完整的衣服，都是要拍照的时候，她们妇联会的人就说，恭请夫人来拍张照吧，于是，把她请到缝纫机前面，叫她摆个缝衣服的样子，再按照相机快门，一张夫人缝征衣的伟大照片就这样完成了，可是，真正缝征衣的人，却是叫苦连天。

蒋介石对"妇联会"的工作给予了很大关注。对于宋美龄所取得的成绩，表示十分赞赏："二年来蒋夫人在台湾组成中华妇女反共抗俄联合会，对于军队、社会，尤其是荣军、伤兵和游击队，都得到妇联会的帮助和救济，还是应该感谢妇联会同志们的努力。"[8]几乎每年"妇联会"成立纪念日，蒋介石都应邀至会发表训话，指示工作重点，如1953年4月他在该会成立三周年的训词中就向台湾妇女提出三点要求："第一，要认清共匪在大陆实行的所谓婚姻法所加害于妇女的暴行，已使大陆妇女同胞惨遭迫害，大家应该口诛笔伐揭露共匪的残暴；第二，希望今后加强工作，使伤病官兵得到精神上的鼓励和安慰，而鼓舞他们革命的精神；第三，对于官兵家属应多加照顾和安顿，使官兵更加安心为革命工作努力奋斗。"[9]

"妇联会"表面上是半官方组织，实际上完全掌握在国民党手中，蒋介石在各方面给予全力支持，使其权力不断扩张，经费也很充裕。台湾出版的一本宋美龄传记中写出了蒋介石与宋美龄两人成立"妇联会"是各有所得：就蒋介石而言，他要把"反攻大陆"的政策"从男人的世界贯彻到女人的世界中，结成一个军事有机体"，同时为了奖励宋美龄从美国赶来"共赴艰难"，建立一个归她领导的妇女组织，可满足她的领袖欲；就宋美龄而言，她原本就热衷于当新闻主角，对妇女活动、儿童福利、孤儿救济等活动有较大兴趣，主导"妇联会"既可确定她台湾妇女界领导者的地位，又能帮助其夫的政治事业。从其成立背景、活动内容来看，说"妇联会"是国民党操纵控制台湾妇女的组织，大概是恰如其分的。

1965年后，"妇联会"更名为"中华妇女反共联合会"，号称在台湾及海外共有54个分会、368个支会、20万会员。宋美龄继续掌控之，直到1988年国民党十三大召开，其亲信钱剑秋因落选国民党中央而离开"妇联会"，宋才最后交出该会权柄。

二 "救国团"

"救国团"是继"妇联会"之后成立的一个专门负责青年运动的组织。

蒋介石对于青年工作颇为重视，大陆时期曾组织过三民主义青年团，以组织拉拢青年为国民党工作，但成绩不大。国民党败退台湾后，蒋介石在总结失败原因时，把青年工作的失败列为一个方面，他说："我们在大陆上失败的最大症结就是在学校教育，尤其是学校教育中不注重生活教育和人格修养教育"，致使青年"迷失革命方向，减少进步的力量"，造成"国家失去了青年，青年也失去了国家的悲剧"。为此，他极力宣扬"国家需要革命的青年"，"青年需要革命的教育"。[10]在1950年的工作计划中，蒋介石强调要发动"广大青年劳动反共救国运动"，[11]"召开青年劳动反共救国大会，成立全国性青年团体，发动青年反共斗争"。[12]确实，大陆时期国民党的政策普遍遭到青年学生的反对，国统区掀起的一浪又一浪反蒋运动，摇撼着国民党的统治基础，被共产党誉为反蒋斗争的"第二条战线"。

总结教训，蒋介石加强了对青年的领导组织工作，并交由蒋经国具体办理。1950年4月29日，在台北中山堂成立了"中国青年反共抗俄联合会"。该会有团体会员单位46个，经推定其中15个单位组成干事会，置总干事1人，由蒋经国担任。干事会下设总务、海外敌后、服务、联络、新闻、秘书六组，另设战时工作队、艺术工作队及奋斗周报社三个部门，从事军训、"劳军"、宣传、动员等工作，但参加这一组织的青年十分有限。随着形势的发展，尤其是"反共抗俄总动员运动"逐渐拉开帷幕后，蒋介石越来越感到有必要建立一个新的、组织更严密、功能更健全的青年团队，取代"中国青年反共抗俄联合会"，将台湾所有青年纳入其战时轨道中。蒋经国领导的"国防部"总政治部奉命出面筹组"中国青年反共抗俄救国团"（以下简称"救国团"），具体负责者为蒋经国的助手胡轨、李焕等人。

1952年1月31日，国民党中央改造委员会第288次会议通过了由胡轨等人拟就的"筹组中国青年反共抗俄救国团原则"。会议决议规定："组织该团之目的，在团结全国优秀青年，增进其智能，锻炼其体格，训练其工作技术，培养其爱国精神，从事各种战时工作。其中心任务，在反攻前参加各种训练，从事社会服务，协助文化宣传、社会调查，推行政令，以及发动劳军、从军及总动员运动；反攻时协助军队担任运输、救护、情报、通讯、组训民众、整理户籍、肃清匪谍、建立社会秩序以及有关战时工作；光复后协助政府担任教育、地方自治、土地行政以及各项建国复兴工作。"决议还规定：凡高中以上学生一律参加，社会青年在16岁以上25岁以下合乎规定标准者参加；对其应注重政治训练和军事技术训练，"其领导干部除专门人才外，应就原有教育行政系统中，选拔本党优秀而富有领导经验之同志担任；本团属于政府，本党以党团方式领导其活动"。[13]这次会议确定了"救国团"在平时和战时的任务、基本成员和干部组成，完成了"救国团"建立的前期准备工作。

3月29日，蒋介石在第九届"青年节"纪念之日，发表《为成立中国青年反共抗俄救国团告全国青年书》，正式宣告组建"救国团"。他在文告中说：[14]

> 为了有效号召并正确领导我全国青年，使能普遍的展开第三次的青年大结合，我现在已决定成立"中国青年反共救国团"的正式组织，以适应爱国青年的共同要求，并将其纳入统一的组织之中……使全国青年在反共抗俄总动员运动的口号之下，努力推行经济的、社会的、文化的、政治的全面改造，尤其是"明礼尚义、雪耻复国"的文化改造运动和"敦亲睦族、勤劳服务"的社会改造运动，都要以青年为主力，为前导。我们要知道，在这个总动员的运动中，厉行战时生活，转移社会风气，发扬革命精神，提高科学技术，乃是建设台湾，光复大陆的有力保证，而且这是时代赋予中国青年的责任。

按照蒋介石的指示和要求，蒋经国等人加紧了最后的准备工作。有关人员则加紧"团歌"、"团章"的拟定及团址的选定工作，舆论宣传方面也造了不少声势。10月3日，"救国团"第一次团务指导委员会议在复兴冈团部召开，被举为指导委员的台湾党政要人张其昀、郭寄峤、周至柔、谷正纲、陈雪屏、钱思亮、沈昌焕、程天放、蒋经国等人出席，会议通过了"救国团章程"。"章程"规定该团宗旨为"遵照总统'反共抗俄爱国青年大结合'的伟大昭示而成立，在三民主义精义指导下，加强革命信念，增强革命知识，学习战斗技能，锻炼坚强的体魄，打倒苏俄帝国主义，彻底消灭朱毛匪帮"。"章程"规定该团信条为"信仰三民主义，拥护领袖，服从命令，严守纪律，自力自强，实践力行，互助合作，服务牺牲"。会议还讨论通过了"救国团团歌"，歌曰：[15]

　　时代考验我们，我们要赶上时代，是革命的青年，快下决心一起来，流汗血，拼头颅，莫徘徊，反共抗俄，回大陆，救同胞，把光明的大路打开，团结奋斗，拥护领袖，重建三民主义新中国，起来，起来。

10月31日，庆祝蒋介石66岁生日暨"中国青年反共救国团"成立大会在台北中山堂举行，会议由"行政院长"陈诚主持，全体"团务指导委员"张其昀、蒋经国、吴国桢、黄少谷、谢东闵等均到会。蒋介石虽因"避寿"未到会，但以团长的名义为"救国团"成立特颁训词，向"救国团"提出三项要求：[16]

　　第一，中国青年反共救国团是一个教育性组织。没有革命的青年，国家就没有充沛的生机和进步的动力。但国家不给青年以正确的革命教育，青年亦必迷失了革命的方向，阻碍了进步的力量。在本团的教育和训练的方针上，必须与国家的教育和文化政策密切配合，而每个团员必须在三民主义的最高指导原则及政府决策之下，加强革命信念，增进革命知识，学习工作方法，锻炼坚强体魄，使自己陶铸为文武合一、德术兼备的人才，以担负反共抗俄救国救民的责任。

第二，中国青年反共救国团是一个群众性的组织。本团目前乃以学校青年为基本的组成分子，今后我们要从学校扩展到整个社会，无论机关、团体、工会、农场，一定要联合青年，团结青年，来共同参加此一大时代反共抗俄的战斗。同时在一个群众性的组织中，必须养成明礼尚义的德性，提高互助合作的精神，服从团体命令，严守革命纪律，才能发挥组织的力量，获致工作的成效。

第三，中国青年反共救国团是一个战斗性的组织。我们过去在大陆上的失败，是由于青年丧失了战斗精神，离开了战斗生活。我们领悟了这种惨痛的教训，必须提高战斗情绪，学习战斗技能……尤其是在文化改造运动和社会改造运动中更要以青年为动力，为核心。

"救国团"成立后，在台湾自上而下建立起了一套严密体系。团长由蒋介石亲自担任，总团部主任由蒋经国担任，副主任分别是胡轨、邓传楷。总团部由秘书室及组织训练、文化教育、青年活动、总务四组组成，后来这四组一室又演变成为七组、三室、一会，他们是：社会青年工作组、学校青年服务组、海外青年服务组、娱乐活动组、青少年问题辅导组、海外工作组、大陆工作组、研究发展室、事业企划管理室、会计室、团务指导委员会，担任这些部门领导的大多是蒋经国在大陆时期所罗致的亲信。在总团部之下，还建立了各级相应的组织，如台湾省设有分团，县市有总队，县以下地区有大队，大中学校也视人数多少而成立总队或大队，甚至在部分国外华侨青年中也成立了分支机构。由此，"救国团"把其触角伸入了台湾社会各个角落，强化了对青年人的控管工作。1952年底，蒋介石将青年反共救国团的建立当成是国民党党务方

面取得的一大成绩：“反共救国团之组织，全省青年学生，皆可由党统一组训矣。”[17]

随着救国团组织的逐渐健全，其活动也按有关规定陆续展开：在干部培养方面，总团部为加强基层干部的组织，举办了8个青年先锋营，以在寒暑假期间集训各学校大队的区分队长，训练内容主要是军事基本技能；在政治教育方面，“救国团”在各校设立训导处，负责考核、管理工作，监视学生乃至老师的思想动态，组织各种学习班、演讲会和座谈会，向学生灌输“反共反俄”的思想意识，培养其忠于三民主义，忠于蒋介石的情结；在宣传方面，成立青年写作协会、幼狮月刊社、幼狮通讯社、幼狮广播电台、幼狮出版公司，通过各种渠道进行“仇共仇俄”宣传；在军事训练方面，规定学校高中以上学生必须参加军训，各军种奉令组建若干战训队，以在暑假中接纳军训学生，这些学生被分到驾驶、无线电通讯、救护等不同的分队中，进行初步的军事技能训练。

“救国团”在蒋经国的掌控之下，实际上成了国民党的外围组织，成了国民党控制台湾青年的工具。每当国民党有新政策出台，它总是最积极的执行者。然而，该团的成立凭的仅是蒋介石本人的意愿和国民党中央改造委员会的决议，并未通过任何行政或立法部门，这显然与国民党宣扬的"宪政体制"是相矛盾的。"救国团"利用特殊的政治背景，插手军队、教育、行政、文化、社会各个方面的事务，自承一统。"救国团员"则为了政治上的晋升，抛弃学业，出风头，争权利，求享受，闹得学校乌烟瘴气。所以，随着时间的推移，对"救国团"的批评越来越严厉。"吴国桢案"发生后，作为团务指导委员的吴国桢于1954年2月27日致台北"国民大会"的政见书中说：[18]

> 所谓反共救国青年团之成立，实系模仿希特勒……青年团之成立，此机构究由国民党或政府负责，桢至今不明，其经费曾向省政府索要，经桢拒绝。此后经费究由何出，实可查究。自青年团成立后，动辄要求学校更换教员，压迫学生，以此诱得青年，造成不良风气，实将贻害无穷。

1957年，雷震主办的《自由中国》发表社论说，"救国团"成立迄今，已5年多了，但这一单位究竟是何种性质，社会上还普遍的感到莫名其妙，其实"救国团之几乎无事不可过问，以至无处不可插足"。很显然，这是第二个三民主义青年团，是国民党的预备队，甚至国民党内也有人说，这不过是国民党内新兴的所谓某一派，利用国民党的招牌，公开做的培植私人政治资本的工作而已。因此，社论建议说："为了保存国家元气，尤其是防止政治掮客残酷利用，青年救国团实在是没有存在的必要，假使青年救国团真是爱护中国青年，根本便该自动撤销才对。"甚至国民党的元老派也表示反对，"其中，陈诚以三青团创始者反对最厉害"。陈认为，蒋介石应记取抗战胜利后国民党内分裂为党团两大势力，"不顾党之将亡，恶斗不休，搞得天下大乱"的教训，不要再为个人势力的成长而"另外寻一个'小国民党'"。双方争论许久而互不相让，直至最后蒋介石干脆命令陈诚去主持"救国团"成立仪式，争论才暂告一段落。[19]后来《自由中国》杂志则干脆称"救国团"为"经国的黑市机构"。[20]

尽管遭到来自各方的猛烈批评，但"救国团"的活动依然如旧，蒋介石对它的钟爱也一如既往。身为团长，他每年在建团纪念日都颁发"训词"，指导工作。"救国团"的存在，毕竟为蒋介石加强对台湾青年一代的控制，发挥了巨大作用。

蒋介石组建"救国团"的另一个重要目的，是为蒋经国培植个人势力，以顺利实现权力交接。"救国团"为国民党培养了许多高级干部，蒋经国本人担任总团部主任直至出任"行政院长"，长达20年。后来台湾政坛上的一些显赫人物，如谢东闵、李焕、李元簇、潘振球、宋时选、高铭辉等人也都曾担任过"救国团"的要职，这些人是蒋经国的基本班底。

"妇联会"与"救国团"是台湾很活跃的两个组织，控制面及影响颇大，不断为国民党的统治摇旗呐喊，而其主要领导人分别是蒋介石的太太与儿子。这说明他为了维护蒋家王朝的偏安局面，首先进行了"家庭总动员"，从而把大到军政大计的决策，小到青年运动、妇女运动的运作，全部控制于蒋氏一家之手，其要控制台湾全部政治资源，不愿权力旁落，建立"家天下"独裁统治的用心，昭然若揭。

三　"反共抗俄总动员"运动

1952年以后，在美国保护伞下经过一年多喘息和整顿的蒋介石感觉到力量有所恢复，"反攻"的口号喊得越来越响，并进一步发起"反共抗俄总动员"运动，对反共思想体系重新修补，成立"光复大陆设计委员会"，加强"反共复国"心理建设。

1952年元旦，蒋介石在《新年告全国同胞书》中说："我们今年工作的总目标是全力来推动反共抗俄总动员运动，使台湾省确实成为三民主义政治设施的模范省和雪耻图强、反攻复国的基业。我们在反共复国总动员的大前提下，今年特别进行的是经济改造运动、社会改造运动、文化改造运动和政治改造运动，以促成经济的、社会的、文化的、政治的全面改造，来贯彻我们总动员的目标。"这四项改造运动的具体目标是：在经济改造运动方面，以"互相合作、增产竞赛"为口号，"厉行战时生活，提高增产竞赛，处处刻苦，时时努力"，达到"以有限的力量，来支持长期的战争"的目的；在社会改造方面，以"敦亲睦族，勤劳服务"为口号，发扬"热烈的同胞爱与坚持的责任感，为国劳动，奉公服务"；在文化改造运动方面，以"明礼尚义，雪耻复国"为口号，"发扬革命精神，提高科学技术，以振起全民对反共抗俄战争的敌忾气，养成青年担负反共抗俄战争的新活力"；在政治改造运动上，以"克难实践，自力更生"为口号，"每一个困难都要自己克服，每一个工作都要实事求是"。

以上四项，构成了"反共抗俄总动员"运动的主题。蒋介石要求国民党各部门及每个人"必须一一实践，努力做到，并用监察互助的力量，使懒惰的不得不动，柔弱的不得不强，以加强反共抗俄的动员"。[21]

"反共抗俄总动员"实质上是将台湾民众日常生产生活的各个方面，都纳入蒋介石"反共抗俄"的宣传与实践中，不再只是空喊口号。按照蒋介石的要求，国民党各级机构采取了大量措施，用"总动员"的精神来规范民众的生产生活：经济方面，以增加生产和稳定物价为核心，提高工农业产量，稳定一般日用必需品价格，加强会计制度，整顿公营事业；社会方面，在各级部门推广普及"总动员月会"，强化地方治安，改善环境卫生和公共秩序，加强卫生行政，增进人民健康，改善矿工、盐工及渔民的生活；文化方面，主要是强化学校教育管理，组织学生在暑期到军队中服务，恢复军训，编印出版"现代国民基本知识丛书"，组织青年反共救国团，鼓励谱写宣扬"反共复国"的文学作品；在政治方面，实施警户合一，改善户籍行政，提高司法效率，革新监所业务。

这些措施，强化了对台湾民众的控制，因而获得蒋介石的赞许，如他赞许每个机关都要举行的动员月会，"不但是战时推行动员的基层组织，也是平时贯彻法令的良好途径"。他说，经过"总动员"，"不论农业与工业，去年各种生产成绩，都超过四十年度的产量，其中有若干种产业（如米、糖、纱布、砂、铁皮以及船舶修造等），不但超过四十年度的产量，而且超过四十一年度计划产量的最高额"。[22]

但是，蒋介石对最初的结果不甚满意，他在1953年元旦又提出了对总动员运动新的要求，他在"元旦文告"中说："在今年这一年中，更要全力推行反共抗俄总动员运动，完成反攻大陆的一切准备。"他在重弹"总动员"重大意义的老调后，提出了"新、速、实、简"四项要求。所谓"新"，就是对于旧有暮气惰性的积习，要求扫除，对于科学和工艺的水准，要求提高，即"除旧布新、去腐生新"；所谓"速"，就是要求不拖延，不推诿，对于问题要立求解决，对工作要如限完成；所谓"实"，就是不虚伪，不欺妄，对于设计要细密，对于业务要精强，对于考核要严正，即"精益求精，实事求是"；所谓"简"，就是简单明了，不琐碎，不复杂，更不可含混笼统，拖泥带水，组织不要重床叠架，办事不要繁文缛节，即"工作要科学化、制度化"。[23]

几年的"反共抗俄总动员"运动，的确转移了台湾民众的注意力，使国民党得以建立了较为稳定的统治基础。尤其是经济上"耕者有其田"的政策和"四年经建计划"的执行，使民不聊生、物价飞涨的状况大为改善。然而，年复一年，"总动员"已聊无新意，"反攻大陆"似更遥遥无期，许多人已开始怀疑，只是慑于高压政策，敢疑不敢言，但仍有胆大者私下谈论"反攻无望"。若此种情绪传播开来，将危及国民党执政的基础，因而从1956年起，蒋介石把"反共抗俄总动员"的重点转向"心理建设"。蒋介石在1956年"元旦文告"中说："我们反攻复国的主观和客观条件都已存在了，而今日所差的一点，只在我们海内外同胞，对反共复国的心理和观念，如何改正而已。……因之，我们今天精神武装和心理建设，比任何武器更为重要。所以，我们今年工作的中心是反攻复国的心理建设的精神动员。"他提出加强心理建设的主要内容是"砥砺礼义廉耻的民族气节，发扬孝悌忠信的固有德性，加紧反攻大陆准备"。[24]

于是，蒋介石倡导的"反共抗俄总动员"运动又增添了一项"心理建设"的内容，他多次演讲心理建设的意义，详细阐述"反共复国心理建设要旨"，将心理建设归结为三个方面：哲学思想、科学思想和军事思想的建设。但其实质在于提倡他所信奉的"礼义廉耻、孝悌忠信"，让民众与他共同克服困难，作好长期困居海岛的心理准备，以对抗"反攻无望论"。

在蒋介石的一再鼓动和要求下，台湾社会各界又掀起了心理建设的各种活动，使渐渐冷落的"反共抗俄总动员"运动再度热闹起来。蒋经国的"国防部"总政治部首先起而响应。4月27日，"国防部"颁布了《国军心理建设推行纲要》，通令三军官兵切实遵照实施。纲要规定，心理建设的目标是"建成反攻必胜，复国必成的乐观心理，培养忠勇积极的奋斗精神"，为此，必须"绝对信仰主义，赤诚服从领袖，誓死效忠国家"。在具体实施方面，"纲要"要求所属各部结合各自实际，制订各自可行的实施办法，印发蒋介石"元旦文告"，集中向官兵宣读讲解；印发有关心理建设的标语书册，分别张贴阅读；军中一切电台报刊，应不时作有关心理建设问题的阐扬与播讲；创作有关心理建设之影剧歌曲，在军中放映演唱；发动官兵以心理建设为题材，定期展开讨论、座谈，并举行演讲、论文、歌咏及壁报等种种比赛，运用一切宣传工具与方式以扩大影响，宣传倡导。[25]

这样，在军队的带动下，台湾的政治视线全部集中到心理建设上来，令人眼花缭乱的各种活动也随即出现。然而，不管花样如何翻新，说到底仍不过是新瓶装旧药，本质上还是要培养"仇共"情结，建立起对蒋介石个人绝对忠诚的君臣关系。"精神动员"、"心理建设"只能起一时作用，毕竟要与现实相结合，蒋介石倡导"动员"的目的，是要"反攻"。随着时间的流逝，仍有人不断对"反攻"的可能性提出质疑，"心理建设"的作用十分有限。

四　发表《苏俄在中国》

为了指导"反共抗俄总动员"运动，蒋介石不断地发表谈话，出版各种小册子，总结经验教训，阐述"反共抗俄"的必要性与重要意义，其中具有代表性的有两本：一是《反共抗俄基本论》，二是《苏俄在中国》，尤其是后者的流传较广。

《反共抗俄基本论》是蒋介石1952年10月在国民党"七全大会"期间提出的，全文八章四万余字。他是这样说明写作目的的："如果要革命的理论有力，就要大家意见一致，而后才能行动一致，实力充沛。但是大家最应注意的就是理论决不可以离开事实，离开时代，换句话说就是要了解今天民众的切身利害，要代表民众发出其由衷之言，再用理论来说明主义，用行动来证明主义，那主义才能深植人心，也就为大家乐于接受和实践"，"我们认为惟有在三民主义最高原则指导之下，才能发挥民族的潜力，争取反共抗俄战争的胜利"，"反共抗俄战争的胜利，就是三民主义的保证"，故提出《反共抗俄基本论》以指导未来的反共抗俄战争。[26]蒋介石对《反共抗俄基本论》甚为重视，"自觉甚费心力，而于今后反共事业影响必大也"。他在日记中曾自问："此乃继《敌乎？友乎》、《中国之命运》二著之后最重要之著作乎？"[27]《敌乎？友乎》发表于全面抗战前，论述中日关系走向；《中国之命运》发表于抗日战争后期，讨论战后中国社会的走向，是蒋最有影响的两部著作，均曾引起过很大反响。

蒋介石先追述中俄关系的历史来说明"抗俄"的必要性。他说俄国自伊凡三世建国以来就是一个侵略国家，尤其是对中国的侵略"实为我中国惟一的世仇和大敌"，而今日之苏共思想是"节取马克思主义，并融合了俄国民粹主义、虚无主义、沙皇专制与大斯拉夫主义的内容，在一国建立集权独裁的专制制度，对世界进行征胜人类的思想系统"。他攻击中共是"流寇与汉奸以及侵略者工具的结合，其暴虐凶顽，为历史上空前未有，只有石勒与王弥合兵亡晋，满清与李闯并力亡明可与比拟"，中共不过是苏俄的"傀儡"，大陆新政权是"汉奸政权"，其作为无非是"控制国家，控制人民，把中国政治上并入苏维埃联邦为藩属"，"经济上加入俄帝国防体系，为其侵略战的工具"，从而完成把"整个中国属于俄帝的苏维埃政权的版图"的过程。因此，他提出自抗战胜利后，国民革命进入了第三期，革命的对象是"共产国际第五纵队之朱毛奸匪"，革命的本质是人民生活方式的社会斗争，而其任务是要求"社会生存、国民生计和群众生命获得确实保障"，国民革命的方略是"建设三民主义"。[28]

近代以来的沙俄帝国主义对中国侵略伤害之大，掠夺之重，是个不争的事实。但蒋介石把"反共抗俄"当成"国民革命"第三期的根本目标，将"反共"与"抗俄"联在一起，将中共说成是"苏俄的傀儡"，将中国革命的胜利视为"苏俄霸占中国"的第一步，显然不是不懂历史，而是有意歪曲历史事实，实质上是在转移视线，煽动群众复恨情绪而已。在国民党一片"反共抗俄"的鼓噪宣传中，台湾军队还炮击扣押行驶在公海上的苏联商船，台湾当局还在联合国大会上煞有介事地一次又一次提出"控告苏联侵略案"，要求联合国大会"制裁"苏联。[29]这里除了蒋个人对苏联的积怨外，还有更深的用意：一、推卸大陆失败的责任，既然中共是"苏联的傀儡"，那国民党大陆时期的对手实际上是强大的苏联。照此逻辑推论，其失败很大程度上不是蒋介石无能，而要归结为"敌人"太强大了。二、讨好西方国家，抬高台湾的"国际地位"。国际形势演变为社会主义与资本主义两大阵营的对立，台湾被当成"国际弃儿"无人搭理。蒋介石高举"反共抗俄"大旗，突出其反对苏联的特色，并自诩为是"反对苏联全球扩张的第一线"，拼命要挤进西方阵营，引起外国的重视，以获取青睐与支持。三、便于对台湾人民的愚弄与控制。要战胜强大的敌人，台湾人民必须有极强的忧患意识，克勤克俭，在国民党领导下"统一意志"，方可能完成。同时，准备工作必须格外认真周全，这也为国民党空喊"反攻"而无行动提供了借口，批驳"反攻无望论"。基于以上原因，蒋介石始终抓住"反共抗俄"口号不放，甚至到1960年中国共产党与苏联共产党展开大论战，两国关系走向紧张之时，台湾仍在说中共是"傀儡"，继续"反共抗俄"。

蒋介石也深知空喊口号无益，"反共抗俄"要落实到对日常工作的指导上，而在当时，他提出在现阶段发展三民主义的纲要，就是要把台湾建设成为反共抗俄的基地和模范。因此，学习研讨《反共抗俄基本论》成为"七全大会"的主要内容之一，会议结束时还专门作出了一项决议：[30]

> 总裁交议之反共抗俄基本论，对本党主义精义，革命真理及反共抗俄应对方略，乃至必胜必成之道，提示周详，深切著名，实为本党今后反共抗俄革命建国，在思想言论及行为上所遵循之准则。本大会兹特郑重决策，敬谨接受，凡我同志务须因认识统一，求力量之集中，同时亦应本提示之基本原则与理论纲领，悉心研讨，实践躬行，以期发扬光大。

"反共抗俄"由此成为国民党各项政策的指导，各部门各级单位被通令学习研讨，广为宣传。

《苏俄在中国》是蒋介石写于1956年年底的继《反共抗俄基本论》之后的又一本反共理论著作。此时的国际形势是社会主义阵营和资本主义阵营的对抗有所缓和，"和平共存"的口号在国际交往中开始被接受，双方接触有所扩大，尤其是中美之间的尖锐对立有降温的迹象，并开始进行事务性会谈，西方各国对这种进展表示了某种程度的支持和欢迎。国际局势的这种演变趋势，对于在两大阵营对立中获益多多的台湾显然极为不利。蒋介石为阻挠这一缓和趋势，特写此书，企图通过对亲自经历的"惨痛教训"的诉说，"能对今日同遭共产主义的威胁的国家及其领导者有所裨益"。他说：

我深恐今后俄共及其傀儡中共以其侵陷我大陆，奴役我同胞的故技，转而为害于世界人类而无法阻止，乃不揣愚拙，特将本书公之于世……唤起我全国同胞以及自由世界爱护自由和民主的人士的警惕，共同认识俄共及其傀儡中共，对于任何一个自由国家与自由人士所要求的"和平共存"，不过是要你单方面接受他的"和平"，让他俄共独自生存，并听其第五纵队自由发展，而最后任其从外部来武装征服，或从内部来和平转变之简单符号，最终达成其统治世界、奴役人类的目的。

《苏俄在中国》包括"中俄和平共存的开始与发展及其后果"、"反共斗争成败得失的检讨"、"俄共'和平共存'的第一目标及其最后的构想"三篇，以及补述"俄共在中国三十年来所使用的各种政治斗争战术及其运用辩证法的方式之综合研究"。该书的另一副题为"和平共存？"表明其宗旨在于对"和平共存"理念的质疑和批评。

书中，蒋介石回忆了其与苏联间的四次和平共存经历及所带来的"惨重教训"。他认为第一次和平共存是20世纪20年代的国共合作，结果是"共产国际指使其中国支部的党员加入中国国民党，利用国民革命以图接近群众，煽起斗争，颠覆本党，然后他再假借三民主义的旗帜，由他来领导北伐，独占中国"；第二次和平共存是"国共合作，一致抗日"时期，结果是苏联帮助中共"先求政治解围，再图武装发展，使其死灰复燃，更企图在我抗战最艰苦的阶段，以散播失败主义来颠覆政府，夺取政权，达到莫斯科独占中国的目的"；战后与苏联和平共存中，苏联又帮助中共借"和谈"来"束缚国军的双手，分化中美的合作，以便利其全面动员和全面叛乱"。因此，蒋介石的结论是："中共不是中国的产物，乃是苏俄共产帝国的螟蛉"，三十几年来，中俄与国共之间几度和平相处，几度决裂，"最后的结果就是中国大陆关进铁幕，作为苏维埃帝国征服亚洲侵略世界的基地"，教训是"惨痛"的。

姑且不论蒋介石把中苏关系30年的曲折发展归结为四次"和平共

存"，有失简单，难免为己所需，就是他所叙述的四次"和平共处"，也完全是歪曲历史。每个国家在与别国发展关系时，都有自身利益，苏联政府的对华政策中有利己动机不足为怪。问题的要害是，国民党和蒋介石本人并非这些政策的"受害者"，反而是积极推动，主动与苏联联合，仍以蒋介石在《苏俄在中国》中所列举的几个事件为例来看历史真相：

国民党与苏联第一次"和平共存"发生在1920年，当时孙中山领导的国民党屡遭挫折，寻求西方帮助不断碰壁，转而实行"联俄"政策，蒋介石个人对苏联的党政制度与军队建设颇有兴趣，率"孙文博士代表团"前往莫斯科考察。正是在苏联帮助下，国民党才得以完成改组，重新凝聚战斗力；也是在苏联顾问和军火的支持下，国民党才得以建立黄埔军校（蒋介石正赖此发迹）和自己的军队，以后又挥师北伐，从局促于广东一隅，到囊括长江流域，并进而统一全国。毫不夸张地说，如果国民党不实行"联俄"政策，绝不会有此后的局面，也就说不上蒋介石个人在中国叱咤风云的地位。再如中国抗战时期国民党政府与苏联的"和平共存"，当时国民党推行"反苏反共"政策，使国力大减，招致日本入侵。国民政府四处求援，无奈英美等国对日本采取"绥靖政策"，蒋介石不得不放弃"反苏"政策，派密使到苏联，使两国恢复外交关系。在全国抗战初期外援缺乏的时刻，苏联的军事、经济援助成了雪中送炭。抗战八年中，苏联始终只向国民党领导的国民政府提供援助，军事顾问团常驻重庆，而几乎未向共产党提供过物质援助。国民党政权和蒋介石所以能在内外交困中度过艰苦的八年，苏联的援助可以说是起了一定作用。

蒋介石写《苏俄在中国》，是要以其与苏联"和平共存"的"亲身经历"，来警告西方国家，要坚守"反苏反共"立场。如果这些"亲身经历"是历史的真实也罢，只是他为了达到自己的政治目的，已经顾不得历史的真实，而只能断章取义了。其结论必然是：对苏联与中共，不能"和平"，只能"战斗"。而只要两大阵营尖锐对立下去，国民党政权即可傍依西方阵营的大树，苟延自存，进而"反攻大陆"。他表面的用意是提醒盟友，深层的目的是为了保全自己。

蒋介石在《苏俄在中国》中也总结了他在大陆反共斗争的失败原因，以供日后借鉴。他认为从反共组织和技术方面说，主要是反共组织不够严密而警察不够强力、宣传不够主动而理论不够充实，反共意志不够集中而手段不够彻底、外交陷于孤立与经济陷于崩溃。从反共政策和战略方面说，主要是对苏复交、抗战初期收编中共部队、在东北问题上的错误处置及停战协定的执行等。他特别强调"西方民主国家"对苏俄及中共的"认识不清"，是造成恶果的重要原因。"西方民主国家"没有看清苏联本质，为其宣传所蒙蔽，对其"侵略"只采取有限战争的战略。在军事上表现为"惟武器论"，在政治上表现为裁军谈判与裁军运动，在战斗上表现为"火力重于人力"的思想，抱怨美国的消极态度："美国本土应该主动地建立起世界反共的兵工厂，而不能只是被动地准备其为反共战争的主战场。"

蒋介石进一步指出，苏联及中共目前所发动的"和平攻势"，目的是瓦解"自由国家反侵略战线"，而后以武力来对资本主义国家实行决战，"达到其共产制度成为世界体系而由俄共完全统治世界的最后构想"。西方国家要对付苏联，就必须依照他的提议确定一个总目标；必须协调利用"民主集团的资本主义"、"东方民族的独立运动"、"共产铁幕中的反共革命运动"这些力量；必须结合军事战术与政治战术，采取各种不同的斗争形态；必须维持并加强其军事实力。为了使西方各国了解苏联的"战略"，蒋介石在书中还特意补述了"俄共在中国三十年来所用的各种政治斗争的战术及其运用辩证法的方式"，这些方式包括合法与非法、战与和、统一与孤立、退却、防守与还击等，以使各国在制订"反苏"政策策略时，能知己知彼，克敌制胜，立于不败之地。

蒋介石在《苏俄在中国》一书中歪曲历史的另一目的，是为了争取美国的援助。他不惜向美国谄媚，将美国在华的侵略说成是"友谊"，如称颂"中美商约"是如何平等互惠，而将中国人民反抗美军强奸中国女学生暴行的爱国运动，诬蔑为中共领导的"破坏中美友好的活动"。再如当写到美军在中国人民的压力下撤出北平、天津、青岛各地，并减少对国民党政权的援助时，蒋介石不无遗憾地说："于是，中美两国六年来对日共同作战，共同受降，共同维护东亚和平，这一段并肩作战的光荣历史，就为中共及其国际同志所在莫斯科指使下，肆意侮蔑，尽力摧毁，而中美两国百年来传统的亲善无间的友谊，亦留下黯淡悲惨的一页。"[31]

蒋介石向来以"爱国者"自居，当年与美国也曾因此发生过龃龉，但现实的政治需要，使他只能把近百年来包括美国在内的西方列强所加诸中国的耻辱有意删节了。

《反共抗俄基本论》和《苏俄在中国》所构筑的"反共抗俄"思想体系，实质上是蒋介石大陆时期反共思想在新的时空条件下的翻版，由于它兼具了可以推卸大陆失败责任、欺骗台湾民众、巩固统治基础与争取西方阵营（尤其是美国）支持等多种政治功能，所以成了蒋介石的一个政治法宝，国民党开动了所有舆论工具大肆传播，并将其贯穿于各项政策之中。《苏俄在中国》出版后，"参谋总长"彭孟缉命令全体将士仔细研读，要求各级政工干部及部队长必须对所部战士详细阐述此书的精义。《联合报》社论说："从历史部分观之，我民族领袖之忍辱负重，犯而不骄，败而不馁，始终欲以反共复国为己任之精神，宜可振疲起衰，玩廉懦之；从政治部分观之，此世界最伟大的政治家之一的恢宏气度，择善固执，独往独来，始终欲以救国救世为己任之精神，宜可大白天下。"[32]蒋经国则吹捧该书是他父亲遭受"患难、耻辱、艰危、诬陷、渗透颠覆"的一部痛苦经验的结晶，是一部"反共十字军的经典"。但最终结果是，蒋介石企图通过此书"唤醒"西方"警觉"、激化东西方关系的目的并未达到，他所编造出的一部痛苦历史，西方也鲜有理睬者。台湾上空喧嚣入云的"反共抗俄"因无人响应，也显得孤单而与时宜不合。

五 "光复大陆设计委员会"

1954年7月16日,蒋介石发布命令,"为设计研究光复大陆之方案,特在总统府设置光复大陆设计研究委员会",并公布了该委员会组织纲要。纲要规定,该委员会设主任委员1人,副主任委员2—5人,均由"总统"指定,委员若干人,也由"总统"自"国民大会"代表及有关人士中聘任;该会按照设计研究问题之性质与区域设置若干小组,分别有军事组、内政组、国际关系组、财政组、经济组、教育文化组、交通组、政法组、边政组、侨务组等。"光复大陆设计委员会"的成立,是要将"反共抗俄总动员"运动推向高潮,蒋介石要向台湾民众和世人传达这样的信息:他不仅要"反攻",而且肯定成功,他所考虑的问题是"光复大陆"后如何治理的问题。

蒋介石指定陈诚为该会主任委员,胡适、曾定苏、左舜生、徐傅霖、徐永昌为副主任委员,邱昌渭、朱怀冰为正、副秘书长,并聘全体"国大代表"及候补代表、前"行政院"全体设计委员及现任各"部会首长"共1883人为该会委员。11月25日,该委员会宣告成立,蒋介石亲临致词,声称"研究如何打倒共匪的各种暴行,解除大陆人民的痛苦,并为他们复仇雪恨,争取真正的自由,就是我们进行光复大陆设计研究工作的目的",为此,他提出两方面的意见:第一,着重研究"光复大陆"以后,在文化上、社会上、经济上、教育上可能发生的各种问题,提出改造方案;第二,研究如何巩固台湾、建设台湾的方案,要"以建设台湾的经验作为重建大陆的蓝本"。[33]

委员数目如此庞大的"光复大陆设计研究委员会",每年举行一次例行集会,蒋介石则照例到会发表训词,指示"设计研究"的要点。该委员会先后制订通过了大批方案,如仅在1955年8月份综合研究组第二次会议上讨论的重要方案就有:《动员戡乱时期政治革新方案草案》、《动员戡乱时期警政方案草案》、《国民保健计划草案》、《策动大陆民众反共抗俄草案》、《市地改革计划》、《中美共同防御条约生效后加强中美关系方案草案》、《反攻大陆陆军编制及装备之拟议草案》、《国防建设现状检讨及改进意见草案》、《敌前判断及匪军战略战术之研究草案》等十几种。一批又一批空口说大话的方案出笼，到头来只是增添了许多废纸和笑柄。

"反共抗俄总动员"运动在蒋介石的推动下，声势一浪高过一浪，他本人也不停地年年重复着"今年是反共抗俄的决定年"，要么是"反共抗俄到了最后决定关头"，使人们真的以为国民党会在蒋介石的领导下，指日之间即可重返大陆。但是，人们看到的事实却是蒋介石在高呼迅速"反攻准备"的同时，却并无"反攻"的实际行动，反而是一次又一次地找借口变更其"反攻大陆"的时间表。

早在1949年7月蒋介石就在台北一次军事会议上提出了"半年整训，巩固基地，一年反攻，三年成功"的反攻计划。1950年5月，国民党军在人民解放军的攻势下被迫自海南、舟山撤退后，蒋介石不得不对这一计划进行了修改，他在为撤退发表的文告中说：[34]

> ……要在一年内完成反攻大陆的准备，至迟一年之后，亦必能实行反攻大陆……现在我再将反攻大陆的计划对同胞们重说一遍，就是一年准备，二年反攻，三年扫荡，五年成功。

按照这一计划，到1955年国民党的"反攻"应该取得成功，但此时的国民党还按兵未动，成功更是侈谈。因而蒋介石于当年11月6日，接见赴台参加其69岁寿庆的"华侨回国祝寿团"时解释说，出现这种情况的原因有二：一是当初提出这一计划的客观条件发生了变化，苏俄为"贯彻其侵吞中国大陆一贯之野心计，近来大肆装备共军陆军部队，并积极建立其海空军，尤其在空军方面，共匪飞机数量与质量竟超过我方数倍以上"，"于是匪我双方兵力对比太过悬殊，这是当时意料不及的"；其二是为了缩短战争时间以减少国家和人民的痛苦。"由于全面反攻还没有充分把握，如果一旦反攻纱幕揭开以后，可能局限于战区之内，而不能全面发展，获得一举成功。如此中途阻折，必致兵连祸结，徒使大陆同胞在共匪威胁吸髓之余，还要使他们再受战祸无限期的煎熬，这是政府所应负责考虑的。"[35]于是，蒋介石又对以前的"反攻时间表"加以修改，"如果大家今日问我，政府反攻复国究竟何日可以成功，那我可负责肯定地答复大家：只要每一位同胞竭诚拥护政府，各尽其最大的努力，则反攻复国的使命，自今天起算，政府确信其多则7年，少则5年之内，必定可以完全达成这一任务"。

但随着时间的流逝，他的这一目标在常常听说它的人们心中渐渐地失去了信任。"这个目标开始时是勃勃的野心，后来变成了渺茫的希望，以后可望而不可即的神话"。[36]对此，不仅台湾的民众普遍感到失望，连他的美国盟友也感到有些不满。1954年底，在美国访问即将返台的叶公超征询美国务卿杜勒斯对台北政府及蒋介石有何建议或忠告时，杜勒斯对叶说："蒋委员长一直在强调光复大陆这个最高使命，每年他都向人民保证，不久他就能完成这一使命。这种强调和保证如此之多，以致看起来台湾政府的存在仅仅是为了打回大陆去。可是年复一年，收复大陆并未实现，人民不由得产生他们正在受骗的感觉。这样的声明也给美国在与它的各盟国打交道时增加了困难，因为他们对此事很敏感。"杜勒斯还说："蒋委员长和他的政府在面对国际共产主义威胁的情况下，对中华民国在自由世界中扮演的角色，应当有一个较现实的、长远的概念。时刻不停地把光复大陆作为目前最高的目的来谈论，而又不能独立去实现它，这种做法至少是不现实的，世界上其他各国都很清楚，台湾政府约有三四十万军队，而大陆上的共产党则有十倍于此的兵力。"[37]

其实，蒋介石远比杜勒斯更清楚自己的处境。1953年初艾森豪威尔总统解除对台湾的"限制"，宣布不干涉国民党军对大陆的军事活动，台北舆论对"反攻大陆"的宣传瞬间高涨。然而此时蒋介石在给其"驻外使节"的命令中，却要求他们"勿过多议论撤销第七舰队保护大陆命令"，"勿将命令理解为即将进攻大陆或即将开辟第二战场"，以免引起外界对台北"反攻大陆"不切实际的希望，并解释这样做的原因是国内与国外宣传不同，前者目的在鼓舞士气、维系人心。[38]

这里揭示了蒋介石的真实心态：他在台湾内外高喊"反攻大陆"，但内心也明白这是难以实现的目标，他所发动的"反共抗俄总动员"运动则不过是一个政治口号、政治游戏而已，舍此则蒋介石及其政权的统治基础将大打折扣。因而，"反共抗俄"、"反攻复国"的政治游戏也就不得不继续下去，直至去世。

第六章 "建设三民主义模范省"

一 建设"模范省"的理论设计

美国宣布协防台湾后，建设台湾成为蒋介石施政的重点。1950年8月14日，他在国民党中央改造委员会联合扩大纪念周上演讲，指示今后要把建设台湾当成"反共抗俄"的基本任务，使台湾不但成为"反攻"的基地，也要使其成为"收复大陆以后建国的楷模"，提出了将台湾建成"三民主义模范省"的目标。[1]

台湾经济本已败落，国民党大批军政人员涌入，更使岛内物价飞涨，民不聊生，经济已到危局难支的地步，社会动荡不宁。实际上，蒋介石已经意识到在台湾当地人民对国民党政权的到来是有抵触的。朝鲜战争爆发前，他得到的情报是：美国人不断鼓励台湾民众反对国民党军政机关，"怂恿台民反中央，要求独立与自主"、[2]"台湾政客与外力引诱离心"，酝酿组织反对党。[3]而台湾当地人所表达的"参政"意志与要求，蒋则认为是"趁火打劫"，"台人两派各走极端，尤其是在此外交不利，形势急迫之际，台人乘机要胁，趁火打劫，要求台省主席由台人任之等事，令人痛心"。[4]这是蒋遇到的新问题，他一时也"不胜忧惶，不知究将如何处置矣"。[5]蒋介石曾召见国民党籍的台湾人士黄朝琴等，"谈台湾各派人士团结问题……属其对台湾平地人宽容谦爱，消弥介蒂"。[6]蒋复职后，也注意到对台湾人士的安抚与拢络，曾要求"内地迁台之人严守法规与秩序"，尊重当地人，同时决定"召训党政人员以台为先"，培养当地干部。[7]蒋介石把台湾建成"三民主义模范省"的设想，其背后有安定台湾社会、安抚台湾民众、稳固国民党在台统治的深一层用意。

按照蒋介石的要求，陈诚领导的"行政院"制定了新的施政计划。新计划的重点是由"保卫台湾"转为"建设台湾"，具体有三个方面的内容：第一，在文化建设方面，加强三民主义文化教育，以适应经济发展和"保持民族的自由与国家的独立"；第二，在政治建设方面，厉行法治，完成"民主政治"；第三，在经济建设方面，实行民生主义的经济措施，以协调代替斗争，以培植代替剥削，以管理代替控制，以期农林复兴，城市繁荣，使人人都能安居乐业。其实施办法：在资本问题上，制止非法营利，均衡企业的发展，国营民营作合理的配合，并以征税的方法平衡社会财富；在土地问题上，应实施照价征税，涨价归公，以平均城市地权，贯彻"三七五"减租政策，扶植自耕农，以达到"耕者有其田"目的；在劳工问题上，应促进劳资双方互相合作，以增加社会生产，并扶植劳工组织，保障劳工权益，举办劳工社会保险，安定劳工生活，等等。新计划特别强调，上述各项"皆为当前建设台湾之急务，亦为将来建设大陆之最高原则，务使此坚强的宝岛，成为国家复兴的基地，并使良好的制度与建国的规模，逐步建立起来，成为三民主义的示范区，将来大陆收复，全国各省区的施政与建设均以台湾为准绳"。[8]

1950年5月，蒋介石对记者谈话表示："以台湾为新生力量，建立台湾为三民主义实行之模范省，以政治经济的成果为反攻大陆恢复民国之基本武器，来与共俄斗争，以建立民有民治民享的新中国。"[9]蒋介石最初提出将台湾建成"模范省"，无非是要安抚人心，渡过难关。台湾只是他"反攻大陆"的跳板，他并没有长期困守孤岛的打算。尽管如此，他对建设台湾的问题仍颇为重视。他在1952年元旦讲话中说："我们今年工作的总目标是……使台湾省确实成为三民主义政治设施的模范省和雪耻图强、反攻复国的基业"，具体说，就是加强"互相合作，增产竞赛"的经济建设，"敦亲睦族，勤劳服务"的社会改造，"克难实践，自力更生"的政治改造和"明礼尚义，雪耻复国"的文化改造。

经过几年努力，加上美援支持，台湾的局面得以稳定，而反攻则显得遥遥无期，蒋介石不得不做留在台湾的长期准备，因此，形成了一套建设"三民主义模范省"的理论。1956年1月，他在"革命实践研究院"详细阐述了其建设台湾为"三民主义模范省"的理论，要求一定要在未来六年之内，将台湾建设为"三民主义模范省"。"以建设台湾的实际经验和有效方法，作为反攻胜利之后，重建大陆的蓝本"。他在演讲中指出，建设台湾为模范省的理论依据是他所撰著的《总理遗教六篇》、《中国之命运》、《反共抗俄基本论》和《民生主义育乐两篇补述》等几部书，"大家如能认清总理全部遗教的精义，把握我前举四种著述的要点，再能参照我历来对于建设国家的意见，以及六年以来，我对国家建设问题所做的重要指示……悉心玩索，全力遵行，你们对于台湾建设事业的完成，必能按图索骥，决无贻误"。[10]

蒋介石所提到的几部书，前两者成于大陆时期，《反共抗俄基本论》前文已论及，《民生主义育乐两篇补述》1952年1月出版，是他到台湾后的另一部比较重要的著作，全书分序、育的问题、乐的问题及结论4章，共5万余字。

蒋介石认为孙中山之民生主义，不应仅包括衣、食、住、行四大要素，还应包括育、乐两大问题，孙中山在著述中虽对这两个问题有所涉及，但不系统。在从农业社会向工业社会的转化过程中，旧的社会组织已无法适应新的形势，更无法解决民生主义的育乐问题。他提出随着台湾社会的发展，"民生主义的社会政策之研究确立，刻不容缓，而育乐两篇的补充，也就成为重要工作了"。因此，他根据孙中山有关育乐问题的论述，加上自己的设计，提出了解决民生主义育乐问题的方案，以"补总理民生主义全部讲稿中未完部分的缺憾"。[11]文章要告诉人们"三民主义的社会是怎样的，国民党致力国民革命的最终目标是什么"。

在"育的问题"一章中，蒋介石讨论了生育、养育与教育三大问题。关于生育问题，他认为中国不患人口数量多，而患人口质量不高，患人力资源利用之不合理。解决此问题的办法是"从营养、卫生和教育中提高人口的品质"，在农工矿业布局、城乡发展规划方面要促进人口的均衡分布，"做到城市乡村化，乡村城市化，每一个家庭都得到充分的空间和健康的环境"。关于养育问题，他认为由于工业化的发展，家庭传统功能的弱化，儿童、疾病残废、鳏寡孤独问题越来越严重。解决这个问题的办法是大力提高国民生活水平，普及国民卫生教育，重树"国之本在家"的伦理观念，国家、社会、团体与个人共同兴办社会妇幼、养老、卫生保健等公益事业。关于教育问题，他认为在变动的社会里，"教育是指导国民从旧社会瓦解中建设新社会的惟一道路"，然而，过去的教育存在三大缺点，即升学主义、形式主义、孤立主义，不注重生活教育、能力教育，"科学教育怎么能自处于象牙塔里，孤芳自赏？"因此他提出民生主义的教育内容包括："四育"与"六艺"（"四育"指智、德、体、群；"六艺"指中国古代的礼、乐、射、御、书、数），认为教育的使命在促成社会进步和"民族复兴"；教育的任务在充实学生生活的内容，家庭、社会、学校必须密切配合，教育的形式要多样化，要加强对儿童强迫教育、成人识字、家庭生活教育、公民教育、娱乐生活教育、大学教育、成人教育、国民军训、童子军、劳动服务等方面的领导和管理。

在"乐的问题"一章中，蒋介石主要讨论了四个问题：康乐的意义、康乐的环境、心理的康乐及身体的康乐。关于康乐的意义，他从身心的平衡、情感与理智的和谐、城市与健康、闲暇与娱乐等方面加以论述；关于康乐的环境，他从城市乡村建设的原则、山川林原的设计等方面论述；关于心理的康乐，他论述了文艺与武艺、社会变动中的文艺、音乐与歌曲、美术、书画与雕刻、电影和广播、宗教等问题；关于身体的康乐，他从国民生理的康乐、健康的习惯、国民体育、现代国民必须具备的器术和技能等方面作了阐释。

在全书的"结论"中，蒋介石说明了民生主义建设的物质条件和精神条件，指出民生主义建设的最高理想是逐步实现《礼记·礼运篇》中的"三世"。民生主义建设是"从小康进入大同的阶梯"，他特别描绘了一幅未来"大同世界"的图景："法定男子五六岁入小学堂，以后由国家教之养之，至20岁为止，视为中国国民之一种权利。学校中备各种学问，务令学成以后，可独立为一个国民，可有参政、自由平等诸权。20岁以后当自食其力，50岁以后年老无依者……由国家资养。此时，家给人乐，则中国之文明康乐，不仅与欧美并驾齐驱而已。"[12]

《民生主义育乐两篇补述》主要讲的是民生具体问题，在蒋介石诸多言论中不太多见。客观上讲，此文中他关于加强教育、卫生事业、城市发展、市政建设、社会保障等方面的一些具体论述是颇有见地的。当时报纸吹嘘该文是"建立自由安全社会的大设计"，"是把变乱的中国建设为康乐的中国之大设计"，"是孔子学说与总理思想融贯为一体"。[13]但当时台湾社会普通民众尚在为温饱而奋斗，又在"戒严体制"的白色恐怖中，"大同世界"之乐是遥不可及的事。另外，建设"三民主义模范省"是"反共抗俄"战略的一部分，蒋介石的"育"、"乐"之中，都融会了"反共仇共"的内容。正如他说："建设台湾为三民主义模范省，乃是反攻胜利的前提，亦是复国建国的基础，说得更明显一点，如果台湾不能建设成功，则反攻大陆必无把握。"[14]

蒋介石还具体指出建设"三民主义模范省"有三个努力方向：第一个方向为心理建设，树立"反共复国"必胜信心；第二个方向为政治建设，进行调查户口、办理警卫、清丈土地、发展交通、普及教育等工作，保障社会安定，以收"教成政通，风移民新，举国一致，精诚团结"之效；第三个努力方向为社会建设，以厉行战时生活，发扬法治精神为主要内容。他还提出，要达到目标首先要完成"十项急务"，即建立警政、户口普查、交通建设、地权平均、林业整顿、壮丁训练、环境卫生、物价管制、劳动服务、民选制度等。环境所限，蒋介石苦心经营台湾，不得不事无巨细，统管起来。

在蒋介石的要求和敦促下，台湾当局各级机构迫于内外压力，采取了不少措施，努力完成上述各项任务，将所有政策都归于"建设三民主义模范省"的范围内。其中，影响比较大者，政治上推行"地方自治"，经济上实行"耕者有其田"，扶植民营企业，推行"四年经建计划"。

二 推行"地方自治"

地方自治是孙中山先生建设国家的重要政治理念，也是实现民权主义的主要步骤，其主要内容是：省、县议员和省、县长实行民选，省、县议会在不违背宪法及上级立法的同时，可就本辖区内之财政、金融、农林、实业、文教卫生等社会各方面，进行立法并执行之，从而给人民以直接参政议政的机会，并发挥地方政府的积极性和灵活性。

国民党虽口头上不时地喊"地方自治"，并把它写入了1948年通过的"宪法"之中。但蒋介石又借口军事作战非常时期，拒不实行。

国民党败退台湾后，形势发生了变化，一来岛内不存在所谓的"共匪叛乱"问题，它先前的借口不复存在；二是国民党为保住这最后的根据地，就必须获得台湾民众的支持，改变因"二二八"事件所导致的双方之间的尖锐对立关系，也就得适应其要求，实施延宕已久的"地方自治"，有限度地开放政治。早在退台初期，国民党曾着手实行自治的准备工作，有关部门制订了《台湾省各县市地方自治纲要》、《台湾省各县市村里长选举罢免规程》、《台湾省选举法规》等"法规条例"。同时，台湾省民政厅还举办"台湾省地方自治人员选举业务讲习班"，组织各县市政府的民政科长或民政局长，学习上述各项法令，以"使各县市政府能对各种法令获得更详确的认识和了解，俾便实际运用中做到合理合法"。[15]1950年初，蒋介石确定"台民安定之要务"，共计五条："甲、县市政府人选加强；乙、政府与民意机关之密切配合（各级）；丙、公卖局之观感不佳；丁、台糖公司冗员之裁汰与整顿；戊、全省米糖产量有适当之比例。"[16]"本月大事预定表"。其中的前三条，均与地方行政有关。但是，兵荒马乱之际，实行地方自治的倡议只能是一纸空话。

朝鲜战争爆发后，美国协防台湾，危机得以暂时解除。蒋介石决定实施"地方自治"，开放"地方选举"。7月2日，台湾省主席吴国桢宣布开始"地方自治"，主要包括省议员、县市长、县议员、乡、区、镇、里长的选举，并首先从选举县市议员投票开始。

　　毫无疑问，以国民党在台湾政坛上所居压倒优势的地位和对台湾社会的严密控制，国民党籍县市议员和县市长候选人的当选应不成问题，但当其候选人和其他各类候选人共同直面民众的自由选择时，一直靠一党独裁维持执政地位的国民党，仍不免有些紧张，蒋介石更是密切关注选情的变化。蒋介石反复向有关人员强调在台湾实施"地方自治"的重要性和注意事项，他说："台湾地方自治的实施，不仅是为实现国父民权主义奠定健全的基础，而且要作将来大陆各省普遍实施地方自治的模范"，因此，各级领导在地方自治实施过程中，务必使竞选者和选民养成守法的精神，树立良好的风气，以达到"为国选才"的目的。他在征求台湾籍著名人士丘念台、蔡培火等人的意见后于11月9日致电"行政院长"陈诚，指示办理选举所应注意的事项，电文说："选举之结果，不仅关系台湾"，"其于全国未来地方自治制度及政治风气，亦可能发生重大影响"，故应"特别慎重"，务求达成"守法"、"选贤"、"节约"三个目标。[17]

　　蒋介石对大陆时期国民党员争权夺利的教训，耿耿于怀，他训诫党员要服从党的决定，不得自由参选。1950年11月20日，他在台湾省党务训练班第四期结业典礼致词时强调，党员若竞选，应有他的正当提名，不能够自由竞选。他批评某些党员只知道个人的升官发财，没有党员的责任感，没有对党遵守纪律的观念，要求国民党员必须明白，你们是"来尽义务的，不是来享受权利的"，"要严守党的纪律，服从党的命令，党要我们竞选，你才可竞选；党要我们放弃，你就立即放弃；党提什么人为候选人，你就应该选举什么人"。

　　为了淡化国民党一党独裁的本质，蒋介石还提出要找少数有影响的非国民党人士出来选举，"在某些地区，为了实现本党政策，适应环境需要以及顾全地方整个利益起见，本党还应鼓励党外的人才出面竞选，或予以支持"。[18]遵照蒋介石的指示，"内政部"和台湾省政府采取措施，在保证国民党候选人当选并占绝对优势的前提下，有选择地提名一些非国民党人士为候选人，以照顾台湾本土人士的情绪。例如，在第一届县市长选举时，提名的非国民党籍的台北市长候选人吴三连是台湾台南县人，毕业于日本东京商科大学，参加过抗日运动，抗战胜利后曾任天津台湾同乡会长、"国大代表"，时任台北市长，既与国民党政权有深厚的渊源，也是台南帮最有影响的人物。

1951年1月7日，第一届第一期4个县市长选举结果，令蒋介石颇为吃惊。在4个县市国民党提名的候选人，只在基隆和澎湖两县市获胜，而在台中和台南两市则失利。对要大权独揽的国民党不能不说是重大挫败，这引起蒋介石警觉。次日，蒋介石便在中山纪念周上发表题为《本党应建立自立自强群策群力新精神》的讲话，总结刚刚结束的县市长选举。他对非国民党人士的当选强作欢颜："台中、台南两市当选的市长，虽不是本党提名的人，但都是台湾省知名人士，并非任何党派所操纵而选出来的"，"就国家社会而言，这是很可欣慰的一件事，依照人尽其才的原则，凡是当地的贤能，只要他愿意依照三民主义的理想，参加国民革命建设国家的工作，或是过去在地方上已经卓有成绩的才智之士，即使他不是本党同志，本党也要提他做候选人，而且在合法的范围内尽量支持他，协助他"。但蒋介石强调的重点是对国民党进行动员，要求国民党党员总结教训，团结一致，提高党的战斗力，迎接选举的挑战，"这次提名为台中、台南两市长候选人的同志同时落选，实在足供我们反省与警惕"，[19]不能再发生此类情况。

在国民党的全力动员、组织和控制之下，各县市的选举顺利完成。投票是分期举行的，以便及时总结经验教训。第一期自花莲县开始，试点成功，又扩大到第二期屏东县、高雄县、高雄市、台南县、台南市、台中市、彰化县、嘉义县等8个县市。至1951年1月28日云林等县市选举完毕，台湾省第一届县市议员选举宣告结束，共选出县市议员814人，组成各县市议会。继议员选举开始之后，各县市长的选举也分两期展开，第一期包括基隆市、台中市、台南市和澎湖四个县市，于8月12日开始，随后，其他各县市长选举也陆续举办。至7月29日，全省21个县市长均民选产生，全省平均投票率为70%，有的地方高达90%以上。[20]
与此同时，各基层的乡长、区长、镇长、村长、里长等也由民众选举产
生。选举的结果自然是国民党占据了各级议会及行政职位的绝大多数。
但国民党为确保对当选议员控制，在台湾省各县市议员选举完毕后，于
1951年9月下旬召集各县市议员举行为期6天的研讨会，向其灌输三民主
义的理论，学习蒋介石的有关讲话，以使其成为"符合标准"的议员。
蒋介石亲自主持了开学典礼，并向议员们训话，以对国民党员的要求来
要求议员们：[21]

> 大家能够至公至正，必信必忠，来领导一般党员和非党群
> 众，这就要求大家能在品德上、学问上、能力上求其充实进步，增
> 益其所不能。在生活、工作上能够刻苦自励，为民服务，为民除
> 害，接近群众，深入群众，而后才能领导群众，实行三民主义。

在县市议会组成之后，台湾当局又开始推动省议会的选举工作。
1951年9月11日，蒋介石批准了《台湾省临时议会组织规程》和《台湾
省临时议会议员选举罢免办法》，并指示"行政院"："从速准备选
举，早日成立省临时议会。"10月21日，蒋介石又电示"行政院长"陈
诚，要求总结县市议员选举的经验教训："亟应针对以前各次选举经过
事实，缜密检讨，妥拟办法，严格执行，务使竞选人员群循正常途径，
不致有浪费行贿，或其他舞弊情事……并派公正人士，分赴各地监督执
行，不得稍有疏纵。"[22]根据这一要求，"行政院"派张道藩等人分赴
各地监选。11月18日，台湾省临时议员55人全部选举产生，12月12日，
台湾省临时议会正式成立。

至此，台湾省"地方自治"实施遂告完成，国民党的新闻媒介对此
给予了很高的评价，称其为"民主政治"在中国的创举，"象征着自由
中国的人民向着民主的大道迈进"。蒋介石也不无兴奋地声称，实施地
方自治，"使大家在政治上获得了真正的民主，获得了真正的平等，并

且还写下了全国首先举办地方自治，普行选举的新页"。[23]然而，无论是选举过程，还是选举结果，都是国民党一手导演的政治戏，形式重于内容，象征意义远远超过实际意义。

国民党在台湾推行"地方自治"，基本上是客观形势压力下的被动行为。国民党退台后，台湾省成为维持其庞大的官僚体系和军队的惟一的财力、物力和人力来源，如果一旦实施彻底自治，国民党对台湾的控制便因此大大削弱，那时，"中央政权"将被架空，其处境将益加困窘。基于此考虑，国民党尽力控制"地方自治"的过程与规模。它制定的各种法规措施，均对自己的候选人有利，如规定候选人的竞选活动限于公办选举制度下，只能参加选举事务所举办的在学校、社团或广播电台及其他公共场所举行的"政见会"；而非国民党候选人的竞选机会大受限制，国民党当局实际上一手包办了选举事务。国民党还牢牢控制着选举监察部门，以选举监察委员会为例，按规定该委员会由参选的党派、团体各推选一代表组成，实际上除民社党和青年党各出一委员外，其他委员虽出自不同团体，但皆出自国民党。此后，该委员会人数虽在不断增加，但所增者仍系国民党人。正是由于这个原因，一向对国民党顺从的民、青两党，于1957年愤而宣布从此不再提名候选人参加选举。[24]

国民党有时不得不靠舞弊手段来保证本党候选人当选。要么换票，要么毁票，要么重复投票，以增加"自己人"的票数，减少对手的票数。个别情况下甚至动用非常手段来为国民党候选人"助选"。1952年底，第二届县市议员选举正紧锣密鼓地准备着，蒋经国突然以检查户口为名进行大规模搜捕，1000多名非国民党人士的活跃分子被捕，[25]基隆市的两位市议员也被收押，原因是他们未遵党部指示投国民党提名的议长一票，而且是蒋介石亲自下手令逮捕的。[26]

国民党将"地方自治"的范围局限于县市，台湾省主席须由"中央政府"任命，省政府委员也须"中央政府"认可，而不是直接民选。省政府主席只对"行政院"负责，而不必对省议会负责。后来，又将台北、高雄两个重要城市升格为"行政院辖市"，市长由"中央政府"指派，"地方自治"的范围更加缩小。即便是民选出来的县市长或议员，也须听命于国民党政权，或为傀儡，或为"橡皮图章"式的表决机器。前文所述国民党将当选议员组织起来听蒋介石训话即为一例。作为民意代表的议员们不但不能以民意为己意，不尽心竭力为民请命，反而要俯首听命于"领袖"。1955年10月25日在庆祝台湾光复10周年之际，台湾省议会议长黄朝琴便率全省21个县市议会议长，向蒋介石呈递效忠志愿书，表示要效忠蒋介石，听从其指挥。[27]

这种"地方自治"，在实质上与孙中山倡导的"地方自治"相去甚远，因而当时即受到置疑。《联合报》社论批评说：对选举结果，普遍的表示未能令人满意，由于对候选人资格的无限制，使有钱有势成为当选的主要条件；而无钱无势，有实际才能和服务精神的，就根本没有资格竞选。像本省农工大众中所占比例甚大，而真正由农工中选出来的议员则绝无仅有，这就存在"使民主政治及地方自治成为一种新的'特权政治'的危险"。而且选举过程中，"地下活动花式繁多，宣传投票无孔不入"，诸如教师动员学生家长、老板动员职员等情况比比皆是；若干选举纠纷"可以说不是自下而上，而是自上而下"，形成诸多困惑现象。[28]号称"民主先生"的胡适在考察了各地选举情况后，也批评说：候选人太多，难代表多数民意，选举法规限制太多、太繁、不够扼要，对之"甚不以为然"。[29]

尽管如此，"地方自治"的实施还是为台湾民众在基层参政议政提供了一定机会，使他们在高压政治下有一定宣泄渠道。在历届县市长、省议员以及各县市议员中，台籍人士占了多数，有的竟高达90%以上。这些议员在监督地方政府方面仍发挥了一定作用。如1953年7月宜兰县议会审议上年决算情况，议员们便指责县建设局"应办事业竟不办理"，造成农林经济重大损失，"用于建设者不多，而出差旅费却太多"。桃园县议员则批评县政府对"税捐职员有虚报旅费情形"坐视不管；台中县议员在二届二次大会第七次会议上，猛烈抨击县长林某擅自挪用建设经费，铺张浪费"送礼不厌其多"。尽管县长一再解释，"仍难平抑会场的火药气味"。在此情况下，国民党地方政府的所作所为就不得不有所顾忌，以兼顾民众利益。

特别需要指出的是，由于选举被固定下来，定期举行，一些非国民党人士得以因此而加入各级民意机构，以合法的身份向民众宣布其政见，向国民党挑战，国民党对选举的控制力也日渐薄弱。随着台湾经济的进步和社会发展的多元化，这股力量不断壮大，最终构成了冲破国民党一党专政，促进台湾民主化进程的生力军。这是国民党实施"地方自治"所始料不及的。

三 "耕者有其田"与"四年经建计划"

"耕者有其田"是孙中山民生主义核心内容之一，大陆时期蒋介石多次允诺实行这一政策。为此，1930年6月南京政府通过《土地法》，抗战时期制定了《战时土地政策纲领》，战后又颁布了《绥靖区土地处理办法》与《土地改革方案》，并曾先后在浙江、山西等地进行过试验。但土地改革要变革乡村的土地关系，遭到国民党在农村统治的政治基础——地主阶级的抵制与反对。许多国民党军政高官本身就出生于大地主家庭，他们自然不肯放弃自己的利益。国民党的土改基本上属于搪塞民众与舆论的纸上谈兵的东西。国民党无法满足占中国人口最多数的农民对土地的要求，丢失了他们的支持，也就失去了在农村的立足之地。相反，中国共产党采取的土地政策，获得农民的广泛支持与丰富的兵源，通过"农村包围城市"取得了全国政权。著名历史学家黄仁宇在评价那段历史时，曾一针见血地指出，土地改革成功与否是国共两党"胜败最大的关键"。[30]这也是中外史家共同接受的不易之论。

退台之后，蒋介石全面推动土地改革，固然有痛定思痛亡羊补牢的因素，也有更深层的考虑：一是扩大统治基础，争取农民的支持；二是希望促进农业发展，克服经济困难；三是当时中共在大陆领导的土地改革运动正如火如荼地进行，蒋介石要与之抗衡。而国民党此时此地能大刀阔斧地推行土改，是因为它具备了大陆时期没有的便利：国民党政权及官员与台湾地主没有多少政治经济联系，把他们的土地分给农民，有点"借花献佛"的味道。

1949年1月，陈诚受蒋介石之命出任台湾省主席，立刻着手实施土改，并把推行"三七五减租"作为土改的第一步。当时台湾人口740万，农业人口380万，其中又有75%是佃农，超过总人口的1/3，他们以租种地主土地为生，必须向地主缴纳收获总量的50%以上的地租，在一些土地肥沃地区，租佃率竟高达70%以上。此外，还有些附加的杂税，农民负担相当沉重。4月14日陈诚颁发《台湾省私有耕地租用办法》，本着渐进改良的原则，对旧的租佃关系加以改良。次年6月，台湾当局又颁布《耕地三七五减租条例》，进一步对上述改良予以法律确认。上述两个条规，构成了"三七五减租"的主要内容：第一，重新确定租佃关系，租佃双方一律按当局规定，订立书面契约并办理登记；第二，重新确定租额，规定以各该耕地全年正产物总收获量37.5%为最高限额，以往高于此额的租率，一律降至37.5%；第三，重新确定租期，规定租期不得少于6年，地主不得非法终止租约，期满佃农需要继续承租时仍得续订；第四，废除一切额外负担，取消以往预租、押租、铁租等，承租地之总产量以1948年为准，增产不增租、减产可酌免。

"三七五减租"全面实施后，减轻了农民负担，增加了收益。据有关地政专家调查估计，减租实施后平均水田每甲少缴租谷1200斤，全省366万户佃农，年收益平均增加了20%—30%，连同其劳动增产所得，合计增加收益至60%左右。减租还提高了农民的劳动热情，促进了农业生产，如稻米的单产量逐年增加，由1946年每公顷1585公斤增至1954年的2183公斤，其年总产量超过日据时期的最高产量。[31]同时，"三七五减租"也一定程度上缓和了租佃矛盾，保护了地主的利益。陈诚曾对台湾部分地主说："三七五减租表面上看起来是为佃农解除痛苦，减轻负担，实际上也保护了地主。今日世界各国，在经济方面所走的路线，一是资本主义的竞争，一是共产主义的阶级斗争，阶级斗争最大的错误在于制造残酷的屠杀……实行三七五减租，可以避免共产民生主义的目的。"因此"三七五减租"也一定程度上得到了地主的支持。[32]

在"三七五减租"取得成效和经验后，蒋介石又采取进一步措施推动土改的深入。1951年1月底2月初，蒋介石连续两次手令陈诚，从速加快土地改革："二年来台省实施三七五减租，成绩以及其中缺点均应切实研究、检讨与充实改正。今年应以改革土地税，依照平均地权之原则，参照本地实际情形拟定法规，限期实施，并以此为省政中心工作。"[33]土地改革进入第二阶段——公地放领阶段。

1951年5月，"行政院"根据蒋介石的指示，修正通过《台湾省放领公有耕地扶植自耕农实施办法》。办法规定，当局以"国有"、省有及公营事业机关所有的耕地，用优惠的办法放领给实际从事耕作的农民耕种，终止原来政府与农民间的租佃关系，使农民能够享受土地的全部收益。具体办法是：凡承租公地的现耕农、雇农，承租耕地不足的佃农，耕地不足的半自耕农等，需要土地耕作者及转业为农者，每户可向"政府"承领田五分至二甲或佃一甲至四甲；放领公地地价，按照该土地全年正产物收获的2.5倍，折成实物计算：承领人自承领之年起，免交田租，但应在同时负担田赋或土地税；地价分10年摊还，其每年摊还的数额，包括田赋或土地税，以不超过其所领土地全年正产物收获量37.5%为准；承领人摊还地价必须按期缴纳，且以缴纳实物为原则。[34]

6月4日，台湾当局正式颁布实施"公地放领"办法，至1952年底，已放领公地近五万甲，受益农民达9万多户，效果颇明显。蒋介石对此表示赞许，认为这是"将来收购私有出租的耕地，扶植自耕农的示范"。如果说"三七五减租"只是在不变动租佃关系的基础上减轻农民缴租负担的话，那么"公地放领"则大大进了一步，使农民完全摆脱了旧式租佃关系，成了拥有自己土地的自耕农。但是，由于大部分可耕地掌握在地主手中，得到放领公地的农民毕竟是少数。因此，减租与放领公地虽在一定程度上改善了农民的生活境况，却未从根本上触动农村旧的生产关系。所以，在公地放领告一段落后，台湾当局迈出了更大的一步，向地主亮出了"杀手锏"，宣布实施"耕者有其田"政策。

1952年7月，国民党中央改造委员会确定实施"耕者有其田"政策为下一年度的施政中心，其实施原则是采取温和手段，在不增加农民负担和兼顾地主利益的基础上，使农民获得土地，地主所获地价由"政府"引导转向工业。同年11月，"行政院"通过《实施耕者有其田条例》。1953年1月20日，"立法院"在陈诚的强硬坚持下也批准该《条例》。《条例》规定了地主拥有土地的最高限额，凡超过限额的耕地，先由当局统一收购过来，再以优惠价转让给农民；当局征收地主与转让农民的地价，也同为各该地全年正产物总收获量的2.5倍，另加年息4厘；当局征收地主耕地时付给70%的土地实物券及30%的公营企业开放民营股票，土地实物券分10年兑付，股票则一次付清；农民承领土地的地价，亦以实物计算，分10年摊还当局，每年摊还数额连同其他税额不得超过原有佃租负担，且于第一期地价还清后即可取得土地所有权；地主自留耕地以自耕为主，若出租其租额永不得超过1948年产量的37.5%，且佃农在所租耕地上耕作8年以上即可向当局申请，照价收买，地主不得抵制。[35]蒋介石关心《条例》的情况，熟悉其内容，在日记中记有："耕者有其田案，立法院于周初照所指示之要旨顺利通过，完成法定手续。关于残废老幼以及血系弟兄之公田，准予保留三甲之规定，实为最合情理之裁决，颇觉自慰。"[36]

"耕者有其田"政策自1953年5月1日起开始在台湾全面实施，各地农民进行全面登记、丈量、清查、核算等工作，开展得轰轰烈烈。至1953年底，这一工作基本完成，计有106049户地主被当局征购土地，占地主总数的59.3%，当局征得土地143568甲，占全部出租耕地的56%，共有194823户佃农承得土地，占佃农总数的64%。[37]"耕者有其田"的实施，标志着土地改革的基本完成。

土地改革是国民党推行的一项影响深远的社会政策，它改变了农村的政治经济结构，旧式地主受到打击，大量佃农拥有了自己的耕地而成为新的自耕农。据统计，1949年台湾总农户中，自耕农占36%，半自耕农占25%，佃农占39%；到1960年情况发生了很大变化，自耕农占64%，半自耕农占21%，佃农则下降为15%。随着农民经济地位的提高，其政治权力和社会地位也有明显改善，到50年代后期，乡镇代表中69%是自耕农了，而地主只有23%。农民的生产积极性也得到大幅度提升，农民对农业的投入不断加大，农产量不断增加，农民收入水平也有明显提高，农村经济出现了繁荣局面，这为日后台湾经济的快速发展"积累了资金，提供了原料，开拓了市场，准备了劳动力"。[38]同时，这也在一定程度上改善了国民党与农民的关系，相当长的时间内，农民都是选举时国民党的"铁票"。

此外运用"赎买"的方式较为温和地从地主手中剥夺了土地，也减少了土地重新分配时所带来的社会动荡。特别是经过土改后，地主阶级也发生明显分化，在部分沦为自耕农的同时，也有许多转入工商业，成为现代资本家，其中不少发展为后来在台湾经济中具有重要影响的工商巨子，如辜振甫、林犹龙、林伯寿、陈启清等人，使台湾经济从以土地资本为主的时代转入工商资本时代。当然，土改也存在一些问题。由于国民党一时拿不出买地所需巨款，形成事实上拖欠，有人指出："土地改革，特别是最近的耕者有其田计划……证明对新的所有人和被剥夺的土地所有人都是一场苦难……所有这些都使人民的购买力下降，零售市场萧条。"[39]一些地主对土改持坚决反对的立场，有的甚至跑到日本参加反国民党的"台独"组织。此外，土改实际上是以自耕农的小土地私有制取代地主的大土地私有制，为保证土改成果，防止土地重新兼并，台湾当局严格限制私人拥有耕地的数额，限制雇人耕种，一定程度上又加剧了地权细化，不利于规模经营和产业升级。因此，1970年以后，台湾当局又发起第二轮土改，以集中土地经营权。

在通过土改复兴农村经济的同时，国民党还采取了以扶植民营企业为核心的工业恢复与发展措施。国民党在大陆时以"节制资本"为名大搞垄断事业，极力扩充公营企业（有人称之为"四大家族官僚资本"），而对民营企业则多方封压，致使其不断枯萎、破产。由此，民族资产阶级也加入到反对国民党政府的行列中。蒋介石到台湾后，吸取教训，为促进经济发展，调动民营企业的积极性，采取了一些措施，其中最重要的一点是逐步扩大民营企业的经营范围。在实施土改时，当局公布了《公营事业转移民营条例》，以水泥、造纸、农林、工矿四大公营公司的股票作为偿付购买地主土地的债券，一面解决了土改所需的巨额资金，一面又将土地资本转化为工业资本，使私人资本进入公营企业并逐渐为其控制。不久，当局又把其接收的大部分日资和日台合资中小企业出售给私人。1950年以后，"尽量缩小民生工业之公营范围"成为当局制定经济政策的指导原则，明确确定公营企业主要经营能源、交通、军工、金融等关系经济命脉而耗资巨大、民间难以独立投资经营的行业，民营企业则主营纺织、造纸、水泥、营造及各类日常消费品。[40]

政策确定后，当局在信贷、投资、税收、"政府"订货和贸易保护方面为扶植民营企业做了许多工作，台湾的民营企业有了长足的发展。到1954年，台湾民营企业达12.7万多家，占台湾工商企业总数的96%，资本额达工商企业资本总额的49.7%。大量经营灵活、管理有方的民营中小企业，是台湾经济腾飞的生力军。

经过土改和工商企业的初步改革，台湾的工农业生产获得迅速恢复并达到战前最高水平。然而，台湾工农业基础仍比较薄弱，经济上无法脱离对美国的依赖。为了迅速有效地提高工农业生产能力，充裕物资供应，增加出口减少进口，提高经济的自给自足能力，台湾当局又推出"四年经济建设计划"。

1953年7月，"行政院"成立了"行政院经济安定委员会"，负责经济计划的设计、审议及实施，其成员有"行政院长"、"财政部长"、"经济部长"、"交通部长"、"国防部长"、"参谋总长"、"农复会主任委员"、省政府财政厅长等。该委员会对以前制订的几项经济发展方案进行讨论，并组织专家、教授参与其中，提出了"第一期四年经济建设计划"。该计划工业部分的发展原则是：采取重点主义，同时保持适度平衡；增产指标以岛内外市场为标准；充分利用现有设备、自产原料；扩充生产与改进生产并重，提高生产效率及产品质量；发展重点是矿业、制造业、电力、交通运输；着重投资少，见效快，产品适销的纺织、食品加工、人造纤维等轻工业的发展。农业部分强调增加农作物产量，以充裕市场，减少进口，增加出口，促进外汇收支平衡。这个计划的目标是：力争实现农业生产年均增加4.8%，工业生产年均增加11.1%，交通运输7.2%。为此，四年之中计划总投资77.99亿万元新台币，其中农业23.58亿万元，工业45.18亿万元，交通运输9.23亿万元。

"四年经建计划"获得了蒋介石的赞许和大力支持，他指示党政官员说：[41]

关于建设台湾问题，一是积极进行耕者有其田的工作，二是实行经济四年计划的工作，必须共同一致，迈向这自给自足的目标，并且要本着以农业培养工业，以工业发展农业的方针，研究制定台湾工业化的具体计划，按步进行。在这个计划里应该注意调查，并开发动力及原料资源，配合经济援助，鼓励侨资回国。台湾省政府本年度拟具了一个自给自足的四年计划，就是以工业化为重心，这一计划是极有意义的，要定为中央与地方各级政府，共同一致，努力以赴的中心工作。我们固然希望外援的协助，但不能长期依赖外援，一切事业都要由我们自己来奠基，一切问题都要由我们自己来解决。

他在1953年"双十年讲话"中又号召："我们大家上下一致，全心全力，来推行'四年经济建设'的计划，以厚植我们经济基础，使我们在台湾能如期地完成民生主义整个的设施。"[42]

"四年经建计划"执行得比较顺利，四年期间，农业年均增产

6.2%，工业年均增长11.7%，均超过计划指标，交通运输方面也基本上按计划完成，[43]初步稳定了台湾经济的基础。此后，台湾当局继续推行"四年经济建设计划"，确定一定时期内的发展目标，在政策、投资各方面保证目标的实现，形成了计划指导下的市场经济发展模式。

蒋介石败退台湾后的一些经济政策和社会改良措施，客观上促进了台湾经济的振兴与发展，改善了工农民众的生活水平，缓和了社会冲突。

四 "反共抗俄战士授田"

国民党军在大陆的失败除了政治、军事领导、经济总崩溃等因素外，国民党军人素质低下也是一个不可忽视的重要因素。国民党军官不学无术、拉帮结派、钩心斗角、克扣军粮，并对此习以为常。士兵则大多是硬拉来的壮丁，文化水平低，且很多老弱病残、兵痞混迹其中，只吃粮不卖力。因此，国民党到台湾后重点对军队进行了大规模整顿，在重设政工制度、加强军校建设的同时，也对部队军官及士兵进行了大幅度的裁汰更新，以提高部队战斗力。大量新式的美援军械，也要求年轻有文化的军人充实部队。1951年12月，台湾"立法院"通过"兵役法"，规定凡年满20岁的青年必须到兵役局登记体检服役，服役期陆军2年，海空军3年。台湾地狭人少，又奉行"军事第一"，兵源相对短拙，所以实行"全民皆兵"的政策，所有役龄男子都要服役（大、中学生要进行正规军训），否则不能就业或继续深造，14岁以上的"役男"不能"离境"，当局用强制的方法保证军队的数量与质量。

1952年3月12日，蒋介石又下令颁布"实施军事主管官任期制度"，规定师级以上主管任期两年，可连任一次，两任期满必须调任或免任。同年10月，蒋介石又下令颁布"三军官兵在台期间假退除役办法"，以"完成整军之要求，促成部队中新陈代谢之机能"，[44]明确规定了军官和士兵的退役年龄，如陆军为一级上将62岁、二级上将60岁、中将56岁、少将52岁、上校46岁、中校44岁、少校42岁、上尉40岁、中尉38岁、少尉36岁；空军为一级上将67岁、二级上将62岁、中将58岁、少将54岁、上校50岁、中校48岁、少校46岁、上尉44岁、中尉42岁、少尉40岁、士兵40岁。在这些措施的作用下，大批军人退役，仅1952年由蒋介石亲自审定的假退除役人员就有上将阎锡山、徐永昌等12人、中将51人、少将80余人，陆军上校和海空军上、中校172人，以及大批的基层军官和士兵。这对于提高部队战斗力显然有很大作用。

但上述退役官兵带来的却是棘手的安置问题。大多数退役官兵随国民党退到台湾，离乡背井，孤身无亲，身弱体衰而又无谋生长技。他们退役后安置妥当与否不仅关系着台湾的社会安定问题，更关系着军心的安定。为此，蒋介石采取了大量措施解决此问题。如成立"行政院国军退（除）役官兵就业辅导委员会"，专责官兵转业就业问题；在美国人的援助下成立了一些工厂企业，专门接纳退（除）役官兵；对于假退（除）役军官仍保留其主副食、眷粮、眷属补助费及薪额的80%，使其能免遭生活困苦之忧；以工代赈，从事公用事业的建设；少量年轻又愿学习的安排进学校或去学专门技术，等等。但大量的士兵出自农村，既无知识，又无技能，生活无着落。在此情况下，蒋介石借鉴古已有之的军功授田方法，决定以授田的途径把这批士兵全部投入农业生产，既解决农业劳动力缺乏问题，也解决退役士兵的基本生活保障问题。

1951年10月18日，蒋介石批准颁布了《反共抗俄战士授田条例》，以"奖励反共抗俄战士，提高士气，争取反共抗俄的基本胜利，及为将来复员准备，安定社会基础"。[45]它规定授田对象为："一、参加反共抗俄作战之陆海空勤部队暨军事学校、机关的现职兵科业科军官、军用文职及技术人员与士兵。二、参加反共抗俄作战在授田条例公布以后退除役战士。三、卓有功绩之反共抗俄游击团队人员"；所授之田为台湾现有之公地及将来反攻大陆完成后之公地、无主地及没收之地；授田标准是每一士兵授予每年出产净燥稻二千市斤面积之田，或与其同值产量面积之田，但边疆地区授田者不在此限，"又阵亡将士遗有家属或依法应受扶养之人，作战受伤致成残疾者及特有功勋经国防部核定者，其所定授田数额将增加减"。[46]

为实施该计划，当局还通令台湾省各县市及乡镇，分别设立战士授田委员会，协助办理战士授田及有关福利工作。但条例颁布后的数年内，台湾当局除为退役老兵集中设立几个农场外，授田仍停留在纸上。只是在看到大陆农业合作化运动逐渐高涨，农村生产资料公有制经济越来越强大时，作为对抗大陆农村政策与实施"耕者有其田"政策的一个策略，台北重提授田之事。1954年5月，蒋介石批准公布了《反共抗俄战士授田条例实施细则》。1955年7月，"行政院"饬令"国防部"成立了"反共战士授田办事处"，展开调查登记工作，同年8月《反共抗俄战士授田凭证颁发办法》颁布。次年7月10日，"参谋总长"彭孟缉又核定此条例，正式公布实施。该项办法规定"凡阵亡战士之家属，伤残战士，在授田条例公布之日（1951年10月18日），服务已满二年之战士，以及在条例公布之日，服务已满二年之退（除）役官兵，均可优先获得授田凭证"。[47]

经过上述一系列准备活动，台湾当局于10月1日上午在中山堂举行隆重的授田凭证颁发仪式，蒋介石特派"参谋总长"彭孟缉代表他主持仪式，"国防部"、"陆军总部"、"海军总部"、"空军总部"、"联勤总部"、"宪兵司令部"、"保安司令部"、"卫戍司令部"的主要领导人及士兵代表1700余人参加，蒋介石为此特颁训词。他在训词中说："先把授田凭证发给你们，等到大陆光复的时候，即按照规定手续，就你们原籍地方，授予你们应得的土地，藉以表示政府及全国国民对参加反共抗俄战士的崇敬和关切，其意义是重大的。"概括起来，他认为主要有三个方面的意义：第一，奖励参加"反共抗俄战争者"；第二，奠定"反共抗俄战士"生活基础；第三，对抗中共在大陆农村的农业合作化运动。蒋介石在训词的最后说："政府对于我们将士体念是如此的周至，期望是如此恳切，我们要有了国才可有家；我们生活上即有了保障，无后顾之忧，对于政府也要抱定决心，共同负担起反攻大陆的责任。"

　　蒋介石把授田这种保障退役士兵生活的基本措施也与他的"反攻大陆"政策联系在一起。在台湾他根本拿不出这么多土地分给士兵，只能允诺"反攻成功"后将大陆的农地分配，并说："将来土地属于你们和你们的子孙所有了……到那时候政府还会协助你们以科学方法改良你们的土地，增加你们的生产，使你们胜利所得的果实，永远欣欣向荣。"[48]但士兵拿到的恐怕只是永远兑现不了的一纸"凭证"。

　　彭孟缉在颁发仪式上朗读了蒋介石的上述训词，并要求国民党三军"奋勉、勇敢、团结、坚定，高举着青天白日旗帜，痛下决心，向大陆进军，恢复大陆，早日胜利还乡"。

　　与此同时，授田凭证的颁发陆续在全省分为七个区分别进行，这七个区是台北、台中、台南、台东、澎湖马祖、金门及遗族区，就近向士兵颁发授田凭证。各区的领导人均由"国防部"派充，师级以上单位都举行了颁发仪式。根据授田条例规定，战士授田证件分授田凭据及授田证书两种，前者由"行政院"按"国防部"查报士兵名册，填发凭证，转由"国防部"发给，后者则俟配授地夺回，再依据各地查报可供分授之田地，凭据统筹核配，换发授田证书，转由"国防部"分给，饬向该管地方政府凭证领授田地。这就表明领到授田凭证与领到土地还相差很远，对于早已熟知国民党说谎的士兵来讲，望梅止渴的空话显然不会有多大吸引力。

　　为解决这个问题，蒋介石决定进一步采取措施在台湾条件许可的范围内做个样板，向少数军人实际授田以表明其决心。这一任务交给了由蒋经国任主任的"行政院国军退除役官兵就业辅导委员会"。

　　经过近一年的筹备，"反共抗俄战士授田典礼"于1957年10月8日在台湾省宜兰县三星乡三里国校举行。台湾省主席周至柔主持仪式，蒋经国等党政军高级领导人和退除役官兵1000余人参加。蒋介石再次颁发训词，称"这一光荣的优遇是一般人所不能企求得到的"，他要求获得授田的退除役士兵"运用以往革命奋斗的精神，努力增产报国，蔚成农村的优良风尚"，"必须凛于国民职责的重大，随时检点，相互砥砺，悉心研究农垦技术的改进，促进生产，以报答政府对你们的厚意，为民表率，在民间发生领导和模范作用，使广大农村的人力物力动员起来，成为支持反攻复国圣战的无尽泉源，争取反共抗俄战争的早日胜利"。[49]

　　参加此次授予仪式的宜兰县大同合作农场的1280名退除役军人，均获颁授田证书和财产授予证书，授田总面积为水田、原地、建地等合计561.8796甲*。在授田同时，还授予这些退役军人各种财产，如房屋、仓库、农具、家具、家禽、生产设备、运输工具等。

* 1甲=0.97公顷。——引者注

　　对于这一沸沸扬扬的战士授田，台北各界大力宣传，政工人员精心挑选的士兵代表说："战士授田，表示总统的伟大和仁慈，政府的关怀和德惠，我们深心铭感。我们三军将士保证，一定在总统伟大的领导下，勇敢地向大陆进军，消灭朱毛共匪，提前完成国民革命第三期任务。"副"总统"陈诚、"行政院长"俞鸿钧、"内政部长"王德溥等也纷纷发表谈话，称授田是"反攻大陆复国建国的前奏"，"国民革命军历史上划时代的创举"，"展开历史新页"。蒋经国也声称，实行退役官兵授田有两点重要意义："第一，实行耕者有其田政策是我们反攻必胜，建国必成的重要关键；第二，对退除役官兵的优先授田，表现了反共抗俄战士的光荣。"[50]

　　客观上讲，实施战士授田，解决了部分老兵的生活问题（主要是那些实际领到土地的士兵），但相对于成千上万的老兵，其作用就十分有限了。由于有大笔"美援"为后盾，退役官兵的最基本生活得以保障，不少人找到赖以糊口的工作。尤其是在蒋经国领导下，退役官兵在十分恶劣的条件下硬是在崇山峻岭中开凿出台湾第一条横贯公路，在军事和经济上均有重要价值。退役老兵多数在政治上倾向国民党，选举中是其可靠的"投票部队"。但老兵生活艰难问题也一直成为困扰台湾当局的一大难题。国民党无法返回大陆，老兵们手拿授田凭证也就是一张废纸，多少老兵们手拿授田凭证几十年，至死也未见到自己的土地。直到90年代，台湾当局在老兵们及社会各界的压力之下，才同意用现金折价赎回老兵的授田凭证。

第七章 "对日和约"与日台关系

一 "旧金山和会"的门外客

犹如一个重病人对外在环境的依赖性特强，国民党政权失去大陆后尤其注重"对外关系"。换言之，若无外界的援助，国民党难以在孤岛上支撑。然而，外交是以双方的实力与互惠为基础的，惨败的国民党一度本钱全失，为多年的盟友所唾弃，成了"国际弃儿"。

朝鲜战争爆发，美国人重新认识到台湾的战略价值，终于实行援助蒋介石的政策，美台关系暂得修复，国民党在联合国的席位得以保全。然而，由于教训深刻，蒋介石对美国的政策仍持怀疑的态度，尤其对美国国务卿艾奇逊更是旧恨未消。在20世纪50年代初期的日记中，蒋对美国对台政策有许多的批评与抱怨。如1950年底他在当年总结中称"外交险恶情势"，并详细列出了40条对台湾不利的"险情"细节，可谓点滴在心头。而造成这些"险情"的总根源，仍是美国"艾其生在韩战未起以前其台湾政策……只要能达成毁蒋消灭国民政府之惟一目的，则无不可为之事"。即使在朝鲜战争爆发，美国明确表示支持台湾并送去经济军事援助后，蒋仍认为美国的援助"不怀好意"，只是"不能不变更其方式，使台湾中立化为名，而实冻结我政府与国本，不容我在韩战期间复活"。[1]对美国的不信任与不安全感，曾较长时期困扰着蒋介石。对蒋介石而言，拓展"对外关系"的重要性在于：提高国际地位，争取支持；与大陆新政权竞争，将内战扩展到外交领域，制造其"反攻"的依据；借国际承认的外在形式，增加其在台湾统治的"合法性"。最后这一点尤其重要，可以说是台湾的一条生命线。

在全球，蒋介石关注的是与美国的关系；在亚洲，蒋介石重视的是日本。由于蒋介石号称他的政权是代表"全中国的惟一合法政府"，而实际能控制的地方又很小，两者间的巨大反差，就造成了"外交"上极为尴尬的局面。

日本宣布投降后，缔结对日和约的问题提上议事日程，也成为各国特别是长期遭受日本侵略之苦的中国人民所倍加关注的问题。由于美军对日本实行占领政策，具体的缔约进程也受其控制。朝鲜战争开始后，美国加紧了缔结对日和约的工作。1950年6月，美国派国务院外交顾问杜勒斯前往日本，与麦克阿瑟会商和约问题，决定在美国旧金山汇集曾参加对日作战的各国签订对日和约，解除对日军事管制，使日本重归国际社会。美国此举目的有二：首先是减轻财政负担，占领日本期间，美国背上了沉重的包袱。朝鲜战争爆发后，它又出兵干预，协防台湾，财政更是不堪重负。为减轻财政压力，美国决定尽快从日本部分抽身，集中力量于朝鲜。第二个原因，也是最主要的原因是由于蒋介石集团的溃败，美国失去了一个在亚洲同苏联抗衡的基地。因而，美国企图通过重整日本，使其成为亚洲新的反共堡垒，以在该地区阻止所谓的"共产主义威胁"。

台湾当局支持美国的想法，它在失去大陆后也急于参加此类重要的多边国际活动，以捞取资本，甚至想充当主角。其喉舌《中央日报》发表社论说，签订对日和约有利于全球"反共"，并提出了两个原则："第一，我们希望对日和约缔结之后，日本能成为一个安全有保障的国家，换言之，就是要使日本恢复其自卫能力；第二，我们希望对日和约缔结以后，日本能成为一个经费能足以自给的国家。为此，在和约缔结时，我们主张放松赔偿的条件。而代之以经济的互助和技术的交换，以达到共存共荣的目的。"[2]因此，台湾方面于1951年1月22日以书面文件正式通知美国，它同意缔结对日和约。

但是，让蒋介石失望的是，他虽声称"代表"中国，却无法享受与其他战胜国家同等的待遇。在美国人拟定的对日和约草案中，美国出于自己的考虑，只写明日本宣布放弃它在台湾和澎湖地区的全部权力，而未写明将这些权力移交给中国，而关于南库页岛、千岛群岛的条文，则写明将这些岛屿的全部权力移交给苏联。在同一文件中截然不同的两种表述，同美国部分人主张"台湾地位未定"有关，完全违反了《开罗宣言》和《波茨坦公告》的有关规定，是对台湾的歧视。台湾感到如果它接受这一歧视性规定，一来它将难以向历史作交代，二来有损于"中华民国"的国际形象。因此，它向美国要求：或者在草案中加进"日本把台澎一切权力归还中国"的条文，或者删去"日本把南库页岛、千岛群岛一切权力归还苏联"的条文，否则，台湾方面不便在和约上签字。[3]

在台美双方的交涉中，美国自恃对台湾的庇护，借口如果在条约中写明将台澎交还中国，则第七舰队将承担"干涉中国"内政之名而不便继续留在台湾海峡，拒绝了台北的要求。但蒋介石也不敢承担"丢失国土"的罪名，所以也表示如果上述条文不修改，则"中华民国"政府不能同意缔结对日和约。双方函电来往，争论不止。蒋介石在日记中写道："美国提出对日和约条款，证（征）求我同意其对台湾问题与千岛、库页、南半岛皆列为悬案，以待和约成立后由四国共同解决，余谅其苦心，勉允其请，但坚决反对其联大派代表团来台调查也。"[4]

但一波未平，一波又起。当双方僵持之时，国民党政权参加旧金山和约的代表权问题又被质疑。新中国的成立和国民党败退台湾标志着"国民政府"的终结，此后，只有中华人民共和国政府才是代表全中国的惟一合法政府。对日和平条约的签订也只有在新中国代表出席的情况下，才能是合法的。早在对日和约酝酿之时，周恩来就发表声明，反对美国单方面主持对日媾和，中华人民共和国中央人民政府是代表中国的惟一合法政府，并准备参加对日和约谈判，"台湾当局无权代表中国，由台湾当局所签订的对日和约，中国政府不予承认"。[5]

1951年4月，已同新中国建交的英国提出，让北京代表而非台北代表参加对日和约，并明确表示：如果美国政府执意邀请台湾参加对日和约，英国、印度及其他英联邦国家政府都将断然拒绝参加拟议中的和约。[6]苏联政府则主张先召开由新中国参加的苏、中、美、英四国外长会议，为对日和约作准备。远东委员会12国中也有10个国家不同意台湾的代表参加旧金山会议。此种情况的出现，使蒋介石如遭棒喝，极为不安。5月间，日本政府向国会说明缔结和约时"中国代表权"的问题，以中国现有两个敌对政府之下，"很难决定那（哪）一个政府是合法代表，参加订约"。蒋介石闻讯，推测这是美国在幕后策划，"此乃美国对我外交政策又一大改变，其中必为英国作祟，殊为可痛"。他同时觉得，"尚有时间可以运用"，要努力争取，"上帝当能默佑也"。[7]如果台湾不能参加旧金山会议，则表明其代表中国的"合法性"遭到否定，国际地位则更加孤立。为了争取到参加旧金山会议的入场券，蒋介石指令所属，积极开展活动，向美国施加压力。

在台北，蒋介石发起强大的舆论攻势，责骂："中共正在寻找一切机会破坏和约之缔结，使日本永远没有自卫的力量。如果对日和约竟如英国所主张的容许匪党插足，则和约之缔结必成画饼，而美国几个月的努力归于白费"，所以台湾坚持"对日和约中国方面应有领导八年对日抗战，并且曾参与开罗会议的国民政府代表，无论在法理上与事实上，都是无法改变的"。[8]5月26日，蒋介石接见日本共同社记者川崎正雄时就和约问题发表谈话："现在日本即将以独立、自由国家而加入国际社会，吾人尤为欣幸。早在中日战争发生以前，余已预见此一战争对于两国及亚洲全局之影响。余曾向两国国民提出警告，中国战败非日本之福，日本战败亦非中国之福，惟有独立自由的中国与和平民主的日本合作，始能安定东亚，有助于世界之和平。今日余希望日本国民对于苏俄、中共之阴谋暴行有所警觉，中国大陆一日在苏俄控制之下，日本国家即一日不能安全，日本经济亦一日不能顺利发展。余深信，自由中国反共抗俄之艰苦奋斗，对于东亚民族之祸福关系，必能获得日本国民之深切体认。"[9]他要将日本拉入其"反共抗俄"的战线之中。

中国代表权问题成为签约的关键，各方争执不下，为此，英美决定在伦敦会商办法。蒋介石遂命令"驻美大使"顾维钧连续数次拜会即将赴英商谈的杜勒斯，并鼓动美国国会中亲国民党的议员们游说杜氏。虽然美国极力反对新中国参加和约会议，但也担心因坚持台湾代表参加和约会议，而引起英联邦国家的不快。6月9日，美国代表在伦敦会议上提出妥协方案：美英等多数国家首先与日本签订和约，至于哪一个中国应该参加签约，可在上述条约签订以后，由日本政府自行抉择，该方案获得英国同意。6月15日，美方把此方案通知给台北，同时它还向台北秘密承诺将施加影响，保证日本将来选择台湾缔约。

中国是最早抵抗日本帝国主义侵略的国家，也是对日作战中牺牲最大、贡献最大的国家，把中国排除在对日和约之外是非法的，而让战败国日本来选择媾和对象，更是对中华民族的极大侮辱，因而，遭到了全中国人民的一致反对。对蒋介石来讲，除去民族情感因素外，台北不能参加旧金山会议，更是其"外交"上的一次重大失败，其反应也格外强烈。6月18日，蒋介石发表《对日和约声明》，表示：[10]

第二次世界大战，实系源于日本侵略中国；故在各盟国中，中国抗日最早，精神最坚定，牺牲最惨重，而其贡献亦最大。对日和约如无中国参加，不独对中国为不公，且使对日和约丧失其真实性。……中日两国关系密切，且为亚洲两大邻国，必须诚意合作，亚洲始有安定。故本人于日本投降未几，即一再声明：中国对于日本不采报复主义，而应采合理的宽大政策，并以种种直接间接办法，求取对日和约之及早观成。最近美国政府不顾苏联之阻挠，出而策进对日媾和工作，自属适时之举。中华民国政府为力促其成起见，曾就和约中所涉及若干重大问题，如赔偿问题、日本安全问题，采取克己而协调之态度。偿美国所主持之对日和约，竟无中华民国政府以平等地位正式参加，将使自由中国之国民大感沮丧；且将使中国大陆上丞盼自共党统治下获得解救之中国人民丧失希望；而中美两国国民百年来传统之友谊精神将因之损毁，其影响所及，不仅对日和约本身之价值与力量已也。

……

中华民国参加对日和约之权，绝不容疑。中华民国政府仅能以平等地位参加对日和约，任何含有歧视性之签约条件，均不接受。

任何违反中华民国上述严正立场而订立之对日和约，不但在法律上及道义上丧失其力量，亦将在盟国共同作战之历史上，永留不可洗涤之错误，其责任之重，影响之大，诚有非余所忍言者。因此种丧失真实性之对日和约，不但使第二次世界大战不能获得真正结束，并将加深远东局势之混乱，更种下世界未来之无穷祸乱也。

紧接着，主管国民党理论宣传的曾虚白也发表评论《评对日和约协议传说》，指出："签订和约的中国政府果真由日本来选择的话，那才创造了世界历史千古话柄，给人类文明沾上了万世洗不掉的污渍了"，"这不光是歧视我们，简直要根本抹杀我们战胜国家的地位。这样颠倒是非，混淆黑白，不独是对我们的绝大侮辱，简直是背叛正义，抹杀公理的行为"。[11]同时，台北以"政府"名义通报美国："杜勒斯所提办法是对'国民政府'的歧视，不予接受。台北要么与其他盟国同时参加多边和约，要么所有盟国均与日本分别签订双边和约。"[12]

蒋介石的声明不仅未能挽回局势，反而惹怒了美国，美方随即以立即正式公布伦敦方案来警告台北。不得已，台湾"外交部"和"驻美大使"又费尽心机，恳请美方延迟公布该方案，以寻求其他代替办法。此后，台湾曾提几个方案，例如，在多边和约签订的同时签订中日双边和约，或在多边和约签订之前先签订中日双边和约，但均被美国否决，美国只是保证在适当条件下可以吩咐日本同台湾的"中华民国"政府谈判缔约。7月11日，美国不顾台湾的再三要求，正式公布了对日和约的修改草案，该草案第23条规定的对日和约签署国中并未列入"中华民国"，台湾最终被排除在旧金山会议之外。

自和约酝酿以来，为了争取参加这个和约，蒋介石的代表同美国国务院进行了长达半年多的数十次交涉，最终结果让他十分失望。蒋介石为了此后能获得美国的继续支持，又不敢过分触怒它，乃由"外交部长"叶公超于7月12日发表声明对未将其列入签字国表示强烈抗议。蒋介石也注意到利用"民意"，他指示台湾各报纸要大字刊登"国耻"的标语，"发动基层社会与民意机构要求参加日约"。[13]另外，为做最后努力，蒋介石还于旧金山会议召开前夕，在美国发起一轮新的舆论攻势。他策动台北的"国大代表"、"立法委员"、"监察委员"向美国国会、总统发出一连串呼吁，且命令"驻美大使馆"务必赶在8月31日前，将所有有关抗议的官方及私人的声明、讲话、消息、电报等编辑成小册子，向美国人散发，以表明台湾的失望与愤怒。蒋介石明知事无可为，仍要进行呼吁以博取美国公众的同情，其呼吁几近于乞怜，即使海外华人看来也觉得有失"尊严"。[14]

但一切都太迟了，1951年9月4日，缔结对日和约会议在旧金山歌剧院开幕，除中国、印度、缅甸、南斯拉夫4国外，当年参加对日本宣战的55国中有51个国家参加了会议。叶公超再度声明，表示旧金山和约歧视台湾，因而对台湾没有任何约束力。[15]不过，让台湾略感心安的是，由于苏联等3国因条约未明确台湾的归属而拒绝在和约上签字，美国乃将条约中"日本将南库页岛、千岛群岛交还苏联"的字样删去，满足了台湾的最初要求，做了个顺水人情。但和约更多的是大大抬高了日本的国际地位，为日本利用中国海峡两岸的分裂局面欺骗讹诈、推脱战争责任并从中大肆渔利创造了条件。时任首相吉田茂即曾兴奋地表示："日本现在有选择媾和对手之权，对于如何行使此权，应考虑客观环境，考虑中国情形以及其与日本将来之关系，不拟轻予决定。"[16]

美国为安抚蒋介石，通知台湾将对台增加三亿美金之援助，并将"促成日本派员来台协商对日双边和约之进行等事"。但这未能平息蒋的愤怒，他认为美国的做法"在他人以为幸事引自慰，而余独以为耻辱加重"。[17]旧金山和会结束后，蒋认为台湾被排在和会之外，是其"外交凶险最大，耻辱最重"之事，是一大"失败"，他在日记中写道：[18]

> 美英对日和约，经六、七、八三个月之布置，终于九月八日在旧金山签订，而弃我国于约外置之不顾，最可痛者，自五月以来，余对其国内议会以及舆论之呼吁，彼等昔日对我国情之友好，亦视

若无睹，其各报且对余紧急宣言，亦概不登载，以为余对美民族性之判断错误，实为余最大之教训，而此三个月中恶斗苦战，终归失败，认为此平生所未曾有之耻辱也。

二　"对日和约"的曲折

确信失去了参加旧金山和会的机会，蒋介石退而求其次，要求美国履行使日本与台湾而不是与大陆政府谈判缔结和约的承诺，并提供明确的保证。旧金山和会后，蒋介石只得更加倚重美国支持，可他对美国的不信任也加剧，甚至怀疑美国"保证"的可靠性："英美既排除我于对日多边和约之外，其必为'共匪'与日本签订双边协定之地步。此着即为英俄共妥协之先着，亦预为'共匪'参加联合国之先声，危险极矣。美国议会态度对我如此冷淡，更足证明艾奸对此胸有成竹矣。"[19]

而美国也确实不让蒋介石"放心"，又提出了在两岸分裂对峙的现实下，条约中蒋介石一方的适用范围问题，并以首先解决这个问题作为提供保证的前提。杜勒斯毫不客气地说："蒋委员长应当知道，台湾的国民政府是无力执行条约的"，"在磋商对日和约过程中，蒋委员长的态度非常顽固和执拗"。[20]

为了保证和约的顺利签署，就必须借助于美国对日本的压力，而想让美国替台湾说话，就必须先满足它提出的条件，即双边条约的适用范围问题。9月22日，蒋介石在"总统府"召开各方面参加的会议，讨论此事。经过反复争论，他最后拍板定下两个方案：A案——台日双边和约签字时，台湾代表将发表下列声明：该条约适用于"中华民国"之一切领土，至于领土中现仍处于"共军占领下之地区"（指大陆），"中华民国政府"一俟该地区置于其有效控制之下，即将在该地区实施本条约；B案——台日互换双边和平条约批准书时，下述声明将列入双方认可的记录中：该条约适用于目前在"中华民国政府"控制下及今后可能在其控制下之全部领土。但无论哪个方案，蒋介石都不得不痛苦地承认了国民党政权不能代表中国政府的事实，迁就了美国的要求。

9月26日，"驻美大使"顾维钧遵照台北指令，将两个方案提供给美国国务院选择，基本上被美方接受。美国也授意日本选择台湾作为签约对象。

当初，蒋介石为争取参加旧金山和会，曾坚决反对由战败的日本在大陆和台湾之间选择签订和平条约的对象，认为这是从根本上抹杀了中国战胜国的地位，是颠倒是非、混淆黑白、背叛公理的行为。然而，此时他却完全转变了立场，急于要让日本选择自己。在对日关系中，蒋介石一直处于矛盾的情结中：一方面，他认为自己是领导中国打败日本的"领袖"，战争结束时又实行"以德报怨"政策，同意日本保存天皇，遣返了全部战俘与侨民，有曾施惠于日本的优越感；可另一方面，他又失去了大陆流落孤岛，其"代表中国"的合法性反而需要日本的认可，其他方面也是台湾有求于日本，远远多于日本之求台湾。历史就是如此捉弄人，几年间蒋介石与日本打交道的地位就颠倒了，历史的优越感与现实的虚弱形成了巨大的反差，使台湾处在被动的地位。这种矛盾的情结左右着蒋介石的对日政策：他每每对日本的"忘恩负义"与"以怨报德"行径耿耿于怀，最后却不得不屈就现实，对日本让步。而日本恰恰抓住了两岸的尖锐对立和蒋介石的弱点，争取到了最大的利益。

日本政府并不情愿同台湾缔结和约，与新中国相比，日本在台湾的利益显然是有限的。虽然在美国压力下日本政府不得不以台湾的国民党为签约对象，但日本商人、企业家以及那些一贯主张在新中国扩大影响的人都倾向于同新大陆而不是台湾缔结和约。更重要的是，日本的野心家充分利用美国授予的"缔约对象选择权利"，利用国民党急于同其签约以争国际上"正统地位"的心理做文章，要挟台湾同意其条件。因此，尽管它口头上答应同台湾签订和约，却故意使用拖延战术。为了讹诈台湾当局，吉田政府煞费苦心地搞了一个民意测验，让日本国民就同北京还是台北缔结和约表态，并搞出一个深埋玄机的结果：支持与台北或北京缔约者均为38%，而余下的24%则无所谓。1951年10月25日，吉田政府的内阁官房长官冈崎胜男则在会见蒋介石派驻日本代表董显光时又说："我国现在若与贵国订立双边和约，势将引起大陆中国国民对我之仇视"，"我们现在的政策是要慢慢等待时机，以待日本实现独立自主后，研究何时同中国签订和约或选择哪一方问题。我国历来尊重中华民国政府，遗憾的是，中华民国政府的领土只限于台湾"。[21]五天后，日本首相吉田茂在国会演讲时也宣称："如果中共请日本政府在上海设立海外事务所，日本也欢迎中共在日本设立类似的机构；如果大陆在今后三年内提议根据旧金山和约与日本讨论并缔结和约，日本政府自然愿意并缔约，丝毫不会提出反对。"[22]

上述种种，对于正期望与日本签约的台湾当局，又是一次当头棒喝，惊慌之余，他们又转向美国，请求支援。10月31日，叶公超约见美国"驻台代办"蓝钦表示不满："吉田的言词，已构成对自由世界的一项挑衅行为"，"如任吉田长此以往，则旧金山和约业已完全失败"。[23]11月末，杜勒斯赴日讨论日台签约问题。蒋介石感到杜氏此行将关系着他所一直在争取的双边和约的前途，故命令"驻美大使"顾维钧和在东京的"驻盟军代表团"团长何世礼要"特别注意与杜勒斯先生及其他行将访日的人员保持密切联系"。[24]杜勒斯到日本后，为促成日蒋和约，也毫不客气地要求日本与台湾签约："如果日本政府不同中华民国签订和约，美国国会就不批准'旧金山和约'。"

在美国的强大压力下，日本政府作出妥协。1952年1月16日，蒋介石收到了日本通过蓝钦转来的吉田茂声明："我国政府现准备，如中国政府（指台湾）有此愿望，即尽速在法律上可能时，依旧多边和平条约所示之原则与该国政府缔结一项将重建两国政府间正常关系之条约……关于中华民国之一方，应适用于现在在中华民国政府控制下或将来在其控制下之全部领土……日本政府无意与中国共产党政权缔结双边和约。"[25]蒋介石总算如愿以偿，他收到声明后，即通过叶公超向美国特别是杜勒斯所做的努力表示感激之情。蒋介石也当即确定了台湾应该采取的三个步骤："甲、应即派定和谈代表有力人士，使日可早派犬养健来台，以防其只派商务专员代表也；乙、要求美国参加谈判为中介，勿使美对此事卸责；丙、双边和约必须于多边和约生效前正式签订。"[26]这可以说是蒋的如意算盘：让日方派出"亲蒋人士"出任谈判代表，由美国居中"担保"压迫日本，尽快签约。而他的打算一开始就受挫，日本在派出谈判代表后，日方就想压低层级，希望与台湾所签的最后文件能不用"和约"之名。蒋介石斥之为："吉田茂总想投机取巧，骑墙观风，逃避其和约应负之责任，可说既欺中美与日本国民，而又想欺朱毛与暴俄也。此种政客何能望其任大事也。"[27]

1952年2月20日，日台缔结和约谈判在台北举行。日方代表为河田烈，台湾方面以"外交部长"叶公超为首席代表。台北对此谈判相当重视，成立了由陈诚、王世杰、张群、王宠惠、何应钦、张厉生、张其昀、黄少谷、叶公超等12人组成的对日和约最高决策小组，随时会商对策，向蒋介石汇报请示，并聘请"总统府国策顾问"邵毓麟，青年党领袖陈启天、刘泗英，民社党领袖万鸿图、孙亚夫，台湾地方代表丘念台、黄朝琴以及"社会贤达"莫德惠等人以"顾问"名义，参加对日和约代表团。[28]美国"驻台代办"蓝钦周旋于日台之间。

然而，谈判开始不久即陷入僵局，在三个主要问题上，台日双方互不相让。

第一个问题，仍然是关于条约适用范围问题。台湾方面坚持条约必须适用于中国全部领土，而日本则坚持条约应适用于国民党现控制下之领土，或将来控制下之领土。围绕这一个"或"字，双方争论不休，特别是在关于适用范围换文的英文文本中，台湾主张用"and"（及），而日本政府训令其代表只能用"or"（或）而不能用"and"，仅此一字双方就争论了数天。

第二个问题是关于台湾地位问题。台湾坚持应在条约中写明日本将台澎一切权力交还"中华民国"政府，日方则只愿写明放弃权力，而不愿写明交还中国。

第三个问题是关于赔偿的问题。对于战后日本对华赔偿问题，国民党政府一直十分重视，早在抗战胜利前就制订了以接收沦陷区敌伪产业和拆迁日本国内企业为基础的工业复兴计划。抗战胜利后又成立了专门机构——行政院赔偿委员会，并在经过广泛调查基础上，以中国受日本侵害时间最长、抗战时间最长、损失最大为依据，向盟国提出"日本对华赔偿应占日本对盟国赔偿款总额之40%"的主张。与近代以来日本对华战争与掠夺所给中国人造成之损失相比，这一要求并不算过分。据研究，甲午战争后，日本掠夺中国白银2.3亿两，相当于当时其年财政收入的3.5倍；义和团运动失败后，各国列强自中国实际掠夺白银6.5亿余两，日本从中获得7%—8%；1937—1945年日本全面侵华战争期间，更是给中国人民造成了3500万军民的伤亡和1000余亿美元的经济损失，[29]日本也成为近代以来给中国人民造成最大伤害的帝国主义国家之一。因此，尽管美国对国民党政府的要求不同意；国民党政府也因错误发动反共内战而无暇顾及索赔的问题，但其政策与态度是坚决而明确的。这可以从行政院长张群在1947年9月国民党六届四中全会上的发言上看出来，他说："决不放弃我们对日要求应得的赔偿。"然而，形势的发展远远超出了国民党政府之预料，随着其在内战战场上的迅速崩溃，美国转而采取扶植日本的政策，以日本取代国民党政府作为其在东亚地区实行冷战、遏制共产主义的堡垒，并迅速调整其对日索赔政策。例如，在"旧金山和约"中，它只是泛泛地规定"日本国对战争中造成的损害及痛苦，将向盟国支付赔偿"，而对于赔偿的数额根本没有规定，且又规定赔偿必须在"日本可以维持生存的经济范围内进行"，极大地减轻了日本的赔偿责任。蒋介石对此十分不满，但最终还是承认了"旧金山和约"，由积极索赔转而提出有条件索赔，即如果其他国家放弃赔偿，国民党也可以放弃对日战争赔偿。因此，台湾方面只是简单地要求，条约中要写明"中华民国"有向日本索赔的权力。但日本抓住了台湾急于求成的心理，狡辩说，受其侵略之苦的是中国大陆人民，台湾当局已无法对上述地区行使有效控制，故没有必要在此讨论赔偿问题。

双方各执一词，互不相让。蒋介石通过其谈判代表告诫河田，日本的立场是"抹然中国之格，侮辱中国政府"，他断然不能接受。如果此次"和会"失败，"中日两国将再无合作机会，将我六年来以德报怨之和好基础完全被其毁灭，日本因此失去最邻近最大的助力，其在长远利益上使中国对日本提高其只重利害而毫无道义的戒心，是最不智的事"。[30]为了"和会"成功，蒋介石费尽心力，甚至失眠，他记道："本周对日和约之用心最力，适患失眠症亦最剧，深恐失事也。幸能多采纳干部众意，三思后行也。"[31]但是，结果并不如他所期望，日本虽是战败国，但却利用台湾的弱点，态度十分强硬。谈判在进行了一个多月后，日本政府仍训令河田烈：拒绝接受台湾所提有关"中华民国"与其他盟国地位平等、权力平等、有关赔偿及条约适用范围问题的处理方案。[32]与此同时，冈崎胜男也发表谈话，表示要加强与中国大陆新政权的关系，河田烈也返回日本听命。沸沸扬扬的日台和谈一时面临着破裂的危险。

在此情况下，蒋介石连续召集最高决策小组会议，商讨对策，蓝钦也加紧在双方间的斡旋活动，不断向双方施加压力。此一阶段，双方又为伪满洲国在日本财产的归属问题产生争执，日方借口国民党在台湾的政权无法代表整个中国，拒绝在条约中表明归还给台湾，蒋介石也不肯让步，告诉日本方面："对于伪满等在日财产必须归还中国。此非为小数财产，而乃为法律与公理所在，决不能再容退让。今后中日关系之成败祸福，皆应由日本决择也。"[33]台湾方面自恃有美国的支持，态度强硬。然而3月下旬，美国国会批准了"旧金山和约"，并随后宣布"和约"将于4月28日生效。这也就意味着4月28日之后，日本将摆脱战败国的束缚，摆脱美国的控制，恢复主权了，在对外特别是对华政策上将拥有更大的自主权，这显然对台湾是个坏消息。于是，形势急转直下，为了赶在"旧金山和约"生效前，蒋介石全面妥协，提出"以维护国民政府在国际上是中国的惟一合法代表为方针"、"政治重于经济"、"主权与国际地位重于一时的经济利益"、"中日两国关系重于其他国家关系"、"劳役赔偿可以不争"、"平等互惠关系条件应予除去"等新的会谈指导原则，以求得日本的合作。最终协商的解决办法是：关于第一个问题，在文件正文中仍照日本意见用"或"（or），而另在附录中注明双方认为正文中的"或"字有"及"的意思，以表明日本承认"中华民国"对大陆拥有主权；关于第二个问题，由于美日双方坚持，在"旧金山和约"中也未明确规定日本将南库页岛及千岛群岛交还苏联，蓝钦并一再强调第七舰队驻留台湾海峡的利害，台北放弃原议；关于赔偿问题，由蒋介石决定，台北宣布"自动放弃赔偿"。

4月28日，"台日和平条约"在台北举行签字仪式，叶公超、河田烈代表双方签字。条约共十四条，其主要内容有：（一）日本放弃对台湾、澎湖列岛及西竹群岛之一切权利；（二）日本承认台湾及澎湖列岛居民系"中华民国"之人民；（三）1941年12月9日之前中国与日本缔结之一切条约均归无效；（四）台湾与日本相互间之关系，愿遵守联合国宪章第二条之各项原则；（五）台湾愿尽快与日本商订一切关于民用航空、运输、规范或限制捕鱼及保存暨开发公海渔业之协定。[34]随后，蒋介石夫妇在其官邸会见了河田烈等人，称赞日方所做的努力，河田烈等人也颂扬蒋介石在和谈过程中所表现的"宽宏大度"。至此，历时两个多月的日台和谈宣告结束。

蒋介石对"台日和约"签订的感情较复杂，他一方面觉得是个成功，"为我革命历史奋斗中大事也"，甚至认为"幸赖上帝保佑"才有此成功。但另一方面，在谈判过程中饱受日本、美国之欺辱，"实已为人所不堪忍受之苦痛矣"，认为谈判的那一个月"被辱受侮乃为近月最大之一次，故忧患亦甚，因之失眠最剧，体力亦觉减损"。[35]

"台日和约"的签字，标志着日台关系"正常化"，台北正式被纳入资本主义阵营中，其"民主国家反共先锋"的角色也得到正式认可。但就"和约"的内容而言，台湾除了获得签约权，日本有保留地承认台湾当局是代表"中国的合法政府"外，付出的代价是高昂的，仅从上述三项有争议的问题看，它没有坚持日本将台澎一切权力交还中国，默许了"台海中立化"和"台湾地位未定论"，放弃了对日本的赔偿要求，这不仅违背了中华民族的利益，也和台湾当局的一贯宣传南辕北辙。因此，国民党"立法院"对此和约投票表决时，到会的308人，只有204人投同意票，其余的100余人均表示异议。可笑的是国民党宣传机构仍不知痛痒地吹捧蒋介石的伟大："中日和谈成功，主要是蒋总统的睿智决定。蒋总统决定撤销以劳务方式从事赔偿的要求，此一要求曾为某一时期双方所争执的焦点。当中日和谈进行时，蒋总统自始至终着重于未来两国间的合作，而不愿采取任何惩罚性措施，因为此类措施可能增加日本人民的负担。"[36]更让国民党人大丢颜面的是，日本人对蒋介石的宽大根本不领情。6月26日，日本首相吉田茂发表谈话称："我们将来要和中国发生全面的关系，其中第一步我们和中华民国签订了新条约，也就是说，这部条约是和现在统治台湾的政府之间的条约，将来我们要和中国缔结一个全面的条约"，当有人问他是否意味着"不承认中华民国是代表中国的政府"时，吉田给予了肯定回答。[37]

"台日和约"从谈判到签订，自始至终遭到中华人民共和国的反对。5月5日，中华人民共和国总理兼外交部长周恩来发表声明，指出美国策动日本、台湾缔结条约，意在把两个傀儡联在一起，构成对新中国的军事威胁，中国人民、中国政府坚决反对这个条约。[38]尽管如此，日本作为近百年来对中国侵略伤害最深重的一个国家，充分利用海峡两岸对峙之利，极尽敲诈勒索之能事，不仅最大限度地摆脱了侵略战争之罪责，并进一步从中谋取最大政治、经济利益，则尤为中华民族之悲哀，实值得两岸国人之反思。

三 岸信介访台

日本政府在美国的压力下以及在蒋介石作出诸如放弃索赔权等重大让步后，同台湾签订了"和平条约"，建立了"外交关系"，成为美国

在亚洲的两个小伙伴，台日之间的政经关系也变得十分密切。但与幅员
辽阔、资源丰富、市场潜力巨大的大陆相比，同属海岛的台湾对日本的
吸引力就十分有限了。尤其是日本在战争废墟上复兴经济，更需要进口
原材料，输出产品，扩展市场。因此，日本政府适应日本民众的要求，
不断扩大同新中国的经济文化交流，并逐渐向政治领域延伸。

台湾方面对日本的举动很不满意，可台日经济同质性较强，难以
互补。因此，蒋介石一方面利用美国继续向日本施压，一方面多方设法
笼络日本，使其不致与大陆走得太近。在"台日和约"签订后，蒋介石
即与张群商议未来对日政策，希望尽快派出"驻日大使"，将关系固定
下来。张群力主大刀阔斧地与日本合作，"不加保留"，蒋对此并不完
全认可，认为"似乎太近理想"，但仍决定派张群作为他的"私人代
表"访日。很长一段时间，张群在台湾的"对日政策"方面有着重要影
响力。[39]

1956年4月，台湾极力促成的"中日合作策进委员会"在日本举行
第一次会议，蒋介石派出谷正纲率代表团赴东京参加会议，并让谷氏代
表他向日本首相岸信介赠送了《二十五史》一套，以表亲善。会后，双
方发表共同声明，表示要"亲善合作"，以抵抗"共党侵略"；在经济
方面，"经济提携及贸易关系之改善与振兴，乃两国合作之基石，两国
应即以平等互惠原则，以具体推进贸易，并应重新订定经济合作之长期
全盘计划"；在政治方面，双方要共同反共，"应为世界民主阵营，尤
其亚洲民主阵营之砥柱……作真诚之努力与永久密切之合作"。[40]

但台日之间的关系并不一帆风顺，就在"共同声明"发表不到10
天，由日本在野党社会党人士组成的8人代表团，在其干事长率领下于4
月11日访问中国大陆，商谈恢复日本与新中国的正常关系问题。同时，
日本负责对外贸易的官员声明，政府将积极协助工商界人士与新中国间
的贸易谈判，并计划提高对华出口额，在北京设立商务处，对新中国放
宽在东京商务代表机构的限制，使其在人员、职阶及活动方面有较大的
自由。

对于日本的这一举措，台湾舆论界敏锐地感到，日本与新中国的交往过去纯粹是"非官方的"，从今以后将可能要变成"半官方"了，"过去对大陆的贸易是官督民办，从今以后要变成官商合办了"。舆论并揭露了日本在海峡两岸投机取巧的伎俩："日本在对华外交上，对于我们简直是采取一种'欺人以其方'的态度。在表面上把我们敷衍的很好，很顾全我们的'日本专家'们的面子，而实际并不那么回事。"《联合报》批评了蒋介石政权对日政策的软弱无力，"我们从来不愿向日本提抗议，甚至对日本商人竟与匪共签订渔业协定，在台湾以北海面捕鱼，我们都不愿吭一声"。[41]

其实，蒋介石何尝不想"吭"几声，只是资本太少了。作为一个老练的政治家，他更懂得实力在"外交关系"中的分量。他对日本的需要远甚于日本对他的需要，台湾不敢公开开罪日本，否则将更加孤立，在国际舞台上失掉一个重要伙伴。蒋介石能做的仅是抓住一切机会修补对日关系中的裂缝而已，日本首相岸信介访台便提供了这样一个大做文章的机会。

日本是第二次世界大战中犯下滔天罪行的战败国，全世界都不愿看到其走上重新武装的道路，和平的日本是包括日本人民在内的世界人民的企盼。但美国政府为了构筑其太平洋反共阵线，在对日和约签订后，又开始大规模武装日本，允许日本建立"自卫队"，并设法使日本加入联合国，成为其在联合国中的有力支持者。蒋介石支持美国重新武装日本和日本加入联合国的政策，认为这有利于"抵御亚洲共产主义"。

1956年6月，日本首相兼外相岸信介访问印尼、缅甸、泰国、菲律宾等东南亚国家，以试探亚洲各国对其加入联合国后的反应，为日本在战后国际舞台上争得一席之地做些铺垫，并决定在结束东南亚之行后顺道访问台湾，对蒋介石曾给予的支持表示感谢。正如新闻媒体所言，岸信介"这次走马看花式的访问和会谈，似乎还着重在初步的试探和了解，其象征的作用或超过其实质的收获"。更需要关注的是岸信介是日本侵华战争的罪犯，曾任伪满洲国工业部部长（1936），东条英机内阁之商工相，参与策划俘虏中国人和朝鲜人到日本劳役，战后因被盟军定为甲级战犯而遭逮捕，出狱后重新参政，并先后担任众议员、自民党干事长、内阁侨务大臣，直至首相。正是由于作为甲级战犯的岸信介出任首相，日本人没有能够认真追究战争责任，惩办战犯，助长了右翼势力的沉渣泛起，肆意猖獗。尽管如此，蒋介石对岸信介的到访却极为重视。

6月2日晚间，岸信介率内阁部分官员及参众两院议员共30余人自曼谷飞抵台北，这是"日本明治维新以来第一位访问中华民国的日本最高行政长官"，蒋介石特派"行政院长"俞鸿钧、"立法院长"张道藩、"监察院长"于右任、"考试院长"莫德惠、"总统府"秘书长张群等高级官员及民意机关、政党、社团代表500余人前往机场迎接。岸信介在机场发表书面声明，对台湾在蒋介石领导下，"为保卫自由，为经济建设，文化发展不断努力"表示"崇高的敬意"。他积极评价日台关系："同文同种，数百年来保持传统的友谊和文化沟通的中日两国的合作与提携，相信对于亚洲之安定与文化发展上有极大的意义。"[42]

次日上午10时，蒋介石在"总统府"接见了岸信介一行。岸信介对蒋介石表示，日本过去对中国认识不够，致两国不幸发生战事，战争结束之后，蒋介石不念旧恶，宣布对日"以德报怨"，"谨向总统及中国朝野表示谦谢之忱"。岸信介对于日本过去所犯侵略罪行和给中国带来的巨大灾难，仅以"不幸发生战事"含糊表示，缺乏深刻反省与真诚的歉意，而一向以"民族领袖"和"爱国者"自诩的蒋介石竟也不再追究，表现了相当大的"宽容"。他对岸信介说，"中日两国过去失和，已如一场噩梦之逝去，今日不必再提"，最重要的问题是台日如何加强合作"反共"，以争取亚洲的"光明前途"。他说："亚洲间问题，实以中日两国间的合作问题为枢纽，因为中日两国如不能彼此谅解，加强合作，获得独立自由，则亚洲其他地区决无真正的独立自由与和平安全可言。"[43]

当天下午，双方在蒋介石官邸举行正式会谈，蒋介石率陈诚、俞鸿钧、张群、叶公超等参加了会谈。蒋介石根据"其与共产党数十年斗争的亲身经验"，对"共产党本质及其在政治上、经济上的侵略阴谋"，向岸信介等不厌其烦地进行剖析，以增加其"仇共意识"。"行政院长"俞鸿钧则以"历史事实"说明与苏联、新中国是不能实行"和平共处"的，批评日本有部分人士倡言"中立"，实为不智，暗中批评了日本政府扩大与新中国经贸文化联系的意图。对台湾方面的陈述及提示，岸信介反复表示，日本政府保证绝不采取所谓的"中立路线"，其外交政策一定遵循联合国宪章，站在"自由阵线"一边。

为了向日本方面施加影响，笼络日本官员及议员，蒋介石指示各级行政领导、民意机构、党团领导及媒体与日本代表团进行广泛接触，举行一系列宴会及座谈会，以加强双方的交流。他自己也出面宴请岸信介一行，专门接见了日本随行记者团，宣传其反共政策，批评东南亚国家和部分日本人所采取的"中立主义政策"，要求日本不但"应该站在反共的立场上，参加反共的工作"，而且不要与持"中立主义政策"的国家合作，因为那会间接地帮助共产党国家。[44]

6月4日上午11时，岸信介与蒋介石进行完第四次会谈后，率团离台返日。蒋介石为岸信介举行了隆重的欢送仪式，除亲自至机场送行外，还派战斗机群护送岸信介的专机离境。岸信介在机场向蒋介石保证，日本将帮助台湾的经济建设工作。为表示反共的坚决态度，岸信介还特地表示，对英国放宽对新中国的禁运决定"感到非常遗憾"，因为英国此一行动"破坏了自由国家对中共禁运的和谐"。蒋介石对岸信介的表现感到很满意。

但岸信介的表示完全是敷衍，给蒋介石吃了个空心汤团。信誓旦旦的岸信介回到日本的第二天便在另一场合说，在政治上他不考虑承认北京政权的问题，但是从经济观点而论，为了东南亚各国间的繁荣，他不反对促进与北京的经济关系。7月17日，岸信介更不顾美国的警告和蒋介石的一再呼吁，宣布放宽对新中国的禁运，成为继英国之后放宽对华禁运的第二个资本主义国家。

日本政客说一套做一套的伎俩使台湾既恼又怒。尽管如此，蒋介石仍按计划于9月16日派"总统府秘书长"张群为其特使，访问日本以答谢岸信介对台访问。行前，蒋介石召见张群面授机宜，还是立足于宣传蒋介石对日本的"恩情"来感化日本人。张群在对新闻界发表声明中说："总统数十年来，倡导中日亲善，战前战后均有一贯昭示与事实之表现，为两国人士所共喻，本人此次代表总统答访，自当一本总统意旨，尽其最大之努力，促进中日两国亲善合作。"

根据蒋介石的指示，张群在日本会见了日本天皇裕仁、日本政界及工商界的显要，反复宣扬兜售其反共理论，宣传"蒋总统所以在战前殷望中日合作，在战后殷望日本复兴，并捐弃一切历史的嫌怨，来求日本与中国合作者，在两国利害观点上是企求中日相依的关系，保持双方的安全与繁荣"。他还转达蒋介石对日本的要求，希望在精神上支持国民党"反攻大陆"，在物质上支持台湾的经济建设。[45]10月4日，张群经过20天的访问返回台北，蒋介石派长子蒋经国至松山机场迎候，不久又亲自召见张询问有关访问事宜，并表扬了其对岸信介答谢访问所取得的成绩。

岸信介访台期间，充斥于台岛的是"中日亲善"、"共同提携"，但这只是台湾一厢情愿，究竟能对日本有多大束缚力，对巩固日台关系有多大作用，恐怕也只有早年曾在日本留学、对日本国情有所了解而又吃过日本军阀政客不少亏的蒋介石本人知道了。

第八章 争取"美援"的种种努力

一 台海"非中立化"与"放蒋出笼"

海峡两岸的尖锐对立情势与实力的悬殊，使得台湾必须依赖强大的外力帮助才能自存，这个强大的外力是人称"国际警察"的美国。如果没有美国的支持，国民党政权在台湾绝无安定可言。蒋介石特别重视对美"外交"，关注美国的变化，与美国的联络是他的"生命线"。1952年11月，共和党总统候选人艾森豪威尔当选为美国新总统，消息传来，台北为之兴奋不已。

蒋介石与杜鲁门政府关系一向不睦。1948年美国大选期间，蒋介石押错了赌注，派人携款去资助杜鲁门的竞选对手。杜鲁门很有些恼火，当选后对蒋介石政权十分冷淡，对其在大陆的溃败冷眼旁观，不再增加援助，发表对华"白皮书"，指责国民党腐败。美国大使司徒雷登甚至未随同国民党政府迁移广州，留在南京试图与入城的中共建立联系。蒋介石退台后，杜鲁门更宣布实行"袖手政策"，静待尘埃落定。虽然美国因朝鲜战争爆发，改变了弃蒋政策，加快了对台援助。但是，从总体上来看，美国政府仍然相当讨厌蒋介石及其政权，这可从华盛顿对台北不间断的指责与批评、始终不派"大使"等方面反映出来。蒋介石总有一种随时被抛弃的危机感，却又对杜鲁门的民主党政府无可奈何。

共和党总统候选人艾森豪威尔在竞选时所允诺的加强对反共国家的援助，使蒋介石重新燃起希望。故艾森豪威尔刚一当选，台北便立刻发起对这一位新总统的攻势，试图对其未来对外政策，主要是对台政策施加影响。12月初，艾森豪威尔尚未就任，蒋介石即指令正在美国参加联合国大会的"外交部长"叶公超要千方百计会见艾森豪威尔，向他转达台北对美国新政府在外交政策方面的要求。几经周折，在新任参议院共和党政策委员会主席诺兰和强硬反共分子、即将出任艾氏政府国务卿的杜勒斯通融下，艾森豪威尔终于同意接见叶公超。

次年1月2日上午，叶公超在纽约康默多饭店共和党全国委员会总部受到艾氏的接见。他先向艾森豪威尔转达了蒋介石对其当选的祝贺。随后着重阐述了蒋介石对美国新政府的期望，概括起来，主要有以下几个方面：

关于反对"世界共产主义侵略"的全面战略，蒋介石希望艾森豪威尔政府能制订一种政治、军事、经济各方面行动的综合政策，以便于能消除苏联先发制人的能力。如果将来美国要制订这种政策，并需要和他磋商的话，他乐于帮助并随时都可以亲至美国会商。蒋介石还批评了杜鲁门政府的战略政策，说"自由国家"对共产主义的斗争是"全球性的"，不管是重视欧洲而轻视亚洲，还是重视亚洲而轻视欧洲，都是错误的，暗中抱怨杜鲁门不重视台湾。

关于远东和东南亚局势问题，蒋介石特别强调，由于"收复"中国大陆是其"政府"乃至整个远东问题的核心，所以美国政府在作出任何最后决定之前，务必要同台北商量一下，了解台北的观点，加以充分重视。他指出美国政府过去在此方面做得不好，杜鲁门总统的"台湾中立化"命令和通知他本人该项命令已经发布的照会便是一个例子；该照会措辞之专横，是一个"主权国家"所无法接受的。

关于军援问题，蒋介石要求美国新政府能够改变既定政策，放宽限制。他认为，美国现行的军援政策不准台湾军队"反攻大陆"，仅以满足台湾的防卫为目的。特别是由于害怕会利用其提供的装备进攻大陆，美国务院对台湾所提出的提供新的武器装备如喷气式战斗机和驱逐舰等要求一直不予考虑。美国新政府如果打算在远东采取更积极的政策，以对付共产党，则必须重新审查对台军援计划，增加新的援助项目。[1]蒋向美国新政府开出的是要其全面地、大规模地支持自己的清单，他批评杜鲁门政府总不能公开鲜明地站在他一边，甚至连一位驻"中华民国大使"都没有派遣。蒋介石既希望美国能满足自己的需要，又希望美国能照顾到台湾的"尊严"，而不受其颐指气使。

叶公超还向艾森豪威尔通报了台湾的政治、经济、军事、社会等各种情况。当然，照例是颂扬美国援助的功效，吹捧台湾的"新政"与蒋介石本人。

艾森豪威尔向叶公超表示，今后凡是涉及远东，特别是涉及中国的重要问题，他一定会和蒋介石进行磋商，并让叶转告蒋，美国正在制订一项在全世界抵抗共产主义的各方协调的政策，"我憎恶共产主义的程度不亚于他，希望他与我能互相合作，以对付我们面临的共同敌人的威胁"。

艾森豪威尔改变杜鲁门的政策，愿意加强与台湾的合作，不仅仅是因为他对共产主义的憎恨，更多的是出于本国战略利益的考虑，利用台湾的力量来制衡朝鲜战场上的中共力量。

自朝鲜战争发生以来，尤其自中国人民志愿军入朝作战，美国便深深地陷入其中，不仅在战场上无法取胜，而且在谈判桌上也难以占到便宜，并为此继续付出血的代价。美国人民也越来越强烈地要求政府停战、撤军。为了适应民众的这一要求，艾森豪威尔在竞选时便承诺要尽快结束战争。1月20日，艾森豪威尔宣誓就任美国第34届总统。在就职演说中，艾氏宣布了新政府的施政方针纲要，其中强调了某些指导性原则，例如：通过攻势以打破朝鲜战争的僵局，尽快结束战争；通过加强对反共国家的援助以对抗封锁社会主义阵营等。这正是蒋介石所希望听到的声音，他在艾氏就职当天就接见了美联社驻台北特派员，称赞艾森豪威尔演说全篇"生机勃勃，充满公平与正义之精神，为一崇高政治家所发表之言论"，也是"全人类在二次世界大战以后之一线希望的曙光"，"反映了艾氏之坚毅、信心与决心"，"盖彼深知其不仅对美国人民负有责任，及对整个自由世界及希望获得自由之人士亦负有责任"，"余坚信在艾森豪威尔总统领导之下，举世人对美国领导并团结自由世界之信心，必将恢复"。

蒋介石还道出了他赞美艾氏演讲的原因，"余读艾森豪威尔总统就职演说，颇觉愉快，盖其中观点与余多年来所持之信念正复相同"。[2]

蒋介石公开对一位美国总统的演讲赞颂，且毫不掩饰地宣称自己"颇觉愉快"，其急切之情溢于言表。此时他的心情，也许只有太平洋战争爆发后美国对日宣战、朝鲜战争爆发后美国宣布派第七舰队巡航台湾海峡时可以比拟，那两次都使他渡过难关，转危为安。这次他又预感到美国新政府将采取不同于杜鲁门的对台政策，对他的援助将更直接，规模更大。果然，2月2日，艾森豪威尔总统在其第一次致国会的国情咨文中宣称：朝鲜战争爆发时，美国政府曾命令第七舰队在台湾海峡巡逻，以达到阻止中国共产党进攻台湾和阻止"国民政府"侵犯大陆的双重目的；自从该命令发布后，在过去的两年多时间里，中国大陆不仅参加了朝鲜战争，而且拒绝了为缔结和约而进行全面谈判；美国认为其海军不再有"庇护"中国大陆的理由，因此，他命令第七舰队停止站在共产党一方"庇护"中国，美国将放弃在台海的"中立化"政策，而代之以支持台湾的"非中立化"政策。

中华人民共和国政府坚决反对第七舰队巡航台湾海峡，认为这是干涉中国内政的侵略行为，多次要求美国停止。艾森豪威尔竟说有"庇护"大陆的义务，完全是颠倒是非。至于原命令中限制台湾攻击大陆，则是害怕蒋介石将美国拖入中国内战。艾森豪威尔的"非中立化"政策，意味着美国将不再限制台湾对大陆的任何军事行动，但它将继续阻止大陆对台湾和澎湖列岛的进攻。因此，蒋介石得到消息后，立即指令陈诚召集"总统府秘书长"王世杰、"外交部长"叶公超、"行政院秘书长"黄少谷及其他党政首脑，讨论对美国这一最新政策的对策。2月4日，蒋介石就艾森豪威尔解除台湾"中立化"发表了声明：[3]

余认为艾森豪威尔总统解除台湾武装部队限制之决定，无论在其政治与军事上以及在国际道义上言，实为美国最合理而光明之举措。余相信我国政府及全国四亿五千万人民，无不一致兴奋而为之竭诚欢迎。至于我国今后反共复国之行动，自为自由世界反抗共产侵略之一环，但中国决不要求友邦的地面部队来协助我作战，而且中国自来亦从未作出要求，或存此幻想，此乃余敢为我友邦郑重声明与保证者。余认为美国政府此一决定，凡世界爱好和平拥护正义之自由国家，皆应一致支持。如此方可希望国际共产主义者侵略火焰之削减，惟有使共产集团了解其侵略行动无利可图，不敢冒犯世界大战之危险，乃可由此导致世界之和平。

台湾舆论界也对美国"非中立化"政策赞不绝口，表现出很大热情。而美国也真的没有辜负台湾的期待，艾森豪威尔宣读咨文两小时后，即下令中止第七舰队在台湾海峡的"中立"巡逻。2月6日，美国国务院又通知台湾，原美国驻台"代办"蓝钦升任美"驻华大使"，以配合艾森豪威尔"建立中华民国威望与实力"的政策。同一天，美国军援局局长穆斯德少将抵台访问，蒋介石亲自设宴款待，并与之商讨了加速对台军援问题，美台关系日渐热络。台湾学者认为，艾森豪威尔执掌白宫的8年，对蒋介石支持甚为有力，是美台关系的"蜜月时期"。受此鼓舞，国民党重新加强了对大陆的军事行动，企图实现其"反攻复国"的梦想。

事实上国民党军败退台湾后从未停止过对大陆的军事骚扰。即使在朝鲜战争爆发、美国宣布台海"中立化"后，国民党军也躲在美国羽翼下不断发动对大陆的袭击。随着美军在朝鲜战场陷入困境，美国更是鼓励国民党军的骚扰，以分散中共在朝鲜战场的精力。蒋介石也趁机提出"以大吃小，速进速退"的战术，不断扩大骚扰的次数和规模。艾森豪威尔上台后，更是采取"放蒋出笼"的政策，国民党军对大陆的攻击进一步升级。例如，1953年7月16日，在美国唆使下，蒋介石集中金门守军1万多人、舰艇10余艘，水陆两用坦克20余辆及空降兵若干，向福建南部沿海的东山岛发起进攻，企图切断该岛与大陆之联系，策应其登陆部队之作战。总之，从1950年初到1954年8月，据不完全统计，国民党军对大陆沿海偷袭42次，动用兵力近13万人；从朝鲜战争爆发到1955年9月，台湾空军共出动飞机3500多批6200多架次袭击大陆地区；从1951

年至1954年，台湾军事情报机关向大陆空投特工230多人，以及大批枪支弹药与通信器材。[4]不断加剧的袭扰活动，招致了大陆的猛烈反击，台海危机随之爆发。美国的"放蒋出笼"政策不但未能实现其牵制大陆的目的，反而为蒋介石所利用，被拉到与大陆直接战争冲突的危险边缘。

二 宋美龄与蒋经国访美

美国解除对台限制，派驻"大使"，加速军援，使台湾正在进行的"反共抗俄总动员"运动更加升温。台湾军队在大陆沿海地区也加紧军事骚扰，频频出击。但华盛顿对国民党"反攻大陆"的支持究竟会到什么程度，蒋介石心中没底。所以，他急于同美国最高当局有直接的接触，以达到深刻的了解。在此情况下，蒋介石想到了正在美国"治病"的妻子——宋美龄。

在蒋介石的政治生涯中，"夫人外交"路线是一大特色，尤其是在对美外交中，他更是利用宋美龄的特殊背景，争取美国的同情和援助。宋美龄是1952年10月以治疗复发的皮肤病为名到美国的。当时，美国总统大选正处于高潮之中，她的到来立刻引起了美新闻媒体的注意。不过鉴于在上一届美国总统选举中国民党的拙劣表现，不仅未能收到预期效果，反而得罪了杜鲁门政府，蒋介石险遭被抛弃的教训十分深刻。此届选举在结果尚不明朗之时，国民党的驻美机构都远远躲着，不敢再随便讲话、活动，以免再次押错宝，重蹈覆辙。宋美龄抵纽约后也迅速躲到乡间，"悉心静养"，不对大选情况公开发表意见。

实际上，宋美龄一直十分密切地关注着大选局势的演变，甚至暗地里也有所动作，以致于美国的一些新闻记者指责她"一直在私下为艾森豪威尔的竞选奔走"。[5]这一指责真实与否暂且不论，但至少说明宋美龄是希望共和党的艾森豪威尔当选的。因为艾氏的竞选纲领对台湾十

蒋经国与宋美龄的母子关系并未如外界所传之疏远。图为蒋经国扶着刚从美返台的宋美龄。

分有利。当艾森豪威尔当选的消息传来时，台湾如愿以偿，宋美龄也不再收敛，决定出席艾森豪威尔的总统就职典礼，并通知台湾"驻美大使馆"做好准备。与台湾关系密切的纽约州州长杜威也加紧从中活动，力争使宋美龄出席典礼。

然而，对于邀请宋美龄和孔祥熙夫妇参加就职典礼的计划，遭到许多美国人的反对。国务院的理由是"过去没有先例，从而很难为她（宋美龄）安排适当的坐席"。还有些人强烈反对的理由是，宋美龄等在纽约的知名华人在艾森豪威尔的竞选过程中没有给予有力的支持。[6]其实，反对的根本原因还是美国内部在对台政策上仍存在分歧，相当一部分人对台湾感到不满，"驻美大使"顾维钧也承认"由于无法解释的某种原因"使宋美龄参加典礼的安排遇到了障碍。宋美龄在典礼举行前几天才收到正式邀请，她从这姗姗来迟的请帖中似乎感到了其中的勉强与冷淡。为了不失"尊严"与"身份"，宋美龄收到请帖后即以"身体尚未康复"为由，取消参加艾森豪威尔总统就职典礼的计划，此时距1月20日的典礼举行仅剩3天。

但宋美龄并没有彻底打消访问华盛顿的念头。在艾森豪威尔作出台海"非中立化"的决定后，她再次计划访问华盛顿，设法拜会新总统及政界其他要人联络感情，并了解美国新政府特别是总统对台湾政策的真实意图和态度。为此，她亲笔致函艾森豪威尔，希望能得到接见，并最终获得艾氏允准。宋美龄通知华盛顿的顾维钧等人，务必"全力以赴"做好访问的配合工作，特别是要设法安排她尽量多与一些美国要人见面。

3月8日，宋美龄在顾维钧夫妇的陪同下，参加了艾森豪威尔总统夫妇在白宫举行的茶会。这次会见虽仅属社交活动性质，但宋美龄仍见缝插针地询问美国的对台政策，并特别向艾森豪威尔转达了蒋介石有关成立"中美联合参谋部"的强烈愿望，指出成立这个机构是为了抵抗中国共产党"入侵"台湾的计划，以及必要时完成其他任务。

在拜访过白宫后，宋美龄又经台湾"驻美大使馆"的精心安排，举行了一系列宴会，与美国各界显要见面，联络感情。她先后会见的有美国副总统尼克松、众议院议长小约瑟夫·马丁、参议院临时议长布里奇斯、国防部长威尔逊、内政部长麦凯等人及一批议员，大部分是宋美龄的老朋友和亲国民党分子。在历次会见中，她除了向美国的对台援助"表示赞赏、感谢和敬意"外，还着重与副总统尼克松、国防部长威尔逊、助理国防部长史密斯等人商谈了美方援台、美台军事合作及国民党军撤出缅甸等问题。

3月13日，宋美龄结束了在华盛顿的访问，转赴其他各地，继续为争取美国的同情与支援而游说。如3月20日，她在其母校威士利大学女子学院演讲时宣称："台湾是中华民国行政及经济改革的实验地，我们回大陆时，将以在台湾所从事的改革作为模范"，建设新的国家、新的民族。[7]

宋美龄访美对于宣传蒋介石及其政权，改善其在美国人中的形象，尤其是在建立同美国新政府的密切关系方面，收到了一定效果。蒋介石对此十分满意，宋美龄刚一离开华盛顿，他就致电顾维钧，赞誉和感谢其在宋美龄访问华盛顿期间的工作。当宋美龄3月25日乘机返台时，蒋介石又率"总统府秘书长"王世杰夫妇、"参军长"桂永清夫妇、"行政院长"陈诚夫妇等文武官员至松山机场迎接，慰问"劳苦功高"的宋美龄。

宋美龄返台不久，蒋介石的长子蒋经国又步其后尘，再赴华府。蒋经国得以成行，美国和蒋介石是各有打算。美国已经意识到蒋经国在台湾政坛新生代中无可替代的地位，但对他长期在苏联学习工作的经历及在台湾推行"特务政治"很是不满，想改造他。美参谋长联席会议主席雷德福海军上将访问台湾时，向蒋介石当面转达了美国对这位年轻人的批评，特别是对他任"政治部主任"时采取的种种做法，建议应该让蒋经国访美，亲眼目睹美国人如何生活、工作、处理政治和福利等各种问题，"对美国的民主方式产生兴趣"。[8]蒋介石有意培植蒋经国，他清楚任何一个想在台湾独当一面的人，都需获得美国的支持。他也想让美国人更"全面地了解"蒋经国，消除对他的"误解"。雷德福的提议可说是正中下怀，蒋介石立即命蒋经国去拜访雷德福，双方商定了蒋经国访美考察事宜。

1953年9月初，蒋经国应美国国务院和国防部邀请，以私人名义赴美考察。他在美国40余日，拜会了美国朝野政要多人，尤其是美军的高级将领。其中9月29日在白宫会见艾森豪威尔总统，向他介绍了台湾政治、经济、文化等各方面的情况，特别赞扬了美国经援和军援所发挥的重要作用。蒋经国还介绍了自己对美国考察的观感，并把写有蒋介石题词的、艾森豪威尔所著《欧洲十字军》的中译本赠给艾氏。蒋介石在题词中说：这本书在台湾出版，受到了广大中国民众的欢迎，不仅在台湾，而且在东亚其他地区也如此。[9]艾森豪威尔询问了蒋经国有关方面问题，建议他参观美国的军事院校，并要求台湾撤出其长期滞留缅甸的残余部队。

蒋经国访美期间，也和新闻界广泛接触，畅谈访美观感，赞扬美国社会和制度给他的深刻印象，借以"包装"自己，试图改善以往在美国公众心目中的不良形象。10月19日，蒋经国结束了首次美国之行，返回台湾，蒋介石达到了将儿子"推销"给美国人的目的，颇为满意。蒋经国回台后，在各大报上连载访美观感，盛赞美国的民主与发达，使美国人觉得确实达到了邀请的目标。其实，这只是蒋氏父子的一种公关手段，他们盛赞美国是一回事，是否将美国的那一套搬到台湾，则是另一回事。

从艾森豪威尔的台海"非中立化"到蓝钦出任"驻华大使"，再到宋美龄、蒋经国访美，美蒋关系迅速升温，其中是美国驻台北的首任"大使"蓝钦在1953年初向蒋介石递交了"国书"是其重要标志，此前，美国驻台湾的最高外交官蓝钦的身份是"公使"。美国提高驻台官员的规格，使蒋介石感到振奋："美国新大使已呈递国书，此乃四年之苦斗与忍辱之结果，从此国际地位亦将逐渐恢复矣。"[10]但美国真会支持蒋的反攻计划吗？事实说明，台湾只是美国实现其战略目的工具。当朝鲜停战协定签字后，美国由于害怕蒋介石对大陆的作战把自己再次卷入一场大规模战争中，又开始逐步地限制台湾军事行动。

三　尼克松访台

美军在朝鲜战场上付出的惨重代价和朝鲜战争的僵持局面，使美国政府认识到其以武力统一朝鲜、遏制共产主义在亚洲"扩张"的政策是行不通的。艾森豪威尔上台后开始考虑制定新的亚洲政策，以弥补朝鲜停战后将给美国造成的"损失"，期望以政治手段达到军事手段没有达到的目的。1953年末，艾森豪威尔派副总统尼克松为其代表，出访远东15个国家和地区，实地考察了解情况，征询意见，为新亚洲政策做准

尼克松访台虽然风光，但是此时毕竟还是 1953 年，再过 19 年到了 1972 年访华会见了毛泽东，可谓此一时也彼一时也。

备。台湾岛也是其计划访问中的一站。

　　对于蒋介石来说，尼克松的来访绝对是一大喜讯。朝鲜战争爆发使美国改变政策，国民党转危为安，获得了喘息的机会。但朝鲜战争一结束，来自海峡对岸的压力将日益加大，这使他感到十分不安。美国已与菲律宾、韩国等亚太国家签订了"共同防御条约"，惟独台湾的国民党政权被忽略了。美国究竟在台湾问题上采取什么样的政策？蒋介石不清楚，他急切地想同美国最高当局直接接触，有几次他通过私人渠道向美方探询他访问美国的可能性，但都被对方以巧妙的回答搪塞过去。尼克松的到访，为他提供了一个了解美方立场的机会。尼克松在美国以坚决反共而著名，是"鹰派"人物，蒋介石在反共问题上与他有共同语言。

　　11月8日下午，尼克松偕夫人及随员9人乘专机抵台北松山机场，蒋介石夫妇率文武官员数百人至机场欢迎，并举行了隆重的欢迎仪式。台北市家家户户被通令悬挂星条旗和青天白日旗，松山机场及尼克松座车经过之处，部署了大批宪警及保安人员，戒备森严。当尼克松专机飞抵台湾上空时，蒋介石令11架战斗机升空迎候以示敬意，并护卫专机至机场，当尼克松走下飞机时，又鸣礼炮19响致敬，尼氏被蒋介石接至自己的官邸休息。台湾舆论界说："自第二次世界大战结束后，我国欢迎外宾场面如此热烈隆重，各国来华官员能享受如此殊荣者，尼克松副总统尚系第一人。"[11]

尼克松当晚受邀发表广播演说，表明美国坚决支持台湾的立场。次日上午，蒋介石和尼克松举行了特别会议，陈诚、叶公超等也参加，双方就美国援助台湾、中国在联合国代表权和台美缔结军事条约等问题进行了磋商。

关于军援问题，蒋介石介绍了其对美援运用的情况及取得的成就，介绍了海峡对岸人民解放军不断增强的海空实力，要求美国加快交付军援物资特别是飞机和舰艇的速度，以迅速提高国民党军的战斗力，随时应付解放军发起的渡海作战。蒋介石还乘机向尼克松递交了一份关于美国援助——特别是军事援助和需要增加通用项目援款的备忘录。

大批美国军事装备运抵台湾后，其运输组装、使用培训及配套设置等所需用的资金越来越大，成为台湾财政难以负荷的沉重包袱。蒋介石不得不向美国提出，再增加20％的补充军事拨款（约5100万美元），以缓解台湾的财政危机。

在蒋介石反复要求下，尼克松允诺扩大对台援助计划的使用范围，金门和大陈诸岛驻守部队，也将由美国按台湾岛上所装备各师的同等条件进行装备。但尼克松拒绝了蒋介石把这些岛屿划入第七舰队巡逻范围的要求。[12]

关于在联合国的代表权问题，蒋介石批评了英国承认新中国并向美国施加压力以促使联合国承认和接纳新中国代表的做法，认为这"是破坏世界反共阵线，破坏民主阵营团结和力量"，认为英国为保护在大陆

蒋介石接见美国国务卿杜勒斯等一行，会商有关实施《美台共同防御条约》之具体步骤。杜勒斯是『马歇尔计划』『北大西洋公约』的主要制定人，直接参与组织了1950年对朝鲜的侵略战争。

的利益而匆忙承认北京政府，结果适得其反，因而告诫美国要吸取英国的教训，继续支持台湾的"中华民国"，保持其在联合国内的席位。为了争取英国在联合国内的支持，蒋介石还希望尼克松向英国转达他的如下保证："一旦中国政府返回到大陆，它将承认和保护英国在大陆的合法利益，也不打算收回香港。"[13] "反攻大陆"以后如何如何，是蒋介石开给台湾民众的一张空头支票，有时他会不自觉地向外国人许诺，只是外国人都知道他是泥菩萨过河，空头支票的效用自然有限了。

关于双方缔结军事同盟条约问题，蒋介石比较急切，请尼克松向艾森豪威尔转达其要求，并尽快付诸实施，"将双方业已形成的事实用法律形式固定下来"。蒋介石还向尼克松递交了一份关于远东总的形势和共产党在远东的威胁及其可能发展的备忘录，用以说明双方缔约的必要性。

蒋介石安排尼克松参观了美国军事援助下的国民党军队的训练与演习。他邀请尼克松参加了"国军42年度台北区大检阅"和精心策划的大规模军事演习。演习结束后，尼克松对国民党军大加赞赏，称"这是世界上最优良的部队"。对此评论，蒋介石很高兴，他也在演讲中盛赞"尼克松为我们患难知己的朋友，他对过去历史极为了解，他始终是我们反共抗俄的朋友"，并声称"今后中美不仅在军事上合作，更应在政治经济上充分合作以达共同之目标，不但现在要合作，将来还要合作乃至永远"。[14]

蒋介石还安排尼克松广泛地接触了台湾社会的各个层面，以博取其好感。

就在台湾为尼克松的来访而高兴时，美国国务卿杜勒斯在11月9日的记者招待会上发表关于美国对联合国接纳新中国问题态度的谈话。杜勒斯说，接纳一个政府加入联合国不同于接纳一个国家为新会员国，接纳新会员国不仅需经联合国大会表决，而且需经可行使否决权的安理会表决，而接纳一个政府则仅需没有否决权的大会即可决定，因而接纳红色中国的问题比较容易解决。杜勒斯甚至还说："美国政府从未说过它永远拒绝承认共产党中国。"[15]杜勒斯的谈话蕴含着两方面的意思：一是它随时有可能承认大陆的新中国政府；二是美国认为联合国中可以同时出现"两个中国"，一个在安理会，另一个在联合国大会。杜勒斯的谈话无非是要表明美国外交政策的"灵活性"，但台湾当局听到这一消息后却惶恐不安。蒋介石命令"驻美大使"立即与美国国务院交涉，要求其就此问题详加澄清，同时，他亲自同正在台访问的尼克松接触，以搞清美国的真实用意。

11月12日，在台湾访问了三天的尼克松离台转赴韩国。在机场，他发表了一份书面声明，对杜勒斯在记者招待会上的谈话加以说明。声明说，关于承认中共政权和吸收其加入联合国问题，都是有条件的，现在差距还很大，根本无法考虑。尼克松对蒋介石领导下的台湾大加赞扬，认为台湾在"军事、政治、经济、教育、社会各方面的进步均超过其想象之外"，"具有极大的潜力，不仅为太平洋最坚强的反共堡垒，即在整个自由世界中它当推为具有强大的实力之一员"。[16]

尼克松的声明，使送他至机场的蒋介石放心不少。在一片礼炮声中，尼克松的专机离台而去。

1956年7月，尼克松第二次访台。此时，正是周恩来总理在万隆会议上提出"和平共处五项原则"之后，美国开始与新中国直接接触，磋商改善两国关系。蒋介石对此极为敏感，他担心美国会以牺牲台湾的利益向大陆妥协，例如，它所控制的沿海岛屿的归属、在联合国的代表权等问题，以换取大陆在某些问题上的让步。尼克松访问期间再次向蒋介石保证，美国将继续支持他和他的"国民政府"。

具有讽刺意味的是，就是这个一向强硬"反共"、被蒋介石称为"患难知己"、"反共抗俄的朋友"的尼克松，在当选为美国总统后，却采取了抛弃蒋介石、改善中美关系的重大行动，使中美两国在实现关系正常化道路上迈出了决定性的一步。

四 "美台共同防御条约"

朝鲜战争爆发后，美国第七舰队在台湾海峡构筑了坚固的防线，拯救了溃逃台湾的蒋介石政权。随后各种援助也源源不断地运抵台湾。例如，1951年2月，美国政府拨款5000万美元作为对台军援；5月份，又提供2120万美元用于台湾海空军的发展。1951年财政年度，美国给予台湾的经济援助达9804万美元；1952年财政年度，美国对台援助总数为8148万美元；1953年财政年度更达到10550万美元。[17]台湾的军事装备条件，军事战斗力有明显改善；台湾的基础设施，工农业生产也有明显的改善、恢复甚至是发展。但这并未从根本上解除蒋介石的担忧：其一，这些援助都是美国总统以行政命令方式采取的措施，是暂时的；其二，一旦情况发生变化，特别是朝鲜战争结束，就难保美国继续提供这些援助了。所以蒋介石企图与美国签订一项全面的政治、军事协定，用法律条文的形式将美国援助固定下来。他先后提出了缔结"东亚反共联盟"、"东北亚反共联盟"、"太平洋反共阵线"、"中、韩、菲三国反共联盟"等许多方案，希望美国支持并参加，均遭到杜鲁门政府的冷遇。更让台湾尴尬恼火的是，美国在多次拒绝其提议的同时，却在同菲律宾、澳大利亚、新西兰乃至于韩国和东南亚国家讨论结盟之事，且已取得了不少成果。

艾森豪威尔上台后，对台采取积极援助政策，鼓动蒋介石频繁骚扰大陆以向朝鲜战场中共方面施加压力，使蒋介石再次燃起了缔结双边条约的希望。1953年7月，朝鲜停战协定签字，蒋介石更有一种从未有过的危机感。因为朝鲜战争结束后，美国第七舰队将无法继续留在台湾海峡，而中共军事力量得以自朝鲜抽身，可能集中于台海地区，台湾又将面临来自对岸的强大军事压力。

蒋介石决定采取积极的步骤谋求与美国签订一项条约，以把美国的保护伞牢牢地固定在台湾。1953年10月，蒋介石得悉"美韩共同防御条约"在华盛顿签字，立即指令顾维钧积极敦促美国尽快考虑与"国民政府"缔结共同防御双边条约的建议。11月初，美国副总统尼克松在台湾访问时，蒋介石又向他表示，美国已同菲律宾等国签订了军事同盟条约，惟独没有与台湾签约，"反共防线"上存在空缺的一环，希望美国能按照美菲、美澳、美新或美韩安全条约的模式，尽快与"中华民国"缔结双边安全条约。同年12月，台湾以"美韩条约"为蓝本，主动草拟了一份"中美安全条约"，提供给美国国务院参考，并正式向美方提出了签约要求。

鉴于台湾的再三要求，也考虑到朝鲜战争结束后，第七舰队如继续留在台湾海峡必须寻找新的借口，美方同意商谈缔结双边军事协定事宜。于是台美双方在台北和华盛顿开始了断断续续的非正式会谈。特别是1954年5至6月间，艾森豪威尔派美第八军军长符立德为特使，率高级代表团连续三次访问了台湾，与蒋介石秘密会谈八次，商讨有关军事协定问题。

由于美国竭力想避免与新中国的直接冲突，因此在商谈过程中，双方遇到了在对日和谈过程中曾经遇到过的问题，就是条约适用范围问题。台北方面希望条约能适用于中国全部领土，而美国方面则表示条约只能是纯粹防御性的，它只能适用于台澎地区，即使还在国民党军控制下的大陆沿海岛屿如金门、马祖、大陈等也不在此范围内。双方的磋商随即陷入泥沼之中。美国国内更有人从根本上反对同台湾缔结条约，呼吁美国政府尽快承认新中国，实现两国关系的正常化。美国政府对此犹豫不决，一拖再拖。

此时，受国际国内局势的影响，毛泽东和中共中央对台湾问题产生了新的认识。中共中央认为："在我国大陆解放战争胜利结束和朝鲜战争胜利停战之后，现在我们面前仍然存在一个战争，即对台湾蒋介石集团之间的战争；现在我们面前仍然存在一个任务，即解放台湾的任务。"中共中央同时决定，要在政治上，"开始必须收复台湾和揭露美蒋的宣传"；军事上，"加强沿海对蒋介石集团的海空斗争"。据此，"解放台湾"被放在了新中国政府的突出工作位置，《人民日报》发表了"一定要解放台湾"的社论，中国人民解放军总司令朱德在建军27周年纪念会上也强调"中国人民一定要解放台湾"。为显示大陆解放台湾的决心，中央军委决定："首先在浙江沿海，以空军力量为主，结合海军鱼雷快艇，袭击国民党军舰艇，伺机夺取部分沿海岛屿，为解放台湾创造条件。"经过精心准备，9月3日人民解放军突然猛烈炮轰金门国民党军阵地，击沉、击伤其军舰7艘。22日，人民解放军再次大规模炮击金门，国民党军也出动飞机反击，双方展开对攻。[18]国民党军遭受重创，两名驻金门岛的美军顾问团观察员也葬身炮击之中。海峡两岸局势骤然紧张，台湾以为大陆拉开了解放台湾的大幕。

金门局势的紧张引发了美国国内又一次激烈争论：巡逻于台湾海峡的第七舰队要不要加入保卫金门的战斗？好战的美国军方领导人从军事战略的角度出发，要求对包括金门在内的大陆沿海岛屿予以协防，以阻止人民解放军的进攻；但大部分美国人不主张卷入对中国大陆的战斗，更怕由此而触发第三次世界大战。艾森豪威尔政府迫于舆论压力，也为了保证共和党在新一届国会议员选举中获胜，以"在亚洲开辟第二战场不合时宜"为由，拒绝帮助台湾军队防守金门岛。[19]不仅如此，正在菲律宾参加东南亚条约组织签字仪式的美国国务卿杜勒斯，于9月8日突访台湾，准备敦促和劝说蒋介石放弃金门。

次日，蒋介石在阳明山官邸接见了杜勒斯一行。蒋介石告诉杜勒斯他已控制了金门的局势，希望美国在"收复大陆"方面给予合作，并声称如果美国给以支持，他就能"解放"和统一全中国。他还向杜勒斯表白："我自己一向认为美国是我国惟一的忠诚朋友"，"我们把我国国策建立在中国与美国传统友谊的基础之上……为了使美国的政策获得成功和美国的安全得到保障，我们宁肯牺牲我们自己的利益，因为我们相信，一个繁荣、富强、安全的美国对中国有帮助，有好处，使它能与美国共同生存，共同昌盛，这是我发自内心的良知，绝不是外交辞令"。

但当他得知杜勒斯此行的真正目的是要让他放弃金门后，便口气一转，开始批评美国的对台政策，"近来美国政策从总体上来说有些犹豫不决，缺乏主动性"，这种不主动性的最主要表现是美国对签订"美台共同防御条约"不感兴趣，他说：

> 我了解到美国对签订这一条约迟疑不决的主要原因是认为中国政府处于动荡状态，尚不稳固。但是，我认为台湾的动荡是美国政策执行的结果。如美国对我们采取稳定的政策，台湾不会被人们视为不安定状态……如美国对台湾采取一种果断政策，我断言没有哪个非共产党国家会再主张接纳中国共产党加入联合国，或托管台湾，此外，台湾的局势也会进一步稳定起来。实际表现这种果断政策，就是签订拟议中的中美双边协定。

美国人之所以对签约不感兴趣，就是担心条约签订后，美国被蒋介石利用为其"反攻大陆"的工具，为消除美国人的担心，蒋介石解释说：

事实上拟议中的双边条约是防御性的而不是进攻性的，是政治性的而不是军事性的。固然，两国之间目前尚无见诸文字的协议，但是我们的军事行动，如对大陆的袭击，总是事先通知美国，取得同意……这证明我们不会单方面采取与美国政策背道而驰的行动，更不用说想把美国拖入战争了……我热切希望在艾森豪威尔总统和阁下的国务卿任期内，美国可完成一个伟大的历史使命，即提供军火、经济和技术援助，支持我们反攻大陆，而不直接参战。光复大陆不只意味着拯救我四亿五千万不幸同胞，也拯救整个亚洲，这对美国没有坏处，事实而且会使美国外交政策的成就达到顶点。

蒋介石最后向杜勒斯保证："没有美国的同意，我们不实行反攻。"[20]

然而，对于蒋介石尽快签约的要求，杜勒斯却不置可否，只是提出了适用范围难以解决等一大堆困难，并推脱说，签订一个新的条约来取代美国总统对台湾共同防御的行政命令是不明智之举，缺乏灵活性。这甚至否定了签约的必要性。

美国的再三躲避并没有使蒋介石丧失信心，反而更加紧了努力步伐。10月8日，他接见美联社记者时又就缔约问题加以解释："大部分美国人对中国情势有两种无根据之恐惧：一是国军反攻必然失败，二是美国将被牵入此项冲突"，实际上，"中国国军倘须在大陆上与苏俄作战，必能将其击败"，而且"国军将来在大陆作战，毋须他国军队参战，国军所须者仅军械与装备而已"。[21]10月13日，他在会见赴台商谈关于新西兰向联合国提出的在台湾海峡地区实现停火案的美助理国务卿劳勃森时，再次希望美国保证在安理会对此提案作出决定之前，签订"美台共同防御条约"。[22]

由于蒋介石的强烈要求，为使台湾这艘"不沉的航空母舰"不致在大陆不断增强的军事压力下"沦陷"，致使其西太平洋防线被切断，美国最终决定与台湾缔结军事协定。1954年11月2日，蒋介石任命在美参加联合国大会的"外交部长"叶公超为全权代表，与以杜勒斯为首的美国代表在华盛顿开始谈判缔约问题。他特别重视谈判工作，指示有关人员，凡需送他过目的函电，不必照常规由"外交部"转呈，而是直接发往"总统府"。

台美双方力量悬殊，利益不同，立场也不尽相同，谈判难免陷入讨价还价与激烈争论之中，争论比较激烈的有两点：一是关于适用范围问题，二是关于双方军事力量部署问题。

关于第一点，双方在非正式会谈中已有初步协议，条约不适用于大陆地区，也不包括国民党的"反攻"军事行动。但台湾希望条约能把其占领的大陆沿海岛屿，尤其是金门等地包括进去。其代表在谈判中反复陈述确保这些岛屿对于保卫台湾、重返大陆如何如何重要，要求美国同意把这些小岛列入共同防御对象，至少在条约中应出现金门、马祖等字样。美国代表则对此坚决反对，认为这将使其面临被卷入一场新的战争的危险，会遭到美国人民特别是国会议员们反对，这将使该条约无法批准，并以此为由坚决反对。正当双方僵持不下时，蒋介石电令叶公超等人：如果美方坚持把条约的适用范围明确限制在台湾和澎湖，那么我方一定要坚持在"台湾和澎湖"字样后边增加一些语句，以表明"有关双方联合防御的一切问题必须通过共同协议作出决定"的意思，只有这样，才可不明确提及沿海岛屿。[23]

双方经过长时间争论后，有关适用范围问题总算得到解决，最后形成的文字是："所有'领土'等辞，就中华民国而言，应指台湾与澎湖；就美利坚合众国而言，应指西太平洋区域内在其管辖下之各岛屿领土。第二条及第五条之规定并将适用于共同协议所决定之其他领土"，[24]从而满足了各自的要求。

关于第二点，争论的原因同样是由于美国担心蒋介石的军队单独采取军事行动，会把它拖入一场未经它同意的战争之中，尤其是担心蒋介石钻"共同防御"的空子，找借口把其军队全部调往沿海前线，而迫使美军承担起防守台湾本岛及澎湖的责任。虽然蒋介石及其代表在正式谈判前及谈判过程中反复向美方申明："无论何时，如果我们采取军事调动以便对大陆采取大规模军事行动，必须事先征得美国同意。"但美方仍感到不放心，提出一个议定书草案，把蒋介石的保证写入条约，希图以此来限制与冻结国民党未来的军事行动。而在台湾看来，这等于迫使其放弃"重返大陆"的希望，台湾的代表不断向美方重申，台湾将遵守秘密承诺，在采取大的军事行动前通报美国，"蒋总统一旦作出保证，决不食言"，[25]不想接受这一条款。

但美国坚持要立字为据，蒋介石乃退而求次，指示叶公超在谈判中要求美方将议定书改为换文的形式（换文不属条约之一部分，不必公布于众），同时在换文的内容方面至少要在文字上表现出"相互性"，以防"不平等"条文遭人讥笑。例如，要争取在换文中说明在正式条约中所规定的在两国领土上使用武力行动，必须是共同协议。蒋介石提此要求仅是为了脸面好看些，但美方认为，这等于是让台湾对美国总统在自己国家领土上部署美国军队的权力享有否决权，故坚决反对。为了寻找一个合适的表达形式，双方又经过激烈争吵，最后的解决方法是对美国方案略加修改，在文字上稍增"相互性"，另外再加上一句"凡由两缔约国双方共同努力与贡献而产生之军事单位，其调离第六条所述各领土达于实质上减低此等领土防守之可能性之程度者，须经共同协议"。[26]这不过是各说各有理的模糊语言，但它却消除了美台缔约谈判的一大障碍。

11月23日，"美台共同防御条约"在华盛顿草签，蒋介石如愿以偿，25日他致电杜勒斯表示谢意。12月1日美台共同发表声明，宣称已完成缔结共同安全条约之谈判。次日下午4时，蒋介石任命的"全权代表"叶公超和顾维钧正式在"美台共同防御条约"上签字。"条约"宣称双方"愿公开并正式宣告其团结之精诚及为其自卫而抵御外来武装攻击之共同决心"，台湾给予美国"依共同协议之决定，在台湾、澎湖及其附近为其防御所需要而部署美国陆、海、空军之权利"，美国则协助防御台澎地区。[27]

至此，历时一年的缔约谈判宣告结束，台湾媒体大造声势，不无夸张地说"这一新协定代表中美百年友谊的一个新高峰"，"这一条约意味着反共最久的中华民国已得到全世界的广大道义的支持"。蒋介石也高兴地声称，"条约"的签订标志着台湾已加入美国为首的"太平洋反共阵线"，"不独能弥补太平洋阵线的空隙，且能强固我后方基地，更可使我今后反攻复国作战前途，立于不败之地，自将事半功倍之效"。[28]他在日记中写道："中美互助协定已于三日晨正式签订成立，此乃十年蒙耻忍辱苦撑奋斗之结果，从此我台湾反攻基地始得确定，大陆民心乃克振奋。此诚黑暗中一线之曙光。"[29]因此，他立即致电"外交部长"叶公超和"驻美大使"顾维钧，表示："至念贤劳，特电嘉慰。"同时，致电艾森豪威尔致谢：[30]

当中美共同防御条约签字之际，谨向阁下亲切致意。贵我两国缔结之条约不仅加强了两国人民防止共产党侵略之斗争中的紧密联系，而且提高了千百万崇奉自由的亚洲人民之信念。我相信，由于坚定的信念与勇气，我们必将战胜企图奴役自由世界之邪恶势力。

然而，艾森豪威尔并不如蒋介石这么兴奋，他甚至都没有礼节性地回复蒋的电报，这使蒋介石如遭当头冷水，对条约的前途感到担忧："中美签约时，余发艾克祝贺，而彼不覆电，此不仅不守国际之惯例，而其对本约之强勉或无视与不愿之心理甚明。应特加注意其今后之发展形势如何，不可忽视。"[31]

台湾当局为了自保，只能借助外力，甚至为此不惜让美国在台驻军，置领土与主权的完整于不顾。虽然在谈判过程中试图争取"平等"和"相互性"，但美台力量悬殊，根本无法改变"条约"事实上的不平等。

"美台共同防御条约"的签订，遭到了中华人民共和国的坚决反对，周恩来总理发表声明，指出这是美国为使其侵略台湾合法化，进一步扩大战争的行为，这个条约是"卖国的、非法的、无效的"，解放台湾是中国内政，绝不容许他国干涉，中国人民一定要解放台湾。[32]

五　拒绝"海峡停火案"

台湾是中国神圣不可分割的领土之一部分，这是不争的事实，也为《开罗宣言》和《波茨坦公告》所确认。但自第二次世界大战结束以来，美国等西方国家为牢固控制台湾岛以封锁所谓的"共产主义侵略"，不惜干涉中国内政，以"台湾地位未定"等谬论为借口，力图把台湾从中国分裂出去。西方国家的这一计划，不仅遭到中国共产党人的坚决反对，也遭到国民党人的抵制。

早在1947年8月，美国特使魏德迈考察台湾后即向国务院提出将台湾交联合国"托管"。国民党在大陆的失败已成定局的时候，"托管"之议甚嚣尘上，连美军驻日统帅麦克阿瑟也表示：在对日和约签订之前，台湾仍属于盟军总部。[33]对此，蒋介石表示："余必死守台湾，确保领土，尽我国民天职，决不能交归盟国。"1949年6月，麦克阿瑟正式向国民党政府驻东京代表团探询，希望国民党把台湾交盟军总部或联合国代管，蒋介石的回答是："台湾归盟国或联合国暂管之拟议，实际上为中国政府无法接受之办法；因为此种办法，违反中国国民心理，尤与中正本人自开罗会议，争回台澎之一贯努力与立场，根本相反"，[34]拒绝了美国人的提议。

蒋介石此举，毫无疑问是出于对自己及国民党集团利益的考虑，恐惧台湾被美国人接管后他所面临的寄人篱下任人驱使的处境。同时，也是出于对外国势力阴谋的担心。此后美国又多次重提此议，均被蒋介石回绝。

朝鲜战争爆发后，美国未同国民党协商，便单方面宣布派兵进入台湾海峡，杜鲁门总统重弹台湾地位要等"对日和约"签订后或由联合国决定等"台湾地位未定"的老调。蒋介石认为这是无视中国主权和尊严的行径，命令顾维钧立刻前往美国国务院交涉，希望美方能把其进驻台海的理由改为应"中华民国"的邀请对台湾进行"协防"。无奈美国不肯接受，蒋介石最后在默认美国人决定的同时，令"外交部长"叶公超公开声明："台湾系中国领土之一部分，乃为各国所公认。美国政府在其备忘录中，向中国所为之上项提议，当不影响开罗会议关于台湾未来地位之决定，亦不影响中国对台湾之主权。"[35]表明台湾当局没有同意美国的意见，坚持了台湾是中国领土之一部分的基本原则。鉴于台湾的一再反对，美国以"台湾地位未定"来分割中国领土的计划一时难以进行。

1954年8月起，国共两党在台海地区的冲突不断升级，尤其在金门地区的炮战，达到了白热化状态。美国乃趁机提出所谓的"停火"问题，企图达到使台湾避免"沦陷"的目的，并进而使国共脱离接触，以分离台湾。

人民解放军对金门的大规模炮击，国民党军损失惨重，金门地区随时有被攻占的可能。台湾强烈要求华盛顿协防金马地区，并把这一点列入双方正在讨论的"美台共同防御条约"。但是，刚刚从朝鲜战场脱身的美国不敢再次卷入大规模的战争中，它不仅不答应台北的要求，而且对其在金门地区的军事行动多方限制。当国民党空军要求美军顾问团和美国太平洋舰队司令部立刻批准它对大陆进行报复性空袭时，美国人拖了7个小时才勉强同意，美国"驻华大使"蓝钦则要求国民党空军"适可而止"。

美国人深刻地认识到，蒋介石是难以驾驭和驯服的。特别是国务卿杜勒斯亲眼目睹了蒋因美国政策的迟疑观望而愤怒不已的情景后，感到有必要借助国际力量来压蒋介石就范。9月12日，杜勒斯提出将中国沿海岛屿冲突问题提交联合国安理会处理，以获取一项维持原状和实现停火的决议，从而冻结金门、马祖等岛屿，防止战火的蔓延。他同西方一些国家接触后，决定请新西兰向安理会提出议案。10月12日，美国国务院助理国务卿劳勃森等人怀揣新西兰提案的拟定书突访台北，同蒋介石、陈诚等台湾官员进行了4次长达7个小时的会谈。劳勃森告诉蒋介石，新西兰将向联合国安理会提案，要求在金门地区停止敌对行动，并建议采取和平的解决办法，俟新西兰提出后，美国将予支持，希望台北方面对这一提案不要有过激的反应。

劳勃森的突然造访，本已使蒋介石"大为惊讶"，而所提要求更使他感到震惊，他对美国此举十分不满，言辞之间颇为激动。他说："将该提案提交联合国于我百害而无一利，至低亦将沉重打击我军民之精神与士气。以我政府观察，此种情况至关重要，其性质可与马歇尔将军之调停相比。当时，我国追随美国政策，而结果失去中国大陆。吾人之责任在当时未能将其政策之严重后果相告。时至今日，必不容重蹈此灾难覆辙"，"以新西兰提案维护外围岛屿，无异于抛弃外围岛屿。吾人宁艰苦战斗而失去外岛，亦不愿承认新西兰提案保全之"。他还告诉劳勃森，他已下令守卫外岛，战斗到底，不管有无美军的支持或补给。

劳勃森在遭蒋介石拒绝之后，便软硬兼施，施加压力。他一方面警告蒋介石，如该提案提交联合国大会讨论，美国将尽力防止讨论范围的扩大，但如果其他国家提出该案，内容可能较为复杂和笼统，这样，美国就会感到更难对付。另一方面，为了安慰蒋介石，劳勃森又表示，美国完全了解该提案的提出可能将置台湾于极为困难的境地。美国对此已有所安排，愿在提出该案时明确说明它坚决支持"自由中国"，例如，在该提案提出时，为了抵消它的不利影响，美将宣布"美台协防条约"早已进入讨论阶段。

同美国签订双边军事协定，是蒋介石梦寐以求之事，故劳氏作出承诺后，他也作出让步，他要求美国政府"以劝说新西兰政府不提此项提案为宜"，如果无法制止，则应于提出建议之前，至少提出之同时，由美国政府宣布它正积极与台北谈判缔结一项双边条约，而且为尽量减少新西兰提案所产生的不利后果，"美台共同防御条约"必须在安理会对该提案作出决定之前签字。此外，作为交换，如安理会美国代表能及时出面声明"美国认为共产党'入侵'金门实乃对'中华民国领土'进行'侵略'之一种形式，为此美国不能支持此一提案"，则台北可指示其驻"联合国代表团"持保留态度而不表示反对。[36]

10月16日，蒋介石电令叶公超与顾维钧，在同美国人会谈中必须毫不动摇地坚持台北会谈中所达成之基本原则，即"如美方不接受我们提出的条件，我们那时要明确地说出我们反对新西兰提案"，"即使美方完全接受我们的条件，该提案的原文也应修改，我们不能同意把我们政府的称号和非法的共产党政权的称号相提并论，'采取和平方法'一词也应取消"。[37]

根据蒋介石的指令，叶、顾二人同劳勃森等人在华盛顿进行了数次会谈。叶公超等人指出，新西兰提案"实毫无可取之处"，如果付诸实施，"将连根拔掉我们'光复大陆'的希望"，"切望美国在决定支持新西兰决议案之前，认真考虑其可能导致之军事后果"，如美国能说服新西兰政府不向安理会提出，则台湾方面会"不胜感激"。[38]

美方代表在会谈中则反复申述美国的"善良"用意，杜勒斯甚至劝说台湾代表：他相信苏联必将对新西兰提案加以否决，而共产党国家接受此项提案的可能性为1/50，他觉得"中华民国"能经得起这样一次1/50的风险，国家好比个人，有时候也必须冒点风险，"中华民国"在目前情况下，不妨冒一冒这个险。但美国不了解，蒋介石本钱无多，不会拿此最后的资本一赌的。因而，台湾对美国的劝说再不让步。在此情况下，美国决定暂不提此事，先全力解决"共同防御条约"问题。[39]美国并未从根本上放弃"停火"之议，而是在等待机会。1955年1月，大陈局势日益紧张，"两个中国"论再度泛滥。许多国家视此为解决台海危机的最佳方案，美国国务卿杜勒斯亦一度对此寄予希望。美国政府趁机以"美台共同防御条约"已签字为借口，再次向台北施压，让其在新西兰提案上配合美国的行动。

1月18日，当中国人民解放军发起"一江山岛"战斗时，艾森豪威尔总统和杜勒斯国务卿先后发表谈话，对倡议中的台湾海峡"停火案"

表示欢迎。艾氏说："我很愿意看到联合国在努力发挥其影响。"美国舆论界也是一片附和之声。1月19日下午，美方通知台北，表示它已决定：一、按照美国的意见，台湾从大陈撤军将是一项明智的措施，美国准备对撤军提供空中和海上掩护；二、在联合国采取某些行动之前，美国拟公开宣告它将参与保卫金门地区；三、美国将把这个问题提交安理会，供其进行考虑和采取行动，以实现停战。[40]蒋介石经过考虑，决定接受美国的大陈撤军建议，但对停火一案仍持反对态度。蒋介石的考虑是，美国的建议"在军事上甚合情理，惟其后果与果实不胜痛苦"，但如果不接受，则美国国会可能对台美防御条约"搁置不理矣"，故只好决定接受其意见。[41]他在台北同"美国大使"蓝钦及军事顾问团团长蔡斯进行会谈时，严厉指责美国的"停火"建议。他说："在大陈撤退问题上，我们已经受到重大打击。假若我们继之再接受停火，则必然会丧失我国官兵和海外华侨的士气与民心"，因此，台湾坚决反对"停火"。[42]

但是，美国人并不理会蒋介石的态度，继续推动"停火案"。1月27日，美方将新西兰驻华盛顿大使致当月安理会主席函件的初稿及其提案草案，交给台湾代表。美方还告诉台北，届时新西兰还将提议邀请北京方面代表到安理会说明其观点与立场，美国不会作此提议，但若他国提议，美不会反对。

美国对新西兰提案的态度，特别是要邀请北京代表出席安理会的决定，引起了蒋介石的极大不安。他立刻致电在华盛顿的叶公超、顾维钧，要求他们全力以赴同美国交涉，"必须遏制新西兰提案以便排除无休止之政治阴谋"。蒋介石非常清楚，美国既已决定，是无法再让它改变的，所做的只是尽量争取体面些而已。因此，在美国作出保证之后，台北也不再坚持反对，但为了表示大陈撤退是主动而不是在联合国"停火"压力下之行动，它决定在有关决议作出之后，再行撤退。

1955年1月31日，联合国安理会开会。会议首先就新西兰提案及苏联所提"控告美国侵略中华人民共和国"案进行表决，以确定是否列入议程。在表决前的辩论中，台湾代表蒋廷黻批评苏联的提案是"苏联帝国主义侵犯中华民国的又一个事例"，而新西兰的提案"显然是不切实际、见解肤浅的，因为这个提案没有指明问题的根源，而苏联的提案则不过是宣传而已"。[43]但投票的结果，新案以九票对一票被列入议程（苏联投反对票，台湾弃权），苏案也以十票对一票被列入议程（台湾投反对票）。在随后对安理会主席所提邀请北京代表参加讨论新案的提案表决时，蒋廷黻虽再次极力反对，投票还是以九票对一票通过（苏联弃权，台湾投反对票）。

台湾所以极力反对北京代表出席安理会，是认为北京会以此为契机，不惜以"海峡停火"、承认"两个中国"的现状为代价，加入联合国，向台湾提出挑战。但台湾显然过低地估计了中共领导人的民族情感与原则。早在新西兰"停火案"酝酿之初，中国领导人毛泽东、周恩来即通过印度的尼赫鲁、缅甸的吴努和联合国的哈马舍尔德等人向世界宣布，台湾问题是中国的内部事务，决不容忍联合国或美国的任何干涉。1955年1月24日，艾森豪威尔总统向国会递交咨文，请求国会授权他随时部署军队，保卫包括台湾在内的西太平洋区域的安全。周恩来总理立刻发表声明，抨击美国是在准备战争，企图阻止人民解放军解放台湾，坚决反对联合国或美国干涉中国内部事务。

因此，当联合国秘书长向中国发出邀请，邀请北京派代表出席安理会时，中国政府2月3日回电拒绝，"除非驱逐安理会中的国民党代表"，从而使美国操纵下的联合国在台湾海峡主持实施"停火"的希望破灭。蒋介石目的达到，即宣布自大陈撤退国民党军。

然而，大陈撤军并没有彻底打消美国、英国在海峡谋求停火的企图。大陈撤退甫毕，正在召开的英联邦总理会议又提出一个新方案：北京停止军事行动，作为交换条件，台北将全部沿海岛屿让给北京，只保留台湾和澎湖列岛，以等待国际上以和平方法对台澎的法律地位作出裁决。美国附和此案，它不仅不按原先协议协防金门、马祖等岛屿，反而力促台北放弃上述地区。蒋介石认识到，美国阴谋无休无止，必须有

"严正表示"，以断其邪念。于是，他发表了措辞强硬的谈话，断然拒绝美国的要求："金门、马祖与台湾、澎湖是不可分割的，欲保卫台澎，必须同时保卫金马。中国大陆及其沿海岛屿均属中华民国领土主权所有，虽尺土寸地不容放弃，何况恢复大陆，拯救水深火热中的同胞，乃中华民国政府之神圣职责，决无在大陆同胞迫切期待拯救之际，反将沿海岛屿放弃之理。"[44]蒋介石还特别批驳了"台湾地位未定论"，指出这不仅违反国际法，而且是完全抹杀事实的谬论：

> 回忆民国32年，我和美国故罗斯福总统及今日英丘吉尔首相在开罗商对日作战和战后有关问题的解决。会后我们曾发表共同宣言，其中规定，凡日本自中国所窃取之领土，如东北各省、台湾、澎湖均应交还于中华民国。这一宣言后来并为波茨坦协定所接受，又为日本在投降时所接受，当然其有法律根据和完全的效力。所以，中华民国政府在日本投降后，接收了台湾、澎湖，建立了中华民国的台湾省。自那时起，台湾已恢复其作为中华民国领土的地位，即已经是中华民国的领土了。等到旧金山对日和约和中日和约签订，日本依照该二约放弃对台湾的主权。因此，台湾归还我国的手续早已完成了。
>
> 那些曲解台湾地位的国际人士，当然都知道这些法律和历史根据，他们不过故意曲解，别有用心罢了。还有些人为了要曲解台湾的地位，正在谋求各种说法，企图否定开罗宣言的效力，我要警告世界各国：如果开罗宣言的效力可以否定，那么波茨坦协定的效力是否也可以否定呢？第二次世界大战结束以来，国际间订的各种条约协定的效力，是否也可以否定呢？……在这里我要正告全世界人士，中华民国人民和政府决不容许任何人割裂我中华民国的领土。

蒋介石还指出，所谓的"两个中国"奇论，"尤其荒谬绝伦"。[45]3月，美国国务卿杜勒斯为"美台共同防御条约"换约而访问台北，蒋介石事先周密准备，确定在会谈中向杜勒斯表达以下四点："甲、金门马祖外岛停火问题之决不同意；乙、联合国两个中国问题如"共匪"加入，中华民国必然退出，应先对盟国声明；丙、凡关中国事除联合国内开会以外，中国对其任何会议绝不参加；丁、中国必守盟约，凡对俄共与国际反共政策或行动，中国必与美一致，决不单独行动，有违盟约之事。"[46]这代表了蒋的基本态度。杜勒斯也申述美国的立场。蒋介石认为会谈结果"尚称圆满"。[47]4月20日，艾森豪威尔派与蒋介石关系颇好的助理国务卿劳勃森和参谋长联席会议主席雷德福将军联袂赴台，劝说蒋介石放弃金、马，但蒋介石最终还是以"金、马形势及其政治意义与大陈完全不同"为借口，告诉劳、雷二氏，撤退之事，"绝无考虑余地"，而且不论美国协防与否，"我们必坚守两岛到底"。[48]

此时，中国大陆的对台政策，也从强硬逐渐走向温和。1955年4月，周恩来总理在亚非会议上表示，中国政府愿意同美国政府坐下来谈判，讨论缓和台湾地区的紧张局势问题。次年6月28日，他又在第一届全国人民代表大会第三次会议上说："我们愿意同台湾当局协商和平解放台湾的具体步骤和条件，并希望台湾当局在他们认为适当的时机，派遣代表到北京或其他适当的地点，同我们商谈"，并表示对于一切爱国的人们，不论他们参加爱国行列的先后，也不论他们过去犯了多大罪过，都本着"爱国一家"的原则，采取既往不咎的态度，欢迎他们为和平解放台湾建立功勋，将按照他们立功大小，给以应得的奖励和适当的安置。[49]

随着中国大陆对台政策的转变，国共两党在海峡地区的军事冲突也逐渐降温，驻扎在沿海岛屿的国民党军所承受的压力也大大减轻，美国人失去了逼台北撤退金马的借口，其谋求"停火"的策划活动也逐渐停止。

毫无疑问，蒋介石领导国民党抵制"停火"，自有其本身利益考虑，因为一旦同意停火，就等于放弃重返大陆的希望，而这恰恰是赖以维持其军心、民心及政权的惟一核心，蒋介石自不敢轻言罢战。同时，也应该指出，台湾的这一抵制也有民族情感的因素在里面，而抵制的结果，更挫败了国际间"两个中国"、"台湾地位未定"等阴谋，维护了国家的领土完整。

在拒绝"停火"的过程中，蒋介石能够坚持到底，未屈从于美国人的压力，不能不说是借助了中国共产党的力量。对此，"外交部长"叶公超有着清醒的认识，他说："如果向中共提出两个中国之说，必将遭其反对，然则此种可能竟侥幸成为我坚决反对两个中国之助力也。"[50]这也更加说明，海峡两岸团结、统一才是国家强大、粉碎外国阴谋的基础。

六　撤退大陈岛

"美台共同防御条约"签订后，蒋介石十分得意，对外宣称有美国的援助，国民党军队在他的领导下将"立于不败之地"。但就在条约签订不久，国民党驻守大陈列岛的军队即遭到猛烈攻击，而美国的支援远没有达到预期效果，反而对它的行动有所限制。蒋介石不得不再次以"调整部署、保卫台湾"为借口，从大陈岛撤军，失去了又一个"反攻大陆"的重要跳板，在台湾民众和世人面前丢了脸面。

大陈列岛位于长江口南面的浙江沿海，处于华北和华南的中间，距台湾250海里，距大陆仅14海里。蒋介石认为，大陈将是"反攻大陆"一个极好的跳板，与金门相比，其战略价值只在其上，不在其下。他对防守大陈极为重视，刻意经营。1950年6月，成立了"大陈游击指挥所"，统领退至岛上的各种残兵游勇武装。1951年9月，蒋介石又派一度因丧师失地而遭"监察院"弹劾的"西北王"胡宗南为"浙江省政府主席"和"江浙人民反共游击总指挥"，化名秦东昌进驻大陈，秘密策划向大陆东南沿海发展力量，准备等待国际间局势的演变，由大陈岛发起"反攻大陆"的军事作战。胡宗南到大陈后拟定了分三阶段建立大陈军政基地的计划：第一阶段自1951年9月至12月，是整顿时期，"以建立军政秩序为急务"；第二阶段是巩固时期，"以建立大陈地区防务、部队训练、部队装备、地方保甲等为主要事务"；第三阶段是发展时期，"以充实反共救国军兵力，加强大陆情报网，扩大大陆边沿突击与海上游击，组训岛民充实后备力量，发展闽浙边区游击基地等"。此外，胡宗南还制订了"江浙反共救国军总指挥工作总计划方案"、"浙江省政府施政方案"等。后因胡宗南与美军顾问不和，蒋介石在1953年又以刘廉一取而代之。大陆时期红得发紫的胡宗南从此走了下坡路，除了1955年一度出任"澎湖防卫司令官"外，大多数时间挂着"总统府"战略顾问委员会顾问的虚职，终日以写字、养花打发时光，直至1962年病逝。

大陈地区国民党军的不断骚扰，给临近的大陆地区造成很大破坏。朝鲜战争结束后，人民解放军海空军南移，准备扫除该地区国民党军。蒋介石感到了对岸的气势，于1954年5月6日至10日，在蒋经国的陪同下亲赴大陈岛一带视察防务。他接见守岛官兵与美军顾问，听取汇报，他试图在南麂岛上修建机场，以利未来作战，终因地质地形皆不适合，而无结果。然而，他不死心，计划再派空军工程师来勘测，"以此地机场之需要，对大陈之空援，与将来之反攻，皆不可缺也"[51]。巡视大陈岛一带，也是蒋介石在离开大陆4年后，第一次抵达浙江沿海，接近故乡，他感触甚深：军舰停泊时，"海鸥成群，扑面来近，其状亲爱无比，一至浙（江）境，百物皆亲，岂止海鸥灵物而已哉"[52]。蒋不曾料想，这也是他最后一次踏上浙江的土地。

解放军解放大陈岛的意志坚定，先后攻占大陈列岛中的鲤门、头门、田岙三岛，并把攻势指向大陈主岛。11月14日，解放军的4艘鱼雷快艇将国民党军主力战舰"太平号"在大陈附近围困并击沉。

蒋介石为加强对大陈岛的防卫，甚至将该岛同"全球反共"连在一起："大陈岛防务重新部署加强，此于美之关系甚大，以该岛实为环球对匪之前哨也。"[53]为确保大陈，蒋介石一面从台湾派出空军，加大对大陈的支援力度，另一面通过"外交"途径向美国呼吁援助，要求美国将大陈岛的防御也列入第七舰队的协防范围。蒋介石在接见《纽约时报》记者时说："中美协防外围岛屿自于美国有益"，并指着地图强调说："大陈对冲绳之防卫，比台湾之防卫更形重要，但一般人士对此未能明了。"[54]

"美台共同防御条约"签订后，中国总理兼外长周恩来立即发表声明，指出该条约"是一个出卖中国领土主权的条约"，"是一个彻头彻尾的侵略性的战争条约"，并重申"任何战争威胁都不能动摇中国人民解放台湾的决心，只能增强中国人民的愤慨"。为表明此严正立场，同时也试探一下美蒋关系的密切程度，人民解放军在浙海地区加强了攻势。从1955年1月10日开始，以数百架次军机的空前庞大编队，轮番轰炸大陈港区，重创国民党守军。18日至20日，人民解放军陆海空协同作战，一举攻占大陈列岛的重要岛屿——一江山，全歼岛上守军。[55]

占领一江山岛后，解放军的大炮射程可以控制整个上大陈，国民党军飞机为免遭击落，只得在下大陈海湾起降。解放军的空军更是随时都可以给岛上守军以致命打击。而最让蒋介石不安的还是美国人在此过程中表现出来的隔岸观火的态度。美国曾允诺给国民党军控制的沿海岛屿以后勤等方面的支持，但大陈战事发生后，美国人却跑得无影无踪了。蒋介石对此大失所望："'共匪'在十日狂炸我大陈以后，美第七舰队再不敢照前巡弋大陈附近海面，以壮我声势。可叹。"[56]他责令叶公超迅速与美国国务院及国防部交涉，弄清是怎么回事。他在给美方的电报中指出，第七舰队原先在大陈周围的海空区域内游弋，但从大陈岛战事开始后，该舰队甚至没有一艘军舰或一架飞机敢于靠近大陈周围，"这使人难以理解"，"我们的部队是否应该固守抑或放弃这些岛屿"，他要求美方"尽快给我们以明确充分之答复"，同时，希望美方"保证第七舰队将继续在大陈地区进行经常巡逻，从而在精神和道义方面给我们以支持"。[57]

美方的答复是，它认为大陈列岛的重要性不大，而防卫它却需付出沉重代价，包括两艘航空母舰的支援，每天要以200架次飞机实行昼夜轮番巡逻。那将意味着为了保卫在全盘战略中没有价值的一组岛屿，要牵制相当数量的美军部队，美国无法承受此代价。美方不但不协防，反而建议蒋介石以重新部署兵力为借口，从大陈撤出军队。如果这样，美国愿意在撤退时提供掩护，美国还将参加金门地区的防务，阻止解放军进攻该地区。

蒋介石面对大陈局势的恶化、国民党军随时面临灭顶之灾、美国人不愿提供援助且以搁置批准"共同防御条约"相要挟的现实，决定接受美国的建议。作为补偿，他要求美国将承诺（协防金门）公开化。

为了照顾、安慰台湾，美国国会根据艾森豪威尔的建议，授权他"在他认为对确保和保护台湾和澎湖列岛不受武装进攻的具体目标是必要的时候，使用美国武装部队"。但不知是有意还是无意，艾森豪威尔总统在1月29日为此发表的声明中不仅丝毫未提协防金马之事，甚至连"中华民国"一词都未提及。蒋介石立刻有一种被愚弄的感觉，他大发雷霆，大骂美国，"它哪里配得上称作崇高的盟邦"，并紧急召见美国"驻华大使"蓝钦，让他向美政府转达他的强烈不满："自从执政二十多年来，我在为人处事上的一贯精神，是遵循这样一项原则，即个人利益可以牺牲，如果必要的话，在适当时机，甚至国家的利益可以牺牲，但是原则和正义则永不能牺牲。我个人和我的政府向任何友邦和联合国所作的任何承诺，我必定执行。自从政府迁台以来，我即下定决心与台湾共存亡。不论是友邦帮助我们还是抛弃我们，我们也要战至最后一兵一卒，过去我们是这样，今天我们还是这样。"但美国在对台问题上的临阵怯懦，实在让他感到失望，美国必须承担由此产生的一切后果。他威胁说："我对此问题已经反复深思，牺牲大陈，甚至牺牲台湾我决不后悔，但是原则和正义不容抛弃，美国方面不要把我看成是一个没有经验的总统。"[58]

蒋介石既想获得美国的支援，又不想服从美国指挥棒的态度，也惹怒了美国人。美国总统艾森豪威尔十分恼火地说：蒋介石真是一个独裁者，难怪旁人如此称呼他，他居然想要指挥我。[59]

大陈地区刻不容缓的形势，已使台美不得不面对现实，同舟共济。蒋介石在责令叶公超、顾维钧等人加紧同美方交涉撤防声明的同时，又派"国防部长"俞大维等人飞赴大陈，组织应变委员会，部署撤退工作。2月5日，蒋介石召集台湾军政首脑开会，决定正式向美国提出在国民党军从大陈撤退时，希望美国方面给予协助，提供掩护。接到台北的请求后，美国立即派第七舰队司令普勒德海军中将赶赴台湾，负责指挥撤退。2月6日，台北发表了由蒋介石亲自定稿的大陈撤防声明，宣称台湾"为适应抵抗国际共产集团侵略之新形势，决定重新部署外岛军事，将大陈岛屿之驻军转移使用于金门、马祖等重要岛屿，以集中兵力，增强台湾澎湖及其外围岛屿之防务"，声明台湾曾就撤退事与美国举行过会商。美国申明："凡认为对于确保台湾澎湖有关之各地区与领土，美国决定与中华民国共同防御，美国并决定对我大陈地区兵力之转移与部署，予我们协助与掩护。"[60]

蒋介石不甘认输，将兵败撤军说成是"兵力转移"，声明中虽出现了"金、马"字样，但美国没有明确保证协防金、马地区。不过，慌乱之中的蒋介石已顾不得那么多了，当天下午他即下令大陈守军准备撤退。

2月8日，驻守大陈岛的国民党军开始实施由美国人拟定的撤退计划——"金刚计划"。台湾"国防部长"俞大维、海军总司令梁序昭、"国防部"第三厅副厅长蒋纬国等齐集大陈，蒋经国也受蒋介石之命专程赶到大陈，监督撤军。为配合这一行动，美国出动了第七舰队全部部队，并从菲律宾、冲绳调F-86喷气战斗机大队两个抵台，共有航空母舰5艘、巡洋舰16艘、驱逐舰40余艘、各种军机近500架，部署于韩国等地的6个战斗轰炸机大队也处于战备状态，准备随时增援，以防解放军对撤退的国民党军趁机追杀。除此之外，美国还事先将大陈撤退的决定通知了苏联外长莫洛托夫，希望其阻止人民解放军在国民党军撤离大陈时加以攻击。接到苏联转来的消息后，国防部长彭德怀立即电令浙东前线指挥部："此事牵涉到国际关系，让他们撤退算了。"[61]

为安慰因撤军而引起的军心动摇及民心恐慌，蒋介石再次发表声明称，"反共复国"以确保"反攻基地"台湾及其外围岛屿的安全为第一任务，大陈撤军是因为在目前形势下，"其对我反攻基地台湾之防卫上，实已失去战略价值"。他强调，今后国民党军之作战、部署，"必须以巩固台湾、澎湖及屏障台湾之金门、马祖等外围岛屿为第一要务，自不能以一岛屿之得失，只争一时之长短，而置根本大计于不顾"。蒋介石最后说："余更深信，此次新的军事部署，不仅可获得巩固台、澎及金门、马祖等外围岛屿之效果，并可使中美两国之精诚合作，加强对国际共产主义侵略集团之打击，而有助于亚洲与太平洋区域自由与安全之维护。"[62]

大陈撤退发生在"美台共同防御条约"签订之后，台湾当局原以为"条约"是个大保护伞，没料到有时它根本就不起作用，心理打击之重不言而喻。蒋介石故伎重施，以"重新部署"、"转移兵力"等词来掩饰失败的结果，纯属自欺欺人之举。

撤退的国民党军胁裹岛上居民，在美军海上和空中掩护下，分批撤离，总数达33777人。2月10日上午8时，蒋经国最后一次在大陈岛举行升旗仪式，并为其部下鼓劲："今天，我们的心情是沉痛的，但我们坚决相信，在总统领导下，我们一定可以打回大陆，把这庄严美丽的国旗插在（南京）紫金山上。"在蒋经国率部乘船离开后，国民党特工在美国爆破专家的指导下，对大陈岛进行了大规模破坏活动。《联合报》记者报道说："大陈岛已成一座火岛，处处浓烟高耸入云，千百火头散布全岛，爆炸声震耳欲聋。"

大陈岛撤退工作结束后，全程负责的蒋经国总结道："大陈军民的撤退工作，虽能照预定计划，顺利完成，但总是一件最痛心的事，在办理撤退工作的过程中，发现很多令人感动之事，……亦有许多令人伤心之事，乃高级官吏的贪财与自私，在此严重关头还要争官如赵霞者，贪财要命如刘廉一者。看了这种现象，十足伤心。"[63]2月12日，蒋介石主持军事会议，听取大陈岛撤退的报告，认为实施过程中陆海空军与后勤部队所表现出的秩序与精神，皆获中外记者好评，尤其表扬了蒋经国亲赴大陈岛督导撤退，"始终其事，更令人感动"。[64]

为表示对美国协助其部队的谢意，蒋介石于2月14日致函艾森豪威尔总统，感谢美国军队提供的帮助与合作。

撤退时，宋美龄也没有闲着，除了组织"妇联会"劳军外，她还出面牵头成立了"华兴育幼院"，收留从大陈到台湾的孤儿或难童。为此，她还动员美国天主教领袖、枢机主佛朗士·乔塞夫·史理尔门为育幼院提供了大量捐款。[65]大陈撤退，再次上演了一出蒋家总动员的大戏。

3月3日，叶公超代表台湾、杜勒斯代表美国在台北举行了互换"美台共同防御条约"批准书仪式，并宣布即时生效。美国是在台湾宣布自大陈撤退后三天批准这项条约的。双方还举行了一连串高级军事会谈。美方参加的有海军部长卡尼上将、太平洋舰队司令史敦普上将、第七舰队司令普赖德中将、美军顾问团团长蔡斯少将、海军司令部后勤计划处处长朗格少将、舰队作战处处长麦克凯少将等；台湾方面有陈诚、俞鸿钧、张群、孙立人、周至柔、俞大维、彭孟缉等人。会谈的中心内容是如何实施"共同防御条约"。美国根据"条约"的规定和会谈结果，制定了庞大的援助计划，每年向台湾提供至少3亿美元的援助，以在短期内实现下列目标："一、使台湾23个陆军师保持充分的配备及高度的战斗力，同时1个精锐海军师及若干后备师能获得美国的支持；二、帮助台湾空军保持8个喷气战斗机及战斗轰炸机大队（一大队约有75架各类飞机）；三、向台湾海军提供两艘驱逐舰，一批登陆艇及巡逻艇，使其拥有4艘驱逐舰、5艘护航驱逐舰、30余艘炮艇及一支辅助性舰队；四、美军顾问团官兵人数将增至2500人，将派遣军官在国民党军队各单位中协助突击作战训练，并加强配备；五、美国每年直接军援将达2亿美元之数，经济援助则为1亿美元；六、第七舰队在未来数年中将继续协助防守台湾。"[66]

3月14日，美国宣布1955年度对台经济援助再增加4800万美元，以帮助其加速军中老弱伤残官兵的裁汰，补充青壮年新兵，提高部队战斗力；不久，新组建的美空军第13机动航空队司令部进驻台北，美军驻台联络中心在台成立，其司令为美第七舰队司令。

随着上述援助计划的实施，国民党军队的战斗力有了提高，台湾经济也有了一定进步。但就美国而言，"美台共同防御条约"的签订，其主要目的是基于本国的战略利益，长期控制台湾，为其在对华外交中掌握一张王牌而寻找"合法"的外衣，它对蒋介石的"反攻计划"根本不感兴趣，对台的援助自然也限制在防御范围内。故"条约"墨迹未干，国民党军便在解放军攻势下自大陈仓皇撤退，蒋介石"反攻大陆"的宣传被无情的事实所击破。

七 "五二四"反美事件

美台关系逐步跨入"蜜月时期"，充斥于台湾报刊电台的是美国政治、经济、军事要员不间断的对台"友好访问"。但这种不断升温的势头在1957年被迎头浇上了一盆冷水。这就是5月24日突然爆发的台湾人民反美事件。

是年3月24日午夜11时，美军驻台顾问团上士雷诺，在其阳明山住宅前将隶属于"革命实践研究院"的刘自然开枪击毙。案发后，台湾省警务处前来调查。雷诺宣称案发时刘自然在偷窥其妻入浴，及被发现后也不离去，他始自室内持枪而出，刘自然企图以树枝加害，雷诺乃开枪击倒刘，随后回室命妻打电话报警。待雷诺转身出门时，刘又突然爬起扑向自己，他即向刘自然发第二枪，命中，刘负伤逃往附近树林，两枪间隙约两分钟。[67]

然而，警务处的调查发现，事实并不像雷诺所言，有多种迹象表明雷氏有仇杀的重大嫌疑，必须依法严惩。但是，依据"美台共同防御条约"签订后双方的一个换文，驻台美军顾问团属于外交人员，是其驻台蒋介石为『五二四』事件发表告『全国』同胞书，文中表现出美化美国，表现对台美『邦交』以及台美关系的极大重视，可见此时的蒋介石对美国的依赖程度。

「五二四」不幸事件告全國同胞書
——中華民國四十六年六月一日——

一、「五二四」事件的發生，不但國家蒙受重大的污點，也是我生平一件莫大的遺憾。

二、記取共匪過去叛亂的一貫陰謀，破壞邦交，企圖使國家民族陷於孤立的地位。

三、我們為貫徹反共抗俄的國策，惟有與世界民主集團領導者的美國站在一條陣線。

四、要具備現代國民知識，才能構成現代的國家，奠定我們立國建國的基礎。

五、盡文明國的義務，享文明國的權利，以自立自助的國家，增進國際的合作與互助，做一個獨立自由的現代國家的國民。

全國同胞們：

自上月二十四日臺北市發生損毀美國大使館的不幸事件以來，我感覺到這是我參加國民革命五十年中一次很大的刺激，也是我平生一件莫大的遺憾。現在姑且不論此一事件使我們當前反共抗俄的工作遭遇到如何的影響，使我們復國救民的工作遭遇如何的損害，對於中美兩國百年來傳統的友誼招致了如何重大的創傷，我最痛心的是使我們整個國家的信譽和民族的尊嚴，蒙受不易洗清的污點。

中正德薄能鮮，領導無方，茲以沉痛的心情，對我們全體同胞，鄭重指出這次事件真是我們國家民族不幸的遭遇，大家應當澈底認清，凜為深誡。每一同胞更當及時自反，對於這一事件引為是我們共同的恥辱

"大使馆"的一部分。根据此规定，雷诺享有"外交豁免权"，不受台湾的"法律"约束。台湾有关部门便将案情移交美方，按美国法律审理此案。为了保证审判的公正，"外交部长"叶公超向美方提出了审判地点必须设在台湾、必须依法对杀人犯严厉惩处等要求。"美国大使"蓝钦对新闻界表示："美国对此案的重视决不亚于中国朝野人士"，相信该案不久即可揭晓。他还写信给刘自然的妻子，表示对她丈夫遭遇的遗憾和同情，保证调查结束后作合理的解决。

5月20日，由美军顾问团团长鲍恩批准组成的军事法庭，在台北市中山北路美军顾问团内一教堂中开庭。法庭由鲍恩指定的15名顾问团军官组成，美方特意从其冲绳基地请来律师史蒂尔为雷诺辩护，而死者家

属没有律师代表出庭。

美军事法庭公开审理雷诺杀人案，引起了整个台岛的关注，一向以民主、自由、平等、人权而自豪的美国将如何审理此案？《联合报》社论《沉默的关注》说出了此时大多数台湾人的心声。社论说，台美双方的法律、"国情"及风俗虽然有很大不同，但在尊重人性、保障人命、维护社会安定与秩序诸要求上，其立法精神应该是有小异而无损大同的，"我们相信每个中国人对于此案，都在加以沉默的关注，大家在等待一个考验，中国虽是接受美援的国家，但中国人生命的价值与美国人生命的价值是否'同值'？美国在经援、军援之外，能否进一步以其公正的法律，获取盟邦的人心呢？"[68]

审判的结果出乎多数台湾民众的意料。5月23日上午，经过陪审团近两个小时的秘密投票后宣布：本案被告雷诺被控任意杀人，经本庭陪审团审讯调查结果，投票表决，宣判无罪。宣判毕，旁听的美军人员及眷属立刻欢呼鼓掌，而在另一旁的刘妻已是泣不成声，"几至晕厥"。

美军事法庭置许多能说明雷诺故意杀人的证据于不顾，在对许多疑点未做解释调查的情况下，作出这一明显带有歧视性的判决，立即激起了整个台湾的愤慨。《联合报》连续发表《抗议美军蔑视人权》和《第六点计划》两篇评论。在前文中作者说："所谓美军事法庭关于审判雷诺杀人案的一切法律过程……只是一幕虚演故事的滑稽剧而已，天下不公平而又令人痛愤的事，孰有过于此者"，"我们不特对美国的法律发生怀疑，对美国人尊重人权的崇高精神，也不无表示疑问，不然的话，那就是美国人的生命价值远优越于我们中国人……刘自然的死，已使我们人人感到生命的威胁"。在后文中，作者辛辣地讽刺说："援助落后地区的经济开发是美国援外的第五点计划，那么任意枪杀受援国家的人民则要列为美国的第六点计划了。"[69]连自始至终派员到席观审的台湾"司法行政部"也表示："其审判经过，关于法律之援用，证据之取舍，则颇多显示欠公平之处……本部认为，该军事法庭审判如果有偏袒之处，则现时美军顾问团人员一律比照外交官待遇，不受我国法权管辖一节，我政府应有重加考虑之必要。'"外交部"当天下午也召开紧急会议商讨对策，决定由叶公超与美方交涉，要求对此案重新审判。"监察院"也建议立刻与美国彻底合理解决在台美军"法权"问题。

更为愤慨的是台湾民众。法庭宣判后，阳明山居民纷纷走上街头，直到很晚聚集的人群才散去，"形势颇紧张"。

5月24日上午10时，刘自然妻扛着一块中英文书写的标语牌走到台北市郑州路美国大使馆前，抗议宣布雷诺无罪。英文是："The killer Reynolds is innocent？Protest against U.S. Courtmartrail's Unfair, Unjust decision!"（杀人犯雷诺无罪吗？抗议美国军事法庭不公平的判决！）中文是："杀人者无罪？我控诉！我抗议！"

刘妻的行动招致越来越多的人聚集于美"大使馆"前。在美方要求下，台北市警察局局长刘国宪率大批警察赶到，试图驱散人群，特别是劝走刘妻，但遭到拒绝。她声泪俱下地对围观人群和记者说："今天我在这儿不光是为我无辜死去的丈夫作无言的抗议，我是为中国人抗议，我一向认为美国是一个讲自由民主的国家，没有想到。"[70]刘妻的遭遇与控诉激起了围观民众的怒火，先是有人向"使馆"内投掷石块，继而冲破警察的封锁线，冲进"使馆"，捣碎玻璃门窗，捣毁汽车，将"使馆"内的办公用具抛出房外，拉倒旗杆，并打伤了"使馆"内的两名男性职员。警察为驱散群众使用了高压水龙头、催泪瓦斯等，但群众被赶走后又围拢过来，来回反复直至晚上9点多钟，人群才散去。

与此同时，台北的美国新闻处及美军台湾协防司令部也遭到市民的围攻。当警察赶来驱逐并抓人时，人群开始与警察发生冲突。本来民众就对当局无力保护自己的民众、任由外国人在台湾开庭有怨恨，现在警察又为虎作伥，就把矛头转向警察。愤怒的群众几乎把台北市警察局全部占领。警察为击退群众动用了瓦斯枪、步枪甚至机关枪。后来，在卫戍司令部的军队开到后才驱散了群众，解了警察之围。据官方公布，冲突中有1人死亡、2人重伤、24名警察受伤。这就是震惊岛内外的"五二四"反美事件。

反美事件的发生，直接原因是美军对刘自然被杀后的不公正审判，但仔细分析会发现，根本原因还在于美台关系的不平等。蒋介石对美国的依赖远过于美国对自己的需求，在此情况下，他不得不在其他方面作出相应的让步，例如，他不得不容忍其对台湾指手画脚，不得不任用一些自己并不喜欢但与美国颇有关系的人担任要职，还要容忍美军顾问团等美方人员的胡作非为。

自1950年6月开始，美国各类驻台人员大规模增加，至1957年初已达万余人，其中包括"外交人员"、军事人员、传教士及商人等，其中以前两者居多。他们以"治外法权"为护身符，寻衅滋事，横行霸道，歧视中国人。就在刘自然事件发生前两个星期，一辆美军吉普车在台北大街上横冲直撞，轧死一个中国学生。而刘自然事件中的凶犯雷诺也有过前科，曾无故殴打过一个中国邮差。平日即对美军所为十分反感的台北市民，在目睹了美军暴行之后更是怒火升腾，而杀人者被宣判无罪就如在一堆干柴上点了一把火，愤怒的人们再也按捺不住了，不顾当局的镇压，捣毁了美驻台机构。

事件引起了美国朝野的强烈反应。24日晚，蓝钦自香港匆匆返台，向"外交部"提出强烈抗议，除要求台北当局必须保护美在台人员及眷属安全外，并要求赔偿一切损失。美国的国内反应更为强烈。美国人给台湾政治、经济、军事和"外交"的全面援助，将其纳入自己的战略体系，自然希望台湾能百依百顺，完全照自己的指挥棒行事。而蒋介石则个性极强，他希望美国的援助越多越好，而对台湾的干涉则越少越好。两者之间难免有矛盾，蒋介石妥协多一些，常以表面文章搪塞敷衍美国人，实际上我行我素，被逼急了还会蛮干到底，如同抗战时期对史迪威那样。蒋介石最怕的是美国人会架空他，另找代理人，所以对美国人是"尊之若神仙，防之如强盗"，时刻提防着。有位研究美台关系的外国学者曾指出，蒋介石最大的敌人表面上看是中共，而实际上他内心时刻准备对付的却是盟友美国。这一评价也许有些片面，但也准确地描摹出蒋介石的心态。有些美国人认为蒋介石根本就不是美国的朋友，这次事件就是借机发泄，向美国示威，指出这是一起"有预谋的有组织的"反美事件，甚至指明蒋经国是幕后操纵者，要求美国政府改变对台大规模援助政策。

美国总统艾森豪威尔也声明说，大规模反美事件"不似一无组织的行为"，陆军参谋长泰勒宣布：美国驻台湾的军事顾问人员将自7月1日起自1887人减至1233人。[71]

事件的发生及美国的强烈反应使蒋介石极为惊慌，不得不采取紧急措施补救。5月24日晚，台北卫戍司令黄珍吾下令，自晚7时在台北市及阳明山管理局实行戒严，凡在此期间造谣惑众、聚众暴动、扰乱金融、抢劫财物、罢工罢市、鼓动学潮、破坏交通及通信、危害供水供电等公用设施、未经允准携带枪弹者均处死刑。当晚即有5个营士兵开进台北市。次日，又在台北市阳明山执行宵禁，美国"大使馆"、新闻处及其他美国驻台机构均被列为特别戒严区。

同时，"行政院长"俞鸿钧召开"行政院"全体会议，决定俞率内阁17人向蒋介石提出总辞职以示负责，辞呈后被蒋介石拒绝，并派出张群出面抚慰。在美方压力下，由"外交部长"叶公超接见蓝钦，表示"深切歉意"，说明台湾当局"已采取一切适当措施以保护在台湾的美国人的生命财产，已在现场逮捕若干人，将举行彻底调查，以进一步逮捕那些直接有关的人"，并保证赔偿一切损失。[72]

蒋介石对下属无力控制局面、惹出麻烦很是不满。他责问"外交部"次长沈昌焕"为什么不把审判地点弄到台湾以外的地方去"？26日他以治安人员"有愧职守"指令各有关部会予以处分。结果，台北卫戍司令黄珍吾、宪兵司令刘炜、台湾省警务处处长乐干、台北市警察局局长刘国宪等人都被撤职。蒋介石还亲自接见蓝钦，向其解释："此次不幸事件是一般中国人民对雷诺案件审判结果的不满而发生，决非此间有任何反美运动"，他请蓝钦将"深切遗憾之意"转达给艾森豪威尔总统及杜勒斯国务卿，并保证对此事将加以彻底的调查，对有关过失人员将严加处分。

台湾各媒体也根据命令停止了对美国的批评，各大报刊、电台及"政府"要员纷纷发表谈话，说明这是一次群众自发的偶然事件，而不是有计划有组织的反美运动，没有任何"政府机构"或政治组织参与这次事件。美国人重点怀疑的蒋经国也于28日公开表示"台湾并无反美意识"。[73]

6月2日，蒋介石专门为"五二四"事件发表文告，进行检讨。他在文告中说，"五二四"事件是他平生一件莫大的遗憾，"我们整个国家的信誉和民族的尊严，蒙受了不易清洗的污点"，"中正德薄能鲜，领导无方，兹以沉痛的心情对我们全体同胞指出，这次事件真是我们国家民族不幸的遭遇，大家应该彻底认清，凛为深识。每一个同胞更当及时自反，对于这一事件引为是我们共同的耻辱，则前事不忘，后世之师，未始不能恢复我国家民族的信誉和尊严"。他高度赞扬美国，"要知道，今日和我们站在一起的美国，不仅是一个此时患难与共的盟邦，而且是和我们有深厚传统友谊的朋友，在列强中从来没有侵略过我中国的寸土尺地。它更在辛亥前后防止了列强瓜分中国的企图，这是大家所应该切记不忘的"。他认为历史证明反美运动危害极大，会使中国被视为"野蛮国家"，提出必须明辨"是非敌友"，"不能为了某一个法律事件逞一时之愤，而动摇反共抗俄的基本国策"。他批评了有关人员在事件中的失职表现，"事前既疏于防范，临时又不能当机立断，负责处理，甚至于群众示威行动变质而为暴动之时，仍然犹豫不决，任之蔓延，实堪痛心"，表示要将他们撤职，"以昭警戒"，并宣称台湾当局对于"保障中外人士生命财产的安全，维护法律秩序的尊严，自必责无旁贷，断不宽假"。

在文告的最后，蒋介石要求各方面对此事件深切检讨，尤其是对国民教育方面，更当注重灌输：[74]

在这国家存亡和民族荣辱的关头，我们切望每一学校，每一家庭，师长教导其学生，父母教育其子女，使他们自觉自勉。今后不仅要对我们盟邦美国侨民亲睦无间，而且要对任何友邦的侨民，互相尊重友爱。惟有如此，我中华民国才能尽文明国的义务，享文明国的权利，以自立自助的国家，增进国际的合作与互助，也惟有如此，反共抗俄复国建国的使命才能达到最后的成功。

蒋介石的"文告"很大程度上是给美国人看的。通篇"文告"，曲解历史，美化美国。"五二四"反美事件本身是台湾民众维护尊严的义举，蒋介石却将其说成是"污点"、"暴动"，要民众以"忠恕之道"来对待"友邦"的暴行，以服从他"反共抗俄"的大局，维持与美国的关系。用"卑躬屈膝"来评价此"文告"，并不过分。台湾各级公私立学校接到命令，要严格管束学生，并组织学生学习这篇"文告"，以免青年学生再有反美行动，坏了"反共抗俄"的大计。

鉴于蒋介石强硬的措施与鲜明的态度，美国方面的态度也渐渐缓和下来，一些亲台的美国人致电蒋介石表示虽有"不幸事件"，但仍愿与他保持"热诚的友谊"。艾森豪威尔也表示："台北骚动事件不致改变美国与中国政府的关系。"[75]

"五二四"事件使台美关系经历了波折，但很快过去了。蒋介石所急需的援助，并未受到什么影响。但在背地里，美国人并未就此罢手，经过全面分析后，美国人认为这是一起"有组织、有预谋、有官方背景"的事件，并认为这一幕后的主角就是蒋经国，其根据是：一、在事件发生前，一些住在台北的美国人就从他们的中国朋友那儿得到"待在家里，不要外出"的警告了；二、领头闹事的很多人都佩戴着蒋经国领导的"青年救国团"的徽章，特别是成功中学的学生是由军训教官带队参加的，而这所中学的学生多数为国民党贵胄子弟，其中包括蒋经国本人的两个儿子蒋孝文、蒋孝武，学校的校长也是蒋经国的心腹，若无要人支持，他们是不敢砸美国使馆的；三、对美国使馆的冲击有组织、有波次、有准备，闹事者带着"中华民国国旗"和各种标语；四、事件中的警察明显有"放任"态度，长时间"和平"观望，与其动辄即用武力的一贯作风不符；五、对事件反应最为强烈并将消息传播到全台湾岛的是"中国广播公司"和《联合报》两家媒体，而这两家媒体的负责人都是蒋经国的密友；六、美国大使馆大量机密文件在事件中丢失，这不像是普通闹事者所为，而是负有"特殊使命"的人趁乱下手；七、事件主角之一雷诺是以秘密方式从机场离开台湾的，不了解此秘密的人是无法将其透露给事件中的普通老百姓的。[76]美国人的分析并不是没有道理。其一，据蒋纬国回忆，其时担任"国防部"第三厅副厅长的他，曾于事发前的5月22日早上主动到参谋总长彭孟缉的办公室报告："刘自然的案子不宜扩大。这几天报纸与民间的状况发展非常不利，如果对于雷诺兹不能课以重刑，民众不会接受；偿者被人利用，这个案子就可能扩大，变成不容易收拾的状况。请总长慎重考虑，早做准备。"24日早晨，也就是刘自然案宣判那天，蒋纬国再次找到彭孟缉提醒他："刘自然案会扩大，请总长注意。"同天中午，当台北民众围聚美国大使馆门前抗议时，蒋纬国又给台北警政署署长乐干打电话，建议其迅速采取措施，将刘自然之妻实行隔离并带离现场。同时，他第三次建议彭孟缉采取措施。但最终彭没有采取任何措施，并命令蒋纬国"不必管这件事"，乐干也未采取任何措施。以其时国民党情报机构控制之严密，特别是出身情报系统的彭孟缉的一贯作风，不可能预料不到事件的发展趋势；即使预料不到，而对蒋纬国的反复提醒置之不理，也有违常情。以至于蒋纬国也不得不说："背后究竟是谁利用这个状况，造成大型的暴乱，我就不敢说了。"[77]其二，事件发生后的第二天，蒋介石召集国民党权力核心人物开会讨论应对方案，参加会议的蒋经国提出"台北市民的抗议是正义的，不应追究"，为了"政府"的威信，"不能对美国作出太大让步"；他还进一步提议"取消驻台美军的'治外法权'，重新审理雷诺兹案"。只是由于大多数与会者的反对，蒋经国的提议才未通过。[78]

蒋介石在事件处理过程中，最担心的，就是美国人认为蒋经国是背后指使者，这将使他们父子名誉扫地，蒋经国前途大受影响。5月26

日，蒋介石与美国"大使"蓝钦见面时表示，已经严厉处分了3位负责治安的高级官员，予以撤职。不料蓝钦却不以为意，反而暗示蒋经国应对事件"负重责"，只是碍于情面，未点名。蒋介石十分恼怒，但也不能当场发作，假作不知其所以指，"以免当面破裂也。"[79]事后，蒋介石越想越气愤，命令"外交部"要召见蓝钦，进行驳斥，只担忧可能出现更加不利的后果，才中止。事件平息后，蒋介石对此总结道：美国人"竟疑此案为经国所主动，殊令人刺激无已，真以为不易与美国人为诚实朋友矣，此为迁台以来最大刺激之一。但仍能极端忍耐，一本慎重处理。凡我所应为和所能为者，无不自动实行，期能消除美国之误会，以减少不利之影响。"[80]

身处舆论中心的蒋经国在日记中对此事经过、自己的心路历程也有记载。当他第一次听说美国人指他为"幕后人"时，"感觉愤怒不已"，"不知天下尚有为我容身之处乎？天下冤枉之事虽有，但总再没有比此更大的冤枉事了。此种谣传，根本与事实相反"。[81]为了消除美国人的"误会"，蒋经国忍受了美方的盘问："余曾将廿四事件之详细经过，以及我处置此日公务之情形详告美方，为的是要不使美方怀疑我政府。在谈话中，美方人员曾以审讯的态度发问，余受此种侮辱后，内心羞愤交感。但是，为了顾及大局，竭力克制之，且时以'笑容'待之。一面在吞热泪，一面在作强笑。"[82]事件给了蒋经国的政敌借口，引发国民党内部指责蒋经国的强烈呼声，立法院内有人借机要求蒋经国放权出国，陈诚、俞大维都把矛头指向蒋经国。陈诚公开对人说，造成这样的局面，"都是蒋经国干的好事"。[83]事件基本平息后，蒋经国有如下总结："想起来台以来所遭遇到的各种打击，越来越严重，其范围亦越来越扩大，从美国人反对政治部开始，吴国桢案、任显群案、孙立人案、化装表演案、共匪和谣案，以及此次捣毁美大使馆案，一一的回想起来，颇有心惊肉跳之感。但皆能以最大之忍耐心，渡过惊险之关头。"[84]

事件过后不久，蒋介石转派蒋经国出任"行政院国军退除役官兵辅导委员会"主任，领导退役官兵修筑全长348公里的台湾横贯公路，奔走于台湾东部崇山峻岭之中，长时间的从公共场合中消失。[85]

以上事实至少说明，台湾内部自上而下存着强烈的反美情绪。因此，蒋介石既不敢得罪美国人，也深知不能全用高压政策对付民众。在他宣布惩罚"失职官员"的同时，那些在事件中受伤的"暴民"却得到了台北市政府赠送的鲜花、水果等慰问品，并表示医疗费将全部由市政府负担。6月18日，台北卫戍司令部军法处公审41名台北事件肇事者，28名被保释，仅2人被判1年徒刑，其余只判10个月之下徒刑或无罪释放。这些人所犯"妨害邦交罪"之重，而所受惩罚却如此之轻，在一向严刑重罚的台湾实属罕见。[86]

第九章 整肃内部 稳固统治

一 越洋起诉毛邦初

度过了危机与混乱，蒋介石着手对台湾上层官员再次整肃：一则驱逐千夫所指的贪官污吏，改善国民党的公众形象；一则冻结那些与美国关系密切、精明干练、有可能对他的权威提出挑战者。与大陆时期相比，台湾狭小的空间显然有利于蒋介石对官员的控制，但台湾地方太小，众多从大陆去的高官难以各遂其愿，通往官场的独木桥上挤满了人，争权夺利较大陆时期激烈得多。蒋介石也找不到更多合适的位置安插亲信，而个别官场失意者难免牢骚满腹，以至对蒋介石出言不逊，甚至出他的丑。新一轮的整肃是从蒋介石的一位亲戚毛邦初开始的。

毛邦初，浙江奉化人，蒋介石原配夫人毛福梅的远房侄子，广州航空学校毕业。特殊的关系使他官运亨通，20世纪30年代初即受派遣赴意大利受训，1943年起任国民党政府"空军驻美购料处主任"，住在美国，从事采购工作，1946年晋级空军副总司令，深得蒋介石信任。1949年1月蒋介石引退前夕，一面令人将库存上海的黄金白银运往台湾，一面电汇1000万美元到纽约中国银行，转交毛邦初，但蒋介石又担心该笔款被李宗仁政府接收，遂又通过空军总司令周至柔命令毛邦初将该项资金取出，并由毛以私人名义分别存入华盛顿、纽约及瑞士的各银行，作为游说收买美国院外援蒋集团的活动经费。其时，此项游说活动由国民党驻美大使馆公使陈之迈和武官皮宗敢负责，他们给蒋介石的各种报告和请示以及蒋介石给他们的各种指示，均通过毛邦初主持的购料处专用电台秘密收发。无意中，毛邦初因此而掌握了蒋介石利用美援收买美国右翼政客的大量证据；同时也控制了国民党政府的近千万美元的资产作为讨价还价的政治资本。[1]

毛邦初自认为是国民党空军中为数不多掌握现代空军战略战术的将

领之一，幻想出任"空军司令"以大展宏图。但蒋介石却任命陆军出身的得意门生周至柔任"空军司令"，屈居副司令的毛邦初大不以为然，便处心积虑地想将周至柔赶下台，两个人的明争暗斗形成越来越深的积怨。毛邦初出任"中国空军总司令部驻美办事处"主任，负责空军所需装备物资的采购工作，其原意本是周至柔想把毛赶得远点，以免总是在眼皮下捣鬼。但周未曾想到毛邦初并不领情，反而把"办事处"当成与其分庭抗礼的据点。1950年11月，毛邦初趁国民党改造期间对大陆时期的国民党贪官污吏进行整肃之际，向蒋介石报告周至柔在对美采购中虚报价款，贪污公款，要求对他进行调查惩处。不久，毛邦初返台述职，又面见蒋介石反映了周至柔的问题。蒋介石深知毛周之间积怨甚深，并不愿立即调解，反而要求毛邦初去找周至柔沟通商量。蒋介石对二人均有不满，但偏周还是明显的："空军周、毛之争又起，周之愚拙自作聪明，殊为可叹也。而毛之行动等于叛乱，挟外自恃，更为可恶。幸而空军不交毛而交周，此亦先德后才用人之一教训也。"[2]毛邦初对蒋的偏袒渐生不满。

周至柔不甘束手待毙，他指责毛邦初对部下管教不严，其下属对台湾不忠诚，在美国从事颠覆"政府"的活动，要求毛将其主要助手向惟萱等抽调回台湾审查。毛邦初更认为这是有意找茬拆台，以各种理由予以搪塞阻挠。

1951年4月，蒋介石决定改组台湾驻美各机构，将各军种的驻美办事处合并为统一的"国防部驻美采购委员会"，以改变以前的混乱局面，并派其秘书皮宗敢赴美组织。然而，毛邦初提出要以审查周至柔案为先决条件，拒不执行蒋介石的命令，不交出他所控制的"空军办事处"，并且直截了当地批评台湾国民党政府的腐败行为。毛邦初与周至柔的矛盾，演变成毛邦初与台湾当局的矛盾。

让蒋介石无法接受的是，毛邦初为增加自己同台北抗衡的筹码，竟同意其助手将周至柔腐败问题以及国民党利用美援游说美国人的资料通报给了美国人。其时，美国即将迎来1952年的总统大选，共和党人为击败执政达13年之久的民主党人，决定抛开国内问题，从对华政策入手全面攻击民主党政府。而在此之前，自国民党在大陆失败后，美国国内即掀起了一场"谁丢失中国"的大争吵。民主党政府为了推卸责任还为此发表了中美关系"白皮书"，强调国民党的失败不是共和党人所讲的对华援助不力，而是国民党政府自己的独裁腐败及滥用美援所致。毛邦初等人提供的信息，对急于摆脱责任并击退共和党人进攻的民主党人来说，无疑是一颗重磅炸弹。美国参议院迅速成立了以民主党人麦克马洪等人组成的调查委员会，调查"台湾当局是否利用援台专款进行'游说'活动"，并很快将调查结果公之于众。美国媒体也以《美援援美》为题进行了揭露和抨击。参议员周以德和诺兰等人直接致函蒋介石，要求蒋就其政府中的贪污腐化，尤其是周至柔问题进行调查，并将结果尽快告诉美方，"美国不希望看到他们援助国民党的美金被少数贪官私吞"。

此时，台湾方面因朝鲜战争的爆发及美国重新援蒋，国民党政权的处境刚刚有所改善。毛邦初等人的举动重新将国民党政权置于"被审判者"的尴尬境地，甚至有可能因此而再次丢掉美援。蒋介石本来就对美国人的指手画脚十分反感，只因有求于人而不敢公开发作。现在毛邦初竟也挟洋人自重、告洋状，蒋介石就将积压的愤怒一齐发泄在毛邦初身上。不久，又传来毛邦初在华盛顿扬言，他将召开记者招待会揭露台湾"国防部"内的贪污事件。蒋介石乃决定严厉制裁毛邦初。为堵住美国人的嘴，他命令何应钦等人组成专案小组，调查周至柔的问题。为不使周至柔难堪，他同时下令对海军的一位高级将领进行审查。事过之后，他仍重用周至柔。同时，下令查办毛邦初，严令其立刻交出所控制的"空军办事处"有关档案经费，并立即返回台北，就他所控告周至柔"贪污罪"与周当面对质。

身在美国的毛邦初对蒋介石的命令听而不闻。他不交出"办事处"，因为他手里控制着巨额的外汇，无论案子结果怎样，对他来说都是个很大的筹码；他也不敢回台北与周当面对质，他认为蒋介石是在骗

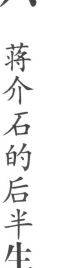

作为蒋介石亲信的毛邦初背叛蒋介石，这让蒋介石头疼不已，同时也说明了此时的台湾官场竞争之剧。"毛邦初案"最后不了了之。

他回去，回台湾前景不妙。

毛邦初的抗命无疑是对蒋介石的极大蔑视，忍无可忍的蒋介石最终于1951年8月21日下令，暂停其"空军驻美办事处"主任兼"出席联合国军事参谋团"代表职务，并再次勒令其交出手中掌握的公款和档案，回台听候查办。[3]但毛邦初依旧我行我素，且在同蒋介石的往来函件中措辞越来越强烈，对蒋越来越不尊重。他在通过蒋经国转致蒋介石的信中说：如果领袖不爱人民，不爱国家，那么他就不能爱这个领袖，这样的政权不值得支持，[4]与蒋介石的关系已到公开对立的地步。蒋介石痛骂毛邦初的所作所为是台湾的"奇耻大辱"："其在美国出丑自侮，诋毁政府，为美国反华者所利用，以资推（摧）毁我国家，其罪甚于卖国矣。"[5]他下定决心，要公开调查。

尽管蒋介石对毛邦初的行为十分愤怒，然而毛远在美国，他是鞭长莫及，无奈之际，决定诉诸法律，派"司法行政部"次长、法学博士查良鉴赴美代表台湾当局与毛邦初打官司。查良鉴行前，蒋介石指示他对于毛案"不要多所顾虑，犹豫不决，而应勇往直前，积极从事，使此案得到法律解决"。[6]查氏一行抵华盛顿后，组织了以"驻美大使"顾维钧为首的6人"毛案"小组，并聘请美国前陆军部长巴德森等人为台湾当局的律师。蒋介石派人越洋去起诉一个下属，与往日的作为大不相同，除了他想不出更好的办法对付毛邦初外，还在于他要借此举向美国人"展示"他不是一个"独裁者"，而是循法律程序办事的。

11月14日，巴德森代表"台湾当局"向美国哥伦比亚特区地方法院提出起诉毛邦初。长达14页的起诉书由查良镒草拟，书称："毛邦初在美服务期间，中国政府托付给他或交由他控制的巨额款项……计分之三大类：一、为中国空军采购许多项目的装备和供应品；二、为采购发展中国航空业所需的配备；三、作为周转之资金的款项，共计2400万美元。"但现在毛邦初拒绝交出档案、公布款项。因而，起诉的目的在于"迫使被告人交出所托付给他们的为中国空军采购装备和供应品及有关用途的款项的账目，使他们把未适当使用于指定用途的任何和所有上述款项交还并偿付中国政府，迫使他们把中国空军驻美军官的一切账册、字据、档案、记录和设备移交给他所指定的中国政府代表"。[7]

然而让蒋介石更恼火的是，正当其代表紧张地准备法庭所需材料时，眼见形势于己不利的毛邦初却突然斜出一枪，提出了蒋介石"总统职位"的合法性问题。10月18日毛邦初通过新闻界宣称，蒋介石无权代表"中国政府"，请求美国地方法院不要受理蒋介石代表对他们提出的起诉。[8]为此，毛邦初还通过程思远的介绍，专程赴纽约拜见了正寓居那里的李宗仁，告诉其存款之事，并说此款系李宗仁代总统期内汇出的，蒋介石无权支配这笔外汇，"请李采取适当措施"。同时，他还通过律师声明说：蒋介石是一个"篡位者"，"中华民国"的"合法总统"是李宗仁而不是蒋介石，因此，法院根据蒋介石代表提出的诉状而采取的司法行动是不合法的。[9]在与蒋介石"斗法"中败下阵来的李宗仁已渐被人遗忘，如今又有人尊称他为"总统"，他便以"总统"的身份表示："此款既在代总统任内非法提取，本人应有审查之权"，并指令毛邦初不用理蒋介石的命令，"继续执行其职务"，保管经费，保全档案，"藉资审查"。[10]这也算是不失时机地报复了蒋一次。蒋介石对毛邦初居然勾结李宗仁，要求美国法院不接受台湾提出的控毛吞款案，这使蒋觉得毛太可恶，在日记中诅咒："毛逆如不能逃避法网，若非入牢只有自杀之一途也。"[11]

如此一来，蒋介石的代表又不得不就其"总统职位"的合法性问题进行交涉。在台湾当局的强烈要求下，美国国务院发言人才谨慎地宣布：就美国国务院的立场说，蒋介石先生是"中华民国的总统"。

毛邦初狗急跳墙式的胡搅蛮缠，向蒋介石权威提出挑战，终于使蒋怒不可遏，12月8日，他以"总统"名义下令撤去毛邦初本兼各职：[12]

空军副总司令兼出席联合国安理会军事参谋团代表毛邦初失职抗命，并于本年八月二十一日予以停职处分，并令饬其即日回国听候查处。乃毛邦初不仅迄未交办，竟虚于事实，迷作荒谬主张，以图淆乱视听，着即撤去本兼各职，仍饬令即回国听候查处。

当哥伦比亚地方法院开庭审判毛案时，毛邦初早已跑得没有踪影了，只与其律师进行着电话联系，拒不出庭。

1952年2月，蒋介石得知毛邦初已自美国得克萨斯州越境潜入墨西哥，便要求台湾"驻墨西哥大使"冯执政密切监视毛邦初的行踪，并向墨西哥政府提出引渡毛邦初的要求，大有追其至天涯海角的决心。墨西哥警察虽以"偷渡罪"逮捕了毛，但法院却以台湾当局对毛邦初的控告不实而拒绝引渡。1955年5月墨西哥政府下令将毛释放，蒋介石抓毛邦初回台治罪的企图终未实现，自认为是"外交失败"。[13]

1952年3月5日，哥伦比亚地方法院对毛案进行缺席判决，命令毛邦初交出任"空军驻美办事处主任"期间受原告委托的全部款项数目。蒋介石的代表赢得了这场诉讼。但为了追回这笔款子，蒋介石的代表又在美国进行了马拉松式的谈判和诉讼，耗资无算，直到毛邦初从墨西哥出狱，事情还没有结束。

被拖得筋疲力尽的蒋介石没料到用美国的法律办事会如此麻烦，下令迅速结束此案，不再追究毛邦初。1958年，毛邦初便与台湾当局达成协议：台湾方面宣布他"无罪"，并留给他20万美元生活费，他则交出其控制的其余公款，毛邦初从此在美国过起了舒适的寓公生活。有人说，毛邦初所以能获如此待遇，就因为他毕竟与蒋介石有一段亲戚关系。

二 "王世杰案"

到1953年末，蒋介石已基本上清除了党内原有的异己分子，党、政、军也全部统一于自己的意志之下，再加上"戒严体制"的严酷整肃，从此建立起了对台湾岛比较巩固的政治统治。

蒋介石的权力核心由两部分人组成：以陈诚、蒋经国等主持国民党改造的一批忠诚骨干，以吴国桢、孙立人为代表的与美国关系密切者。后者所以得获委以重任，就在于他们的美国背景。蒋介石为争取美援，就用美国喜欢的人来讨美国欢心。但当蒋介石自己与美国建立了稳固的关系后，就要抛开政治花瓶，收回权力了。

11月18日，蒋介石突然下令："总统府秘书长王世杰蒙混舞弊，不尽职守，着即免职。"消息传出，各方震惊，高级官员更是忐忑不安，知道一场新的官场整肃又要开始了。

王世杰（1891—1981），字雪艇，湖北崇阳人。早年毕业于北洋大学采矿冶金科，1913年至1920年先后入英国伦敦大学和法国巴黎大学攻读法学，并获博士学位。回国后曾任北京大学教授，并与胡适一起创办《现代评论》周刊，1927年加入国民党政权后，任国民政府法制局局长、武汉大学校长、教育部部长、外交部部长、国民党中央宣传部部长、国民参政会秘书长等要职，[14]是20世纪30年代知识分子从政热潮中的成功分子，因而也深受蒋介石的喜爱和倚重。特别是在蒋介石1949年再次下野之后，王世杰作为其"私人参谋机构"的核心成员，与黄广谷、吴国桢、沈昌焕、蒋经国等人始终追随左右，出谋划策。1950年蒋

武汉大学第一任校长王世杰，因蒋介石而被免职，实在是有点冤，好在不久又复出了。

介石"复职"之后，王接替邱昌渭出任"总统府秘书长"，在蒋介石整改台湾期间做了大量工作。那么，他"蒙混舞弊，不尽职守"的罪名又从何而来呢？

国民党政权溃败大陆之时，其下属的"中国航空公司"和"中央航空公司"（简称"两航"）撤退到香港。新中国成立后，"两航"部分职员发动起义，脱离国民党政权，驾机返回大陆。"两航"起义引起了蒋介石的紧张。不久，新中国政府宣布将接收国民党的海外资产，这样尚存留在香港属于"两航"的飞机等一大批资产有随时被接收的可能。而英国倾向于承认新中国，这使蒋介石更加感到不安。为了逃避"两航"资产被新中国接收的命运，1949年12月，蒋介石决定把"两航"资产卖给美国人，即前"飞虎队"司令陈纳德，由他组成一个名为"民用航空公司"的美国公司。为做成这笔交易，台湾当局决定先收回"两航"公司中的外资股份，如"泛美航空公司"所拥有的股票就大约有125万美元，将这些股份转卖给陈纳德的"民用航空公司"。蒋介石的一些亲属宋美龄等人在该公司中拥有大量的投资。

但美国政府冻结了陈纳德移交给台湾当局用来购回"泛美航空公

司"在"两航"中股权的资金，台湾当局不得不用其他资金先垫付，条件是美国政府一旦解冻，"民用航空公司"就立即将那笔钱归还给台湾。

此后，这笔款子长期未能收回。于是有传闻说其中有贪污受贿行为。蒋介石也怀疑其中有问题，特别是怀疑"外交部长"叶公超和"财政部长"严家淦有受贿的嫌疑。他严厉申斥二人没有加紧催促，处置不当。叶、严受训后找"行政院长"陈诚诉苦，求他代为解释。陈诚在与蒋介石谈话中称，如果那笔款子有什么问题的话，作为负责"行政院"的院长，他应该承担全部责任。但他又话锋一转说："据档案记录，叶、严对此事毫无责任，不应受到责备。"[15]

根据陈诚的建议，蒋介石下令"司法院长"王宠惠组织调查此案。调查中王宠惠发现，虽然"民用航空公司"已经从美国取回了那笔款子，但在王世杰的建议下，蒋介石却亲自批准推迟向"民用航空公司"索还这笔钱，有关文件上留着蒋介石的亲笔签字。王宠惠把此情况报告给蒋介石，蒋介石忽然发现，查来查去，"处置不当"的责任竟在自己，陷入了非常尴尬的境地之中。

蒋介石到台湾后曾反复训诫其部属对工作要缜密、认真、负责，如今自己却犯了"不负责任"的错误，传出去要严重影响自己的形象。于是，他开始寻找借口为自己开脱。他指责王世杰在交给他签字时没有把事情说清楚，否则他"无论如何是不会批准这件事的"。[16]蒋不自责未看清文件内容就签字，却把责任推给提建议的人，蒋介石的强词夺理可见一斑。他还进一步推测说王世杰的建议是根据"民用航空公司"的法律顾问端木杰的请求做的，而端木杰曾在台湾"交通部"任要职，王世杰肯定通过端木杰与"民用航空公司"有什么勾结。为这种功劳归己、过失委人的"总统"做"秘书长"，大概只能自认倒霉。不得已，王世杰提出辞呈以示"承担责任"，但恼怒异常的蒋介石拒绝了王的辞职请求，给了他更严厉的处分，下令免除王世杰的职务。本来王世杰辞职当替罪羊已算是不轻的处分，蒋介石却小题大做，似乎有杀鸡儆猴之用意。陈诚觉得王有冤屈，仍"表示不快"，为之求情。蒋反责备陈诚"不智与懦弱，毫无定识，几乎与何（应钦）不相上下矣"。[17]可见其在处置王世杰问题上的决心。

三 "吴国桢案"

"王世杰案"并没有因他被撤职而终结，却引起了台湾政坛更大的风暴，这就是吴国桢案的发生。

吴国桢（1903—1984），字峙之，又字维周，湖北建始人。幼年旅居北京，1914年入天津南开中学，与周恩来同窗；1917年入北京清华留美预备班，与罗隆基、闻一多、潘光旦等是同学，并参加了著名的五四爱国运动。1921—1926年间，吴国桢留学美国，获普林斯顿大学哲学博士。回国后，立志从政，加入国民党，并于1932年担任蒋介石私人秘书。蒋介石对其"年轻练达""印象至深"，遂任命其为汉口市市长。吴国桢因政绩突出，在1941年出任战时首都重庆市市长，后又改任国民党中央宣传部长。抗战胜利后，蒋介石以其为"市长专才"，任命其为上海市市长，接替"主政不力"的钱大钧，执掌中国最大的经济中心。吴国桢为"回报蒋的厚望"，竭尽全力，奔波劳顿，"经常处于工人运动和学生运动的对立面"，他也因此而位列毛泽东宣布通缉的15名国民党主要战犯的第10名。[18]由于受美国教育的影响，他在任职中比较注意接近新闻界，赢得了"民主先生"的称号，他的名字也经常出现在美国报刊上，颇得一些美国朝野名流的好感。因此，当国民党在大陆溃败殆尽之际，为保住台湾这块最后的根据地，制衡大陆的新政权，以国防部长约翰逊、驻华大使司徒雷登、国务院顾问白吉尔海军上将为代表的一批美国右翼人士极力"主张给台湾以全力支持"，并提议由吴国桢接替陈诚任台湾省主席，表示"如果国民党政府照办了，美国会提供援助"。[19]其时，国民党正处于存亡绝续的关键时刻，尽管美国的提议有

「滥笑无诚」、「善哭必诈」，吴国桢则更以滥笑而兼善哭者，以蒋介石的理解，吴国桢成了一个「无诚」、「必诈」之人。

明显干涉"内政"的嫌疑，是对蒋介石、陈诚等人能否守住台湾之能力的极大怀疑；但若因此而能改变其政权"腐败无能"的形象，博取美国的欢心，获取美国援助，也不失为一个不错的选择。因此，当美国人的意见传达给蒋介石之后，他即令陈诚、王世杰等人劝说吴国桢接任台湾省主席。1949年12月10日，蒋介石逃离成都到台湾，此举也意味着国民党彻底丢掉了大陆。第二天，蒋介石即亲自召见吴国桢，命令其接替陈诚为台湾省主席。同时，对接任台湾省主席后的吴国桢也优礼有加。据吴国桢回忆，在其出任台湾省主席后，蒋介石对其工作很是支持。例如，吴国桢提出清点军队员额以消灭国民党军中"吃空饷"的痼疾，蒋介石给予了支持；吴国桢提出严查桂永清所部海军走私问题，蒋介石也同意了；吴国桢提出推动台湾地方自然选举的计划，蒋介石也默许了。在生活上，蒋家与吴家的关系也"非常亲切"，"以致每周要共餐两三次"；1950年蒋介石过生日时，亲自派人接吴家上山聚会，并在其他文武高官步行的情况下，赐吴国桢与其共乘滑竿，以示恩宠。[20]

对于蒋介石的恩宠，吴国桢以"不成功便成仁"的决心与行动倾力相报，整理财政，恢复经济，安置逃台溃兵与难民，实行地方自治，等等，成绩突出，帮助退台之初的国民党度过了危险期，稳定了政权，巩固了统治。因此，在1952年11月的国民党"七大"上，在国民党众多元老重臣纷纷落马的情况下，因蒋介石的提名，吴国桢当选只有10人组成的国民党中常委。

但在此过程中，吴国桢自恃有美国人和蒋介石的支持，政策强硬、专断。特别是随着政治资本的增加，他也"有些得意忘形"，在言谈举止方面对同事摆出一副趾高气扬的姿态，乃至于目中无人。他与"行政院长"陈诚、海军总司令桂永清等文武高官的矛盾也日益激化，以致"四面树敌"。其中，最为关键的是与蒋经国的矛盾。

两个政治理念不同而政治抱负都很大的人在一起，冲突是不可避免的。早在吴国桢上海市长任内，就与蒋经国发生过摩擦。那时蒋经国以"经济督导员"的身份奉父命赴上海整顿面临崩溃的经济，他认为只要实施铁腕政策，严厉打击投机商人，争取上海市民的支持，就能控制通货膨胀，而吴国桢认为用高压的政治手段是无法解决经济问题的，便不予配合。结果，蒋经国以失败而告归。退台后，在蒋介石的刻意培植下，蒋经国操纵情治系统，实行特务统治，干预地方政务，勒索地方财政，都遭到了任台湾省主席的吴国桢的抵制，两人的正面冲突不断发生。1950年蒋经国以"莫须有"的罪名逮捕了台湾省火柴公司总经理王哲甫，吴国桢大为不满，曾去找蒋经国要人；1952年第二届县市议员选举前夕，蒋经国奉其父手令逮捕了两名未投国民党提名议长票的议员，在吴国桢的坚决要求下，蒋介石被迫放人。[21]不仅如此，吴国桢还进一步向蒋介石提出了一系列蒋介石根本无法接受的建议，例如：取消特务政治；改革军事法庭，允许被告人辩护；筹组反对党，实行两党政治；不要让蒋经国"做特务的头"，而是去"负责某种人民福利组织"；等等。显然，上述任何一条建议的实施都会危及蒋氏父子在台湾的统治。因此，自朝鲜战争爆发后，蒋介石开始有意削弱吴国桢的省主席权力，将军队款项的支付权力从台湾省政府收归"中央"，将台币的发行权收归"中央",将重要工矿业的管理权收归"中央"。[22]蒋介石一方面确实欣赏,甚至倚重吴国桢的才干,如在日记中曾提到1952年上半年财政大幅增收,"军公教人员提高待遇之经费无虑",而原因是"吴（国桢）任之功能"。[23]但另一方面对吴国桢恃才傲物,尤其是借美国人自重十分痛恨。早在1950年初吴国桢在陈诚"组阁"时提出强硬要求时,蒋介石即认定"其多半当受美国在台之使馆人员之影响也"。[24]

但从总体上看,蒋氏父子争取美援心切,仍需吴国桢这块"民主"招牌。碍于美国人的情面,暂时容忍了吴国桢的"不敬"。1952年年底,情况开始发生变化,从岛内来说,随着国民党"七大"的召开,蒋氏父子全面掌控了国民党,吴国桢虽位列中常委,权力却进一步被削弱。掌权后的蒋经国加大特务政治的推行力度,甚至吴国桢本人也成为其监视和监听的对象,这使吴国桢对蒋氏父子的信心大大降低。从岛外来说,1953年1月,艾森豪威尔入主白宫,改变对台政策,开始更积极地援助台湾,对蒋介石也是支持多于批评。美国政策的改变,使得蒋介石有可能对内部政策进行调整,吴国桢等人头上的特殊光环渐渐散去,失去了作为向美国讨价还价的筹码功效。蒋经国在与吴国桢的纠纷中不再让步,吴国桢感觉出了蒋介石态度的冷淡,遂在1953年3月初以"身体欠佳"为由提出辞呈,蒋介石批示慰留,并派宋美龄居中斡旋,但最终在"特务控制"问题上未能达成妥协,双方不欢而散。蒋介石认为吴国桢的辞职是要挟,"国桢之骄矜失信令人绝望","其玩弄手段至此,殊所不料"。[25]3月底,蒋介石已经下定了去吴的决心:"国桢骄矜狡诈,不能合作,故省政阻滞,非决心改组不能再求进步矣。"[26]在与蒋介石争执的过程中,吴国桢又遭遇匪夷所思的"车祸"而险些丧命,吴国桢去意乃更坚决。4月初,美国首任"驻台大使"蓝钦正式向蒋介石递交"国书",并宣布美国将大规模援助台湾。4月10日,蒋介石批准了吴国桢的辞呈,任命俞鸿钧继任台湾省主席。[27]蒋在日记中写道:"国桢藉美声援,有恃无恐,以为非他不可,故骄矜孤僻,对余亦不在心目,甚为其修养不足,根基浅薄惜也。余乃断然准其辞职,寸心甚觉自得。如其受此重大教训，果能悔悟警觉，痛改前非，则其才仍可用也。"[28]在吴国桢辞职过程中，蒋介石始终关注的是美国的态度，美国人未公开表态，使蒋介石稍得宽心："美国并未发生影响，此或（吴）国桢所不料及也。"[29]

辞去省主席的吴国桢虑及生命危险，决计脱离台湾，并于5月份借口返母校接受荣誉法学博士学位和作公开演讲，申请携全家离台赴美访问。此举遭到蒋氏父子阻拦，后虽经宋美龄等人求情而获允准，吴国桢夫妇才办妥手续，但其儿子与老父未获准同行。

1953年5月25日，吴国桢乘飞机到达美国华盛顿西雅图。临行前，陈诚、蒋经国等人还至机场送行，但吴国桢已明显感到台湾的政治空气对己不利，因此，在完成访问和演讲任务后，没有敢再回台湾，就在伊利诺斯州埃文斯顿定居下来。同时，他先后三次致函台北，请求辞去国民党中常委和"行政院"政务委员的职务。蒋介石拒绝了吴国桢的请求，并派人劝吴国桢回台北，吴国桢则以蒋介石必须先进行民主改革为条件，否则，"回去是无用的"。但从总体上看，在"王世杰案"发生前，吴蒋矛盾还是秘密的，在公开言论中，他仍支持台湾当局："希望所有的中国人要万众一心，在反共阵营内团结起来，舍此，我们又何以反攻大陆？"[30]但王世杰案发生后，吴蒋矛盾开始走向公开，并趋于尖锐，终至分道扬镳。

"王世杰案"虽以王氏被免职而宣告结束，然而由于有关该案的具体情节秘而不宣，各种猜测与传说纷纷而起。有人说吴国桢的赴美就是接受了王世杰的公费资助，因而要求公开王世杰案真相的呼声也越来越高。潘公展在《美华日报》发文说："政府如果以澄清政论为急务，则对于案情直接宜有调查报告发布，必如是而后廉洁之士有所保障，贪墨之徒有所戒惧，否则徒使问心无愧者横遭传说之诬毁，而暮放芭苴，蝇营狗苟者，转得逍遥法外"，[31]这明显是在影射吴国桢了。台北的媒体以及国民党控制的海外媒体也随声附和，抨击、批评吴国桢，指其卷款50万元逃亡美国。

身为高级官吏的吴国桢滞美不归，其义不言自明，使蒋介石颇为难堪，他认为吴国桢"言行渐近于威胁与越轨态度"，仍希望能"使之觉悟复常"，并派人赴美国劝吴国桢回台"接受调查"。[32]吴国桢不但抗命不归，而且对把自己与王案联系在一起十分恼火。他一方面给媒体写信辩解，一方面写信给国民党中央秘书长张其昀要求调查。他甚至通过在台北的父亲，在台北媒体公开做广告，发表他关于此事的声明，声明说：[33]

> 桢远在国外，忽闻道路谣传，谓桢苟取巨额外汇，并云前总统府秘书长王世杰之去职与此有关等语。查桢此次来美，曾经由行政院陈院长批准，以私人所有台币向台湾银行购买美金五千，作为旅费，此外并未有政府或政府中之任何人员批准拨给分文公款，桢亦未有此项要求，与王氏更从未谈过去美费用问题。桢闻此谣传后，已于1月2日以党员身份函请张其昀秘书长转呈总裁，请饬政府彻底查明，公布真相。

但他的声明在国民党当局阻挠下迟迟未能发表，直到2月7日蒋介石同意见报，但为时已晚。同一天，吴国桢在芝加哥参加一个《同新闻界见面》的电视节目时，称他离开台湾是为了"健康和政治两个原因"，他主张台湾民主化，"而别人则认为反共需用共产党的手段"，正式公开了他与蒋氏父子的分歧。2月16日，吴国桢又在其住地接见美国记者，详细阐述对台湾政局的看法。他指出，"目前的台湾当局过于专权"，不能实现民主，也不可能"光复大陆"。吴国桢表示："在目前环境之下不愿回到台湾，因为现在那儿的政治形势与其当初和他们发生争论时并无改变。"[34]

吴国桢的谈话，经美联社、合众社的报道后，美国各大新闻媒体均发表意见，对蒋介石和台湾无疑是重磅炸弹。

吴国桢的批评只是道出了台湾的真实情况，可谓切中时弊。胡适对此评论说："吴国桢批评政府或许对于国家还有点好处"，"假使那封信讨论的几项根本问题，其发生的结果竟能使实行改革成为必需，那岂不是说对于国家倒有益处了吗"？然而，蒋介石并未这样考虑，他认为这是吴国桢假美国人以自重，向其权威挑战，因而采取了针锋相对的措施。台湾的传媒开始统一口径反击，如《联合报》社论说，吴国桢的谈话是恶意攻击，是"给予共产党敌人以宣传的借口"，双方撕破了脸皮，争吵逐渐升级。

2月27日，吴国桢再次致函蒋介石和正在台北召开的"国民大会"一届二次会议，对其进行了批评，而那次大会的主要议题就是选举蒋连任"总统"。吴国桢在信中说："桢弃官浮槎，原为政见之不同，隐忍十月，亦系企求当局之自悟。"但当局表现令他十分失望。他指出要"恢复大陆"，"必须抛弃个人一人或一家之思想，完全接受国父之遗教，实行真正的民主，政治始能收其效而得其功"。然而，当局所采取的政策大多与此相背，这表现在：一、一党专政，"国民党之经费并非由党员个人捐助，乃系政府即国民之负担"，"国民党内所谓'民主'实系虚伪，所谓'集权'实系事实"；二、军队内有党组织及政治部，国民党军中升降不以成绩才能为依据，而以个人与政治部关系为主，"国家军队，必须国家化，俾其不致忠于一党或忠于一人，造成封建及内乱"；三、特务横行，"干涉选举，搜捕人民，威胁敲诈，苦刑拷打，所在皆是"，"藉其凭依，不知法律为何物"；等等。

吴国桢在信中建议"国民大会"立即采取措施，以纠正错误，他的建议是：组织委员会彻底查明国民党经费来源，公布真相；撤销军中之党组织及政治部；制定法律，明白规定特务机关之权限及其违法处罚之法则；调查无辜被捕、被害者之诉讼；撤销"青年反共救国团"，并不得再有类似变相组织之出现。他最后说："桢已流亡异国，自甘寂寞，又何恩怨可言，并非为故意颠覆某人"，请求将此等意见在台湾公开发表，否则，他将重新考虑不在美国大众面前"扬家丑"的立场。[35]

吴国桢的建议等于从根本上颠覆了蒋介石、国民党统治的合法性，

张道藩（1899—1968），先后入伦敦大学大学院美术部、英国维多利亚公园学校、克乃佛穆学院、伦敦大学思乃德学院、巴黎最高美术学院深造。留学期间结识陈立夫等人，不久即加入国民党，逐渐成为 CC 系骨干。

否决了台湾政治体制的合法性，其对台湾政治的冲击性可想而知。蒋介石恼羞成怒，在日记中对吴大肆谩骂：[36]

吴国桢在美，当我国大开会之前，正副总统提名人选出时，彼即肆意诬蔑政府不民主，而且自高其身价，口口不愿奉召回国之卑劣之行。余以此逆为滥笑善哭之小人，不可共事，但其小有才且兼善长英语，故用之。不料其愚劣至此，竟为李宗仁、毛邦初之续，是其自葬其前途，于余何逊耶？谚云"滥笑无诚"。余又长一智识，曰"善哭必诈"，此于冯玉祥善哭，翁文灏滥笑得之，而吴国桢则更以滥笑而兼善哭者。以后交人接物又多得一经验矣。

台湾方面迅即作出反应，"立法院长"张道藩召开记者会，反驳吴国桢，指责其在美国的言论是"荒谬、极不道德的行为"。他历数吴国桢的种种"劣迹"：在上海市长任内不亲自办理移交，"严重渎职"；在台湾省主席任上更是私自滥发钞票、私自抛空粮食，以及在对外贸易、林产等问题上非法、乱纪、专擅、操纵，"不仅危害政府利益，而且在很多事实中有意包庇贪污、营私舞弊、勾结奸商、谋取暴利"。他说："吴国桢三年来处理省政，他自己就是法律，他自己就是政府，挟外自重，目无法纪，吴氏以政见不同作借口辞职，是掩饰其失职。"[37]台湾省议会也攻击吴国桢不执行省议会决议，涉嫌"林产诸案"、"有奖储蓄案"、"赖长生案"、"抛售外汇案"等。

"国民大会"讨论了吴国桢的来函，"大会主席团"决议："一、吴国桢以现任'行政院政务委员'在国境外扬言政见不同，肆意诋毁政府，并欲藉本大会期间增加其恶意宣传之力量，主席团认为此种直接有利于匪敌的言论行为，当堪深恶痛绝；二、决定凡个人向大会陈诉事件，按宪法规定，不属本会议事范围，吴国桢来函不予受理；三、公布吴国桢的来函。"[38]最初多数人不同意公开吴国桢来函，但蒋介石却另有见解，他了解吴的个性，力主发表："否则吴更以此为政府之谜，而反加其攻讦之口实矣。"[39]"国民大会"还通过临时动议，建议当局迅速吊销吴国桢的护照，"勒令回国依法处办，如违即予明令撤职通缉归案，以维国纪官场"。[40]

吴国桢深谙台湾的"不民主"，他致函"国民大会"无非是借机宣泄而已。但国民党控制的"国民大会"对此所通过的议案，却为蒋介石惩办吴制造了"民意基础"，他于3月17日发布命令，撤销吴国桢职务：[41]

据行政院呈：

本院政务委员吴国桢于去年五月藉病请假赴美，借故不归。自本年二月以来，竟连续散播荒诞谣诼，多方诋毁政府，企图淆乱国际视听，破坏反攻复国大计，拟请予撤职处分。另据各方报告，该员前在台湾省主席任内，多有违法及渎职之处，自应一并依法查明究办，请鉴核明令示遵"等情。查该吴国桢历任政府高级官吏，负重要职责者二十余年，乃出国甫及数月即背叛国家，诬蔑政府，妄图分化国军，离间人民与政府及侨胞与祖国之关系，居心巨测，罪迹显著，应即将其所任政院政务委员一职，予以撤免，以振纲纪。至所报该吴国桢前在台湾省主席任内，违法与渎职情势，并应依法彻查究办。

同一天，国民党中常会及中央纪律委员会提议开除了吴国桢的党籍。

台湾当局的上述决定，招来了吴国桢更直接、更尖锐的批评，他于3月20日、3月28日和4月3日接连给蒋介石写了三封信，并发表了《上总统书》，重申其致"国民大会"的建议，点名批评了蒋经国的特务统治，说他是台湾"政治进步之一大障碍，应送入美国大学或研究院读书，在大陆恢复以前不必重返台湾"。此外，他还直指蒋介石："自私之心较爱国之心为重，且又故（固）步自封，又不予任何人以批评建议之机会。"[42]

作为来自国民党核心、曾为蒋介石多方倚重的吴国桢对蒋氏父子的抨击和揭露，对于他们败退台岛后所刻意制造的个人神话、"反攻"诺言与政治形象，打击不可谓不重。然而吴国桢远在美国，蒋介石鞭长莫及，除了命令撤其职务外，对于吴的批评也只好听之任之。台湾当局曾试图"引渡"吴国桢，遭美国拒绝。吴国桢从此客寓他乡，靠替报纸撰稿和演讲为生。1965年应聘为佐治亚州立大学东方历史和哲学教授，直至1974年退休，再也未能回台湾，1980年病逝。

四　"孙立人兵变"

20世纪50年代初期，美台关系的冷热起伏也波及台湾政坛，造就了一批昙花一现的风云人物，他们一夜之间成为大权在握的显赫，然而，不久又以种种罪名被打入冷宫，销声匿迹，其中比较典型的除前述吴国桢外，孙立人也是很有代表性的。

孙立人，安徽舒城人，清华大学毕业，继保送赴美，获工程学学士学位，后转入著名的弗吉尼亚军校。毕业回国后，入国民党中央党务学校任军训队长，旋调"陆海空军总司令部侍卫总队"副总队长。宋子文成立"税务警察总团"，任团长。1940年11月，税警团改为新38师，孙任师长并率部参加中国远征军。仁安羌之战，他率部击退10倍于己之日军，解救数倍于己之英军。此外，在打通雷多公路、反攻缅北战役中均战功卓著，被誉为"东方的隆美尔"。战后获英国皇家勋章，成为美国名将马歇尔等人的座上客。但因非黄埔出身，又与出自黄埔的杜聿明等人发生矛盾，抗战结束不久，他被蒋介石调到台湾任"国防部"陆军编练司令，搁置起来。

蒋介石败退台湾，决定起用素为美国人赏识的孙立人，以争取美援。1949年底，孙立人被任命东南军政长官公署副长官兼台湾防卫司令，1950年3月出任陆军总司令兼台湾防卫总司令，旋晋级陆军二级上将，四年之后又出任"总统府参军长"。

但1955年8月3日，孙立人却突然向蒋介石提出辞呈，他说：[43]

近者陆军部队发生不肖事件，奉副总统谕示郭廷亮案情，日前黄、傅两局长奉命交阅江云锦等供词资料，职涉有重大之罪嫌，钧座未即付之法司，仰见格外爱护之恩德，天高地厚，感激涕零。伏念弱冠之年，即追随钧座，今已两鬓均斑，无日不在培植之中，感激知遇，应有以上报，乃今日竟发生此种不肖事件，抚衷自省，实深咎愧！拟请赐予免职，听候查处。倘蒙高厚，始终保全，俾闭门思过，痛悔自新，则不胜感激待命之至。

8月20日，蒋介石下令免去孙立人职务，命令说："总统府参军长陆军二级上将孙立人，因匪谍郭廷亮案引咎辞职，并请查处。应予照准，着即免职。关于本案详情，另组织调查委员会秉公彻查，听候核办。"[44]

从上述两个文件可以看出，孙立人的被免职是与"匪谍"郭廷亮有关系。郭廷亮，1938年毕业于云南昆华师范学校，同年考入税警团干部教练所，后留团工作，孙立人当时为总团长。1940年底郭随孙赴缅参战，解放战争时期任孙部榴弹炮营少校连长。到台湾后孙立人任命他为陆军训练司令部训练班副队长，并随孙立人升迁而不断调职，"孙将军迭予任使，甚为信任"。[45]但两人关系密切并不能成为治罪的根据，所以，众多的人认为，这不过是蒋介石父子清除孙立人的一个借口而已。

孙立人由于战功显赫，并有较厚的美国背景，具有西方式的工作态度。他遇事当面直言，毫不留情面，他与同僚的关系也因此而十分紧张，遭到"行政院长"陈诚、"参谋总长"周至柔、空军总司令王叔铭、海军总司令桂永清等黄埔大老的联手排挤。孙立人为此十分不满，公开向对手挑战，他曾对蒋介石说："海军空军如何好，如何如何行，那么就请总统将陆海空三军测验一下，比一比，看究竟哪一军好。先从我们三军总司令考起，比文也好，比武也好，比立正稍息也好，比 $x+y$ 也好，由你们海空军决定好了。"[46]更为重要的是，这位美国培养出来的职业军人，讨厌蒋经国的政干系统对其军事权力的干预，主张撤销军队中的政工制度，面对现实，放弃反攻大陆的号召。他的这一主张，得到了美军顾问团团长蔡斯等美国军政要人的支持。孙立人还经常在公开场合指责政工人员的种种劣迹。由此，他与蒋经国等人的矛盾不断升级。

孙立人曾一度被美国人列为取代蒋介石的重点扶植对象。1949年初，美国为避免台湾被人民解放军攻占，制定了由美国派兵占领台湾、扶植孙立人成立新政权的计划，拟定"邀请孙立人将军参加（美国）占领军新政权……通知蒋委员长，如伊愿留台湾，当以政治避难者之身份相待"。不久，麦克阿瑟邀请孙立人访日，麦氏告诉孙立人："大陆快将失陷，国民政府势必垮台，美国对它已不存多大希望，但美国不能让台湾这艘不沉的航空母舰为中共夺去，所以有意要请孙将军负起保台的责任，而由美国全力支持，要钱给钱，要枪给枪。"[47]虽然此事被孙立人以他"忠于蒋总统，不应临难背弃"为由拒绝，但蒋介石对此一直耿耿于怀。

1952年底，孙立人曾提出辞职，蒋介石就认为应该对其严加纠正"勿使之再蹈旧有军阀之恶习"。但蒋真正顾忌的是孙立人与美国的关系。1953年初，蒋认为"陆军总部对我党政军联合作战训练组训向蔡斯告密，此为其主官最不忠实之所为，不胜痛愤"。令他"痛愤"的主官就是孙立人。[48]"吴国桢案"发生后，蒋已经暗中将孙立人与吴并列了："吴国桢、孙立人之飞扬跋扈，挟外凌上。"[49]到1954年初，蒋对孙立人与美国的关系已至难以忍受的地步："（孙）立人勾结麦唐纳，挟外自重，图谋地位，对军中党务与防共组织泄露之于麦，以此为胁制政府之资料，殊为痛心。蔡斯竟来函责难，其势汹涌。"[50]

1954年6月，蒋介石连任"总统"后对国民党军进行人事大改组，时任陆军总司令的孙立人，普遍被人看好将出任"参谋总长"。但蒋介石出人意料地让桂永清任"总长"，且桂不久病逝后，又出人意料地让出身情治系统并与蒋经国关系深厚的彭孟缉接任，而孙立人则被任命为有名无实的"总统府参军长"，重新被搁置起来。"美台共同防御条约"签订不久，孙立人即以所谓的"郭廷亮匪谍案"被免职。

蒋介石在1955年5月28日的日记中，对孙立人案有着相当详细的记载：

> 本晨得报，孙立人前第四军训班系统人员策动此次南部校阅时控置炮兵，先对阅兵台瞄准，然后向我以请愿名义要胁我任用立人

以代之。此一阴谋，又为西安事变之重演，其危险性对国际方面尤为重大。最近美国务院忽令其情报人员密查孙在军队中势力如何，能否掌握陆军，及吴国桢除台湾人以外之中国人有否拥护者之确息。今以此案之发生，究竟有否关系，并无证据，但国际环境之险恶，已至相当程度，能不戒乎？

朝课后记事。经儿来谈，九时半入府会客，召见北区各军师主任顾问，详询各部队情形后军事会谈。

从这最初的记载中，可以得到如下判断：这个情报是蒋经国最先报告给蒋介石的，而蒋介石的第一反应是此事与美国有关系，是"西安事变"的重演。

对孙案的处理引起各方关注，如香港《祖国》杂志发表社论，要求台湾当局认识事态的严重，"幡然醒悟"，"解除对孙立人的软禁状态"，使他有机会向舆论界公开地、自由地发表意见，"而不能让公众只听当权者一面之词"，要求公开审判郭廷亮等人，要求台湾当局要"向舆论界公开所有事实真相及有关具体材料"。[51]美国"驻台大使"蓝钦要求蒋介石公开发表一项从宽处理孙立人的声明，美国总统艾森豪威尔、国务卿杜勒斯及麦克阿瑟等人也先后致电蒋介石、叶公超，要求其向美方详细说明有关情况，并希望慎重处理此案。

蒋介石对如何处分孙立人大费周章，主要是顾忌美国人的意见："孙立人谍叛案已经大白，故决心予以处治，惟其手续与方法应加慎重研究，勿使美国及其反蒋派引以为独裁口实耳。"[52]他广泛征求国民党军政要人的意见，自己就先后四次拟定了处置的具体方法。为避免过于刺激美国人，蒋介石在宣布撤免孙立人职务前，先派"外交部"政务次长沈昌焕赴美通报全部资料，并表示对本案本着"不杀、不审、不问、不判、不抓、不关、不放"的原则处理。同时，任命陈诚、王宠惠、许世英、张群、何应钦、王云五、黄少谷、俞大维、吴忠信等九人组成调查委员会，以陈诚为主任委员，调查此案。

　　根据蒋介石的命令，九人调查委员会在听取了"参谋总长"彭孟缉关于该案的报告，查阅全部有关案卷，分组数次对郭廷亮等103人传讯，两度直接询问孙立人后，于10月中旬结束调查，拟成长达1.6万余言的调查报告，并将报告及调查笔录各材料一齐呈送蒋介石。

　　报告书说，郭廷亮随孙立人驻守沈阳时与中共建立联系，接受了特别训练。1948年11月奉派携妻至台从事兵运工作，"以长期潜伏，掌握部队，达成两项任务：一是制造台湾国军大规模之变乱，二是俟共军攻台时为内应"。郭至台后不断得到孙立人提拔，是孙立人在台之得力助手之一。报告说，孙立人在若干军事事项上与"国防部"和许多同僚持不同意见，但孙不依合法程序，"以对外间流露其不满之情绪是务，尤喜对其亲信之部属与学生发表批评指摘上级与同僚之言论"，并命令郭廷亮、江云锦等人在军队中秘密串联第四军官训练班毕业生，以在军中造成一股忠于自己的势力。郭廷亮以此为契机，"遂行其匪谍任务"，积极进行活动，制订行动计划，决定利用1955年5月底蒋介石前往南部校阅部队之机举事，实施兵谏，进而达成"兵变"。5月25日事泄，郭廷亮等人被捕。

　　报告认为，孙立人在军队中发动联络组织，"其动机并不正常"，"对于匪谍之活动于其左右，至少应负失察之责任"，虽"尚未发现变乱计划的主谋是孙立人将军，但孙知情不报，防范不严，姑息徇情，训导失当，实难辞其咎"。报告最后说："惟念孙立人将军为总统多年培植之人才，且为抗战建功。孙立人将军在8月3日上总统签呈中曾沥陈愧悔自责之情"，在调查中一再申述愿负全责，且已引咎辞职，建议蒋介石"于执行法纪之中，兼寓宽宥爱护之意"。[53]

　　在九人调查委员会调查该案的同时，国民党"监察院"成立了由曹启文、萧一山、王枕华、陶百川、余俊贤等五人组成的调查小组，调查该案，以正视听。小组成员调阅涉案卷宗，约谈孙立人，听取有关报告，但最后形成的"调查书"却提出了与九人"调查报告"许多不同的意见。陶百川等人认为，郭廷亮不是"匪谍"，南部阴谋事件之企图仅是为了向蒋介石呈递改革部队行政之建议书，"并无叛乱罪之意图，也未着手实行，不能以叛乱罪相绳"；还认为孙立人"没有发展秘密的小组织"，他联络下级军官之动机，出于爱惜其苦心经营多年培育之成果，而运用私人情感关系作正面侧面之鼓励，"无可厚非"。[54]

五人报告特别强调了九人报告中所未涉及的事件发生的原因。报告认为事件的发生原因，主要是部队中存在着大量严重的问题：一是官兵待遇太低，心理发生变态，"认为反攻没有希望"；二是军政没有做到真诚合作，"部队长受政工人员压制，只得把全部时间去应付他们"，部队无时间训练；三是部队长的人事调动不公平，"部队中历史悠久、经验丰富的反而升不上去"，尤其是出身于孙立人创立的第四军官训练班之毕业生，更是感到没有保障。[55]报告建议蒋介石"核派态度公正，法律精通之文职人员，协助复核，期无枉纵"。[56]

奇怪的是，蒋介石对五人小组报告秘而不宣，束之高阁。而是根据九人委员会的报告于10月20日命令："兹据调查委员会主任委员陈诚、委员王宠惠等呈报彻查结果，一致认定该上将不知郭廷亮为匪谍，尚属事实，但对本案有其应负之重大咎责。姑念该上将久历戎行，抗日有功，且于该案发觉之后，既能一再肫切陈述，自认咎责，深要痛悔，兹特准于自新，毋庸另行议处，由国防部随时查考，以观后效。"[57]次日，蒋介石又手令："所有因该案逮捕羁押人员，应即按其情罪分别侦讯处理，迅予结案，其中确属无知盲从，情有可原者，应予从宽发落。"[58]

经过近一年的审查，1956年9月，"国防部"军事法庭以郭廷亮"罪恶重大"判处其死刑，余者分别判处三年至十五年不等徒刑。但法庭将判决书送呈蒋介石时，蒋却批示："该郭廷亮犯罪情节重大，原判死刑应予照准，但念该犯尚能自知后悔，并自白不讳，特依赦免法改处无期徒刑，以示宽大，其余各犯，均照原判办理。"[59]

至此，孙立人兵变事件似乎可告结束了，但对于此案的真相，人们仍怀有诸多的疑问。"匪谍"一词在50年代的台湾犹如瘟疫，沾着非死即亡，奇怪的是郭廷亮作为"匪谍"，所犯"叛乱罪"极其严重，而最终却获蒋介石"特赦"的殊荣，实为惊人之举。特别是"监察院"五人调查小组的报告被封锁，使人们认定此案其中必定有诈。孙立人案发生后，蒋也有更多的反省与警觉，他曾提出"对于政工和情报组织之弱点应彻底检讨与改正"，尤其对军官的家庭、最初学历与职务来历等要严加注意。他甚至具体引申出对身在美国的孙科要加以注意："哲生是否为被'共匪'勾诱？"[60]可谓草木皆兵了。

因此，当蒋介石父子先后作古后，台湾于1988年掀起了为孙立人平反的政治风潮。事件发生了戏剧性的变化，3月20日台湾"国防部长"郑为元至孙立人寓所拜访被软禁33年之久的孙立人并宣布：从现在起，孙有一切行动和言论的自由，可以前往任何想去的地方，并可以同任何人交谈。3月22日，事件的主角郭廷亮在1981年和1983年向有关单位提出的"陈情书"曝光。陈情书说，他所作的自首书和口供笔录，都是以当时案情发展的需要由情报局长毛人凤奉上级指示杜撰编造的。郭廷亮自扮"匪谍"，是为了"达成政治上的任务"，方便"政府"处置孙立人，以免"外界发生不利于政府之舆论，而影响到中美合作之感情，伤害国家利益"。[61]3月30日，尘封33年之久的"监察院"孙案调查报告终于被公布。但公布的报告进行了大量的删节。为此，孙立人发表声明："调查报告并不完整，虽然稍微还了我的清白，但政工系统的歪曲事实，使得我的部属们仍然蒙受冤屈。我将再申请复查，我要我们大家都清白。"然而，直到1990年11月孙立人去世，台湾当局对孙立人事件仍缄口不语，关于该事件的真相仍是一个谜。

孙立人的被废黜，标志着蒋介石在与美国的控制与反控制较量中又取得了胜利。长久以来，美国一直在寻找扶植代替蒋介石的人物，但均被蒋介石一一击败，孙立人是最后一个。从此，台湾岛上再也没有有实力挑战蒋氏父子权威的人了，而数十年之后的孙立人翻案，则标志着蒋介石父子专制体制的崩溃。[62]

五 连任"总统"

据"中华民国宪法"规定，"总统"每六年改选一次，蒋介石1948年出任"总统"，1954年是改选之年。在国民党一党统台湾政局而蒋介石又一手控制国民党的情况下，他谋取连任，当不在话下。然而，由于政治环境的变迁，这一连任如何循"宪政"渠道，披上"民主"的外衣，还是有些棘手。

第一个困难是如何组织一个全国性的"国民大会"。按照"宪法"第26条规定，"国民大会"于每届"总统"任满前90天集会，选出下一届"总统"。依次推算，第二届"国民大会"应于1954年2月19日召开。但"中华民国"已被中华人民共和国取代，台湾仅是个地方性政权，实际控制区局限于台、澎、金、马地区，人口不足一千万，第二届"国大代表"的选举无从谈起。蒋介石要做个全国性的"总统"，维护"中华民国"的法统，就必须先解决这个问题。

第二个困难是如何使参加第二届"国大"的代表能够达到法定多数。按"宪法"规定，"国大代表"的法定名额为3045人，开会时出席人数必须过半数，"总统候选人"必须获得全体代表半数以上即1523人的选票方为有效。但1949年追随国民党逃台的"国大代表"仅有1080人，即使这些人全部连任，距离法定多数还差1/3。因此，台湾自1953年下半年就开始了紧张的准备工作，以解决这两个问题。

蒋介石无法在全国范围内举行第二届"国代"的选举，只好在第一届"国代"身上作文章。其幕僚经过长期考虑后，向他提出了延长原"国代"任期的建议。理由有二：一是根据1948年"国大"通过的《动员戡乱时期临时条款》规定，"总统"在动员戡乱时期，为避免国家或人民遭遇紧急危难，或应付财政经济上重大变故，得经"行政院"会议之决议为紧急处分，不受"宪法"规定之限制；二是根据"宪法"第28条规定："国民大会代表每六年改选一次。每届国民大会代表之任期至次届国民大会开会之日为止"，"次届国民大会"召开不了，则本届

"国代"任期就不能终结。

这些理由之牵强，毋庸赘言，但舍此之外，别无他选。蒋介石接受了这一建议，批准第一届"国大代表"继续行使职权至次届"国民大会"召开之日。9月23日，蒋介石将此命令传达给"国大"秘书长洪兰友。10月5日，"司法院长"王宠惠又将此决定向新闻界公布。以此为先例，蒋介石得以任意延长"国大代表"任期，而"国大代表"也由六年一任变为终身制。

在一劳永逸地解决了代表资格问题后，还要凑够"法定集会人数"。蒋介石一方面通过各种渠道动员1949年后跑到海外的代表回台，一方面想办法增加新代表。1953年10月1日，他明令公布《国民大会代表递补补充条例》，规定原"国大代表"要填表向"内政部"申报，逾期不报者视为因故出缺，由当年落选的候补人依次递补。[63]不久，他又命令公布《第一届国民大会职业团体及妇女团体代表缺额补充办法》，进一步放宽新代表"当选"条件。

通过这些努力，共有314名海外代表向"内政部"申报登记，放宽条件增加的代表230人，加上已在台者，使"国大代表"总数达到1624名，基本上符合大会集会人数的规定。但这些代表不可能都参加会议，为使大会顺利举行，1954年元旦刚过，蒋介石即批准公布《国民大会组织法修正条文》，将该组织法第8条"国民大会非有代表过半数之出席，不得开议"之规定，改为"非有代表三分之一以上人数之出席，不得召开"，[64]大大降低了出席代表人数的标准。

蒋介石为保证自己能"合法地"连任，以情况特殊为由而随意修改变更各种法规，创造出人称"万年国代"这一世界政治史上的"奇迹"。他的行径也因此为人们所诟病，李宗仁就给蒋介石写信说："迩者总统六年任期届满，正为吾侪还政谢罪之时，岂意私心恋栈，竟欲召集第一届国民大会代表违法选举第二届正副总统，舆论哗然，国际侧目。中外人士均认为此种选举，违法乱纪，决不可行，深望深长考虑，以免蹈袁世凯、曹锟之覆辙。"李宗仁还在信里特别指出："一、依照

宪法规定，每届国民大会代表任期六年，行使他们选举正副总统的权力一次。条文具在，粲然可征。二、'动员戡乱时期临时条款'，只能为紧急时期的紧急处分，不能引用来延长国民大会代表的任期。三、立法院立法委员任期三年，本届立委应于民国四十年（即1951年——引者注）任满，其本身已失去法律根据，因此他们根本没有权力通过所谓《第一届国民大会代表出缺递补条例》和把国大开会法定人数从过半数修改为三分之一。"[65]这等于从根本上否定了蒋介石召开"国大"的合法性。

但蒋介石对此根本不予理会，1月9日，他正式公布于2月19日召开"国民大会"的决定，大会的各项准备工作由此展开。会议所列议程不少，但与解决蒋介石连任问题相比，其他议程都不过是点缀而已。对于"总统"选举，非蒋介石莫属，故民社党和青年党干脆表示不打算提名"总统候选人"，公众和舆论大多把注意力盯在"副总统候选人"上。这一点，与1948年国民党在大陆时期的第一届"总统、副总统"选举何其相似。

关于"副总统候选人"的提名，当时主要存在三种意见：第一种意见主张"副总统"应选自国民党以外的人士，持这种意见者多半是海外的非国民党人士，也包括一部分在台湾的无党派人士及国民党内一些自由派人士。他们认为国民党是台湾惟一大党，"为了表现其大公无私、与天下共患难的赤忱，似乎应当打破政党政治的常规，由国民党、青年党、民社党共同提一个无党无派的人士为副总统候选人"。这些人属意胡适，还在岛内外掀起一股拥胡适竞选"副总统"之风。但胡适却对此不感兴趣，在美国声明说："若被提名为副总统候选人的话，连回国开会的兴趣也没了"，使此派人士十分失望。第二种意见主要出自国民党内实力派人物，他们主张"既然总统候选人是国民党提名的，副总统自然应该同样的出自国民党，俾总统与副总统能够政见一致，合作无间"。第三种意见主要反映的是民、青两党领袖的主张。这两党随国民党逃至台湾，不料国民党只把它们当成"政治花瓶"，明称为"友党"，可暗地里压制其发展，甚至渗透分化，实在不够"友好"。两党领袖无颜面对党员，有的干脆长驻海外。他们知道参加"总统"竞选也是徒废心神，因而期望国民党能作出些"民主"的样子，在"副总统候选人"方面做些谦让，故提议："只要是政见与总统相同，够得上年富力强，在国内外素孚声望，能融合党政军及海外各方面，而且有魄力、有干劲、有丰富的国际知识条件者，就可以做下届副总统的人选。"这一主张得到大多数人的支持，舆论界称之为"比较中和性的"主张，"凡是关心自由中国反共前途的国民也无不都具同感"。[66]

蒋介石对1948年第一届副总统选举过程中，李宗仁与孙科的竞选大战导致国民党的分裂的教训记忆犹新。因此，他否决了上述三种意见，提出由国民党中央全会首先投票选出"总统候选人"，再由"总统候选人"提名"副总统候选人"，交中央全会投票同意。然后，国民党再劝说民社党和青年党分别提出自己的"总统"与"副总统候选人"，共同参选。以台湾及国民党内之情势，此种方式等于确定了"副总统候选人"由蒋介石个人来提名，再拉些毫无当选希望的人，陪他演完这场戏。

不出所料，2月15日在阳明山"革命实践研究院"开幕的国民党第七届中央委员会临时全会上，一致拥护蒋介石为"总统候选人"，蒋介石却以"极恳切的态度"做推让表示，并建议全会"倘提名党外人士为总统候选人，则应提胡适先生为宜，如提名党内同志为总统候选人，则以于右任先生为宜"。无奈，临时中央全会又一致推举于右任、王宠惠、张其昀等人赴士林官邸劝驾，"慨切陈词"，要求他"顺应公意，接受总统候选人提名"。经一行人"一再剖析利害，苦苦陈词"，蒋介石表示"勉予考虑"，并决定提名"行政院长"陈诚为"副总统候选人"，正式完成了国民党党内提名程序。[67]

在国民党动员下，莫德惠和王云五宣布以"无党派"身份参加"总统"和"副总统"的竞选，民社党也提名徐傅霖和石志泉分别为"总统"和"副总统"候选人。

1954年2月19日，酝酿已久的"国民大会"一届二次会议在台北中山堂开幕。会议先由主席胡适引经据典地对大会的"合法性"进行说明，继之由蒋介石致词。他比较了六年中国民党所处局势的演变，分析了在大陆失败的原因，追述了"复职"的过程及"复职"后在"内政"和"外交"上所采取的措施，最后宣称："中正受国民付托之重，兢兢业业，惟恐其不胜负荷，而最近四年来大陆各省的沦陷，亿万同胞的奴辱，我个人更不愿辞卸其应负的责任。"这表明他一意追求"连任"。

随后，大会展开各项议题的讨论。在众多议题中，引人注目的除"总统选举案"外，还在选举之前通过了"罢免副总统李宗仁"提案，以扫清障碍，清除李宗仁的影响。

罢免李宗仁之议，始于蒋介石"复职"之前。那时，由于李宗仁拒不交出"总统"职权，阻挠蒋介石"复职"，一批亲蒋的"监察委员"、"国大代表"便拟议对李宗仁提出弹劾。蒋介石强行"复职"，李宗仁在美声明他仍然是合法的"中华民国代总统"。在台的"国大代表"李钟吾等700余人联署指责李宗仁：（一）放弃职权、贻误国家。自代"总统"后先是"妄倡和平，而养痈成患；奢官抵抗，而丧师失地"；后又"藉词出巡，擅行出美……迹近逃亡，署国家人民于不顾"。（二）违法失职，李在美国"遥领元首职权，而不负丝毫责任，以国事为儿戏，视大法为弁髦"。（三）破坏"法统"，"动摇国本"，蒋介石已经"复职"，李宗仁就该自动解除代"总统"职务，但李拒不放手，仍以代"总统"名义四处活动。以此为罪证，李钟吾等人在1950年5月5日向"国民大会"提请罢免李宗仁"副总统"职。但由于其时国民党蒋介石正忙于"保卫大台湾"，处于生死未卜之际，根本无暇召集"国大"会议；同时，国民党仓皇撤退，仅有部分"国大代表"跑到台湾，要想凑够法定人数也很难，罢免之议遂告搁浅。"毛邦初案"发生后，李宗仁在美以代"总统"身份支持毛邦初，使蒋介石十分恼怒，台湾再次掀起一股罢免李宗仁之风。1952年1月，"监察委员"金维系等联合向"监察院"提出"弹劾李宗仁案"，"监察院"召开全院审查大会，通过了弹劾案。《审查决定报告书》称：奉交审查金维系等92人弹劾"副总统"李宗仁违法失职一案，当经本院全体委员过半数之共同审查，金认"副总统"李宗仁于代行总统职权期间弃职出国，复于代总统名义解除后在国外擅发命令，显系违法失职。至其公开声明，拟有恢复中国合作政府计划，不久即可宣布，此计划并非完全依赖武力，显系有颠覆政府危害国家之意图，实触犯刑法第100条之罪行，当经决议："本案应予成立，依宪法第100条之规定，向国民大会提出，其触犯刑法部分，依监察法第15条之规定，径送司法机关依法办理"。[68]但也因法定人数不足，无法集会而再次搁浅。

蒋介石启动其连任"总统"计划，并肆意修改"宪法"后，李宗仁又是痛加批评，这进一步激怒了蒋介石，必欲除之而后快。因此，在他宣布"国大"召集令的当天，"立法院"便将弹劾李宗仁案转交"国大"秘书处处理。"国大"秘书长洪兰友接案后即连续致函在美国的李宗仁，促其返台"答辩"。李宗仁认为"国大"对他的"弹劾"是蒋介石"毁法弄权"的结果，是非法的，遂于2月5日致函蒋介石指出："按照宪法第九十条，全体监察人员的人数，确定为二百二十三人。又按宪法第一百条，对'总统'、'副总统'之弹劾案，须得全体监察委员过半数之决议，向国民大会提出之。过半数则为一百一十三人。前年一月十一日监察院出席委员只为九十三人，凑足法定人数尚少二十人。吾兄竟唆使违法集会，对仁提出弹劾，所持理由，为若干委员未曾选出，若干委员未曾报到，若干出缺，若干附匪，擅将全体委员减为一百六十人。宪法明文规定之人数，可以任意减少、毁法弄权，莫此为甚。"[69]他还认为，召他返回台湾"是个圈套"，假若他返回，"可能对我发生什么事故"，拒绝回台。台湾随即向李宗仁发出最后通牒，由"国民大会"主席团再次致电李宗仁，限其于3月8日12时以前返台答辩。但李依旧置若罔闻，并向新闻界宣布，他对吴国桢提出的批评蒋介石不民主、搞特务统治等方面的意见，"深为同情"。

台湾十分清楚，李宗仁是不可能回台答辩的，在完成了"仁至义尽"的表演后，决定对其缺席"审判"。3月2日，在李宗仁的老搭档、桂系首脑白崇禧率领下，广西籍"国大代表"联合提案请求罢免李宗仁，他们绝大多数曾是李宗仁竞选第一届"副总统"时最坚定的支持者。3月10日，大会以多数票通过了罢免李宗仁"副总统"案，并宣布对李宗仁所触犯"刑法部分"，责令"最高法院"立案调查，提起公诉。蒋介石与李宗仁的恩怨至此算是告一段落。

同时，"国民大会"也提出动议，撤销吴国桢的一切职务，并责令其返台，以待"查办"。

在处理完李宗仁、吴国桢后，"国民大会"重新把注意力集中于"总统"与"副总统"的选举问题上。虽然经过多方修改和努力，终于凑足了"国民大会"集会所必需的法定人数。但由于一部分代表不参加会议，而参加会议的代表也不是清一色的支持国民党、拥护蒋介石者，因此，当会议进行到中间时，蒋介石于3月14日颁布命令："为适应目前情势，俾总统副总统选举顺利进行起见"，修改有关"总统副总统"选举的规定，将原定当选票为代表总额过半数，改为"出席代表三分之二以上"，将原先之规定"如无人得半数以上票，则选得票最多的前三名重新投票，依次累推直至选出"，改为在次轮选举中所得较多数票者为当选，以防选举中难以预料的事情发生。[70]

"国民大会"选举开始之前的3月19日，经过国民党反复动员出来参选的无党派人士莫德惠、王云五发表声明："为表示拥护蒋总统连任中华民国第二任总统，陈院长当选为第二任副总统"，放弃竞选。他们出面时即知无当选的希望，临阵退出似有不甘心做陪衬之意。

3月20日，"国民大会"正式投票选举"总统"，在1573张选票中蒋介石得1387票，民社党"总统候选人"徐傅霖得172票。蒋介石日记表明，这个结果是受他控制的："20日第一场选举总统，特让徐傅霖百票，以鼓励其竞选之勇气，预定第一场不当选，故当日未能选出也。"[71]按照修改过的规定，1387票已超过出席代表总数的2/3，可以当选。但蒋介石为了让自己的当选更有说服力，乃决定让徐傅霖再陪其走一圈，争取达到原先规定之代表总额半数以上，即1523票。对于蒋介石视自己为花瓶而随意摆布的行为，徐傅霖既不满又无奈，他说："余此次参加竞选的动机，仅系为了表现民主政治的最高真谛，个人成败决未计及"，"我怎能和蒋公相比呢，我有把握的票数至多不过百余张而已"。[72]

3月21日，"国民大会"举行了"总统"选举的第二轮投票，国民党全力动员，向代表做了大量工作，最终蒋介石获1507票的多数票，徐傅霖仅得48票。蒋介石当选为第二届"中华民国总统"，但距代表总额半数仍差16票。随后进行的"副总统"选举也在经过两次投票后，陈诚以1417票当选，民社党的石志泉得109票。

完成了罢免与选举任务的一届"国大"二次会议，3月26日在台北闭幕。蒋介石在闭幕词中高度评价此次会议"不仅是奠定了我们反攻复国的基础，而且是建立了民主政治的模范，这亦是我们中华民族五千年历史最重大的一页"。他认为自己当选后，"面对着当前这样反共抗俄，复国建国的艰巨任务，实在深感汲深绠短，惶恐万分"，但他表示绝不会因此而退缩，他说：[73]

　　我必率领政府同仁，贡献我们个人的生命来护卫我们的民主政治，牺牲我们个人的自由，来保障全国人民的自由，来收复大陆，解救同胞，来湔雪我国家六年来过去的耻辱，赎取我个人对国家和人民的罪愆，以报答我四亿五千万同胞，自勉为全体国民忠实的公仆。

　　1954年5月20日，第二届"中华民国总统"就职典礼在台北隆重举行。蒋介石宣誓要"遵守宪法，尽忠服务，增进人民福利，保卫国家，无负国民付托"，并发表了就职宣言。蒋介石对这次会议的总结是："此次大会比较顺利，党的指导有效，党员能守纪尽职者为绝大多数，虽有少数分子与桂系反动者（共计不超过五十人），仍有倒（捣）乱行动，但其不能发生影响，此为本党改组成功之效果也，四年辛勤并非枉然。"[74]

　　第二届"中华民国总统"的选举以蒋介石的蝉联和蒋陈搭配而告结束。这也标志着自国民党退台后，蒋介石通过大规模的整改建立起的个人独裁统治已渐趋稳固。然而蒋介石也不敢贸然揭去"民主"的外衣，因此打着"宪政"的幌子，以"局势非常"为借口，随意修改"宪法"条文，延长"国代"任期，这也为此后再行修改开了方便之门。这些终身"国代"们成为蒋介石当终身"总统"的投票机器和最坚强的基石，从而建立起了他"民主"的独裁统治，直至去世。

第十章 "外交空间"的伸缩

一 处理与日本的摩擦

台湾当局退居海岛后，与外界的关系便显得至关重要。台湾的海外伙伴，主要是美国，其次是日本。台湾与日本是美国全球战略中的两个重要环节，它们在美国支持下政治上共同"反共"，在经济上有一定的互相依存关系。1957年10月，蒋介石委派"国防会议"秘书长张群为其特使访问日本，在与日本首相岸信介会谈后发表了"中日合作共同声明"，声称要加强双方的友好及经济文化交流。[1]

经过几年平稳发展后，台湾与日本间的裂缝便显现出来。箝在台湾与日本之间的楔子是日本与中国大陆的贸易。日本急于从战败国的废墟中站立起来，中国大陆丰饶的资源及广阔的市场对它有极大的吸引力，因而它一方面与台湾保持政治关系，坚决反共，另一方面又对中国大陆的资源与市场垂涎欲滴。从1952年开始，即有日本的民间团体与大陆签订贸易协定，此后又有两次类似的贸易协定。台湾当局对此虽"在原则上根本反对"，但日本不断以"岛国狭小，需要国外市场"向台湾方面恳求，且保证贸易只停留在民间层次，采取与政治分开的"政经分离原则"。[2]台湾方面对日本利用中国的分裂状况两边图利的伎俩很是不满，但又怕态度过硬反而会把日本推到中国大陆一边，蒋介石只是说日本与大陆的贸易机会"极微"，规劝"日本经济之未来发展，实在于与自由亚洲及我忠实华侨合作，扩充其与东南亚地区之贸易"。[3]他对中日民间贸易只能"睁一只眼闭一只眼"，并未采取实际的反对行动。

1958年3月5日，日本民间与中国政府"第四次贸易协定"在北京签字。与以往同类协定不同的是，双方贸易额有较大增加，且协定还附有一项"备忘录"，规定双方可以在对方的首都设立商务代表团，代表团可以享受"外交特权"，并得以悬挂本国国旗。台湾当局认为，这一协定已超出了纯粹贸易的范畴，违反了日本承诺的"政经分离"的原则，所以反应十分强烈。协定公布的次日，台湾"驻日大使"沈觐鼎便发表声明，要求日本政府出面制止协定的执行，不予批准。台日之间的"摩擦"由此而起。

蒋介石对中日"第四次贸易协定"的签订深感不安，他所关注的是"备忘录"中关于设立商务代表团及悬挂国旗的规定，"对悬旗一节较对贸易问题本身尤为关切"。[4]他担心一旦中国政府在东京设立机构，五星红旗在东京上空飘扬，会造成日本承认中华人民共和国的事实印象，这对台湾极为不利。他对日本官员说，当年大陆在同埃及建交之前，也是先由贸易代表团在开罗悬挂国旗，不久即正式建立外交关系的。[5]对日本这样的"重要友邦"，他更要防患于未然。在与日本交涉的整个过程中，蒋介石始终居幕后指挥，决定政策。在前台的"外交部长"叶公超则时常去蒋官邸"报告谈判经过"，请示方略。[6]

台湾"行政院"于3月13日开会，先由叶公超对日本民间与大陆"第四次贸易协定"的有关问题进行报告。叶指出，日本政府同意大陆在东京驻"商务代表"，并准其悬挂五星红旗，对台日关系的影响"已至相当严重之程度"。会议授权"外交部""审度情形，采取必要措施"。[7]当晚，台湾"外交部"宣布，在日本政府给予满意答复以前，正在台北举行的台日贸易会议停止进行。一时间，台湾各机构及报刊舆论也是一片反日喧嚣。

日本政府仍坚持要批准"第四次贸易协定"，但为缓和台湾方面的激烈反对，就其与中国政府的贸易提出了五点解释，重申限制在民间层次、"政经分离"的原则。台湾当局对日本"见利忘义"的行径十分气愤。"外交部次长"沈昌焕3月18日在"立法院"宣布，对日本的所有解释都不能满意，为抗议日本政府的"模棱态度"，台湾当局决定对日本实行经济抵制，停止"与日本间一切商务合同的签订"，"将暂不向日本所有民间工厂及日本出口商订购货物"。[8]

台日关系陷入了僵局，濒临破裂的边缘。蒋介石为迫使对方让步，不断加重砝码，以"断交"相威胁，他称若日本政府允许中国政府贸易团在东京悬旗，台湾"决与日本断绝外交关系"。台湾甚至扬言着手寻找原以日本为主要市场的米、糖等出口产品的"代替市场"，表示破釜沉舟的决心。

3月30日，情况出现了转机。一度离台回国请示的日本"大使"堀内谦介由东京重返台北，并拜会了蒋介石，呈交日本首相岸信介给蒋的私人信件。堀内对日本的处境进行了解释，希望蒋介石"谅解"，蒋则再次申明台湾当局的"坚定立场"，指出日本与大陆间附有政治条件的贸易协定"如付之实施，关系重大，而其利害于日本本身及整个自由世界，亦必可拭目而待"。他还从"国际反共"的角度强调日台关系的重要性，希望争执"早日求得合理之解决"。[9]叶公超与堀内间为解决"摩擦"而进行的会谈正式开始，气氛也渐转缓和。

蒋介石在4月5日会见美联社记者莫林时，特地表明对日本民间与大陆"第四次贸易协定"的态度："如果日本政府准许'共匪'贸易代表团人员享受同等外交人员之待遇，或悬挂伪旗，即等于事实上承认'共匪'，我政府决不能谅解，亦不能接受。"他同时指出，这次摩擦系由日方惹起，问题的解决也"全视日本政府之态度而定，应由日本政府采取主动"。[10]

日本与台湾，同为美国在亚洲的两颗棋子，它们之间的内讧自然会引起美国的不安。在台日交涉期间，美国驻台"大使"庄莱德多次从中斡旋，美国主管远东事务的助理国务卿劳莱森也介入此事，力图弥补双方的裂痕，对问题的解决起了不小作用。

叶公超与堀内谦介共谈判了11天，双方经过讨价还价，终于在4月10日达成"谅解"。台湾"外交部"发表的公报称，经过多次交涉，日本政府"保证尊重与中华民国之关系，且已声明无意予'共匪'驻日通商机构以官方地位或任何特权，更无意承认其悬旗之权利"。台湾当局从各方面的因素考虑，接受了这种保证。[11]实际上，台湾方面的"让步"也很大，等于公开承认了日本与中国大陆之间不附带政治条件的

"民间贸易"的合法性。

"摩擦"解决后，台湾和日本的紧张关系逐渐缓和，双方因"外交"僵局而停顿的贸易于4月10日起全面恢复，台日贸易谈判也在4月15日复会。然而，箍在台湾和日本之间的楔子——日本与中国大陆的贸易依然存在并有扩大趋向，故日后仍不断发生矛盾。

二 与外国领导人商讨"国际反共"

刚解决了与日本的矛盾，蒋介石就接连在台北招待了两位来自亚洲国家的领导人：土耳其政府总理孟德斯和伊朗国王巴列维。国民党政权迁台后，一度成为"国际孤儿"，外交陷入窘境，与台湾维持"外交关系"的国家不多，到台北访问的外国元首或政府首脑更是寥若晨星。由于美国的支持，台湾成为国际资本主义阵营的一员，外交空间有所拓展，占据了联合国内的中国席位，与之建交的国家和地区也较中华人民共和国为多。如今接连来了两位外国领导人，真令蒋介石兴奋了一阵子。

近东国家土耳其此时正执行"亲美反苏"的外交政策，它加入了北大西洋公约组织，允许美国在本国设立导弹基地，还增派5000名官兵参加"联合国军"到朝鲜作战，被称为"站在亚洲反共斗争的最前线，成为自由阵营中最强烈的反共堡垒之一"。[12]

土耳其总理孟德斯是在访问日本、韩国后于1958年4月28日到达台北的。台湾接待孟德斯的目的有二：会商亚洲"反共问题"、商谈双方各方面的合作问题，尤以前者为甚。此时台湾经济不发达，困难较大，在与其他国家的交往中政治目的大于经济目的，而"反共"更是台湾对外关系的主要旗帜。

孟德斯一行抵达台北，受到蒋介石的热烈欢迎。蒋介石在与之会晤时，强调台、土联合共同反共反苏。蒋介石表示："中土两国有深厚的传统友谊，不幸的是两国皆与俄帝为邻，而受到俄国的侵略。""目前中土两国的处境相同，所遇的敌人也是一个共同敌人，所奋斗的目标也相同，因此两国之间自然结为盟邦。"[13]次日，蒋介石又在他的外地行邸与孟德斯"就反共一般情势以及加强中土两国友谊合作问题"广泛地交换意见。[14]

在为孟德斯举行的送行宴会上，蒋介石更是以"反共斗士"的姿态大谈"反共"问题："现在的国际共产主义，尤其是俄帝与'共匪'势力日趋嚣张，中土两国都与苏俄接壤，首当其冲，今天两国患难与共，对于民主自由的保卫，负起共同的责任。"他对一些西方国家对共产主义的"畏惧"、"妥协"表示了不满，声称要与共产党"斗争到底，不屈不挠"。他"希望孟德斯总理这次访问远东以后更可了解亚洲共产主义的威胁，使得中土两国今后可以共同负起责任，消灭亚洲共产主义，奠定自由民主的基础，使得我们共同一致反共抗俄的目的可以早日达成"。孟德斯对此表示响应。[15]

刚送走近东国家的政府首脑，蒋介石又迎来了一位中东国家的元首——伊朗国王巴列维。台湾邀请巴列维，主题也是"反共"，因为巴列维"富于战斗与反共的壮丽色彩"。[16]

巴列维5月14日到达台北，台湾为他准备了最隆重的欢迎仪式，派24架战斗机在空中为巴列维的座机迎驾并护送至松山机场。蒋介石及夫人宋美龄、"副总统"陈诚及"五院院长"、各"部会"首长及"三军"总司令均到松山机场欢迎。因巴列维下机时身穿元帅军服，蒋介石也特意穿上佩有五颗星的军礼服。欢迎仪式后，蒋介石与巴列维同登专车赴圆山饭店。沿途有数万台北市民夹道欢迎。

巴列维在台五天，蒋介石始终全程陪同。5月15日，蒋介石设"隆盛的国宴"欢迎巴列维，他在致词时称相信伊朗国王的访问"必能使中伊两国邦交益臻亲睦，而对于自由世界亦将有重大的贡献"。[17]

台湾接待外国来宾有一个保留节目：请来宾参观军事基地和军事演习，以显示其"反攻大陆"的实力和决心。巴列维也用一天时间观看了

这一节目。

　　5月18日蒋介石与巴列维发表"联合声明"，称他们"曾就世界局势及有关两国共同利益之事项交换意见"，"伊朗国王与蒋总统金信：中伊两国由于其在亚洲及中东所居之重要地位，对于保障此两地区和平与安全，自然负有重大之责任。两国元首均认为，亚洲及中东自由国家，必须加强团结，协力合作，以期更能确保各该国家之独立与自由"，两人"对于增进两国政治、经济及文化各方面之友好关系，表示深切愿望"，"两国将决心为其共同目标而密切合作"。[18]

　　此后，约旦国王侯赛因（台湾译为"胡笙"）于1959年3月访问台湾，蒋介石与他共商"制止国际共产侵略的威胁，确保本身的独立自主与生存"等问题。[19]南越"总统"吴廷艳于1960年1月也到了台北，蒋介石与他会谈时强调，台湾当局与南越政权面临着"共同敌人"——"国际共产邪恶势力"，"所以必须发挥互助合作的精神，从事坚强不懈的奋斗"。[20]同年5月，蒋介石在接待来访的菲律宾总统贾西亚时称，台湾与菲律宾"乃系遏制共党征服世界野心而维护亚洲民主自由的患难至友"。[21]

几年内，前往台湾访问的外国领导人较多，蒋介石迎来送往颇为忙碌。但去台的外国领导人主要是与台湾的国际处境相同，同为美国在各地的战略"小伙伴"。这些人除在"国际反共"、支持台湾"反攻大陆"等问题上与蒋介石达成共识之外，并无多少具体的经济、文化合作成果可言。巴列维访台时，对台湾所提"促进商业和文化交流的建议，兴趣不大"。他的助理甚至向台湾官员暗示，巴列维正当盛年，且离家已近一个星期，"希望能安排一些较轻松的节目"。[22]这也反映出此时台湾"外交"的一大特点："政治外交"——以"反共"为最切要之务，不论其他。当然，孟德斯、巴列维等人的来访，在一定程度上抬高了台湾的"国际地位"，也增加了蒋介石的政治资本。

1960年6月18日，美国总统艾森豪威尔到台访问两天，到士林官邸拜访蒋介石与宋美龄。

三　迎接艾森豪威尔访台

20世纪五六十年代，有过几位外国首脑或国家元首访问台湾，但没有哪一位领导人像美国总统艾森豪威尔那样行色匆匆，仅在台北逗留24

小时，也没有哪一位外国领导人能像艾森豪威尔那样占尽风光，受到规格空前的接待。

美国是国民党政权能够立足台湾的支柱。正是美国的政治支持、经济援助和军事庇护，才使得台湾当局历经艰险而能自存及发展。美台双方关系中曾有过曲折，但自1953年艾森豪威尔出任美国总统后，采取了大力扶持台湾的政策，他在任的1953—1960年间，台美关系十分密切，被称为是双方关系的"蜜月时期"。尤其是1954年"美台共同防御条约"的签订，使台湾有了"安全保障"，而1958年"八二三"期间，美国军舰为国民党供应船只护航及美国政府协防金门、马祖的强硬立场，更使台湾当局感激。

1960年6月，艾森豪威尔在即将离任前夕，出访远东的菲律宾、日本、台湾和韩国（访问日本的计划因日本人民的大规模抗议活动而取消），他的随员包括儿子、儿媳、国务院负责远东事务的助理国务卿帕森斯、总统新闻秘书哈格森等。从行期及随员组成看，艾森豪威尔远东之行是卸任前的礼节性回访（菲、日、韩国领导人曾在其任内访美），没有多少实质意义。但台湾方面认为，一位在任美国总统的来访，对提高台湾的国际地位，显示台美间的特殊关系，都具有很强的象征意义。如《联合报》的社论称，艾森豪威尔抵台访问是台湾"在过去十年来最令人欢欣鼓舞的事件之一"。[23]

蒋介石专门接受美国国家广播公司记者采访时，谈到艾森豪威尔访台的意义："艾森豪威尔总统这次来台访问，在时间上及价值上，都具有特殊意义。这不但因为美国是自由世界的领袖，或自中美建交170年来，艾森豪威尔是美国第一位现任总统来中国访问之故，当然这两重关系已够重大；但尤其重大的是他的访问，表明了中华民国在西太平洋及亚洲方面的重要性，并使中国人民了解了美国真正承认了台湾在世界战略上的重要性。因此，我相信，这次艾森豪威尔总统来台，将使美国对中华民国的政策更为坚定，并使中美两国在共同反共的目标上，亦更为合作。"[24]《蒋介石日记》在5月底即出现准备迎接艾森豪威尔总统的记载："爱克（蒋介石对艾森豪威尔的昵称）来访之准备项目：甲、谈话要旨；乙、接待程序。"[25]蒋介石对双方见面时的谈话要点、联合公报与欢迎宴会的发言稿都反复推敲，"颇费心力"。台湾当局精心组织了规模空前的欢迎活动，整个欢迎计划在半个月以前就开始实施，有些节目还多次彩排，以求万无一失，如"欢迎仪式"即根据天气变化做了晴天、小雨和大雨三种不同的安排。

6月16日，艾森豪威尔一行由菲律宾搭乘第七舰队的旗舰"圣保罗号"重巡洋舰前往台湾。为防止意外，美国第七舰队的全部船艇出动，全程护卫。台湾也派出"洛阳号"等12艘军舰组成"护卫舰队"（4艘驱逐舰、4艘护卫驱逐舰、4艘扫雷艇）直奔南中国海迎接艾森豪威尔的座舰，然后与第七舰队一起护航至台湾淡水港。

18日晨，艾森豪威尔到达淡水后，改乘H34型军用直升机抵台北松山机场。蒋介石和宋美龄、陈诚及"总统府"秘书长张群等台湾高级官员抵机场迎接。机场上举行了盛大的欢迎仪式，蒋介石热情地致欢迎词，说艾森豪威尔的访问"实为富有历史意义的一大盛事"。礼炮21响，24架军刀战斗机组成的编队飞过机场上空。在由机场至圆山饭店的途中，20多万市民夹道欢迎，台湾当局还安排了50万人参加的欢迎大会。蒋介石在会上对艾森豪威尔大力吹捧，称他"不但是一位当代大政治家和大军事家，而且是领导自由世界的一位伟大领袖和我们中华民国共同患难的忠实朋友"。[26]

当天下午，蒋介石与艾森豪威尔举行首次会谈，美方参加人员有助理国务卿帕森斯等，台方参加人员有宋美龄、陈诚、张群、沈昌焕（"外交部长"）等。双方"曾商讨整个世界局势，尤其是共党在远东所作的政治渗透和经济侵略所产生的影响"，两人还特别讨论了对金门的防卫问题。[27]

晚上，蒋介石为艾森豪威尔举行欢迎宴会，两人均在宴会上发表长篇讲话。蒋介石称艾氏访台"对于加强中美两国的友好关系，加强两国共同反抗国际共产侵略的合作，实具有历史性重大意义"。蒋还无视近

代以来美国侵华史及美国与国民党政权间曾有过的摩擦，而大谈"中美友谊"，他说：

> 忆及中华民国成立前后，中国为列强觊觎，国势阽危，而美国本其正大崇高的立国精神与外交政策，非但从未如当时其他列强对我国要求或占领过一寸领土，而且在国际间屡为中国仗义执言。一九二二年的九国公约，以及一九三二年对伪满傀儡组织的"不承认主义"，均为美国对中国道义支持的明证。美国于国民政府在南京成立后，率先自动撤销其在华关税特权，在第二次世界大战期间，又首先倡导废除对华一切不平等条约。在中国抵御日本军阀侵略的八年艰苦抗战期间，美国除了在初期给予中国精神与物质援助外，继更与中国并肩作战，终于获得了共同胜利。

对1949年后美国给予台湾的各种支持援助，尤其是艾森豪威尔在任八年内对台湾的帮助，如签订"美台共同防御条约"、"八二三炮战"期间的援助等，蒋介石更是赞不绝口。自然，他不会放弃大谈"国际反共"陈词滥调的机会。[28]

蒋介石与艾森豪威尔的会谈共有两次，双方最后发表了"联合公报"，除表示"共同反共"外，蒋介石得到了美国的两项承诺：坚守"美台共同防御条约"，经济上予台湾以援助。其表述为："两国总统经重申保证，两国政府决心继续在中美共同防御条约之下，坚强团结合作，共同抗御中共在本地区之挑衅。两国总统对于中共隔日炮轰残杀中国人民之强暴野蛮行径，同声谴责，并注及此种行径已使两国政府更须在面对暴力时继续维持警觉与坚定"；"此次会商，对于加速中华民国之经济发展，以增进中华民国人民繁荣富庶之重要，亦经加以研讨。蒋总统曾就中华民国政府为早日达成此一目标现正采行之步骤，加以阐述，并就美国政府对中华民国所提供之有价值之援助，表示中华民国政府与人民之谢忱。艾森豪威尔总统亦对于中华民国近年来在各方面所达致之进步，表示美国人民赞佩之忧，并保证美国将继续对中华民国提供援助"。[29]

20日一早，艾森豪威尔离台北赴汉城，行前他对台方的款待表示谢意，并明确表示："本人要再度向贵国保证，美国政府与人民，对于贵国争取正义自由中的世界和平，此一共同努力中所承担之重要任务，必予毫不动摇的全力支持。"[30]

蒋介石认为，艾森豪威尔来访的成果"比之预想者为优"，对于接待与欢迎的过程，颇为满意："此次欢迎爱克之程序与动作，一切皆佳，除在广场群众大会上声音噪杂，鼓掌与扩音不能合节以外，其余可说完全成功。"他特意召见省主席黄杰等人，商讨制定办法，对接待人员予以"奖慰"。[31]

艾森豪威尔访台，表明了美国分裂中国的政策，必然遭到中华人民共和国政府的坚决反对。中国人民解放军福建前线司令部5月17日发表《告台、澎、金、马军民同胞书》（此文由毛泽东起草），声明"为了向美帝国主义示威"，将循"单日打炮"的惯例，在17日、19日照例打炮，迎送艾森豪威尔。[32]那两天，驻福建的解放军部队曾以猛烈炮火轰击金门等岛屿，共发射17.4万发炮弹，其猛烈密集的程度，甚至超过了"八二三炮战"时期。[33]

艾森豪威尔访台时任翻译、后出任台湾驻美"大使"的沈剑虹写道："美国总统艾森豪威尔1960年访华之行，使中美关系达到第二次世界大战之后的高潮。"[34]

四　与法国断绝"外交关系"

进入1964年，台岛内外的人大多都注目台湾和日本间越来越僵持的关系，没想到打击会从另一个方面飞向台湾——由法国政府承认中华人民共和国而导致了台湾与法国的"断绝外交关系"，台湾在国际间失去

戴高乐，法国将军、政治家，法兰西第五共和国第一任总统。『戴高乐主义』为世界和平与交流作出了重要贡献。

了一个重要据点。

国民党政权退台后，在欧洲努力争取英、法、西德诸国支持。当时，西德尚忙于在战败的废墟上建设，无多大影响力。英国则因其在香港的利益需中国政府照顾，不愿太接近台湾。相比之下，法国算是与美国持相同立场，与台湾"维持外交关系最重要的欧洲国家"。[35]法国在台湾对外关系上的重要性在于：法国是联合国常任理事国之一，在联合国内有相当的影响力；非洲不少新兴独立国家原系法国殖民地，独立后仍受法国影响，这些国家正是台湾为保卫在联合国内的"中国代表权"而在国际上积极争取的对象。20世纪60年代后，法国总统戴高乐将军重新审视世界变化，采取了脱离美国羁绊的独立自主外交路线，正视中华人民共和国在东方的崛起及在国际事务中的作用，准备与之建立外交关系，几经接触，到1963年末，中法建交的各种条件均已成熟。

法国与中华人民共和国要建交的消息早在1963年末即传到台湾，但当局始终当作"谣传"而加以"辟谣"，宁信其无，不信其有。蒋介石虽然得到戴高乐表示不会做"无情无义之事"的信，但仍预感不妙，相信"空谷来风其来有自"，"国际只有利害强弱，无足为奇"，但他对扭转局面也无能为力。[36]1964年1月中旬，台湾"外交部发言人"还宣称：台湾和法国间"关系素甚密切，双方在台北与巴黎经常保持接触，就有关问题交换意见"。台湾还新选了"驻法公使"，准备履任。[37]然而几天之后，法国将与中华人民共和国建立外交关系的消息就变成了不可更改的事实。戴高乐念及与蒋介石的旧情，在公布与中华人民共和国建交的公报之前，派曾在抗日战争期间担任他驻重庆代表的贝志高为特使，专程到台北向蒋介石通报法国承认中华人民共和国的意向。蒋介石在1月15日得到戴高乐特使来访的消息，预感事情不妙，那几日一直思考对策。他认为，法国的政策，很难改变，但戴高乐是一位英雄主义者，既派私人代表来面谈，或许是对"患难之交情念之不忘"，惟有以情动人，看能否使法国延期宣布，让其有说服台湾军民做心理准备，"不使我国民心突然激变"。蒋介石的腹案是法方至少要延期六个月时间。[38]蒋介石面临的另一难题是，法国方面准备在与中华人民共和国建交的时候，并不主动提及与台湾断绝"外交关系"，这是给台湾当局机会，同时也是前所未有的挑战，必须慎重对待。蒋介石召集张群等人会商，决定采取"弹性之应付"：促使法国延期宣布，是为上策；实在不得已时，则在以"声明我光复大陆、收复主权、拯救同胞、恢复自由，权责不发生影响之下"，将顺法意，继续与法国"邦交"。[39]

1月19日，戴高乐的特使贝志高向蒋介石转交戴高乐的信，通知将与中华人民共和国建交。蒋介石大感失望："西方政治或军事家皆为自大狂的一丘之貉，所谓口上精神道义者，皆是欺诈之谈。"[40]恰逢那几天宋美龄因病住院，蒋介石更感到凄凉。他与贝志高会谈数次，一再要求法国应延缓承认中华人民共和国，并托贝志高给戴高乐总统带回了亲笔信。[41]

台湾报章认为，法国与中华人民共和国建交，无疑是台湾"近十余年来在外交方面所遭逢的一次最严重的打击，其严重性实超过使中日关系趋于恶化的周鸿庆事件"。[42]当局对法国的决定几乎没有任何心理准备，曾想走"美国路线"，幻想由美国施加影响来让法国改变态度，一时间台美间各种接触频繁。然而，法国"独立外交"的理念甚坚，美国的劝阻无济于事。最后，美国反而派曾任中央情报局驻台北代表、与蒋经国个人私交甚笃的克莱恩飞到台北，劝阻台湾不要为了"面子"急于宣布与法国"断交"，要让法国承担"断交"的道义责任。[43]

1月23日，台湾官方第一次就中法建交表明态度，"行政院长"严家淦说坚决反对法国方面的决定，"希望戴高乐总统慎重考虑"。但当被询及台湾是否准备与法国维持类似和英国的关系，即在法国外交人员撤离台北改驻北京后，台湾仍与之维持领事级外交关系时，严家淦答道："此为一假想的问题，本人不拟答复。"[44]台湾决策层在突如其来的打击面前一时无所适从。24日台湾正式向法国"提出严重抗议"，称法国承认中华人民共和国"将严重损害中华民国及所有自由国家的利益。对于法国本身为害尤巨。今法国政府竟不顾一切出此下策，其对整个世界必将遗患无穷，此事所导致之一切严重后果，法国政府应负全责"。[45]

1月27日，中法建交公报发表。台湾上上下下召开各种会议，商讨对策。蒋介石召见"外交部长"沈昌焕，听取有关报告。[46]台湾当局再次向法国提出"严重抗议"。除重复过去的言辞外，对人们普遍关心的台湾将采取何种实际行动却只字未提。依照台湾的"惯例"：一俟一国与中华人民共和国建交，台湾会立即宣布与该国"断交"。但鉴于法国的重要地位，且中法建交公报中，也未提及法国要与台湾"绝交"，故台湾当局犹存观望，有人主张"应在外交战线上斗争到底"，不要"轻易放弃阵地"而从法国撤退，希望能找到变通方法。台湾驻巴黎的"使馆人员"仍照常上班办公，无撤退的迹象。

2月10日，法国正式通知台湾，它即将与中国政府互派代办。台湾当局所有的希望全部破灭，"行政院"临时院会经详加讨论后，决定与法国"断绝外交关系"，由"外交部"发表声明，宣布"决定自2月10日起与法国政府断绝外交关系"。同时下令"驻法代办"高仕铭，"准备即日下旗闭馆返国"。[47]

在台湾与法国"断交"过程中，美国一直通过各种方式施压，希望台湾方面在法国与中华人民共和国建交后，也不要主动与法国"断交"，这显然与蒋介石的一贯做法相背。当台湾当局决定"断交"后，"美国大使"深夜求见"行政院长"严家淦，对台湾主动"断交"决定表示不满，要求改正，如果法国宣布"断交"，则责任自由法国承担。蒋介石认为，美国没有全力阻止法国与中华人民共和国建交，是台湾被动的根本原因所在，美国的所作所为，背后有"两个中国"的打算，"若再犹豫，不仅为法国所不齿，而且将使美国认为有两个中国可能之妄念"，所以严词拒绝了"美国大使"的纠缠不休，甚至在日记中写，法国与中华人民共和国建交，与台湾"绝交"，他恨美国更甚于法国，"余痛恶美国卑劣外交尤甚"。[48]事后，蒋介石总结道：美英等国是想利用法国与中华人民共和国建交契机，"为其多年来制造两个中国之初基"，阻碍台湾与法国"绝交"，实际上是给台湾挖陷阱，幻想渐渐实现"两个中国"政策。而他决定对法"绝交"，实际上是给国际姑息主义者当头一棒，"决不容其有所谓两个中国之幻梦也"。他认为，此战形式上为与法作战，而实际上则是与美作战，"与其说是打击法国，不如说是打破美国两个中国之幻梦为主目的也"。[49]

既然无力挽回法国的态度，就得设法缩小这件事的影响力。中法建交后，台湾"外交部"和驻非洲19个国家的使节纷纷与所在国的元首或外长会晤，询问各国对台湾态度的变化。

3月4日，蒋介石在接见日本记者时公开表态：法国承认中华人民共和国"当然对我们有点不利，因为我们失去了一个朋友，但在国际情势上，也有有利的地方，因为由于中法断绝邦交而打破了国际间所谓'两个中国'的幻想，同时粉碎了国际间的这种阴谋"。他还表示，台湾在联合国内的地位不会因此而受影响。[50]稍后，他又对墨西哥记者称，在对法关系上，台湾"认为正义与邪恶绝无并存之余地，已基于中国历史传统'汉贼不两立'的正义原则，正式和法国政府绝交"。[51]

5月间，蒋介石在回答美国记者所提"法国的行动对于中华民国的未来，以及远东其他国家将发生何种影响"的问题时说："就整个自由世界反共的总形势来说，法国政府罔顾利害，一意孤行，贸然承认中共伪政权，势将削弱西方反共阵营在亚非各地的声望，自然系一憾事；但对中华民国的前途则说不上任何影响，纵便它今后会在外交方面给我们增加一些困扰，我们自信必能加以克服。"美国记者又问，台湾是否会因法国之举而与东欧的波兰等共产党国家进行贸易，以示报复。蒋介石答复时说："反共是中华民国的基本国策，自无与任何共产国家贸易之理。"[52]

事实上，法国与中华人民共和国建交对台湾的打击甚大。1964年2月，台湾与欧洲共同体"建交"的希望变成泡影（在此之前，台湾已与共同体六个成员国中除法国以外的五个有"同意协定"）。2月22日，原法属领地的刚果（布）共和国，紧随法国之后宣布与中华人民共和国建立外交关系。[53]台湾在非洲苦心经营的"外交防线"上也出现了新的缺口。

为了保住联合国的会籍，台湾开始"将注意力转向过去从未花心思的非洲地区"。20世纪60年代初期，台湾发现非洲国家对农业技术援助相当有兴趣，便着手制订以农业技术援助非洲的"先锋案"。此一计划得到美国的支持。台湾由"外交部"出面，召集有关部门共组"先锋案执行小组"，"以农业技术人员与农民为工具"，拉拢非洲各国，取得了一定成效。[54]

五 渡过台日关系的危机

法国在短时期内迅速地同中华人民共和国改善关系，台法关系风云突变，令台湾当局有些惊慌失措。台湾和日本之间的关系总是疙里疙瘩的，其伏笔即是日本与中国大陆间的关系。日本政府在与台湾保持正式"外交关系"的同时，也与中国大陆地区有经贸关系。中国政府为扩大与日本的联系，通过日本友人及友好团体，使经贸关系由"民间"逐步向"半官方"进而"官方"迈进，取得了很大成功。这使得台湾当局极为恼火，日台之间已出现过争执。到了1963年下半年，台日关系风波再起，直到演变成一场危机。

1958年的风波之后，日本曾向台湾保证，对中国大陆的贸易只在民间进行，政治绝对与经济分离——即所谓"政经分离原则"。台湾当局虽心怀不满，却又无力阻止。日本与中国大陆之间的贸易额逐年增长。1963年8月20日，日本池田勇人政府批准仓敷人造丝公司将一套价值2000万美元的维尼纶生产设备以政府贷款的方式售给中国大陆，由此而揭开了双方关系危机的序幕。

台湾当局闻讯，"骇异愤慨"，立即进行"交涉阻止"，新闻界也指责日本人是"无义"，是"以怨报德"，并将老账新账一块算，倾诉对日本"已经尽了最大的容忍能事"的苦楚，要求日本立即停止与中国大陆的贸易。台湾各界也时有反日集会，"立法院"主张以"壮士断臂"的精神，采取断然措施，与日本断绝一切经济往来。[55]而日本也不愿让步，9月14日池田勇人首相发表谈话，毫无更改决定的意思。台湾当局愈益愤慨。

接着又发生了火上浇油的事：池田勇人在9月18日会见美国《赫斯特报系》总编辑小赫斯特时坦率地谈了对台湾"反攻大陆"的看法，说他不认为台湾有"光复大陆"的希望，"我看不出三年到五年内，中国大陆上的中共政权会发生任何改变"。[56]这个谈话发表于台湾声称"反攻即在眼前"、"光复大陆指日可待"之时，而且9月18日本身就是中国人刻骨铭心的日子，这一切加在一起，台湾当局的恼怒简直到了无以复加的程度，台日关系"更形紧张"。

"行政院长"陈诚表示，对日本售化纤设备给大陆及池田的讲话"实出人意外，殊深遗憾"。他说："我们没有什么对不起日本的地方，日本对不起我们的地方太多"，"虽然我们尽量忍耐，但忍耐有其限度"。[57]台湾当局召回了"驻日大使"张厉生，以示报复。

蒋介石对日本当局的做法十分气愤，大骂池田"极端不友义"，"恶劣态度最为可恶"。他在9月6日即决定了"对日外交之决策"，政治方面，如果日本不改弦易辙，则"只有召回驻日大使，以表示在政治上之反对其无信之行动"，但在经济方面不公开号召抑制日货，"惟在暗中积极进行，并令各国华侨抵制日货"。[58]他在9月22日也接见了小赫斯特，对池田勇人进行反击，蒋介石说：

追溯至九一八事变以前的二十世纪一九三〇年代的初期，池田是在中国东北的一名低级官员。当时，日本军阀曾夸口说，他们只需要三师军队对付我们。他们说，他们在三星期内，"就可使中国屈服"。但是，那三星期变成一个更长的期间，变成一场自1931年一直进行到1945年的战争。池田像一九三〇年代初期的一些日本人士一样，预言非其所长。池田对于我们在战争结束后，对其战败的人民所表现的以德报怨，宽大为怀的态度，似乎未有所悟。自战争结束以来，日本由于美国的慷慨援助，已获得一种可观的经济成就，显然的，那种成就已使日本产生虚骄的自负心理。

蒋介石对小赫斯特等人说，他们应该当面询问池田两个问题：[59]

第一个问题是："当九一八事变时，你在何处与所作何事？"第二个问题是："你们军方夸称将在三周内击败中国一节，不是真实的吗？还有，在那次行动中领导中国人民的不依然还是蒋介石吗？"这是池田原可从历史中获得的教训，但他并未领悟。

蒋介石这番极端激愤而又无可奈何的谈话，对池田有人身攻击的味道，有些失态。合众社在报道时称，蒋在指责池田时，"有时发出笑声"。

同日，蒋介石召见张厉生询问有关问题，台湾民众团体的抗议活动也有所升级，开展了"不买日本货，不用日本货"的抵制日货运动。10月，蒋介石在"国庆文告"中对各国（尤其是日本）与中国大陆的贸易横加责难，说那会"招来显而易见的无穷祸灾，无异于以自己国家与人民的前途为其一场赌注"。[60]

无巧不成书。正当台日间已吵得不可开交之际，偏偏又突发了新的难题。10月7日清晨，正在东京访问的"中国油压机考察团"成员周鸿庆走入与台湾"驻日使馆"一墙之隔的苏联大使馆，被日本警方拘留。台湾方面为此大为鼓噪，指出周的目的是要"政治庇护"、"投奔自由"，要求日本将周鸿庆交给台湾。[61]日本政府经过研究，决定将周鸿庆遣返回大陆。台湾当局"向日本政府提出严正交涉，抗议并设法制止"。[62]为缓和台湾的反对情绪，日方将周鸿庆的遣返日程一再后移。10月底，蒋介石巡视金门，有庆贺自己77岁生日之意。身在金门，仍关注周鸿庆事件的进展，对日本执意遣解周鸿庆回大陆而"愤激不安"，甚至"思虑反复不能安眠"。他在金门指令沈昌焕向日本提出"最严重之抗议"，"以期日政府最后之醒悟"。[63]恰在此时，池田勇人通知张群，拟派其亲信大野伴睦等赴台北"祝寿谢罪"，即以给蒋祝寿为名，请求台湾当局谅解其遣返周鸿庆回中国大陆的决定。蒋介石提前结束金门之行，回台北召集会议，协商对策。蒋介石认为，日本政府完全无视台湾，将维尼龙厂设备售给大陆，毫无中止迹象，又执意要遣返周鸿庆，完全无视台湾，如果允其来台，则等于默认日本的举措。陈诚、张群等则主张应让大野来台，不宜把沟通渠道封死，也可借机清楚地表达台湾的立场。蒋介石同意了，但提出要使对方了解，答应其来访，是基

于他与大野的"私交",同时希望日本不能遣返周鸿庆回大陆。10月30日,蒋介石在台北接见大野一行,他记道:[64]

> 约见日本大野伴睦,彼以特使身份呈递其池田首相函件,余受而未答,并无所表示,置之而已。虽以其大野私交关系,余以殷勤招待耳。

蒋虽对池田的祝寿函件"受而未答",但对大野本人"殷勤招待",这给日本人传达的信息是,他能容忍日本的做法。

至12月底,日本仍坚持遣周鸿庆回大陆。台湾"行政院"于12月28日召开临时会议,决定采取进一步行动抵制日本,通知"驻日公使"随时准备结束馆务返台。台日关系已走到"断交"的边缘。当晚,台湾发表"政府声明"称:"中日友好关系已因日本政府这种不友好的行为而受到重大损害,对今后可能产生的任何后果,日本政府应负完全责任。"[65]

次日,蒋介石主持召开国民党中常会临时会议,听取各项报告,支持"政府立场"。12月30日,蒋介石批准"驻日大使"张厉生辞职,并"召回驻日公使张伯谨和大使馆的其他重要官员"。台湾意在通过"在事实上已等于将中日外交业务停顿"的方法,来向日方施压。[66]

时间进入1964年,台日关系由"危急程度"走向"濒于破裂",台湾又将两名"驻日参赞"召回。1月9日,周鸿庆被遣返大陆。尽管蒋介石对此"非常震惊",并一再以"断然绝交"相威胁,但真事到临头,却不能不有所顾忌,再次让步。他说,台湾不致因周鸿庆案而与日本完全绝交,"但如果日本与中共同意彼此互派永久性贸易代表团,中华民国政府即将断绝与日本的外交关系"。[67]尽管如此,台湾还是在经济方面采取了有限的报复行动。"行政院"于1月10日下令,"凡政府机构及公营事业机构,新向日本地区采购物品申请案,自令到之日起,应一律暂停申议"。[68]日本立即还以颜色,1月15日东京传出消息,日本将从1964年起停止购进台湾大米。

14日下午，十几名台湾青年冲入日本驻台北的"大使馆"，"把大使馆内的部分门窗玻璃敲碎，一部电话机掷在地上，守卫在该处的两名中国警员上前阻止时，制服在纷乱中被撕破"。日本"大使"木村四郎义向台湾"外交部"提出"口头抗议"。[69]台日关系跌入谷底。

台日之间的矛盾引起美国的关切。美国正卷入越南战场，在亚洲需要两个伙伴的"团结"，因此从中做了斡旋调解工作。

台湾当局虽对日本十分不满，但从其在国际上的处境及对抗大陆的基本考虑出发，并不敢将"绝交"之类的威胁付诸实施。日本也不愿失去在台利益。故经过一段时间的争执后，双方都在为弥补关系进行摸索。

日本决定派前首相吉田茂作为池田首相的特使访问台北，先改善双方的气氛，为实质性谈判铺路。86岁的吉田茂在任期间，曾主持与台湾签订"和平条约"，与蒋介石个人关系也较好，是台湾乐于接受的人选。2月23日，吉田茂携池田勇人致蒋介石的亲笔信在倾盆大雨中抵台北。翌日，蒋介石在台湾中部日月潭畔的涵碧楼与吉田茂举行会谈。吉田茂在台四天，与蒋介石晤谈五次。蒋介石归纳其共识有三点：一、台日的基本政策是"共同反共"，"相互关系亦是彼此不能分开的"；二、日本对台湾的"反攻大陆"政策，虽不能公开援助，但愿作"精神与道义之支持"；三、基于以上两点，日本对大陆的贸易必须严加限制，避免增强大陆的力量，尤其是日本政府必须"恪守政经"分离之原则，严格限制战略物资或整套工厂售给大陆。吉田茂表示完全赞同。[70]

吉田虽是以"私人身份"访台的，可他受到的接待却是最高级的。他27日返东京时携带了蒋介石给池田勇人的亲笔信。蒋介石在信中说，日本与台湾"均为自由世界的一员，彼此唇齿相依，利益相共"，吉田茂访台，"已奠定解决之有利基础"，他相信台日之间的矛盾将有"合理的解决"。台湾方面也通过各种渠道"谋求改善中日外交关系"，并在考虑新的"驻日大使"人选。[71]

3月4日，蒋介石接见日本记者，重提当年他对日本的"恩德"。他称，"在第二次大战期间和大战结束后，我始终没有忘怀日本的国民和皇室，我屡次在我的文告和声明中，表明中国希望和日本建立亲善关系，来奠定东亚的和平与繁荣。这是我的信念，以往如此，以后也如此"。[72]

日本外务省政务次官毛利松平也于3月间到台北接触协商，双方关系呈松动状态。毛利在台北感到了台"对日本的友好气氛"，台湾方面甚至"正在考虑及早派遣大使来日并恢复政府向日本采购产品"。蒋介石临时决定于3月12日接见毛利松平，"听取毛利松平对于恢复中日间正常关系的意见"。[73]谁知好景不长，毛利松平在台时，又传出日本政府将要把日本纺织会社的一套尼龙生产线售给中国大陆的消息。稍有松动的台日关系顿时又抽紧，毛利松平无功而返。

3月底，蒋介石对台湾高级官员讲话时曾解释说，台湾所以未在日本政府批准出售维尼龙设备及周鸿庆事件时与日本绝交，是为防止转向日本左倾并"被赤化"，"我们应该让日本了解，它为了与'共匪'贸易要获取少量的利益，将使日本暴露在共党的赤化之前"。他为屡遭"外交"打击的官员打气说：要对前途有信心，相信前途是光明的。台湾有办法决定自己的命运，因为它"具有数量庞大为亚洲最坚强的军队"。[74]

让步又是由台湾方面先开始的。毛利松平在台时，曾要求台湾：一、尽快派"大使"；二、恢复向日本购买化肥。台湾方面也提出两条要求：一、日本应停止向中国大陆出售第二套尼龙生产设备；二、在日本外相大平正芳访台前，绝不向日派"大使"；但作为折中，可先派一名"公使"代理在东京的馆务。3月28日，原驻横滨总领事陈泽华即到东京履任。6月11日，蒋介石任命魏道明出任新的"驻日大使"，台日关系开始走向缓和。魏离台赴东京前，蒋介石亲自召见，"指示机宜"。[75]日本方面则宣布，外相大平正芳将于7月初访台。

大平访台标志着台日关系走向了正常。

　　7月4日，蒋介石接见大平正芳。大平向蒋保证，日本民间商人与中国大陆以纯贸易为基础的经济行为，"对日本政府坚决反共的态度并无影响"。[76]大平与台"外交部长"沈昌焕多次会谈，解决双方争端。

　　7月中旬，台湾行政院正式撤销了1月间发布的"政府机关"及公营事业停止向日本采购的命令，"经济部外人华侨投资审议委员会"对于日本人申请投资或技术合作案件，也同时恢复审议。[77]不久，"总统府"秘书长张群访问日本。日本政府宣布，对有关公司售给中国大陆的第二套价值2650万美元的人造纤维设备不再给予任何"官方协助"。[78]

　　台日关系再度恢复正常。但因中国大陆力量的增强及中国大陆与日本贸易额的扩大，台日之间的摩擦依然存在。

第十一章　经受新的内外冲击

一　平息"监察院"、"行政院"间政潮

1957年10月，国民党在台北召开"第八次全国代表大会"，蒋介石再度被选为总裁，并提名陈诚为新设的副总裁。蒋介石在大会闭幕式上作了题为《复兴本党与完成革命中心方向问题》的报告，除继续鼓动"反攻大陆"外，也强调"建设台湾"。他要求党政机关落实"八全大会"决议，争取创出一番新局面。不料却后院起火。1957年与1958年交替之间，有一桩危及台湾政局的政潮困扰着蒋介石，这便是"监察院"对"行政院院长"俞鸿钧的弹劾。

20世纪50年代中后期，台湾经济仍不发达，物价较高，一般的军公教人员的待遇菲薄，收入只有"美援运用委员会"等机构工作人员的1/5，生活艰苦。他们对此严重不均的情形大为不满，投书"监察院"，要求提高待遇。"监察院"于1957年3月26日提出了一个"杜绝浪费、调整待遇纠正案"，交"行政院"办理。该案指出：[1]

> 年来我国军需浩繁，财政困难，军公教人员生活备感艰苦，然部分政府机关似仍不能共体时艰，犹在扩充不急需之政事，举办不急需之事业，举办不急需之设计、训练、考察、会议、考试及展览，增加不急之需机构与人员。丁此时艰，俱属浪费。若能力求精简、节约、整顿税收及公营事业，增加政府收入，军公教人员待遇未必不能赖以改善。

"纠正案"列举了许多的浪费项目，涉及"行政院"下辖的"内政部"、"国防部"、"财政部"等15个重要机构，最后并称，"浪费亟应杜绝，不合理者亟应改革，军公教人员待遇亟应调整，此端在行政当

局之决心与毅力"，[2]对"行政院"的不满显而易见。

此时的"行政院院长"由甚得蒋介石倚重的俞鸿钧担任。俞鸿钧抗日战争前曾任上海市长，抗战时期担任过财政部长，后专任中央银行总裁，1949年国民党政权败退台湾前夕，将中央银行存在大陆的全部资产，包括大量的黄金美元抢运到台湾，对国民党当局能渡过最困难的时期"贡献最大"。俞1953年任台湾省政府主席，一年半后，被蒋介石选定接替陈诚提任"行政院院长"，他长期兼任中央银行总裁，同时还是国民党的中央常务委员，权重一时。

按有关规定，"行政院"必须在收到"纠正案"两个月内将处理情形书面报告"监察院"，"如愈两个月仍未将改善与处置之事实答复监察院时，监察院得质问之"。但由著名元老于右任当"院长"的"监察院"在一般人眼中仅是赋闲机关，而"行政院"在俞鸿钧领导下，权势如日中天，所以在超过时限很久后始将办理结果回复，且文中多有敷衍搪塞之处。"监察委员"们觉得受到蔑视，很是恼火。

1957年11月30日，"监察院"对"行政院"办理"杜绝浪费、调整待遇纠正案"的过程进行核查，并邀"行政院院长"俞鸿钧列席会议，以备质询。"行政院"觉得是寻衅，小题大做，决定只派秘书长陈庆瑜等三人为代表赴"监察院"列席。"监察院"则非要俞鸿钧亲自来不可，对陈庆瑜打了回票，决定将有关会议延至12月10日举行，再邀俞鸿钧出席。

为了俞鸿钧是否应列席"监察院"会议，"行政院"与"监察院"间各依其"法"进行论争，并在报纸上公开攻击对方，"措词针锋相对而情势日见僵持，两院之间的争执到了'摊牌'的阶段了"。[3]其间，俞鸿钧曾在国民党中常会上报告过"行政院"的立场，获得了中常会的支持。[4]

12月10日，引人注目的"监察院"会议在院长于右任主持下召开，俞鸿钧依然拒绝赴会"备询"。"监察委员"表情激愤，他们对俞鸿钧"痛予指摘"，认为俞"显已违法失职"，主张对俞鸿钧提出弹劾案。

会议决定由萧一山（兼召集人）、余俊贤、陶百川等11人组成专案小组，调查俞鸿钧"违法失职"问题，并准备弹劾案初稿。[5]两院矛盾立时激化扩大。

几天后，11人小组派员到俞兼任总裁的中央银行查账，遭到断然拒绝。俞鸿钧坚持说，他是奉"总统"蒋介石的命令，不让查账的，而且"行政院"的账"也奉命暂不给予调查"。[6]俞的强硬态度使"监察委员"们更为恼火，23日，11人小组以"行政院院长俞鸿钧违法失职，贻误国家要政，妨碍监察职权"为由，提出"弹劾案"，经于右任签署后递送"司法院公务员惩戒委员会"查办。[7]长达5000多字的"弹劾案"列举了俞鸿钧的六大违法失职行为：美援机构职员待遇过分优厚；拒绝出席"监察院"会议，蔑视监察职权；兼任中央银行总裁并有奢侈浪费行为等，并指责他担任"行政院长"三年期间，"因循敷衍，不求振作，号称财经内阁，而财经问题，日形严重。标榜崇法务实，而法治精神败坏殆尽。……政治则泄沓成风，社会则乖戾充盈，不肖官吏，宠赂弥彰，军公人员，仰屋兴叹"。[8]

"弹劾案"一出，引起议论纷纷，台湾政局大动荡，"朝野之间震撼之猛烈，影响之深远，宛如在平静无波的水面上投下一方巨石，一时浪花四溅，波涛冲天"。[9]美国报纸对此也大加转载报道，宣称"这是国民党内部分裂的开始"。确实，同为国民党控制着的两院间发生如此激烈的争执，在退到台湾后"尚属首次"。这同台湾政局混沌、人心失望大有关系。一方面当时各级机构中"贪污成风，层出不穷，政风败坏至为严重"。[10]另一方面国民党内部也有权力斗争，部分不得志的"在野派"借着敲打俞鸿钧来向当权者施压，"为的是想要打倒某人某人，最后目标则在改变台北的'一党统治，一人握权'的局面"。[11]原来一件较为单纯的事情，最后竟演变成一场政治大风暴，其中的奥妙耐人寻味。所以尽管有人为俞鸿钧叫屈，说他只不过是国民党政策招致社会不满的牺牲品，但大多数人都抱着幸灾乐祸的态度静观事态发展。

这次国民党退台后最大的一场政潮，"已把国民党党政关系的不合理，党内意志的不协调，无情地显现出来"，引起蒋介石的极大忧虑。依台湾的"宪法"，"总统对于院与院间之争执……得召集有关各院长会商解决之"。在两院的争执中，蒋介石固然是偏向"行政院"的，可他开始还想保持"超然中立"，不直接介入。12月26日参加"行宪十周年纪念会"时，他在宣读已拟好的讲稿前特地加了一段发言，以"当今国家处境之艰难与恶劣"为由，要大家同舟共济。他说："五院虽是彼此独立，但政府则是整个的，希望大家风雨同舟，共患难，同生死，要团结力量，不要分散力量。"[12]蒋氏词锋所指，显然是要弥合两院间的裂痕。

然而，"监察院"与"行政院"间歧见甚深，蒋介石讲话后，两院的矛盾并未消弭，反而有扩大趋势：俞鸿钧对"弹劾案"提出了1.3万言的"申辩书"，而"监察院"也再对"申辩书"进行批驳。

蒋介石不能再坐视事态继续恶化下去，他认定这是"监察院"内少数敌对者"故意与党与政府为难之举"。他在日记中写：对"监察院"委员无理取闹，内心烦闷，"重要干部皆不知轻重是非，更不明利害得失，而以个人之权利是视，中央无风格无骨气无精神，可叹"。[13]于是，他召集国民党中央秘书长张厉生等人商量制止办法。张厉生建议从国民党的系统上解决问题，因为两院的主要负责人同时也是党内高级干部，89名监察委员中党员也占了90%。

1958年1月16日，正是两院争议达到最高潮时，蒋介石异乎寻常地以国民党总裁的身份邀集国民党高级干部近200人在中山堂聚餐，国民党籍的"监察委员"均获邀参加，两院"院长"于右任和俞鸿钧也同时出席。蒋介石前后演讲了两个小时，试图以"党魁"的权威与资格说服党员服从，平息政争。谈到"监察院"对俞鸿钧的"弹劾案"时，蒋介石"神情显得异常严肃，声调也渐次提高"，他将政争提高到影响"反攻复国大计"的高度，"反攻行动迟未开始……是我们内部尚有问题，致使军事行动不能不有所延迟"。[14]

蒋介石嘉许"监察委员"们多年的贡献，并对"行政院"逾期答复的行为有所批评。然后话锋一转，开始为俞鸿钧解脱：

> 俞院长对国家著有功绩，当年若非他将中央银行库存黄金运来台湾，使我们可以养兵整训，又何来今日的基础？所以，俞院长对于国家是大有功绩的。
>
> 弹劾案中所列各点，我都很了解。但是，许多事不能责备俞院长个人。至于列席备询的问题，你们监察委员执行调查询问的职权，对于被调查的人往往视同犯罪。俞院长是国家行政首长，如何可受这样情形的调查。

蒋还责备国民党籍"监察委员"不向他报告就擅自弹劾俞鸿钧，"使中外舆论大哗，处理上实系不对"。[15]

蒋介石在国民党内拥有绝对权威，他一软一硬的手法，既保俞鸿钧过关，又给"监察委员"以下台机会，尤其是不惜首次将俞当年把大陆黄金美钞抢运到台湾的秘密公开，终于收到了效果。大部分"监察委员"的态度有所松动，政争开始缓和。

1958年1月31日，"公务员惩戒委员会"对"弹劾案"所列俞鸿钧的六条"失职行为"作了调查后指出，其中五条不应由俞直接负责，但他对美援运用委员会人员待遇过高一事，处置不力，"于职权能事，究有未尽"，违反了"公务员服务法"，建议予以"申诫"处分，并呈请"总统"蒋介石批准执行。[16]2月14日，蒋介石批准了对俞的处分，算是对"监察院"的交代。

俞鸿钧则闻过求去，立即提出辞去本兼各职的呈文，"行政院"的其他成员也作了"总辞职"的姿态。蒋介石批示予以"慰留"。2月20日，俞鸿钧面见蒋介石，再提辞职，蒋则"恳切慰留"，要俞"勉为其难，继续肩起国家重任"。[17]俞遂打消辞意。依台湾的"宪法"，"总统"有权决定"五院院长"的去留，故一场"监察院"、"行政院"间的政潮，便以俞鸿钧被"申诫"，蒋介石慰留其继续任职作为结局。但

蒋介石与陈诚在一起。

明眼人都知道，潜伏于政潮表象之下的深层原因是当时的政治腐败，因而俞鸿钧在2月25日也公开宣布"政风不良，应予整饬，此一问题，不止社会人士极关切，行政院亦深为殷忧"，今后当局将努力"改良政治风气"。[18]

由"监察院"弹劾俞鸿钧案所引起之后果，殊所蒋介石不料，也是他不愿看到的。他在日记中写，自己因此"遭受重大之打击"。[19]实际上，蒋介石在处理弹劾案时，并非完全义气用事，固执用强。在其预定的方针碰钉子后，他亦能接受现实，有所转变。

二　再次任命陈诚"组阁"

俞鸿钧被"监察院"弹劾，虽因蒋介石"慰留"而仍任"行政院长"，但当时台湾社会的腐败浮夸之风已弥漫甚广，"风气败坏，人心不振"，俞无力再打开局面。蒋介石不得不考虑换马，改组"行政院"，以推进各项工作。

蒋介石推出的是陈诚。陈诚是台湾政坛仅次于蒋的强人，在台湾有广泛的影响。他在国民党政权退台前夕出任台湾省政府主席，颁布"戒严令"，稳住了局面。1950年蒋介石复职后，命陈诚出任"行政院长"，推行"土地改革"，主持石门水库的修建等，蒋评价陈说"已为今日政治规模包括经济、建设等奠下良好基础"。[20]1954年，陈诚当选为台湾"副总统"，卸去"行政院长"职。蒋介石在困难之际，只好再把他推到前台。据陈诚日记，蒋介石自2月起就征询其意见，要其出任"行政院长"，而他一再推辞，曾"发誓不就"。

1958年6月30日，蒋介石主持国民党中常会，决定接受俞鸿钧的"辞呈"，由陈诚接任"行政院长"。当天下午，他向"立法院"提出了如下咨文：[21]

> 行政院长俞鸿钧呈请辞职，情词恳切，已予照准。兹拟以陈诚继任行政院院长。陈君前任台湾省政府主席，勤政爱民，建树殊多，嗣任行政院院长，弘济艰虞，绩效懋著。当此积极建设台湾，加强反攻准备时期，以之任为行政院院长，必能胜任愉快，克赴事功，爰依宪法第五十五条第一项之规定，提请贵院同意，以便任命。此咨立法院。
>
> 总统蒋中正

或许是台湾官场的惯例，或许是知难而畏，陈诚在获提名后，即面见蒋介石"谦辞"提名，但未获准。

为使陈诚"内阁"顺利出台，蒋介石做了大量工作。他在7月2日下午以国民党总裁身份，办茶会招待国民党籍"立法委员"400余人，要求他们在"立法院"投票时支持陈诚。蒋介石特别赞扬陈诚"在民国卅八九年（1949、1950）间任台湾省主席及行政院长时，使国家转为安定，对国家之贡献极大"。[22]国民党籍的"立法委员"在表示支持陈诚"组阁"之后，也希望陈诚能"面对现实，刷新政治风气"。[23]同时，国民党中央常务委员谷正纲等又设宴招待青年党、民社党及无党派的

"立法委员"30余人，寻求他们的支持。

7月4日，"立法院"对蒋介石的提议进行表决，以364票赞成、79票反对、14票弃权通过了陈诚为新"行政院院长"。

因时局关系，台湾各界对陈诚"内阁"寄望甚切。"立法委员"们在通过陈诚提名时，在改良社会风气、整顿贪官污吏方面"对新内阁揆莫不寄以殷切之期望"。同时《联合报》也以《对新政府的最大期望》为题发表社论，希望陈诚能"收揽人心"，"以恢宏的气度来扩大团结"，"以强硬的手段来澄清吏治"。[24]

陈诚接令后，组织班底却颇为不顺。舆论界预测"组阁"工作会很快完成，俞鸿钧旧阁的成员大多会被留用。但实际进展却很缓慢，陈诚曾数次面见蒋介石，汇报人选安排，听取指示。[25]国民党中常会也专门开会讨论。新阁名单迟迟不出台，引起报界种种猜测："新阁难产，主要的固由于新院长对人选的重视，但亦可见人事作适当安排的不易。"[26]

陈诚"组阁"难产的重要原因，是蒋介石不断干涉，二人发生了颇严重的分歧。如在"副院长"的人选上，陈诚想让黄少谷留任，蒋介石则指示由王云五出任，让黄少谷任"外交部长"。蒋介石口头上说他的意见仅供参考，但其语气言词，却是陈"生平所未闻"。[27]陈诚最终顺了蒋介石的意，蒋介石却感觉到陈诚并非心悦诚服，而认为陈诚"诈伪不诚"，辜负其30年的苦心培植。[28]

千呼万唤，7月14日，"内阁"名单才在台湾各界瞩目中由蒋介石明令公布，此时距陈诚获任命已有10天，"行宪以来历任行政院长的递嬗阶段，要数这一次历时最长"。[29]陈诚"内阁"的成员如下：[30]

院　　长　陈　诚
副 院 长　王云五（新入选）
政务委员　王世杰（新）、薛岳（新）、余井塘
　　　　　蒋经国（新）、蔡培火

内政部长　田炯锦

外交部长　黄少谷（新）

国防部长　俞大维

财政部长　严家淦

教育部长　梅贻琦（新）

司法行政部长　谷凤翔

经济部长　杨继曾

交通部长　袁守谦

蒙藏委员会委员长　李永新（新）

侨务委员会委员长　陈清文（新）

主　计　长　陈庆瑜（新）

新闻局长　沈　琦

行政院秘书长　陈雪屏（新）

名单一出，令舆论界瞠目结舌，普遍认为这次是"大换血"，显示出最高当局革新行政的决心。舆论认为，"陈诚内阁"有三大特点：

一是陈诚以"副总统"、国民党副总裁的身份兼任"行政院长"，加上他与蒋介石的密切关系，使他能较顺利地推行各种政策措施。其内阁成员的选择也多为"一时之选"，"阵容相当坚强"。

二是王云五出任"副院长"，梅贻琦出任"教育部长"，令人意外。王、梅二人在学术界地位较高，在社会上有一定声望，虽然无党派的王云五此时已任"考试院副院长"兼"总统府临时行政改革委员会"的主持人，梅贻琦正担任清华大学校长，但在常人看来，他们尚游离于现实政治之外。这次被委以重任，"足证陈诚院长开诚相与，借重之殷"，"凸出了新阁的有容性"。[31]

三是48岁的蒋经国正式进入"内阁"，官晋一级。蒋介石之长子蒋经国是台湾政坛上的黑马，他的进退引人注目，是政界的热点之一。在此之前，他已是国民党中央常委、国防会议副秘书长和"国军退除役官兵就业辅导委员会"主任委员，但在政府内尚无适当位置，对日后的升迁不利。这次以权限极具伸缩性的"政务委员"一职步入"政府"，安排很是精妙。《联合报》评论道："以言经国先生之入阁，以他过去所担任的艰巨繁剧，所表现的谋国忠孝，早该名至实归，而终于陈诚公再度组阁的今天，翩然追随行列，更频添了新阁一股有力号召。"[32]

推出陈诚"内阁"之后，蒋介石还特意宴请国民党内的元老于右任、阎锡山等，向他们通报情况，"交换国是意见"。

7月15日，新上任的陈诚举行记者招待会，宣示其"施政方针"，称"反共抗俄，复国建国"的既定政策决不变更。"建设台湾"的政策与目标亦不变更。今后的施政重点是"兴利除弊"，"求其所当为，尽其所能为"。[33]

三 "八二三"炮战

1958年夏季以来，台湾海峡的形势紧张异常，大陆与台湾的海军空军频有接触和摩擦，国民党空军十分猖獗，经常飞到对岸的厦门等地进行袭扰。这时，国际形势也风云突变，美国等西方国家在中东地区耀武扬威，欺侮小国。毛泽东决定对驻金门的国民党军队进行炮击，"一是警告蒋介石，二是同美帝国主义进行较量，把美国的注意力吸引到远东来……支援中东人民的斗争"。[34]

台湾对国际形势的变化很是敏感，对中国人民解放军在福建沿海的集结也有所觉察，8月6日，"国防部"宣布，因海峡形势紧张，军队进入紧急戒备状态，所有官兵停止休假，非军事人员不得再进入金门等外岛地区。蒋介石还派"国防会议"副秘书长蒋经国到金门、马祖、高登、白犬等各岛，传达他的紧急备战命令，要求守备部队"加强工事，储备粮食燃料，尤其重要的是加强炮兵阵地，并将弹药移藏地下仓库"。[35]

　　自国民党军撤出大陈岛以后，金门等小岛便成了最接近大陆的地区，其象征意义很大。依国民党当局的宣传，金门等岛屿既是进攻大陆、完成"反攻复国"使命的最前沿阵地，又是防止大陆"解放台湾"的第一道屏障。因此，蒋介石一直很重视金门的防务。8月19日深夜，海峡上空已是战云密布，千钧一发，蒋介石由蒋经国陪同乘军舰秘密驶过台湾海峡，巡视马祖。20日深夜又抵金门，他召集了军事会议，"指示机宜"，他对各级军官说：[36]

　　　任何事情都可能发生。你们必须戒备攻击。一旦发生攻击，我们将击退他们。一旦他们受挫，他们内部将发生各种困难——并将发生革命。所以你们必须准备坚守到底。

当晚，蒋介石搭机由金门飞返台北。金门机场正是三天后解放军炮击的主要目标之一。

8月23日下午6时许，驻厦门的人民解放军炮兵，万炮齐轰对岸的金门等岛屿。其时正是晚餐时分，铺天盖地的炮火打得国民党守军晕头转向，无处藏身。国民党军"金门防卫司令部"的三个副司令赵家骧、吉星文、章杰（司令为胡琏）三人均中弹毙命，正在岛上视察的台湾"国防部长"俞大维也被弹片击中，"头皮手臂挂了彩"。[37]在当天的第一波炮击中，金门等岛国民党军阵地共遭到4.1万余发炮弹的轰击。蒋介石当天日记写道："全面炮击，在八十分时之间，发炮弹5万余发，我军伤亡之五百余员，其中赵家镶、吉星文、章杰各副司令皆阵亡。其参谋长刘明爱亦重伤，可谓悲惨极矣，哀痛无已。幸俞部长与胡司令皆安然无恙也。"[38]这是海峡两岸的军队自1954年"九三炮战"后最激烈的军事接触（"九三炮战"时大陆方面仅发射了6000余发炮弹），也创下了第二次世界大战以来炮弹密集的纪录。

在金门岛遭炮击的同时，小金门、大担、二担也遭到无情炮火的攻击，"真正日夜不停的炮战，经过了44天6小时，共有47万多发炮弹，落在这面积仅176平方公里的群岛上"。[39]蒋介石摸不清大陆炮击的战略意图，认为是攻占金门进而"解放台湾"的前奏，十分惊恐，他受到了败退到台湾以后最严峻的考验。

炮战使台湾受到极大打击。遇到如此严重的困难，台湾难以独立支撑，便求救于它的盟友——美国。炮战开始的一段时间，蒋介石幻想援引"台美共同防御条约"，让美军协同国民党军防守金门，但好梦难圆，美国人始终不肯深陷这场两岸的争端中去。8月24日，蒋介石在大溪见"美国大使"，对方表示将对台湾"最优先援助"，同时重申了双方的协防条件，要求台湾不得借机"自动进攻大陆"。26日，"美国大使"再度与蒋介石见面，报告美国防部对台湾提供军品补充，但仅限于此。蒋介石不满，委婉地说军事援助在此时"缓不济急"，"不能解决当前金门与海峡危机之实际问题"。[40]一段时间内，美军高级将领频频出访台北，冠盖如云，蒋介石先后接见美国陆军部长布鲁克、空军副参谋长李梅上将、美军太平洋区总司令费尔特上将、海军陆战队司令派特上将、国防部长麦艾乐等美国的高级军事官员，与他们"就台湾海峡形势以及加强中美两国间军事合作问题"交换意见，"就中美两国在台湾海峡地区共同应付共党侵略所应采取的进一步军事行动作具体的磋商"。[41]结果，美方同意派军舰为台湾给金门运送补给物资的船护航，且以到达距金门三海里处为限。美国干涉中国内政的行径，遭到中华人民共和国政府的强烈反对，人民解放军也奉命对护航的舰队进行炮击，使护航陷于困境。此后，美国也曾以一些重要的军事物资支援台湾。9月中旬，美军F-100超级军刀飞机及"胜利女神"导弹营抵达台湾岛，而一批重型的八寸自动榴弹炮的到来，更使蒋介石长舒了一口气。

在连日炮击和强大的海空封锁下，驻金门等处的国民党守军不仅伤亡日增，各类物资也日渐匮乏，军心浮动。海军输送物资的舰队经常受到攻击，补充物资犹如杯水车薪。9月12日，蒋介石在澎湖主岛马公岛召开台美军事将领会议（马公岛此时为台湾海军舰艇的集结地），"讨论主题为如何突破中共对金门的封锁"，会后，蒋介石决定以夜间空投来解决金门物资匮乏的急需。[42]在最困难时，台湾还用蛙人潜泳的方式来向外岛输送物资和情报。甚至有人建议蒋介石以"总统"名义下"总动员令"，征用所有民用船只参加向金门运输，只因怕引起更大的恐慌才作罢。蒋介石9月18日在马公岛检阅了负责将八寸自动榴弹炮运到金门的舰队，对艇长下了死命令："只要人不死，船不沉，一定要完成任务。"[43]为了安抚军心，蒋介石还派儿子蒋经国数次冒死到金门前线（整个金门岛的运输补给工作，主要是由蒋经国负责的）。9月27日是中秋，蒋经国到达金门，代表蒋介石向士兵赠月饼，他还召开前线的"政工会议"，以"激励士气"，这对安定军心起到了一定的作用。[44]蒋介石为动员台湾民众支援金门作战，无限度地夸大其意义，声称它不仅对于台湾安危有庄严的意义，不仅保卫着"亚洲民族和太平洋的安全"，甚至还事关"自由世界的和平与安全"。[45]

在整个台海炮战期间，蒋介石为引起美国及西方国家的注目，拼命夸大"台湾炮战"的国际意义，他始终如一地以如下逻辑推理对世界进行宣传：中共炮击金门是在苏联教唆下进行的，是苏联通过占领金门，攫取台湾，进而在世界范围内称霸的第一步。而国民党当局坚守金门，正是在捍卫着整个"自由世界"的安全。所以全世界都要制止苏联阴谋，支持台湾。而这种宣传的基调，正是蒋介石确定的。1958年9月29日，蒋介石在一次记者招待会上是这样向83位台湾及岛外记者表述的：[46]

共党对金门马祖诸岛武装挑衅以制造战争，这不是孤立的事件，赫鲁晓夫一方面以间接侵略的方式开辟中东战场，另一方面，在八月初的"北平会议"中，他交给"共匪"朱毛的任务，就是开辟远东战场，北平《人民日报》反复申明，"中东与远东是一个共同的方向，因为我们这里的斗争，同他们那里的斗争，是反对同一敌人的同一斗争，这个敌人就是美帝国主义者"。这句话表明了"共匪"与俄帝是在一个目标之下分东西两面作战的任务。

……

"共匪"在远东开辟战场，选择我们金马诸岛为其攻击的起点，他这次炮攻金门的目的，完全是在占领台湾，迫使美国退出台湾海峡，放弃西太平洋防务，使西太平洋成为共产帝国的内湖。今日金门战争，乃是很单纯的屏障台湾海峡的保卫战，我们中华民国坚守金门及其他岛屿，不仅为保持台湾、澎湖基地的安全，并且为巩固西太平洋岛链防线，如果三年以前，依照西方国家若干人士的意见，要我们撤退金马防线，那今日战火就要直迫台、澎进行了。

……

我们要以事实宣示这次金门的保卫战，乃是为了维护国家的领土主权，为了保障太平洋的集体安全，为了联合国宪章的精神，而抵抗国际共产主义征服世界，奴役人类的野心侵略之义战，我们相

1958 年 9 月 1 日，蒋介石致函金门防卫司令官胡琏，嘉勉『八二三』炮战官兵。毛泽东的试探让蒋介石丝毫不敢懈怠，可见此时双方力量之对比。

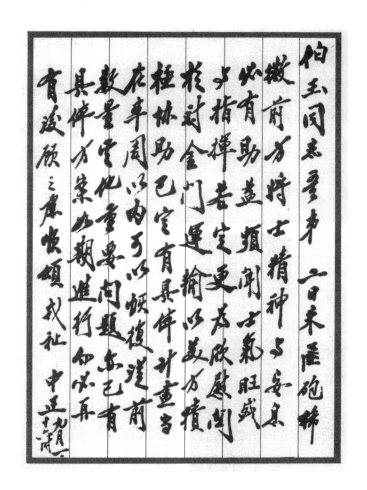

信，这一义战必可使自由世界了解我们所持的立场，不为国际共产主义及其同路人颠倒黑白、淆乱是非的宣传战所蒙蔽。

蒋介石还直截了当地说："台湾是苏俄征服计划的关键。"《联合报》以显要位置登胡秋原的长文，题目即为"台湾海峡之战，是苏俄发动三次大战之开始"。[47]蒋介石及台湾的宣传并不能使美国改变自己的世界战略。美国在帮助台湾的同时，也不愿和中华人民共和国敌对到底。9月15日，中断已久的中美大使级会谈在华沙重开，这使台湾当局颇为难堪。蒋介石只好声明："现在华沙进行的会谈，只是美国与'共匪'两方面的行为，而说不上是三方面的关系，而且在根本上是我们不赞成的。"[48]"行政院长"陈诚公开宣称：中美华沙大使级会谈，"如果有任何涉及及损害我国权益之决定，我国概不承认"。[49]

对蒋介石等一再强调的金门等岛屿的重要性，美国及其他西方国家也不持认同态度。日本及英国曾先后提出要国民党军队撤出金门、马祖，将金、马变成"中立区"以结束台海炮战的建议。美台之间对金门战略地位的歧见随着炮战深入日见其大。9月30日，与蒋介石私交甚笃的美国国务卿杜勒斯宣称，假如金门地区"有一似乎相当可靠之停火，本人认为如此大量军队驻守该项岛屿系属不智。倘获停火，则依吾人判断，甚至军事上判断，留驻大军在该项岛屿似非明智式谨慎之举"。[50]杜勒斯甚至公开表示，如果能为解决问题提供机会的话，他愿与中国总理周恩来会面磋商。

杜勒斯的谈话在台湾引起轩然大波。正在高雄的蒋介石于次日立即召见美联社记者，对杜勒斯的谈话发表意见。他说，杜勒斯关于在一定条件撤金门守军的谈话"只是片面声明"，台湾"并无接受的义务"，并说杜勒斯的讲话"完全与我们的立场不符，亦不像是他说的。……是与他一贯采取的立场有出入的"，因而这次谈话真是"不可思议"。他甚至怀疑那些话是否真出自杜勒斯之口。[51]宁信其无，不信其有，且又急于辩白，正说明了蒋介石在此时过分依赖美国的脆弱心态。

台湾"外交部"也于10月1日发表声明，强调金门等外岛对台湾的重要性，"无金门即无台湾"，驻兵绝对必要。台湾将维护其权益，任何足以损害其权益的安排，台湾"自不受其拘束"。[52]在台北、在华盛顿，台美各级官员广泛接触，交换意见。蒋介石又在10月2日下午专门接见了"美国大使"庄莱德，听取美国方面的解释。

10月6日，蒋介石接见英国记者时表示了强硬立场："金门是我们最后的防线，也是自由世界的远东前哨据点，我们必须保有该岛，作为台湾的屏障。""不同意台湾外岛非军事化，或甚至由外岛作象征性撤退的任何建议"，台湾军队准备在无外援的情况下"独立作战"，蒋并要求美国立即停止在华沙的中美大使级会谈。[53]不久之后，美国国防部长麦艾乐访台，在与蒋介石的会谈中，曾试探性地提出以增加对台湾军事援助，协助装备美械部队以换取"减少台海岛屿国军之可能性"的建议，遭到蒋介石拒绝。

台美之间的争执，直到10月下旬美国国务卿杜勒斯访台才算平息。杜勒斯在台与蒋介石晤谈数次。结果双方互有让步，美方保证协助台湾军队防守金门等岛屿，不致使其丧失。但要求台湾方面必须收缩其对大陆的"报复"行为，包括暂停派飞机至大陆空投和侦察照相工作，未经台美双方协议不得对大陆军事基地作过激的报复等，甚至不许台湾再提"武力收复大陆"的口号。[54]在10月23日发表的台美联合声明中，写进了上述内容。而这时，大陆已决定减少对金门的炮击，改为单日炮击，双日停火了。

"金门炮战"对台湾冲击极大，蒋介石为安抚人心，不断地发表谈话，强调金门战争的意义，激励官兵士气，他也多次接见参战部队代表，派蒋经国去金门视察，颁令犒赏金门守军。蒋介石认为，"金门反封锁与炮战"取得胜利的原因有四：一是台湾军队"固守不屈之决心与三军一致之精神"；二是美国虽有犹豫但仍能"积极支援"；三是台湾海空军"屡获战胜"，尤其是响尾蛇型飞弹之使用，占据了空中优势；四是利用一切运输工具参加运输，特别是陆战队之两栖小艇连日冒炮火抢滩，保证物资供应。[55]实际上，炮战给金门守军以沉重打击，也使其暴露出许多敝端。蒋经国在金门视察时，看到大担、二担岛的士兵因躲避炮击而终日在隧道中，生活极艰苦。隧道中极湿冷，而士兵居然无棉被可盖，让他"此心不安"。而更糟的是，"金门的高级官员，对于官兵的生活，不甚关切，上下一致的条件未能做到。……（司令官胡琏）情绪甚为沉闷，态度消极，身体多病，非大将也。"[56]

毛泽东命令解放军炮击金门，旨在通过有限度的军事行动给蒋介石一个教训与警告，试探美国涉入台湾事务的程度。在达到上述目的后，解放军奉命主动停火。蒋介石完全搞不清毛泽东的战略意图，以为炮击是"攻占金马，解放台湾"的第一步，故而拼死抵抗。而后大陆主动停火，海峡两岸的局势又基本恢复至炮战前的情形。停止大规模炮战的初期，蒋介石又宣称这是"诈降"，不敢丝毫懈怠。待判明大陆确实无进一步行动，他终于在经过一阵手忙脚乱的应付之后，得到了喘息，随即将"金门炮战"宣传为台湾"获得了决定性的胜利"，台湾由此转危为安，必能加速其"反攻复国"政策的实现，宣称1959年将"是我们反攻复国胜利的决定年"。[57]可是，炮战既使蒋介石看到了大陆军事力量的强大，也让他更深切地了解到"美国盟友"的真实态度，最终不得不基本上放弃了武力"反攻"的打算。他在1959年的"元旦文告"中正式透露了这一信息：[58]

> 所以我们反攻复国的战略，始终是以政治为主，以军事为从，以主义为先锋，以武力为后盾，以大陆为主战场，以台湾为支战场，而军事武力的奏效，必须以大陆革命运动与台海军事行动相互配合，双方策应，为其一贯的指导方针。

蒋介石说"始终是以政治为主，以军事为从"，显然是言不由衷，为其政策的变更作掩饰。仔细品味这段话，透着"反攻无望"的气息，它意味着只要大陆内部不发生巨变、爆发蒋介石所期待的"革命运动"，"反攻大陆"就无法成功。

四 为"西藏叛乱"事件推波助澜

退到台湾之后，蒋介石把"反攻复国"当成"国策"，无时不谈。为能鼓舞士气，他不断地攻击大陆政权，或无中生有，或夸大大陆的一些政策失误，对大陆采取骚扰的方针，惟恐大陆不乱。而对大陆内部发生的一些事端，更是不遗余力地推波助澜。

1959年3月间，西藏地方政权的一部分上层分子发动叛乱，酿成武装冲突，达赖等人逃往印度。台湾当局闻讯，顿感欢欣鼓舞。国民党在台湾仍保留着大陆时期的全部机构设置，"蒙藏委员会"原本是最无事可做的赋闲机关，这时却变成舆论焦点，其"委员长"李永新也成了新闻人物。西藏叛乱事件的消息传到台湾，李永新便对记者声称，"政府对藏胞在拉萨掀起的大规模抗暴运动，正在密切注视其发展，并将在一二日内召集有关方面举行汇报，对来自各方面有关藏胞及边疆其他地区同胞抗暴行动的情报予以综合分析研究，并研拟一套联系、配合与支持的具体办法，俾加强并扩大藏胞抗暴的实力"。[59]国民党中常会、"行政院"等最高机构及"情报局"、"安全局"等部门都召开会议，讨论西藏问题，制定相应对策。蒋介石得到消息后，在日记中写，对西藏叛乱分子"应设法支持，积极援助"。但同时又抱怨"美国态度消极不定，两年以来，为其贻误不小也"。[60]

3月25日，国民党中常会在蒋介石主持下召开会议，"专题检讨西藏及反暴运动之情势，并商讨政府支持藏胞抗暴革命之步骤及若干有关的政策性问题"。会上并未在具体做法上达成一致结论，只决定成立"西藏问题专案小组"，再做进一步研讨。[61]

本来，西藏叛乱事件无论是从其发生原因，还是其性质来说，与台湾当局并无多大关联，甚至可以说是风马牛不相及，可台湾当局和蒋介石本人却以最大的热情介入此事，将事件和他的"反攻"事业硬联在一块，无非是想给大陆制造更多的麻烦。

3月26日，蒋介石发表了《告西藏同胞书》，该书首先表明他对叛乱事件的支持态度：

> 你们这次奋起反共抗暴，浴血奋战，乃是我中国大陆同胞反共革命最庄严光辉的历史第一页的开始，今日我虽身在台湾，但我这一颗心，乃是与你们始终一起，反共作战，尤其是这次拉萨战争，我藏胞僧侣，壮烈牺牲，更使我关怀倍切，时刻难忘。我中华民国政府，正在集中一切力量，给你们以继续有效的援助，并号召海内

外全体同胞，共同一致，给予你们以积极的支持。

在阐述了"叛乱"的意义之后，蒋介石还给了西藏的叛乱者一种无法实现的许诺：

> 我中华民国政府，一向尊重西藏固有的社会组织，保障西藏人民宗教信仰和传统生活的自由。我现在更郑重声明：西藏未来的政治制度与政治地位，一俟摧毁伪政权之后，西藏人民能自由表示其意志之时，我政府当本民族自决的原则，达成你们的愿望。

蒋介石最后为叛乱者打气说：[62]

> 只要你们更加坚决，更加勇敢，继续不断地奋斗到底，我必领导全国军民，很快的与你们在大陆上约期会师，共同作战，来完成我们反共抗暴，救国家救民族救同胞的神圣使命。

台湾把蒋介石的这份《告西藏同胞书》翻译成藏文，派飞机携带至西藏与印度交界的地区广为散发，并用藏语定向对西藏广播。

3月29日，是台湾的"青年节"（为纪念1911年黄花岗起义烈士而定）。蒋介石照例要发表"告全国青年书"，与往年不同的是，过去多是空洞地号召青年"反共"，而本年他有"金门炮战"和西藏叛乱事件来做实例。他称西藏叛乱分子为"我们大陆上反共革命的前锋，全国同胞的先驱"。[63]

为了给叛乱事件推波助澜，扩大事态，台湾当局在两方面下了不少工夫：

> 一是竭力渲染事态。台湾各种报纸都以大量篇幅刊登叛乱事件的各种消息，有关官员连篇累牍地发表谈话、文告，夸大事件的规

模。在对外宣传方面，台湾方面竟不顾祖国的主权利益，公开要求外国干涉中国内政。蒋介石在一次对美国记者的谈话中就说：中共在西藏的行动"仅是征服世界阴谋的一部分，它配合着共产党在黎巴嫩、金门、柏林及伊拉克的行动"。[64]甚至还有人提出将西藏事件交联合国大会讨论，企图将叛乱事件扩大为国际事件。

二是设法与叛乱分子取得联系。本来叛乱事件与台湾并无多少关系，蒋介石等人是叛乱发生好几天后，通过外国电台的报道了解叛乱经过的，可在宣传上却千方百计地把事件说成是因受蒋介石"反共"号召而揭竿而起的，是台湾"地下工作人员"策动的结果，甚至无中生有地说叛乱分子"戴着蒋总统的玉照并尊他为他们反共奋斗中的精神领袖"，"举着青天白日旗前进"，等等。[65]

为了赢得叛乱分子的好感，台湾飞机在中印边境地区向他们空投宣传品和"慰问袋"等（也有报道说空投"武器及补给品"的）。"副总统兼行政院长"陈诚曾表示，对叛乱分子所最需要的"弹药武器、通讯设备、医药与军事干部，政府当尽最大努力，予藏胞以支持"。[66]台湾的空投在叛乱过程中断断续续地坚持着（台湾与西藏相距遥远，空投飞机是在美国暗中支持下，借用越南或泰国的机场秘密进行的）。台湾方面也曾给逃往印度的叛乱分子汇去15万美元，并数次表示要派员去西藏与叛乱分子合作，"进行更大规模之反共工作"。[67]

当时台湾力量有限，蒋介石召见"美国大使"庄莱德，希望美国介入，空投军用品和民用品补给西藏"抗暴斗士"，但庄莱德奉命推托，强调各种困难，不愿帮忙。蒋介石很气恼，不顾外交礼节，当场离席而去，令庄莱德"颇为尴尬"。[68]蒋介石认为，美国阻挠台湾方面介入，"态度可谓拙劣已极"，是有"独占西藏之企图"。他曾与蒋经国协商，"决定自我单独进行，并予美国以警告"。[69]当然，最后并未实行。

西藏叛乱分子对台湾的态度，也相当冷淡。台湾方面表示可向印度派联络员，协调与叛乱分子的行动，但遭到了拒绝。蒋介石认为这是达赖等人"愚蠢卑怯"、"自暴自弃"，咒骂"藏人之狡诈贪劣，只畏威而不怀德之"。[70]达赖等人逃到印度后，台湾一再表示欢迎达赖到台湾去"定居"，企图增加其宣传的砝码。但西藏叛乱分子对台湾的种种姿态并不感兴趣，不愿与之进行大的合作。《联合报》对此颇有些埋怨地写道："西藏同胞的反共抗暴运动，必须与自由祖国反共抗战的斗争联结在一起……西藏同胞不能把抗暴运动，看作西藏僧民的事。"[71]

　　需要特别说明的是，蒋介石所以对西藏叛乱事件极为热衷，是他认为叛乱者是在他的"反共理念感召"下发动的，可以与他合流，共同推翻大陆的共产党政权，并非是赞同叛乱者分裂国土的要求。蒋介石生前一直坚持中国统一的立场，他甚至坚持对"外蒙古"的主权要求，对分裂祖国的"西藏独立"，他从未表示过支持。

五　制定"八七"水灾的救灾措施

　　台湾是西太平洋上的大岛，属海洋性气候，温暖的阳光、丰沛的降雨量给台湾的农业发展提供了良好的自然条件。然而，每年夏季，总有台风袭击台湾岛，狂风加暴雨时常会造成一些灾害。1959年的8月，一场罕见的大风挟着暴雨给台湾造成了巨大的灾害。

　　8月7日，由于强劲的季风和低气压过台湾岛中南部，造成狂风暴雨，山洪暴发，24小时之内降水量达400毫米以上，降水量最多的六斗地区9小时内竟达786毫米。由于台湾的河流短促，排泄不畅，酿成大灾。一时间房屋倒塌，农田尽淹，交通中断，灾民遍地。暴雨持续了24小时，至8月8日下午雨势始有缓和，有的地区暴雨甚至持续40小时以上。翻开当时的台湾报纸，尽是"空前浩劫"、"满目疮痍"、"马路成河灾民如蚁"、"山城变水乡"、"阡陌稻田但见泥水一片"等令人触目惊心的标题。据台湾省主席周至柔事后向省议会报告，水灾带来

"八七"水灾是台湾自1898年以来61年间最大的水灾,给台湾人民带来了不可估量的损失。蒋介石政府积极抗灾救灾,取得了不俗的成绩。

的损失如下:受灾总面积1.2万平方公里,受灾地区达13县市,占了台湾全部县市的1/2;受灾总人数30余万人(内死667人,重伤295人,失踪408人);房屋倒塌5万余栋;渔船被毁31艘。总损失折合新台币超过34.28亿元。台湾"全省全年1/10以上的国民所得,毁于一旦"。[72]

这是台湾自1898年以后61年来最大的水灾。自然灾害给台湾经济和社会带来了不小的困难,救灾成了当时台湾上下惟此为大的中心任务。

蒋介石对"八七"水灾极为重视,"一再垂询实际情况",命令"参谋总长"彭孟缉动用大量军队,"尽力协助当地县市政府抢救受灾同胞,并协助恢复交通"。在整个救灾及以后的灾区重建过程中,台湾的军队起了重要作用。"行政院"也立即召开会议研究救灾工作,成立"中南部水灾救济及重建工作小组",紧急拨款6000余万元,并下令从8月12日起停止公私宴会,禁屠8天,"以节约救灾"。[73] "行政院长"陈诚表示:"政府一方面对受灾地区民众表示关怀慰问,同时决定全力克服他们的困难,并希望未受灾害地区的民众,本合作精神,协助救灾，尽自己应有的责任。"鉴于水灾造成了物资短缺，"警备总部"专门成立"限价专案小组"，以维持灾后物价平稳。陈诚特别呼吁工商界人士"协助政府稳定物价"，以免引起社会动荡。[74]

8月10日，蒋介石再次就救灾问题作出指示："政府与军队要尽最大努力救助中南部灾区，使其尽早恢复原有元气，不影响建设新台湾计划之进行。"他强调在灾害面前要镇静："凡事预则立，我们必须在平时多加准备，如能有充分的准备，则灾害之来必可迅予消减而不致茫无头绪。""当灾害突来时，如能镇定应付，终可渡过难关，化险为夷。"他当面指示台湾省政府主席周至柔，要在全台湾"停止一切公私宴会，实行节约救灾"。[75]8月12日，蒋介石在听取了有关水灾报告后指出，救灾要分两步走："应竭尽全力，先抢救灾民，再次恢复交通及各项建设。"[76]9月1日，蒋介石由台湾省政府主席周至柔及蒋经国等陪同，前往受灾最严重的彰化县视察，"听取灾情报告及善后重建计划"。[77]蒋介石对救灾中军队、警察及一般民众的表现表示满意。他说，当局和军民同胞"应益淬厉奋发，接受灾害的考验教训，不怕困难；不怕危险、冲破危险；更加高度发挥'多难兴邦'底古训的精神，与民族的自信"。[78]

经多方努力，至8月14日，初步的救灾工作已告一段落，大部分灾民受到救济安置，交通电信也基本恢复。台湾当局宣布救灾工作今后要进入"灾区重建阶段"。

也是屋漏偏逢连雨天，正当台湾当局为中南部的水灾忙得不可开交之时，南部的屏东县又在8月15日发生了强烈地震，震级为六级，高雄、台南都受到波及，受灾总人数6000余人（其中死亡24人），房屋倒塌近2000间，全部损失约为新台币1300万元。蒋介石于16日凌晨电令驻扎在震区附近的某集团军指挥官立即动员官兵前往震灾区域，"对灾胞们进行迅速有效的救济"。[79]该部队便立即携带物资奔赴震区，进行救灾。蒋介石在日记中写道："八月间，台省中部发生空前水灾，损失甚大。其次大台风二次、地震一次，损害虽不甚重，但重负亦甚矣。"[80]

令人啼笑皆非的是，蒋介石竟能把自然灾害及救灾工作也与他的"反攻"计划联系起来，他在一篇"文告"中说："正因为台湾省遭受了这次自然灾害，就更加使我们想念到大陆同胞无时无地不在遭受天灾人祸，过着牛马不如的奴隶生活的惨境！……我们更要同样地以克难救灾的精神，来抢救大陆同胞的灾难，以这种重建灾区的精神，来重建我们大陆同胞的家园。"[81]

为了救灾和重建灾区，台湾当局采取了不少措施。当时台湾经济基础尚薄弱，财政经费十分短缺，根本无法支付重建灾区的全部款项，为此，"行政院"通过了一系列筹款的变通方案报呈蒋介石批准。9月1日，蒋介石依据1948年《动员戡乱时期临时条款》中授予"总统"的特权，发布"紧急处分命令"，为重建中南灾区授予行政机关以临时变更税法、预算及有关审计法令的权力，为救灾"节约一切可省之消费，集中一切可用之力量"，该命令全文如下：[82]

查台湾省中南部于本年八月七日，遭遇六十年来所未有之水灾，公私损失惨重，救济善后，复兴重建，刻不容缓，兹经行政院会议之决议，为适应需要，不得不采紧急有效措施，对现行税法，及各级政府预算，为必要之变更，俾统筹运用，争取时效，以应付财政经济上之重大变故，爰依动员戡乱时期临时条款之规定，颁布紧急处分事项如下：

一、政府为缩减暂可缓支之支出，并筹措灾区重建资金之财源，对各级政府预算，得为必要之变更，并调节收支，移缓就急，其处理程序，得不受预算法之限制，但仍照法定程序，于事后补办追加减预算。

二、政府为节约救灾，得采取必要措施，限制国民之消费。

三、政府对于下列各项税课，附征水灾复兴建设捐，其税目附加率，加征之起讫时间如后：

（一）营利事业所得税，照原税率附加百分之十五，按四十八年全年所得税额一次计征。

（二）综合所得税，照原税率附加百分之三十，按四十八年全年所得税额一次计征。

（三）屠税率照原税率附加百分之三十，自四十八年九月一日起至四十九年六月三十日为止。

（四）娱乐税，以台北、台中、台南、基隆、高雄等五市之电影票为限，台北市甲级电影院每票附加台币三元，乙级电影院每票附加新台币一元，其他四市，每票附加新台币一元。均自四十八年九月一日起至四十九年六月三十日为止。

（五）筵席税照原税率附加百分之三十，自四十八年九月一日起至四十九年六月三十日为止。

（六）地价税一律各照原税率附加百分之四十，按四十八年下期一次计征。

（七）田赋照原征缴额附加百分之四十，按四十八年下期一次计征。

（八）货物税以水泥、人造丝、调味粉、平板玻璃，及糖类五项为限，均照原税率附加百分之三十，自四十八年九月一日起，至四十九年六月三十日为止。

四、政府对公私小客车一次征收水灾复兴建设捐，每辆新台币五千至一万元，其分级标准，由行政院另行核定。

五、政府对电力费、电信费、铁路、公路票价等，随价征收水灾复兴建设捐，其项目、随价附征率，及起讫时间如后：

（一）电力费：附征百分之三十六，自四十八年九月份起，至四十九年十二月三十一日为止。

（二）电信费：附征百分之三十，自四十八年九月一目起，至同年十二月三十一日为止。

（三）铁路客运票价：附征百分之三十三，自四十八年九月一日起，至同年十二月三十一日为止。

（四）公路客运票价：附征百分之三十三，自四十八年九月一日起，至同年十二月三十一日为止。

六、以上三、四、五项征收之水灾复兴建设捐，由行政院统筹调度支拨。

七、政府为筹措重建资金，核准发行之储蓄券，其利息及奖金免纳所得税，金融机构对灾区内公私各项重建贷款之契约票据，免纳印花税。

八、政府为贷款及筹措资金，协助灾民重建住宅，其贷款年期及利率，得不受兴建国民住宅贷款条例之限制。

九、政府为救灾应变，对土地、人力、物资之征用，以及物价、金融与经济上之必要措施等事项，适用国家总动员法，及其他有关法令，如现行法令无规定者，为适应实际需要，并得为其他之紧急处分。

十、政府对灾区重建工作，必须争取时间，因地制宜，凡关款项支拨、工程发包、物料采购及使用等事项，应简化审计会计程序，由行政院斟酌情形核饬办理，得不受有关法令之限制。

十一、政府为有效执行灾区重建工作，对于办理财务税务及有关重建业务人员，应督促其加强效率，迅赴事功，由行政院随时严加查考，加行奖惩，其有营私舞弊，或怠忽职务，或行为不检者，应即从严查办，得不受公务员惩戒法及有关法令之限制。

以上紧急处分各事项自命令颁布日起，至四十九年六月一日止为施行有效期间，此令。

这是蒋介石首次运用《动员戡乱时期临时条款》赋予的权力发布紧急命令。迁台之后，数度危机，甚至有"八二三"炮战的危难局面，蒋介石也不敢轻易发布命令。由此可见"八七"水灾给台湾带来的经济和社会压力是多么大。陈诚解释说，颁布紧急命令，实属不得已之故，因为"八七"水灾及地震等灾害的损失加起来，"差不多等于中央政府一年的预算，最少，这几次灾害的损失也不会少过新台币40亿元"。[83]台湾当局在经济不宽裕的情况下，除要求美国增加经济援助外，只能通过限制民众消费、增加税赋的办法来筹措救灾资金。

"节约救灾"是当时流行的口号。蒋介石在8月30日指出："政府为节约救灾，将采取必要措施，限制国民之消费。对于军公教人员政府将严格规定，在今后12个月内，无论婚、丧、喜、庆绝对禁止送礼、受礼及宴客。""对于欠税，应加追收，以裕财源，对于公务人员违法者，政府亦将严办。"[84]

9月底，"行政院"通过了"八七水灾重建工作实施纲领"，对灾区各项重建工作之范围、优先顺序、权责划分、重建资金之筹措与调度、人力物力之调配等，都作了明确规定。该纲领限定，"重建工作除有特殊性质需时较长者外，应于四十九年（1960）六月底以前全部完成"。[85]

从1959年11月1日起，救灾工作的重点转入灾区重建。陈诚提出了"以人力弥补财力之不足，以节约弥补物资之不足"的重建工作原则。[86]经过八个月的努力，"八七"水灾灾区的重建工作于1960年6月30日宣告结束。蒋介石颁布的"紧急处分命令"到期中止实行，各种为救灾重建工作设置的临时机构也基本撤销。

关于救灾重建工作的实效，实际主持重建工作的台湾省政府主席周至柔是这样总结的：重建计划方案计有8类333项，1414个作业项目，包括交通、水利、农业、渔业、林业、公共工程、住宅、公用房宅等，至1960年6月30日完成了99.58%；重建工程均采用新设计、新标准，帮助农民恢复农田6万多公顷，新建住宅6700多户；重建工作耗费人力576万工，耗资15亿元（其中"政府"筹措5亿余元，美援5.1亿元，民间及事业机关自筹5.1亿元）。[87]国民党军队在重建过程中出力甚大，出工436万，占全部劳力的3／4以上。据周至柔称，重建工作完成后，"现在灾处不仅恢复旧观，而且更为本省今后经济建设的发展，奠定一个坚实的基础"。[88]

重建工作中，当局对学校的恢复较为重视，专拨450万元紧急修复灾区学校，要求水灾中被冲毁的各类校舍，必须全改为钢筋水泥房，且限令在1960年2月底前完成，无论在工期还是质量上都比其他工程要求更高一些。[89]

救灾重建工程在当年即发挥重大作用，1960年8月1日，代号为"雪莉"的台风在台湾中南部登陆，风大雨急，"各地雨量已接近了去年'八七'的记录，河床水位，甚至有高过'八七'的情形"。但风雨灾害造成的损失却比"八七"水灾要小得多，究其原因，首先是当局与民众对水灾心有余悸，作了充分的准备，另一方面也是重建的各项水利工程比较坚牢，"阻止了猛烈的洪水"。[90]

第十二章 "雷震案"

一 "宪政"难题

1960年，蒋介石个人的政治生涯又走到了十字路口：蒋介石与国民党退到台湾后，仍坚持大陆时期的《中华民国宪法》，强调其统治台湾与"反攻大陆"有合法的"法统"。"宪法"中明确规定，"总统"任期为6年，得连选连任一次，故"总统"最多只能当12年。蒋介石1948年出任总统，1954年连任，到1960年任期届满。是顺势依"法"退下来，还是恋栈高位违"法"继续干下去？蒋介石面临抉择，台湾的有关法律制度也面临挑战，需重新调适整合。

蒋介石是不肯轻易退位的，他在台湾统治多年，造成了一统天下的局面，国民党内没有可撼动其地位的人。为使蒋能再任"总统"，国民党当局早已开始制造舆论，早在1958年即有各种"敦请"蒋连任的消息登在报纸上，随着"总统"改选日近，这方面的消息便"铺天盖地"占据着报纸的主要版面。到1958年12月，台湾省议会"吁请蒋介石第三次出选总统"，"国民大会年会"也"一致赞成蒋介石再度连任"。[1]这些信息已明白无误地显示出蒋介石是极想连任"总统"的，对相关的法律障碍并不在意。反正国民党有"因人设法"的传统，当"法律"不合"人意"时，法律只好屈从蒋介石的"人意"。

关于蒋介石要坚持连任，有一个小故事：1959年9月他召见著名学者钱穆，其间问钱："此次选举，汝是否有反对我连任之意？"钱穆在追问之下，连忙否认。蒋则转身去书架上去取书，钱更为惶恐："总统勿再检此书，此是（1950）我到香港时所写向政府进忠告，并非为选举总统事而发。"原来1950年钱穆曾著文希望蒋介石"功成身退"，不料近10年之后，蒋仍怀恨在心，在敏感的时候旧事重提，令钱穆手足无措，"以逊谢之态，一再解释"。蒋则"屡颔首，不做一辞"。面对强

权者，有时书生显得异常软弱。

但是，台岛内外还是有一股很强的反对蒋介石"违法连任总统"的声音。常对当局政策持歧见的《自由中国》半月刊在1959年上半年就登出《欣幸中的疑虑》和《蒋总统不会做错了决定吧》、《不要再玩政治霸术——告国民党当局》等文章，明确表示"反对蒋介石三任总统"。[2]一批滞留在香港的有影响的政治人物也不齿蒋介石的作为，就在"国民大会"召开的前一日，左舜生（青年党主席）、李璜（青年党副主席）、张君劢（民社党主席）和张发奎（前国民党高级将领）等73位"国大代表"联名在香港《联合评论》上发表题为《我们对毁宪策动者的警告》的宣言，宣称在台湾国际地位未稳之际，"我们发现国民党当权派不作努力救亡之举，反而非法进行毁宪连任的活动，面对着这个严重的危机，我们不得不对毁宪者提出沉痛的警告。……我们认为，如果国民党当权派竟然如此行动，无异是自己丧失了中华民国法统下的合法地位"，把蒋介石谋求"连位"视为"毁宪"行为，并声明绝不出席"国民大会"。[3]左舜生、张君劢等是台湾仅有的两个装潢政治门面"友党"的领袖，国民党闻讯曾专程派中常委胡健中赴香港做疏导和解释工作，胡健中力邀左舜生等回台参加会议，至少也希望他们"能在国大揭幕前夕及会议进行期间暂缓发表过于激烈之言论"。[4]但并未奏效，左舜生等还私下称，要在香港建立反对台湾的政治组织——"海外中华"。

胡适也是蒋介石"连任"的反对者之一。蒋介石想利用胡适在海内外的影响力，于1958年请胡适从美国返回台湾，任"中央研究院"院长。但很快两人在一些问题上发生了歧见，蒋介石对胡适心生不满。胡适表示反对"修宪"、反对蒋介石"连任总统"与要求蒋把国民党一分为二以增加竞争活力，蒋介石对胡适的不满逐步升级，在日记中私下骂胡适为"无赖"、"可耻"、"政客"，讨厌到不愿再见胡适的地步。这段时间，如何对付胡适，也是蒋介石日记中的重要内容。[5]胡适想与蒋介石见面谈"连任"问题，蒋介石避而不见，胡适在1959年11月15日通过张群向蒋介石转达他反对蒋"连任"的四点理由，他认为都是为维护蒋介石的"千秋万世盛名打算"。但蒋介石十分恼火，认为胡适是为迎合美国人而逼他下台。

然而，蒋介石一意孤行，这些反对声音与国民党的强大宣传攻势相比显得太微弱了，并且被彻底压倒。

既然与"宪法"规定相矛盾，蒋介石要"连任总统"就有两个难以避开的问题：一是如何"修改"有关法律，使其明显的违法行为"合法化"；二是选举"总统"的"国民大会"代表总额的计算方法问题。国民党虽早已设计好了"变通办法"，以使蒋介石能如愿以偿，但在具体推行过程中，仍颇多曲折。

依国民党的"宪法"，"国民大会"是"代表全国人民行使政权的最高权力机关"，主要职权是选举或罢免"总统"、"副总统"，修改"宪法"等，"国民大会"代表六年改选一次。第一届"国民大会"第一次会议是1948年3月在南京召开的。1954年，本该"国大代表"改选，但蒋介石借口大陆人民"无法自由选举"，为维护"法统"，批准"行政院"的建议，由"第一届国大代表"继续行使职权，而下令召开"国大"。[6]即令从国民党所坚持的"法统"看，这次会议也很难说是"合法"的，因为：（1）"行政院"如何有权决定"国大"的任期？显然属于越俎代庖。（2）"行政院"所依据的"宪法"条款，是断章取义，省略了根本的前提条件，"宪法"第28条是这样规定的："国民大会每六年改选一次，每届国民大会之任期至次届国民大会开会之日为止。"[7]尽管理由很勉强，第一届"国民大会"第二次会议还是于1954年2月在台北召开。

1954年的"总统选举"给了国民党一个教训，只要其还坚持"法统"不变，维持"宪法"与"国民大会"的地位，随着日月流逝，不久即会出现活着在台湾的全部"国民大会"代表也到不了法定总额半数（1523人），从而无法选出"总统"的窘境。造成窘境的症结在"法统"，而国民党不肯在"宪法"上动手术，又要保证蒋介石能顺利当选，便出一计，由"行政院"函请"司法院大法官会议"对"国民大会总额"一词作出新解释。

1960年2月12日"大法官会议"几经讨论，终于依据国民党的需要，作出如下极具弹性的解释："宪法所称国民代表大会总额，在当前情形，应以依法选出而能应召集会之国民大会代表人数为计算标准。"[8]台湾"内政部"同时公布，依此项解释，"国大代表"总数为1576人，以此总额的半数（788人）当选"总统"，对蒋来说易如反掌。对"大法官会议"关于代表总额的解释，《联合报》的评论或许可以代表当时一些台湾人的看法："大法官的这项解释，虽然'政治'性强过'法律'性，但在维持法统上，却非常必需，而且替国民大会奠定了一个非常坚强的基础。在以后的岁月中，政府不必为国代出缺递补的问题而耗费口舌。换句话说：在下次6年以后召集国民大会时，代表们较现在的人数再少若干名，也不发生总额问题。"[9]与通过"大法官会议"较顺利地解决"国大代表"总额计算问题相比，关于如何保证蒋介石第三次任"总统"的"法律依据"则很费周折。

从20世纪50年代末开始，有人就提出通过修改"宪法"有关规定来为蒋连任扫清法律障碍。此路若能行得通，不失为一条正大光明的捷径。不料，最坚决反对的竟是蒋介石本人。1959年12月23日，蒋在参加"光复设计委员会"第六次全会时发言，系统地阐述了反对"修宪"的理由：[10]

> 我还要在此重申我去年在贵会所说的我不赞同修改宪法的主张，关系于我们反攻复国的大计，更为重要。因为当前革命形势的扩展，使我个人认为是我们政府，民意代表和全国军民同胞，都要全心全力——集中一切意志，一切力量，以及一切时间，用于反攻大陆，消灭奸匪，拯救大陆同胞的基本任务的行动，实莫过于"光复大陆"；我们"光复大陆"的武器，亦莫过于尊重宪法。当然宪法之应否修改，乃为国民大会全体代表的职权，非中正个人所能干预，但中正此一愿望恳切地盼能为大家谅解和采纳。

两天后，他又在"国大代表联谊会"年会上重申了反对"修宪"的立场。

要"越法"连任"总统"的是蒋介石，而反对通过"修宪"使其连任"合法"的也是蒋介石，他着实在给人出难题。蒋介石反对"修宪"的重要原因是虽然到台湾已10年，他仍以整个中国的"总统"自居，台湾的政治结构也是全盘承继了大陆时期的规模，"宪法"一动就会触及国民党统治的根本。另外，主张"修宪"的人也不仅限于在"总统"任期上放宽，他们还要求扩大"国民大会"的权力，给"国大"增加创制和复决的权限，不满足于只当选"总统"的橡皮图章，这将打破台湾权力结构现有平衡，产生新矛盾。蒋介石在谈到"修宪"弊端时称，"此时而言修宪，立意固极高远，然而大敌当前，见仁见智，徒起纷议，分心分力，转增时艰"。[11]"宪法"既然不能动，又要保证蒋连任，国民党便想起了《动员戡乱时期临时条款》（下称"临时条款"）。"宪法"虽是国民党一手制定的，但执行时总有些碍手碍脚，于是在1948年的"第一届行宪国民大会"时又制定了"临时条款"，借口"动员戡乱时期"（即反共战争时期）冻结"宪法"的某些条款，使总统有不受任何限制的"紧急处分权"等。以一纸"临时条款"长期冻结"神圣的宪法"，成为法律史上一大奇闻。国民党的司法专家王宠惠曾将"宪法"之外而有"临时条款"比作大房子边上盖个小房子，大房子永远不动，小房子则可根据需要而增减。困难之际，国民党又要在"小房子"上做文章了。蒋介石说他反对"修宪"是要保证"宪法"和"法统"的完整与尊严，而通过修改"临时条款"就能达到与"修宪"同样的目的，正说明"宪法"根本就无尊严可言。

无论是"修宪"，抑或修改"临时条款"，都要由"国民大会"来完成，而"总统"更要由"国民大会"来选举。

二　第三次任"总统"

1960年2月20日，第一届"国民大会"第三次会议在台北中山堂举行，蒋介石出席并致开幕词。他先说明国民党政权迁台10年来的工作可分为两个时期："在前一个五年时期，政府的决策，乃在巩固反共抗俄的基地；在后一个五年时期，则在加强反攻复国的实力。"他列举了一大堆"施政成绩"，但无论如何，也无法掩饰他未能完成的"反攻复国大业"、仍困于孤岛的事实。他说：[12]

国民大会第二次会议，所交给的中正"光复大陆，重建中华"的职责，原期于六年以内，悉力以赴，达成任务，迄仍未能实现此一重大使命，不仅无辞以对大会代表，更是愧对大陆迫切待援的同胞，抚躬内省，惶愧无地！当此任期届满之时，深觉失职负命，咎戾滋深！惟有对国民大会，祈掬至诚，束身待罪！

蒋介石自承在任满告退之际，"负国负民，愧怍无已"，[13]似乎真有引退归隐之意，可此后的事实证明这不过是虚晃一枪，故作姿态而已。

会议开始后，蒋介石惊奇地发现，"国民大会"这个橡皮图章对他并非惟命是从。主张"修宪"的"国大代表"仍在四处活动，已开始私下征集签名，这使当局"深感惊异"。[14]胡适一度想不出席会议以表达不满，但被人劝说，最终出席了会议，还担任了"主席团主席"。

会议共收到三个修改"法律"某些条款来保证蒋介石连任的提案，但三个提案的背景和内容却大不相同：蒋慰祖、富圣廉等人的提案主张修改"宪法"第27条及第47条，增加"国民大会"行使创制复决权，使"总统"有连任的机会。他们认为要"总统"连任，"修宪"是走正门，修改"临时条款"是走旁门左道。这些人被称为"修宪派"，主要是知识分子及一些被罢黜无权而对当政者心怀不满者。颜泽滋、翟宗涛等人提出的修改"临时条款"并加入创制复决权案，该案认为当局既不愿"修宪"，只能通过修订"临时条款"，达成蒋介石"连任"，但也应同时增加"国民大会"的权力，将"国民大会"的创制与复决权以"临时条款"固定下来。在这一提案上签名的，多是未担任重要公职，生活清苦的代表。因该提案有折中的意味，且与每一"国民大会"代表的名利有关，故内心倾慕的人极多。莫德惠、张知本等人的提案最能切合当局的意愿，只要求修订"临时条款"以保证蒋介石连任而无论其他，被称为"主流派提案"，在该案上签名的人，多为现任官吏或被当局器重的知名人士。

蒋介石对"国大代表"意见纷呈大为不满，他在2月28日召集国民党籍"国大代表"1200余人开会，重申反对"修宪"，要求党员代表在会上要谨言慎行，"服从党纪，遵守党的决策"。他还首次明确表示要"连任"，说"如果党决定要我继续竞选，我决根据党的决策，继续竞选总统"。他以"诸葛亮"自居，要求大家无条件地支持他，他说，诸葛亮的成功在于刘备的言听计从，而后主当政后常常自发号令，诸葛亮也就不好好干了。"代表诸君，今日为国家之主人，既将责任托付给我，就该像刘备对诸葛亮一样的言听计从。"

3月1日，蒋介石又设宴招待60岁以上的"国民大会"代表，以联络感情来寻求支持。他说，党要他做什么，他将接受党的命令为党"牺牲"，但国民党籍"国民大会"代表要遵守党的决议，否则，大家意见分歧，他"将不能接受继续领导的任务"。他还接见了"修宪派"等两派代表，听取意见，从中劝阻。[15]

三项提案于3月2日正式交大会讨论，将会议推向高潮。当时三提案的签名情况为：莫德惠等的"主流派"提案有930人连署，颜泽滋等的修订"临时条款"并加入创制复决权提案有1204人连署，蒋慰祖等的"修宪派"提案有713人连署。平均每位代表都在不同的两个提案上签了名。各提案争执不下，倘若表决，很难保证符合当局胃口的莫德惠提案获得通过。莫德惠因为领衔提案，为东北同乡所鄙视，竟在几天前竞选主席团主席时落选，莫"大哭一场"。[16]因此除了私下做工作外，只得蒋介石再出面，对占"国民大会"代表绝大多数的国民党籍代表施加影响。

3月3日，蒋以国民党总裁身份对国民党籍代表训话，表示了五点意见：[17]

（1）贯彻不修改宪法的主张；（2）关于行使创制复决权问题，于适当时期行之；（3）成立一专设机构，研究宪法问题；（4）在三届总统任期内召开一次国大临时会；（5）表决方式，应系记名方式，以示负责。

蒋介石不愧是玩弄政治手腕的老手，他坚持不"修宪"的主张，且坚持记名投票，以对不听话的"国民大会"代表进行威胁，同时又以允诺可能给"国大"增加权力，设专门机构讨论"宪法问题"等，使"国大代表"们的激动情绪得到一定程度的缓解。但事实上，蒋介石在当选"总统"后，根本没有兑现他的"许诺"，直到他去世也没有给"国民大会"增加一点权力，也不容对"宪法"做丝毫的改动。

3月4日，"国民大会"提案委员会决定，否决"修宪派"的提案，将颜泽滋等人的提案与莫德惠"主流派"的提案合并讨论。国民党中央闻讯，"对目前情势的发展，表示乐观"。蒋介石长舒一口气，专在风光秀丽的阳明山设茶会款待"国大代表"，邀请他们一同欣赏山上杜鹃与樱花齐放的美景。[18]

这以后，虽又迭经反复，但国民党中央基本控制住了局面。3月11日第一届"国民大会"第三次会议第六次大会终于通过了以"主流派"提案为主，且照顾了颜泽滋等人某些意见的《动员戡乱时期临时条款》（修订），全文如下：[19]

兹依照宪法第一百七十四条第一款程序，制定动员戡乱时期临时条款如下：

总统在动员戡乱时期，为避免国家或人民遭遇紧急危难或应付财政经济上重大变故，得经行政院会议上决议，为紧急处分，不受宪法第三十九条或第四十三条规定程序之限制。（原条文）

前项紧急处分，立法院得依宪法第五十七条第二款规定之程序变更或废止之。（原条文）

动员戡乱时期总统副总统得连选连任，不受宪法第四十七条连任一次之限制。（新增）

国民大会创制、复决两权之行使，于国民大会第三次会议闭会

后，设置机构，研拟办法，连同有关修改宪法各案由总统召集国民大会临时会讨论之。（新增）

国民大会临时会由第三任总统于任内适当时期召集之。（修正）

动员戡乱时期之终止，由总统宣告之。（修正）

临时条款之修订或终止，由国民大会决定之。（新增）

由"临时条款"新增的两条主要内容来看，不用"修宪"就保证蒋介石"合法"连任，这是蒋的胜利，而允诺设置机构研究"宪法"及"国民大会"行使创制复决权问题，则是蒋介石的让步（尽管事后他并未兑现）。

自2月20日开会，"国民大会"共用了20多天讨论修订"临时条款"，旷日持久，争执激烈，会上会下的纵横联络不说，还发生了代表间大打出手、互殴流血事件。至"临时条款"修订完毕，大会也即转向单纯的形式——选举蒋介石连任"总统"。

3月12日，国民党中央临时全体会议推举总裁蒋介石、副总裁陈诚分别为"中华民国第三任总统、副总统"候选人。蒋介石在次日表示，他对被推为候选人"心中感到格外沉重"。[20]3月21日，"国民大会"正式投票选举"总统"。有1509人参加投票，结果，蒋介石以1481票赞成当选。消息传来，有意避出的蒋介石正在台湾南部某海军营地与海军军官学校毕业生会餐，他接受了热烈的掌声和欢呼声，"面显笑容，在热烈欢呼声中很欣慰地答礼辞去"。沿途，又受到数万人的夹道欢呼。[21]蒋介石在当天日记写道：投票中"尚有废票二百票，未选者二十六人，应自警惕"。听到当选消息，学生夹道欢呼，他相当激动，"含泪感慰，悲欢不能自制"。[22]次日，陈诚以1381票当选为"副总统"。

"国民大会"的部分代表虽有意抗争，但力量微弱。3月24日，"国民大会"第三次会议为蒋介石连任"总统"盖上了"合法"的图章后就闭幕收场了。蒋介石在闭会词中再一次故作姿态地说了一套

"谦辞"：[23]

> 中正原为失职待罪之身，此次又承代表诸君公推为第三任总统，再以反共复国的重任相付托，惶恐愧疚，其心情的深重，益觉无以自解！中正许身革命五十余年，生死早置之度外，荣辱更非所计，今日既与陈副总统缪承大会征召，不敢不临危受命，惟有竭智尽忠，悉力以赴，誓尽其未尽的责任，来实现大会的使命。

对其6年任期的总目标，蒋介石仍开出了"反攻复国"的空头支票："今后六年，乃是我们国家民族存亡绝续最严重的关头！……我深信必能在六年之内——乃至于更早的得到反攻圣战的胜利和复国大业的成功。"[24]

1960年5月20日，蒋介石与陈诚在台北中心堂举行就职宣誓，蒋介石的誓词如下：[25]

> 余谨以至诚，向全国人民宣誓，余必遵守宪法，尽忠职务，增进人民福利，保卫国家，无负国民付托，如违誓言，愿受国家严厉之制裁，谨誓。
>
> 蒋中正

宣誓毕，蒋发表长篇讲话，称当选之后"中正仍以负疚待罪的心情，基于对国家，对人民，殊有其未尽的责任，不敢诿卸自弃，自当竭智尽忠，效命奋斗，务期达成其复国建国的惟一任务，无负于全体国民所付托之使命"。他提出未来6年的任期内"实现三民主义与光复大陆，解救同胞"的执政要领为："第一，在民生主义的经济建设"，要加强台湾省经济建设，节约消费、增加生产、储备力量；"第二，在民权主义的政治建设"，要积极提高行政效率，增进地方自治功能；"第三，在民族主义的伦理建设"，要提高固有伦理道德，强化"反

共"文化战线。他表示："当以国民的意向为指针，以民族的利益为依
归。……以光复台省的意志光复大陆，以重建台省的精神重建大陆，迅
速完成复国建国的使命。"[26]当日，台北市有22万人冒雨游行，欢呼蒋
介石连任"总统"。

三 《自由中国》的挑战

通过修改"临时条款"，蒋介石不仅第三次当选"总统"，还获

蒋介石与出席「中央研究院」第三次院士大会开幕礼的院士及来宾合影，左三坐者为「院长」胡适。蒋介石此举意在缓和当局与自由知识分子之间的矛盾。

得了当终身"总统"的法律保障，本该高兴一阵子。可台湾政坛上一股长期存在的不利于蒋介石独裁统治的暗潮这时却活跃起来，使他大伤脑筋，以至最后以极端手段解决问题。这股政坛暗潮的代表是雷震和他主持的《自由中国》半月刊。

雷震系国民党元老，1917年即在日本由张继等介绍加入国民党，于1935年国民党"五全大会"上当选为"中央监察委员"，抗战期间任国民参政会副秘书长，抗战胜利后曾任"政治协商会议"秘书长，是国民党内的开明分子。赴台后，曾任"总统府国策顾问"和"国民党中央改造委员会考核设计委员会委员"，负责与滞留海外的"第三势力"联络。使雷震名扬台湾内外的是他长期主持政论性刊物《自由中国》。
《自由中国》半月刊于国民党大陆失败前即由胡适与雷震等人筹办，由
雷震实际主持，胡适为发行人。胡适为杂志取名《自由中国》，意在效
仿第二次世界大战时期戴高乐所办的《自由法国》，他为该刊确定的四
条宗旨为：[27]

> 我们要向全国国民宣传自由与民主的真实价值，并要督促政府
> （各级的政府），切实改革政治经济，努力建设自由民主的社会。
> 我们要支持并督促政府用种种力量抵抗共产党铁幕之下剥夺一
> 切自由的极权政治，不让他扩张他的势力范围。
> 我们要尽我们的努力，援助沦陷区的同胞，帮助他们早日恢复
> 自由。
> 我们的最后目标是要使整个中华民国成为自由的中国。

《自由中国》于1949年11月20日在台正式出版。由其宗旨及编委人
员的组成可以看出，《自由中国》是一群受西方自由民主思想影响较深
的人办的刊物，他们在"反共抗俄"问题上与当局有共识，但又不满当
局某些具体的政治经济措施，希望建立西方的"自由民主的社会"，用
胡适的话来说，即要把刊物办成当局的"诤友"。

《自由中国》与当局的关系，有个从密切到疏远以至敌对的过程：
雷震在筹办《自由中国》时，曾赴浙江奉化溪口向下野的蒋介石请示，
蒋介石答应给予经济支持。赴台初期，由"教育部"按月拨发《自由中
国》经费，还给该刊安排了办公用房。台湾当局干脆就借用"自由中
国"作为"台湾"的代名词，这种密切关系曾使很多人以为《自由中
国》是奉旨创办的，"说《自由中国》的创刊大概是国民党运用来改善
国际形象的刊物，是一个对海外第三势力作统战的刊物"。[28]《自由中
国》本其宗旨，创刊以后不断有批评当局腐败的言论，台湾当局虽然恼
火，可限于时局，对其采取"容忍"态度，以博取美国的好感。另一方

面，《自由中国》无意中也为当局提供了一个堵塞他人指责国民党"钳制言论自由"的"有力证据"。那时，国民党主管宣传的官员公文包内放着《自由中国》，一旦有人批评台湾"无言论自由"，他们便拿出杂志进行反击。待到台湾局面稍稳，蒋介石地位巩固之后，蒋介石便越发觉得《自由中国》的言论刺耳，欲除之而后快。

1954年，《自由中国》上发表了一篇名为《抢救教育危机》的读者来信，抨击当局教育政策的失误，"蒋中正闻之勃然大怒，说开除雷震党籍好了"。有人说雷震"没有归队，等于没有党籍"，蒋介石愤愤地说："没有党籍也要开除。"这样，1954年12月28日雷震被"注销党籍"。[29]

被开除党籍的雷震不惧怕高压，丝毫无改弦更张的意思，反而意欲同当局对抗到底。《自由中国》的矛头所向，也由一些具体社会问题转向了"反攻"、"法统"等国民党当局不许讨论的"禁区"，甚至指向蒋介石本人。

1956年10月，是蒋介石70周岁生日，他让"总统府"函知各机关，"婉谢祝寿"，"盼海内外同胞，直率抒陈所见，俾政府洞察舆情，集纳众议，虚心研讨，分别缓急，采择实施"。[30]蒋介石还在公开场合表示，"希望同胞们和公私报纸刊物能就以下几项问题，提供具体的建议或建设性批评"，来庆祝他的"华诞"：

（一）有关建设台湾为三民主义模范省应兴应革的要政。

（二）有关促成台湾政治、经济、社会、文化的进步，及彻底扫除官僚政客风气的具体意见。

（三）有关推行战时生活，革除奢侈浪费，造成蓬勃朝气的意见。

（四）有关团结反共的意志，加强反共救国力量的具体意见，不尚空谈，务求实效。

（五）有关反攻复国的行动准则的具体意见，不尚空谈，务求实效。

（六）对个人公私生活的具体批评或建议。

蒋介石说如果大家能在上述六个方面提出意见或建议，"那不但对他个人有益，而且对国家也是很大的贡献"。[31]

《自由中国》乘机出版"祝寿专号"，在题为《寿总统蒋公》的社论中，雷震等人在对蒋介石"歌颂备至"的同时，提出了三点希望：选拔继位人才，学习华盛顿，不做"第三任总统"；确定责任内阁制；实行"军队国家化"，而不要在军内设立国民党党部。"专号"还发表胡适的《述艾森豪总统的两个故事给蒋总统祝寿》，劝蒋不要只管小事，要将注意力放在大事上，要仔细领悟古人"无智、无能、无为"的统治术，以达到"积力之所举，则无不胜也；众智之所为，则无不成也"的境界。

胡适及《自由中国》发人想发而不敢发之言，引起轰动，一时洛阳纸贵，该期《自由中国》共再版了11次之多。蓄意不肯让位的蒋介石视胡适及《自由中国》的这番"好心"为恶意，认为这是企图把自己"冻结起来"，对胡适、雷震及《自由中国》的敌意加深。

1956年12月，蒋经国任主任的台湾"国防部总政治部"发出了"极机密"的"特种指示"，以《向毒素思想总攻击》为题对《自由中国》进行全面"清算"，称《自由中国》"最近企图不良，别有用心，假借民主自由的招牌，发出反对主义、反对政府、反对本党的歪曲滥调，以达到颠倒是非，淆乱听闻，遂行其某种政治野心的不正当目的"，要求"从思想战场上明确地确定它是我们思想上的敌人"。"特种指示"同时说：对《自由中国》的批判"应避免暴露党员身份……我们暂时采取不攻击刊物或个人的原则"，而全力"攻击毒素思想"。[32]这说明国民党当局已将雷震视为"思想上的敌人"了，但碍于"国际观瞻"仍投鼠忌器，不便轻率下手。

1958年胡适应蒋介石之邀，从美国返台就任"中央研究院院长"，

胡适（1891—1962），中国现代史上自由主义思想家，20世纪中国前60年的重要政治人物。胡适一生著书立说，发表政论和演讲，宣传自由和民主的政治主张和法律思想。蒋介石与胡适二人之间形成的疏远与张力显得非常微妙。

暂时缓和了当局与《自由中国》的矛盾。胡适与《自由中国》及雷震思想上完全一致，国民党将胡适思想列为"毒素思想"，但对胡适其人却不敢轻易得罪，蒋介石对胡甚为"尊重"，任命他为台湾最高学术机构"中央研究院"的"院长"。胡适毕竟是一种有影响力的政治象征，台湾当局要与美国建立良好关系，就不得不利用他。胡适知难而进，迎着一片"围剿"之声从美国返回台湾履任，使"围剿"他的人不能不有所收敛。

然而矛盾的症结依然存在，一有条件便会恶化。台湾当局与《自由中国》的关系在1960年终于走向了不可调和。《自由中国》坚决反对蒋介石不择手段地当"第三任总统"，从1959年起，集中版面刊登反对蒋介石连任的文章，胡适也拟向蒋介石"进言"，"总统府秘书长张群竟拒绝了胡适的要求，不给他安排接见的日子"。[33]

蒋介石绝不能容忍雷震等公开阻止他之所欲，要给雷震些颜色看看。1959年1月，《自由中国》刊登了《革命军人为何要以"狗"自居？》等两篇署名陈怀琪的读者来信。而陈怀琪则公开否认此信为他所作，并向"台北地方法院"控告雷震"伪造文书"、"诽谤"和进行"有利于叛徒之宣传"。3月，"台北地方法院"据此送传票给雷震，要其前去法院应讯。[34]

胡适出面打圆场，他一面著文要当局"容忍"，同时写信谴责《自由中国》编辑方针有误，给两边都留下了台阶。胡适又恳请他的老师、"行政院副院长"王云五调停。"王云五就写了一封信给蒋总统，请他宽大为怀，不予追究。"[35]法庭便再也未传讯雷震，此事不了了之。从这件事的过程看，是有预谋的，是要给雷震一个"深刻的教训"。

四 "雷震案"

导致当局与《自由中国》彻底决裂，蒋介石下令逮捕雷震的直接原因，是雷震等人要组织一个反对党——中国民主党。

随着台湾社会的发展变迁，不满台湾现状的人士逐渐增多，《自由中国》、《民主潮》、《公论报》等一批报刊，公开对当局禁忌的话题——"反攻"、言论自由、开放党禁等问题进行讨论，言辞渐趋激烈。郭国基、许世贤等在省议会对省政府的政策进行批评质问。他们要求组织起来，以自己的力量和意志来改造台湾社会，促使国民党改变政策。组建新党的酝酿已有多时，中心人物仍是胡适、雷震等。1958年7月，对国民党采取批评态度的李万居（《公论报》社长）、郭国基（省议员）、高玉树（前任台北市长）等78位无党无派人士申请设置"中国地方自治研究会"，被当局驳回申请。《自由中国》发表社论《积极开展新党运动》，鼓吹成立新的反对党。胡适公开演讲《从争取言论自由谈到反对党》。[36]到1960年初，"必须建立反对党"的思想为不少台湾人士所接受，报刊上公开讨论，连"副总统"陈诚也表示他支持在一定条件下成立反对党。美国人对台湾新党的孕育也表现出极大兴趣，感到

"兴奋"，"驻台大使"庄莱德说，如果新党建立，台湾就"可以步上民主国家"。[37]

在舆论准备的同时，组织筹划也在进行。国民党的两个"友党"——青年党与民社党也不甘心只当受气的小伙计，要突破束缚求发展。在民社党总部召开的一次会议上，与会者对国民党的"一党专政"均表示不满，激愤之下有人提出干脆解散青、民两党，由两党骨干结合台湾民主人士组成一个新的反对党，此提议获一致同意。雷震曾计划请胡适做党魁，自己作秘书长负责具体工作。胡适对美国式的"两党制"尤为崇拜，甚至当面向蒋介石建议，如果不能出现有力的反对党，可以把国民党一分为二，互相监督，互相竞争。这等于是挖蒋介石的命根子，蒋搪塞说，如果由胡适为首组织反对党，他绝不反对。胡适表现出了书生的天真，信以为真，为新党的诞生摇旗呐喊。但他对充任党魁一事竭力推辞，只愿做党员。1960年6月间，雷震等人宣布成立"地方选举改进座谈会"，由青年党、民社党、无党派及台湾实力派人物参加，表面上是检讨选举的弊端，实则为新党雏形。6月15日，"地方选举座谈会"宣布"立即筹组一个新的政党"，[38]由李万居、高玉树和雷震为新党——中国民主党发言人，新党计划设七人主席团，成员除三位发言人外，还有夏涛声（青年党领袖之一）、杨毓滋（民社党秘书长）、齐世英、郭雨新。新党以李万居为主席，雷震任秘书长，负责日常工作，定于9月底成立。《自由中国》还专发社论《大江东流挡不住》，自信地宣称："大江总是向东海奔流的"，组党的趋势"决不是霸占国家权力的少数人所能永久阻挡的"。

新党的领导成员，包括了除国民党之外台湾两个最大的政治利益群体：国民党反对派（包括民、青两党及党外人士）、台湾籍实力人物，他们有相当的社会基础。国民党面对着这样一个在孕育中即将出世的新党十分恐惧。蒋介石素来坚持"党外无党"的"一党专政"理论，接受大陆失败的教训，他对追随其来台的两个"友党"——青年党和民社党也大施手腕，使其内部分裂，实际陷于瘫痪。对台湾籍人士，也处处限制他们从政的范围。如今面对一个反对党平地而起，这是他绝对不允许的，不惜将之扼杀在摇篮中。

9月4日，台湾"警备总司令部"迅速行动，拘捕了雷震及《自由中国》的3个工作人员，并搜走了包括新党"所有即将完成的纲领政策及宣言的底稿"。[39]"警备总司令部"宣布，雷震等的罪名"涉嫌叛乱"，将由军事法庭审判。当天，国民党宣传机关还公布了《自由中国》"涉嫌违法言论摘要"，为《自由中国》定下六条罪名："（1）倡导反攻无望，（2）主张美国干涉我国内政，（3）煽动军队愤恨政府，（4）为'共匪'做统战宣传，（5）挑拨本省人与大陆来台同胞间的感情，（6）鼓励人民反抗政府流血革命。"[40]

雷震本人是台岛内外令人瞩目的自由象征，被捕又发生在新党诞生的前夕，立即引起舆论的关注。雷震的亲属故友四处鸣冤叫屈。远在美国的胡适立即表示，雷震被捕是极不寻常的，"完全出于意料之外"，希望当局能以普通法庭而非军事法庭审判。他还给陈诚打电报，表示意见。民社党主席张君劢连续两次自美国致电蒋介石，明确反对逮捕雷震，并要求蒋辞职，"将其责任交副总统陈诚"。[41]美国上下对蒋介石也是一片谴责声，要求美国政府进行干涉。如斯卡拉皮诺在《纽约时报》上著文质问美国政府："我们的大量经济及技术援助维持着这一政府（指台湾当局）当权时，我们必须继续装作我们不能有所作为吗？"他要求制定新的对台政策，"其中包括一项原则：所有台湾公民必须有意见决定他们的未来及参加政府工作；否则……历史将再度指摘我们庇护一个衰微的独裁政体"。[42]

面对内外指责，蒋介石终于说话了。9月14日，他接见美国记者时谈到雷震事件。任何有政治常识的人都看得出，逮捕雷震与"组织新党"有关，但蒋介石却矢口否认。他说"这件事与雷震筹组反对党的事无关"，雷震等被捕是因为《自由中国》登的文章"对'共匪'是有利的"，"已有匪谍在该刊的幕后活动"，与雷震同时被逮捕的《自由中国》工作人员刘子英是"匪谍"，雷震知道而"仍予隐匿"。蒋介石还

近似当面撒谎地吹嘘"任何人可以自由地在台湾从事政治活动"。针对国际上的谴责，蒋介石说，他已知道美国及其他国家引起了反应，但"每个国家都有它自己的实际情况，而且雷震的逮捕是根据中华民国的法律而办理的"。他相信，将来"他们是会了解的"，[43]实际上是要以"内政"来堵住别国干涉此事的借口。

10月3日，台湾"警备总司令部"高等军事法庭仅用一天的时间就匆匆审完了"雷震案"。8日，公布审判结果：雷震因"明知为匪谍而不告密检举"、"连续以文字为有利于叛徒之宣传"等罪名而被判处有期徒刑10年。[44]这里，对逮捕审判雷震的直接原因——"组织新党"完全不提，使案件成了单纯的"法律事件"，这是蒋介石的"高明"之处。

蒋介石考虑到胡适的影响及胡适与雷震的关系，特意选择胡适离开台湾访问美国时逮捕雷震，并盘算好对付美国与胡适的细节：对美国，要间接通知，公布雷震的"罪状"；胡适若声明反对，则"置之不理"，或干脆警告胡适"不宜返国"，不让他回台湾。[45]胡适果然在美国发表声明，蒋介石在日记中对胡适本人破口大骂，但也不得不对胡适有所忍让，因为胡适有可以用来粉饰台湾"民主体制"的特殊功能。他记道：胡适的存在，"对政府民主体制亦有其补益，否则，不能表明其政治为民主矣，故乃予以容忍"。[46]11月，胡适自美国返台拜见蒋介石。蒋介石有意冷落他，没有循例约见，后来才在不谈"雷案"的约定下与他见面。见面时也不是往常两人亲密无间式的自由漫谈，而是由工作人员陪坐，完全是官场形式，"表示两人有距离了"。到谈话临结束时，胡适与蒋介石有下列对话：

> 胡适：我本和岳军（"总统府秘书长"张群——引者注）先生说过，我见总统，不谈雷案。但现在谈到国际形势，我不能不指出，这三个月来，政府在这件事上的措施实在在国外发生了很不好的反应。
>
> 蒋介石：我对雷震能十分容忍。如果他的背后没有匪谍，我决不会办他。我们的政府是一个反共救国的政府，雷震背后有匪谍，政府不能不办他。我也晓得这个案子会在国外发生不利的反应，但一个国家有他的自由，有他的主权，我们不能不依照法律办。

胡适又对军事法庭的草率审判表示了不满，蒋介石突然问胡适说："去年××（原文如此）回来，我对他谈起，'胡先生同我向来是感情很好的。但这一两年来，胡先生好像只相信雷儆寰（雷震字儆寰），不相信我们政府。'××对你说过没有？"此问一发，胡适立即诚惶诚恐地说："这话太重了，我当不起。"忙用很长时间解释自己对蒋介石的"忠诚"。胡适原想借自己与蒋介石的个人关系为雷震求情，结果碰了一鼻子灰。[47]胡适在当天的日记中写道：[48]

> 总统说：我对雷震能十分容忍，如果他的背后没有匪谍，我绝不会办他。我们的政府是一个反共救国的政府，雷震背后有匪谍，政府不能不办他。我也晓得这案子会在国外发生不利的反响，但一

个国家有它的自由、有它的自主权，我们不能不照法律办。这是他在九月十四日对美国西岸报人的谈话，今日重说一遍。

胡适的记述似是纯白描式，无感情色彩。但汪荣祖、李敖在《蒋介石评传》中引用这篇日记时有如下感慨："这最后25个字，写得极见内功，不愠不火，但把蒋对他的态度，画龙点睛了。为了雷案，他显然被蒋介石'见外'了！"[49]

11月23日，胡适听到"国防部"驳回了雷震的上诉，维持原判的消息，黯然地说："很失望，很失望。"胡适的个性决定了他不能为好友抗争到底，他继续留在台湾当"院长"，心情可想而知。

雷案一年半后，1962年2月24日，胡适在演讲时因心脏病突发而跌倒，不治逝世。蒋介石在当天的日记中写道："晚，闻胡适心脏病暴卒。"[50]"暴卒"二字，强烈地表明了蒋介石对胡适压抑已久的负面情绪，也与其对胡适长期的"礼遇"形成鲜明对比。胡适之死，蒋介石感觉是除却了心头大患，长舒一口气："胡适之死，在革命事业与民族复兴的建国思想言，乃除了障碍也。"[51]

胡适的葬礼隆极一时，蒋介石夫妇亲至灵堂悼唁，蒋介石并送挽联：

适之先生千古

新文化中旧道德的楷模；旧伦理中新思想的师表。

"监察院"在多方压力下，也曾成立"雷案调查小组"，但蒋介石亲自下命令，不准该小组成员和雷震谈话，其调查自然成了过场，结果便也可想而知。雷震案引起国际注目，"大赦国际"也曾要求蒋介石为雷震减刑，蒋介石根本不予理睬。蒋介石终于通过逮捕雷震，查封《自由中国》，使"中国民主党"死于胎中，沉重打击了政治反对派，一度春意萌发的反对党顷刻间烟消云散，国民党"一党专政"的局面得以较长时间的稳固。

五　接见参加"阳明山会谈"的学者专家

国民党在台湾的统治，一直是在"戒严体制"下借助军警的镇压实行的，不仅剥夺了民众的基本政治权力，也违反了它自己一手制定的"宪法"，于"法理"不合，从20世纪50年代初期起就有人要求召开一次"国是会议"，对"非常时期"的政治运作进行规范，国民党也不断许诺要于适当时期召开各界人士参加的"反共救国会议"，以"建立反共救国联合阵线"。[52]但在实际上却一再延宕，拖着不开。1960年"雷震案"发生，《自由中国》被查封，国民党陷入困难处境，"遭到各方人士的批评"。蒋介石强渡难关，以修改《动员戡乱时期临时条款》使自己第三次出任"总统"，"也引起相当的反弹"。所以蒋介石在当选后"终须面对如何收拾人心的问题"，召开一次有社会各界代表参加的会议，共商"国家大事"已到了不容再拖的地步。[53]1961年3月13日，蒋介石主持国民党中常会，决定"分期召集阳明山会议"，并着手拟定议事日程、方法等。[54]因此，有了1961年的"阳明山会谈"（亦称"阳明山谈话会"）。

经过一段筹备，1961年6月9日"行政院阳明山会谈筹备处主任"袁守谦宣布，具有"反共救国会议"和"国是会议"意义的阳明山会谈将从7月起分四个阶段进行：第一次以财政经济为中心议题，第二次以文化教育科技为中心议题，第三次"为各党派及无党派的社会贤达有关政治的会谈"，第四次为综合性的会谈。每次为期在10天左右，由"行政院"分别邀约台湾内外的各界领导人、学者参加，地点在风光秀丽的台北阳明山，为此当局计划拨1400万新台币。[55]

"行政院长"陈诚专门发表"文告"，阐述召集阳明山会谈的目的及当局希望会谈的内容。关于会谈目的，陈诚说，"光复大陆"胜利在即，当局"更需要每一位国民尤其是海内外各界领导人士，共同贡献其聪明才智与能力，以加速争取最后胜利，政府为适应此种要求，乃决定分别邀约海内外人士，举行阳明山会谈"。对于会谈的内容，陈诚说：[56]

这次会谈的内容虽甚广泛，但其要旨亦可归纳为以下四点：一、商讨反攻复国大计，积极解救大陆同胞；二、加速复兴基地的经济发展，增进人民生活，充实反攻力量；三、加强海内外的团结，一致为复国建国而努力；四、交换对政府应兴应革的意见，造成更多的成绩和更大的进步。

本来，台湾民众期望召开一次由社会各界参加的重要会议，是要商讨解决现行的政治体制问题，但从阳明山会谈的议程和陈诚确定的商讨内容来看，台湾当局是要人们把注意力放在遥不可及的"反攻复国"上，邀集社会各界名人、专家对其工作提出"建言"，以示其"虚怀若谷，礼贤下士"，以笼络社会各界，消弭不满。因而，不少人对会谈反应冷淡，有些人不愿参加。被国民党称为"友党"的中国民主社会党主席张君劢就拒绝与会，并不满地说，阳明山谈话会"是无关痛痒的集会，其无益于国事，更易见矣"。[57]

1961年7月1日，以"财经问题"为中心的第一次阳明山会谈在台北市郊阳明山庄举行。会谈由"行政院院长"陈诚主持，参加者为台湾工业、农业、商业、财经界有影响的人物和有关学者83人（其中20人来自海外各地区）。第一次谈话会共进行了七天，其基本程序是："政府"有关部门作工作报告，再由与会者分组讨论，发表意见建议，有关部门负责人随组聆听，最后由各组形成"讨论结论"，"供政府采择施行"。[58]陈诚在第一次谈话会结束时称，"现在我们要开始执行第三期经建计划，而各位所提的农工渔矿的建设性意见，将作为修订这个计划的依据。对于整个经济发展环境的改善，当交有关部门研究办理"。他还表示，"这次会谈的结果，即是政府行动的开始，尚望诸位在会谈结束后，仍能随时提供兴革的意见，俾可造成更大进步"。[59]蒋介石认为，"第一次阳明山会议如期完成，结果良好"，他还专门宴请了华侨界的7位代表。[60]

以讨论文化、教育、科学问题为主的第二次阳明山会谈是8月25

日开始的，仍由陈诚主持。受邀的与会者106人（其中海外各地区66人），主要来自教育、学术界及新闻界。第二次谈话会与上次相比，除讨论主题不同外，人员构成上也有明显变化，即来自台湾以外的人占了半数以上，第一次会谈代表中没有一个来自美国，而这次却有31人。这说明当局希望扩大谈话会在海外、尤其是在美国的影响，以达宣传目的。

蒋介石一改对上次谈话会不参与的态度，从会谈的第二天开始，即分五批接见了参加谈话会的学人（以海外学人为主），逐一听取了他们的意见。8月30日，他还设宴款待了参加第二次会谈的全体人士及第一次会谈的台湾人士。接见中，他阐述了下列意见：

一、欢迎海外代表回台参加会议。蒋介石表示，"他早就希望旅居海外的学人，多回国考察，他对海外的学者们这次回国参加阳明山会谈，非常高兴"。希望海外学者将"凡有益于促进政府进步的"意见都要贡献出来。他说，谈话会集这么多专家于一堂，"就国家的根本问题——教育，共同交换经验、阅历、思想和见解，一定会收到很好的效果"。[61]

二、鼓吹"反攻必胜"，希望学人们能为此努力。蒋介石一再说，大陆共产党政权"无论在主观和客观的条件下，已完全濒于崩溃"，台湾"要准备随时援助大陆的抗暴运动"，"我们反攻复国，在军事上、政治上，是毫无问题的"，"反攻复国的运机，已经一天比一天更加迫近"。[62]他指出，在"反攻"前后学人们可发挥两种作用：第一，"研究反攻期间教育、文化、社会的问题"，联系海内外各界参加"反攻大业"，他称，"这才是我们反攻复国能胜利成功的最大关键"；第二，"反攻"成功后，"国家建设"要依赖学者专家，他对被接见的学人说："反攻复国是政府的责任，复国以后建国的问题，是各位在座的学者专家们的责任。"希望他们随时准备"参加复国以后的建国工作"。[63]

三、强调团结，批评党派观念。在两次阳明山谈话会上，都有人乘机提出了一些超出当局许可的建议，尤其是要求国民党放弃"一党专制"，对"友党"开放政治权力。如提出要国民党与青年党、民社党制定"三党共同纲领"等。对此，蒋介石在第二次会谈结束的宴会上称，"大家都是反攻复国的同志，也都担负了反攻复国的责任，除对'共匪'之外，我们是不好再有党派观念存在的。因此，我今天愿以至诚，提出这一个概念，并愿以此和大家相互勉励，团结一致，努力完成反攻大陆、救国救民的宏愿"。[64]以坚决维持国民党"一党专制"的"党派观念"，来反对别人权力共享的"党派观念"，这在蒋介石看来是天经地义的。实际上"党派观念"最深的正是他自己。

按最初的计划，阳明山会谈应该是四次，蒋介石在国民党中央的会议公开宣布，要"续开阳明山三、四次会议"。[65]实际上，第二次之后就再也未见召开，无疾而终。虽然当局没宣布原因，从第二次谈话会的进程中仍可看出一点蛛丝马迹。第一次座谈会上，谈论的多是关于经济建设的具体问题，所提建议大致当局可以接纳。第二次座谈会上，与会学人在发展教育、科学方面也易与当局达成"共识"，但他们也提出了许多当局视为"禁区"的问题，如国民党与其他党的合作问题、"党政分开"问题、"宪法"问题、"新闻自由"问题，有人直言不讳地指出："政府的进步最大的是军事和经济，但在政治方面，似觉做得不够。"[66]当局既然表示要"虚心接纳各方意见"，虽觉刺耳，也只好硬着头皮听下去，颇为难堪。而以后的谈话会主题是敏感的"政治"，一旦放开，结果可能更不可收拾，故当局不如尽早停办，免得弄巧成拙。

从会谈时间的安排顺序也能体察到台湾当局的"苦心"，前面两次的内容都是台湾当时并不十分敏感与紧急的财经和文教问题，而最重要的政治问题却被排在了后面，最后又无故取消。且在当局邀请的名单上，"许多更具分量更重要的政治人物，无论是国内外，都没有参加"。[67]

台湾当局为显示其"开放"而大事张扬的阳明山会谈，就这样匆匆收场，虎头蛇尾，不了了之。

第十三章　"反攻"新策略

一　制定《光复大陆指导纲领》

蒋介石一再叫嚣"反攻大陆"，然而无论是国际形势还是海峡两边的力量对比，都决定了"反攻大陆"只能停留在宣传上。十几年过去了，台湾一直没有"反攻"的行动。但20世纪60年代初的国际形势演变为台湾提供了"反攻"的客观条件。

20世纪60年代初，国际间两大阵营冷战的局势更加严峻，1962年的"古巴导弹危机"，使得美苏两国剑拔弩张，已走到战争边缘。在远东，美国更重视台湾在其全球战略中的地位，高级将领频频访台，并带去不少的军事援助。中国大陆的形势，则可以用"困难重重"来形容：中苏两党的破裂已公开化，苏联撕毁合同，撤走了全部在华技术人员，大陆的工业顿受挫折；与印度的边界战争，一定程度上影响了中国政府与有些国家的双边关系；连年的自然灾害及中国共产党某些政策的失误，导致粮食大面积减产，饥饿笼罩着大地，一些灾民冲出海关逃到香港。而此时的台湾则相对风调雨顺，经济稳定发展。

即使在这样的情况下，蒋介石也自知无力"全面反攻"，只能加派小股武装游击队到大陆沿海地区进行骚扰，同时募捐资助到香港的大陆灾民，并接其中的小部分去台湾，以资宣传。"八二三炮战"后，美国对台军援的武器质量上有很大提高，蒋介石觉得可借机部分实施"反攻"政策，以激励士气，他指令"国防部"设立专门机构，制订了名为"国光计划"的"反攻计划"，甚至进入了预备实施阶段。美国人感到事态严重，"下撒手锏，管制军火、油料，国光计划乃被迫中止"。[1]蒋介石知道，凭台湾的军事力量和经济实力，"反攻大陆"只能是白日做梦，故把希望寄托在大陆的"内乱"上。数年来他一直在号召大陆人民"起义"投奔自由，并许以优厚的奖励。他当然不会放过大陆陷入暂时困难的机会。

1962年10月10日是台湾"国庆日"，蒋介石循例发表《告全国同胞书》的同时，特地又发了一个《告中共陆海空各级干部官兵书》，攻击共产党政权，号召各级官兵"倒戈起义"，并具体提出了对大陆"反正起义人员"的"四项原则和约法十章"，加以诱惑。其"四项原则"是："第一，反正归来的给予重赏；第二，起义立功的立加重用；第三，参加反共的绝对保障；第四，被迫胁从的不究（咎）既往"。

"约法十章"又分"关于大陆全体人民"（六条）和"关于共军将士与共党的党团员及其干部者"（四条）两部分，是他对一旦"光复大陆"后的各种许诺。如其中第七条是"凡匪伪陆海空三军将士，能就地起义立功或接应我国军反攻，携械来归者，一律论功行赏；凡击毙或拘捕其阻碍我反共起义者送交国军，更予重赏，并准擢升三级"。第八条是"能带领一排、一连、一营、一团、一师、一军兵力反共起义者，即以排、连、营、团、师、军长委任，按其功绩晋升官级，并赋予其所光复地区行政长官之权"。

蒋介石最后还保证说，他已令各种电台与大陆保持密切联系，任何地区、任何组织，一旦有具体的"反共"行动表现，他将立即"派空军适时应援，并赋予其所光复地区军政长官的职务，绝不使反共起义的革命战友，作孤立无援之奋斗"。[2]

蒋介石认为"反攻复国"的时机已到，必须制定相应的政策来保证这一目标的实现。于是他命令国民党中常会起草一项《光复大陆指导纲领》交由1962年11月召开的国民党八届五中全会通过，"作为国民党从政党员在反攻大陆前和光复大陆后的政治措施的指导方针"。[3]

国民党八届五中全会在11月12日召开。蒋介石在开幕式上阐述了会议的三项任务：

第一，要为反攻复国开路，确实贯彻本党时代的使命和革命任务。第二，要为本党第九届全国代表大会做好准备工作，并于明年完成这个任务。第三，要集中全党的人才，也集结全国的人才，一齐贡献全民族的智能，共同来复国建国。

蒋介石指出国民党在"反攻"中的作用是："我们党一方面作为军队的前锋，一方面作为国民的后卫，来争取反攻复国战争的胜利。"蒋介石最后还特别提到，他的身体已完全康复，感谢大家的关切。[4]

国民党八届五中全会的主题是"反攻复国"，除例行地听取陈诚代表中常会作的政治报告和"五院院长"、"参谋总长"、"外交部长"的工作报告外，主要是通过了《光复大陆指导纲领》。

《纲领》是根据蒋介石的"训示"，由中常会起草提交全会讨论的。它是国民党高层"衡酌当前反共革命情势的发展，以及应反共作战革命建国的需要而拟定的，将作为今后有关各部门共同的准绳，并作适切的准备，以争取光复大陆的全面胜利与革命建国的伟大成功"。《纲领》总计十六条，分为"基本方针"、"实施要领"和"指导与执行"三大部分，其基本内容如下：[5]

> 确定光复大陆以完成国家统一，恢复人民自由，根绝共产暴政，建设三民主义新中国为目标，综合政治、军事、经济、文化各种力量，以发挥总体战的功能，同时使军事反攻与大陆反共革命相互结合，创造里应外合的形势，蔚成革命战斗的热潮，并团结国内、国外、敌前、敌后一切反共革命力量，共同反抗暴政，加速匪伪统治的崩溃与灭亡。

将《光复大陆指导纲领》与蒋介石以往关于"反攻大陆"的讲话加以比较，发现有两处较为明显的不同：第一，是求"反共军事"与大陆"内乱"的里应外合；第二，是要"团结国内、国外、敌前、敌后一切反共革命力量，共同努力"，强调要更多地注意"大陆敌后工作"。这是蒋介石根据单凭台湾力量不足以"反攻大陆"的基本估计，及对大陆内外形势的估计而做的相应变化。陈诚在提交会议的"政治报告"中强调了蒋介石的"四项原则"和"约法十章",并设计了"日后里应外合,消灭'共匪'"的三种模式,不像过去只强调台湾一方面单凭武力的"反攻努力"。

11月15日,蒋介石主持五中全会闭幕式,对"反攻问题"再加指示。他还对八届四中全会后国民党提出的"革新、动员、战斗"的口号加以新的阐述,赋予了新的内涵:"革新是要从个人开始,先做到心理革新、生活革新和工作革新。动员则是要以精神动员和组织动员为准则。至于战斗,乃是要具备战斗的精神,战斗的组织,然后才能发挥出战斗的力量。"[6]而这一切,都是要围绕"反攻大陆"来进行的。国民党八届五中全会通过的《光复大陆指导纲领》在蒋介石"反攻"理论体系中,具有重要地位。

"反攻大陆"是蒋介石至死不渝的政治口号,是其制定推行内外政策的基础,形成了一整套的理论。可是他自己对痴人说梦般的口号真的就相信吗?如果不信,那他一再叫嚣的目的是什么呢?英国牛津大学圣安东尼学院院士曾锐生博士曾利用美国和台湾的档案,对蒋介石的"反攻大陆"政策进行研究,结论颇为精辟。曾锐生将蒋介石的"反攻大陆"政策划分为三个时期:1950年初尽管蒋介石不断说"反攻在即","事实上是心有余而力不足";1950—1958年尽管蒋介石不断强调"反攻大陆乃国策之本",并为此做了不少政治、军事的准备,而实际上他的政策"是建立在保卫台湾上的";1958年金门炮战后,蒋介石在美国压力下被迫公开宣布,台湾坚持"光复大陆"政策,但以"七分政治、三分军事"为原则,这是他第一次公开承认"不是以武力反攻,而是以政治方式光复大陆"。此后虽稍有反复,但基本上排除了完全靠武力"反攻"的可能性。

既然蒋介石在1958年后已承认了武力"反攻"行不通,那他为何不放弃这一口号呢?因为"反攻大陆"口号还有其对内的功效:强调"反攻"意在不断提醒台湾民众有一个外部强大敌人的存在,有利于凝聚内部团结，迫使民众接受国民党的"一党独裁"和各项政策，这对蒋介石个人权威与地位的稳固作用也是妙不可言的。曾锐生博士的结论是：[7]

> 在1950年代蒋先生深信反攻大陆是一项神圣的使命，他亦竭尽所能去推行此一政策，同时他亦体会到要反攻大陆，他实在是有心无力的。对蒋先生而言，不管有无力量，这一任务都不能放弃。假如放弃了反攻，他的生命便失去了意义，他的政权便会失去了它的合法性。作为一个终生不渝的革命家和民族主义者，蒋先生不能放弃反攻大陆；但是，作为中华民国之领导人，他又不得不权衡轻重，没有不自量力的出兵进攻大陆。在外人眼中，蒋先生在这一政策上的言行可以说是自相矛盾的；然而，在蒋先生的心中，两者并不矛盾。在政策上他没有真正的准备反攻大陆，但是在精神上，他时时刻刻都在做。结果是他日夜地说反攻大陆，实则天天在把台湾建立成一个中国的模范省。

证诸事实，不能不说曾锐生博士对蒋介石处境和用心的描摹十分精确。正因为如此，蒋介石自知"反攻"无力无望，却又绝对禁止人民对其"反攻"政策提出疑问与批评，民间因讨论"反攻无望"而获罪入狱的人不在少数。

二 派遣武装游击队骚扰大陆

1962年至1963年，蒋介石"反攻大陆"的叫嚣已不再仅仅停留在口头上，而是部分地付诸实施了。《光复大陆指导纲领》制定前后，台湾当局派遣了一些武装游击队到大陆沿海地区进行骚扰，伺机进行爆炸、破坏，并企图建立长期潜伏的基地，幻想由此引发大陆人民的"响应"。

为达到骚扰破坏大陆的目的，国民党当局早在20世纪50年代中期就建立了秘密基地，训练特工人员。训练工作由国民党中常委、"国防会议副秘书长"、长期主管台湾特务工作的蒋经国一手负责。该基地以美国特种部队的操典严格训练特务，武器装备也来自美国，"每年可训练三个班次约二百人"。[8]据台湾情报机构公开发表的数字，自1962年3月至12月之间，共有873名游击人员自台湾派往大陆，他们中间的绝大部分是自秘密训练基地乘船出发的。其到达区域多为广东、福建、山东等沿海省份，还有少数靠飞机空投至广西十万大山、甘肃宁夏等边远地区。台湾特务到大陆后，杀人放火，无恶不作，破坏的目标"从金矿到渔船包罗一切，可详细分为23类，其中包括铁道、造船所、电力公司及粮仓等"。[9]

蒋介石在1962年的年度计划中，将"反攻行动"是否开展与自己的存在价值画上了等号："全国军民心理迫切要求反攻行动之实现，政府势难再事拖延或有所推诿，否则政府已无存在之价值及其理由，尤其是我个人失了存在之作用。"[10]进入1963年，蒋介石的"反攻"叫嚣更甚，称"反攻已揭开序幕"，并授意各部门做"反攻开始"甚至"反攻成功"的准备。"行政副院长"王云五在答复"立法委员"咨询时称，"反攻"所需的军事、财政、粮食均已做了充分准备。[11]"副总统兼行政院长"陈诚更宣称："反攻复国是中央政府各部门施政的同一目标，五十三年（1964）度中央政府总预算都是直接间接朝向反攻复国之途迈进。"[12]他还透露："光复大陆后各项政策及其措施，现已由国防会议及国防部所属战地政务机构研究设计中。"[13]

当时的台湾报纸也连篇累牍地宣传反共游击队在大陆的活动，夸大其"战果"。整个台湾沉浸在"反攻即将成功"的气氛之中。蒋经国曾喜不自胜地对外国记者说："1963年给了我们反攻大陆的最好机会，我们正尽种种努力，以造成并利用这一反攻机会。我们不能采取相反的态度，坐待良机的丧失。"[14]

蒋介石在这一片"反攻"声中，多次发表讲话，推波助澜。其讲话的内容，主要有下列几个方面：

一、鼓吹"反攻"时机已经来临，要人们立即投入"反攻"。蒋介石称，目前"反攻大陆"的形势是1949年以来最有利的，这种有利局面"可能在若干月或若干年内是不会重现的。我们必须善用此等有利因素，使之充分发挥效用"。[15]他在1963年的"元旦文告"中说：[16]

今后每一分钟，亦就将是我们雪国耻、报家仇的时机！所以我们全国上下，都要积极准备反攻复国的工作，随时随地响应反共抗暴的行动，切勿错过这千载一时难得的机会。

今日我要郑重地号召自由地区、台澎金马所有同胞和青年们，时时以拯救大陆同胞、收复已失疆土为己任，每个人都要有投身反攻复国实际战斗的准备！要有重建三民主义新中国的志节！一齐向战时生活、战时生产、战时服务动员！保持旺盛的革命精神！团结成为坚强的战斗组合！把所有血汗、力量、资源投入于反攻复国的圣战之中。

也即是在1963年元旦，台湾有关当局为配合蒋介石的"反攻"号召，显示其"反攻"的决心与实力，正式向外界透露了派武装游击队骚扰大陆的事实，称这些部队"秘密进入广东沿海地区，领导反共游击队的活动，有若干地区已建立了秘密基地，并与台湾保持秘密的联络"。[17]

二、强调派遣游击队到大陆的"必要"，要台湾青年为之卖命。蒋介石在年初会见美国《华盛顿每日新闻》记者傅瑞登柏时说，"反攻大陆"有三个相关的先决条件：军事准备、大陆情况及世界局势。派遣游击队到大陆骚扰破坏，正是加速大陆形势向有利于"反攻"的方向转化。依照蒋介石的"如意算盘"，台湾的武装骚扰活动会引起大陆内部的极端不稳，为台湾的"军事反攻"制造机会。他告诉美国记者，派往大陆的武装特务们的中心工作就是"加速促成一次抗暴起义"，而在大陆进行破坏活动，是"至为理想的反攻准备"。[18]

3月29日是台湾的"青年节"，蒋介石在"告全国青年书"中号召说："青年子弟们！为了明天，就必须献出今天；为了民族的生存，就必须献出小我的牺牲；你们不但是正为主义、正为革命所召唤，亦正是为大陆同胞、为国家社会、为历史文化所召唤，来从事一次光荣的、伟大的圣战！"[19]他还以在大陆台山被击毙的派遣特务洪岫等人及在南昌上空被击毁的U2飞行员陈博怀为例，号召台湾青年向他们"学习"。

三、寻求美国的谅解和支持。蒋介石大量派武装游击队至大陆的举动，引起美国的关注。美国希望维持海峡两岸的"对峙"现状，不愿被蒋介石拖入一场与大陆的战争。1963年1月9日，美国国务院发言人即声明，要求台湾"在对大陆作任何军事进攻之前，应顾及中国与美国之间的一项协议"，即"美台共同防御条约"。该项条约规定，一切军事行动均需双方磋商，而台湾派游击队时"并未与美方商讨"。[20]2月间，美军顾问团接到命令，停止对台湾军队的"一切油料之供给"，要以其最大之压迫，以阻台湾"反攻大陆"的企图。[21]4月18日，蒋介石接到美国总统肯尼迪的信，信中明确表示台湾的"反攻时期"尚未成熟，故不能同意蒋介石的"反攻行动"。美国高级官员并扬言说，如果台湾不听肯尼迪的劝阻而"单独行动"，则美国或将拦截台湾军队渡海，"或将撤退其第七舰队"。[22]这无疑是对蒋介石"反攻热情"的一瓢冷水。《联合报》曾以《反攻大陆关键在于消除美国疑虑》为题发表社论。为"消除美方疑虑"，蒋介石频频接见外国记者，进行解释。

首先，他想绕开"美台共同防御条约"。台湾官员称，"在大陆进行游击战，是一个政治的决定，在今天来说，已不是受不受中美共同防御条约约束的法律问题了"。[23]蒋介石对美国记者平克莱说，鉴于已经改变或正在改变的情势，美国应面对现实"重新检讨""美台共同防御条约"，若美国反对台湾"反攻"，则"中国人必将责难美国"。[24]

其次，他申明台湾的"反攻"，不会引起苏联干涉，不会引发第三次世界大战。蒋介石会见《意大利日报》发行人时说："反攻大陆非但

蒋介石巡视『马祖国军』。

不能引起世界大战，而且大陆光复后，还有助于阻止大战的发生。……我们的确不想要美国介入，以免使苏俄有所藉口。另一方面，莫斯科也不致敢冒这种危险。这是与苏俄的政策不合的！莫斯科一向都避免卷入在它国境以外的战争。"[25]

最后，蒋介石一再保证"反攻"不需要美国直接出兵介入。他说，实施"反攻"时，"首先，我们希望而且需要美国的精神与道义支持，这是最必要的。从此项基础上，将出现为我们所需要的其他实力与支持。第二，我们需要美国继续给予军品方式的援助。我们并不希望或需要美军部队"。[26]

在蒋介石的大力鼓噪之下，台湾对大陆的武装骚扰活动在1963年内达到高潮。以下是见诸当时报端的记载：

1963年1至3月，反共游击队"曾在广东及广西境内发动更多的突击行动"。

5月17日至6月26日，有八批反共游击队"在北起浙江象山港，南迄广东阳江以东之北部湾之间陆续登陆"。

6月27日，"一支携有现代化武器装备的突击队"在浙江沿海的平阳县登陆。

7月下旬，"五批游击队员"在大陆闽粤沿海登陆。

台湾当局8月中旬公布，在5月17日至7月底期间，在中国大陆海岸登陆的反共游击队有15支，平均每组约14人，"训练精良"。他们登陆骚扰的地区包括三个沿海省份——粤、闽、浙，目标之一，"乃是策动并指导反共起义"。当局并宣称，有的反共游击队已建立基地，与台湾总部"保持经常联系"。

10月间，为庆祝"国庆"及蒋介石77岁诞辰，对大陆的武装骚扰活动再次猖獗起来，"从本月6日至26日的三个星期当中，有11批反共游击队在北起山东半岛，南到东京湾的大陆沿海地区顺利登陆"。[27]

11月18、19日，又有三支"反共挺进军"突袭福建沿海，以向国民党九全大会"献礼"。

在此期间，台湾海军军舰不断在台湾海峡进行挑衅性游弋，设在金门的大功率电台不分昼夜地对大陆广播，企图"策动大陆人民起义"。

仅据见于报端的不完全统计，1963年间台湾至少有35支反共游击队骚扰大陆。不仅规模较大，而且密度也有所加强。《联合报》曾对1962年与1963年的登陆骚扰活动进行了比较："去年均采取小组形式，每组约数人；今年则较为增加，最少也是一小组在十数人以上，而且在时间上的间隔，事实上是密接的。"[28]

关于派遣武装游击队来大陆骚扰的作用，主持该项工作的蒋经国7月在美国说，"台湾此项计划的优点，是在于我们使用相当小的武力去困扰从宁波以迄海南岛沿海的中共军队"。"我们正发动零星但却经常的突击，从而使沿整个海岸的中共军队不得不昼夜戒备。他们不知道游击式的袭击，下一次将于什么时候在什么地方发生，他们将在什

蒋介石巡视金门，勒『毋忘在莒』于太武山之石，表其反攻大陆之决心。

么地方遭受打击。这迫使他们丧失安全感，并且使他们在心理上处于劣势。"[29]

但是，蒋介石完全错估了形势。台湾的反共游击队或武装特务一登陆，即陷入大陆军民联防的天罗地网之中，绝大多数是有来无还，被击毙或俘获。蒋介石除损兵折将外，一无所获。他所幻想的大陆人民"揭竿而起，风从起义"的情景根本没有出现。而且，大陆逐步克服了自然灾害带来的困难，国际形势又发生了不利于台湾的变化。所以到1963年底，"军事反攻"已逐渐烟消云散，虽然零星的武装侵扰又持续了一段时间，但那仅仅是象征而已。台湾"国史馆"副馆长朱重圣先生根据其典藏的档案文献坦白地说，20世纪60年代国民党军队对大陆有很多次的突击战、游击战等动作，"不过只是突击作战而不是反攻大陆罢了"。[30]

对蒋介石"反攻大陆"打击最大的，来自台湾内部。正当在蒋介石的鼓动下台湾叫嚣"反攻大陆"最烈之时，1963年6月1日，台湾空军飞行员徐廷泽驾着一架F-86型美制喷气战斗机自台湾新竹飞抵福建龙田，宣布起义。蒋介石初闻消息，不敢相信，甚至以为是"气候恶劣而失事耳"，待消息确实，蒋介石如挨了闷头一棒，极为沉痛。他认识到，徐廷泽驾战斗机奔向大陆，对台湾军队心理与士气之影响"乃较其飞机之价值与战力大过百倍也，甚受烦恼忧愤。此为近十年来空军最大之耻辱，不仅对军誉受到打击，而对反攻心理与方针，亦应加以重新研讨也"。[31]其后，蒋介石对空军进行了一系列的整肃行动，包括人事、组织、雷达与管制、政工考核、情报等各方面，也处置了相关的空军军官。此后，台湾空军规定，飞行训练时，必须至少2架飞机以上同时进行，以互相监督。内部自顾不暇，忙于整顿，外部又受制于美国，蒋介石的"反攻"行动自然大受影响。

三 策动"毋忘在莒"运动

蒋介石所幻想、所一再对外宣传的"反攻大陆三部曲"是：台湾派武装游击队对大陆进行骚扰，"促进"大陆的"反暴"起义；大陆全面爆发"反共抗暴起义"；台湾军队乘势反攻，三五年内全面占领大陆。然而，1963至1964年派往大陆的多股武装游击队几乎全被歼灭，大陆人民即使在最困难的情况下，也没发生"反共抗暴起义"。蒋介石"反攻大陆"的幻想破灭了。

随着时间的推移和武装骚扰大陆一次又一次的失败，国民党军队内部士气低落，"反攻无望"的思想在军内蔓延。当局亟须用一种新的方法来转移注意力，保持与鼓舞士气。蒋介石一面指示继续加强"军中政治工作"，强化对官兵的思想控制，一面强调要重视"反攻复国的心理建设"，使官兵对"反攻复国"有信心和耐心。1962年蒋介石将其十多年前的一篇演讲重新修订发表，文章以历史上越王勾践失败后卧薪尝胆，"十年生聚，十年教训"，终于重新复国的故事教育国民党官员，要求他们有长期准备，立定志向，"明耻教战"，不要为暂时的挫败所动摇，"还要决心从头做起，如果准备五年不成，就要准备十年"。[32]从1965年开始，在蒋介石的策动下。国民党军队内部又开展了一场"毋忘在莒"运动。

"毋忘在莒"的故事发生在中国古代的战国时期。公元前284年，以燕国为首的五国联合攻打齐国，燕国大将乐毅一举占领了齐国的70余座城。齐国只剩下被称为"三里之城，七里之郭"的两座小城——莒、即墨。齐国守将田单勇武不屈，在莒整修武备，休养练兵，不忘复国，终于在五年之后用"反间计"破坏了燕国内部的团结，以火牛阵大破燕军，收复失城，一举恢复了齐国。

台湾"毋忘在莒"运动的发起与蒋介石有直接的关系。

1952年，蒋介石视察他称为"反共最前沿堡垒"的金门岛，为守军题写了"毋忘在莒"，让其身在金门，不忘"反攻"大业。[33]这四个字后来被刻在金门岛太武山的一块巨石上，成为该岛的一大景观。由于"毋忘在莒"、"田单复国"的故事很适合困于孤岛上的国民党自我安慰与自欺欺人的心理需要，所以很快被编成戏剧，拍成电影，在台湾可以说是家喻户晓，妇孺皆知。

蒋介石对金门极为重视，把它当成一种象征，他曾数次去金门视察，逢年过节会派人前去慰问，以钱物犒赏。金门的国民党守军（尤其是高级将领）也"感恩戴德"，对蒋介石十分忠诚。该岛因距大陆甚近，常受到炮击，能收到大陆的广播，比台湾任何地方更容易产生"反攻无望"的思想。岛上的国民党守军将领1964年11月决定借蒋介石的题字，在部队中发起一场"毋忘在莒"运动，以激励士气。

此后，金门守军代表又于11月20日向"参谋总长"彭孟缉建议，在国民党军内全面开展"毋忘在莒"运动。[34]这正适合当局鼓舞低落士气的需要。因而,"国防部"立即接受了建议,制定了"毋忘在莒运动纲要",经蒋介石批准后着令各部队执行。毕竟,"毋忘在莒"是个遥远的历史故事,"田单复国"与台湾当局的处境并无多少内在的联系。台湾有关当局深知这一点,便将历史故事结合台湾的现实加以发挥,牵强附会地归结出"毋忘在莒"的六种精神:"坚韧不拔"、"团结奋斗"、"研究发展"、"以寡击众"、"防谍欺敌"、"军民合作"。军事当局号召各部队"发扬'毋忘在莒'精神,加强完成反攻准备"。[35]他们要求把该运动当作一次"反攻前的精神誓师运动"、"中兴复国运动"。[36]此后,台湾军队中普遍推广金门守军的"经验",定期举行"莒光周"、"莒光日"等项活动,将日常生活的各个方面均纳入"反攻"准备,以激励士气。

蒋介石全力推进"毋忘在莒"运动。他在1965年元旦接见国民党军队的"英雄战士"代表时,要求他们"全力推进最近金门守军发起的'毋忘在莒'运动,效法'田单复国'的精神,刻苦奋斗,以寡胜众,……光复锦绣的大陆河山"。他说:"田单尚可以七千人而复齐七十余城,我们就更可以创造比田单复国更为光荣的丰功伟业。"[37]

综观蒋介石一生,他十分重视对军队的控制。到台湾后内外环境更为严峻,他对军队的控制也更加严密,他以"总统"兼着台湾军队的"最高统帅",每年都有固定的与部队联系的日程表:元旦接见"英雄战士"代表,"九三"军人节训词,参加陆、海、空军军校毕业典礼,定期参观三军演习,下部队视察等等,其中每年参加军校的毕业典礼最为重要。退台以后,国民党军队实行"义务兵役制",所有成年男子都要服兵役,这就造成了一方面是"全民皆兵",另一方面士兵又经常轮换,但经过军官学校正规训练的军官是"终身制"的。蒋介石针对这种情况,以控制军官来控制军队,他每年必定参加军官学校的毕业典礼,亲自进行毕业生的"校点",邀他们聚餐。经此"程序",这些未来的军官们就变成了蒋介石的"学生"。

大陆时期，蒋介石对军队的控制主要靠恩威并施，培养下属对他个人的"忠诚"，并不注重"思想工作"，如以"师生关系控制"黄埔系。1965年他控制军队又有新招，为配合"毋忘在莒"运动，加强"反攻心理准备"，首次召开了国民党军队的"文艺大会"，推行"军中文艺运动"，蒋介石在"军队文艺大会"的讲话中，强调了军队文艺的重要性，称"文艺是战斗的精神武器，而我们所需要的，就是战斗的文艺"，"在战场上，文艺比任何因素都深入，都重要"。他还具体提出了推行"军中文艺运动"的十二项要领：[38]

> 第一，是发出民族仁爱的精神；
>
> 第二，是复兴革命武德的精神；
>
> 第三，是激励慷慨奋斗的精神；
>
> 第四，是发挥合作互助的精神；
>
> 第五，是实践言行一致的精神；
>
> 第六，是鼓舞乐观无畏的精神；
>
> 第七，是激发冒险创造的精神；
>
> 第八，是奋进积极负责的精神；
>
> 第九，是提高求精求实的精神；
>
> 第十，是强国雪耻复仇的精神；
>
> 第十一，是砥砺献身殉国的精神；
>
> 第十二，是培养成功成仁的精神。

以这"十二项要领"为指导，国民党军中的文艺工作者配合"反攻大陆"，写出了许多"反共"作品，继20世纪50年代初期后，又掀起了一次"反共"、"反攻"的舆论高潮。

蒋介石知道，"反攻神话"在台湾民众的心目中已经破灭，并不仅限于军队之中，所以在看到军中推行"毋忘在莒"运动有一定实效后，就决定要推向全岛。在1965年的"元旦文告"中，蒋介石要求把"毋忘在莒"运动推向全台湾："现在我们民族的复兴基地，普遍地掀起了'毋忘在莒'的民族复兴运动，这亦就是我们全国军民，要求自己，各以其良知为尺度，以责任为鞭策，以敌情观念为第一，以战斗意识为第一，一切工作对准敌人，一切工作都是战斗，加紧准备，加紧建设，加紧团结，人人坚定决心，人人竭尽责任，从不同的岗位出发，向着共同的惟一的反攻复国的目标奋进！"[39]他在3月29日发表的"告青年书"中又要求台湾青年，"人人效法先烈，念念不忘在莒"。[40]

从1965年开始，"毋忘在莒"运动又从原先只在台湾军队开展的一项活动，渐渐推向全社会，成为一场遍及全台湾的政治运动。

"毋忘在莒"运动实质上是国民党在其"反攻"遭到一系列挫败，民心士气低落的社会气氛之下设计的一场"政治激励运动"，力图使民众将日常生活的各个方面都与"反攻准备"联系起来，使当局仍能维护"反攻大陆"的"神话"。关于推行这一运动的效果，《联合报》上的一篇文章说："'毋忘在莒'运动推行九个月以来，已在军中、学校、农村及社会的每一个角落，都掀起了举国一致的心理革新和精神动员，特别对反攻战士之激励，工作效率之增进，以及节约风气之提倡等，已经收到了极为具体的效果。三军官兵更确能认识此一运动为一中兴复国运动，在心理上奠定了良好的基础。"[41]

第十四章 政治新布局

一 国民党"九全大会"上再任总裁

根据1962年11月国民党第八届五中全会的决议，国民党"第九次全国代表大会"（即"九全大全"）于1963年11月12日（当天为孙中山诞辰98周年纪念日）在台北近郊的"三军"联合大学中正堂开幕。

这次会议的内外背景是：在台湾岛外，国际冷战格局仍然未变，但美苏之间已度过了"古巴导弹危机"的尖锐对立时期而有所缓和；中苏之间的分歧公开化，大陆已开始从三年自然灾害的困难中走了出来。在台湾岛内，国民党的政治统治较为稳固，经济发展有了一定的规模，工业在整个经济中的比重越来越大，正处在由农业经济向工业经济的过渡，但在台湾经济发展过程中起过重要作用的"美援"将在1965年中止；国民党曾试图利用有利的形势"反攻大陆"，但派遣的武装游击队并未收到预期的效果；在"对外关系"方面，台湾与日本、法国的关系均遇到了麻烦。国民党对内对外的统治政策均到了需要进行调整的时刻。

蒋介石主持了"九全大会"的开幕典礼并致词。谈到1957年"八全大会"以来六年中国民党的最大成绩，蒋介石认为是完成了"党员总登记"。他说，"由于党员总登记信心和决心的考验，不但证明了我们同志与同志之间都是精诚团结志同道合的，亦证明了我们的党始终保持了革命民主政党的特性。"他还提到"八二三金门炮战的胜利"，"充分振奋了我们革命的传统精神，成了匪我力量消长的最大关键"。[1]

蒋介石接着提出了"九全大会"的任务："八全大会所交付给我们的任务，就是要大家完成反攻复国的国民革命第三期任务。六年以来，由于海内海外同胞同志的共同努力，尤其是由于青年志士们的奋勇牺牲，我们有了多方面的奋斗，也有了多方面的成就。今天，就是要大家再就过去六年来的党的工作绩效，切实检讨反省，来更进一步的共同策进反攻复国的方向策略和方法。"[2]

"九全大会"进行了11天，所通过的重要文件有：国民党副总裁陈诚代表中常会所作的《政治报告》、中央秘书长唐纵做的《党务报告》及《中国国民党党章修正草案》、《中国国民党政纲》、《中国国民党第九次全国代表大会宣言》。其中尤以《政治报告》和《中国国民党政纲》最为引人注目。在剔除了其中"反攻复国"的陈词滥调后，能发现其中一些新的信息，即国民党对经济发展的注重。

"九全大会"的《对政治报告决议文》指出："在经济方面，我们要继续改善投资环境，开拓对外贸易，来鼓励国内人民、海外侨胞与外国人投资，进一步来求经济发展（并从加速经济发展与切实整理财税之中，来克服各种困难，增加就业机会，平衡财富分配，改善军公教人员与一般人民的生活）。""有计划有步骤地来发展基本工业，如钢铁工业、交通行动工业、造船与航空工业、化学工业等等，加速向工业化的方向前进，为复国和建国确立坚实的基础。"[3]《中国国民党政纲》是日后国民党施政的"基本纲领"，其"总则"中规定："依据三民主义，建设现代国家，贯彻耕者有其田政策，并欢迎国外资本及技术合作，促进经济建设，在台湾加速模范省之建设工作，'光复大陆'后实施'新中国'之建设计划。"[4]这都是针对台湾经济的新处境而首次正式提出的，它不仅指出了台湾经济未来发展的方向——工业化，还指明了今后经济发展的主要资金来源——外国人及华侨的投资。这意味着台湾的资金构成将发生重要变化：从具有浓厚政治色彩的"美援"转变为更接近经济发展本意的海外商业投资。为了争取海外投资，必须对各方面加以改进，创造良好的投资环境。后来，台湾当局较好地处理了这些问题，使得台湾经济发展在两年之后不仅没有因"美援"的中止而陷于停滞，反而形成了"经济起飞"。

"九全大会"令人瞩目的另一方面是"反攻大陆"。这次会议在被蒋介石定为"反攻决定年"的1963年末召开，自然充满了"反攻"的色彩。会上通过的所有文件中，都无一例外地充斥着"反攻"的内容，会议代表中有参加过反共游击队的和长期在大陆进行潜伏特务活动的，会议中还专设一项议程，由国民党中央第二组主任叶翔之向大会作题为《六年来敌后工作与大陆革命的发展》的报告。在会议举行期间的11月18日、19日两天内，有三支反共游击队分别袭击了大陆福建沿海的琅琦岛、南日岛及霞浦海尾三地，并在21日将骚扰的"战果"在会上展出。"九全大会"确实把"反攻"推向了高潮。

但是，在"九全大会"上，国民党在"反攻大陆"问题上也有微妙的变化。在一片"反攻"叫嚣声中，蒋介石承认，"大举反攻的军事行动还有待展开"。[5]陈诚在《政治报告》中也指出："反攻复国"的前路是曲折而复杂的，"我们不但要有民族自尊心和自信心，更要有革命的忍耐性"。[6]在另一方面，又特别强调了台湾建设的重要性。《中国国民党政纲》中，"建设复兴基地"即（台湾）部分计有17条，占全部内容的一半。实际上，国民党自"九全大会"之后逐渐从"反攻大陆"的梦境中觉醒过来，在"建设台湾"与"反攻大陆"的抉择中，更倾向于前者，比以前更重视对台湾的建设了。

表面上，蒋介石与整个"九全大会"日常会议的关系并不密切，相当长时期内，他对国民党的具体党务已处于超然控制的地位。九全大会前后开了11天，正式会议14次，而蒋仅在开幕式、闭幕式及11月18日的"总理纪念周"上露面，发表简短的讲话。在大会期间，他反而会见外国记者，在台湾北部的基地"校阅"部队的军事演习，都是与会议没有直接关系的事。实际上，蒋介石仍是"九全大会"的实际操盘手。他对会议的期望非常高，希望能达到如下四个目标："是本党反攻战争开始以前的一次检查武装的会议，是党的动员誓师的会议，亦是党再造新生的会议，尤其是策定复国建国工作的关键会议。"[7]会议进行中，他也深度介入，"修正政治报告全文，与考虑本届大会各重要问题，几无暇晷"。[8]而蒋介石最在意的是中央委员的选举与人事安排，他在日记中数次提到为人选名单殚精竭虑："考虑中央委员提名之名单及评议委员

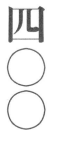

名单，数易其单，最费心力，尤其是五日自二时起床，检查执行委员被选名单后，与对评议委员预定者对照之后，应补名者更多。本定一百十名与中执委与侯执会合计同数为限，卒因落选与增补者，尤其是海外侨领参加者当选甚少，故增加其名额为一百四十四名，自子夜至午正，几乎为此忙迫不胜，最后仍觉缺憾甚多也。除此之外，对大会宣言之修正与交议案五件更为费心，故闭幕词无暇准备，颇以为歉也。"[9]

11月21日，"九全大会"选举国民党总裁，由陈诚代表主席团提议：[10]

> 本党总裁继承总理遗志，领导国民革命，历经北伐抗战诸役，卒能恢宏旧基，开创新局。当兹大陆尚待光复，同胞企望救援之际，而革命事业方于惨痛挫折中获得飞跃进展，反攻之机运接近成熟，胜利之光明在望，我全党同志允宜一心一德，精诚团结，在总裁蒋先生领导下，继续奋斗，以完成复国建国的历史使命。因此，大会主席团谨提出继续推举蒋先生为本党总裁。

结果全体代表以起立鼓掌的方式通过此项提议，蒋介石再次当选为国民党的最高领导——总裁。其时蒋介石不在会场，会议又推选张道藩等七位来自各方的代表去面见蒋介石"致贺"，并报告选举经过。蒋介石"表示欣慰并勉励全体代表共同努力，使这次大会获致圆满的结果"。[11]

11月22日，"九全大会"在通过各项文件、选举出陈诚为副总裁、蒋经国等74名中央委员之后闭幕。蒋介石在"闭幕词"中大谈青年党员要不计名利和地位，要"无私贡献"。他说，华盛顿之所以成名，并非是他个人的力量所致，"而是由于千千万万无名的华盛顿一齐努力造成的。我们革命者不是要做有名的华盛顿，而是要作无名的华盛顿——亦就是要做党的无名英雄"。[12]实际上，就是要台湾青年做"无名英雄"，成全他来做"有名的华盛顿"。

很巧合的是，"九全大会"闭幕的当天，美国总统肯尼迪在达拉斯遇刺身亡，约翰逊继任。

11月23日的国民党九届一中全会上，由蒋介石提名张道藩、蒋经国等15人为中央常务委员，唐纵任中央秘书长。

二 推出严家淦任"行政院长"

国民党在"九全大会"上已透露出行政上将有所更张的信息，即以经济发展为主调。会上通过的《提示五院施政要点决议》中关于行政方面所列举的23条，主要是围绕发展台湾经济这一目标展开的。推行新政，需先推出新人。蒋介石在"九全大会"闭幕式的讲话中，对党内的青年才俊"尤赞誉不置，并特别嘉许他们必定能在反攻复国的大激流中担负起领导的中坚责任"。[13]要发展经济、起用新人，必然涉及"行政院"的人事变动。

"九全大会"结束后，敏感的记者即觉察到"内阁"将会有所变动。但当确切的消息传出时，仍令他们瞠目结舌。结果并非他们原先揣测的"局部改组"，而是动了"更换阁揆"的大手术。陈诚辞去"行政院长"职务，由严家淦取代。

1963年12月，国民党中常会讨论"行政院"改组问题时，蒋介石提出换人的议案：

> 行政院兼院长陈诚同志，主持政务，卓著勋劳，惟以久任繁剧，体力渐感不胜，曾迭次申请辞职，均经恳切慰留，最近以健康关系，再度恳辞，为期陈诚同志能获较为充分的休养机会，俾能迅速恢复健康，爰拟勉徇所请，准予辞去行政院长兼职，并提名严家淦同志，继任行政院长。

严家淦，个性谦和，治事严谨，生活朴素，对权力较为淡泊。1963年12月，蒋介石提名严家淦上任「行政院长」并兼任「行政院国际经济合作发展委员会」主任委员。严家淦为由陈诚到蒋经国权力的转换，起到了过渡的作用。

当即获得一致通过，并决定由蒋介石"依法咨请立法院同意"。[14]

台湾政权机构中，"行政院长"一职掌有较大的行政权力，是蒋介石之下的第二位实权人物，历来令人瞩目。1950年后，台湾只有三届两位"行政院长"，即1950—1954年的陈诚，1954—1958年的俞鸿钧，1958—1963年的陈诚。陈诚同时还兼任国民党副总裁、"副总统"两职，是名符其实的第二号人物，在一般人看来政绩尚可。此时辞职，原因何在？

陈诚自称是因身体不适，他说："近半年来，本人健康不佳，时感疲乏，迭向总统请辞，这绝非逃避责任，而是恐怕有疏职守，但屡次均蒙恳切慰留，给假休养，9月初适逢葛乐礼*风灾发生，深感救灾善后，

*台风名称——引者注

责任重大，故提前销假，近两月来，健康尚未恢复，医嘱仍需休养，因又请求辞职。"[15]

但也有人猜测陈的下野另有隐衷：陈诚自任台湾省主席始，一直主持台湾事务，做了大量具体而有效的工作，舆论对他赞不绝口，虽然他不敢居功自傲，不致对蒋介石的地位发起挑战，但却严重地影响了蒋把权力移交给其子蒋经国的安排。此外，陈诚的思想也有游离蒋介石的时候，如陈诚在1960年6月公开表示支持建立反对党。他说，"关于组织反对党的问题，宪法上无明文规定，但美国的政党组织，可作参考"，"只要反对党不破坏反共抗俄的国策，不破坏建设台湾的目标，我们将希望有一个坚强的反对党"。[16]他的话被当作官方立场广为传播，在客观上推动了雷震等人筹组"中国民主党"。

蒋介石推出严家淦继任行政院长，可谓用心良苦。

严家淦，字静波，江苏吴县人，1905年生，时年59岁。1926年毕业于上海圣约翰大学。1938年任福建省建设厅长、次年调任财政厅长，创办了抗战中的田赋征收实物制度，被推广至全国，"对抗战期间粮食的供应大有裨益……从此，崭露头角"。1945年初他调至重庆任战时生产局采办处处长，办理有关美国"租借法案"及向英国等国借款购物事宜。抗战胜利后调台湾省长官公署交通处长兼交通部特派员。以后历任省财务处处长，台湾银行董事长，省政府财政厅长。国民党政权迁台后，他先担任"经济部长"，兼任"行政院美援运用委员会"副主任委员，1954年任台湾省政府主席兼省保安司令。1956年任"美援运用委员会"主任委员，并兼"经济安定委员会"副主任委员。1958年转任"财政部长"。1960年他主持制定了《奖励投资条例》，"开创经济发展的新局面，影响日后工商发展至巨"。[17]

严家淦在国民党内的地位一直不高，"七全大会"上当选为中央评议委员，"九全大全"上始进入最高决策层——国民党中常委，是个典型的技术官僚。他个性谦和，治事严谨，生活朴素，"不争功，不揽权、处事圆通，……绝不得罪人"。[18]尖刻点的人对他的评价是："严的才具、建树，连勉强及格都很困难。充其量他只是个循规蹈矩的政客，无条件服从的YESMAN。"[19]

从严家淦的履历与个性看，他比较符合此时蒋介石心目中"行政院长"人选的条件：他长期从事经济工业，尤其是负责"美援"运用，对吸引和利用外资有一定的经验；他1945年即去台湾，任过台湾省政府主席，与台湾渊源较深；他的年纪不到60岁，较陈诚年轻。更重要的是，严家淦是一个技术官僚，在国民党内无派系及历史渊源，对权力较为淡泊，不会影响蒋介石向蒋经国移交权力。12月1日，蒋介石与人协商"行政院长"人选，听张群说陈诚辞职时想拉严家淦同时辞，严家淦根据蒋的命令拒绝了，蒋介石便决定选严家淦继任，并召见严家淦"面令其准备筹组行政院"，严家淦受命而退。当晚，蒋介石通知来参加他与宋美龄结婚纪念日晚宴的陈诚，已决定由严家淦继任其"行政院长"职，嘱陈诚"辅助之"。[20]

有一利必有一弊，严家淦的优点在某种意义上说也是他的缺点，他在党内无渊源无派系，也缺少资历，因而也就缺乏必要的力量支持，"组阁"时倍感困难。

严家淦获提名后，便有朋友当面告诉他，"俞鸿钧内阁时所遭遇到的困难，你都将会遇到"，甚至连提名都可能会被"立法院"否决。而恰逢蒋介石又因要务在身，不能循惯例在"立法院"投票前招待一次国民党籍"立法委员"。严家淦更缺少一定能获得通过的信心。在不得已的情况下，他只好以逐个去拜会"立法委员"的方式，发动感情攻势来制胜。

12月8日、9日两天，台北下着连绵的细雨，严家淦却要坐着一辆旧吉普车遍访住在台北市及郊区的各位"立法委员"，饱受凄风苦雨之苦。[21]

在严家淦遇到困难时，蒋介石也帮助他做了些说服工作。如严拟请余井塘出任"副院长"，但被余井塘屡次婉拒。蒋介石便召见余，"请其继续留任严内阁中，担任行政院副院长，辅弼严氏处理行政院政务"，终于使余接受了任职。蒋还以国民党总裁身份，通过报纸呼吁国民党籍"立法委员"支持严家淦，"在立法院行使同意权时，予以充分支持"。[22]

以上的各项工作均起了作用。12月10日立法院对蒋介石的"咨请"进行表决时，严家淦以83.2%的支持票获选出任新"行政院长"。[23]

蒋介石次日下午专设茶会招待国民党籍"立法委员"，对他们支持严家淦，使提名获得顺利通过表示"非常欣慰"，并希望今后五院之间"能更加密切合作，充分发挥政党政治的精神"。他还单独召见严家淦，商讨"新内阁"的人选。[24]人选基本上是蒋介石定的。蒋介石开始考虑让蒋经国顶替俞大维出任"国防部长"，让蒋经国独当一面，走上前台。12月3日，蒋介石与蒋经国谈"新内阁"人事，令蒋经国任"国防部长"，而原任部长俞大维"多病不能负责，以致国防业务松动，尤其是军费支出不能考核"，改任"政务委员"。[25]几天后，蒋经国提出自己担任的工作很重要，"不便更易"，蒋介石改变主意，"国防部长"一职，仍由俞大维留任。

12月14日，蒋介石主持国民党中常会，正式通过了"严家淦内阁"的组成名单：[26]

院　　长　严家淦
副 院 长　余井塘（新）
政务委员　蔡培火、蒋经国、叶公超、陈雪屏（新）、
　　　　　田炯锦（新）、贺衷寒（新）、董文琦（新）
内政部长　连震东
外交部长　沈昌焕
国防部长　俞大维
财政部长　陈庆瑜（新）
教育部长　黄季陆
司法部长　郑彦

经济部长 杨继曾

交通部长 沈 怡

蒙藏委员会委员长 郭寄峤（新）

侨务委员会委员长 高 信

行政院秘书长 谢耿民（新）

从这个名单可以看出，除"院长"、"副院长"外，"行政院"的组成人员变化并不大，是个求新而又求稳的组合。

后来的发展表明，蒋介石选择严家淦作为他将权力移交给儿子的过渡是正确的。严家淦顺利地完成了任务，"从陈诚院长到蒋经国院长时代，严先生在中间扮演着承先启后的角色"，[27]成为蒋氏父子权力交接过程中的"铺路石"。

1964年3月，"严家淦内阁"通过人事变动，蒋经国以"政务委员兼任国防部副部长"，这是没有先例的。次年，蒋经国又高升一步，出任"国防部长"，其接班姿态初现雏形。

三 处理陈诚丧事

1965年3月5日，国民党副总裁、"中华民国副总统"陈诚在台北逝世。蒋介石失去了一个忠实的助手。

从1950年出任"行政院长"开始，陈诚也是台湾仅次于蒋介石的第二号人物，他对蒋也是忠心耿耿。50年代初期，美国曾有一批人讨厌蒋介石，有意要在台湾实施"换马"，纵容陈诚取代蒋介石而代之，并答应给予帮助，但陈诚严词拒绝。[28]有一次"国民大会"上，有位代表发言时对蒋介石"似略有不敬"，陈诚当时气得脸色发青，竟气急败坏地上台"痛骂了那位代表一阵子"。[29]

蒋介石主政多年，共过事的人不计其数，能干而又忠心耿耿的助手

1965年3月5日，国民党副总裁、「中华民国副总统」陈诚在台北逝世。陈诚是台湾仅次于蒋介石的第二号人物，他对蒋是忠心耿耿；蒋对其也是「爱护备至」。

却不多。到台湾之后，他深居简出，一般不再过问具体事务，他的指示多是由陈诚等在第一线的人具体执行落实的，故他对陈诚也"一直爱护备至"，"在政治意见上，凡陈诚所提出的意见，与其他重要干部不同时，总统总是支持陈的意见"。[30]

除工作上的合作外，蒋介石和陈诚间还有一层密切的私人关系：陈诚的夫人谭祥是国民党元老谭延闿的女儿，1927年底蒋介石与宋美龄结婚时，谭延闿是介绍人之一，而1932年陈诚与谭祥成亲时，又是宋美龄做的媒。

蒋介石与陈诚的关系也逐渐发生变化。1957年，蒋介石在国民党"八全大会"上提议设置"副总裁"，由"副总统"陈诚出任，陈诚在台湾政坛第二号人物的地位得到确认。蒋介石设置副总裁的用意颇为复杂："副总裁之设置，为将来与现在的政治党务的安危与成败关系，皆有必要，无论对辞修与经国计，更有必要也。"[31]蒋介石把陈诚与蒋经国并列，似乎有要摆平二人关系的用意。此时，因蒋介石两任"总统"到期，按制度需要"交班"，他要考虑交给谁的问题——按人望与实际地位，陈诚是最合适的人选，但蒋介石肯定更倾向于资历与地位明显欠缺的儿子蒋经国。如何掩盖私心，达成目标，加上蒋介石人近晚年，贪恋权位，疑心更重，他一方面不得不借重陈诚的才干，另一方面又严重嫌弃陈诚，戒心十足。[32]

1958年，蒋介石要求陈诚以"副总统"兼"行政院长"，陈诚在多次推脱后勉强接受。在"组阁"过程中，蒋介石多加干涉，二人对人选意见不一致，陈诚最终放弃己见，顺了蒋意，蒋介石却感觉到陈诚并非心悦诚服，认为陈诚"诈伪不诚"，辜负其三十年的苦心培植。[33]1960年，蒋介石强弓硬拉，当选第三任"总统"，且扫除"连任"的障碍。再度当选"副总统"但被阻断了"接班"之路的陈诚，提出辞去"行政院长"职，为蒋介石挽留。辞职不能的陈诚行事变得灰心消极，对蒋介石多所顺从与"体认"，但二人的矛盾却有激化之势。1960年7月，在金门休息的陈诚被蒋介石召回台北，蒋介石含沙射影地指出陈诚"有组织"，被人利用想当"总统"。陈诚深感蒋介石对他"期望似甚切"，但对他"疑虑实太深"。为打消蒋介石的怀疑，陈诚居然对年长10岁的蒋说，自己有愧于其重托，内心歉疚，实无以自解，"常感如能死在总统以前是幸福"。[34]蒋介石并未因陈诚如此凄凉与沉痛的表白而改变成见，反而认为陈诚是"言行虚伪掩饰"[35]。

1961年7月2日，蒋介石因陈诚对其"反攻大陆"的实施方案有所保留，大发雷霆，打断陈的发言，称其阻挠"反攻"，"怀疑三军不能战，破坏统帅威信"。陈诚受到刺激，也罕见地大声与蒋介石争辩。是为著名的"草山争吵"。最后，还是宋美龄出来做"和事佬"，才平息下来。[36]

这次争吵，是陈诚最后的宣泄与抗争，之后迭次提出辞职。1963年

12月，蒋介石批准病中的陈诚辞去"行政院长"职。

陈诚辞去"行政院长"职后，蒋介石鉴于他的健康状况，"再度准假三月，使摒除一切杂物，专心静摄，各项会议及典礼，亦可不必出席"。[37]至1964年10月，陈诚经检查发现肝癌，静养治疗。蒋介石获悉即命令"不惜一切代价，来挽救他的生命"，他下令在陈诚官邸内建立设备完整的临时病室，由中外名医组成诊疗小组，日夜照顾。[38]蒋还打电报把陈诚在国外的儿子陈履安兄弟召回台北，服侍其父。蒋介石夫妇则"每隔些日子到陈氏官邸探视病情"。

1965年3月，陈诚病情恶化，已至不治。蒋氏夫妇在陈病重期间，多次探视。他们于3月4日中午至陈宅探视时，病情已相当危急的陈诚"不顾身体的疲惫，坚持要下床坐在椅子上等蒋介石来访"。待蒋介石离开告别时，陈诚以微弱的声音凄凉地说："总裁，我的病恐怕不容易好了。"[39]对蒋可谓是鞠躬尽瘁。这便成了蒋陈这对政治搭档的诀别。

次日下午1时，宋美龄再到陈宅探视弥留中的陈诚。当晚7时，比蒋介石小10岁的陈诚辞世，终年68岁。

陈诚所留三条遗言为："一、希望同志们一心一德，在总裁领导之下，完成国民革命大业。二、不要消极，地不分东西南北，人不分男女老幼，全国军民，共此患难。三、党存俱存，务求内部团结，前途大有可为。"[40]有人对此遗言进行研究后指出："以陈诚的身份和当时台湾的政治环境，他的遗嘱中竟未出现'反共'和'反攻'一类的词句。这是出自偶然，还是陈诚临终有感？殊堪玩味。"[41]

关于陈诚在台湾的政绩，《联合报》曾著文予以较全面的总结："溯维民国三十七八年间，陈副总统初主台湾省政，旋长东南军政，正所谓'受任于败军之际，奉命于危险之间'，当时情况的混乱与危殆，现在回想起来，殊觉余悸犹存。端赖陈副总统本其公忠严明的作风，施以大刀阔斧的手法，毅然决然实施出入境限制，以防止匪谍的渗透，确保社会安全；建立独立自治的经济体系，以割断对大陆的经济联系，建立台湾经济建设基础；实行'三七五'减租，为土地改革铺路；实行币制改革，为金融稳定奠基；整编来台部队，化混乱为严整，成为军事重建的转折点；辅导广大毕业生就业，开拓青年出路，成为政治革新的有生力量……而台湾地方自治，也在此时进行准备工作。这种种措施，正是'保卫台湾'的防波堤，乃使台湾能在大陆沉沦的惊涛骇浪间屹然矗立而不为其所侵袭。其后，陈副总统在两度出任行政院长期间，应属建树良多，而其中尤以完成台湾土地改革一事，成就最大，评价最高，为中外人士赞不绝口者。良以土地改革，一面'耕者有其田'，增进农民福利，健全农村结构，使本省农业生产与农村经济进入一个新的纪元，全省农民固属受惠良深，感德无既，但同时也使穷途末路、日渐式微的土地资本，转变为前途似锦、日趋兴起的工业资本，不仅为本省地主开拓了新的事业、新的财富和新的幸福，而且也为台湾工业化和现代化，奠定了基础。近年来本省工商企业的不断发展以至社会结构的渐形转型，实得力于此。以言'建设台湾'，陈副总统所批所推的土地改革，乃为各项建设开辟了一个总的新境界。"在台湾各项成就中，"躬与其事，直接主持此一艰苦奋斗历程、转危为安，扶危定倾、励精图治，惨淡经营者，当推陈副总统为第一人"。[42]

台湾一般民众对陈诚勤勉任事也颇多好感，民间流传着他从不用公家车子送子女上学，卸去军职后不另添制服，只将旧军服改造后再穿之类的故事。

陈诚去世当天，蒋介石发表"总统命令"，表彰陈诚的功绩，布置治丧工作，命令由张群、严家淦、黄国书、谢冠生、莫德惠等党政大员负责治丧工作，"以示优隆"。在蒋介石指示下，台湾为陈诚准备了隆重的治丧典仪。

陈诚遗体安置在台北殡仪馆内，供人吊唁。蒋介石的亲笔题挽匾："党国精华"和挽联："光复志节已至最后奋斗关头，那堪吊此国殇，果有数耶！革命事业尚在共同完成阶段，竟忍夺我元辅，岂无天乎？"高悬在灵堂内。3月6日，蒋介石夫妇去灵堂向陈诚遗体献花致哀。[43]3月10日，蒋介石夫妇又参加了台湾当局为陈诚举行大殓公祭仪式。整个仪式过程中，身着长袍马褂的蒋介石"面带着戚容"，"神情沉重"，步履"沉重"。[44]

陈诚的殡葬典礼在当年的3月10日举行。陈诚的灵柩由台北殡仪馆起运，至台北县泰山乡同荣村墓园安葬。蒋介石特派"总统府秘书长"张群主持典礼，他本人则先后在台北殡仪馆和泰山乡两次向陈诚灵前致祭。[45]

陈诚的去世，使蒋介石失去了一位得力助手，也使台湾政坛出现了一定程度的权力真空，国民党副总裁一职从此取消，"副总统"一职也一度空缺。另一方面，也自然地为蒋介石"传位于子"的计划扫清了障碍。此后，蒋介石加紧培植蒋经国，以让他能早日接班。

当时，台湾政界有陈诚与蒋经国争当蒋介石"接班人"而不愉快的传言，蒋经国也借祭奠陈诚而标榜与陈的亲密关系，他说："陈副总统卧病以来，我曾晋见过多次，最后一次谈话，是3月1日上午。当时副总统曾紧紧地握着我的手和我谈话……对我个人勉励有加。"[46]

四　第四次当选"总统"

台湾社会和经济在20世纪60年代有了较大的发展，这种发展与美国的援助是分不开的。1965年6月29日，美国政府宣布对台经济援助于本月底结束。美国对国民党政府的援助，开始于第二次世界大战时期的"租借法案"和"联合国善后救济计划"，但战争结束后即告停顿。1948年，美国国会通过了"美国援外法案"，其中第四章对华部分被称为"1948年援华法案"。同年7月，国民党政府同美国签订了"中美经济援助协定"。按照这个协定，美国的对华援助主要是粮食及医药用品，而且金额有限。国民党政权退台前后，美国援助已告中断。直到1950年下半年朝鲜战争爆发后，美国才重新开始了对国民党政权提供援助。美援从1951年开始到1965年结束，总金额达14.8亿余美元。美援对台湾的经济发展曾经起到过重要作用。

首先，美援对稳定"台湾当局"的财政、抑制通货膨胀，产生了积极的影响。通过美援，当局不仅消除了财政赤字，而且有了数目较大的储备。其次，美援为台湾提供了经济发展所不可缺少的资本，使得重要的经济部门和基础设施有了很大发展，从而大大缩短了台湾经济实现起飞的时间。而美援50年代初在台湾的象征意义，对稳定民心士气的作用，更是不可低估。1963年，美国以台湾经济增长和美援装备已超出台湾防卫需要为由，大量削减了对台的援助，两年之后，正当台湾处在经济起飞之时，则彻底关上了经援的大门。

美国宣布停止对台援助，无疑将对台湾经济的发展有很大影响。对此，台湾当局采取大量相应措施，力图避免因美援停止给台湾经济发展带来不良后果，并以此为契机，继续扩大业已形成的经济模式。从60年代初，台湾经济即从"进口替代"为主的内向型经济模式向"出口扩张"的外向型经济模式转变，经过几年的努力，台湾经济已有较大发展，无论工业还是外贸，都取得了长足的进步。此时，更加大了力度和加快了步伐。经济的发展，使人民生活水平有所提高，国民党当局的统治地位也相对稳定。

与此同时，中国大陆的各项建设事业则因"文化大革命"的发动而陷入停顿，尽管对金门的炮击没有停止，但已显得自顾不暇，对台湾的压力明显减弱，这使台湾有了喘息之机。

1966年2月19日至3月5日，台湾召开"国民大会"一届四次会议，选举"总统"。这次会议是在当局的"法统"受到日益严重的质疑与挑战的情况下召开的。除了"国大代表"、"立法委员"、"监察委员"日益老化外，蒋介石还被几个问题所困扰：一是"国大代表"们一再要求增加"创制"、"复决"二权；二是如何增订《临时条款》，赋予蒋介石更大的权力；三是"副总统"一职在陈诚去世后由谁来继任。

蒋介石虽凭着绝对权威和党政系统控制"国民大会代表"，可每次召开"国大"都有些头疼，因为要靠"国大代表"最终选他当"总统"，而那些代表不甘心只当投票机器，他们要求增加权力。蒋介石只想让他们投票，不愿给他们权力，以防作茧自缚，日后碍手碍脚，他对"国大代表"的扩权要求，或拖延敷衍，或强词压抑。在"国民大会"正式会议前召开的临时会议上，果然有不少代表提出要增加"国民大会"的创制、复决两权。蒋介石在讲话中想方设法压制这一要求，他说："在此次大会中，对于议题的讨论与决定，必须尊重全体选民的热望，与整个国家的前途，即以光复大陆拯救同胞为准绳，而毋负于国民大会的神圣职责。"接着他话锋一转，"鉴于当前赤氛未灭，大陆未复，际此反攻前夕，国家根本大法不宜多所更张，凡属修宪问题可留待光复之后从容商讨，次第进行，当能益符民望，愈洽事机"。实际上是将提出通过修正宪法来增加"国民大会"创制、复决权的人说成是不顾大局，无视选民期望。

在讲话的最后，蒋介石更明确地表明了态度：[47]

国民大会代表对于一切问题之思考与决定，绝不可以小我的权利关系，以影响复国建国大计。须知全国军民十六年来忍辱负重，所艰难缔造的反攻基地，乃为今日仅存的一片净土，得之殊非容易，应该特别珍惜，共同维护。更不忍使之纷纭扰攘，自乱步骤！如果不授权政府衡量戡乱情势，而硬性规定行使创制、复决两权，那不但违背了国父的遗教，而且根本违反了宪法第二十七条及第三十条之基本精神，而其于法于理，更不合于《动员戡乱时期临时条款》的性质，且只有牵累反攻复国之行动。其势将破坏宪法的精神，损害国民大会的尊严，这绝非中正之所忍言，当尤非代表全国民意报国救民的诸同仁之所愿出此者！

最后，蒋介石再一次要求"各位同仁，体念我国民主宪政缔造的艰难，正视目前匪我消长的机运，与国家安危的关键，急其所应急，缓其所应缓，操危虑思，走明智的抉择，完成我们复仇雪耻、救国救民的历史任务"。

蒋介石要在会上对《动员戡乱时期临时条款》进行修改，以扩大自己的权力，但遭到相当的抵制。青年党陈启天、宗教界于斌等人酝酿反对，蒋介石召见他们，声称如果反对修改条款，"无异反对反攻复国行动"、反对"政府"，他将不接受"总统"职务。在威逼利诱之下，反对者立场一时软化，被迫"协商"。[48]会议进行中，蒋听说反对者仍有动作，便命令"作万一之准备"。蒋介石以"违反总理遗教"、"破坏宪法精神"、"损害国大尊严"等一顶顶大帽子，再次弹压了"国民大会"代表的扩权要求。结果，"国民大会"只按蒋介石的旨意，对《动员戡乱时期临时条款》进行了修改，增加内容中最重要的有两条：一是"动员戡乱时期，本宪政体制授权总统设置动员戡乱机构，决定动员戡乱有关大政方针，并处理战地政务"。二是"总统为适应动员戡乱需要，得调整中央政府之行政机构及人事机构，并对于依选举产生之中央公职人员，因人口增加或因政出缺，而能增选或补选之自由地区及光复地区，均得订颁办法实施之"。[49]凭借这两条，有关台湾岛内的任何大政方针不仅必须由蒋介石最后拍板，而且他还可以任意变动政府机构。再加上从1949年即开始执行的"戒严法"，整个台湾岛完全置于蒋介石的控制之下。修改案通过后，蒋介石写道："国大对临时条款授权案，遭到多方面误解与反对，尤其是反党分子从中造谣挑拨，几乎掀起浪潮，此乃为不测之事。于是运用全力，使得于周末最后通过，此实关乎余今后行政效率与反攻计划之成败所望之关键。"[50]

蒋介石表白自我，"职责深重与任务之艰危，益之以许身革命至五十余年，其一贯实践三民主义宪政之治的区区赤诚，当夙为我代表同仁之所共见，而亦为全国军民同胞之所共信，誓当鞠躬尽瘁，效命前驱，以期无负平生革命报国之志节"。[51]

蒋介石在"副总统"的选择上更显出其私心。他通过精心策划和运用铁的手腕，要为其子蒋经国日后接班，成为台湾最高党政领导铺平道路。

蒋介石刻意栽培，使得蒋经国到50年代中期已羽毛丰满，台湾政坛能与之抗衡者只有陈诚一人。

陈诚虽获蒋介石信任，为"副总统兼行政院长"，位于一人之下万人之上，但内心苦闷，一为实权与名分相差甚远，处处要请示蒋介石；二是凡事要让蒋经国三分。蒋经国与陈诚的矛盾激化始于1960年第一届"国代"第三次会议上。按照宪法规定："总统连选连任一次"。蒋介石的第二届"总统"任期已届满，如果当时蒋介石卸任的话，作为"副总统"的陈诚，自然顺理成章地接任。陈诚有过此想法，并误解了蒋介石某些冠冕堂皇的客套讲话，认为蒋会让位。陈诚曾在冈山召集亲信将领，密商接班布局。然而，蒋介石并无让位的打算，反而修改"临时条款"，确定其"终身总统"之地位。对此，陈诚虽仍出任"副总统兼行政院长"，但内心惶恐之状自不待言，遂以身体不佳向蒋介石坚辞"行政院长"一职。此后，陈诚病情日重，于1965年3月去世。

在陈诚病逝前两个月，蒋经国终于当上了"国防部长"。蒋介石同样深知"枪杆子里面出政权"的道理，在台湾，控制不了军权，日后是接不了班的。原来的"国防部长"是蒋经国的儿女亲家俞大维，为了尽量让蒋经国这位"副部长"多负一些责任，他经常去美检查病情，以便"国防部"工作均由蒋经国全权办理。蒋经国上任不到半年，俞大维即以"赴美治疗"为由向蒋介石提出辞掉"国防部长"一职的请求，并推荐蒋经国自代。他对蒋介石说："由他来做比只有我做或现在的其他任何人来做都更好。"既然如此，蒋介石也就"让他试试了"。[52]这样，蒋经国"才算在政治舞台上，正式以主角的身份出现，较诸以往数十年来都是做些幕后或辅佐的工作，形象自然不可同日而语的"。[53]不久，副总统陈诚去世，"一死一让贤，经国稳步接班，无以名之，时也运也"。[54]

在本次"国大"前，"副总统"的人选格外引人注目，因为只要蒋介石出马，"总统"非他莫属，无人能争，关键是"副总统"人选。按说在蒋介石绝对权威之下，"副总统"根本无实权，陈诚当时有所作为，是因为他还身兼"行政院长"一职。陈诚逝世后，"副总统"的人选自然应是元老级的张群、孙科、何应钦等人。然而，随着蒋介石年事渐高，"副总统"一职可能成为日后接班的关键，他在选择时颇费思量。

蒋介石心里非常清楚，他是以80岁的高龄出任第四届"总统"的，依目前状况，身体还行，可不怕一万，就怕万一，倘若一旦"崩逝"，"副总统"将自然升为"总统"。既然蒋经国尚暂不适合当"副总统"，这个职务必须由一个既没有个人野心，又不存在个人派系和班底，甘心充当屏风和花瓶，甘心为蒋经国保驾护航的人物来担任。

国民党内，严家淦比较符合蒋介石的标准。严家淦在国民党退台后，先后任"经济部长"、"财政部长"、台湾省政府主席等职，后复任"财政部长"，曾主持台币改革，以擅长平衡财政闻名，1963年12月升任"行政院长"。他英文极佳，以技术官僚人才跻身于权力核心，主

1966 年 3 月，蒋介石被选举为第四任『总统』，严家淦为第四任『副总统』。图为蒋介石与严家淦接受外宾观贺。

要是基于时代的需要，他正好赶上这班车，而其性格特征使最高当局对他很放心也是重要原因，这就是，"一没有权力欲，没有领袖欲，不必担心他会僭越滥权，威胁到领导者的权威的地位；二是他不刻意突出自己，个性圆融通达，不过分坚持己见，是个能执两用中，善于截长补短，折衷的政治人物"。[55]蒋介石对严家淦的评价颇高，在其当选"总统"后，于3月25日"国大"第四次会议闭幕式上的致词中，他称赞严家淦"智慧卓越、学识渊博，而性行则外圆内方，其砥砺兼隅与公正无私之操守，乃受革命数十年所陶冶而成之品德"，"精神、毅力又卓越过人"。[56]

以严家淦这样浅的资历出任"副总统"，自然引起国民党内很多人不服。因此，提名之前，蒋介石为了能使他顺利当选，颇费了一番周折。

按照惯例，国民党于3月7日召开九届三中全会，推选党的"总统"、"副总统"候选人。"副总统"候选人须先由蒋介石提名，然后由国民党中央委员会通过，才可作为国民党提出的候选人交"国民大会"选举。

　　蒋介石在会上发表讲话，称"中兴以人才为第一"，强调选择"副总统"人选的重要性。这个基调定好后，蒋介石煞有介事地在张群、何应钦、孙科、严家淦四人中挑来挑去。台湾中央社则秉承蒋氏的旨意，有意向各报发出张、何、孙、严四人的标准照备用，显示他是在认真考虑，并无预定人选。在私下，蒋介石还向张群表示，希望他做"副总统"候选人，深谙官场之道的张群早知蒋意，赶快推说自己年事已高，建议选70岁以下的人为宜。

　　到了3月10日，按九届三中全会的议程，已到了投票通过"副总统"候选人提名的关键时刻，但蒋介石仍按兵不动，窥探动静。直至大会召开前，蒋介石才召集张群和中常委，征询提名意见。蒋介石明确表示："副总统候选人必须由年事较轻、精力充沛的同志担任，才能迎接未来艰巨的挑战。我的长处是军事、党务，严家淦同志的长处是外交及财政经济，他的长处是我的短处……因此，我决定提名严同志为副总统候选人。"[57]众人知蒋早已胸有成竹，意志甚坚，当然不敢持异议。提名后随即付表决，九届三中全会投票结果，严家淦以接近全票的多数通过。

　　消息传出，"国大代表"们意见不一，吵吵闹闹，不可开交，因为国民党内许多元老都不赞成严家淦担任此职，有人属意张群，毕竟是党国元老，"功勋卓著"；还有人建议蒋经国，但居心不良，选他实际上是给蒋介石难堪，如果真的出现蒋氏父子分别任"总统"、"副总统"之职这种世界政坛上绝无仅有的一幕，那蒋氏父子何以见人？当然还有不少代表对其政治木偶生涯不满，存心对着干，暗自弃权以示抗议。蒋介石做了不少工作，以确保严家淦能顺利上台。

　　3月21日，"国大代表"进行"总统"选举。不知是自知无力竞争还是对国民党独霸政坛不满，以往还象征性推出人员陪选的民社党、青年党，这次未推举候选人，蒋介石与严家淦均为惟一候选人。蒋介石1960年当选时，曾再次夸口要在未来6年内"反攻成功"，此时难以向

"国民大会"交代。他在"国民大会"上的即席讲话中说:"我本来希望国民党同志不要提名我为候选人,因为才德兼备,对国家人民有贡献的老同志很多。但是,最后大家仍然推我,我感到很惶恐,我今年已经80岁,再连一任,还不能反攻,怎对得起国家?"同时,他还对民、青两党客气了一番,他说:"此外,我本来希望民、青两党亦能提出总统、副总统候选人,可是他们很客气。一党提名,未始不是一种缺憾。"

蒋在此处不自觉地表现出了一种政治强权者普遍存在的心态:在用种种手腕确立了保证自己准能获胜的"游戏规则"后,却又希望甚至鼓动别人一同来玩政治游戏(如选举),且越多越好,以别人的失败来衬托自己的胜利。而在这种必败情况下还愿陪强权者玩的人不是自不量力,就是甘心为强权者帮衬,别有用心。此时的台湾,这两种人都缺乏,蒋介石感到了"寂寞"。

投票结果,蒋介石获1405票当选"总统",而在次日的"副总统"选举中出现险情,当天共发出选票1417张,收回1416张,过半数票即最低选票数为708张,严家淦则得票782张,仅以74票的多数当选,为迁台后历任"副总统"得票率最低者。严家淦得票尽管少得可怜,到底还是有惊无险勉强当选了。

完成了选举"总统"、"副总统"任务后,"国民大会"于3月25日闭幕,蒋介石主持闭幕式并致词,仍强调"反攻复国"的任务是当务之急:[58]

> 当前局势正是反攻行动的发轫,已不容再事局限的时期。所以今天实已到了反攻复国、再造中华的重大关头。实惟有全民奋起,同心一德,使武力与国民相结合,生活与战斗相结合,并使革命武力成为国民革命之武力,反共战争成为全民反共之战争,乃能反攻必胜、复国必成。

而对自己当选后的责任，他说：[59]

> 中正此次再度承受各位同仁的推选，使之继续担负今后六年
> 中，国家存亡、民命绝续的艰巨重任。……中正与严副总统，当此
> 国家存亡、人民祸福的重大关键，自不敢不接受大会的征召，以尽
> 其光复大陆、拯救同胞、吊民伐罪之天职。……
>
> 中正几近八十之年，愿当早卸仔肩，还我初服。惟始终以引咎
> 待罪之身自励，河山一日未复，责任一日未尽！更不敢于大陆同胞
> 忍死待救、沉痛呻吟、迫切呼号之时，而逃避其牺牲奋斗、雪耻复
> 国之责任……

这些内容差不多是重复他6年前说过的话，无非是想掩饰自己既不
放弃"反攻"宣传而又无力实现的矛盾。

5月20日，蒋介石与严家淦宣誓就职。不久，即宣布对"行政院"
局部改组，"副院长"黄少谷辞职，由蒋经国接任。蒋经国开始全面接
触经济领域，他创设"行政院财政经济金融会报"的有关经济最高计划
机构，并亲自主持，同时兼任"行政院国际经济合作发展委员会"主任
委员。"经合会的主任委员向来是行政院长兼任，因此，他能以副院长
的身份兼任，不啻是获得了经济方面的坚实地盘。"[60]有人说，"行政
院"实际当家做主的就是蒋经国，"院长"严家淦只是个供奉的神像。
严家淦辅佐蒋经国接班的态势已初步形成。

当年6月，蒋介石提名孙科出任"考试院长"，安抚在竞争"副总
统"过程中失意的元老们。

蒋介石为维持其"法统"和统治地位，曾不止一次修改"临时条
款"，利用"临时条款"赋予的特权制造了一个"万年国代"和"终身
总统"。然而，生老病死是自然规律，何人能违？召开"国大"四次会
议时，"国代"1488人中绝大多数已到垂暮之年，所谓"法统"很难维
持长久。同时，国民党以台湾为根据地，可台籍"国代"数额极少，到

1972年才32人。"立法委员"、"监察委员"莫不如此。20世纪60年代末70年代初，台湾经济和教育有了长足的发展，民众的民主意识大为增加，特别是以"保钓运动"为契机的第二次"党外运动"影响很大。他们攻击批评国民党的焦点即是国民党"集权独裁"，要求废除"万年国代"、"万年立委"，至少也要进行改选，无论从哪方面看，增选中央"民意代表"势在必行。适当增加一些台籍人士参政也可以缓和政治上的压力，扩大统治基础。

在"国民大会"一届四次会议上所修订的《动员戡乱时期临时条款》中，专门增加了授予"总统"增选"中央民意代表"的权力。1969年1月，台湾当局公布《中央公职人员增选办法立法原则》、《动员戡乱时期自由地区中央公职人员增选补选办法》及《细则》。以"人口增加"等理由，决定增补部分台湾地区的"中央民意代表"，扩大政治参与。在当年12月20日台北市及台湾省6县、市同时投票，共选出增补"国大代表"15人，增额"立法委员"11人和增额"监察委员"2人。增补、增选人数所占其总数的比例极小，如"增额国代"只为"万年国代"的1/24，很难改变"国大代表"的政治生态。国民党说这次"不寻常的增选补选，有其划时代的重大意义。从此，国民大会注入了新的血液，开创了政治新机"，"为宪政法统开辟了一条新的远大途径"。[61]显然是言过其实，但国民党在重重压力下举办"增额选举"，在僵硬的体制内稍有变通，为以后的变革提供了先例。对国民党持严厉批评态度的郭国基、黄信介在此次选举中当选为"立法委员"。

五　打击瓦解"台独"势力

在全中国范围之内，蒋介石在政治上有组织的敌人有两个：中国共产党和"台湾独立运动"组织。

台湾是中国领土不可分割的一部分，台湾人民是中华民族大家庭

中的一员，这是有大量史籍证明的无可更改的历史事实。可是，由于台湾与祖国大陆间有台湾海峡相隔，交通不便，台湾在历史上又曾数次被外国势力强占，与祖国断绝过联系。1947年在台湾光复后，国民党又血腥镇压"二二八起义"，屠杀台湾人民，造成了部分台籍人士对祖国的不信任感。有些与日本有密切关系的台湾籍人士开始策划"台湾独立运动"。"台独"分子并无统一的组织系统，政治目标和斗争方式也不尽相同，但他们都否认台湾是中国的一部分，要求建立独立的"台湾国"。

"台独"分裂祖国的政治主张，与国际上"台湾地位未定"、"一中一台"等主张遥相呼应（实际上"台独"也得到了国际间别有用心政治势力的支持），严重损害了中华民族的利益，遭到包括绝大多数台湾人民在内的全中国人民的反对。

对于从大陆败退到台湾的国民党来说，"台独"主张则直接威胁到它的生存空间。因为实现"台湾独立"的先决条件是将国民党赶出台湾。若"台独"主张正确，国民党就成了"外国的侵略者"，其统治台湾的"合法性"就会受到挑战。"台独"分子的总部虽设在国外，却不断派人回台湾，进行反国民党宣传，挑拨台湾籍人与大陆各省籍人的关系，有些激进的"台独"分子还在岛内进行爆炸等破坏活动，后来出任"副总统"的谢东闵，就曾被"台独"分子投寄的特制邮包炸残了手臂。因此，国民党蒋介石对"台独分子"是恨之入骨的，一旦抓住，均严刑重治。"台独"也一度成为蒋介石镇压台湾人民反抗的一顶大帽子。对反对国民党的人，若是由大陆迁去的，就会被说成是"共党匪谍"；若是原籍台湾的，则会被扣上"台独"的罪名。

"台湾独立运动"力量分散，并没有统一的组织和名称，其成员是居住在世界各地原籍台湾的人。五六十年代，"台独"的中心在日本，其领导人则以廖文毅最为著名。

廖文毅（原名廖温义，英文名Thomas Liao），台湾云林县人，其家庭是"台湾有数的几个大财主之一"。他在日本读中学，毕业后到美国留学，获俄亥俄州立大学化学博士学位，回国后曾任浙江大学教授，军政部兵工署上校技正等职。台湾光复后，廖文毅被派回台北参加接收，担任台北市公共事业管理处处长。但他对政治更感兴趣，创办了"台湾民族精神振兴会"等组织和《前锋》杂志。1946年，廖文毅竞选"国民大会代表"时以一票之差落选（有一票选廖，只因"毅"字少了两点，被判为废票）。以此为转机，廖开始对国民党的政策进行激烈批评。"《前锋》杂志，对于战后台湾政治社会的批判，可说淋漓而直。"[62]"二二八起义"后，廖文毅也遭国民党当局通缉，但他已先逃至香港。从1947年9月起，他开始了有组织地从事"台湾独立运动"的历程。1948年5月，他在日本建立"台湾民主独立党"。1956年2月，廖文毅及同伙正式建立"台湾共和国临时政府"，作为"台独"的流亡政府，他自任大统领（总统）。为联合各地"台独"分子，他1960年又建立了"台湾独立统一战线"，自任总裁。他还周游世界，在各地宣传"台独"主张，"并派遣人员潜伏来台，从事颠覆活动"。[63]

廖文毅是早期"台独"分子的旗帜，其成员主要是一些与日本关系密切、在"土地改革"过程中丧失了土地、对国民党不满的旧式地主和留日学生。日本一些人支持他，给予了财政等方面的支持。但"台独"分子多系乌合之众，彼此不服，其内部经常为争权夺利闹得矛盾丛生。

台湾方面对廖文毅从事"台独"活动，气恼至极，发出了通缉令，并查封没收了他的全部财产。60年代中期，蒋介石对"台独"分子的策略稍有变化：在严厉谴责、严刑重治的同时，发出了暗示，在"共同反共"的前提下，可既往不咎，实行合作。在国民党"九全大会"上，蒋介石建议成立由海内外各"反共"政党团体、人士等组成"反共建国联盟"，称："在复国建国过程中，非举国意志，更加集中，才智更加发挥，行动更加一致，不足以迅赴事功，加速胜利。九全大会允应掌握时机，恢宏襟抱，以与海内外仁人志士才智俊彦，推诚合作。"[64]蒋介石在1964年"元旦文告"中提出："不是敌人，都是同志。"[65]向"台独"分子伸出手。

具体到廖文毅本人，台湾有关部门利用"台独"内部分裂，活动屡次碰壁，经济拮据困难及廖文毅思乡心切等具体情况，制定了策反方略。先派人打入"台独"组织，接近廖本人，乘机进言，传递台湾方面的信息，动之以情。另一方面又将廖的大嫂、侄儿廖史豪及同党数人逮捕判重刑，劝廖史豪给廖文毅录了录音带送往日本："……叔叔，我母亲患心脏病快死了，我和您的部下黄纪男也被判死刑，即将被枪决，国民党已保证，只要您回到台湾，他们不但不追究您的罪行，我们也会马上得到释放……叔叔，请赶快回来救救我们吧！"[66]国民党的恩威并施取得成功，廖文毅终于决定放弃"台独"主张。台湾闻讯立即派高级官员秘密去日本与廖会见，作出善后安排。1965年3月6日，廖文毅终于同意向台湾当局"输诚"。[67]

5月15日，56岁的廖文毅从日本返回离别18年的台湾。他发表书面声明，公开宣布解散"台独"组织，放弃"台独"活动，声明他领导的"台独"组织，因他返台而已不复存在。"他希望过去受他领导的朋友们，也跟着放弃那种错误的主张。"他在谈到放弃"台独"返回台湾的动机时称，是受了蒋介石的"感召"，要"响应蒋总统反共建国联盟号召，剑及履及，离日返台，贡献所有力量为反共建国大业，坚持奋斗"。[68]

廖文毅返台，政治上的敌人反戈一击，要与国民党"共同反共"，被称为是台湾当局"最近十年来在政治上成功的一件大事"。此前不久，台湾报纸上充满了不幸的消息，如与法国断交、台日关系危机、联合国席位危机、陈诚去世等，故当局对廖文毅返台的消息大事渲染，一片欢天喜地的样子。

蒋介石喜不自胜，在廖到台北的当天他就在日记中写道："廖文毅悔罪归诚，是对台人与美、日皆发生重大影响，此为反共历史中一大事也。"[69]台湾有关当局宣布，"对廖文毅的通缉予以撤销"。6月8日，蒋介石依"宪法赋予总统的权力"，赦免廖文毅的"叛乱罪"，并发还过去所没收廖文毅的财产。廖的大嫂、侄儿也获赦出狱。[70]廖文毅对蒋介石的"宽宏大量"感动万分。台湾中央社在播发这条消息时特地说："今后凡迷途知返，愿为国效力者，据悉均将获得自新之路"，[71]趁势对其他的"台独"分子进行招降。

本来蒋介石在廖文毅到台北时就要召见他的，后来意识到这么急不可耐地与一个昨日政敌见面，有失尊严，召见之事才延宕了一些时日。7月2日，蒋介石召见了廖文毅，询问他返台后的生活情形和家人的近况。蒋告诉廖，他已把台湾建成了"三民主义的模范省"，"这也就是我们今后反攻大陆，复国建国的准据"。[72]廖文毅于年底被任命为"曾文水库建设委员会"的副主任委员，职位不高，可象征意义不小，蒋介石为这一安排定然费心不少。曾文水库是台湾当时最大的水利工程，预算投资台币60亿元，水库面积是陈诚主持的石门水库的3倍，主任委员为台湾省主席黄杰。

争取廖文毅返台，是台湾在瓦解打击"台湾独立运动"方面取得的重大进展。廖文毅还呼吁在世界各地的"台独"分子以他为榜样，"痛改前非，悔悟自新，共同参加祖国反共复国的行动"。[73]不久，一批海外的"台独"组织纷纷关门大吉，当年的五六月间，"台湾共和国临时政府驻港澳办事处主任"刘德利宣布解散港澳的"台独"组织;"台湾民政党委员长"郑万福等在东京宣布解散该党,停止"台独"活动;"自由独立党"的组织部长曾源宣布脱离"台独"。至此,在日本的"台独"组织"实际已全面瓦解"。[74]

廖文毅返台一度使"台独"势力遭到沉重打击,但"台独"分子的活动并未因此而停止。此后"台独"进入了一个新阶段:"台独"的活动中心由日本转移到了美国;成员构成上,新一代台湾留学生取代旧式地主成了"台独"的骨干分子,其中最著名的是从台湾潜逃出去的彭明敏。[75]

彭明敏是台湾知名的国际法专家,深受胡适的赏识,34岁即受聘为台湾大学教授,后又任台大政治系主任,当选过"十大杰出青年",还曾被聘为台湾"驻联合国代表团"的顾问。当局原计划对他好好培养,蒋介石单独召见过他,"副总统"陈诚也约彭晤谈,台湾政坛一度盛传,彭明敏将出任某方面的要职,但他始终不愿加入国民党,颇使当局难堪,双方的关系冷下来了,可大体上相安无事。

20世纪60年代初,台湾"外交部"为拓展对非洲的关系,委托彭明敏去非洲考察,撰写专门报告。报告的题目为"泛非思想的感情因素",彭明敏对正风起云涌的非洲人民反对殖民地统治,争取民族独立的运动予以高度评价。不料这份报告先被他两名有极深"台独"意识的学生魏朝廷、谢聪敏看到,他们是对国民党不满的极端分子,竟然提出彭明敏报告中所列的非洲现状与台湾颇有相似之处,国民党的某些举措类似入侵的"殖民者",台湾人民也应起而效仿非洲人民,争取"独立"。两人便撺掇彭明敏把报告拿出去公开发表。彭明敏未经"外交部"同意就交给了当时正和当局唱反调的《文星》杂志,《文星》刊用时又配了火上浇油的"编者按",当局大为恼火。

文章的发表竟成了彭明敏走火入魔、踏上"台独"不归路的标志。他与魏朝廷、谢聪敏师生三人以非洲人民反对殖民主义的逻辑,推导出"台湾自决"的错误结论,并且广为散播。1964年春天,彭明敏起草了题为"台湾人民自救运动宣言"的文件，正式提出了"台独"的八大主张、三大目标、八点原则，印刷了1万份，在岛内秘密投递。如此大规模地进行"台独"的理论宣传，在岛内尚属罕见，"警备总司令部"不会等闲视之。1964年9月20日，正值中秋节，彭明敏与已是《今日的中国》杂志编辑的谢聪敏、"中央研究院"助理研究员的魏朝廷三人乘节假日的机会又外出散发"宣言"，等他们刚回到一家藏有"宣言"的小旅馆时，追踪的特工人员立即一网抓擒，人赃俱获。当局宣布以涉嫌"叛乱罪"逮捕他们。[76]

由于彭明敏有一定的"国际影响"，他被捕的消息一传出，就有人向台湾当局施加压力，要求"慎重处理"。1965年4月，台湾省警备总司令部军事法庭宣布判处谢聪敏10年徒刑，彭明敏和魏朝廷各判8年，罪名都是"从事颠覆破坏活动"。虽然当局在对三人的处罚上已经考虑了"国际影响"，从轻发落，可国际上"营救"彭明敏的活动仍有增无减。1965年11月，蒋介石下令"特赦"彭明敏。彭的实际在押期仅一年多，这是国民党统治台湾以来绝无仅有的先例。

彭明敏并未"感恩"，出狱后与海外的"台独"分子挂上了钩，继续从事"台独"活动，有些美国人公开或暗地里支持他。当局容忍了彭明敏的活动，只是限制了他出境的权力。

1970年1月2日深夜，台中市清泉岗美军军用机场上，一架美军的专机早已发动引擎，振翅待飞。午夜里2时，一辆黑色轿车急驶入停机坪，车上的人匆匆登上飞机。随着一声巨大的轰鸣，飞机划破黑暗的夜空，呼啸而去。当时，美军飞机在台湾的上空飞行是不受任何限制的，谁也没想到，这架在黑暗中飞离的军用机上，竟载着《台湾人民自救运动宣言》的起草者彭明敏。

一周后，远在欧洲的瑞典政府宣布，彭明敏向其申请政治庇护，已获批准。世界舆论为之哗然，台湾岛内引起了一场心灵大地震。一般民众的惊愕震撼自无须多言，当局对"盟友"美国竟如此不够朋友，出动军用飞机接运"台独分子"，感到大丢面子，不知所措，以致彭明敏出逃事件在里里外外闹得满城风雨了，台湾当局仍三缄其口，一言不发，只能"吃哑巴亏"。彭明敏在瑞典住了半年后即移居美国，长期从事"台独"活动，是"台独"较有影响力的人物。90年代，彭明敏得返台湾，再度掀起"台独"狂潮，这是后话。

由于蒋介石坚持"一个中国"的立场，坚决反对国际间各种"两个中国"、"一中一台"等分裂中国的阴谋，对"台独分子"采取了严刑峻法，使其在台湾无立足之地，只能在少数外国势力的庇护下苟延残喘，难以找到发展的空间。终及蒋介石去世，"台独"始终没成过大气候。蒋经国当政，在反"台独"上立场坚定，毫不手软。蒋氏父子坚决反对"台独"，维护"一个中国"，无论其动机如何，结果都是击退了分裂中国的阴谋，维护了国家统一，值得肯定。

六　争取海外侨胞的支持

对于孤守台湾的蒋介石来说，散居世界各地为数众多的华侨同胞，具有无可替代的重要作用。蒋介石和国民党当局十分重视争取海外侨胞，在"行政院"内专设了"侨务委员会"，每年秋天要借"国庆"、为蒋介石祝寿、"孙中山诞辰纪念"等节日，邀请旅居各国的华侨回台湾参观；建立了"华侨救国联合会总会"等组织，定期召开会议，壮大声势；以各种优惠条件吸引华侨青少年到台湾的大专院校读书，争取他们毕业后留台工作；1953年定每年10月20日为"华侨节"，蒋介石著文，勉励华侨加入其"反共抗俄"战线，"完成反共复国的任务"。[77]

海外华侨对台湾当局的作用，主要有两方面：第一，政治上证明国民党政权是代表中国的"合法政权"。这同台湾当局在国际上争取"外交承认"一样。华侨属中国籍是毫无疑问的，海峡两岸对立政权的并峙，使得华侨要选择其中的一个作为自己祖国的象征。台湾当局拼命争取华侨的支持，正是要华侨承认它的"合法性"，并企图以华侨的态度来影响其所在国政府在"中国问题"上的态度。蒋介石1956年10月出席"华侨经济检讨会"时要求与台湾有联系的华侨：[78]

应廓清侨胞的政治立场，坚决地站在反共救国鲜明旗帜之下，表明与奸匪朱毛势不两立。决不受'共匪'威胁利诱，而为其侵略工具。一面应即团结海外一切自由民主的力量，坚定立场，加强合作，为反共抗俄共同大业而效力。只有如此，才能强固侨胞自身的阵基。同时当地政府和人民，亦必自然提高对于我们华侨的信赖，逐渐消除其疑惧的心理。

第二，在经济上吸引侨资为台湾建设服务。不少华侨在海外靠辛勤劳动发了财，他们想以投资来报效祖国，而台湾的建设则正急需大量资金。蒋介石要求华侨能将自身发展与台湾经济的发展连为一体，打成一片。他说：[79]

我以为侨胞回国投资，来繁荣祖国的经济，固然是很重要。而另一方面，侨胞亦可利用祖国的物资与经济，发展海外贸易，更是重要的基本事业。务使祖国与华侨的经济联系流通，真能内外打成一片，增加国家反共抗俄的经济实力。此亦为侨胞报效祖国惟一途径。

台湾争取侨胞的目标是政治、经济两者并重，但不同时期在侧重点上略有不同。50年代及60年代初，以争取侨胞的政治支持为主，60年代中期以后，以争取经济支持为主。主要原因是60年代后台湾的国际地位及其与华侨的基本关系已渐稳定，"外交上"可开垦的处女地已几近于零。而"美援"停止后，台湾经济发展所需的大量资金只能以贷款及投资的形式获得，侨资是其首先能想到的资金来源之一，当局专门设立了吸储侨资的"华侨银行"。

　　蒋介石对争取华侨的工作较为重视，稍重要点的华侨去台团体，他都要亲自接见，款以茶点，表示他对于华侨在海外的权益"时刻关怀"，愿"尽力之所及，扶助华侨在各地的经济发展"，借以笼络华侨人心。蒋介石还常对侨务工作发出指示。由于上上下下的努力，再加上一些华侨领袖与国民党政权有着较悠久的历史渊源关系，台湾在争取华侨方面取得了不少成绩。至1965年9月，华侨在台湾设厂518家，投资总额在1.2亿美元以上，每年从台湾大专院校毕业的"侨生"也多达1000余人。[80]

　　1965年秋季，适逢"华侨救国联合会总会"在台北举行第二次大会，来自全球各地的亲台华侨云集台北。蒋介石借机数次发表有关"侨务工作"的谈话，接见侨胞代表团。这一系列活动集中表明了蒋介石和台湾当局在争取华侨方面的基本认识，主要包括：

　　一、将"反共"、"反攻大陆"同华侨的地位联系起来，拉海外华侨上"反攻大陆"的战车。蒋介石在11月17日接见侨胞代表时，借孙中山生前"华侨为革命之母"的评语称赞华侨的作用，把华侨同国民党政权联在一块，称被逐出大陆固然是国民党的耻辱，但"这也就是每一侨胞所感受到的奇耻大辱"。国民党坚持"反攻大陆"，就是为"答慰海外爱国的侨贤"。[81]他在"华侨节训词"中，希望海外侨胞能"秉持民族大义，坚持反共，在艰弥厉，发挥爱国精神，团结侨社力量，共同致力于光复大业"。[82]

二、要求华侨参与"经济制裁"大陆。蒋介石对侨胞说,一旦国民党政权"反攻",军事上绝无问题,"但是在对'共匪'的经济作战方面,还需要全体侨胞悉力合作"。"任何一个人,购用了一样'共匪'的物资,就是等于吞下了大陆同胞的一杯脂膏血汗!任何人消费了一件'共匪'的货品,就是等于供给了'共匪'杀害自己的武器弹药!"因此,他要求全球侨胞"一齐抵制"大陆外销的一切商品物资,"不仅是可以直接的促使'共匪'经济的总崩溃,而且也可以间接地增长我们反攻复国的战力和机势"。[83]

三、呼吁侨胞以资金支持台湾经济发展。1965年是台湾经济发展的一个重要转折点,一方面工业在经济结构中所占的比重越来越大,正在酝酿"经济起飞";另一方面,长期支持台湾经济的巨额"美援"将于年底中止。台湾当局不得不设法广开资金来源,而广大的侨资是较为可靠易得的。在"华侨节训词"中,蒋介石要求侨胞"输财救国",以资金支援台湾建设。他说:"切望我海外同胞,效法先烈追随国父冒险犯难,输财救国之革命精神,一致奋起,发挥力量。"[84]在10月下旬召开的"华侨救国联合会总会"第二次大会上,"行政院长"严家淦特别要求"在经济方面,各地侨胞和祖国之间,必须加强联系,扩大合作"。[85]"经济部长"李国鼎也专门赴会报告,他说明台湾经济的成就及未来规划,分析在台投资的前景,呼吁海外华侨到台投资,"希望华侨投资能逐渐推广于高级工业,并希望投资人以贸易为出发点增加投资,扩大输出……并可选择适当国内企业家合作,发展必能顺利"。[86]

海外侨资大量流入台湾,对促进台湾经济发展起了重要作用。

第十五章　"中华文化复兴运动"

一　"中华文化复兴运动"

"中华文化复兴运动"是台湾当局以"复兴文化"为由开展的一场思想政治运动。1966年11月12日，是孙中山诞辰100周年，台湾举行大规模的纪念活动，台北市阳明山新建的中山楼中华文化堂落成，蒋介石发表了《中山楼中华文化堂落成纪念文》。在文中他雕文凿字，叙述对中华文化的认识：[1]

> 我中华民族文化，至二千五百有余岁，至孔子始集大成，故曰：天不生仲尼，万古如长夜！而此尧、舜、禹、汤、文、武、周公、孔子圣圣相传之道统，屡为邪说诬民者所毁伤，降至今日，赤祸滔天，民族不幸，竟遭此空前绝后之浩劫！而我五千年来传统优秀之文化，几乎濒于熄灭而中绝，幸我国父之诞生，乃有三民主义之发明，而道统文化又一次集其"充实而有光辉之谓大，大而化之之谓圣"之大成。此不惟使我中华民族，于长夜漫漫中，启明复旦！亦使人类履道坦坦，共济于三民主义之新时代也！
>
> 国父发明三民主义，以继承我中华民族之道统为己任，乃使我五千年民族文化历久而弥新，盖我中华文化精华，尽撷于此也。

在这篇文章里，蒋介石借纪念孙中山、阐扬三民主义的机会，大谈三民主义与中国文化的关系，鼓吹"三民主义思想，不惟为中华民族文化之汇归；乃益为中华民族文化之保卫者也"，宣称今日台湾"实为汇集我中华文物精华惟一之宝库；且又为发扬我中华民族文化使民富且寿之示范也"。[2]

蒋介石文章发表的次日，台湾的一部分与官方关系密切的历史学家们立即召开座谈会，讨论蒋介石提出的新理论。接着，孙科、王云五、孔德成、张知本、陈大齐、于斌等1500人之众联名给台湾"行政院"写信，建议发起"中华文化复兴运动"，并将每年的11月12日孙中山先生诞辰之日定为"中华文化复兴节"，"冀使中华文化复兴并发扬光大"。[3]"行政院"立即接受了这个建议，并由蒋介石明令确定。台湾的名流、学者孙科、陈大齐、王云五、陈立夫、王世杰、张其昀、张道藩、罗家伦、钱穆、曾约农、林语堂、孔德成、张知本、钱思亮、刘季洪、孙亢曾、马寿华、陈纪滢、蓝荫鼎、龚虹等人，也纷纷表示意见，一致赞扬蒋介石的这篇文章。他们说："国父集中华民族五千年传统文化的大成，手订三民主义，进一步予以发扬光大。事实上国父的诞生，即为我中华文化复兴的起点，以这天订为中华文化复兴节，可谓恰当之至。"[4]

同月25日，"国大宪政研究会"开会。蒋介石主持会议并讲话，他重点说明了发起"中化文化复兴运动"的意义，称："发起中华文化复兴运动，实行三民主义，凭借传统人本精神与伦理观念，唤醒理性良知，消弭共产邪说，加强政治思想与经济反攻，再以全力进行致命打击。"[5]从1966年底起，蒋介石亲自推动的"中华文化复兴运动"就在台湾轰轰烈烈地展开了。

"中华文化复兴运动"的发生，有着复杂的政治、社会和思想文化背景。1925年，国民党的理论家戴季陶为反共需要，利用孙中山先生对传统文化的颂扬，最先鼓吹孙中山是自尧、舜、禹、汤、文、武、周公、孔子以降之中国道传统文化之集大成者，竭力塑造国民党是中国道统嫡传的形象，把"国民革命"说成是渊源于中国民族文化深处的一个"现代革命运动"。1927年后，蒋介石更以"道统"的继承人自居，为了镇压共产党领导的民主革命，巩固其政权，国民党不断散布"共产主义是外来文化"，"共产主义不适合中国国情"，中国文化是中共"第一号敌人"[6]等谬论，竭力把中国共产党与共产主义推到中国传统文化对立的一面，使其失去生存根基和土壤，以此打击共产党的发展直到最

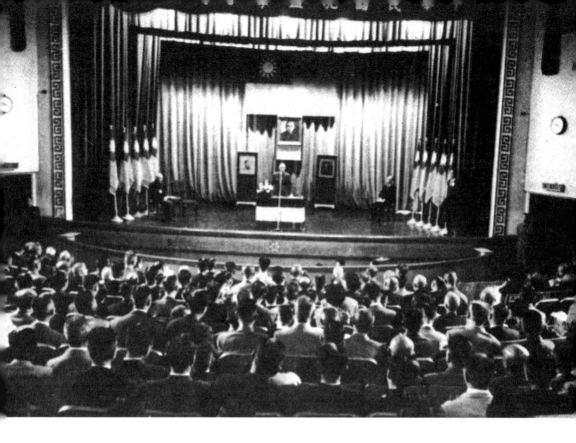

终消灭共产党。

然而，以正统自居、一贯标榜为中华文化"继承者"的国民党，却遭到了人民的唾弃，最终被赶到了台湾。

国民党在失去大陆后，在台湾的统治基础相当脆弱，蒋介石更加注重宣传传统文化，强调"法统"、"道统"，以证明其政权的"合法性"。他不惜歪曲事实，将国共斗争描绘成是一场"道德文化战争"，把国民党的失败说成是"中国文化的空前浩劫"，国民党在台湾的统治是维护"道统"，"反攻大陆"政策就是为了"复兴中华文化"。蒋介石不失时机地宣扬孔孟之道，出席祭孔活动，处处要塑造自己为中国文化"继承者"、"传道人"的形象。

另一方面，退居台岛后的蒋介石，开始总结和反省国民党在大陆失败的经验教训。他认为除政治、经济、军事原因外，更重要的是思想文化出了问题。国民党人思想不够统一，对三民主义不能笃行，是"败在

1960年4月10日，孔孟学会举行成立大会，蒋介石亲临致词。

革命精神的丧失"，败在"对革命的理论和革命的方法，欠缺认识，欠缺研究的上面"；因而"我们今后要领导革命，完成革命，就必须要党员言论一致，行动一致"。

此时蒋介石对中国传统文化的宣传和利用，有两个比较鲜明的特点：一是更加注重为三民主义寻求传统文化支撑。这样，只有孙中山以及他本人才是中华文化的真正继承人，只有台湾才是汇集中华文化"惟一之宝库"和发扬中华文化之"式范"之说，以及三民主义即中华文化之论，就师出有名了。

应该说，这是一种很不自信的表现。为此，蒋介石也只能傍传统文化这棵千年大树，拉大皮做虎皮，颇有狐假虎威之嫌。

二是进一步完善和充实其"力行哲学"。在蒋看来，以往国民党人"只知空谈幻想，不图改变"，缺少他一再强调的所谓"革命实践精神"，因而一与共产党对阵，"力量便无形瓦解了"。如今要想"反共复国"，"建立三民主义的国家"，用不着做更多理论探讨，只要跟着他这样的先知先觉，一心一意奉行他的思想主张，按照他讲的去做就行了。因为他的"力行哲学"与孙中山、王阳明的学说暨中华传统文化是完全一致的。

与大陆军事对抗，台湾显然不是对手，蒋介石深知这一点，也只有试图在道德文化上相抗衡。

蒋介石在20世纪60年代中期提出"复兴中华文化"的口号，并将其发展成为一场范围大、持续久的政治运动，有他较为明确的目的和为内外部的环境所致。

首先，是1966年中国大陆发生了一场史无前例的大动乱，使无数海内外中国人感到极大的震惊和困惑。这是一场打着"无产阶级文化大革命"旗号，给亿万中国人民带来深重灾难，使祖国优秀文化遗产遭到空前浩劫的运动。自然，台湾当局抓住这个机会加以利用，不失时机地拉起"复兴中华文化"的旗帜，以卫道士的面目出现，曲解中国传统文化，力图重塑已毁之形象，获取民心，反对中国共产党。蒋介石就曾说："中华文化复兴运动的发起，这实在也就是三民主义向大陆更积极、更全面的进军，因为中华文化复兴运动，实际上亦就是三民主义的实践运动。……中华文化复兴运动，就是要凭藉我们传统的人本精神和伦理观念，来唤醒这一代人的理性与良知，以建立起反共斗争真正坚强和必需的心理基础与精神动力，随后才能彻底地消除共产邪说，摧毁匪伪政权。"[7]"今日中华文化的复兴，在实质上，就是中华民国三民主义思想主流的延续，亦就是北伐、剿匪、抗战三大革命战役所达成'武力与国民相结合'的精神，而克敌制胜的惟一关键。"[8]可见，蒋介石"文化复兴"是虚，"反共复国"才是实。台湾"中央广播电台"向大陆宣布：蒋介石明定每年孙中山诞辰纪念日为"中华文化复兴节"，"主要在激励全民英勇奋斗，共同保卫民族珍贵的历史文化。希望留在大陆的史学家们，为维护中国优良传统历史文化而继续不屈不挠地与中共斗争"。蒋介石认为，他与大陆的斗争，"乃为文化斗争，亦为人性与兽性之斗争，只要我民族自信心与文化之传统性存在于每一国民血液中，则民族复兴决无问题"。[9]为此，广播电台决定增设三个对大陆广播的特别节目，加强宣传。

国民党在去台的近20年中，一直难有机会与中共较量。虽高调"反共复国"，但犹如风过耳。1966年大陆发动的"文化大革命"，对台湾当局而言，不啻为一根救命稻草，当然不会轻易放过这一同中共进行思想战与文化战的"天赐良机"。动机不纯，初衷不善，为浓烈的政治空气所包裹，使得这一运动的文化含量就大打折扣。

其次，伴随着台湾经济的发展和国民党奉行的"以党领政"的方针而带来的社会道德沦丧、社会风气普遍下降，引起当局的不安。20世纪60年代中期后，在西方价值观念的冲击下，台湾社会追求物质享受的风气，在达官贵人的带动下愈加浓厚。特权泛滥、政风败坏、贪污腐化、窃盗猖獗、世风日下、色情赌博盛行、贪求不劳而获等。"在工商界，病症更是不胜枚举，吃、穿、用一切皆假，如假油、假药、假账，假出口真套汇、空头支票满天飞，牛肉、猪肉大灌水，白米当中掺石粉，营造商偷工减料，制造业仿冒商标，乃至逃税、偷税等现象，深刻暴露出工商界所患'虚假狂'的严重性。"[10]台湾世风日下的"时代病"，引起了民众的极大关注和对当局的不满，一部分人或撰文或演讲，呼吁改良社会风气，"充实国民精神生活"，提高道德水准。无奈，台湾当局请出"中国固有文化"，用作治疗社会问题的良药，试图仰赖"礼、义、廉、耻"为救世灵丹，来改变社会奢侈之风。蒋介石就指出："复兴中华文化不仅要维护和保存优良的文化传统，重要的是要发扬我们的伦理民主科学的三民主义文化的光辉，也就是要提高我们国民的品德修养……""复兴文化运动，应从学校、社会、家庭教育三方面着手，而以提高伦理道德，建设社会秩序为重心，并以实行新生活为规范。"[11]固然，提高社会道德水平无可非议，但国民党极力回避造成这类问题的根源是"导源于各级官员和执法者的乖违和不力，以及制度和结构本身的缺陷和腐化"。[12]不抓住要害，切中时弊，自然收效甚微。

三是用中国传统文化抵制西方文化浪潮的冲击。"雷震案"之后，台湾的反对势力在高压政治下不敢公开抗争，只好剑走偏锋，以文化为武器。以李敖为代表的宣传西方文化、倡导"全盘西化"的一批人，猛烈抨击传统文化，对国民党"道统"也表示出怀疑。1965年10月，李敖在《文星》上发表《我们对国法党限的严正表示》，公开批评国民党当局。他的言论不仅在思想文化界产生强烈震动，并且对社会也产生了一定的影响，与国民党的既得利益发生严重冲突。对此，台湾当局深感忧虑，蒋介石亲自下令，要开除与《文星》有关人员的党籍，对《文星》"应即迅速设法予以封闭"。[13]强行压制，使李敖获罪入狱。但文化的争论及影响绝非强权所能禁锢，蒋介石便祭出中国传统文化这面大旗，希望在这基础上，建立一种"文化自信心"，[14]以对付"全盘西化"论者的挑战。蒋介石在《革命复国的前途》一文中指出："中华民族立国于亚洲大陆，外患内忧，虽纷至沓来，而仍能救国图存拨乱后治，所倚恃的，也就是这一伟大的传统精神与文化力量。"[15]自由思潮，"全盘西化"论，在台湾颇有市场；经济迅速发展的同时，道德水准下降，长久形成的传统价值观受到巨大冲击，并威胁到国民党在台的统治地位。

为了弘扬中国"国有文化"，努力改良社会风气，充实国民党精神生活，保持国民党当局的优势，蒋介石的中华文化复兴运动，就是吹响了反击和应战的冲锋号。

1967年7月25日，台湾当局宣布将成立"中华文化复兴运动推行委员会"，其主要工作：一、推动伦理、科学、民主与文化建设。二、鼓励公私科学文化学术研究机构发扬中华文化传统。三、协助推进民族精神、智能、道德、风气、人格。四、推动实施国民生活规范。五、推动大陆与海外"讨毛"联合阵线。28日，台湾各界在阳明山中山楼举行"中华文化复兴运动推行委员会发起大会"。由蒋介石出任委员长，孙科、王云五、钱穆、于斌、左舜生、林语堂、王世宪、钱思亮、谢东闵组成主席团。其后孙科、陈立夫、王云五担任副委员长，谷凤翔为秘书长。重要干部人选均由蒋介石提出，再由中央秘书处"拟议呈核"，由蒋最后"核定"。[16]30日，国民党中央委员会颁布了《推行中华文化复兴运动办法》：一、加强学术研究；二、推动社会生活；三、举办文艺活动；四、教育配合；五、倡导大众传播；六、加强妇女工作；七、揭发大陆暴政。同时颁布四条措施：一、加强三民主义教育；二、坚定战斗意志；三、弘扬传统文化；四、加强对中共认识。随后一场持续数年之久、波及台湾与海外的"中华文化复兴运动"如是兴起。

为在台湾普及该运动，在总会下特设各专门委员会，计有：国民生活辅导委员会、文艺研究促进委员会、学术研究出版促进委员会、教育改革促进委员会和基金委员会、中国科学与文明编译委员会、中国科学技术发明奖助委员会、国剧推行委员会、设计研究委员会、标准行书研究委员会等。台湾当局还颁布了"国民生活须知"，从"一般守则"，到衣、食、住、行各方面订出规定性条款达99条。

"中华文化复兴运动"自1967年发轫，在70年代初形成高潮。这个运动的中心内容就是利用孙中山的某些言论，散布"中国文化、三民主义、'中华民国'三位一体"论。

　　1922年，孙中山在桂林和共产国际代表马林曾有过一次谈话，孙中山说："中国有一个道统，自尧、舜、禹、汤、文、武、周公、孔子相继不绝。我的思想基础就是这个道统，我的革命，就是继承这个正统思想，来发扬光大。"[17]蒋介石抓住这段话大肆发挥，曲解中国文化和三民主义，声称，"三民主义以继承中华民族大道德行知和传统为己任"，"三民主义为民族之托命，亦为我文化之凝聚"。[18]显然，蒋介石大谈三民主义和中国文化，绝非为了学术研究，他要给世人造成一个印象，三民主义就是中国文化，是一脉相传的。他曾说过，"中华文化的精髓就是以伦理、民主、科学为内涵的三民主义，所以中华文化复兴运动就是三民主义的实践运动"。[19]以此论断，"中华民国"、中华文化、三民主义三者之间具有不可分性，而蒋介石和国民党顺理成章地成为中华文化的保护神。

　　在提出"复兴中华文化"之后的60年代末70年代初，台湾党政要人、学界名流掀起一股"阐述"三民主义与中国文化关系的热潮，陈立夫、陶希圣、梁寒操、马树礼等人，或长篇，或短论，纷纷著文论述三民主义具有中国传统文化的特质，说什么中国"固有的优秀文化，主要就是一部三民主义"。[20]博大精深的中国文化，"首尾贯彻于三民主义之中"，并把三民主义与中国文化的关系，用一个公式来表述："民主+中国文化传统=三民主义。"[21]他们倡导要"活用儒家思想"，"即研究集儒家思想之大成三民主义"。[22]蒋介石就说，"三民主义实集中华文化之大成，中华文化也因三民主义的弘扬，而愈益充实光辉"。也就是说，研究中国传统文化与儒家思想，只需研究三民主义即可。

　　一句"活用儒家思想"，无意中道出了当局的真实用途。把博大精深、内涵丰富的中华文化，用一句话来概括，未免有些偏激。对中国传统走向现代化这个极为复杂而又深刻的问题，从问题的提出，到解决问题的终结，不管是文化发展的导向，或是现代化发展的趋势，都不可能完全归结于所谓"三民主义"的框架之内。

　　"文化复兴运动"推行以来，在台湾形成了一股颇大的声势。文化搭台，政治唱戏。蒋介石发起这项运动的初衷，就明显与政治紧密结合在一起。文化是陪衬、是契机，政治才是主角，项庄舞剑，意在沛公。他说："我们今日如要复兴民族，消灭'共匪'，亦就先要复兴我们民族的文化。于是我们对于这个文化基础——'天人合一'的哲学思想问题，必须求得其一个彻底的解决，这实为今日反共斗争中最迫切的当务之急。"[23]这再清楚不过地表明了推行"复兴中华文化"的实质。文化只是导向，以文化诠释政治，以此作为统治当局坚实的基础。它的出台，不是单一的文化举措，而是带有很强的政治目的，是国民党蒋介石集团对中共意识形态总决战中的一个重要篇章。原本弘扬中华文化使之光大，只要做得得体，未必不是件好事，但它是在蒋介石别有用心的操纵之下推行的，其最终的结局自然走入歧途。

"文化复兴"如果只停留在少数学者阐发传统文化的微言大义，强调三民主义的历史与理论价值上，必然与黎民百姓脱离，作为一个运动也就会失去社会基础，成为无本之木，这显然是当局所不愿见到的。于是当局制订了《国民生活须知》等，将民众的日常生活都纳入到"文化复兴"之中。

1971年2月12日，"中华文化复兴运动推行委员会"修正通过"文化复兴运动再推进"计划纲要，规定了"文化复兴再推进"的五个努力方向：

（一）"文化复兴"与生活结合：（1）以四维八德为基础，继续加强推行《国民生活须知》与《国民礼仪范例》。（2）继续加强推行国语运动。（3）推展文艺运动，净化文艺作品，改进大众传播内容。

（二）文化复兴与教育结合：（1）改进教育制度，充实学校课程。（2）加强本国史地教学，培养"反共爱国"思想。（3）加强学生生活教育，增进德智体群四育均衡发展。（4）鼓励学人回国讲学任教。（5）提倡职业教育，辅导中学学生就业。（6）积极推行全民体育运动。

（三）文化复兴与学术结合：（1）汇合政府与民间力量，共同推行科学研究及创作发明。（2）扩大中外图书交换，选择最新科学著述。（3）加强国内外各学术文化基金或奖学金的联系运用，奖励文化投资与文化基金捐献运动。（4）继续从事古籍今注今译工作，或择要予以新式标点。

（四）文化复兴与"外交"结合：（1）以文化为前驱，争取国际人士了解与同情，以转变国际间"姑息妥协"的言论与行动。（2）建立海外中华文化活动中心，传播中华文化。（3）大量制作具有民族文化风格影片唱片等，免费或低价供给侨校、侨社、留学生、旅外学人、外国社团及大众传播机构播映。

（五）文化复兴与"国防"结合：（1）唤醒同胞对"共匪"的"倒行逆施及企图彻底毁灭我中华文化的狠毒行为"，予以直接间接地打击。（2）揭发"共匪"在国际间的文化宣传伎俩。（3）加强"空投"、"海漂"、"隔海喊话"及"大陆广播"等心战措施，掀起大陆同胞的"革命浪潮"，以达内外夹攻的目的。（4）整肃文化战线，扫除毒素宣传，"以坚强革命阵营"。[24]

如此详细的条款，很能说明台湾当局对推进"中华文化复兴运动"的重视。其后，台湾当局又制定了再推行计划分工实施进度草案，责成各有关机构执行，使今后"文化复兴运动"进一步与国民生活、教育、学术、"外交"、"国防"等五大环节密切结合。

综上内容不难看出，"中华文化复兴运动"有弘扬文化、加强道德观念等积极的一面，但其针对大陆而作出的政治性攻势，如文化复兴与"外交"和"国防"的紧密联系，却又与弘扬文化不着边际。究其原因，正如蒋介石曾大肆鼓吹的，"今日之反共斗争，推本溯源，实为思想与文化的战争，未取决于疆场，先取决于人心，不专恃武力以制毒，而尤亟于道德精神之重振"。[25]说什么，"复兴中华文化，实行三民主义，不只是中华民族的精神堡垒，而亦就是我们光复大陆的基础"。[26]可见打着"复兴中华文化"的招牌，行"反共复国"之实，才是蒋介石更重要的目标。

  "中华文化复兴运动"在台湾当局的大肆鼓吹下，可以说是"深入人心"。但是它取得的成就何在？1971年2月22日，"中华文化复兴运动推行委员会"秘书长谷凤翔在国民党中央总理纪念周上的报告中进行过阶段性总结，他声称，"中华文化复兴运动工作的推广，是从文化宏扬、文化保卫、文化建设、文化作战等方面齐头并进"。其主要成绩为：在文化宏扬方面，整理出版中国经典及思想名著，保存历史文物，收集并研究乡土文献，经常举办展览及活动，复制古画古物，普遍向海内外发行，加强文化交流访问，鼓励国剧及艺术团体至"友邦"演出，大量拍摄民族风格影片，协助及奖励整个革新国剧、国术、国乐、国医等使之现代化及科学化；在文化保卫方面，积极防止并取缔诲淫诲盗及思想荒谬的作品表演等，阻止不良作品表演嬉痞等风气传播，培养善良风俗，积极倡导国民体育、德育、群育、智育均衡发展；在文化建设方面，兴建现代化体育场、剧院、美术馆及各项文化活动中心，推行《国民生活须知》，有计划地由军中向社会、由学校向家庭推展，制订《国民礼仪范例》，表现中华文化礼仪风格、实施九年国民教育，实施"国家长期科学发展计划"，培植科学人才，设置学术及文艺奖金，提高学术研究水准并积极发展新文艺运动，三军教育以文化复兴为精神训练主题，大规模兴办青年娱乐活动；在文化作战方面，运用心战策略，向大陆推展文化复兴运动，在海外地区加强知识分子团结，对"共匪"展开联合作战，在台湾内外展出"共匪暴行"资料照片实物等，激发同胞"敌忾心"，通过国际组织及各种活动，宣扬中华文化之优美，进而共同努力摧毁"共匪伪政权"。[27]从这一总结也可看出，台湾当局推动"中华文化复兴运动"希望所达成的多重目标。

蒋介石在1972年7月28日"中华文化复兴运动"推行委员会第五次全体会议上的书面发言中，竟然把"中华文化复兴运动"与欧洲文艺复兴相提并论，"文化复兴，为一长期性运动，其伟大绩效，决非咄嗟间所可立见。如西欧文艺复兴运动，孳孳不辍，为时甚久，始克有成"。并声言"从中国文化之大开大阖的历史发展路线看，可说我们国民革命运动开始之日，文化复兴运动即已发轫"。[28]谷凤翔也说，台湾的"中华文化复兴运动"具有国际意义，"亦将为动荡中的世界，创造了精神文明的标准"。

1973年12月7日，蒋介石在给"中华文化复兴运动"推行委员会第六次全体委员会议颁发的训词中，有如下小结："回顾过去六年，本会工作，成就殊多，如对古籍之整理，西方名著之译介，国民生活之端正，礼乐教化之激扬，科技发明之提倡，均已显示出文化教育之功。"[29]如果仔细审视一下蒋介石的讲话，发现此时他本人已经比较实际地看待"中华文化复兴运动"的成绩，没有将其"反共复国"和捍卫中华文化联系在一起。其中原因之一是，此时的时局演变已彻底打破了蒋介石曾有的梦幻，中华人民共和国的国际地位已不可动摇，他必须正视现实，这应是他不断自省后的认识。

台湾当局在侈谈"三民主义就是中国文化"、"实践三民主义就是复兴中国文化"等言论的同时，也采取了一些具体措施，有针对性地来推行"文化复兴运动"。一是在总会下设置各种专门委员会，各负其责；二是出版了古籍今译。

　　国民党当局发起的"中华文化复兴运动"，编织中华文化、三民主义、"中华民国""三位一体论"，主要矛头是对准中国共产党的，其强力推行的结果，使得部分台湾知识界人士和海外侨胞自觉不自觉地接受了"三位一体论"，把国民党统治下的台湾视为中华文化的象征。当然"中华文化复兴运动"对台湾的社会风气也有纠正的效果。然而，与台湾当局的期望与所投入的人力物力相比较，收获微乎其微。20世纪70年代，国际形势及台湾社会各种矛盾激烈变化的趋势，使国民党为"文化复兴运动"规定的政治导向受到冲击。《中美联合公报》的发表，诸多国家纷纷与台湾政府断交，保钓运动唤醒了台湾人民的祖国意识，许多台湾同胞摈弃了反共八股，在对中国历史文化的思考下，越来越关心国家、民族的现实命运和台湾的前途问题。民族意识的凝重，使得"中华文化复兴运动"的主题淡化了，渐渐失去了社会基础。

　　蒋介石发动"中华文化复兴运动"的背景、手段与效果，很容易使人联想起他于1934年在大陆发动的另一场运动——"新生活运动"。当时蒋介石面临着中共与日本的双重压力，便祭起传统文化的大旗，试图通过对"四维八德"的宣传，"收拾人心"，通过对民众日常生活进行准军事化的规范来强固其统治。"新生活运动"从江西开始，演变成了一场遍及全国的运动。但在民族矛盾与阶级矛盾异常激烈的当时，中国人民连日常生活都难维持，何来"新生活"。"新生活运动"在喧闹一阵后，很快就无疾而终。与此相比，"中华文化复兴运动"有颇多类似之处。其中最典型的，就是政治意义远大于文化意义，在很大程度上是适应了国民党蒋介石集团的反共政治需要。尽管它在中西文化关系处理及其他社会改革方面，态度和措施较为平和和贴近实际，但仍难满足转型期中台湾社会发展之需。进入80年代以后，这一运动渐趋萧条，最终划上一个休止符。

台湾当局推行"中华文化复兴运动"。原本是打政治牌，移花接木。不意却留下一批具有学术价值的古籍今译，在客观上对整理、注释、出版中国历史古籍作出了一定的贡献，受到欢迎和重视。迄至1981年3月，台湾商务印书馆已出版古籍今译共28种，它们是：《尚书今注今译》、《周易今注今译》、《说苑今注今译》、《诗经今注今译》、《老子今注今译》、《荀子今注今译》、《礼记今注今译》、《庄子今注今译》、《周礼今注今译》、《春秋左传今注今译》、《墨子今注今译》、《论语今注今译》、《孝经今注今译》、《史记今注今译》、《孟子今注今译》、《春秋公羊传今注今译》、《孙子今注今译》、《大学今注今译》、《中庸今注今译》等。

台湾"学术研究出版促进委员会"和"中央图书馆"，为展示台湾30多年来中国文化的研究成果，提供了详细的研究参考资料，同时编印了《中国文化研究论文目录》，收录单篇论文计12万多条目，由商务印书馆印行。商务印书馆带头，其他出版机构也纷纷仿效，选译古籍，其中最著名的有《白话史记》、《白话三国志》、《白话资治通鉴》等书。这大概是"中华文化复兴运动"最具有正面意义的结果，可谓无心插柳柳成荫。

以往，大陆学者对"中华文化复兴运动"的评价多为贬语，近来对这一问题则有了一些新的看法。认为，随着"中华文化复兴运动"的推行，它所产生的客观效果和当初的主观动机不尽吻合。客观上，它对台湾社会还是产生了一定的积极正面影响的，主要表现在如下几个方面：

一、为继承发扬中华文化作出了一定贡献。除了在专业领域内因对各类古籍文献进行整理与研究所取得的成绩外，以国学的推广与普及，提高了台湾那一代人甚至其后几代人的传统文化素养，作用不凡。中华文化得以保存并在台湾生根发芽，其中部分要归功于蒋介石所倡行的"中华文化复兴运动"。两岸同根同文的文化认同，是相互间交流沟通互信的牢固纽带。这为未来统一大业的完成，奠定了最本质、亦是最重要的基础。

二、对于传统文化现代化进行了积极的探讨。现代化是一个社会各个层面的变革，其中文化现代化尤为重要。没有这一点，没有现代化文化所塑造的人，就不会有真正意义上的现代化。尽管传统文化中的某些价值取向及特质，阻碍着现代化的发展。但我们决不可因此就断然抛弃我们的传统文化而全盘西化。必须承认，中华传统文化已渗透到整个民族的方方面面之中，具有不可动摇的共性的鲜明的特征。它是历史留给我们的巨大财富，是我们现代化的土壤和根基。基于这一点，中华文化复兴运动则对此进行了有益的探讨，对于传统文化的继承、创新做了非常有价值的努力，较好地整合了传统文化与现代化之间的关系。

三、有益于增加台湾民众对中国传统文化认同感和民族意识的回归。日占时期，日本对台湾人民实行思想文化上的渗透与控制，极力推行"皇民化运动"，中国传统文化受到弱化和排斥。而60年代"全盘西化"的浪潮，亦对此产生不小影响。"中华文化复兴运动"开展后，强调以恢复中华固有文化为口号，彻底清除日本殖民文化和西化的影响。在教育上，着重培养爱国精神，重视、推广传统文化，使学生能够了解中国文化的优良传统并发扬光大。文化复兴运动的开展，激发了台湾民众的中华大一统意识，使得台湾文化重新纳故中华文化轨道，促进台湾本土文化与祖国文化的融合。这在某种程度上实现了台湾民众文化与民族意识的回归，端正了社会风气，提高了社会道德水准。

四、对稳固台湾社会、迅速推进现代化起到一定作用。文化复兴运动前期的进行，正是台湾经济迅速成长的时期，也是社会处于激烈转型的时期，而台湾在这一时期却是相对稳定的。究其原因，在国民党推行文化复兴运动中，对纲常伦理的提倡，有助于国民素质的提升和道德水平的提高，进而影响到社会风气的端正和社会秩序的稳定。有专家对达成稳定的成因进行了分析探讨，认定其中的核心就是文化复兴运动期间经国民党批判改造、消化发展的传统文化，尤其是儒学。儒学的天道观念、大一统思想、纲常伦理有助于增加社会的凝聚力，维系国民党在台统治，实现台湾社会的稳定与发展。台湾现代化运动高潮的出现，几乎与文化复兴运动同步，不难看出，两者之间应存在着某些必然的因素。

也许，"中华文化复兴运动"，并未真正起到"复兴"之功，但它对文化的传承意义和作用不可忽视。"中华文化复兴运动"已成历史，但台湾重视伦理教育则始终继续，至今仍每年颁发"全国"孝行奖。而国语的推行，使台湾绝大多数人都能讲一口纯正的普通话。台湾至今保存有不少孔庙，每年孔子诞辰纪念日，台湾各地都举行祭孔活动，其盛况绝不亚于大陆。儒家学说的精神，在台湾随处可见，大多数民众以保有传统中国文化为荣，一定程度上还是得益于中华文化复兴之功。[30]

二 推行"九年国民义务教育"

当代台湾教育的发展，大致经历了两个阶段：一是国民党退台后对教育的再认识，这主要是从政治的角度去考虑和着手的，"政治应与教育打成一片"，"今日教育，要使他发生反共救国的效用"。[31]这就是蒋介石当初的教育观。通过对学生的严格控制，使他们循规蹈矩，遵纪守法，从思想上确立"新的观念"，成为当局所期望的人才。二是逐步在改善教育环境和条件的基础之上，实行"九年国民义务教育"，为台湾的经济发展和建设培养所需人才。

1950—1960年为第一阶段，主要是控制教育，禁锢师生思想，将教育纳入当局的禁绝"异端思想"，稳固统治基础和推行"反攻复国"的各项政治之中。政治对教育的干预极大。

蒋介石败退台湾后，在检讨失败原因时，承认学生运动给予的打击是沉重的。他曾说过："最重要而又最值得研究的是教育问题……只因多年教育的失败，所以造成此次全面失败的主因。"[32]他认为，"所谓教育的失败，不只是学校教育的失败，而更确切地说，是失败在我们缺乏健全的教育方针和教育政策上面"。[33]具体地说就是在教育方针的制订和整个教育实施过程中，"忽视了国家观念、民族思想和道德教育"。而在学校教育中则存在着"升学主义、形式主义和孤立主义三个缺点"。在他看来，过去教育的失败是由于未能实现"三民主义的教育政策"，使学生思想涣散，走到国民党的对立面。

正因为教育具有如此重大的意义，蒋介石为了维持和巩固在台湾的统治，亡羊补牢，提出整顿教育，强化对教育的控制。蒋介石把教育提到了很高的地位，指出"教育是救亡图存的教育……那最急需的就是如何反共，如何复国的精神教育和生产教育，也就是道德教育和职业教育"。同时又提出"要建立以伦理、民主、科学的三民主义教育"。[34]于是，台湾教育当局根据他的指示，具体制订了"民族主义的伦理教育，民权主义的民主教育和民生主义的科学教育"的三民主义教育方针。

对于教育的功能及今后教育方针的确定，国民党过多的是从政治的角度去考虑，吸取大陆的教训，主要从管制学生出发，试图从思想上、行为上给予一个框架，要求学生循规蹈矩。所谓"三民主义教育方针"就是在教育内容和教育过程中，通过对学生灌输蒋介石所一贯宣扬的民族固有的伦理道德："礼义廉耻"和"忠孝仁爱信义和平"的"四维八德"，以控制台湾青少年的思想。通过对学生灌输"民族至上，国家至上"的信念，把学生造就成服从其统治的顺民，以杜绝一切反对国民党统治的学生运动的发生。教育当局对学生强制灌输和整个社会的高压政治形成一定约束力，台湾的现状、当局的所作所为，无不使学生处处谨小慎微，不敢轻举妄动。国民党政权迁台前夕，陈诚曾镇压了台湾大学的学生运动，"戒严令"禁止学生运动在内的一切民主运动。

1950年6月，台湾"教育部"颁布了《戡乱建国教育实施纲要》作为台湾教育工作的准绳。《纲要》计26条，对于加强三民主义教育、辅导失学青年、修订各级学校课程及教材、奖励学术研究、转移社会风气及实行"国际教育文化合作"和"准备收复区教育重建"等，均做了详细的规定。

随后，"教育部"又根据这一《纲要》陆续颁布了一系列教育法令、纲要。如1952年3月颁布的《中小学实施生产技能训练方法大纲》、同年4月颁布的《戡乱时期高中以上学生精神军事体格及技能训练纲要》、1953年2月颁布的《生活教育方案》、1955年10月颁布的《专科以上学校三民主义教学改进要点》、1956年1月颁布的《加强各级学校学生体态训练实施纲要》、1957年11月颁布的《加强专科以上学校劳动服务实施纲要》等。[35]在这些文件中，规定实行严格的教材审查制度，教学内容以有利于国民党统治和为蒋介石歌功颂德树立权威和宣扬"反共仇共"思想为主。中学以上的学生必须接受严格的军训，以补充军队的不足，军事教官长驻学校，不仅负责军训，还有管束学生思想、行为的责任，军训成绩不合格者，升学升级都要受到影响。蒋介石、蒋经国控制的"青年反共救国团"是校园里惟一可公开活动的组织。国民党发动的各项政治运动，多以学生为教育对象或主要力量。在如此严密的控制之下，台湾在蒋介石死前未出现过有组织的学生运动。对比大陆时期，或者同一时期西方及一些第三世界国家和地区风起云涌的学生运动，不能不说国民党控制教育的政策获得了成功。

台湾当局比较重视教育工作，在教育内容上推广技艺教育和注重生活教育，实施生产训练，提倡科学研究，这可以为社会经济建设提供合格的人才，满足台湾各方面发展的需要，具体说，是为了国民党在台统治地位的稳定，但从长远看，也不失为一种新的举措。

国民党接收台湾后，利用日本占领时期小学教育比较普及的基础，在台湾首先推行了六年制"国民义务教育"。到60年代中后期，整个台湾地区的六年制"国民学校"已达到2.2万余所，班级4.5万余个，学生人数达234.8万余人。与日本殖民时期教育最繁荣的1944年相比，学校数目增加近2倍，学生人数增加2.5倍以上。如果将"国民"学校学生人数与台湾省总人口相比较，在日本投降前夕，每7个人中只有1名小学生，但到了1965年，就增加到每5.6人中即有1名小学生。从学龄儿童就学率来看，日本殖民时期儿童就学率最高达71.3%，到1967年则上升为97.5%以上，[36]这就是说，当时台湾已基本上普及了六年"国民教育"，每个孩子都能有学上。

在中学方面，一般中学都实行六年的"三三制"，即初中三年，高中三年。据统计，到1967年，台湾的公私立中学共458所，较日本占领时期最多时的45所增加了许多，而就学生而言，初中生有49.9万余人，高中生有14万余人，两者相加比日本占领时期最多的人数翻了22倍以上。日本投降前夕，台湾每140个人中才有1名中学生，到1966年，则上升为每19个人中就有1名。[37]

尽管这样，台湾教育当局不满足于现状，仍为中学教育的发展采取了以下措施：

第一，明确高初中归属。50年代初，台湾教育思想中较为普遍地认为：初中教育是延续"国民教育"的基本教育，而高中教育则应注重人才教育，以奠定学术研究及高级专业训练的基础。基于两者教育目标不同，培养原则各异，教育当局自以分设为宜。1955年，教育部规定：今后设置中等学校，以省办高中，县市办初中为原则。该方案实行后对台湾中学教育的发展起到了积极的作用。高初中分设后，教育目标明确，学校的师资、设备得以集中，省办高中，注重质的提高，县市办初中，注重量的发展。这样，既为延长义务教育年限打下一定基础，也在一定程度上缓和了当时初中入学考试的激烈竞争，显得分则有序，分则合理。

第二，有计划设置学校。台湾光复后，中学增加不少，但往往缺乏整体规划，分布极不合理，造成部分学校人满为患，而部分中学却又出现生源不足。为此，台湾教育当局于1959年制定了《台湾省中学学校预定分布图设计要点》，提出县市立初中的设置以"一乡镇设置一学区中学"为目标。省立高中的设置则以适应地区需要及均衡发展为原则，并决定根据县市未来10年人口、交通、经济文化发展的可能情况为增设学校与否的依据。

第三，鼓励发展私立中学。台湾当局为减轻自身的负担，增加学生入学机会，采取了许多措施鼓励私人办学，如停办省立中学初中部，改善了私立初中生源不足的现象；在规划学校时，如该地区已有私立学校，则新设学校的规模必须在不影响私立学校生源的基础上建制，以有利于私立学校的存在和发展。到1967年，台湾的私立学校已发展到118所，而当年日本占领时期台湾私立学校最多时仅有6所。[38]

60年代中期，随着经济的恢复和初步发展，既为教育提供了物质保证，也对教育提出了新的要求。自1963年工业生产在经济结构中的比重首次超过农业后，台湾的工业开始进入"起飞"时期，先后实施了第四期、第五期四年经济建设计划。第四期计划期间工业年均增长率达17.8%，第五期计划期间工业年均增长率更快，竟达到21.3%。这种增长速度是少有的。经济的增长，无疑对发展教育大有裨益。十年树木，百年树人。没有钱，教育的发展从何谈起？同时，经济建设速度加快，客观上提出了优化劳动力素质，满足经济发展的需要，这就要求教育也要跟上去。还有一点，就是人的道德水准，应该怎样做人？蒋介石曾多次就"国民教育"发表讲话，"国民教育的目的，在教育学生成为一个爱国、合群、负责、守纪、且足以表现中华民族道德与文化及能明礼仪、知廉耻的堂堂正正之现代国民"。"教育的目的，就是要使人民无论道德、学问、能力，都能够得到健全的发展，成为完全的国民。"[39]

蒋介石看到了"国民教育"的重要，是延长"国民教育"的倡导者。早在1963年他视察金门时，就提出金门地区"国民教育"可研究试行九年制的做法。金门县据此拟订方案：国民不分贫富、性别，义务教育机会一律平等；先行展开延长"国民教育"工作，再求改进等等，并制订《金门县试行延长国民教育实施办法》，经核准于1964年试办九年"国民义务教育"，嗣后设立金湖、金沙初级职业学校，金宁、列屿初级中学，1967年8月又改为"国民中学"，原订6年完成的计划提前3年完成。

"试验田"的成功，使蒋介石充满信心。1967年6月27日，他在"总统府国父纪念月会"上指出，要加速推行九年义务教育计划。8月9日，他在国民党中央常委会上又提出，九年"国民教育"之实施，务须自1968年学年度开始实施。他认为，"九年国民基本教育，应该从加强国民基本知识、生活规范、尤其卫生常识、与现代科学精神、科学技能着手。更应该以启发性教法，代替灌注式教法，作为国民基本教育的特点"。同时指出，"九年制的国民教育，亦非徒为教育时间的延长，就学机会的普及与均等，更重要的，乃为国民教育内容的充实与本质的改进"。[40]此前，蒋介石曾于6月30日召见"教育部长"阎振兴、台湾省政府主席黄杰、台湾省教育厅长潘振球及台北市教育局长刘先云，"剀切指示要积极筹划延长国民教育年限为九年"。

正因为前期教育的发展，奠定了较好的基础，所以到60年代台湾教育进入了第二个阶段，其标志是1968年开始实施的"九年义务教育"。"六年义务教育"取得成功后，台湾教育也面临着新的问题：其一，台湾经济建设的迅猛发展，人民生活相对稳定，使得人们对就学和升学的期望日益提高。其二，由于台湾当时正处在从农业社会向工业社会过渡时期，小学毕业后如考不上初中，如此之低的文化水准是不能适应社会发展需求的，故很难谋得职业。一旦失学，这些少年则无所事事，往往整日游荡街头，滋生是非，造成青少年犯罪现象日益加剧。其三，联合国教科文组织规定凡学龄儿童就学率达到70%以上的国家和地区，均应考虑延长义务教育年限。1960年该组织召开亚洲会议，提出的《卡拉奇计划》要求亚洲各国在80年代以前将义务教育延长到7年或7年以上，当时不少国家都照此去做，这些对台湾地区产生了一定的约束和影响。其四，当时大陆正处"文化大革命"时期，教育事业受到全面冲击，台湾当局为提高自己在国际上的"名声"，企图借延长"国民教育"年限来获取政治资本。

在蒋介石指示下，1967年台湾有关部门明确表示要加速推行"九年义务教育"计划。当年3月25日，"教育部长"阎振兴在"立法院"提出，"为配合学生志愿升学，台湾将发展九年一贯制学校，要把延长国民教育作为当前教育工作的重点来抓"。[41]7月，"行政院"宣布，将把义务教育由6年改为9年，现正在拟定具体办法。8月，"行政院"通过了专案小组提出的《九年国民教育实施纲要》和《延长国民教育有关经费事项会商结论报告》，此计划实施共需资金31亿元，同时决定"九年国民义务教育"自1968年度正式实施。为了表示对教育的重视，蒋介石特以"总统"名义发布命令，正式实施"九年国民义务教育"，儿童由7岁入学，至16岁完成国民教育。[42]随后，台湾教育当局制订了一系列有关法令条规，作为实施之依据，其内容为：

一、"国民教育"年限延长至九年，并分两个阶段执行，前六年为"国民小学"阶段，后三年为"国民中学"阶段，其课程标准根据九年一贯制的精神制订。取消原来的中小学教材的重复部分。二、"国民小学"、"国民中学"划分学区，分区设置，学区内小学当年毕业生免试分发至学区内中学入学。三、私立初级中学应依照"国民中学"课程标准实施教学。四、"国民中学"学生免纳学费。清寒学生免收其他费用，并设立奖学金，奖励优秀学生。五、"国民中学"课程标准应以民族精神教育和生活教育为中心，兼顾学生升学与就业两方面的需要，增加职业科目和技能训练，以配合学生就业的需要。六、加强扩充地方教育行政机构，将原县教育科改为教育局。七、办理九年"国民教育"所需的经费，除地方当局在地方税收部分内拨给外，其余则采取加征田赋和各种教育捐税的办法以满足之。

经过一年多的筹备，包括筹集经费，兴建校舍，配备师资力量，编印教材等，台湾"九年国民义务教育"于1968学年正式实施。为此，蒋介石特颁训词，指出教育的方式与目标是"以启发式代替注入式，以诱导代替强制，以伟大的爱与力来启迪学生的思考、判断、创造能力，启发学生的爱国心、公德与责任"。[43]蒋介石还训示，"小学教育侧重生活与伦理，中学教育侧重公民与道德，将'四维八德'，贯穿于生活之中"。并要求"国民小学毕业一律分配到国民中学就读，未完成九年国民义务教育不得就业"。[44]

"九年国民义务教育"实施后，"国民小学"的入学率从1968年的97.67%增至1980年的99.72%。1967年，小学毕业生的升学率为62.29%，而实行的当年（1968）即达74.66%，至1975年继续上升到90%以上，达到了普及"九年国民教育"的目标。[45]在实施"九年国民教育"的当年，台湾的公私立高级中学共177所，3209个班级，在校学生15万余人。为适应"国民中学"升学人数增加的需要，高中校数和班级数也随之增加，到1972年，高中校数发展到203所，班级数发展到4264个，学生人数达到19万余人。

由于国民党当局在台湾推行"九年国民义务教育"有所成效，在此基础上，1979年5月23日又颁布了《国民教育法》，以法律的形式来巩固其成果。

综上所述，台湾的"国民教育"工作，到了60年代末、70年代初，如同经济的发展一样，也有了长足的进步。在此基础上，得以不断发展，逐步走上了一条有序的道路，成绩显著。而在这其中，蒋介石一直都表现出相当的关心和重视，或指示重点，或题词训示，把教育的重点提到一个很高的高度。他提倡"师道尊严",注意提高教师的社会地位,将教师与军人和公务员在待遇上并列,薪金由政府经费拨给,即使在财政最困难时也给予保证,并在税收上给予减免的优惠,确保教师始终是社会上较为富裕的阶层。1959年"八七水灾"时,蒋介石下令要首先抢修灾区的各级学校,并规定必须保证新修的校舍质量。第一批"九年国民义务教育"学生毕业时,蒋介石发布训词,要求学生为社会贡献力量。1972年的"国大"上,蒋介石专门谈到"国民教育",他说:"以教育而言,我们贯彻了九年国民教育的进程,发展了长期科学教育,也推动了中华文化之复兴,这就是恢复民族智能,恢复民族道路的理念之实践。"[46]

顺便提一下,"中华文化复兴运动"对"九年国民教育"的推进多有影响。这不仅因为"九年国民教育"的正式实施,是在"中华文化复兴运动"兴起后的1968年,有着某种呈递关系;更因为在台湾教育体制的这一重大变革中,"中华文化复兴运动"推行委员会所属的教育改革促进委员会发挥了重要的推进作用。正如其推进委员会秘书长谷凤翔所说:"十年来中华文化复兴运动努力推行的最大功效,是策划完成实施国民九年义务教育。"[47]

在发展教育事业的同时,台湾当局也对科技事业给予了一定的关注。先是确定1954年为"发展科学年",次年"中央研究院"得到拨款重建,1959年"行政院"制订了《国家长期发展科学计划纲领》,成立了"国家长期发展科学委员会",负责主持台湾的科研工作。但因财政困窘,早期投入支持科研的经费极为有限。60年代末随着经济发展,投入也有所增加。1968年1月,蒋介石主持"国家安全会议",通过了台湾科学研究长期(10年)、中期(5年)和近期(2年)的规划。1969年又专设"行政院国家科学委员会"作为常设的主管科技发展的行政机构,台湾的科研工作从此走上正轨。由于人才、资金、设备的缺乏,台湾的科技发展只能在具有应用价值的领域集中力量,新竹工业园区的建立,明确地说明了当局将科技与产业结合的意图。

台湾教育和科技的发展，为经济发展提供了高质量的劳动力和技术保证，同时对稳固国民党的统治也有相当的作用。而这一点正是蒋介石所企求和"额外"的收获。

三　"反共建国联盟"

在蒋介石、国民党的心目中，"大陆政策"始终是他们确定所有内外政策的核心。所谓国民党的"大陆政策"，是指退居台湾后的国民党对中国大陆的政策，最初是以"反攻复国"为核心的军事对峙。

1950年3月19日，蒋介石提出"革命第三阶段"，他把北伐称为第一阶段任务，抗战称为第二阶段任务，"反共抗俄"称为第三阶段任务。基于此点，1952年2月1日，国民党中央改造委员会通过《反共抗俄总运动员运动纲领》，其中心就是建设"反共复国基地"。

同年10月，国民党召开第七次代表大会，通过了《中国国民党反共

四五八 蒋介石的后半生

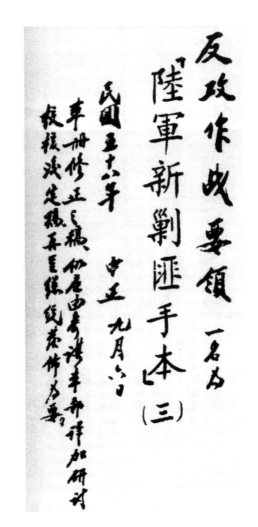

抗俄时期工作纲领》，正式确立"反攻复国"大陆政策的具体目标和行动纲领，提出在"军事反攻"的同时，开展"心理作战"、"政治作战和敌后作战"。

然而，国民党的这一大陆政策，受到来自美国和大陆中国两方面的制约。有鉴于此，国民党虽然继续坚持"反攻复国"立场，但基调有所降低。1957年10月，在国民党第八次代表大会上通过决议，确定"反攻复国战略，得以政治为主，军事为从，主义为先锋，武力为后盾"。

1958年8月，人民解放军炮击金门、马祖，两岸之间发生激烈炮战，一时酿成"台海危机"。迫于舆论压力和自身利益考虑，美国要求国民党当局采取军事守势和政治攻势。无奈之下，蒋介石声言，实现统一中国使命的主要途径"非凭借武力"。并开始修正武力"反攻大陆"的口号，提出"光复大陆"，恢复大陆人民之自由的主张。

由于无力实现"反共复国"、"反攻大陆"的梦想，他们只能不断推出新的口号，开展新的运动，来维持民间的"反共"热度，以等待新的机会。

1963年11月的国民党第九次代表大会上，中心议题之一是确定"反攻复国总体战"方略，筹组"中华民国反共建国联盟"，国民党副总裁陈诚在《政治报告》中声称，"反共斗争是一种长期的总体战"，它包括在政治、经济与文化、社会各方面，以及过去与将来的作战，并不仅仅限于一时的军事作战。目前国民党的战略原则是以"政治为前锋，军事为后卫，使大陆革命与台海战争相结合"。对此，大会审视"反共战争"的实际需要，确定中心任务是以"七分政治"辅以"三分军事"，策进对大陆的政治战，渗透大陆，发展策反组织，有计划有组织地从事各种破坏活动，以配合军事作战。[48]

60年代的最初几年，国民党加强窜扰大陆的活动，曾派遣多股武装特务进犯广东、福建沿海地区。同时用海军在浙江、福建、广东的沿海及港口，加强禁运封锁。但是，在多次海战、空战和炮战中，国民党军队均遭败绩。面对强大的人民解放军，蒋介石不得不自认力不从心，深感难以用军事反攻为主要手段推进大陆计划，遂改变方略，重又提出"中华民国光复大陆的指标，乃是以民主政治、民族精神、伦理文化、人心归向，来光复大陆，而不仅以军事力量为主"，[49]从而形成一种"长期的反共总体战"。

"九全大会"上，蒋介石再次自欺欺人地提出"现一切反攻准备，即已接近就绪"，为使"举国意志更加集中，才智更加发挥，行动更加一致"，他向大会提出筹组"中华民国反共建国联盟"，并拟定《反共建国共同行动纲领》提案交会议议决。提案主要内容为：[50]

（一）中华民国反共建国联盟以集中海内外意志与力量，提供反共建国大计，争取胜利为主旨。（二）中华民国反共建国联盟为在现行宪政体制下之全民性结合。（三）中华民国反共建国联盟以个人为主体。由各民族、各党派、各宗教、各社团、各侨团、各经济团体、各学术文化团体、各妇女及青年团体——特别是敌后组织，具有声望、成就与代表性之人士参加之。（四）拟具《反共建国共同行动纲领要案》，融会各方意见，提出联盟会议，以为今后共同行动之准据。（五）中华民国反共建国联盟会议决议事项，其属与政府职权者，经由政府有关方面采择施行。（六）责成九届中央委员会根据上项原则，研拟具体方案，付之实施并望于最短期内达成此一任务。

到了60年代中期，随着台湾政局的相对平稳，经济上日渐发展，蒋介石的心情又轻松许多，他又再度鼓噪，对大陆挑起新的攻势。不同的时间、不同的情况，总要赋予新的内容，因此，拼凑所谓"反共联盟"，就是其又一杰作。他试图通过此举引起世人的注意，使得台湾在世界反共力量中占有一席之地。由以上内容可以看出，"反共建国联盟"仅仅是蒋介石"反共复国"政策的一个变体，是在军事反攻受挫后的无奈之举。如果说要有新意的话，是该联盟要以"个人为主体"，由广泛的社会阶层与团体参加，"以集中海内外意志与力量"。其实以国民党对台湾社会的绝对控制力，只需蒋介石一声令下，这个联盟无需大造声势就能瞬间而立。值得注意的是，蒋介石在提案中将"敌后组织"列入联盟的重要组织部分，除了虚张声势外，也包含着他确实对靠自身力量"反攻"感到无望，而幻想着大陆内部的变化。

国民党"九全大会"通过了蒋的提案，并决议尽快建立"反共联盟"。1964年1月1日，蒋介石发表元旦文告，针对各界对联盟的种种疑问，宣称"反共联盟"不是一个一时性的政治利益的结合，而是一个"肝胆相照、反共建国、共同负责的组织"，要求迅速建立该组织。[51]

"行政院长"严家淦3月20日在"立法院"答复"立法委员"的质询时声称，"反共建国联盟的召开，不会超越宪政体制"，将来"联盟的任何意见，如需先制定法案者，当然必须先经过立法程序"。

4月，台湾"行政院"成立"反共建国联盟筹备委员会"，院务会议通过"反共建国联盟筹备会"组织条例，决定筹委会由谷正纲、袁守谦、陶希圣等7人组成，谷正纲为召集人，下设秘书室于台北，辖议事、联络、新闻、总务4个组，各项筹备事宜紧锣密鼓地展开了。但是，各方对"反共联盟"存有种种疑虑，反响冷落，参加者寥寥无几，实际筹备工作异常缓慢。

1965年1月1日，蒋介石在一年一度的"元旦文告"中声称，"一年来的突击就是反攻的前奏，今年完成组建'反共联盟'，各方有志人士加入，共赴国难"。[52]其后，他又对美国记者称："自由世界三五年内，必可铲除中共政权。"

蒋介石说这番话是别有用心的，他十分清楚，组建反共联盟，只依靠台湾国民党的力量是成不了气候的，必须把美国——这个"自由世界"的领头羊请出来，发挥它的影响，以至带动整个世界。同年8月，蒋介石在接见美国记者时的一番话表明了他的这一观点，他说："美国应当采取有效的步骤解救亚洲当前危机，组成以美国为首的反共联盟；美国不能退出亚洲。应当注意中共的阴谋……"[53]并提出"中国问题获得彻底解决，亚洲的乃至世界性的一切混乱、迷惘、怯懦，所造成的红色灾害劫难，才能因而得到最后的解决"。[54]言外之意，美国要是不唱主角，不进行干涉，中共很可能危及整个亚洲乃至世界的安全，这将影响到美国的利益。因此，"反共联盟"不单单只是对于台湾有利，对美国来说则更为重要。国民党中央委员会秘书长唐纵在美国访问时也四处游说，鼓吹筹建中的"反共联盟"的重要性。他说成立反共建国联盟的目的，"乃是在可能最广大的基础上，达到全国团结"，认为这是"对中国大陆发动反攻前夕的必要步骤"，以期获取海外华人和美国当局的支持。[55]

美国人对蒋介石要将其拉入"反攻大陆"的企图保持着警惕，当然不会轻易许诺。蒋的期望落空，而"反共建国联盟"终因缺乏内外条件无疾而终。蒋介石着力鼓吹号召了两年，竟连个基本组织形式都未完成，只好不了了之，这在台湾是罕见的。如果说在号召组建联盟过程中有何收获的话，那就是蒋介石提出所有人在"反共"旗帜下团结起来，对瓦解海外"台独"势力起了较大作用。

四 "讨毛阵线"

"反共建国联盟"未建立起来，但中国大陆的形势却发生了出乎蒋介石意料的变化。

中国大陆从1966年开始了一场史无前例的"文化大革命"，这场运动使得大陆政治上出现动荡，经济发展遭到破坏、停滞，造成极为混乱的局面，给外界带来不良影响。蒋介石对大陆的内乱如获至宝，大加利用，在反共策略上把原来笼统的"反共"提法浓缩，改为具体的"反毛"运动。利用"文化大革命"所造成大陆暂时的困难，把矛头直接指向毛泽东，以期掀起一场反毛之战。他曾说："我们对中共的态度，只是认定其罪魁祸首之毛泽东为惟一敌人的！其余毛共内部，无论是不是过去黄埔的教官和学生，都不算是我们的敌人，因为他们都是反毛的，有许多还是反共的。毛共的口号是'不是同志，就是敌人！'我们的口号却是'不是敌人，就是同志。'我们只认定毛泽东为惟一的敌人，在毛泽东之外，只要是觉醒的，就没有不可以合作的……除毛泽东这个惟一的敌人外，其他我们都没有当敌人来看待的。"[56]企图通过打击一个人，达到既分离中共内部、又造成联合多数的一石二鸟的目的。蒋介石提出一切"反毛"力量联合起来，并重申三项保证、十项约章。蒋介石曾经被中国共产党领导的革命统一战线所打败，如今，他想照搬硬套，利用攻心战术，走政治道路，来达到其目的。所谓"三大保证"、"十条约章"是蒋介石为分化大陆，号召官兵民众举行"反共起义"而论功行赏的办法。当初提出时，根本没有对大陆产生任何影响。"文化大革命"中，大陆内部高层受到冲击，政局动荡，社会混乱，蒋介石觉得有机可乘，所以旧话重提。

"文化大革命"同时导致中国大陆在外交方面受挫。相对而言，台湾不利的外部环境却在一定程度上有所改观，生存空间压力减少，蒋介石认为时机已到，加快了发动"讨毛阵线"的步伐。在1967年的《元旦文告》中，蒋介石大谈"讨毛救国"，称："对毛匪戡乱战争相持十七年之间，已形成了今日内外反毛之大时代，而且在此十七年来，敌我实力的对比与攻守形势的转变，正在继续不断地消长之中……"为了扩大"讨毛阵线"，他提出了四点纲领：

> （一）精神主于物质，政治先于军事。（二）重用专才，实行新政。（三）汇合海内外才智，仰赖全民族奋斗。（四）消弭全球核战，达到世界和平，不论党派，不论阶级，不计恩怨，一切反毛力量携手光复神州。

这些内容与"反共建国联盟"大同小异，说明"讨毛阵线"只是蒋介石根据局势演变提出的新策略，是旧瓶装新酒。

即使面对大陆局面一片混乱，蒋介石也不敢再向民众开出那种"一年准备，两年反攻"之类的空头支票，而只是说："今日摆在我们面前的主题，已不是军事反攻大陆如何胜利，奸匪毛贼何时授首的问题……今日光复大陆的问题，乃在如何收拾毛贼所遗留的毒素与残局，而何时反攻大陆与埋葬毛匪乃成为次要的问题。这并不是我们军事反攻战备从此就可以松懈片刻，坐待其毛匪自取灭亡之意，乃是指政治性质在目前讨毛战争中更为重要。"[57]

为了贯彻蒋介石提出的"讨毛阵线"，台湾当局把它列入施政方针之中，"副总统"严家淦向"立法院"提出，"扩大反毛阵线，支持大陆抗暴，推行文化复兴运动，增强三军战斗力"。

蒋介石在3月29日青年节文告中，对"讨毛阵线"的内容作了更具体的说明：[58]

（一）成立讨毛救国联合阵线。联合所有反毛的个人的、集体的势力和组织，不论工农兵学商，不论宗族、党派成分，亦不论以往一切是非恩怨，只要能实践"不是敌人，就是同志"的信约，翻然改图，抗暴反毛，就是讨毛救国阵线的盟友斗士！（二）汇合讨毛救国联军。联合所有觉醒的共军士兵、起义武装与抗暴组织，以及敌后游击部队和我们国民革命军，一齐讨毛救国。（三）扩大讨毛救国的青年运动。青年子弟必须以反共内应来救国，以动员战斗来报国！（四）大陆任何起义，政府必定驰援，金马台澎自由基地电台，希望反毛力量取得联系。

为扩大宣传效果，国民党金门前线驻军，立即将其讲话，分用气球及广播喊话扩大向大陆飘播。传单和广播喊话特别强调蒋介石训词所提示之各项：凡是抗暴反毛的就是"讨毛救国阵线"的盟友斗士，亦是"国民革命军"的分遣军。并告知"大陆同胞"随时与台湾前线保持联络，国民党军亦可随时空运补给，派军驰援任何地区的"反共起义"。

当年台岛举行第十五届"华侨节"，与台湾关系密切的部分侨胞赴台湾观光游览。蒋介石抓住机会，向侨胞兜售他的"讨毛阵线"。他煞有介事地说，"我政府无时不刻以吊民伐罪、讨毛救国为惟一职责。我们必须团结海内外一切反共力量，意志集中，行动一致，共同完成光复大陆，解救同胞神圣的使命"。他要求各地侨胞"努力推行中华文化复兴运动，彻底粉碎匪共邪恶思想；加强对匪经济作战，随时抵制匪共劣货倾销；扩大讨毛救国联合阵线"。并希望"侨社各阶层、各行业形成坚强的组织，一致奋起，竭智抒忠，输财政力，并争取侨居地朝野人士的合作支持，于祖国复兴大业，作更大的贡献"。[59]蒋介石见缝插针，大造舆论，对争取部分对大陆"文化大革命"疑虑不满的侨胞起了一定作用。

蒋介石并不满足于对"讨毛"的经常性宣传，他的目的是要建立一个固定的组织，专门负责"讨毛"的各项日常工作。11月21日，国民党在召开的九届五中全会上，通过了《讨毛救国联合阵线十项主张》，之后，国民党中央常务委员会又通过了《建立讨毛救国联合阵线初步计划要点》。

1968年1月，台湾在"自由日"14周年纪念日同时举行扩大推行讨毛"救国运动大会"，蒋介石在会上发表讲话，宣称："政府已确定了建立讨毛救国联合阵线的行动方针，期使一切反毛反共力量，不论海内海外，敌前敌后，都集中在三民主义的旗帜下，携手并肩，同趋一的。我复兴基地军民，自应本此认识，成为发动此一运动的核心力量，积极推进，以竟全功……"[60]蒋介石自以为只要"讨毛阵线"一旦发动，响应必众。他曾口出狂言，"反毛就是救国"，大陆任何沿海地区发生抗暴，国民党军队可以在6小时内驰援。[61]

那几年只要一有机会，蒋介石必谈"讨毛阵线"。他还放言，要把"反毛"扩大到世界范围，声称要"联合全世界反共力量，加强讨毛救国运动"，号召"我中华国民无分党派，无分职业，只要是集中在三民主义国民革命旗帜下，致力于反共反毛的都是同志，大家本着伦理、民主和科学的精神，分别从政治、经济、文化、军事及社会各阶层的各个岗位上，贡献其智慧，竭尽其能力，以讨毛救国、复国建国为己任，全民动员，一致奋起，加强海内海外反攻复国人心的汇合，加速敌前敌后讨毛反共军民的会师"。[62]他还题词："海内海外一条心，一齐来参加讨毛救国的联合阵线，铲除匪伪政权，建设伦理、民主、科学的三民主义的新中国。"[63]蒋介石试图利用大陆"文化大革命"所造成的恶果，来反证衬托台湾的"稳定与发展"，孤立大陆，在国际上形成一个"讨毛"联合阵线。

蒋介石还发表过《告中共党人书》，共分10个部分，企图挑动大陆内部的党员，投入"反毛"运动之中，居然提出"要在大陆推动反毛运动"，[64]但在大陆丝毫没起作用。10年"文化大革命"期间，大陆没有一处发生过蒋介石所期望的"讨毛起义"。那时在大陆，蒋介石臭名昭著，没人愿与他联在一起。

对于蒋介石提出的"讨毛阵线"这一行动，不仅在台湾是光打雷不下雨，在国际上也没有得到什么响应，就连美国这个最亲密的盟友也无任何说法，这使蒋介石很难堪，他不得不哀叹今后要"靠自力更生消灭毛共"了。

时间的日历牌翻到了1973年，大陆虽仍在"文化大革命"期间，但已度过了最混乱的时刻，尤其是在外交方面有重大突破。1971年10月，联合国大会以压倒多数通过"接纳中华人民共和国，驱逐台湾代表"的提案；继而在1972年2月，美国总统尼克松访华，中美在上海达成联合公报；同年9月，日本总理大臣田中角荣到北京访问，29日，中日两国联合声明签字，日本与中华人民共和国建立外交关系，同时与台湾断交。蒋介石"讨毛"不成，毛泽东反而愈加成为国际媒体关注的焦点、成功的象征。蒋介石和台湾则成了国际间争相离去的"弃儿"，这大概是历史对他的一次大嘲弄，足以说明在情绪化的"反共讨毛"支配之下，蒋介石是不识时务，未能跟上时代的脚步。

1973年以后，热噪几年的"讨毛救国阵线"，在历史发展不可阻挡的趋势下，终于自行消亡。

第十六章 "外交"大溃败

一 联合国席位保卫战

联合国是第二次世界大战后建立的一个最大的泛国际组织，实行一国一席一票制度。中国是联合国的创始会员国，并且是安全理事会的常任理事国。1949年后海峡两岸出现对峙，且双方都声称代表"全中国"，所以中国政府和台湾当局为争夺联合国内的"中国代表权"展开了激烈的角逐。

保住在联合国的席位，是台湾当局"外交"政策中与维持美台关系并驾齐驱的两大目标。国民党政权失去大陆后，维持联合国席位有其"特殊利益"：对内，可借席位证明当局"仍为全国人民的惟一合法代表，仍然保持着中国大陆的主权"，[1]便于统治；对外，则巩固国际活动空间，阻止国际间对大陆政府的承认。"行政院长"俞鸿钧曾说过，台湾"在联合国席位一日存在，直接可以阻止'共匪'插足一切国际机构，间接可以保持我与大多数尚未承认'共匪'国家之关系。我深知阻止'共匪'进入联合国，未必能阻止各国承认'匪共'，然一旦'共匪'进入联合国，势将加速各国对于'共匪'之承认，予我以至大之不利"。[2]

台湾在美国的帮助下占据了联合国大会及安理会内的中国席位后，又屡次向联合国提出了"控告苏联侵略中国案"，目的既在于要充当"国际反共"的先锋而向西方阵营邀功，又把"苏联侵略"夸大成其大陆失败的原因，将其在岛内推行的"反共抗俄"推向国际。蒋介石在1950年4月会见合众社记者时说，"联合国本身之前途及甚至世界未来之和平，系视乎联合国对于中国所提出之控苏案能否采取一项清晰而勇敢之决定来断"，"余深信联合国之存亡，系以如何处理中国控苏案为关键也"。[3]企图操纵联合国成为其稳固岛内统治的工具，口气之大，令人咋舌，实为自不量力。

朝鲜战争爆发后，美国等西方国家操纵联合国通过了一系列不利于朝中方面的决议，台湾更是上蹿下跳，充当着西方阵营的马前卒。1955年11月联合国建立10周年之际，蒋介石专门发表"纪念文告"，因为台湾在美国为首的西方国家的支持下在联合国获利甚多，故他对联合国充满着赞扬：[4]

> 在联合国成立初期的十年当中，联合国所赖以建立的理想之具有实际价值，已由许多事实方面获得证明。吾人已见到联合国在社会及经济方面获致显著的进步，这对各国人民之间相互了解的增进，以及生活水准的提高，都有很大的贡献。至于政治方面，联合国对苏俄违反中苏条约的谴责，与联合国在韩国所采取的阻遏共产侵略的集体行动以及战俘的志愿遣返，均为此一世界组织最重大的成就。中华民国政府与人民对联合国的和平大业均曾积极参加，深感荣幸。

蒋介石所列举的"联合国成就"，多是对台湾有利的那些决议。他同时又抱怨说"联合国并未完全满足人类的期望"，当然是指台湾多方面的要求尚未满足。为能保住席位，台湾在自身经济尚靠美国援助支撑的情况下，紧缩财政支付巨额会费，其所缴会费占国民总生产毛额（GNP）的比例，始终名列各会员国之首，而同期台湾所获联合国的经济援助却微不足道。[5]

随着新中国实力的增强和外交政策的成功，每年的联合国大会上都有关于接纳中华人民共和国驱逐台湾的提案，支持的国家也越来越多，台湾感到极大的压力，每年都要为保卫席位而战。有位台湾高级官员形象地说，台湾的驻外机构"就像不买票进戏院一样，始终忐忑不安，不知什么时候会被撵出来"。1956年，国际间流传美国在日内瓦会谈中讨论允许中国政府派代表团出席联合国大会的可能性。蒋介石十分惊恐，大肆宣传如让大陆加入联合国，"对于自由将为莫大之损害"。他对美国报界表示，希望美国政府在中国席位问题上要"立场不移"，"不致违反正义，自毁立场而引狼入室"。[6]当有人问到如果大陆加入联合国，台湾是否会接受"两个中国"的观念，继续留在联合国内时，蒋介石断然予以否定："联合国若违反国际正义，一至于此，自不复为吾人所尊重之国际组织，联合国若准许'共匪'加入，我国定将撤销对联合国之支持。"[7]

1960年第15届联大表决"中国代表权"提案时，支持台湾当局与支持中国政府的国家已很接近，蒋介石非常紧张，命令有关部门研究原因寻找对策。结果采取了两项措施：由美国等国提出议案，确定"中国代表权"为"重要问题"，需由2/3以上成员支持才能变更，为台湾的席位加了一道保险；为争取非洲新独立国家的支持，广开票源，制定了"对非农业技术援助长期计划——先锋计划"，通过向非洲和拉丁美洲国家派出农耕队，提供援助，来影响这些国家在联大的投票行为。这样双管齐下，一时渡过了危机。

1961年10月第16届联大前夕，蒋介石专门发表谈话，阻止新中国入会。他针对支持新中国国家增多的趋势说：[8]

本人相信，目前主张联合国容纳"共匪"者，除少数明显的"共党"工具外，大多数系对"共匪"及整个共产集团的本质缺乏认识，而误以为姑息政策可以导致和平。本人同时也深信，多数自由国家对此已有认识，绝不会容纳"共匪"入联合国的。我们要知道，"共匪"混入联合国，受害者决不限于中华民国，即联合国本身亦失去存在意义；"共匪"及整个共产集团之声势必因此大张，其侵略阴谋必因此更为积极；其最终的结果，无疑是加速世界大战的爆发。

为了确保席位，台湾当局甚至不惜放弃某些"原则"。从50年代中期起，蒙古人民共和国要求加入联合国，台湾以该国是"苏联支持下从中国分裂出去的，无资格加入联合国"为由坚决反对，多次使用否决权。到60年代初，苏联提出如果台湾再否决蒙古人民共和国的入会要求，它将否决同时申请入会的一批非洲国家，意在让非洲国家迁怒于台湾。蒋介石在"外蒙古"入会问题上与美国产生了严重的分歧，认为美国是在搞"两个中国"，双方争论最激烈时，蒋介石甚至不惜与美国破裂，退出联合国来要胁。面对肯尼迪总统的劝告信，蒋介石强硬地回复说"中国代表权问题及吾人反对外蒙入会一事，不仅关系敝国在联合国席次之保持，且实为我国家尊严与民族自尊心之所系"，请美方予以同情之谅解，并暗示他不会屈服于强权政治。[9]

但美国也不退让，蒋介石考虑再三，权衡利弊，只得下令作出让步。台湾当局代表在1961年联大又一次投票表决蒙古人民共和国入会要求时，不敢再反对而离席弃权，其后只能再发声明表示自己在"外蒙古"问题上的立场。

12月15日，联合国大会对美国等国提出任何涉及中国代表权变更的议案都是"重要问题案"的议案进行表决（根据规章，重要问题需要三分之二票数始得通过），最后是61票赞成、34票反对、7票弃权，其中12个非洲法语国家对此投赞成票。蒋介石自我打气，认为这个结果的赞成票比其预期多6票，是一"重大胜利"。[10]该方案被通过为联大第1668号决议案，保证了此后10年台湾在联合国内占据中国的席位。但在"缓议案"时期，中国代表权问题根本就不能进入联合国大会讨论，台湾的地位可以确保。将"缓议案"改为"重要问题案"，等于是台湾拆了一道防火墙，这是蒋介石起初坚决反对的原因。因此，中国代表权问题在联合国变为"重要问题案"，也是台湾遭受的一次失败，是其在国际环境与美国压力之下不得不接受的苦果。[11]

台湾当局的策略颇为奏效，加上不久中国大陆开始"文化大革命"，对外关系出现波折，台湾在每年的席位"保卫战"中都全力以赴争取支持，担惊受怕中在联合国多赖了10年。1970年第25届联大上，台湾虽派"副总统"兼"行政院长"严家淦亲临纽约督战,"接纳中华人民共和国驱逐台湾"的提案仍获得51:49票的多数通过,只是由于未达到"重要问题"所需的2/3多数,才使台湾涉险过关。但这一结果意味着台湾的代表权"保卫战"已到了最后关头。

二 被逐出联合国

蒋介石面对台湾在联合国岌岌可危的形势,已感到被逐出联合国的日子不会太远,必须有所准备,他在1971年预定的工作中,将联合国代表权问题列为当年所有重要问题的首位,也比较悲观地认为"应有退出联合国之准备与决心",与其被驱逐,不如"作光荣自动退出较宜"。但他也不甘心,提出"世事无常,应有弹性应变之研究"。[12]蒋介石在1970年12月主持"国家安全会议"时特别提示与会人员,"立国之道,操之在我则存,操之在人则亡。我们本着坚忍不屈的革命精神,经过21年来的艰苦努力,今天已使台澎、金、马基地成为坚强的反共堡垒……大家要认清我们自身所具备的革命条件以及我们在全球性反共斗争中所处的关键地位。只要大家坚定信心,坚持原则,精诚团结,勇毅奋斗,在政治、外交、军事、经济、文化与社会各个方面,努力不懈,于进步中更求进步,于革新中更求革新,必可加速反共建国大业的胜利与成功"。[13]显然是要部属们预做准备。

1971年6月1日,尼克松总统在记者招待会上说,关于中国在联合国的代表权问题,美国所持的态度,他不想在7月中旬以前作出决定。实际上,美国已经感到,继续把中华人民共和国排除在联合国之外的做法是行不通的。在此之前即5月初,尼克松曾派资深外交官墨菲前往台湾,探询国民党当局对允许大陆进入联大,同时维持台湾在联大席位这一构想的意见,亦即"双重会籍案"。墨菲向蒋介石暗示,在加拿大与中华人民共和国建交之后,又有很多国家已经或准备同中华人民共和国建交，再把中华人民共和国排除在联合国之外实无可能。只要台湾与美国合作，美国就可以保全其在安理会的席位。他说，甚至有一种可能，即中华人民共和国拒绝入会，那样的话，台湾在联合国的地位至少在一段时间内不会改变。

蒋介石听后思虑再三，表示假如美国不支持北京入会的提案，又假如美国再次领导联合国所有看法相同的国家支持所谓"重要问题案"，他愿意遵照美国的计划行事。不过，蒋介石慎重提醒墨菲，"美国前总统肯尼迪曾保证必要时将使用否决权，维护台湾在联大的席位"。言下之意，希望尼克松在关键时刻能使用这一杀手锏。交谈中蒋介石还提及，美国最好不要作为"双重代表权"提案的签署国，但台湾方面不反对美国推动"友邦国家"提出此提案。他不希望美国开这个口子，因为一旦美国提出后，恐怕将会引起一些国家的误解，帮倒忙。

从蒋介石对墨菲的答复看，实际上已放弃反对"两个中国"的立场，或者说台湾当局已不反对"两个中国"，但又寄希望于北京反对"两个中国"，而由台湾当局坐享其成。但在公开场合，台湾方面仍表示坚决反对"两个中国"。此前，蒋介石在接见合众国际社总裁时，就重申反对"两个中国"政策的立场，并提出警告："联合国如果准许'共匪'加入，实际无异给它本身签署死亡判决书。如果予匪共以可乘之机会，它将无所不用其极地破坏这一世界组织。如果联合国这一世界组织具备对'共匪'加以谴责的正义与公正精神，这是一个不难解决的问题，中华民国政府将尽一切努力，阻止'共匪'入联合国。"[14]随着联大开会时间的接近，台湾上下一片忙碌，紧锣密鼓地开展各种"外交"活动，妄图以此来反对大陆进入联合国。但是，处在守势的台湾"外交"，已释放不出多少能量。蒋介石的情绪也十分低落，他在6月"国家安全会议"上分析当前形势时说："在今年一年之中，将不知有多少的困难、危险和痛苦，横在面前……"[15]悲观之情溢于言表。

7月15日，尼克松宣布接受访华邀请。19日，美国国务卿罗杰斯接见台湾"驻美大使"沈剑虹，表示情势已有变化，除非让中华人民共和国得到安理会席位，否则"双重代表权"方案绝难通过。美国同意再次提出"重要问题案"，但很可能无法获得半数支持。事已至此，美国能做的，只剩下维持台湾在联合国大会的席位。仅仅才3个月时间，美国的态度发生重大变化，前后判若两人。

美国的改变，使台湾当局进退维谷。在罗杰斯发表声明后，台湾方面的反应十分暧昧：既不能公开接受"双重代表权"案，又不敢力辞美国的做法，只是强调反对大陆入会，要求会员国"主持正义"。台湾当局"外交部"发表声明，称"中华民国政府乃中国惟一合法民选政府，在联合国之地位已由宪章明白规定"，自认为"并非联合国曾对中华民国有何重大之贡献，实因中华民国不欲坐视联合国之日趋混乱与败亡而不予以挽救"。深盼"大多数会员国能认清敌友，明辨是非"，并呼请"所有爱好自由、和平及正义之会员国协力击败'排我纳匪案'，以维护联合国宪章及其精神"。[16]处在窘境之下的台湾当局，此刻是无奈又无助。

8月，台湾当局召集驻亚太地区国家"使节"在台北集会，由"外交部长"周书楷报告台湾在联合国席位的严峻形势，要求各"使节"清醒地认识到联大当前情势，加强"外交"战线的协同配合。会议结束时蒋介石会见与会代表，为其打气，"愈当艰难时刻，愈要艰苦奋斗，此即独立不挠的革命精神之激扬"。"虽然媚匪姑息气氛弥漫，但由于缄默大众对共产邪恶的了解，内心上实多亲我助我。"[17]尽管台湾当局对外的表现相当强硬，但私下已十分清楚本身此时四面楚歌的处境。

第26届联合国大会于1971年9月21日开幕，从10月18日起开始重点辩论中国席位问题。当时，围绕中国席位问题形成两大阵营：一方是美日等国"重要问题案"和"双重代表权案"，另一方是以阿尔巴尼亚和阿尔及利亚等22国"关于恢复中华人民共和国在联合国一切合法权利并驱逐台湾"的提案。

以"两阿"为首的提案（简称"阿案"）在7月15日就已递交，并在联大总务委员会审议和联大审批时顺利列入议程。9月22日，美国抛

出两项提案，一是把"驱台"作为"重要问题提案"，必须有2/3多数票才能通过；一是"双重代表权案"（合称"美案"），就是让中华人民共和国进入联合国并享有安理会席位，同时让台湾继续赖在联合国内。美国为炮制此案前后用了约50天时间，日本是在最后一刻才决定加入提案国行列的，真可谓"用心良苦"。

作为提案国的美、日代表，倾其全力，在会上会下，各种场合四处串联拉票，他们将重点放在尚未明确表态的20多个国家身上。美国总统尼克松还亲自给许多国家首脑写信，国务卿罗杰斯则以美可能削减联合国的经费进行要挟；日本外务省指令其驻联合国代表和各驻外机构，用"经援"进行拉拢，但这一切都无济于事。

9月16日，美国总统尼克松在临时记者招待会上正式宣布，美国将投票赞成准许中华人民共和国进入联合国，并获得安理会席位，但反对这一世界组织排除台湾。为缓和台湾当局的不满，美国国务卿罗杰斯解释说："美国在过去一个月中，曾和联合国的九十几个会员国就中国代表权问题进行磋商，发现许多国家主张把安理会的席位给予毛共。"[18]有鉴于此，美国当然不能逆流而行，但又不能一放到底，提出此次修正提案，乃是顺应许多国家的主张，而这一做法，意在换取他们对美国所提"双重代表权"案的支持。

台湾当局为力保席位，摆出了决战的架势。为了能继续赖在联合国内，台湾当局只得委曲求全，默认美国的"两个中国"提案。台湾派出以"外交部长"周书楷为团长的40多人的强大阵容，而蒋介石则坐镇台北，每日听取有关汇报。台湾代表团声言"为维护代表权，准备背水一战"。他们在联合国对各国代表施用了一番追、逐、盯的本领，厚着脸皮，进行全方位、立体式的"进攻"。

10月8日，周书楷在联大发表演说，声称"我们必须承认，近年来，联合国已经大大损失了它的声望与影响力……正当联合国的效用面临考验的关头，我们这个组织之中竟有人提出主张，让一个明目张胆要摧毁联合国，使其不能维护和平的政权，来篡夺一向维护宪章忠诚不贰的中华民国，实在是令人痛心……全世界的人民都在仰望期待已久的和平与安全，而以此寄望于我们所代表的各国政府。因此，我们必须掬诚保证，大家共同致力于此项崇高艰巨的大业，务使宪章的理想与目标，成为具体的事实。我们更希望本届大会切不能向暴力低头，以致自取羞辱"。[19]在周书楷发言时，会场上稀稀落落，有36个代表团退场，其颓势已十分明朗。

10月初，尼克松总统派加州州长里根到台北，当面向蒋介石解释了美国立场。蒋介石自知大势已去，在10月10日发表的"国庆文告"中一反常态地对国际形势大加责骂："今日世界处于一个惨痛的时代。在这时代中，正义与强权、善与恶、黑与白之分辨，日渐消失。贪婪、虚伪与混乱笼罩一切……"[20]

不知是巧合还是有意安排，10月20日基辛格再次抵达北京，而这与联大辩论恰好同时。此举不得不让原来跟着美国跑的国家产生疑问，美国究竟是打的什么牌？同时也深刻反省本国应站在何种立场上。毫无疑问，基辛格此行产生了重大影响，使得原先欲投票支持"重要问题"案的国家认为，支持此案已无用处，因为该案的主要倡议者美国已对台湾产生了动摇。

联大10月25日会议是在美国时间下午15时开始的，主要议程是对中国代表权进行表决。阿尔巴尼亚代表首先发言，再次谴责美国阻挠恢复中华人民共和国在联合国的合法权利，接着是台湾代表刘锴重弹老调，然后是美国代表布什大讲"保台"。大会在晚上20时20分开始进行连续表决。本应先表决"阿案"，因为美日代表提出"重要问题案"的时间在"阿案"之后，按联大程序应后表决。但美日代表害怕如果"阿案"先行表决得以通过，那"重要问题案"就胎死腹中，连提出表决的机会都没有了。于是蛮横提出要求，按重新表决决定先后顺序。就这样一波三折，会议又就美日动议案进行表决，结果以61票赞成获得多数而通过，使"重要问题案"取得先议权并进行表决，当唱票结束后，大会主席马利克宣布结果：59票反对、55票赞成、15票弃权。美、日精心策划的"重要问题案"被否决掉。目睹这一情形，美、日代表两眼发直，台湾当局"外长"、首席代表周书楷更是沮丧万分，他见"美案"彻底失败，大势已去，只好带领手下退出会场，以免其后被驱逐出场的难堪，并表示台湾是"退出"而不是被"驱逐"出联合国。此时是夜间零时9分。

随后联大开始表决"阿案"，该案要求联合国接纳中华人民共和国，同时驱逐台湾当局"代表"。结果，以76票赞成、35票反对、17票弃权的压倒多数顺利通过。

午夜前，周书楷举行了记者招待会，他毫无理性，出言不逊进行谩骂，说会场"好像是置身马戏场内"，"使人想起几年前北京的红卫兵"等。又自我解嘲说："这是我卸下了我们肩上的一个包袱，它是二十一年来一直套在我们脖子上的一块大磨石。"台湾"不买票进戏院"，此时终于"被撵出去"了。

26日，美国国务卿罗杰斯就联合国驱逐台湾发表声明，一面表示联合国接纳中华人民共和国与美国政策一致，同时重申美国与台湾的关系不受联合国此项行动的影响，以此安抚台湾当局。然而，失去联合国的席位，台湾即失去了在国际间的"合法地位"，同时，也将形成国际间承认中华人民共和国的大趋势。外交堤坝的一溃千里，终将使台湾沦为"国际弃儿"，这对台湾当局来说，如同当头一棍，无所适从，其影响是巨大的。

消息传到台湾，全岛震惊。当局召开党政军重要领导人会议，商讨"国家处境及应采取的因应措施"。"国大代表"、"立法委员"都表示支持当局的决定。《联合报》破例同时发表了三篇社论：《联合国自毁宪章自掘坟墓》、《美国铸下大错应猛省图强》、《以操之在我的信念与勇气处此变局》，从三个方面表达在突遭打击后的心情。

蒋介石于26日就被逐出联合国发表"文告"，对其当年大加赞美的联合国转为咒骂，说它"自毁宪章的宗旨与原则，置公理正义于不顾，可耻地向邪恶低头，卑怯地向暴力屈膝……已成为罪恶的渊薮"。并声称，"历史将能证明——中华民国退出联合国的声明，实际上就是联合国毁灭的宣告"。另一方面他又故作镇静，大谈"古人常言：'天下之事，在乎人为，决不可以一时之波澜，遂自毁其壮志'……只要大家都能庄敬自强，处变不惊，慎谋能断，坚持国家及国民独立不挠之精神，那就没有经不起的考验"。[21]蒋介石这个文告，虽在励己励人，但怎能掩饰他心中的酸楚、痛哀以及无可奈何。

联合国并未因驱逐台湾当局而自掘坟墓，仍然顺利发展，倒是台湾当局被逐出联合国后，其外交陷入全线困境，一发不可收拾。

三　失去盟友

20世纪60年代中期后，随着美军入侵越南及越战长期化，美国政府对在东亚遏制中国的政策产生了动摇。到1965年，美国彻底关上了对台军援、经援的大门，说明台美关系的"蜜月时期"已经成为过去。

美国对台湾由最初抛弃到再续旧缘，由"蜜月"期转为关系渐冷，始终在变。因此，到了1968年尼克松当选总统后，可以说是美国政策的大调整，其对华政策出现了探索中美缓和的意向。尼克松是坚定的反共分子，曾坚决主张对中国政府实行遏制政策，他在任艾森豪威尔的副总统时，访问过台湾，支持蒋介石。但到60年代末，他不得不正视中国在亚洲的重要地位，顺时应变。

1969年1月，尼克松宣誓就职。在就职演说中，尼克松向中国发出和解的暗示。他说："让一切国家都知道，在本政府当政时期，我们的通话线路是敞开的。我们寻求一个开放的世界——对思想开放，对货物和人员的交流开放——一个民族，不管其人口多少，都不能生活在愤怒的孤立状态中。"

但是，尼克松的思想是自相矛盾的，他在不久后举行的一次记者招待会上，又惯例式地对中国进行了攻击。由此可见，美国政府长期采取对华的敌视政策，尼克松也不敢贸然违之。而另一方面，他确实难以理智地正确对待中国，毕竟他曾是一位以反共著称的人士。同时应该看到，发展中美关系是手段而并不是尼克松政府追求的目的本身，战略上借助中国，是为了抵御苏联，但这并不意味着放弃对中国的遏制，而是用新的遏制形式，把中国这个"独立的巨人"引进美国谋求的均势之中。还应该指出的一点是，台湾曾经在美国战略地位中具有举足轻重的地位，但如今这个作用已大大削弱，美国政府需要抛弃支持台湾打击大陆中国的旧的对华政策，但新的对华政策是什么？换句话说，在台湾问题上采取什么态度，则成了美国政府一个棘手的问题。台美毕竟是多年的老朋友，一时难以割舍。

同年2月，尼克松在一份致其国家安全事务助理基辛格的备忘录中，指示他"探索同中国和解的可能性"，但是，尼克松存有戒心甚至胆怯，"犹抱琵琶半遮面"，生怕别人知道，"这事要私下去做，绝不能由我们这方面公开到报刊上去"。[22]对此，基辛格十分尖锐地指出：
"新政府有一个走向中国的意念，但还不是一个战略。"[23]

不久，中苏两国在边界发生武装冲突。对此，美国意识到，苏联对
中国的军事压力，可能会促使中国缓和对美国的敌视，这不仅有助于美
国从越南战争中脱身，而中国把苏联的百万大军牵制住，亦可减轻美国
在欧洲的压力。因此，同中国迅速和解，具有一箭双雕之功。基于这种
认识，基辛格向尼克松提出报告，美国应当适时抓住这一战略良机，尽
快改善与中国的关系，达到"对我们有利的程度"。尼克松在这份报告
上批示："这正是我们的目标。"[24]

自这以后，美国政府开始采取一系列松动中美关系的政策与措施：
7月21日，美国国务院宣布放宽美国人去大陆中国旅行的限制；12月19
日，宣布放宽与中国的贸易，部分取消对中国的贸易"禁运"。

继而在1970年2月，尼克松向国会提出的一份报告中强调："中国
人民是伟大的、富有生命力的人民，他们不应继续孤立于国际大家庭之
外……我们采取力所能及的步骤来改善同北京的实际上的关系，这肯定
是对我们有益的，同时也有利于亚洲和世界的和平与稳定。"这番话被
尼克松称为"对华主动行动的第一个认真的公开步骤"。[25]这表明，在
公开场合，美国的对华政策已从"围堵而不孤立"变成"以谈判代替
对抗"。

中国政府针对美方频频发出缓和中美关系的信号也作出了一系列积
极的反应，其中尤以1971年4月6日邀请在日本参赛的美国乒乓球队访问
中国一事最为引人注目。小球震动了大球，并以此"打开了两国人民友
好往来的大门"。5月17日，尼克松总统给周恩来总理一封信，表示他
准备访问中国。中美双方关系改善的步伐明显加快。

美国在改变对中国政府政策的同时，与台湾当局关系逐渐降温的征
兆也日益显露。1969年12月，白宫宣布，反对为台湾提供一中队F-4D
型飞机，还将第七舰队在台湾海峡的巡航由定期改为不定期。1970年4
月，美国邀请台湾当局"行政院"副院长蒋经国访问，蒋介石对美国在

此敏感时刻发出的邀请十分重视，希望能探明美方的"底牌"。台湾当局经过审慎研究，决定由蒋经国带去几个问题与美国交涉：（一）美国与大陆中国会谈中计划向中共让步到什么程度，会不会积极寻求缔结"和平共处"的协定；（二）要求美国重申保证继续支持台湾代表在联合国的合法席位；（三）如果中共再次攻打金门、马祖，美国政府提供多少援助；（四）希望美国援助保卫台湾安全所需要更新的军事装备以及共同对抗共产党的集体防卫体系等问题。但是，蒋经国在与尼克松、罗杰斯会谈中，美国方面对台湾所关注的一些实质性问题，"未作任何承诺"，也未发表公报。连美国新闻界对台湾这次访问的报道也较为冷淡，而蒋经国在纽约遭两名"台独"分子袭击，险些丧命，更使他的美国之行显得凄凄惨惨。明眼人一下子就能看出，台湾正在失宠。

1971年2月25日，尼克松发表第二次"世局咨文"，在"有关中国问题"一节中，谈到了台湾关心的一些问题，尤其是关于联合国的"中国席位"问题，他公开表示：美国政府已改变过去对中共的看法，认为"在本十年内，最重要的课题，将莫过于使中华人民共和国跟世界社会，尤其是跟亚洲的其他地区建立建设性关系"；但又强调"我们跟北京进行会谈的演进，不能以牺牲国际秩序或我们自己的承诺为代价"，此意为将继续保持对台湾的"中华民国"安全的承诺，换言之，"跟北京的一项正当的关系不能建筑在牺牲这些承诺上"。[26]尼克松既决定结束美中对抗，可又并不打算放弃台湾。他一方面维护台湾当局"代表"在联合国及其附属机构的地位，另一方面则说只要中共不坚持它的条件，美国将接纳中华人民共和国进入联合国。

既要保持与台湾当局的传统友谊，又要改善与中国政府的关系，这是尼克松的如意算盘。可在两岸尖锐对立，且都声称"代表全中国"的客观现实下，实际上这是一厢情愿的幻想。中华人民共和国坚决反对美国的这种做法，而台湾当局也尖锐地抨击尼克松提出的"两个中国"的构想，因为这等于已经将台湾给出卖了，与美国曾经持有的对台态度大相径庭。3月2日，"行政院长"严家淦在"立法院"答询时表示：美国总统咨文措词失当，政府已训令"驻美大使"提出严正交涉，"并重申我既定国策，反对任何两个中国论调"。4日，"国民大会代表全国联谊会"发表严正声明："对尼克松'世局咨文'意图改变对台政策，曲意示惠毛共之不当言论，表示愤慨。"同日，台湾"驻美大使"周书楷奉令至美国国务院，为美国总统尼克松在其致国会世局咨文中论及中国大陆时的措词不当，表示强烈反对。10日，蒋介石发表谈话，重申反对"两个中国"政策的立场，并严正警告"联合国如容毛共进入，实无异自敲丧钟"，台湾当局"将尽一切努力，阻止'共匪'入联合国"。[27]

4月11日，台湾当局以"国际研究所"召开学术座谈会的形式，邀请专家、学者讨论"尼克松总统世局咨文之检讨"这一主题。与会者全面抨击尼克松的咨文，在联合国内实行"两个中国"的政策是"既不切合实际，又危害到盟国的一种幻想"，声称咨文已损害了台湾的利益，同时"又鼓励和姑息、削弱了反共的力量"，奉劝"美国在准备走下一步行动时，应特别谨慎，特别三思"。[28]

同年4月，各地报纸突出报道了美国乒乓球队将访问大陆的消息，这对蒋介石震动很大，从他在接受美国哥伦比亚广播公司电视采访时可以看出。当记者问及"自美国乒乓球队被邀赴中国大陆后，总统是否认为此乃象征美中关系之改变？此种改变是否对中华民国有直接影响"时，他答道："此乃其国际统战阴谋之一项作法，也是其对外渗透颠覆及赤化世界之另一战术获得初步之效果。大家如能有此认识，本人认为'美匪'关系之实质，应不致因'共匪'之各种欺骗行动而有所改变。"至于影响，他深有感触，所以只能说"中华民国之基本外交原则为立国之道应操诸在我，任何外在因素之变化，均不能影响中华民国之地位或其基本国策"。当记者又问"总统是否认为美国最终会承认中共政权？"他只能含糊地回答，依"本人从政四十余年来与美国政府及人民合作交往之经验，深信美国政府及其人民，对其本身安全及长期利益，必能作明智的判断与抉择"。看得出，当时他还比较自信。记者顺势提了个尖锐的问题，既然"总统在过去几十年来与美国有如此密切之个人关系，现在阁下是否有'美国在暗中伤害中华民国之感'？"蒋介石自然对美国"暗中伤害"心怀不满，但又不敢公开抱怨，以免得罪美国，将其彻底推到大陆一边。他只得无助地答道，"中国的传统哲学，对于交友之道，讲究'忠、信'，我们对于友邦国家的交往是一直本着'忠'与'信'的原则，当然我们也期待友邦同样以忠、信待我"，[29]幻想以"道德"来拉拢美国。

台湾当局的谴责和奉劝未能阻止美国与中国关系改善的进程。1971年7月初，美国国家安全事务助理基辛格经巴基斯坦秘密飞往北京，与中国政府进行了为期3天的商谈。7月15日，中美双方同时发表公告，公布基辛格访华情况，宣布尼克松总统将于1972年5月以前访问中国。

应该说，中美之间发展的进程是迅速的，从"小步舞曲"开始到"疾跑冲刺"。台湾当局对美国政策十分警觉，严家淦于1970年底借出席联大会议之机，到美国拜见尼克松总统，探寻美国的政策，提出台湾的要求。蒋介石也发表谈话，一再谴责国际间对共产主义的"姑息之风"。但实际的进展仍超出台湾当局的想象，因此，当真相大白时，连最该了解情况的"驻美大使"沈剑虹也惊诧不已，他在事后回忆道，1971年7月15日下午6时40分，美国国务卿罗杰斯打来电话称，20分钟内美国总统要在电视上宣布基辛格访问北京的经过，总统本人已接受周恩来的邀请，准备在1972年5月之前一个适当时机前往北京访问。罗杰斯解释说，这一行动的目的是增加与中共的接触，改善双方关系，希望借此促进世界和平。他要沈剑虹向蒋介石转达，美国绝对不会背弃友邦，并将信守"共同防御条约"。沈剑虹闻讯后，有几分钟说不出话来，他简直不能相信方才听的话是真的。尔后，当台湾听到此事后打来电话询问时，其最初的反应也是觉得难以置信。[30]

当晚7时，尼克松总统准时作全国性电视广播，称"在过去的三年里，我曾多次指出，如果没有中华人民共和国及其七亿五千万人民的参加，世界就不会有稳定和持久的和平"。他并宣布"我欣然接受邀请，将于1972年5月前一适当日期访问北京"。[31]

尼克松谈话的发表，对台湾当局，恰似晴天霹雳。严家淦当天即发表声明，认为尼克松此举是为"共产扩张铺路"，敦请美国"认清敌友，明辨是非"。"外交部"发表声明，"美国总统尼克松访问中国大陆，如与毛共达成任何涉及台湾政府及人民权益之协议，一概不予承认"。台湾"驻美大使"沈剑虹受命向美国国务院提出"抗议"，台湾"外交次长"杨西昆约见美国"驻台大使"马康卫，申言尼克松这一举动是"最不友好的行为"。

进入6月，蒋介石的健康状况趋于赢弱，坚持写了50多年的日记，出现中断现象。但对尼克松访问北京的消息，他还是一个月后补记如下："尼克生小丑来函，彼派密使（季新结）前往北平，事前不及与我商谈表示抱歉。余决置之不理，否则，彼将宣传其出卖我国民得我谅解矣。"[32]直骂尼克松为"小丑"。19日蒋介石召集国民党中常会，讨论尼克松即将访问中国大陆问题，为了减缓对民众和台湾政局的冲击，会后发表的消息故意淡化尼克松此举的意义，称他"是迁就现实力量的平衡，促成越南战争的结束，争取明年连任总统，实行制苏战略，以达到分化共产世界的目的"。对此，台湾要"斗志不斗气，坚定反共的信心与决心，不动摇、不妥协、自强自立"。[33]

毕竟是多年的朋友，美国在着手改善与中国关系时，每向前走一步，都要对台湾进行安抚。1969年，尼克松的关岛讲话明确提到美国要减少对亚洲的军援，这引起台湾极大不安。美国国务卿罗杰斯遂于8月初访问台湾，向蒋介石解释新政策。美国副总统阿格纽又于1970年1月和8月两次访台，在与蒋介石的会谈中，他试图说服台湾当局不要怀疑美国的新亚洲政策，并表示要信守对"中华民国"和其他东亚盟友的防卫责任。[34]就在尼克松宣布将访问中国大陆不久，7月20日，台湾当局"外交部"宣称，美国总统尼克松曾致专函蒋介石，"保证尊重中美防御条约之承诺"。[35]其后，美国于8月14日、10月9日分别派美国众议院院长艾伯特和总统私人代表、加州州长里根赴台湾，一再转告蒋介石，尼克松不会抛弃"老朋友"，重申美国"完全恪守"同台湾当局缔结的

尼克松此行为『破冰之旅』。

1972年2月21日，美国总统尼克松首次访华。西方媒体称

"条约"，[36]意在安抚台湾方面的紧张情绪。

国民党逃台后，在外交上主要有两大目的：一是维持在联合国中的席位，以确保其"法统"，一是维持与美国的关系。台湾当局认为，如果不能同时确保两者，则宁愿放弃联合国的席位，也不愿让台美关系发生任何变化。[37]因为，美国对台湾的生存与发展，起到了巨大的作用。可以毫不夸张地说，没有美国的支持，台湾当局恐怕早已覆亡。如今，台湾在失去联合国中的席位后，又失去赖以生存的"台美关系"，这对台湾当局、对蒋介石的打击是致命的。

1972年2月21日，美国总统尼克松到达北京，并就中美关系正常化以及双方关心的其他问题，同毛泽东、周恩来进行了广泛、认真和坦诚的讨论。28日，中美两国在上海发表了《联合公报》。其中美国方面声明：美国认识到，在台湾海峡两边所有中国人都认为只有一个中国，台湾是中国的一部分。美国政府对这一立场不提出异议，仅重申它对中国人自己和平解决台湾问题的关心。考虑这一前景，美国将以从台湾撤出全部美国武装力量和军事设施为最终目标。在此期间，美国将随这一地区紧张局势的缓和逐步减少在台湾的军队和军事设施。由此，中美两国关系逐渐正常化。上海《联合公报》的发表，结束了中美两国长达20多年的敌对状态，对蒋介石依赖美国"反攻大陆"的妄想是一个沉重打击。

病中的蒋介石对尼克松北京"破冰之旅"十分关注，他想从中美领导人的言行之间找到"分歧"，其中有许多臆想与夸大的成分。如他认为毛泽东未到机场迎接，便推测"接待情形冷落"；从尼克松与毛泽东会谈时只带基辛格而未带国务卿罗杰斯，便说是"形同偷访"等，可窥见其内心仍是盼望中美间有大矛盾，能为其所用。他对尼克松恨之入骨，称其为"尼丑"，对中美《联合公报》"不胜愤慨"，认为这是"尼丑出卖我政府既定之方针，亦为其枪下屈服之一举，无耻已极"。[38]蒋介石对美国交涉多以"受挫"收场，而过程大致是"三步曲"：先是向美国提出意愿，阻止对台湾不利的情形发生。美国在交涉过程中无视台湾的要求，蒋介石便会大骂美国"背信弃义"、"帝国主义本性不改"等。面对败局，蒋介石又会强调"处变不惊"，"求人不如求自己"。此次面对尼克松访问北京，大致上也是如此。3月初，蒋介石针对尼克松访华后的局势，结合"历史教训"，写出四点"反省"：[39]

（一）大陆（时期）以依赖外援而沦陷，驻台以"经援"断绝而图强，于是经济反得独立自足。

（二）美国今日在台湾之"军援"实为有名无实，只保有其机构而已，切勿存以"联防协定"之存否为基地强弱之决断。

（三）吾人再不可以外援联防为依据，重蹈大陆时期之覆辙。

（四）建立独立自主之心理。

2月28日，台湾当局"外交部"就中美上海公报发表声明，声称：

"中华人民共和国绝对无权代表中国，中美之间达成的任何涉及台湾问题的协议均属无效"，并叫嚣台湾"庄敬自强，对反攻复国具有充分的信心"。[40]蒋介石也强作精神，号召民众面对内忧外患要"冲破横逆，再创新局。内不为愤所移，外不为势所劫，焕发刚健自强的大义精神；意识上台湾外忧内顺，信心上无可动摇，绝不因国际局势一时晦暝，暧昧而顿挫，必以'反共讨毛'行动粉碎一切幻想"。宣称："台湾政治修明，经济发展，复兴基地举足轻重，全民一心从未有此坚定不移，中国命运操之在我。"[41]

历史车轮滚滚向前，国际局势对台湾愈加不利。蒋介石幻想的新局面没有出现，相反，美国虽一时仍与台湾当局保持着"外交关系"，但"友谊"却越来越淡。"断交"只是早晚之事，而一大批原先与台湾当局有"邦交"的国家和地区，则如大河决堤般地离台湾而去，出现了"外交大溃败"。

对台湾当局而言，可聊以自慰的是，由于党政军警特的全面控制，"外交溃败"并未危及国民党的全面统治，且由于大陆尚在"文化大革命"时期，不能从外部施加更大压力。

"外交溃败"毕竟动摇了国民党长期统治台湾的基础，迫使其不得不改变内外政策，更加注重在台湾的扎根与建设，在此前后出现的政治上"革新保台"，经济上的"十大建设"，均是以此为背景展开的。

四 台日关系的决裂

台湾被逐出联合国，使它不得不面对这样一种现实：这不仅是一个席位沦丧的问题，而且将使台湾整个外交战线面临大崩溃，不久，它的"国旗"在许多国家降下，其"使馆"也一一关闭，在不到一年时间内，就有20多个国家与其"断交"，转而承认中华人民共和国。其后，尼克松总统的访华和《联合公报》的签订，使台湾又受到了前所未有的

日本内阁总理大臣佐藤荣作与蒋介石关系颇深。佐藤政府一直追随美国推行亲蒋反共的外交政策。

打击。

几乎在美台关系发生变化的同时，日台关系也发生了危机。第二次世界大战结束后，日本政府长期追随美国、采取敌视新中国的政策，妄图重新染指我国领土台湾省。1952年4月28日，日本吉田茂政府不顾中、日两国人民的反对，与台湾当局在台北签订了"台日和平条约"，双方遂建立"外交关系"，宣布"结束战争状态"，蒋介石因此放弃"对日赔偿要求"。

从50年代到70年代，日本依靠美国恢复和发展了经济，而政治上则不出其左右，从吉田茂、岸信介到佐藤荣作政府一直追随美国推行亲蒋反共的外交政策，惟马首是瞻。尽管大陆中国与日本民间的交往不断，但日本政府一直把台湾的"中华民国"政府看做是中国"惟一合法政府"，并极力迎合其反共要求，而台湾当局则把日本当成是亚洲最重要的伙伴。经济上，由于历史及地缘关系，台日经济联系尤为密切，台湾对日输出一直占其全部输出额比重的首位，而从日本输入比重自1958年起取代美国上升到首位。日本还向台湾的大企业进行投资，尤其是在电子工业、化学工业领域的投资最多。台日间虽说在日本对大陆贸易问题上有矛盾争执，但在美国调解下，双方在"共同反共"的旗帜下，60年代中期后日台关系进一步加深，1967年9月，日本内阁总理大臣佐藤荣作对台湾进行了三天访问，这是首位日本在任首相对台的访问，佐藤在台期间与蒋介石、严家淦等举行了会谈，标志着日台关系达到高潮。同年11月，蒋经国作为台湾的"国防部长"进行了回访，除了与首相佐藤荣作举行官方会谈外，日方还安排了天皇裕仁接见的活动。天皇信誓旦旦地表示："永不忘怀蒋介石总统阁下对日本的宽大德意。务请贵'国防相'返国时，向蒋介石总统转达朕之悃诚！"由此可见，台、日关系非同一般，正如蒋介石在答复日本记者提问时说："一般国际关系皆随客观情势而演变，但中日关系，在根本上不致有大的变化，即使有变化，亦是在好的方向，而不是在坏的方向变化。"[42]这表明，蒋介石既对自己也对日本政府充满信心，他绝不怀疑日本会作出有悖台湾之举。蒋介石对日本保持着"心理优势"，当年日本战败投降时，他提出要"以德报怨"，不对日本进行报复，保存天皇的地位等，使日本日后有重建的机会，他希望日本能"报答"他。

到了70年代，日本成为经济大国，国际地位随之提高，日本朝野集团中摆脱美国的控制、冲破"台日和约"的束缚、改善与中国政府关系的要求日益强烈。此前，日本民间乃至官方要求与中华人民共和国扩大联系的呼声已现，蒋介石极不情愿看到这一局面，他曾就日本与大陆扩大联系一事与日本报人谈话，声称"大陆政权是亚洲祸源，日本的惟一安全之道是与台湾合作、消除亚洲危机，日本应以实力反共，中立之道是屈从大陆"。为了达到阻止中华人民共和国与日本关系正常化的目的，蒋介石专门制作了在日播送的电视节目，叫嚣"毛匪始终要赤化日本，日本焉能与之合作"，并深望"以其所遭到的惨痛教训，能够成为日本国乃至所有自由国家，在制定对毛共政策时，是一面清清明明的镜子"。[43]

　　受尼克松与中国政府改善关系举动的鼓舞，1970年1月19日，日本外相爱知揆一在接见台湾"驻日大使"彭孟缉时阐述了日本企望与中华人民共和国举行外交会谈的计划，遭到反对。彭孟缉受命向爱知揆一郑重表示："我政府坚决反对日与大陆之间任何固定形式的'大使级'会谈，及由进出口银行以贷款方式与'共匪'进行贸易。"并说："日本政府如采取此两项行动，均足以损害中日关系。"爱知解释说："日本政府所以要与大陆中国接触，乃因为大陆有七亿人口，这个事实不能不加以注意。至于日本将在何时，以何种方式与大陆中国接触，现在既未决定，也无所知。"[44]此前，蒋介石已对日本有所警告，他在接见日本"驻台大使"板垣修时曾说："日本以大国的资格，在亚洲国家之间必须以道义为重，方能取得亚洲国家之尊重，否则将为亚洲国家所共弃。"[45]此言颇有点威吓之意，以示台湾当局的立场。

　　但台湾的威胁利诱敌不过国际大势的变化，日本国内掀起了对华外交高潮，蒋介石于1971年1月12日在中山楼接见日本记者协会访问团时，告诫日本政府："毛共政权的目的就是要赤化日本，而绝不可能与日本为友的。"并说，"世界上最可怕的就是以敌为友，以友为敌，我以为日本是具有东方文化的国家，相信其不致敌我不分"。同时表示"不论任何国家的政策如何转变，中华民国保卫自由与安全的立场将永远不改变"。[46]

　　在尼克松的冲击下，日本社会各界均卷入要求与中华人民共和国进行邦交正常化的热潮中。面对巨大的压力，一直支持台湾的佐藤政府不得不作出改善对华关系的姿态。

　　5月13日，日本外相爱知揆一在参议院外交委员会上称，中国政府成为联合国的会员国是"自然不过的事"。通产大臣宫泽喜一在众院商工委员会答复社会党议员质询时宣称："日本向中华民国保证不以政府银行资金资助商人售货给'中共'的'吉田书简'已不再被认为有效。"同日，外务省发言人也声称"前首相吉田茂于1964年所作的书简，保证日本不会使用政府款项以支持对'中共'赊售生财物资，乃是一封'私函'，谨于当年有效"。[47]这表示，日本政府已有意开通与中国进行官方经济往来的渠道。台湾方面大为不满，当日，台湾"外交部"要求日本"大使馆"立刻澄清对"吉田书简"之立场。

所谓"吉田书简"系日本已故首相吉田茂于1964年在台日争执期间呈交蒋介石的一封信，其内容是向台湾保证日本绝不使用进出口银行或其他政府资金供应对大陆贸易的保证。当年"吉田书简"平息了台日纠纷。此时，日本方面认定这纯属吉田个人所为，是一封私函，对政府不具有约束力。而台湾方面认为这是外交文书，是代表政府，其性质等于日本外务省对"中华民国"的换文。蒋介石曾于1968年6月8日对日本新闻编辑访华团的谈话中指出："'吉田书简'乃是日本政府的官方文件，与中日和约，有其相互关联的关系……此函是中日和约的一个补充文件。"他还强调"今日如欲废弃此一吉田书简，即无异是等于废弃中日和约。"最后蒋介石还煞有介事地对日本人提出寄望，美其名曰"为日本人着想"，告诫"以日本今日世界之地位，无论在外交上、经济上，皆应以其实力，站在反对亚洲祸源——中共的一方，如其必欲亲匪，则只有导致'共匪'对日本的不断渗透，扩大其颠覆的势力，而其祸患，必不旋踵而至"。切盼"日本有识之士，皆能有如吉田先生那样，在二次大战后，独具慧眼，能与中华民国政府保持密切之合作与深厚友谊，共同携手，为亚洲安全，为世界和平，而努力合作，以消弭亚洲危机，此乃日本惟一的安全与独立自由之道"。[48]

1971年10月19日，佐藤荣作向国会作政策演说，他谈到："鉴于日本与中国之间的密切关系，日中关系的正常化，实为远较联合国'中国代表权问题'更为重要的课题。""为了达成这一目的，我们务须建立一个以日中双方互谅互敬为基础的新原则，并广泛订定各种协定，从现在起，我已下定决心，决心利用一切可能的机会，与他们在通讯、气象、民航、渔业等方面，广为谈判，以期达成协定。我亦将尽我力之所及，促使他们注意政府与政府间正式接触的重要性。"[49]10月29日，佐藤荣作在国会继续发表政策性演说，在论及东京与北京之间的关系时表示，"日本政府迫切希望与北京开始政府之间的谈判，以便尽速建立彼此间正常关系"。

佐藤政府虽意识到改变对华政策的重要性，但受其长期形成的反华政策所驱使，一时积习难改，而佐藤本人与蒋介石关系颇深，所以未能抓住机会。在1971年10月第26届联大上，日本继续充当针对中国的"重要问题"和"双重代表权"提案的联合提案国，但遭到惨败。1972年2月，尼克松把日本撇在一边采取单独访华行动，并发表了中美公报。此举使日本十分难堪，受到的刺激不小，给人感觉日本经济上虽然强大，但政治上毫无独立性可言，是"经济上的巨人，政治上的矮子"。

4月，日本各界人士在东京集会，成立"促进恢复日、中邦交联络会议"，把中日邦交正常化运动推向了高潮。在这期间，中国政府提出了恢复中日邦交三原则：一、中华人民共和国是代表中国的惟一合法政府；二、台湾是中华人民共和国领土不可分割的一部分；三、"日台条约"是非法的、无效的，应予废除。由于佐藤荣作政府在对华政策上走入死胡同而不能自拔，无法面对现实，终于在日本朝野人士和人民的一片反对声中下台。

1972年7月5日，田中角荣出任新的日本首相。他在就职后于当晚举行的记者招待会上说："恢复日中邦交的时机已经成熟。"7月7日在第一次内阁会议上，田中首相表示"应该加速实现同中华人民共和国的邦交正常化"。日本政府终于修正了过去数十年一贯追随美国而反对中国的政策，实行以日美为基础的"多边自主外交"。周恩来总理于9日发表谈话对田中的声明表示欢迎。[50]对于田中首相的表态，台湾当局立即作出反应。7月20日，"行政院长"蒋经国与"外交部长"沈昌焕连续发表声明，"反对日本和中国大陆建立任何关系"。[51]8月8日，蒋经国又发表谈话，敦促日本政府停止损害两国邦交的行动，声称日本与大陆交往必将铸成大错。尽管蒋介石由于身体原因，在此关键时刻未能出面直言，但通过蒋经国随时了解进展，他确实知道无法扭转大势，只能告诉蒋经国，"惟有尽其在己""大丈夫能屈能伸"。[52]

日本领导人并不为此所动。8月11日，日本外相大平正芳在接见正在日本访问演出的中国上海舞剧团时，向孙平化团长和中国驻日备忘录贸易办事处驻东京联络处首席代表肖向前转达了田中首相访华的意愿。8月12日，中国外交部长姬鹏飞受权宣布：中国总理周恩来欢迎并邀请日本首相田中角荣访问中国，谈判并解决中日邦交正常化问题。

田中角荣所以要急于恢复日中邦交，是因为他有着与前几任不同的内政和外交思想。他认为：中国问题对于日本，与其说是外交，不如说是内政的重要组成部分。因为日本百余年来的政治经常同中国发生很深的关系，日本政治最深处所包含的东西往往是中国问题。换言之，抛开中国，日本政治就无从谈起。将这等同内政的中国问题束之高阁，对日本是不利的。所以无论如何也要争取早日解决这一问题，而且越快越好。同时，对日本来说，中国大陆市场太大了，日中合作具有广阔的现实意义和美好前景，田中惟恐赶不上国际间争相与中国改善关系这趟列车，因而加快了中日邦交正常化的步伐。

田中角荣上任后去了一趟夏威夷，与尼克松总统直接会晤，在日中邦交正常化问题上取得了美国的支持和谅解。但同美国一样，要实现中日邦交正常化，田中必须先处理台湾问题。他认为这本不难，因为，"台湾问题是中国内政问题，就像邻居家里父亲跟儿子争主导权一样"。但是，日本与台湾毕竟有相当长时间的一段友好关系，日本朝野有相当一批人与台湾保持着密切的关系，此举一定会招致他们的反对。亲台派的态度也很强硬："台湾问题是极其重大的问题，不能轻易地就下断绝外交关系的结论"，"只是强调中国讲原则，我国就不讲原则，这岂非怪事！"[53]然而在中国两岸分裂对立的现实情况下，要在双方讨好牟利是不可能的，要与一方改善关系，必须开罪另一方。要实现中日邦交正常化，就必须断绝与台湾的官方关系，任何折中的办法都行不通。田中在大平外相的协助下，最后下定决心，那就是与台湾"断交废约"。为了让台湾有一个心理准备，田中首相先派椎名悦三郎特使赴台通报情况。

台湾当局对日本的动向早已密切注视。蒋介石曾对日本反戈相向气得用手杖击桌子，大骂日本人是"忘恩负义"、转眼翻脸不认人的小人。7月21日，台湾当局"外交部长"沈昌焕发表声明，"忠告日本政府明辨是非，免为毛共政府政治阴谋所乘"。[54]8月10日，国民党元老何应钦在谈话中咒骂田中角荣"背信弃义，以怨报德，引狼入室，为暴力铺路"，还预言"日本要被全盘赤化"。[55]8月16日，台湾驻日本"大使"彭孟缉在拜会日本外相大平正芳时，抗议日本与中国政府接触。

椎名的使命，是向台湾当局说明台特别关心、又十分恼火的问题，所以可想而知，此行是不受欢迎的。果然不出所料，9月18日，椎名一行在台北机场遇到学生游行队伍的抗议。在市内，市民们向汽车里扔鸡蛋。蒋介石还拒绝会见椎名，以表示"不欢迎"。但是，椎名还是见了台湾当局的要人，商谈台日"断交"后如何维持双方实质关系问题。19日，蒋经国接见日本特使椎名时，不得不面对现实，提出今后台日关系的继续维系必须以"台日和约"为基础，如果日本政府破坏这一基础，"由此发生的任何不幸后果，自应由日本政府完全负其责任"。蒋经国恳求日本政府"不要出卖朋友，别无所求"。尽管这样，蒋经国还声称他是为了"挽救日本被赤化之危机"，"不要再次走上亡国之途"。[56]甚至扬言，"日本如背信弃义，台日将再度为敌"。[57]"立法委员"谷正鼎也提出，如果日本与大陆政府建交，台将"采取严厉措施切断日本经济的生命线"。[58]台岛内更是一片指责声，民众的抗议活动也是此起彼伏。台湾当局长期的宣传，使民众在潜移默化中接受了日本有负于台湾的观念，现在日本竟"忘恩负义"，背其而去，其愤怒的程度可想而知。椎名到达台北之时，恰逢台为"九一八"日本侵华41周年纪念日，抗议活动更因此掀起高潮。据台北报纸刊载的消息，"自8月31日至本日为止的19天期间，抗议活动共计129起，而本日一天之内，即多达26起"。[59]

1972年9月25日，日本内阁总理大臣田中角荣乘专机离开东京羽田机场，前往中华人民共和国访问。当天下午，周恩来在人民大会堂和田中角荣进行了第一轮首脑会谈。接下来，两国领导人就邦交正常化问题及双方共同关心的其他问题进行多次谈判。27日，毛泽东主席会见了田中角荣。29日，中国和日本发布了《中华人民共和国政府日本国政府联合声明》，宣布：中日两国之间迄今为止的不正常状态宣告结束；两国政府决定自1972年9月29日起建立外交关系，并尽快互换大使；日本政府承认中华人民共和国政府是中国的惟一合法政府；中国政府重申台湾是中华人民共和国领土不可分割的一部分，日本政府充分理解和尊重中国政府的这一立场。当日，大平外相在北京举行记者招待会，宣布："日本政府的见解是，作为日中邦交正常化的结果，'日台条约'已失去了存在的意义，并宣告结束。从即日起日本同台湾当局断绝'外交关系'。"

日中建交，是台湾自联合国被逐、尼克松访华后，遭受的又一重大外交失败。当日，台湾当局"外交部"发表声明，与日本断绝"外交"关系，声称一切后果由日本负责。30日，台湾当局"国民大会"发表声明，攻击日中建交。"行政院长"蒋经国在"立法院"上针对日本政策的变化提出报告，声称要坚持不变的原则，"在发展中求巩固，自强以图存"。蒋介石更是气愤至极，当年，他发表了著名的"以德报怨"的讲话，其后又宣布放弃要求日本对侵华战争的赔偿，在对日外交中也百般退让，妥协不少。如今，日本却改弦易辙，终将台湾当局抛弃，他怎能咽得下这口气。蒋介石谴责日本政府"以怨报德，短视近利"。他在10月10日发表的"国庆文告"中对日本大加责骂："今日日本田中政府公然不顾道义法理，不顾国际与其国内有识之士的反对，和'共匪'这个战争贩子搞'不正常'的外交关系，……这种开门揖盗的外交，这样饮鸩止渴的贸易，自然只有愈来愈不正常，也只有愈来愈带给日本政府与人民以更大更深的危险"，他还对深受挫折的官员民众打气："今日虽然看似处于革命者'孤立于艰难之中，孤立于道义之上'的时代，其实却正是革命者赢得自由真理、赢得人心正气的时代！"表示，"国际逆流连年挑战，台湾绝不为势劫利诱，光复大陆是台湾的奋斗目标，戡乱、靖乱无不成之理，面对一切打击忧患，台湾绝不气馁心动，一定完成反共复国目标"。[60]但这已是"无可奈何花落去了"。

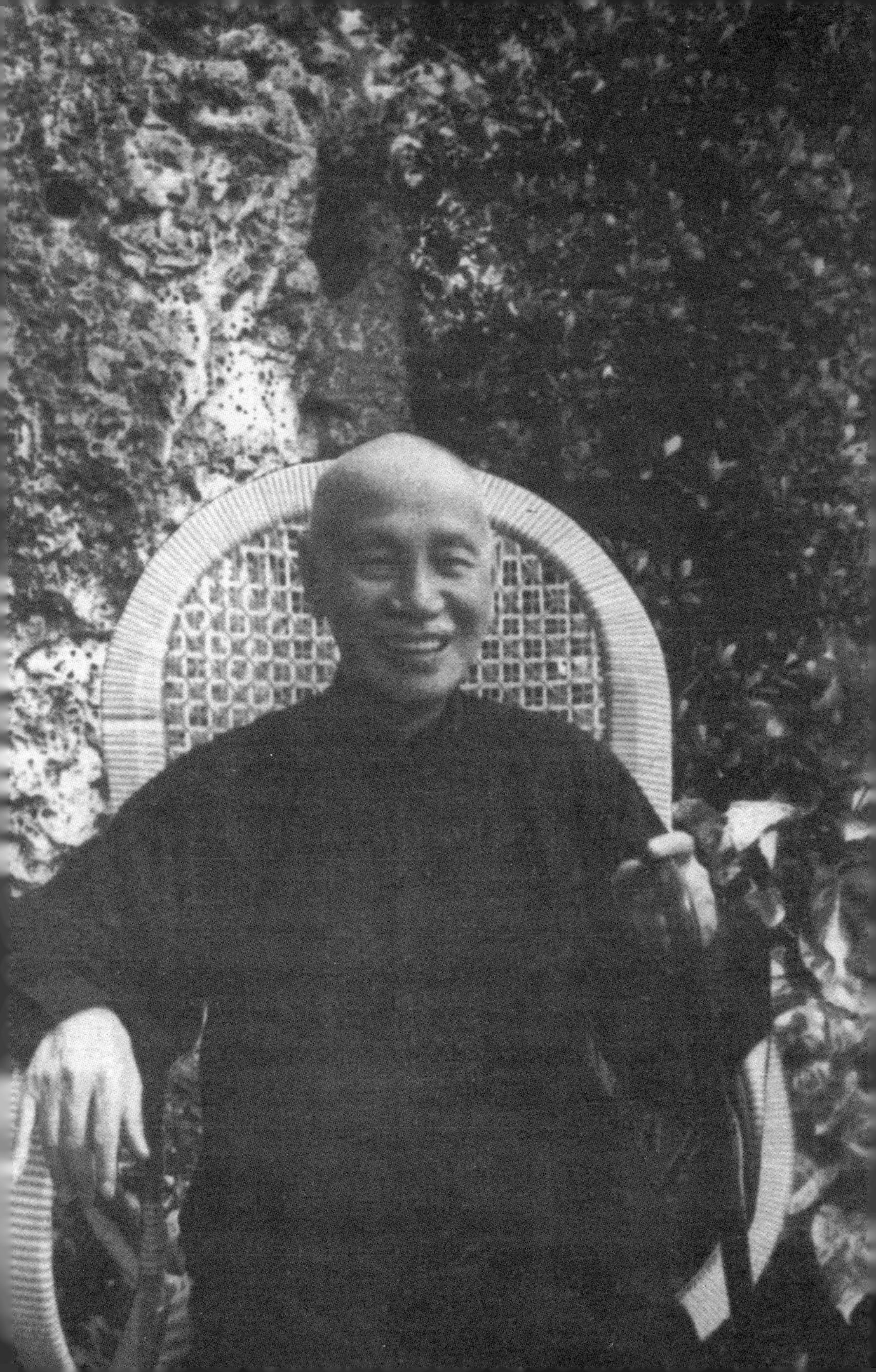

第十七章　"革新保台"

一　国民党"十全大会"

　　1969年3月29日至4月9日，国民党"第十次代表大会"在台湾阳明山中山楼召开。这次大会的召开，具有很强的针对性。首先，是国际形势对台湾已十分不利，美、日、意、加等国积极谋求同中华人民共和国发展关系，台湾当局在联合国大会的席位摇摇欲坠，其局面可谓"山雨欲来风满楼"。因此，蒋介石必须考虑应对之策，以应付随时可能来的外交打击。其次，蒋介石此时已83岁，年龄不饶人，必须尽快为蒋经国接班铺平道路。再次，中国的"文化大革命"造成的空前灾难以及1969年中苏珍宝岛冲突给国民党带来幻想，认为这是反共复国的绝好时机，反共斗争进入了"全面决战的阶段"。[1]最后，国民党政权在台湾20年保持着僵硬的统治体制，其成分结构、年龄结构与知识结构和台岛内业已存在着深刻变化的社会经济结构发生了严重矛盾，亟待改变。所有这些决定了这次大会与以往任何一次大会都不同，更显出它非同一般的意义。

　　台岛内部和国民党自身的因素，就使得这次大会的召开更具迫切性。经过近20年的高压统治，民间所积蓄的不满情绪随时可能喷发。新一代知识分子不同于老一代那样不甚关心政治，他们也开始挺胸抬头议论政治。"中央民意代表"终身制的问题、大陆籍人士独占政治资源的问题、老气横秋的官僚压制年轻人的问题、军警统治和特务横行的问题、人权问题、言论自由问题等，他们对国民党的不满溢于言表，如果再用老办法强行压制，一着不慎，就有可能引发连锁反应。而国民党内部则更是问题成堆。由于偏安海岛已近20年，经济上又有较快的发展，使国民党人的心态和作风较之"改造时期"大为不同。当年所形成的紧张的工作作风和小心翼翼对待工作的负责态度荡然无存，早已被种种官僚主义所取代。正如蒋介石1969年6月所批评的："当前本党最严重的问题，就是处处显示出一种衰老滞钝的现象……老实说，我们各级党部，今天——从组织上看，不是因人设事，肢大于股，就是松懈泄沓，了无新生的革命的气象。从人事上看，则是表现着管道壅塞，老大当退者不退，新生当进者仍不得进的现象。从工作方向上看，更是抱残守缺，被动敷衍，'文字政治'有名无实之病，至今未除！而这种有事无人作，有人无事做的情形，也不止党的组织为然，政府各机构，莫不皆然。"[2]关于政治风气和行政效率，蒋介石指出："现在一般政风，特别是中下级机关和人员的风气，仍不免为一般人民所诉……他们这些最接近民众的公务人员，不但不能便民，而且还要去劳民、搅民，言之实觉痛心。"[3]

正因为如此，如不及时反思、纠正，国民党在对外将沦为"国际弃儿"后，无任何邦交国家，而对内将失去民众基础，早晚成为革命的对象。蒋介石不曾忘记在大陆的情景，国民党正是因为失道寡助，最终被赶出大陆，退守台湾。如果说当年还有台湾可以偏安的话，如今却没有任何退路可言。痛定思痛，他当然不能让他一手惨淡经营的"家"天下再次毁掉，其父子二人决意要革除积弊，开创新局面，干一番"中兴"大业。

说到变革，国民党退守台湾初期就曾有过大规模的"改造运动"，对团结内部、清除派系与腐化、增强战斗力都有较好的作用。蒋介石有意仿效以往经验，推动一次"革新运动"。他在1969年1月的一次讲话中提出，要"当以党的革新为中心，从政治、外交、财经、军事、社会、文教……各自的建设工作岗位上，来开展整个的计划，进行全面的、深入的、持久的革新"，公开表露了实行全面革新的心迹。

其实从1966年起蒋介石就有意从行政部门开始革新了。是年年初，蒋介石在日记中写道：几年来军事建设"已见成效"，可交蒋经国负责完成，但政治建设仍是"墨守老法，消极因循旧习颓风，尚无革新的气象"，今后应多注重于"政治全面革新"，从头做起，"使之能与建军

1969年3月29日，蒋介石主持中国国民党第十次全国代表大会。

并驾齐驱，树立建国张本也。"[4]他在国民党中央九届五中全会闭幕式上作了重要训词《革新的决心与行动》，要求：党中央与五院各部会的同志，不能以法律规章制度之名，行阻碍革新之实；"立法"、"监察"委员和民意代表必须体察国民党的旨意，与行政部门合作，促进务实；各级主管部门不许循情、示惠、阳奉阴违，应洗心革面、力任艰辛，对革新有功者赏、不力者罚，乃至淘汰；考核实政、实绩为主，力戒公文兜圈，空文、搪塞、保守等风气。[5]看得出，蒋介石是下决心从行政革新出发，逐步过渡到党务革新。然而，国民党内积弊已久，单从行政机构入手收效甚微，不治本，何以治表。无奈，蒋介石只好从本党做起，展开全面革新。

蒋介石对革新有较全面的考虑，有过较系统的阐述：

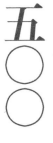

所谓全面革新，并不只是在工作上尽责，在任务上着力为己足，最重要的，乃是每一个人的思想、精神、学识、行动、生活、作为，与事业发展创新，都必须革新进步，而且还必须持续地扩大其革新进步的宽度与深度。

革新之道，就是要一切求实在——不尚形式，不务表现，见得是处，断然如此，见得不是处，断然不如此！一切讲事实——不亟亟于理论，不斤斤于成规，因人因事制宜，因财因物制宜，因时因地制宜，因对象而制宜！

要以精神的、意志的、观念的革新，带动人事的、组织的革新；以风气的、行动的革新，带动社会的、政治的革新。

对革新的具体目标，蒋介石也有明确的要求，"行政的革新，最主要的就是建立考核的责任制度，确立为国尽职、为民服务的廉能政治，并由小而大，图难于易，致力于从头做起的三民主义的政治建设，以树立反攻复国的坚强基础"；"社会的革新，亦就是先要由行政的革新带动全面，发为社会的风气与生活的革新，做到新生活运动的再掀起、再扩大，更进而为中华文化之发扬复兴"；"精神的革新，就是要每一个人都能由于心理的健全，发为真实的行动，须知每一个人的革新，亦必须见之于行动，而后方得证实其依在心理上革新了"。[6]

从上述讲话中可以看出，蒋介石对革新有充分的认识，具有一定的思想基础和一套理论。此时，蒋介石和蒋经国父子，一个为解忧，一个为酬志。虽出发点不尽相同，但看到的出路却只有一条：国民党别无选择，这就是——全面革新。蒋介石清醒地看到这一点，他告诫全党："今天不只是时代的要求，在迫使我们求新求变，而环境的压力，也更在迫使我们求新求变。"[7]要求国民党上下"要以革新为先着，亦以革新为急务"。[8]国际舆论曾评价蒋介石说他"是一位从未曾追上时代的领袖，他直到末了仍然是一个懂得权力比懂得基本改革更多的人"。现在看来也不竟然，他也曾有过"与时俱进"的想法与行动。

　　全面革新成了国民党"十全大会"的中心议题之一，蒋介石在大会开幕词中，提出当前国民党的三大任务之一，就是"革新强固国民党"，提出要以科学的精神、科学的方法，改革政治、教育、文化、军事上的弊端，以达成光荣使命。指示党务工作要号召青年扩大党的基础，精诚团结，发扬党德，以实际行动贯彻革新，靠政治打开反攻局面，以武力最后夺取胜利，重建"伦理、民主、科学三民主义的中国"。[9]

　　"十全大会"讨论和通过了《中国国民党党章修正案》、《中国国民党政纲案》、《现阶段党的建设案》、《策进全面实施平均地权及贯彻实施耕者有其田纲领案》、《积极策进光复大陆案》、《现阶段社会建设纲领案》、《政治革新要项案》等重大决议。在这些议案中，国民党重谈"反攻复国"的老调，重申了蒋介石的"七分政治，三分军事"，"七分敌后，三分敌前"的战略，主张发挥"不是敌人，便是同志"的所谓联合阵线策略，想利用大陆"文化大革命"之机，图谋"光复"的目标。在外交方面，力图摆脱困境，争取主动，以谋求巩固其在联合国的地位与维持其与各国的"外交"关系。在经济方面，指出不仅要"继续贯彻耕者有其田的政策，更要策进平均地权，增进土地利用"，发展城乡建设。在文教方面，提出"今后更要充实九年义务教育，发展职业教育，尤其要致力于科学的研究发展"。[10]

　　为了使国民党在台湾的政权能得以维持和巩固，"十全大会"提出了全面革新的口号和纲领。大会通过的《现阶段党的建设案》中提出运用革新小组，加紧推行党政工作的全面革新，要为党的全面革新而努力奋斗。[11]4月9日，蒋介石在"十全大会"闭幕式上训示全党要以科学的精神扩大全面革新；全体党员要从思想上、信仰上鼓舞民众；党员与干部必须公忠体国，全面革新，检讨缺失，随时加以改进。将全面革新作为会后的主要工作。[12]

　　4月8日，"十全大会"推举蒋介石连任国民党总裁，并通过蒋介石指定的李煜瀛、宋美龄、孙科等153人为中央评议委员。9日，在选举了严家淦、蒋经国、谷正纲等99人为新一届中央委员，鄞景福等51人为候补中央委员，并通过《政治革新要项》和《大会宣言》后，"十全大会"旋即闭幕。

二 "革新保台"

国民党"十全大会"之后，全面革新的工作遂在台湾上下全面展开。作为指导性文件，"十全大会"通过了《政治革新要项案》，指出政治革新的目的是从风气、制度、人事、机构各方面力求全面革新，俾能开创新局面，迎接新形势。[13]其具体内容是：[14]

一、刷新政风。包括革除保守、因循、徒重形式之积习；革除偏私、牵制之恶习；革除推诿、延宕、躲闪、敷衍、不求实效之风气；从严惩治贪污，信赏必罚，澄清吏治，革除积弊陋规；注意舆论批评，采纳民众意见。二、厉行法制。为了加强对岛内民众的控制，强制民众服从维护国民党的法律，提出要普及法律知识，维护法律尊严，提高司法威信，审判公平，切实检讨现行法令并加以整理，以恢宏法治之精神。三、健全机构。依统一事权之原则，调整各级行政机构，厉行绩效比较，提高行政效率，实行分层负责制度，明定各机关内各级主管人员之职权；消除本位主义，力求各工作机关的协调，简化手续，减少报表。四、改进人事。本考用合一之原则，改进考试技术，改进公务员考绩制度和薪给制度；提高公务人员之待遇，安定其生活；规划实施主管任期制度，以促进人事交流，振兴朝气；推行一人一职制度，一般不准兼职；厉行退休制度，改善退休人员的待遇。五、加强研究发展，以现代企业管理精神，推动行政管理，实施现代化科学管理，并聘请学者专家，从事专门研究，奖励各机关对于研究确有成效之人员。

对于"全面革新"的认识方面，国民党内经历了一个从行政革新为先导、到后来以党务革新为中心，从原来的无所不包，到后来的主要集中在政治方面的发展过程。这个变化说明，革新具有相当难度，有很大的阻力，党内就有人对革新不满，并消极抵制。正如蒋介石在1969年6月说的："革新如革命一样，其中对个人必然是有些痛苦的，也必然是有些损失的。"[15]在1969年6月以前，除了行政革新方面实行了一些新规定外，别的方面看不出多少新气象，关键问题，还在于国民党内高层并未能把全面革新当做本党存亡的大事来抓。蒋介石对此深感恼火，他十分沉痛地告诫说："今天我们真正是到了非胜则败、非生则死、非存则亡的关头！大家如果不以血的战斗精神来工作，我们就无法救党，无法救国，亦无法自救！"[16]他一再催促要抓紧革新的步骤。

当然，此时革新运动的推展还有其他颇为重要的政治因素存在，从派系斗争的角度分析，提出"全面革新"的目的，主要是为了促成蒋经国的出台。因为既然要革新，总需要有一批新人来推动，相对老人而言，他们思想较为开明，没有过多的牵扯和羁绊，精力也充沛。而蒋经国也想作出一番事业，"新官上任三把火"，这第一把火就从"革新"开始。惟有"革新"，才能排除老一辈人物所施加的有形和无形的阻力，才能真正脱离父亲的影子，在历史上留下自己的地位。至于蒋介石在垂暮之年提出"全面革新"，很明显是确保曾经统治多年台湾的国民党能继续生存和长期"执政"，并确保儿子能够顺利接班。

蒋介石认为，全面革新的第一要务在于"人事之新陈代谢"，要求高官依条例自动"退休"（当然，他自己例外），他召集党政军高级主管商讨全面革新之实施步骤，表示"应具有最大之决心，不能再留私情以误国也"。[17]严家淦等人明白蒋的心思，极力推荐蒋经国出任"行政院副院长"，以推动行政革新，"加强行政效率"。[18]

总之，国民党提出的政治革新措施，是在国际形势不利于台湾国民党的统治、党外势力兴起的条件下制定的，目的是为了革新政风，巩固国民党的统治地位，并为蒋经国接班铺平道路。当然，国民党的这一做法，客观上是顺应了形势，在生存中求发展，注入新的活力和生机。尽管这一举措进展极为缓慢，直到70年代前期蒋经国掌握台湾政局后才得以全面有效的实行，但它毕竟在不断变化。流水不腐，户枢不蠹，正因为有了60年代末蒋介石的一再强调要推动革新，及时发现问题，对症下药，才有了后来的实效，同时也为后来全面推展的"革新保台"运动作了铺垫。

"十全大会"后，国民党中央成立了政治革新、平均地权、党的建设和革新、社会建设及"光复大陆"五个督导组，作为推动全面革新的机构。1971年秋，台湾的局势发展使国民党的"党务革新"作为"政治革新"的重要内容，首先被提上日程。1972年3月，在国民党召开的十届三中全会上，蒋介石提出全党要努力促进"党的现代化的民主"和"党的战斗化的革命"的口号，并指明会后党务工作的重点是组织工作的彻底革新；基层党务的全面革新；各项任务、任期、研究发展责任制度的制订。[19]接着，国民党中央党部秘书长张宝树又在会议上提出"开展党务工作六大努力方面"。"党务革新"全面开始。

国民党的"党务革新"包括以下的内容：首先是中央党部的改建。依据国民党十届三中全会修订通过的《中央委员会组织条例》，对中央党部作了大幅度的改建。把原来属于中常会的部分权力，改变为作业程序，下放到中央党部。新的中央党部不再按照任务而是按照业务分类编组，分设秘书处；组织、大陆、海外、文化、社会、青年、妇女七个工作会；财务、党史、政策、考核党纪四个委员会。新成立的工作会有更多的独立决定权，单位主管的范围也相应扩大，使各级工作会的政策设计能力和专业化程度都有明显改进。其次，是对各级党部进行人事调整，并革新党的工作方法，主要采取的措施有根据业务分类对国民党组织系统进行调整、实行"新人新政"，提拔大批具有现代意识的青年进入国民党党务系统权力机构中，实现更新换代、推行"党政分工"，提出党的努力方向应着重政策的研制和对从政党员执行政策的监督考核，要避免承担应由政府或可由政府负责的工作，推行"本土化"政策，吸收更多的台籍人士进入党务系统，担任较高职务，通过各种方式，加强"精神建设"、"心理建设"，灌输"反共思想"，熏陶党员忠于国民党的"革命气质"和"革命情操"等。

国民党的"党务革新"，是其在内外政治交困的情况下，进行的自身体制的一次大幅度调整。这次"党务革新"，对国民党以后的发展具有重要影响，党内暮气沉沉的局面被打破，机构有所更新，效率有所提高，一批具有现代化意识的青年知识分子进入了党务系统的各级机构，成为推动国民党"革新"的中坚。

在推行"党务革新"的同时，全面政治革新亦逐渐铺开。这一方面是由于国民党政权生存受到了严重威胁，而其上层建筑和意识形态、政权组织成分的保守僵化又与岛内经济、政治的发展形成了极不协调的对比。另一方面，蒋介石借用岛内兴起的革新保台的政治思潮，以国民党"十全大会"《政治革新要项案》为依据，借机向消极抵制蒋经国接班的保守的元老势力施加压力。由于当时国民党已到了不变革无以生存的严重关头，所以20世纪70年代蒋经国主导的这场革新被称为"革新保台"。

这场全面革新所涉层面之广，程度之深，是国民党到台后所仅见，不少方面已动摇了国民党20多年的统治根本，主要内容有：

一、推行"本土化"政策，延揽更多的台湾籍人士担任"中央"及省级高级职务。省籍问题，是国民党统治台湾多年争执的焦点，国民党对台籍人士的参政意愿采取了压制政策，大多数台籍人士政治上长期处于无权地位。20世纪70年代，由于台湾的社会结构的变化，国民党长期独享的一统天下的局面，受到了逐渐崛起的各种政治力量的挑战，各种政治势力要求参与政治，分享权力。为了挽救"法统"危机，缓解省籍矛盾，调整统治关系，维持政权稳定，蒋经国主政后，打出了台湾牌，推行"以台制台"方针，逐渐任用一些台籍人士参政，政权结构中开始出现大陆省籍和台湾省籍官员共掌权力的格局。与此同时，国民党当局还在1972年再次进行了"中央民意代表增额选举"，以增加台籍民意代表的比重。

二、推行"专业化"政策，大批技术型官僚进入权力核心。蒋经国以国民党"十全大会"和十届一中全会关于重用专门人才的意见为凭借，对组织、思想及其他领域进行了清理和淘汰，大量吸收专业化人才，引进上层行政系统，积极培植自己的班底。他吸收了李国鼎、李登辉、孙运璇、蒋彦士、俞国华等一批技术型官僚进入领导阶层。这批人原本是大学教授、律师或工程师，其中不少人还留学国外，获得过硕士或博士头衔。短短几年内，他们就逐渐取代了纯行政系统出身的官员而成为领导核心。

三、推行"年轻化"政策，大力提拔青年精英逐步开始统治阶层的改朝换代。在国民党内，上层官员老化的现象尤为突出，这不论对蒋经国还是对国民党自身，都是一个障碍。面对于此，蒋介石力陈"我们要做一个政治家，要成功一番非常的事业，就应当先以为国家造就人才、保举人才为惟一首要之急务"。[20]并告诫"人才消长，直接关系本党革命的成败"。[21]蒋经国执掌"行政院"后，对"行政院"实行大改组，搬走国民党僵死老化的官僚层，大量吸收青年精英入阁。同时，他还要求各级机构都实施这一战略性的转变。当时选拔的台北市市长张丰绪、基隆市市长陈政雄、桃园县县长吴伯雄等都是40多岁的人，既受过良好的教育，又精力充沛，充满活力。

四、在行政上，着意宣传"十大革新"，突出标榜"廉能政治"，力除陋习弊政。蒋介石强调注重对官员的考核，他说："人事制度中最重要的是任用与考核。任用有方，才能做到人尽其才；考核有效，才能做到事奏其功。"[22]"人事的臧否，为一切事业成败之因素，所以必须新陈代谢，而后国家生命乃能绵延不绝，这才是现代化的根本意义。"[23]蒋经国掌管行政权力后，大力整饬行政工作，简化机构，肃正纲纪，肃清贪污，厉行节约，重新制定一系列法令条规，并限期处理常年积压之公务案卷，提高行政管理效率。1972年6月8日蒋经国提出《对十项革新运动之指示》，他要求各级行政人员一律不得进出夜总会、舞

厅、歌厅、酒吧、酒家等娱乐场所，否则将受严厉处分，这在当时影响很大，使一般官员不敢轻易懈怠与公开贪污腐化。

　　台湾的全面革新从"十全大会"开始到"党务革新"，再到蒋经国推行的本土化、专业化、年轻化的政策，伴随着国民党内外处境的恶化，蒋经国在台湾政坛的崛起和权力基础的稳固，不断深化。这一系列革新与改造的措施，不仅使蒋氏父子基本上完成了权力的交接，而且确已改造了不适应岛内政治、经济发展并且日益成为革新阻力的僵化保守的制度和官僚阶层。国民党通过局部的政策调整，在一定程度上保证了台湾政局的继续稳定和经济发展。

三　第五次当选"总统"

1972年2月20日，"国民大会"一届五次会议在台北举行。此次大会的召开，正值国际形势十分严峻之时，台湾的外部空间逐渐缩小。前一年，联合国大会恢复中国政府在联合国的合法席位，驱逐台湾，随之而来的是一系列国家与之断交，台湾日显孤立。而就在此次开会4天前的16日，美国政府公布了尼克松总统访问大陆的行程，这对台湾当局与一般民心士气是极大的打击。

蒋介石面对危局，只能强打精神，鼓足勇气，他说："眼前的国际局势，在激烈的变化，我以为变总是好的。因为只有变——不论是敌友之间的变数，抑或是我们创造时势的变数——只要把握住了这种变数，就能推动革命的浪潮前进。"蒋介石自"献身革命"以来，以投机、冒险著称，也有几次苦撑待变终于大难不死的经历，现在他面对颓势，依然幻想出现局势对己有利的变化而"奇迹重现"。他强调，只有"冒险才能成功，因为革命原就是冒险的，只有冒险才能打开一条胜利成功的道路，因循等待所埋藏的必定是依赖、屈辱和畏缩、失败的因子"。[24]

如果说外交方面令其失望的话，那么台湾经济的发展则颇令蒋介石欣慰。从20世纪60年代中期开始，台湾经济处在转型时期，经济得以迅速起飞，进入了持续10年之久的高速增长的黄金时代。在1952年到1963年的进口替代时期，工业平均年增长率为11.55%，而1964年至1973年的出口扩张时期，工业生产年增长率高达19.67%，"国民生产总值"以10.37%的年增长率猛增。[25]这样，在第四、第五期"四年计划"完成后，台湾经济结构发生了重大的变化：经济结构上最终完成了从农业经济向工业经济的过渡，工业经济以进口替代工业为主转向以出口工业为主，工业内部重工业比重增加，投资小见效快的纺织工业、电子工业迅速发展。

经济上去了，但台湾内部因经济、教育发展而日益高涨的革新要求，却使当局颇为头痛。岛内广大民众对国民党的专制统治和特务控

1972 年 3 月 21 日和 22 日的『国民大会』选举中，蒋介石、严家淦分别当选第五任『总统』和『副总统』。

制，上层权力机构老化、僵化，政治效率低下等现象极为不满，党外势力参政意识普遍增强，要求"政治革新"的呼声越来越高。为了缓和矛盾，扭转局势，当局必须作出反应。

"国民大会"开会的内容，既简单也复杂。说简单，是它每六年开一次，就是要给蒋介石连任盖个合法的图章。说复杂就是因为蒋介石又坚持不修改"宪法"，仍由20多年前大陆时期选出的"国大代表"来投票，由此引起许多麻烦。每次开会前及会议期间都要引起争议。

"国民大会"一届五次会议的主要内容有两项：选举"总统"、"副总统"；修改《动员戡乱时期临时条款》，给蒋介石更多因时制宜的权力。

国民党到台湾后，标榜实行"宪政"。但是，经过20年后，国民党那些终身"民意代表"，由于死亡而自然减员，原在大陆的3000人，到1966年经过增补也只有1488人，并且绝大多数已到垂暮之年。而台籍代表即使经过增补，人数仍很少，到1972年台籍"国大代表"才只有32人。因此，改选"中央民意代表"，增加台湾地区的名额，一直成为台湾上下的要求，也是国民党想回避却回避不了的问题。

从1969年开始，国民党相继出台了一系列解决代表增补的办法。3月，当局制订公布了《动员戡乱时期自由地区中央公职人员增选补选办法》，为了巩固"反共戡乱体制"，力图使从大陆带去的"法统"结构固定化，防止因"法定人数"、"代表资格"及"任期"等问题动摇其统治基础。12月20日，一场轰轰烈烈的增补选工作开始了，台北市及台湾省6县共选出"国大代表"15人，"立法代表"11人，"监察委员"2人。增补选虽对国民党在"宪政"上的压力有所缓和，但增补的地区只限于台湾，选出的人数又少，台湾社会要求全面改造"中央民意代表"的呼声越来越高。

这次会上，通过了谷正纲提出的《动员戡乱时期临时条款》修正案，允诺扩大台湾地区的"中央民意代表"名额，由"总统"决定具体的办法，同时规定继续维持原"中央民意代表"的权力，以维持"法统"。同时规定日后这些增补代表、委员不享有"终身"资格，须定期改选。[26]此项"修正案"试图缓解当局所面临的政治压力，在维护"法统"的基础上扩大统治基础，从而推动正在进行的"政治革新"。

年事已高且身体不佳的蒋介石，在开幕式上致词，他难免不重谈"反攻复国"的老调，提出"要以台湾之实，击大陆之虚，以台湾之治，击大陆之乱"。讲话中他特别对"政治革新"大加推动，"以政治而言，我们确认行政革新，为全面革新的起点。管制考核与责任制度的建立，以及政治风气的彻底检肃，即在强调为民服务廉能政治之推进。最近起用新才方案的制订，则尤在引进青年才俊，参与政治，这就是'人民有权，政府有能'原则之实践"。并期望代表们"善尽其重开国家新运的责任，于宪政体制，捐小全大，而不以偏概全；善体其广大选民的意愿，于世变纷纭之中，守经达变，而不以变移守"。最后，蒋介石对自己的经历"非常谦恭"地表白一番："中正自许身国民革命，已六十余年；与我代表同仁，竭其苦心毅力，以维护民主宪政，亦已二十有五年。顾终以世局多蹇，尚未能使中兴大业，提前完成，中正虽许

当台湾政局基本稳定后，面对『光复』无望的现实，心境渐趋平和，蒋介石开始精心安排其权力向蒋经国过渡的问题。

五二一

国之心有余，而忝承之疚已久！务期大会另选贤能，继此职责，今后中正必始终以国民之一分子，追随君子与全国国民之后，光复大陆陷溺之国土，拯救大陆待援之同胞，共同争取第三期国民革命的最后胜利与成功！"[27]蒋介石在其他场合也公开推说自己因年事已高，不再参加"总统"竞选；但话语之中仍透露出如果大家不嫌他老的话，他极愿再当"总统"。他说："本人虽极愿未来仍为国尽忠，但本人已多年膺任此职，深感歉疚，谨郑重恳请诸位代表另选贤能，继承本人担任总统职位。"[28]然而，由于蒋介石长期握权不放，已形成了只要他活一天，这"总统"的职位非他莫属。早在选举的前两年，蒋介石就在考虑"连任"问题。1970年5月19日，蒋介石就在日记中写他因体检发现体力衰弱，考虑下决心不再参选"总统"，但同时又顾虑找不到"合适的"继任人选。因为未来事业艰巨，"非有特出之才德者，不能为国人所信服耳"，他还感叹"所谓以天下得人难也"。其实，这明显是老年恋栈者的装腔作势，在心理上为自己找台阶。到1971年年底，蒋介石就下定了参选的决心："明年为大选之年，为个人进退，为国家安危，关键最大。公私利害，生死存亡，应皆为公为国也。"[29]

3月6日，国民党召开十届三中全会，决定该党的"总统"、"副总统"候选人。结果，蒋介石当选"总统"候选人，他对严家淦6年来的表现非常满意，仍选择严家淦为自己的搭档。国民党的两个小"友党"青年党与民社党日渐凋零，党务已难以为继，根本无法推出自己的候选人。蒋介石、严家淦参加的是无对手的选举，结果在3月21日和22日的"国民大会"选举中，蒋介石在所有1316票中获得1308票，严家淦获1059票当选"副总统"，得票率较上次增长不少。[30]

5月20日，蒋介石宣誓就任"第五届总统"。已是86岁高龄且病重体衰的蒋对自己的表现格外在意，他记道：朗诵文告时，"气壮声宏出乎意料外，其他行动如常，惟缺一点宣誓时未举右手为歉"。[31]宣誓须举手以示庄重是最基本的要求，哪有不举手的宣誓？蒋介石是"老糊涂了"导致忘事。此事若发生在别人身上，蒋介石一定痛加责骂；但发生在他身上，在场主持宣誓、监誓的却无人敢提醒一下。他在"总统就职典礼"上说：[32]

> 中正今天再度接受全国国民之付托，国民大会之推选，宣誓就任中华民国第五任总统，因此中正毅然决然，不顾年事已高，忧责之重，继续竭其忠贞愚虑，与叛逆匪共决存亡，争生死，以完成我国民革命的再北伐，中华民国的再统一。
> 中正既深感国忧民痛，继续承担国家民族深重无比的责任，而且今日自由基地，正是所谓退此一步，即无死所，所以更要迫切的

1972年5月30日，蒋介石主持新任『行政院长』暨全体『政务委员』宣誓就职典礼。

要求军民同胞，不徒以期望，不徒以信靠为已足，而当竭其智慧、潜力、志节、行动，来和中正此一国民革命的老兵，民主宪政的公仆，持志养气，鞠躬效命，誓死对毛贼奸匪这个"与天下为仇"、"与天民为敌"的独夫祸首，决斗到底！

四 传子交权

蒋介石任"总统"达五届，近30年，此时年高体弱，仍不肯罢手，结果是"死而后已"。此次"国大"会议期间，正值美国总统尼克松访问中国大陆，会见毛泽东并与周恩来签订《上海公报》，美国允诺将以撤走全部驻台美军及设施为最终目标。这对台湾当局的打击之重可想而知。"国大"会议专门就尼克松访问大陆发表声明，称台绝不会因此改变"国策"，不承认美中间的任何协定。但美国出于自己的战略考虑，并未彻底抛弃台湾，国务卿罗杰斯表示，美国在与中国政府改善关系时，不会抛弃老朋友，尼克松返国后，约见台湾当局"驻美"大使沈剑虹，保证履行美国对台湾的承诺。3月25日，尼克松专门打电报祝贺蒋介石当选。[33]

如果说在败退台湾前，蒋介石对蒋经国的政治安排，仅仅只是引路的话，那么退台后，尤其是台湾政局基本稳定后，他就把权力向蒋经国过渡的问题提上了议事日程。他通过高压态势逼走"老臣"，采取铁腕清理门户、编织罪名剪除名将、严加防范抑制内亲等手段，帮助蒋经国清除了一个又一个的障碍，保证了蒋氏父子权力的平稳交接。

在蒋介石的精心安排下，其权力的转移经历了一个漫长的、有序的、渐进的过程。他首先选择辅佐"贤相"，为"太子"继位保驾护航。在陈诚因身体原因辞职后，蒋提议由严家淦担任"行政院长"。严氏性情温和，行事低调，不争功利，有人言称他"是好人，不是好官，是好国民，不是好公仆"。

1963年12月，严家淦从陈诚手中接下"良相"的接力棒，专心为蒋经国接替蒋介石的权位修路铺石。他上任伊始，便秉承蒋介石旨意，提名蒋经国为"国防部"副部长。次年1月部长俞大维请辞，并郑重保荐蒋经国出任此职，经国太子就这样顺理成章地掌控了台军兵权。

1966年，蒋介石又提名严家淦为"副总统"，仍兼"行政院院长"，成为一人之下，万人之上。

自严家淦担当起蒋氏父子交接班的"滑轮"角色后，他发挥自己在财经方面的专长，首先帮助蒋经国熟悉财经业务。蒋经国在领导修建横贯公路期间，已经学到了一些经济建设知识；他主持"国防部"工作后，又从军需的渠道同财经界建立了联系。升任"行政院"副院长后，又负责协调和领导经济规划与建设的全盘事宜。不久，严家淦辞去"国际经济合作发展委员会"主任之职，让蒋经国接任。"经合会"是从20世纪50年代的"美援会"变化而来，经严家淦之手，它已变成台湾经济的决策中枢，这样一来，蒋经国俨然成了台湾财经的大总管。他接掌之后，把"经合会"的权力进一步扩大到监督执行方面，使"经合会"成为超部会的"财经小内阁"，职权范围明显增大。这意味着他已填补上最后一块权力空白，其势力已从党、军、团、特进一步扩张到经济领域。至此，蒋介石交班只剩下"名分"和时间问题，实际上，此前"蒋经国时代"已悄然来临。

蒋经国在任"行政院"副院长之时，即以国民党"十全大会"确立的"全面革新"路线为契机，开始了充分表现和展露自己才能的"全面革新"。经过若干年的努力，革新取得一些成效。在对待在野反对派的态度方面，采取了较为宽容的政策；对待民众的态度方面，把"为民服务"作为党务革新和行政革新的重要内容来抓。特别是蒋经国事必躬亲，基层常常出现他的身影。而行政部门的办事效率有很大改善；在人事制度方面，实行"提拔青年人才"和"政治本土化"方针，朝气增加而矛盾锐减；实行"中央民意代表"的增补选，并在一定程度上满足了地方反对派人士的参政要求；在经济上，进行了以交通、能源、重化工业、大型机械制造等为内容的"十大建设"，为经济持续发展奠定了基础。具体为：一、中山高速公路；二、西线铁路电气化；三、兴建北回铁路；四、台中国际港；五、扩建苏澳港；六、桃园国际机场；七、一贯作业炼钢厂；八、高雄造船厂；九、石化工业建设；十、核能电厂。

如果说政治革新是顺应时政需要，那么着力发展经济，大规模地投资重化工业，则是国民党治台方针的根本转变，即从过去把台湾当成"反攻基地"这一虚幻缥缈的精神依托，回到如今实实在在的建设和发展台湾的现实之中。蒋介石曾说过："台湾建设之所以有辉煌的成就，乃由于政府决策的正确。"[34]所谓政府决策，就是指这一质的转变。数十年来，蒋介石虽偏安一隅，却时刻叫嚣"反攻大陆"，总是把自己绑在决斗的战车上，而其他一切行动也都围绕这一中心展开。然而，时代的发展并不以个人的意志为转移，其结局也恰恰相反。当台湾当局在外交上遭到一连串的沉重打击后，使国民党深深地认识到，台湾已完全失去了与大陆抗衡的能力和资格，惟有发展生产，搞好经济，使人民安居乐业，这才有可能使其统治得以生存。因此，蒋介石要求"政府的施政，要处处为民众着想，事事为民众打算"。[35]可见，他的思想也在变。

国民党最初发展台湾，纯粹是从军事角度考虑，通过经济发展增强实力，为"反攻复国"打下必要的物质基础。此举与这时发展台湾经济相较，目的、结果两相异。前者只是增加了台岛的经济实力，百姓并无受惠。而后者则将台岛纳入经济轨道，政治因素已大为降低，百姓充分享受到经济起飞与发展带来的生活变革的成果。

经济的发展，改善了民众生活。这些成效为蒋经国"新政"增色不少，故有人将其称为"蒋经国时代"，"全面革新"也因此被视为"蒋经国时代"的旗帜。其实，"全面革新"的任务本是蒋介石提出并开始实施，即使在蒋经国全力推动"革新"取得成效的几年中，也离不开乃父的支持和帮助。蒋介石利用自己的权威为蒋经国扫除保守的障碍，"保驾护航"。从这个角度讲，"全面革新"即是蒋介石留给儿子的政治遗产，又是让其树立权威、建功立业的大好机会。

蒋介石栽培其子有个独特的方式——自1937年蒋经国从苏联返回后，蒋介石即要求其写日记，更时常要其交来审阅批注，以了解其行为与品德修养，从中体察他的进步与不足，有所指点。1968年，他读罢蒋经国前一年的日记后点评道："其知识学问与心神修养皆比前年更有进步"，但有二点欠缺，其一是"身体不知保养，用力太过，以致多病"，其二是时常"悲伤忧郁过度，以致负荷沉重，不知宽缓"。[36]蒋经国很早就患了糖尿病，体质偏弱，这让蒋介石很是担忧。1971年，蒋介石体检结果不好，脑动脉血管硬化，他担心自己一病不起，传子计划不能顺利实行，于是决定用"遗嘱"的形式留下让蒋经国"接班"的政治交待。父传子继的传统权力传承方式在20世纪被多所诟病，蒋介石虽稍有所顾忌，但仍行之。对此，他写道：[37]

审阅检查身体报告书，脑动脉血管有硬化之象，自觉亦有所病也。如医药与休息无效，则国家后事应预作安排。经国乃可继此复国任务，惟其为我父子关系，不愿有此遗嘱，但其能力为静波（严家淦字——引者注）之助手，出任行政院长，则于公于私皆有益，望我党政军同志以助我之心助彼完成我光复大陆之共同使命也。

尽管蒋经国已掌握了实权，但毕竟在名位上离权力的顶峰还隔着点距离，因此必须尽快解决，让他走到前台来，完成传子计划的最后一棒。当蒋介石蝉联"第五届总统"、而严家淦也再次当选为"副总统"之后，86岁高龄的蒋介石便着手"安排后事"。聪明的严家淦当然不会挡道，他主动让贤，于5月11日提出辞呈，坚辞"行政院长"兼职，并主动推荐蒋经国，称他"坚忍刚毅、有守有为"，是"最理想之行政院长继任人选"。

17日，国民党中央常委召开会议，讨论高层人事的安排。蒋介石早已有心让蒋经国更上一层楼，但这种重用儿子、构筑"家天下"的举动不仅海内外早有反对，而且有悖于中国传统道德。蒋介石因而希望大造舆论，以形成他是"顺应民意"，并非"出于私心"而提携蒋经国的公众印象。谷正纲、倪文亚、郭澄等常务委员，以及张群、孙科、田炯锦等中央评议委员纷纷发言，称赞蒋经国是"行政院长"最佳人选。最后，中常委通过决议，一致吁请蒋介石"不以内举之微嫌，废国家兴复之至计，允即征召蒋经国同志出任'行政院长'"。

此前，已有张知本、王云五等1183名"国大代表"联名上书蒋介石，称蒋经国"志行高洁、器识宏通、气魄雄浑、襟怀谦冲……实乃当前主持行政院之惟一最佳人选"。为蒋介石之谋，为蒋经国之道，摇旗呐喊。

有了这些铺垫，蒋介石也就"内举不避亲"了，在就职后提名蒋经国为"行政院长"。5月26日，"立法院"投票同意蒋经国出任"行政院长"，会中发票408张，同意票381张，不同意票13张，白票13张，未收回票1张。蒋经国以前所未有的93.8%的得票率，获"立法院"通过，这在国民党"行宪"以来，"立法院"对前九任"行政院长"行使同意权的历史上，是得票率最高的一次，显示出蒋经国此时在国民党内的坚实基础。

蒋介石对蒋经国的当选，倍感欣慰，写道："经儿已任行政院长，必使先慈在天之灵得到安慰。"[38]蒋介石将经国当"行政院长"视为自家光宗耀祖之事，足以告慰自幼喜爱经国的母亲王采玉的在天之灵。实际上，最高兴的应该是他，因为"传子计划"终得落实。6月1日，蒋经国就任"行政院长"，从而在事实上掌握了台湾政局，"蒋经国时代"即由此从"悄然"状态转入"公然"状态，他终于正式走上政治前台。至此，蒋介石总算放下一颗悬了多年的心，终于在他有生之年完成了传子大事，使国民党政权和多年经营的台岛继续掌握在蒋氏家族的手中。

就实际权力运作而言，蒋经国算是承继了蒋介石的权位，而就形式来说尚未最后完成。1975年4月5日蒋介石病逝。同月，召开国民党中执委会，推举蒋经国担任国民党主席。1978年5月，在"国大"上蒋经国被选为"总统"，蒋氏父子的权力交接，终于画上了一个圆满的句号，这是后话。

同年3月，蒋介石作了前列腺手术，4月因患重感冒住进荣民总医院疗养，不久转成肺炎，7月在阳明山又发生了一起车祸。一连串打击使其健康大受影响，从此不在公共场合露面，医院里一住就是一年零四个月。其实，蒋介石已不再过问具体政事，依其身体状况，他本应辞职，以"副总统"代理，但他一直没有这样做，这是为蒋经国接班有更充分的时间。至1973年7月，报纸上又公开刊载了蒋介石在其孙子蒋孝勇结婚时与他的合照，算是病后第一次公开露面，向公众表明他的健康状况及并未暗中引退。

蒋经国开始以头面人物主政之时，也正是国民党政权内外交困的严峻时刻，因此人称他是"受命于艰危之际，组阁于多难之秋"。对此，他上任伊始提出救亡图存的"十大革新"政纲，迈出了改革的大步。应该看到的是，蒋介石的身体虽然很差，不足以在前台亲自上阵，但他在后台，却起了相当大的作用。他的许多有关"革新"的言论及所产生的效力都是蒋经国所不及的，他不断阐述"革新"，无论是从大处着眼，还是从小处着手，由精神、到组织、到社会、再到行政，都颇有深意。如他说"革新的手段，虽不像革命那样激烈，其过程仍不免使大家在一时之间心理上感到彷徨，生活上感到烦恼，然而只要一转念之间，以国家前途与个人荣辱作一个比较，得出其最后的结论，那所得的代价，就自然是民族生机盎然不绝，与革命历史的永垂不朽"。"大家必须扩大'全面革新'的行动，不再是枝枝节节，做一点算一点的片断的革新；也不是一个局部的革新，和时断时续，或作或息，不能始终如一、贯彻到底的革新；更不是空喊口号，虚浮夸大，自欺欺人的革新"等。[39]

有了其父作强有力的后盾，蒋经国当然得心应手，他一反过去老官员轮流坐庄的办法，对"行政院"进行了大改组，起用了不少新人。蒋经国这一招，不仅使新"内阁"阵容新，气象新，活力也新，平均年龄61.8岁。[40]"第二代政治精英"，既保证了政策的连续性，又形成了同国民党内"元老派"进行斗争的集团力量。

在"本土化"方面，省籍问题，是多年来台湾政治斗争的一个焦点。占台湾人口大多数的台籍人士，在政治上长期处于无权的地位，即便是在地方有一定身份的台籍人士，参政的机会亦不多。《自由中国》半月刊曾尖锐地指出："在若干台湾人的心目中，统治台湾的是大陆人。"[41]甚至"台湾省主席"一职，也全是由大陆出生的人担任的。20世纪70年代前后，不少台籍人士不满足于经济地位，问鼎台湾政治的要求十分强烈。这样，"蒋经国的政权是否能维持下去，占台湾人口85%的台籍人士的人心是一个重要的关键"。[42]蒋经国看到了省籍冲突可能带来的严重后果，深知，要想保证国民党在台湾的长治久安，就必须解决作祟多年的省籍矛盾，于是他果敢地提出"台人制台"的口号，在起用台籍人士参政方面，迈出了重要一步。蒋经国延揽了连震东、李登辉、高玉树等六位台籍人士进入"内阁"，较以前有大幅度增加，而且台湾省主席（谢东闵）、台北市长（张丰绪）都首次由台湾人士担任。

在专门化方面，"蒋经国内阁"中的徐庆钟（副院长）、俞国华、李登辉、李国鼎、蒋彦士、孙运璇等都是专业技术人士，或财经专家，或大学教授。蒋经国为因应台湾经济发展之需，选材方面不像以往那样注重"革命资历"，像李登辉从前并无从政经历，却以"农经专家"获选，一步登天。

第十八章 蒋介石之死

一 晚年生活

1972年5月，蒋介石终于了结了他多年来的一桩心事，顺利地把台湾权力的接力棒交给了蒋家第二代——蒋经国。多年悬挂在心头的大事一旦放下，他那绷紧的神经也就松弛下来，多年忙碌的他似乎可以从此充当"太上皇"，颐养晚年了。

说来也怪，历经几十年风雨，沟沟坎坎，蒋介石倒也挺了过来，身体没什么大毛病。如今，似乎一切都顺顺当当，他应该安享晚年了，可并非如愿，曾经掌握无数人命运的人却无法控制自己的身体。除了人的身体全面衰退是自然规律、无人可以幸免外，他晚年的一场车祸也留下了隐患。

1969年9月16日，蒋介石夫妇与往年一样，到阳明山官邸避暑。按照惯例，蒋介石每一次出巡，沿途都有非常周密的安全部署。对于侍卫来说，更是不允许出现任何差错。通向阳明山的仰德大道，是专为蒋介石上山而修的，从路况来看，堪称是当时台北最好的一条路。那天下午，蒋介石的车队向阳明山开去，速度极快，当经过仰德大道岭头附近的弯道时，前导车司机发现迎面有一辆公共汽车，停靠在前面的站牌上下客，前导车因为刚转弯，所以没有看清楚公共汽车的后面有没有来车。谁知就这么巧，只见一部吉普车突然从公共汽车后面猛地超车冲过来。司机发现情况后紧急刹车，前导车是刹住了，可后面的总统座车却来不及刹车，猛地一下撞上了前车的尾部。好在跟随其后的车子猛拉手刹，总算没撞到总统座车，否则后果不堪设想。

在撞击的一刹那，坐在车内的蒋介石手握着拐杖，丝毫没有准备，瞬间像弹出的皮球，身体直冲驾驶座后侧的玻璃隔板，嘴巴、胸部和下体受到强烈撞击。坐在蒋介石左侧的宋美龄，也未能幸免，顿时疼痛难忍，大声喊叫起来。车祸发生后，侍卫立即把蒋介石夫妇送到医院急救。副侍卫长孔令晟即刻把情况报告给蒋经国，同时急着寻找那辆肇事后逃之夭夭的吉普车。因不知蒋氏夫妇的身体到底受到多大伤害，阳明山、乃至整个台北笼罩在一片惊恐不安的情绪之中。蒋经国立即给情治当局下令，无论如何也要设法找到那辆吉普车并查明真相。后查明，当日吉普车为第十七师长武子初所乘，虽完全是意外肇事，但蒋顾虑该师为卫戍师，决定将武调职，"以免发生枝节也"。[1]

蒋介石的身体原本十分硬朗，加之很注意养生保健，生活作息较规律，所以虽有些老年体衰，但基本健康状况良好。这次车祸令蒋介石的胸腔和心脏受创极重，也酿成日后"心脏肥大"的病根，并成为后来身体健康的致命伤害。事后他在接见一位部下时也承认，自从那次阳明山车祸之后，他的身体受到很大的影响，不但腿不行了，身体也不行了。[2]次年春天，蒋介石伤心不已地对前来探访的"副总统"严家淦说："永福车祸，减我阳寿20年。"宋美龄的腿部也受到相当的创伤，到了晚年，每逢冬天，宋美龄的双腿都会不适，这都是阳明山车祸的后遗症。

福无双至，祸不单行，车祸事件还只是一个开端。1971年春天，蒋介石在一次小便时尿血。已85岁的他对此大为紧张，立即叫医生来查明原因。

原来，这是蒋介石开前列腺手术后留下的后遗症。20世纪60年代初，蒋介石健康开始出现问题，因前列腺肥大而排尿不畅。这本是十分常见的男科病，当时荣民总医院拥有最优秀的外科及泌尿科医生，他们是台湾最好的专家，完全有能力为患者解除痛苦。可蒋氏夫妇大概是迷信外来的和尚会念经，特地请了一位美国医生前来主刀。因为当时蒋的病情并不严重，美国医生采用电疗的方式，把前列腺上有问题的部位用电烧的方法处理。不过，这次手术并不成功，蒋介石的健康开始走下坡路。第二年春天，蒋介石在小解时竟发现血块，顿时方寸大乱，这在他心里投下了巨大的恐怖阴影。医生解释这是正常现象，但蒋介石显得十分沮丧，很长时间连散步也打不起精神，脸上也很少再看到有一丝笑容。

以后，每逢春季，蒋介石都要犯这毛病，官邸的洗手间内专门摆几个空瓶子，只要蒋介石一发现小便有暗红色的血丝流出，就吩咐手下接血尿。据侍从回忆，明显看见蒋的脸庞是那样的惊恐失望、黯淡无光，以前那个统治强人的形态，如今已完全变成另外一个人了。[3]自从他开始尿血，整个身体机能比以前差多了，此后，他经常患感冒，而且间隔很频繁。侍卫都明白，蒋介石对疾病的抵抗能力已经相当衰弱了。

蒋介石毕竟老了，当尿血刚刚缓和，他又犯了其他病，没走几步路就气喘，舌头不断往外伸，呼吸不畅，讲话时舌头显得有些硬，变得口齿不清。侍卫官见状，立即告知医生，随即检查，结论是血管硬化，至于呼吸不畅，是肺部缺氧。此后，蒋介石越来越感到不行了，四肢反应不灵活，双手抖得厉害，后来没办法，好些需要双手稳定的工作，都由侍卫代劳了。

除了体力明显衰退，蒋介石写作的注意力与平时的记忆力也明显退步。1970年后，他每天日记的字数逐渐减少，记忆力日差，"而且每朝默祷颂辞，亦常忘却，默诵不全矣"。[4]1971年5月，蒋介石做过一次体检，发现"心脏与脑部呼吸，皆较去年变劣"，医生建议他作3个月之休养。[5]

1971年11月间，在高雄澄清湖的蒋介石因贴身副官的粗心又使他衰弱的身体雪上加霜。

这时，蒋介石的身体已大不如前，时常便秘，须借助甘油球来软化大便。蒋叫随侍在旁的副官用甘油球为他润一润肛门。不知是副官另有心思还是心不在焉，一连插了两个甘油球，蒋介石还是未能解出大便。他心里一急，就通知另一个副官来。副官急忙赶到洗手间，一看吓坏了，整个马桶全是血。蒋介石也不知所措，他焦急地对副官说："你快点帮我看看，怎么回事？两个甘油球塞进肛门，可是大便依旧没有解出来！"副官低下身子仔细打量，发现前一位副官没有把甘油球塞进蒋的肛门，而是塞到肛门旁的肌肉里去，把肌肉都插破了，血就是从这儿而来。

副官当机立断，立刻通知医生，赶快来做急救。医生赶到现场，发现蒋介石肛门的肌肉已被甘油侵蚀，有开始溃烂的迹象，翌日急电台北荣民总医院，直肠科主任迅即上门诊治，总算止住流血。接下来的治疗工作整整持续了一个多月，肛门伤口才算慢慢痊愈。

蒋介石军人出身，外表硬朗，不意却遭遇到尴尬不已的"英雄暮年"。说不出口的下半身病痛折磨着他，这对蒋介石的精神打击，是何等沉重呀！

1972年春天，蒋介石和宋美龄到日月潭度假，住在涵碧楼。可就在那里，又发生了另一个意外插曲。

按蒋的身体情况，规定只要他起身活动，一定要有一个贴身副官紧随左右，以防有脚步不稳的情况发生。那一日，蒋穿过夫人的书房正要往屋外走，副官远远看见他走过来，就立刻要过去随侍，因为宋美龄的卧室就在一旁，副官怕惊扰她，只好绕过一个回廊，再走近蒋的身边。可还没等他走到，蒋介石突然一个踉跄，跌倒在地。这一声惊动了宋美龄，她大惊失色地走出房门，叫着："是怎么搞的！怎么可以让总统摔倒呢？副官在干什么？"[6]蒋介石嘴里直喊没事，可是宋美龄不那么想，她余气未消地说："以后不要管我是不是在房里，只要先生一出房门，你们就给我直接过来扶先生！"[7]医生听说蒋介石摔了一跤，也紧张地跑了过来做检查，所幸，没有任何外伤和骨折，算是虚惊一场。

同年5月20日，是蒋介石就任"中华民国""第五任总统"的就职典礼。蒋介石的体力已极度衰弱，可是，"国家"的大典不能没有"总统"本人参加。怎么办？为了能让蒋介石既出席就职典礼，又不至于暴露身体欠安的事实，官邸在就职典礼前，想出一个掩饰的方法。

这个方法其实很简单，就是在"总统府"大客厅蒋介石和宋美龄站立的后边摆上一张沙发椅。这样，当贵宾道贺时，可让蒋氏挨着沙发椅站着。一方面是担心他身体突然不支，这样，后面的沙发椅就能起到作

用，使蒋不至于跌倒。另一方面，即使在正常情况下，也可以给蒋一个依靠，使其站着不会感到太吃力。为了防止蒋突然身体不适，医疗小组还在会场后安放了氧气瓶，以备急用。这一办法还不错，总算把这一大事遮掩了过去。

到了6月，医疗小组给蒋介石做了一次全身体检，发现心脏有较大问题。医生当即建议，让他半年内停止一切对外活动，旨在完全封闭的环境下静养。当然，医生完全是从身体需要考虑的，但宋美龄不这么想。一旦"总统"不在其位，那么"总统"的职权岂不旁落？如果蒋的身体垮了的消息一旦外泄，岂不是会引起政治不安、人心动荡吗？这无论对蒋家或者对"国家"都不是一件好事。她不假思索地对蒋介石说："不要听他夸大其词，你的身体还好得很，为什么要休息半年，这简直是岂有此理！……"事后，她把提建议的医生陈耀翰找来，毫不客气地数落了一通。面对宋美龄那掺杂着政治的考虑方式，医生也只能默然听命。从此，只要有关蒋的病情报告，都要经过宋美龄的允准，才可对蒋介石讲，以免影响他的情绪。事实上，蒋介石的身体是一天不如一天。但因需经与宋美龄会商后才能向蒋介石面报病情，故透露给他的消息，

多年忙碌的蒋介石终于松弛了下来，与子蒋经国泛舟日月潭。

不外乎是"没关系"、"多休息"之类或和病情没有太直接关系的隐瞒实情的话。

可就是这样，医生还是不断给宋美龄提出一次比一次严重的检查报告，迫使她不得不作出一些因应之道。她下令增加两位台湾当时最顶尖的心脏科主任医生参加对蒋的监护工作。之后，又请了在美的国际心脏科治疗方面颇负盛名的权威专家余南庚来台湾为蒋治病。

应该说，由于各方面条件相当好，对医治蒋介石的病并延缓他的生命起到了关键的作用。据说，外国医学专家曾经不止一次告诉"总统"医疗小组的成员：世界上大概再也找不到第二个"国家"，可以像你们这样，动员全部的人力物力和财力，用于拯救"国家元首"的生命，即使美国总统恐怕也不可能有像蒋介石这样近乎帝王般的医疗照顾。[8]

这次大病期间，蒋介石从1917年开始坚持了50多年的日记写作开始时断时续。6月19日他写："病，不能记事。"6月20日的日记是8月11日补记的，21日的日记是三个月后的9月21日补记的。到7月30日才恢复早操（他自己在室内做的简单体操）。他在大病初愈后写道："此次大病中，以六月下旬至七月上旬二旬间最为险恶、沉重。余心神沉迷、昏晕、毫不知有知觉。至今遥思，当时痛苦如何并无所知。据令伟（注：孔令伟，即"孔二小姐"，孔祥熙与宋蔼龄之女）云，当余起身解手，此身强硬如木棍，必须有二人互持推拉也。"[9]蒋介石在病中出现了一些幻觉，时常回忆少年时的生活，回想到故乡，对自己在大陆时未善加关照，"最为负疚"。

现存蒋介石最后一天的日记写于1972年7月21日，全文如下："雪耻。今日体力疲倦益甚，心神时觉不支。下午，安国（注：戴安国，戴季陶之子，拜托蒋介石为义父）来访，后与经儿（注：蒋经国）车游山下一匝。"

蒋介石的晚年，是在病魔的缠绕下度过的，日子过得并不舒心。而从1972年下半年卧床治疗后，更是苦不堪言。因年龄太大，长期静卧，导致肌肉明显萎缩。此外，排泄机能失调，小便失禁，大便则解不下

1972年春天，蒋介石和宋美龄到日月潭度假，住于涵碧楼。

来，每天依靠医护人员从直肠内将粪便挖出来。其间有几次陷入昏迷，一度体温高达四十度以上，肺叶有三分之二的部分出现积水，故从一开始他就套着氧气管呼吸，一刻不能中断。对于他的病况，官邸都感到凶多吉少。

1973年元月间，蒋介石居然从沉睡般的昏迷中苏醒过来。不过，身体明显衰弱，尤其是因为手脚的萎缩和变形，在行动上诸多不便，日常生活中更加依赖侍卫和医护人员。因为蒋介石最怕热，可又忌讳吹电风扇和冷气，故连续两个夏天，全靠侍卫人员用蒲扇给他扇风，这就苦了他们。据侍卫回忆：因为要轮番照顾蒋的病体，侍卫体力和精神上都感觉有些吃不消，这时的8个小时一班，与蒋介石健康时的一班完全不同，不仅要帮医生护士做医护助手，还要兼做一般医院所谓"特别看护"的事情。[10]蒋介石的家人对他更是体贴入微，给病中的他不少安慰。宋美龄终日随侍在侧，儿孙们也常来探视，忙于政务的蒋经国只要在台北，"每日探病至少三次"。[11]

到了1974年夏天，蒋介石的身体略有好转，他已能每天到花园散步和同家人及政要讨论政治问题等。蒋介石卧病期间，外界不断有一些关于他病情的传说。为安抚人心，稳定政局，宋美龄运用其外交手腕，利用家族的重要活动让他亮相，以证明蒋介石尚健在。1974年10月31日蒋的生日时，台湾当局印发大量"蒋总统万岁"的徽章，并用巨型气球向大陆漂投1000万张蒋的照片。蒋介石在晚年的病中，对外一共有四次露面，都是由宋美龄一手策划的。

蒋介石的第一次露面是在1973年7月间他的孙子蒋孝勇结婚之时。蒋孝勇的婚礼是在士林官邸的礼拜堂举行的。那时，蒋还在荣民总医院调养，不能走动，故这次婚礼没有惊动他。只是蒋孝勇夫妇在完成婚礼之后，按照奉化家乡的习俗，前来给他奉茶。当天上午，蒋介石穿上长袍马褂，坐在病房的客厅椅子上，由宋美龄代表他接受蒋孝勇夫妇的奉茶仪式。利用这个机会，宋美龄对外发布新闻，说蒋介石为其最小的孙子蒋孝勇主持了婚礼的奉茶仪式，以示他的病情正在康复之中。

第二次是同年的11月间，国民党十一届三中全会结束后，与会的主席团成员到荣民总医院晋见蒋介石。当时，蒋的右手肌肉萎缩已十分严重，因无法控制而不自觉地下垂。为了掩饰这一缺陷，只好想出一个办法，即先为蒋介石穿好长袍马褂，然后把他用轮椅推到会客室，等在沙发上坐定后，便用透明胶布在其右手手腕上缠上一圈后直接粘在沙发右边把手上，这样从外表上就看不出他的右手有什么问题。待把有关事宜处理完毕，才通知人员进来。虽然蒋的身体有些消瘦，但精神尚可，头脑也还算清楚，在很短时间内是不会露出什么破绽的。只是医生怕他离开心电图监视的时间太久，会引起危险，在有关方面安排行程时，要求尽量缩短时间。而医护人员神情特别紧张，在会场一旁随时待命。

蒋介石的第三次曝光，是在蒋孝武夫妇带着年方周岁的蒋友松，去

士林官邸探望他。在宋美龄的关照下，那次的家族活动决定发布一张蒋家的合影，再一次证实蒋还"好好地"活在人间，一扫当时外界有关他已不在人世的传言。那张照片上，蒋介石手里抱着曾长孙友松，一副其乐融融的样子。实际上，友松只在拍照时，才象征性地被放在蒋的手腕上，真正在他手上不过几分钟的时间。

第四次曝光，是时势所迫，也是一次别无选择的政治性亮相。1975年初，美国"驻台大使"马康卫即将离任回国，其实早在一二年前，他就向台湾当局"外交部"提出晋见蒋介石的请求。但是，由于那一段时间正是蒋身体最差的时候，不是处在昏迷中，就是病情尚未明朗，不便接见。而美国方面根据种种迹象，猜测蒋介石已经罹染重病，因为他好长一段时间未到"总统府"上班，而且在许多蒋一向不轻易缺席的场合也不见他的踪影。面对马康卫离职返美前的最后一次晋见请求，宋美龄考虑再三，权衡利弊得失，最后决定还是安排接见。宋美龄认为只有见，才可以打消不必要的误解和臆测，况且，台湾处在内外交困之际，如果这时再对美国有失礼之处，对台美"邦交"会有负面效应。

为了保证蒋介石会见马康卫过程的顺利而蒋又不显出过分的病态，士林官邸确实费了一番巧思。在马康卫晋见前夕，官邸内务科和"外交部"的人已经做好了相应的准备。但是，宋美龄自有安排，因为她的英语非常好，又长于交际和应变，所以，她没有要求"外交"人员作陪，她认为只要她陪伴蒋介石接见马康卫，就足以应付大局了。只是她不放心蒋的身体，不知能否支撑一段时间。因为接见马康卫，不是十几分钟敷衍一下的事。此前他所见的人不是亲属就是部下，时间长短无所谓，可是，若是对美国"大使"也是这般敷衍，恐怕比不见还更为失礼。

医疗小组的医生们对此有不同意见，他们强调蒋是不宜离开心电图监测太久的，否则没人能保证他不会有任何令人措手不及的意外发生，况且，蒋已出现过几次心跳骤停的情况。尤其令人担心的是他的每次心跳停止间隔时间已有日渐缩短的迹象，假如进一步恶化，谁能有把握他不会因一时兴奋或冲动，而使心脏受到致命的刺激。尽管如此，蒋介石和宋美龄还是决定接见马康卫，声称"为了国家前途，必须冒一次险"。[12]

蒋介石在马康卫来之前，就已经端坐在客厅里等候，医疗小组则在后侧严阵以待。据侍卫回忆：接见过程中蒋的表情有点僵化，口齿也不太清楚，而且谈话时气喘吁吁，说明他的病情已到了相当严重的地步了。好在有宋美龄一旁协助，没出什么问题，既让马康卫"了解"蒋的意思，又适时地掩饰了蒋介石的口齿不清和词不达意。[13]

除了这四次对外曝光，有关蒋的病情从未在任何正式媒体上透露，这是当时国民党控制言论的一个非常有代表性的例证。当时，台湾上层有不少人认为蒋的病情是"机密"，不能轻易外泄。其实，那时蒋经国已基本上掌握了整个大局，即使蒋介石去世，也不具任何实质性的影响了。

蒋介石是不甘心就此了却一生的。当他身体稍有恢复后，就叫侍卫为他准备纸砚笔墨，想练练毛笔字。可他的右手萎缩相当严重，试了几次也没有力气握笔，那手再也不听使唤。

蒋介石对自己的病情十分着急，他时常想下床试着走动一下，长期躺在床上，他有说不出的苦闷和焦躁。他幻想着病愈，再回"总统府"上班，但是他的体力已不允许他做这样的事情。有一次，他听蒋经国说高速公路已经通车到桃园的杨梅，很高兴，就决定去高速公路上兜兜风。侍卫只好为他备车，并配备救护车一辆随行，以防突发事件。谁知车上路没多远，蒋就觉得非常疲倦，身体受不了，又要求车子立刻返回。他非常清楚自己所处的窘境，这使其心境处在一种极度低潮的状态下。此后，他的身体一蹶不振，时刻在与死神抗争。

二 病逝与治丧

1975年4月5日，蒋介石因病发性心脏病，于深夜11时50分在台北市郊士林官邸去世。

蒋介石生于1887年10月31日，几十年的风风雨雨，身体倒也不错，少有不适。其多年生活修养颇为节制，烟酒不沾，始终保持康健之体。1962年，他患前列腺肥大症，虽经割除，但效果不佳，后转为慢性前列腺炎的宿疾，时有发作，无法根除，健康从此大受影响。1972年，蒋介石连任第五任"总统"，这时他已86岁了，毕竟年事已高，心力不济，加之台湾内外交困，对其精神打击太大，使旧病复发。7月中旬，又因感冒引发肺炎。8月6日，入荣民总医院疗养。经长时间治疗，至1973年2月，身体日渐复原，惟留下因高龄而发生的血管硬化，主动脉瓣开闭不全，以致影响心脏功能，导致心脏肥大等病症。此时，蒋经国已能在台湾独当一面，蒋介石逐渐淡出政治第一线。经医生决定，蒋需要长期静养，遂于12月22日回士林官邸由特别医疗小组负责继续疗养。其后一年间，每日除药物外，还接受理疗，经过一段时间，身体逐渐有所好

蒋介石的后半生

1974年10月31日蒋介石生日，台湾当局印发大量『蒋总统万岁』的徽章，并用巨型气球向大陆漂投1000万张蒋的照片。

转，他已能自行梳洗沐浴。到了1974年12月1日，蒋介石因患流感而致肺炎复发，治疗期间，祸不单行，至27日晨，慢性前列腺炎又发，同时发生膀胱内出血，虽行急救，出血是止住了，炎症也减轻了，但蒋介石身体遭此连续性并发症影响后，体力明显不支，常有连续不断的心室性期外收缩，赖以药物注射始能控制。到了1975年1月9日，蒋介石一度发生心肌缺氧现象，经急救之后，除仍间有心室期外收缩情况外，心脏功能尚无其他变化，但肺部炎症终无法根治，时伴有低热症状。

4月5日是中国传统的祭扫先人的"清明节"，早晨8时，蒋介石起床梳洗，因昨夜睡眠较好，故精神颇佳，中午也未休息。午后，蒋介石感到腹部不适，因此情绪极度不安，同时小便量减少。医疗小组认为蒋介石心脏功能欠佳，造成血液循环不畅，体内组织可能有积水现象，于是立即施以少量利尿药物，致使排出500cc小便。这之后，他情绪安定了许多，并小睡片刻。晚间8时15分，蒋介石即行入睡，当时并无什么异常情况。稍后，监护医生发现蒋介石的脉搏突然转慢，当即施行心脏按摩及人工呼吸，同时注射药物等急救，一两分钟后，心脏跳动与呼吸恢复正常。但时间不长，过了四五分钟后，蒋的心脏又停止跳动，医生便再施行急救，但此次效果不佳，心脏虽时跳时停，但呼吸终未恢复。此后且三度发生心室性心室颤动，须赖以电击以中止此种不正常心律。此时蒋介石的脉搏、血压已不能测出。至晚间11时30分许，蒋介石双目瞳孔放大，但心脏仍偶有轻微之跳动，故急救工作仍继续施行，曾数次注入心脏刺激剂，然而亦未见效，只好采取电击，直接刺入心肌，刺激心脏，期望能起死回生，但仍未见效。于是群医束手，回天乏术，就这样，蒋介石于晚间11时50分离开人世。[14]

蒋经国对当天的情况记述如下："今晨向父亲请安之时，父亲已起身坐于轮椅，见儿至，父亲面带笑容，儿心甚安。因儿已久未见父亲笑容矣。父亲并问及清明节以及张伯苓先生百岁诞辰之事。当儿辞退时，父嘱曰：'你应好好休息。'儿聆此言心中忽然有说不出的感触。谁知这就是对儿之最后叮咛。余竟日有不安之感。"[15]

据主治医师王师揆、熊丸、陈耀翰签署的医疗报告称：[16]

总统蒋公春间肺炎复发，经加诊治，原已有进展；于今日上下午尚一再垂询蒋院长今日工作情形，不幸于今日下午十时发生突发性心脏病，经急救至午夜十一时五十分无效，遂告崩殂。

蒋介石弥留之际，夫人宋美龄及长子蒋经国等家属均随侍在侧。蒋介石死时虽是深夜，"副总统"严家淦暨"立法"、"司法"、"考试"、"监察"各院院长及有关高层人士，闻讯立即赶达官邸，瞻仰了蒋介石遗容，随后即移遗体至荣民总医院。

蒋介石死前，已在3月29日口授遗嘱，由秘书秦孝仪整理记录。他死后，这份经宋美龄、"副总统"暨五院院长签字的遗嘱，迅速由"行政院"新闻局发布，交各传播机构播告。内容为：[17]

> 自余束发以来，即追随总理革命，无时不以耶稣基督与总理信徒自居，无日不为扫除三民主义之障碍、建设民主宪政之国家，艰苦奋斗。近二十余年来，自由基地日益精实壮大，并不断对大陆共产邪恶，展开政治作战；反共复国大业，方期日新月盛，全国军民、全党同志，绝不可因余之不起，而怀忧丧志！务望一致精诚团结，服膺本党与政府领导，奉主义为无形之总理，以复国为共同之目标，而中正之精神自必与我同志、同胞长相左右。实践三民主义，光复大陆国土，复兴民族文化，坚守民主阵营，为余毕生之志事，实亦即海内外军民同胞一致的革命职志与战斗决心。惟愿愈坚此百忍，奋励自强，非达成国民革命之责任，绝不中止！矢勤矢勇，毋怠毋忽。

蒋介石在遗嘱中将"实践三民主义，光复大陆国土，复兴民族文化，坚守民主阵营"总结为自己"毕生之事"，实际上是他到台湾后所做的努力，如果单就他自己的归纳，结合历史事实，可以说是一无可取。他坚持国民党的"一党专政"，长期在戒严体制下剥夺人民的基本民主权利，离三民主义相距甚远；他坚持"光复大陆"，到头来只成了一句自欺欺人的政治口号，从1949年后，未曾一次踏上大陆国土；至于"坚守民主阵营"，实际上他早已为英美等"民主国家"所抛弃，自己做着"反共抗俄"的哀鸿之鸣。凡此种种，蒋介石至死不悟，可悲可叹。蒋介石的可取之处，也许就在于他始终坚持"一个中国"的立场，同国际各种分裂中国的阴谋及"台独"势力坚持不懈地进行斗争。

据报道，4月5日白天，台北的天气十分晴朗，到深夜却电闪雷鸣，瓢泼大雨从天而降。蒋介石的去世在台湾引起的震撼也十分强烈。虽然他已渐渐淡出政坛，但他死时身兼"总统"与国民党总裁两个最重要的职务，在台湾的权威与影响力无人能与之匹敌。

6日清晨7时，中国国民党中央常委会举行临时紧急会议，讨论蒋介石死后的政局及人事安排，决议"敬谨接受总裁遗嘱"，依照"宪法"推举"副总统"严家淦继任"总统"，并对"行政院"院长蒋经国为守孝请辞一节予以慰留。"行政院长"蒋经国于蒋介石逝世后，5日深夜曾以"中国国民党从政主管同志"身份，向国民党中央提出辞呈，声称："经国不孝，侍奉无状，遂致总裁心疾猝发，遽尔崩殂，五内摧裂，已不复能治理政事，伏恳中央委员会矜念此孤臣孽子之微衷，准予解除行政院的一切职务。"[18]以守父丧。不过，蒋经国此举纯属走形式，故在上午举行的中常委临时会议上，特别讨论了蒋经国呈请辞职案。中常委谷正纲在发言中表示，就中国固有道德而言，蒋经国请辞，他个人深表同情，但在"国家"当前情况下，"亟须蒋院长继续处理政务，因此建议常委会慰留，并吁请全党同志、全国同胞更积极支持蒋院长"。严家淦这时果然不负蒋介石的厚望，带头表示支持蒋经国，并希望大家都支持他，全体中常委当即举手表示对蒋经国的坚定支持，并通过慰留决议，勉蒋经国以古人墨 从公之义，继承艰巨，完成"反共复国"之使命。这次临时紧急会议的决议表明，蒋介石死后，权力顺利地移交到蒋经国的手中，他苦心经营多年的传子计划得以实现。

上午11时，"总统"就职宣誓典礼在"总统府"大礼堂举行，由"司法院长"兼"大法官会议主席"田炯锦监誓，严家淦宣誓就任"中华民国总统"职。就职后，严家淦立刻颁布与蒋介石治丧有关的命令，内容为：[19]

总统蒋公灵堂

设于台北市『国父纪念馆』的蒋介石灵堂。

　　国家不幸，故总统蒋公，忧勤遽逝，全国哀伤，举世震悼，兹特派倪文亚、田炯锦、杨亮功、余俊贤、张群、何应钦、陈立夫、王云五、于斌、徐庆钟、郑彦　、黄少谷、谷正纲、薛岳、张宝树、陈启天、孙亚夫、林金生、沈昌焕、高魁元、赖名汤等大员，敬谨治丧。此令。

　　（一）全国军、公、教人员应缀佩丧章一个月。（二）全国各部队、机关、学校、军舰及驻外使馆等应自即日起下半旗志哀三十日。（三）各要塞、部队及军舰均应升旗时起至降旗时止，每隔半小时鸣放礼炮。（四）全国各娱乐场所，应停止娱乐一个月。

蒋介石于深夜逝世的消息，迅即由"行政院"新闻局于凌晨2时前后分别通告各通讯社、报社、电台及电视台等传播机构，并通过它们很快传至岛内外。多数政界要人，已首先从传播机构驻各地人员的电话报道中获知消息，而一般军民则通过电台广播才得知。各早报原本已拼版校阅完毕，准备印刷。得知这一情况后不得不改版，并赶写社论，推迟出报时间。4月6日，正逢星期日，民众闻讯都惊愕不已，原定的各种假期活动遂自动取消，电影院等各娱乐场所则停止营业，各商店门前都下半旗志哀，民众多佩带黑纱。

台北市郊蒋介石的士林官邸，特将会客室布置成灵堂，供各界人士前往悼念致哀。蒋介石的遗像以花团环绕悬挂灵堂中央，灵堂供桌上摆设紫色龙舌花与素果六盘，白烛吐焰，香火缭绕，台湾党政军要员、"民意代表"等相继前往官邸签名致哀行礼。

同日上午，蒋介石治丧委员会在"总统府"举行第一次会议，由严家淦亲自主持，治丧大员全体出席，会中曾听取治丧办事处召集人秦孝仪的报告，然后商讨各项细节。会中决定：[20]

> 为仰体蒋总统遗志，其遗体暂厝台湾省桃园县大溪镇之慈湖，俟光复大陆后，再行奉安。蒋总统灵堂设于台北市国父纪念馆，移灵国父纪念馆后，遗容供国人瞻仰。定本月十六日上午八时举行家祭，九时举行追思礼拜，十一时移灵暂厝桃园县之慈湖。

4月9日中午，蒋介石的遗体由荣民总医院奉移台北市"国父纪念馆"灵堂。宋美龄、蒋经国与蒋纬国等亲属首先步入灵堂礼台，向蒋介石遗体行三鞠躬礼。接着，"总统"严家淦走上礼台，敬向蒋介石行三鞠躬礼，并瞻仰遗容。"总统府"资政张群、"立法院长"倪文亚、中央常委谷正纲、"考试院长"杨亮功、"司法院长"田炯锦、"监察院长"余俊贤等，以及所有护灵、迎灵人员依序行礼，瞻仰遗容。

蒋介石遗体移入"国父纪念馆"后，治丧大员自当晚起，轮流在蒋

蒋介石的后半生

介石灵堂守灵。严家淦为表示对故"总统"蒋介石的哀思与敬意，亲任首班守灵。

在灵堂正式开放供民众瞻仰之前，台湾省政府主席谢东闵曾率同省政府委员、各厅处局长以及20位县市长先行瞻仰遗容。随后，谢东闵晋见了守灵的蒋经国，希望他"节哀顺变，为国珍重"，并诚挚地表示，他们和全省民众，恪遵蒋介石遗嘱——"实践三民主义，光复大陆国土，复兴民族文化，坚守民主阵容。"

4月10日起，至14日止，蒋介石的灵堂开放五天，供民众瞻仰遗容，同日，严家淦颁令解除治丧期间停止一切娱乐一个月的规定，令文称："政府为悼念故总统蒋公之丧，前于4月6日令发之致哀办法中，规定停止娱乐活动一个月，兹故总统蒋公家属建议，为关切娱乐界从业人员之生活，拟请自出殡安厝之次日起，希其恢复营业。政府为仰体故总统蒋公一生仁德之怀，应准于4月17日——即故总统蒋公安厝后一日，解除停止娱乐之规定。"[21]

蒋介石灵堂移至"国父纪念馆"后，治丧办事处曾于当日发出民众瞻仰遗容时间的公告，由电台及电视台当晚通知全台湾民众，并于10日晨在台北各报刊登启示。据台湾报纸统计，五天内前往瞻仰蒋介石遗容者达250余万。[22]

蒋介石死后，与台湾有"外交"关系的国家领导及其他人士分别致电蒋介石家属、严家淦"总统"及有关机构领导，表示哀悼。这些国家除至台湾派驻当地"使领馆"参加吊唁活动外，并先后派遣特使团，陆续前来台湾，参加蒋介石丧礼。至15日止，派遣团体到台湾的已有23个国家的22个特使团。其中，美国特使团由副总统洛克菲勒率领。日本则派出两个代表团，一个为吊唁团，由前首相佐藤荣作率领；另一个为"台日合作策进委员会"日方代表团，由前首相岸信介带队。[23]

16日上午8时，蒋介石遗体大殓奉厝仪式在"国父纪念馆"隆重举行。蒋夫人宋美龄身穿黑色素服，由蒋经国与蒋纬国两位扶持，从灵堂东侧缓缓步上礼堂。主祭、陪祭与祭者就位后，随即奏哀乐、默哀、献花、读祭文。蒋介石生前的两位侍从人员，揭起灵柩上的玻璃罩。蒋经国与蒋纬国扶着宋美龄步至灵柩边，对蒋介石遗容作最后的瞻视。蒋介石身着长袍马褂，脚着黑色布鞋，在他身旁，置放着勋章和书籍。蒋介石生前所得勋章甚多，其中"采玉大勋章"、"国光勋章"和"青天白日勋章"则为他生前最喜欢佩戴者，经治丧委员会征得家属的意见后，乃决定佩戴这三枚勋章。在遗体旁还有他最喜欢、最常阅读的《三民主义》、《圣经》、《荒漠甘泉》、《唐诗》与《四书》各一册。台湾官方解释，蒋介石"一生信奉"三民主义，在遗嘱中就有三处提及，对其来说，孙中山的这部书是十分重要的；至于《圣经》，因为蒋介石是一位基督信徒，正如其遗嘱所强调："自余束发以来，无时不以耶稣基督与总理信徒自居"；《唐诗》，是蒋介石生前在处理政务之余，所喜爱

蒋介石的后半生

的文学作品；《荒漠甘泉》为美国高曼夫人编，是蒋介石生前爱读的一本基督教书籍；至于《四书》，为儒家思想的经典，蒋介石以继承中国"正统的道德思想"自居，其政治哲学思想，从中获益不少。[24]在蒋介石生前的数十年中，这五部书曾是他精神力量的源泉与修身养性的良伴，故其家属用以陪伴蒋介石长眠。

遗体殓礼于8时15分完成，随后举行追思礼拜。在典雅的琴声中，由周联华牧师证道。

载送蒋介石灵柩奉厝的灵车，由公路局一辆金马号客车改装，整个车身用数十万朵深黄色的菊花布满，两边各有9条白绋，车前上方为白色鲜花所缀成的十字架，下方为国民党党徽。灵车队由99辆车组成，驶向慈湖。

慈湖行馆是一座古色古香、雅洁朴素的中国传统式建筑，位于桃园县大溪镇福安里。在葱郁的青山围绕中，湖面如镜，映着山光，景色如画。湖畔有茂密的修竹，芬芳的香樟，翠绿的梅、桑以及高大的柳桉和相思树。蒋介石生前非常喜欢这个地方，在此建了行馆，并于1962年亲书"慈湖"木匾。蒋介石的灵柩就停放在这里。

蒋介石一生漂泊，此时总算是有了归宿，这是他不愿意却也不得不接受的结局。他一直只把台湾当成是"反攻复国"的基地，当成他东山再起前的暂住之处，而最终却只能带着无可奈何的"遗志"长眠于此。

蒋介石、蒋经国父子去世后都没有下葬，只是暂厝台湾桃园县大溪地区，以待来日落叶归根，入土为安。因此，两蒋陵寝一直由台湾军方陵寝管理处负责看守。

谁知在2007年年底，台湾陈水扁当局撤除驻守在蒋介石、蒋经国父子陵寝的卫兵，并勒令限期"移灵"。一时"移灵"问题，再度风生水起。

由于两蒋具有代表"中国正统"，"反对台独、追求统一"的意义象征，因而其遗体是否迁葬、葬于何处，一直是个具有高度政治敏感的话题。据说，蒋氏父子生前都有言，有朝一日能归葬大陆。

为完成两蒋"移灵"大陆的夙愿，蒋家后人曾两次向"台湾当局"提出要求，但因各种因素而未果。1996年下半年，因对李登辉主政后的所为不满，以蒋纬国、蒋孝勇为代表的蒋家后人，力主"移灵"大陆。蒋孝勇还亲往浙江奉化溪口考察，了解祖父、父亲未来墓址的情况。但蒋夫人宋美龄则赞成两蒋在台先行"国葬"，等两岸统一再"奉安"大陆。

为应对这一棘手问题，国民党中常会专门组成了"两蒋移灵奉安研究小组"，当时拟订两案：一是"移灵"大陆，但"恐被中共统战"；二是在岛内举行"国葬"，彰显两蒋的"爱台情结"，等来日两岸一统后再奉安浙江。权衡再三，最终选择了后者，摈弃蒋家后人直接"移灵"大陆的主张。随着蒋家第二、第三代后人的相继离去，"移灵"问题不了了之。

2004年3月，在台湾"总统"选举前夕，蒋氏家属又提出"移灵"至台北县五指山公墓的请求。这除了蒋家因家庭人丁不旺而祈福两位长辈早点入土以振家运的"私心"外；另一方面寄希望国民党胜出而重新执政，以启动"移灵"之"盛事"。

问题是无论当时在朝的民进党还是在野的国民党，其内部对"移灵"问题意见不一，做与不做都两难。最终，导致"移灵"再度搁浅。

民进党一直视国民党为"外来政权"，两蒋是"万恶的独裁者"，特别是两蒋遗物具有"台湾是中国一部分"的象征，因而一直欲除之而后快。随着2008年大选的临近，执政8年失政败德的陈水扁实在无牌可打，只好再次在"去蒋化"上大做文章。他公开叫嚣"慈湖蒋公陵寝是完全不符合民主时代潮流的封建产物，应予废除"，于是年底强行撤除哨兵后封园，并将台北的"中正纪念堂"改名为"自由广场"。对此，蒋氏家属再度抛出"移灵大陆"的话题。

不过，大陆学者多认为，目前两蒋"移灵"大陆的时机尚不成熟，两蒋陵寝迁回奉化安葬尚需解决很多问题，包括两蒋在中国历史上的评价等，还是相当棘手的。

中国有"盖棺论定"之说。人死之后，其历史地位基本就确定了。但重要的历史人物往往"盖棺"而不能"定论"，蒋介石即为一例，在他过世之时，海峡两岸对他的评价有着天壤之别。他过世30多年了，无论在政界还是学界围绕他的争论从未停止过：在台湾，对他的评价经历了从"神化"到"丑化"的过程，甚至掀起过一些政潮；在大陆，对他的评价则经历着从"漫画"到"写实"的过程。现实政治的演变与档案材料（尤其是"蒋中正总统档案"与"蒋介石日记"）的不断开放，使得有关蒋介石的研究成为持续的"热点"。

关于蒋介石的研究与争议还会继续下去，因为他在近代中国的历史上有着重要地位，他是一个时代的缩影；因为他的影响至今仍然存在；因为现代中国的发展需要对蒋介石与他的时代给予客观公正的评价；因为时代的发展常常会促使学者去发现他不同的侧面。

蒋介石研究是个老课题，学术界已取得了丰硕成果；蒋介石研究是个新课题，需要继续开拓。愿与有志者共同努力！

后 记

　　时下书店里各种关于蒋介石的著作已有不少，因此有必要将这本书的特点写出来，供读者阅读时参考。

　　一、蒋介石88年的生涯可谓曲折复杂，大致可分为大陆时期62年（1887—1949）和台湾时期26年（1950—1975）。若从他对中国历史的进程有较大影响的20世纪20年代初期算起，他的大陆时期（30年左右）和台湾时期（26年）时间相差不多，两个时期应该在他的历史中占有基本相同的比重。依中国人特别重视晚年历史，强调"盖棺定论"的传统，台湾时期的比重似乎还应大一点。可目前所能见到的各类传记中，两个时期所占的比例差别很大，大陆时期特别详尽，而台湾时期过分单薄。如刘红著《蒋介石大传》（团结出版社2006年版）上、中、下三册，150万字，1000余页，台湾时期只有150页，不足六分之一。如果说大陆学者的著作有此类缺憾与资料的匮乏有关的话，则难以解释为何台湾与海外学者的书中也有同样的问题。我手边有部旅美学者汪荣祖教授和台湾李敖先生合著的《蒋介石评传》，由台湾商周文化事业股份有限公司1995年4月出版，这部书上下两册884页，其中大陆时期为772页，台湾时期仅占102页，不足八分之一。我与汪荣祖教授曾在海外的一次学术讨论会上相见，曾当面请教。汪教授的意见是，台湾时期的蒋介石没什么可写的。我对汪教授的学问钦佩已久，但对此一观点不敢苟同。由于时间、空间环境的巨变，台湾时期的蒋介石与大陆时期有了很大差别，应该是有写头的。我们的这部书就较详细地揭示了蒋介石在台湾26年的作为。书中内容虽不能说完全是鲜为人知，至少也是以往同类著作中所忽视的。

　　二、蒋介石的特殊地位，使他在很长时间影响甚至主宰着国民党、国民党政权的政策与行为。目前不少关于蒋介石的传记没能真正区分什么是政党行为，什么是政府行为，什么是个人行为，常常把蒋介石领导下的国民党及其政权行为混同于蒋的个人行为。一本他的传记，与一部国民党史没有多大差别。难免会令那些已经熟知国民党历史而希望更多地了解蒋个人的读者失望。我们努力的目标是，要完全以蒋介石个人的思想、行为与生活为主线，其他的即使很重要也只能作为写蒋的背景，而不能喧宾夺主。如此，或许可以更容易地为蒋在历史上定位。

以上两个特点：以台湾为主，以蒋介石个人为主，就决定了我们所呈献给读者的是一部关于台湾时期蒋介石的著作，而不是通常所见到的那种政权行为与个人行为混淆不清，名为写蒋介石而实际上写的是蒋介石领导下的台湾历史的著作。

一部成功的历史著作有赖于真实可信的历史资料。写作过程中，我们尽力所能及，广为搜集两岸出版的各类重要史料，尤其是认真披阅了此一时期的台湾报刊，逐日查找蒋介石言论与活动的线索。在蒋介石个人档案完全开放之前，相信报刊是能提供研究其言行信息量最大的资料。终日查阅旧报刊，是相当枯燥乏味的，况且20世纪70年代之前的台湾报刊是缩印本，须借助放大镜方能阅读。细心的读者或许能以此来区分出本书与同类著作在资料方面的差别。可以不夸张地说，正因为在资料方面下的死功夫，才使我们有自信写出此书，"丑媳妇见公婆"。纵使读者不同意我们的某些论点，也能通过书中史料来感受那段历史，体会这个人物。

本书从完成初稿到现在已有十年，但尚未见在资料上比我们更完整系统的同类作品。"蒋介石日记"的开放，为蒋介石的学术研究提供了全新的资料，我去年底专程去斯坦福大学胡佛研究所查抄，并补充在书中。因此，关于蒋介石20世纪50年代在台情况，有了最新资料。

需要特别说明的是，由于众所周知的原因，两岸长期处于分裂敌对状态，对同一客观存在的实体与事物会有不同、甚至完全敌对的理解与称呼。本书在遇到此类情况时，适当做了符合大陆读者阅读习惯的处理。但在整段引用蒋介石文章或谈话（包括引用一些资料或书名）时，则保持了原貌，这是反映历史真实面貌所必需的。读者或许可以通过这些原文，更真切地分析蒋介石的所作所为，了解那个时代的风貌。

本书是集体合作的产物，由我确定写作主旨、风格和提纲，初稿写作的分工为：

赵兴胜　　第一章至第九章；

陈红民　　第十章至第十四章、第十七章一节、后记；

韩文宁　　第十五章至第十八章、第十四章一节；

我做了大量的内容修改补充和文字统一润色工作。

此次出版，根据新资料做了大量补充与修订。同时，由我选配了大量珍稀图片，读者可以通过"读图"来近距离地感受时代气息，直观地了解蒋介石。两岸研究民国史与蒋介石的著名学者蒋永敬教授、杨天石教授在百忙中为本书作序，为本书增色；写作过程中，曾参阅了大量的学术成果与资料，书后所列"参考文献"只是最直接的部分；南京大学图书馆港台阅览室、港台报刊阅览室的几位老师在查阅资料方面给了不少的便利；中国青年出版社的潘平先生、常婷女士提供了宝贵建议。浙江大学蒋介石与近现代中国研究中心对修订工作予以了支持，将本书列入"蒋介石与近代中国研究丛书"出版。浙江大学出版社黄宝忠、陈丽霞博士，葛玉丹编辑等为本书付出辛勤劳动。在此，谨向他们和所有关心帮助本书的人们表示最诚挚的谢意。

本书所涉及的是一个极其复杂而重要的历史人物，对他的评价长期存在着尖锐对立的两极，由于我们学识有限和搜集资料方面的困难，书中错谬之处在所难免，敬请读者不吝赐教。

陈红民2009年2月9日于南京仿秋斋

注　释

第一章　重掌国民党政权

[1]蒋经国：《风雨中的宁静》，台湾黎明文化事业公司1977年版，第277页。

[2]黄仁霖：《我做蒋介石特勤总管40年：黄仁霖回忆录》，团结出版社2006年版，第162—164页。

[3]《风雨中的宁静》，第183页。

[4]何虎生：《蒋介石宋美龄在台湾的日子》，华文出版社2007年版，第38页。

[5]《蒋介石宋美龄在台湾的日子》，第38—39页。

[6][美]裴斐、韦慕密访问整理，吴修恒译：《从上海市长到"台湾省主席"（1946—1953）——吴国桢口述回忆》（以下简称《吴国桢口述回忆》），上海人民出版社1999年版，第84—85页。

[7]《风雨中的宁静》，第278页。

[8]《风雨中的宁静》，第137—138页。

[9]《风雨中的宁静》，第177页。

[10]《中央日报》，1950年1月5日。

[11]《中央日报》，1950年1月1日。

[12]《本党改造案》，载秦孝仪：《革命文献》第69辑，中央文物供应社1984年版，第452页。

[13]《蒋介石日记》〔手稿原件藏斯坦福大学胡佛研究所档案馆，以下简称"《蒋介石日记》（手稿本）"〕，1950年1月1日。

[14]《风雨中的宁静》，第246页。

[15]程思远：《李宗仁先生晚年》，中国文史出版社1980年版，第128页。

[16]《风雨中的宁静》，第256页。

[17]《李宗仁先生晚年》，第132页。

[18]《李宗仁先生晚年》，第136—137页。

[19]《风雨中的宁静》，第264页。

[20]《蒋介石日记》（手稿本），1950 年 1 月 14 日。

[21] 中国社会科学院近代史研究所：《顾维钧回忆录》（七），中华书局 1989 年版，第 587 页。

[22]《中央日报》，1950 年 2 月 2 日。

[23]《中央日报》，1950 年 2 月 5 日。

[24]《中央日报》，1950 年 2 月 21 日。

[25]《中央日报》，1950 年 2 月 14 日。

[26]《顾维钧回忆录》（七），第 587 页。

[27]《蒋介石日记》（手稿本），1950 年 2 月 5 日。

[28]《蒋介石日记》（手稿本），1950 年 2 月 9 日。

[29]《蒋介石日记》（手稿本），1950 年 2 月 10 日。

[30]《蒋介石日记》（手稿本），1950 年 2 月 13 日。

[31]《蒋介石日记》（手稿本），1950 年 1 月 4 日。

[32]《蒋介石日记》（手稿本），1950 年 1 月 31 日。

[33]《蒋介石日记》（手稿本），1950 年 4 月 2 日。

[34]《蒋介石日记》（手稿本），1950 年 4 月 25 日。

[35] 程思远：《白崇禧传》，香港南粤出版社 1989 年版，第 329 页。

[36]《蒋介石日记》（手稿本），1950 年 2 月 15 日。

[37]《蒋介石日记》（手稿本），1950 年 2 月 27 日。

[38]《蒋介石日记》（手稿本），1950 年 2 月 19 日。

[39]《蒋介石日记》（手稿本），1950 年 2 月 28 日。

[40]《中央日报》，1950 年 2 月 24 日。

[41]《中央日报》，1950 年 2 月 25 日。

[42]《顾维钧回忆录》（七），第 600 页。

[43]《顾维钧回忆录》（七），第 598 页。

[44]《蒋介石日记》（手稿本），1950 年 3 月 1 日。

[45]《中央日报》，1950 年 3 月 2 日。

[46]《中央日报》，1950 年 3 月 3 日。

[47]《蒋介石日记》（手稿本），1950年3月31日"上月反省录"。

[48]《如何纪念国父诞辰》，载张其昀主编：《蒋总统集》第2册，中华大典编印会及国防研究院1968年版，第1808页。

[49]《中央日报》，1950年3月7日。

[50]《蒋介石日记》（手稿本），1950年1月28日。

[51]《蒋介石日记》（手稿本），1950年2月11日"上星期反省录"。

[52]《蒋介石日记》（手稿本），1950年2月10日。

[53]《中央日报》，1950年3月4日。

[54]李松林：《晚年蒋介石》，九州出版社2006年版，第62页。

[55]转引自孙宅巍：《蒋介石的宠将陈诚》，河南人民出版社2005年版，第198页。

[56]《蒋介石日记》（手稿本），1950年1月12日。

[57]《蒋介石日记》（手稿本），1950年2月7日。

[58]《蒋介石日记》（手稿本），1950年2月22日。

[59]《中央日报》，1950年3月8日。

[60]《蒋介石日记》（手稿本），1950年3月4日。

[61]《中央日报》，1950年3月9日。

[62]《蒋介石日记》（手稿本），1950年3月4日。

[63]《蒋介石日记》（手稿本），1950年3月11日。

[64]《中央日报》，1950年3月12日。

[65]《中央日报》，1951年2月21日。

[66]《中央日报》，1950年3月28日。

[67]《蒋介石日记》（手稿本），1950年2月23日。

[68]《蒋介石日记》（手稿本），1950年2月15日。

[69]《蒋介石日记》（手稿本），1950年1月2日。

[70][71]《中央日报》，1950年3月10日。

[72]《中央日报》，1950年3月4日。

[73]《中央日报》，1950年3月16日。

[74]《中央日报》，1950年3月18日。

[75]《台湾历史辞典》，第324页。

[76]《中央日报》，1950年3月18日。

[77]《中央日报》，1950年3月25日。

[78]《蒋介石日记》（手稿本），1950年3月15日。

[79]《蒋介石日记》（手稿本），"三十九（1950）年工作反省录"。

[80]《蒋介石日记》（手稿本），1952年1月26日"上星期反省录"。

[81]《蒋介石日记》（手稿本），1952年9月30日"上月反省录"。

[82]《蒋介石日记》（手稿本），1952年12月31日"上月反省录"。

[83]《蒋介石日记》（手稿本），"三十九（1950）年工作反省录"。

[84]《蒋介石日记》（手稿本），"四十一（1952）年总反省录"。

第二章　"保卫大台湾"

[1]《蒋介石日记》（手稿本），1950年1月7日。

[2]《蒋介石日记》（手稿本），1950年1月7日。

[3]《蒋介石日记》（手稿本），1950年2月22日。

[4]《蒋介石日记》（手稿本），1950年5月21日。

[5]《蒋介石日记》（手稿本），1950年5月22日。

[6]《蒋介石日记》（手稿本），1950年6月11日，"上星期反省录"。

[7]《蒋介石日记》（手稿本），1950年6月27日。

[8]《蒋介石日记》（手稿本），1950年10月7日，"上星期反省录"。

[9]《蒋介石日记》（手稿本），1951年6月3日，"上星期反省录"。

[10]《蒋介石日记》（手稿本），1951年6月28日。

[11]《蒋介石日记》（手稿本），1951年10月19日，"上星期反省录"。

[12]《蒋介石日记》（手稿本），1953年，"本年度总反省"。

[13]《蒋介石日记》（手稿本），1953年5月9日，"上星期反省录"。

[14]《蒋介石日记》（手稿本），1951年6月3日，"上星期反省录"。

[15][美]布赖恩·克罗泽著，封长虹译：《蒋介石》，内蒙古人民出版社

1995 年版，第 345 页。

[16]《蒋介石日记》（手稿本），1950 年 1 月 12 日。

[17]江南：《蒋经国传》，美国论坛报 1983 年版，第 198 页。

[18]《国军失败的原因及雪耻复国的急务》，《蒋总统集》第 2 册，第 1655 页。

[19]《蒋经国传》，第 206 页。

[20]《中央日报》，1950 年 6 月 21 日。

[21]《中央日报》，1950 年 5 月 14 日。

[22]《蒋经国传》，第 201 页。

[23]《蒋介石日记》（手稿本），1952 年 4 月 5 日，"上星期反省录"。

[24]《吴国桢口述回忆》，第 173—174 页。

[25]《蒋经国传》，第 200 页。

[26]《蒋介石日记》（手稿本），1950 年 1 月 12 日。

[27]《蒋介石日记》（手稿本），1951 年 5 月 31 日，"上月反省录"。

[28]《蒋介石日记》（手稿本），1951 年，"本年总反省录之略述"。

[29]《蒋介石日记》（手稿本），1952 年 4 月 30 日，"上月反省录"。

[30]《蒋介石日记》（手稿本），1953 年，"本年度总反省录"。

[31]《蒋介石日记》（手稿本），1952 年，"四十一年总反省录"。

[32]《台"海军司令"桂永清自杀真相》，《扬子晚报》2009 年 1 月 29 日。

[33]《中央日报》，1950 年 6 月 11 日。

[34]《中央日报》，1950 年 6 月 15 日。

[35]《国军失败的原因及雪耻复国的急务》，《蒋总统集》第 2 册，第 1655 页。

[36]《蒋介石的宠将陈诚》，第 205 页。

[37]《蒋介石的宠将陈诚》，第 205—206 页。

[38]黄嘉树：《国民党在台湾》，南海出版公司 1991 年版，第 195 页。

[39]《蒋介石日记》（手稿本），1950 年 2 月 27 日。

[40]《蒋介石日记》（手稿本），1950 年 3 月 7 日。

[41]《蒋介石日记》（手稿本），1950 年 3 月 31 日。

[42]《中央日报》，1950 年 6 月 6 日。

[43]《中央日报》，1950 年 6 月 6 日。

[44]张山克主编：《台湾问题大事记》，华文出版社 1988 年版，第 49 页。

[45]《蒋介石日记》（手稿本），1950 年，"三十九年工作反省录"。

[46]《蒋介石日记》（手稿本），1952 年，"四十一年总反省录"。

[47]《吴国桢口述回忆》，第 222—223 页。

[48]《蒋介石日记》（手稿本），1950 年 4 月，"本月大事预定表"。

[49]《蒋经国传》，第 184 页。

[50]《风雨中的宁静》，第 250 页。

[51]《蒋介石日记》（手稿本），1950 年 2 月 27 日。

[52]《蒋介石日记》（手稿本），1950 年 3 月 6 日。

[53]《蒋介石日记》（手稿本），1950 年 4 月 22 日。

[54]《蒋介石日记》（手稿本），1950 年 4 月 25 日。

[55]《中央日报》，1950 年 4 月 23 日。

[56]《中央日报》，1950 年 4 月 29 日。

[57]《中央日报》，1950 年 5 月 3 日。

[58]《中央日报》，1950 年 5 月 6 日。

[59]《蒋介石日记》（手稿本），1950 年，"三十九年工作反省录"。

[60]《蒋经国传》，第 187 页。

[61]《风雨中的宁静》，第 60 页。

[62]《蒋介石日记》（手稿本），1950 年，"三十九年工作反省录"。

[63]《中央日报》，1950 年 5 月 17 日。

[64]《中央日报》，1950 年 5 月 20 日。

[65]《蒋介石日记》（手稿本），1950 年，"三十九年工作反省录"。

[66]《蒋介石日记》（手稿本），1950 年 7 月 15 日，"上星期反省录"。

[67]《中央日报》，1950 年 3 月 30 日。

[68]《中央日报》，1950 年 5 月 1 日。

[69]《中央日报》，1950 年 5 月 16 日。

[70]《中央日报》，1950 年 5 月 23 日。

[71]《蒋介石日记》（手稿本），1950 年 2 月 28 日，"上月反省录"。

[72]《蒋介石日记》（手稿本），1950 年 3 月 31 日，"上月反省录"。

[73]《蒋介石日记》（手稿本），1950 年 9 月 30 日，"上月反省录"。

[74]《蒋介石日记》（手稿本），1950 年，"三十九年工作反省录"。

[75]《中央日报》，1950 年 10 月 3 日。

[76]《中央日报》，1951 年 1 月 2 日。

[77]《中央日报》，1951 年 1 月 3 日。

[78]《中央日报》，1950 年 5 月 31 日。

[79]《蒋介石日记》（手稿本），1950 年 1 月 4 日。

[80]《蒋介石日记》（手稿本），1950 年 1 月 9 日。

[81]《蒋介石日记》（手稿本），1950 年，"三十九年工作反省录"。

[82]《顾维钧回忆录》（七），第 750 页。

[83]《中央日报》，1950 年 6 月 7 日。

[84]《蒋经国传》，第 192 页。

[85]《顾维钧回忆录》（七），第 767 页。

第三章　朝鲜战争与蒋介石政权之起死回生

[1]《使韩回忆录》，第 151 页。

[2]董显光：《蒋总统传》，台北中华大典编印会 1967 年版，第 586 页。

[3]《中央日报》，1950 年 6 月 26 日。

[4]《蒋介石宋美龄在台湾的日子》，第 50 页。

[5]《蒋介石日记》（手稿本），1950 年 6 月 30 日，"下月大事预定表"。

[6]《顾维钧回忆录》（八），第 9 页。

[7]《中央日报》，1950 年 6 月 28 日。

[8]《顾维钧回忆》（八），第 6 页。

[9]《使韩回忆录》，第 169 页。

[10]《顾维钧回忆录》（八），第 87 页。

[11]《使韩回忆录》，第 183 页。

［12］《顾维钧回忆录》（八），第 46 页。

［13］《中央日报》，1950 年 7 月 4 日。

［14］《中央日报》，1950 年 9 月 29 日。

［15］《使韩回忆录》，第 236 页。

［16］《中央日报》，1950 年 11 月 14 日。

［17］《中央日报》，1950 年 12 月 9 日。

［18］《中央日报》，1950 年 12 月 13 日。

［19］《中央日报》，1951 年 5 月 18 日。

［20］《顾维钧回忆录》（八），第 344 页。

［21］《使韩回忆录》，第 261—262 页。

［22］《蒋介石与美国》，第 200 页。

［23］《蒋介石在美国》，第 222 页。

［24］《中央日报》，1951 年 1 月 23 日。

［25］《蒋经国传》，第 197 页。

［26］《台湾问题大事记》，第 43 页。

［27］《蒋介石日记》（手稿本），1950 年 1 月 14 日。

［28］《蒋介石日记》（手稿本），1950 年 7 月 31 日，"上月反省录"。

［29］《中央日报》，1950 年 8 月 1 日。

［30］《中央日报》，1950 年 8 月 2 日。

［31］《蒋介石日记》（手稿本），1950 年 8 月 26 日，"上星期反省录"。

［32］《中央日报》，1950 年 8 月 1 日。

［33］《中央日报》，1950 年 8 月 2 日。

［34］《蒋介石日记》（手稿本），1950 年 8 月 5 日，"上星期反省录"。

［35］《中央日报》，1950 年 8 月 2 日。

［36］《联合报》，1951 年 10 月 4 日。

［37］《顾维钧回忆录》（九），第 439 页。

［38］《顾维钧回忆录》（十），第 553—554 页。

［39］《顾维钧回忆录》（十），第 143 页。

[40]《顾维钧回忆录》（十），第 160 页。

[41]《顾维钧回忆录》（十），第 173 页。

[42]《联合报》，1953 年 7 月 24 日。

[43]《联合报》，1953 年 7 月 1 日。

[44]《蒋介石日记》（手稿本），1953 年 8 月 1 日，"上星期反省录"。

[45]《联合报》，1953 年 8 月 5 日。

[46]《台湾问题大事记》，第 85 页。

[47]《蒋介石日记》（手稿本），1953 年 11 月 28 日，"上星期反省录"。

[48]《蒋介石日记》（手稿本），1953 年 11 月 30 日，"上星期反省录"。

[49]《台湾问题大事记》，第 89 页。

[50]《蒋介石日记》（手稿本），1954 年 1 月 24 日。

[51]《联合报》，1954 年 1 月 25 日。

[52]《联合报》，1954 年 2 月 4 日。

[53]《使韩回忆录》，第 358 页。

[54]《联合报》，1953 年 10 月 10 日。

第四章　改造国民党

[1]《总裁对第七次全国代表大会之政治报告》，《革命文献》第 77 辑，第 81 页。

[2]《总裁对第七次全国代表大会之政治报告》，《革命文献》第 77 辑，第 85 页。

[3]《总裁对第七次全国代表大会之政治报告》，《革命文献》第 77 辑，第 88 页。

[4]《总裁对第七次全国代表大会之政治报告》，《革命文献》第 77 辑，第 87 页。

[5]《国民党在台湾》，第 134—135 页。

[6]《本党改造案》，《革命文献》第 69 辑，第 448 页。

[7]《本党今后努力的方针》，《蒋"总统"集》第 2 册，第 1724 页。

[8]《总裁对第七次全国代表大会之政治报告》，《革命文献》第 77 辑，第 91 页。

[9]《蒋介石日记》（手稿本），1949 年 6 月 8 日。

[10]《蒋介石日记》（手稿本），1951 年 12 月 1 日，"上星期反省录"。

[11]《蒋介石日记》（手稿本），1951 年 12 月 8 日，"上星期反省录"。

[12]《党务报告要略》,《革命文献》第 77 辑,第 119 页。

[13]《蒋介石日记》(手稿本),1950 年,"三十九年工作反省录"。

[14]《顾维钧回忆录》(十一),第 237 页。

[15]《蒋介石日记》(手稿本),1950 年 1 月 5 日。

[16]《蒋介石日记》(手稿本),1953 年 8 月 1 日,"上星期反省录"。

[17]《党务报告要略》,《革命文献》第 77 辑,第 112 页。

[18]《风雨中的宁静》,第 240 页。

[19]《蒋介石日记》(手稿本),1950 年,"三十九年工作反省录"。

[20]《蒋介石日记》(手稿本),1950 年 1 月 1 日,

[21]《蒋介石日记》(手稿本),1950 年 1 月 21 日。

[22]《蒋介石日记》(手稿本),1950 年 2 月 3 日。

[23]《蒋介石日记》(手稿本),1950 年 5 月 20 日,"上星期反省录"。

[24]《蒋介石日记》(手稿本),1950 年 6 月 25 日,"上星期反省录"。

[25]《本党改造案》,《革命文献》第 69 辑,第 449—459 页。

[26]《中央日报》,1950 年 7 月 23 日。

[27]《中央日报》,1950 年 7 月 23 日。

[28]《蒋介石日记》(手稿本),1950 年,"三十九年工作反省录"。

[29]《中央日报》,1950 年 8 月 6 日。

[30]《中央改造委员组织大纲》,《革命文献》第 77 辑,第 1—2 页。

[31]《中央日报》,1950 年 9 月 2 日。

[32]《改造地方党务须知》,《蒋总统集》第 2 册,第 1756—1757 页。

[33]《蒋介石日记》(手稿本),1951 年 1 月 31 日,"上月反省录"。

[34]《国民党在台湾》,第 153 页。

[35]《党务报告要略》,《革命文献》第 77 辑,第 120 页。

[36]《蒋介石日记》(手稿本),1950 年 7 月 21 日,"上星期反省录"。

[37]《蒋介石日记》(手稿本),1950 年,"三十九年工作反省录"。

[38]《蒋介石日记》(手稿本),1952 年 9 月 13 日,"上星期反省录"。

[39]《蒋介石日记》(手稿本),1952 年 9 月 28 日,"上星期反省录"。

五
五
七

[41]《蒋介石日记》（手稿本），1952 年 9 月 11 日。

[42]《对党务报告之决议案》，《革命文献》第 77 辑，第 67 页。

[43]《联合报》，1952 年 10 月 19 日。

[44]《一致拥护蒋总裁连任本党总裁》，《革命文献》第 77 辑，第 42 页。

[45]《蒋介石日记》（手稿本），1952 年 10 月 2 日。

[46]《蒋介石日记》（手稿本），1952 年 10 月 19 日。

[47]《蒋介石日记》（手稿本），1952 年 10 月 25 日，"上星期反省录"。

[48]《蒋介石日记》（手稿本），1952 年 10 月 20 日。

[49]《联合报》，1952 年 10 月 22 日。

[50]《蒋介石日记》（手稿本），1952 年 10 月 2 日。

[51]《蒋介石日记》（手稿本），1952 年 10 月 4 日。

[52]《国民党在台湾》，第 164 页。

[53]《国民党在台湾》，第 169 页。

[54]《国民党在台湾》，第 138 页。

[55]《蒋介石日记》（手稿本），1952 年 10 月 25 日，"上星期反省录"。

[56]《蒋介石日记》（手稿本），1952 年 9 月 13 日，"上星期反省录"。

[57]《蒋介石日记》（手稿本），1952 年，"四十一年总反省录"。

[58]《蒋介石日记》（手稿本），1952 年 10 月 18 日，"上星期反省录"。

第五章 "反共抗俄总动员"

[1] 王丰：《宋美龄——美丽与哀愁》，台湾书华出版事业有限公司 1994 年版，第 280 页。

[2]《蒋介石日记》（手稿本），1950 年 1 月 14 日，"上星期反省录"。

[3]《中华妇女反共抗俄联合会成立大会致词》，《蒋总统集》第 2 册，第 1691—1692 页。

[4]《宋美龄——美丽与哀愁》，第 305 页。

[5]《联合报》，1952 年 4 月 17 日。

[6]《宋美龄——美丽与哀愁》，第 317 页。

[7]《宋美龄——美丽与哀愁》，第 313 页。

[8]《联合报》，1952 年 1 月 15 日。

[9]《联合报》，1953 年 4 月 18 日。

[10]《联合报》，1951 年 10 月 30 日。

[11]《蒋介石日记》（手稿本），1950 年 2 月 28 日，"本月大事预定表"。

[12]《蒋介石日记》（手稿本），1950 年，"民国三十九年大事表"。

[13]《筹组中国青年反共抗俄救国团原则》，《革命文献》第 77 辑，第 33—34 页。

[14]《四十一年青年节告全国青年书》，《蒋总统集》第 2 册，第 2276 页。

[15]《联合报》，1952 年 10 月 4 日。

[16]《青年反共救国团成立训词》，《蒋总统集》第 2 册，第 2283—2284 页。

[17]《蒋介石日记》（手稿本），1952 年，"四十一年总反省录"。

[18]《联合报》，1954 年 3 月 11 日。

[19]《晚年蒋介石》，第 259 页。

[20]《蒋经国传》，第 202—204 页。

[21]《联合报》，1952 年 1 月 1 日。

[22]《四十一年度行政成绩的检讨及四十二年度施政方针的指示》，《蒋总统集》第 2 册，第 1858 页。

[23]《联合报》，1953 年 1 月 1 日。

[24]《联合报》，1956 年 1 月 1 日。

[25]《联合报》，1956 年 4 月 27 日。

[26]《联合报》，1952 年 10 月 16 日。

[27]《蒋介石日记》（手稿本），1952 年 9 月 13 日，"上星期反省录"。

[28]《反共抗俄基本论》，载国民党中央党史会编印：《先总统蒋公思想言论总集》卷八，1984 年版。

[29]《台湾问题大事记》，第 49 页。

[30]《联合报》，1952 年 10 月 16 日。

[31]《苏俄在中国》，《先总统蒋公思想言论总集》卷九。

［32］《联合报》，1957 年 6 月 25 日。

［33］《对光复大陆设计研究委员会成立致词》，《蒋总统集》第 2 册，第 1917 页。

［34］《中央日报》，1950 年 5 月 17 日。

［35］《联合报》，1955 年 11 月 6 日。

［36］《蒋介石》，第 341 页。

［37］《顾维钧回忆录》（十二），第 198—199 页。

［38］《顾维钧回忆录》（十），第 28 页。

第六章　"建设三民主义模范省"

［1］《中央日报》，1950 年 8 月 15 日。

［2］《蒋介石日记》（手稿本），1950 年，"三十九年工作反省录"。

［3］《蒋介石日记》（手稿本），1951 年 3 月 10 日，"上星期反省录"。

［4］《蒋介石日记》（手稿本），1950 年 1 月 18 日。

［5］《蒋介石日记》（手稿本），1950 年 1 月 16 日。

［6］《蒋介石日记》（手稿本），1950 年 1 月 28 日。

［7］《蒋介石日记》（手稿本），1950 年 4 月 23 日。

［8］《中央日报》，1950 年 10 月 7 日。

［9］《蒋介石日记》（手稿本），1950 年 5 月 7 日。

［10］《反攻复国心理建设的要旨与建设台湾为三民主义模范省的要领》，《蒋总统集》第 2 册，第 1945 页。

［11］《联合报》，1953 年 11 月 15 日。

［12］《民生主义育乐两篇补述》，《先总统蒋公思想言论总集》卷三。

［13］《联合报》，1953 年 11 月 15 日。

［14］《反攻复国心理建设的要旨与建设台湾为三民主义模范省的要领》，《蒋总统集》第 2 册，第 1947 页。

［15］《中央日报》，1950 年 5 月 19 日。

［16］《蒋介石日记》（手稿本），1950 年 5 月，"本月大事预定表"。

［17］《中央日报》，1950 年 11 月 10 日。

［18］《中央日报》，1950 年 11 月 24 日。

［19］《本党应建立自立自强群策群力新精神》，《蒋总统集》第 2 册，第 1750 页。

［20］《联合报》，1955 年 10 月 25 日。

［21］《对台湾省各县市议员同志训话》，《蒋总统集》第 2 册，第 1805 页。

［22］《中央日报》，1951 年 10 月 21 日。

［23］《对台湾省各县市议员同志训话》，《蒋总统集》第 2 册，第 1805 页。

［24］《国民党在台湾》，第 87 页。

［25］《吴国桢口述回忆》，第 225 页。

［26］《蒋经国传》，第 214 页。

［27］《联合报》，1955 年 10 月 25 日。

［28］《联合报》，1952 年 11 月 28 日。

［29］《联合报》，1952 年 11 月 30 日。

［30］黄仁宇：《从大历史的角度读蒋介石日记》，台湾时报文化出版企业有限公司 1994 年版，第 441 页。

［31］《联合报》，1955 年 10 月 25 日。

［32］《晚年蒋介石》，第 139 页。

［33］李松林：《蒋氏父子在台湾》，中国友谊出版公司 1993 年版，第 156 页。

［34］《中央日报》，1951 年 5 月 31 日。

［35］《联合报》，1955 年 10 月 25 日。

［36］《蒋介石日记》（手稿本），1953 年 1 月 24 日，"上星期反省录"。

［37］《国民党在台湾》，第 111 页。

［38］何虎生主编：《蒋介石宋美龄在台湾的日子》，华文出版社 2007 年版，第 152—153 页。

［39］《顾维钧回忆录》（十），第 423 页。

［40］《国民党在台湾》，第 118 页。

［41］《四十一年度行政成绩的检讨及四十二年度施政方针的指示》，《蒋总统集》第 2 册，第 1858 页。

［42］《联合报》，1953 年 10 月 10 日。

［43］茅家琦：《台湾三十年：1949—1979》，河南人民出版社1988年版，第69—73页。

［44］《联合报》，1952年10月23日。

［45］《联合报》，1956年7月11日。

［46］《联合报》，1956年10月2日。

［47］《联合报》，1956年7月11日。

［48］《联合报》，1956年10月2日。

［49］《联合报》，1957年10月8日。

［50］《联合报》，1956年10月7日。

第七章 "对日和约"与日台关系

［1］《蒋介石日记》（手稿本），1950年，"三十九年工作反省录"。

［2］《中央日报》，1951年1月27日。

［3］《国民党在台湾》，第55页。

［4］《蒋介石日记》（手稿本），1950年11月30日，"上月反省录"。

［5］《人民日报》，1950年12月5日。

［6］《顾维钧回忆录》（九），第81页。

［7］《蒋介石日记》（手稿本），1951年5月19日，"上星期反省录"。

［8］《中央日报》，1951年4月27日。

［9］《中央日报》，1951年5月27日。

［10］《对日和约声明》，《蒋总统集》第2册，第2268页。

［11］《中央日报》，1951年6月19日。

［12］《顾维钧回忆录》（九），第125页。

［13］《蒋介石日记》（手稿本），1951年7月14日，"本星期预定工作课目"。

［14］《顾维钧回忆录》（九），第241页。

［15］《中央日报》，1951年9月8日。

［16］梁文：《中国放弃日本战争赔款的来龙去脉》。

［17］《蒋介石日记》（手稿本），1951年8月10日，"上星期反省录"。

[18]《蒋介石日记》（手稿本），1951年，"本年度总反省之略述"。

[19]《蒋介石日记》（手稿本），1951年9月30日，"上月反省录"。

[20]《顾维钧回忆录》（九），第233页。

[21]梁文：《中国放弃日本战争赔偿的来龙去脉》。

[22]《顾维钧回忆录》（九），第246页。

[23]《国民党在台湾》，第59页。

[24]《顾维钧回忆录》（九），第253页。

[25]《顾维钧回忆录》（九），第718页。

[26]《蒋介石日记》（手稿本），1952年1月17日。

[27]《蒋介石日记》（手稿本），1952年2月16日，"上星期反省录"。

[28]《使韩回忆录》，第315页。

[29]刘士因等：《战后日本对华赔偿问题》。

[30]《蒋介石日记》（手稿本），1952年2月23日，"上星期反省录"。

[31]《蒋介石日记》（手稿本），1952年3月1日，"上星期反省录"。

[32]《联合报》，1952年3月29日。

[33]《蒋介石日记》（手稿本），1952年4月26日，"上星期反省录"。

[34]《蒋介石与美国》，第277页。

[35]《蒋介石日记》（手稿本），1952年4月30日，"上月反省录"。

[36]《联合报》，1952年4月30日。

[37]《蒋介石与台湾》，第278页。

[38]《人民日报》，1952年5月6日。

[39]《蒋介石日记》（手稿本），1952年7月13日。

[40][41]《联合报》，1956年4月3日。

[42]《联合报》，1956年6月3日。

[43][44]《联合报》，1956年6月4日。

[45]《联合报》，1956年9月18日。

第八章　争取"美援"的种种努力

[1]《顾维钧回忆录》（九），第 660 页。

[2]《联合报》，1953 年 1 月 23 日。

[3]《联合报》，1953 年 2 月 5 日。

[4]《晚年蒋介石》，第 217 页。

[5]《顾维钧回忆录》（九），第 619 页。

[6]《顾维钧回忆录》（十），第 7 页。

[7]《联合报》，1953 年 3 月 21 日。

[8]《顾维钧回忆录》（十），第 389 页。

[9]《顾维钧回忆录》（十），第 407 页。

[10]《蒋介石日记》（手稿本），1953 年 4 月 4 日，"上星期反省录"。

[11]《联合报》，1953 年 11 月 9 日。

[12]《顾维钧回忆录》（十），第 467 页。

[13]《顾维钧回忆录》（十），第 324 页。

[14]《联合报》，1953 年 11 月 11 日。

[15]《顾维钧回忆录》（十），第 316 页。

[16]《联合报》，1953 年 11 月 12 日。

[17]何虎生：《蒋介石宋美龄在台湾的日子》，华文出版社 2007 年版，第 54 页。

[18]《蒋介石与美国》，第 293—294 页。

[19]《顾维钧回忆录》（十一），第 304 页。

[20]《顾维钧回忆录》（十一），第 562—564 页。

[21]《联合报》，1954 年 10 月 8 日。

[22]《顾维钧回忆录》（十一），第 347 页。

[23]《顾维钧回忆录》（十一），第 403 页。

[24]《顾维钧回忆录》（十一），第 609 页。

[25]《顾维钧回忆录》（十一），第 412 页。

[26]《顾维钧回忆录》（十一），第 597—599 页。

[27]《联合报》，1954 年 12 月 3 日。

［28］《联合报》，1955 年 1 月 1 日。

［29］《蒋介石日记》（手稿本），1954 年 12 月 4 日，"上星期反省录"。

［30］《顾维钧回忆录》（十一），第 486 页。

［31］《蒋介石日记》（手稿本），1954 年 12 月 4 日，"上星期反省录"。

［32］《人民日报》，1954 年 12 月 8 日。

［33］《国民党在台湾》，第 47 页。

［34］《风雨中的宁静》，第 210 页。

［35］《中央日报》，1950 年 6 月 28 日。

［36］《顾维钧回忆录》（十一），第 364 页。

［37］《顾维钧回忆录》（十一），第 588—589 页。

［38］［39］《顾维钧回忆录》（十一），第 383 页。

［40］《顾维钧回忆录》（十二），第 86 页。

［41］《蒋介石日记》（手稿本），1955 年 1 月 22 日，"上星期反省录"。

［42］《顾维钧回忆录》（十二），第 90 页。

［43］《顾维钧回忆录》（十二），第 141 页。

［44］《联合报》，1955 年 7 月 2 日。

［45］《联合报》，1955 年 2 月 8 日。

［46］《蒋介石日记》（手稿本），1955 年 3 月 2 日。

［47］《蒋介石日记》（手稿本），1955 年 3 月 3 日。

［48］《反攻复国心理建设要旨与建设台湾为三民主义模范省的要领》，《蒋总统集》第 2 册，第 1938 页。

［49］《台湾问题大事记》，第 129 页。

［50］《顾维钧回忆录》（十二），第 50 页。

［51］《蒋介石日记》（手稿本），1954 年 5 月 9 日。

［52］《蒋介石日记》（手稿本），1954 年 5 月 6 日。

［53］《蒋介石日记》（手稿本），1953 年 6 月 30 日，"上月反省录"。

［54］《联合报》，1954 年 11 月 26 日。

［55］《国民党在台湾》，第 280 页。

[56]《蒋介石日记》（手稿本），1955 年 1 月 31 日，"上月反省录"。

[57]《顾维钧回忆录》（十一），第 56 页。

[58]《顾维钧回忆录》（十二），第 135 页。

[59]《顾维钧回忆录》（十二），第 144 页。

[60]《联合报》，1955 年 2 月 7 日。

[61]《蒋介石与美国》，第 308 页。

[62]《联合报》，1955 年 2 月 8 日。

[63]《蒋经国日记》（手稿本），1955 年 2 月 12 日，"上星期反省录"。原件藏于斯坦福大学胡佛研究所档案馆。

[64]《蒋介石日记》（手稿本），1955 年 2 月 12 日。

[65]《黄仁霖回忆录》，第 92—93 页。

[66]《联合报》，1955 年 6 月 26 日。

[67]《联合报》，1957 年 4 月 11 日。

[68]《联合报》，1957 年 5 月 23 日。

[69]《联合报》，1957 年 5 月 24 日。

[70]《联合报》，1957 年 5 月 25 日。

[71][72]《联合报》，1957 年 5 月 26 日。

[73]《联合报》，1957 年 5 月 29 日。

[74]《联合报》，1957 年 6 月 2 日。

[75]《联合报》，1957 年 6 月 8 日。

[76] 谭一青：《蒋介石与美国》，中国青年出版社 2003 年版，第 254—255 页。

[77] 蒋纬国口述、刘凤翰整理：《蒋纬国口述自传》，中国大百科全书出版社 2008 年版，第 134—135 页。

[78]《蒋介石与美国》，第 255 页。

[79]《蒋介石日记》（手稿本），1957 年 5 月 26 日。

[80]《蒋介石日记》（手稿本），1957 年 5 月 31 日，"上月反省录"。

[81]《蒋经国日记》（手稿本），1957 年 5 月 27 日。

[82]《蒋经国日记》（手稿本），1957 年 6 月 2 日。

[83]《蒋经国日记》（手稿本），1957 年 5 月 31 日。

[84]《蒋经国日记》（手稿本），1957 年 6 月 10 日。

[85]《蒋经国传》，第 273 页。

[86]《联合报》，1957 年 6 月 25 日。

第九章　整肃内部　稳固统治

[1]《李宗仁先生晚年》，第 155 页。

[2]《蒋介石日记》（手稿本），1951 年 3 月 31 日，"上星期反省录"。

[3]《联合报》，1951 年 9 月 18 日。

[4]《顾维钧回忆录》（八），第 477 页。

[5]《蒋介石日记》（手稿本），1951 年 9 月 8 日，"上星期反省录"。

[6]《顾维钧回忆录》（八），第 506 页。

[7]《联合报》，1951 年 11 月 16 日。

[8]《联合报》，1951 年 10 月 19 日。

[9]《顾维钧回忆录》（八），第 559 页。

[10]《李宗仁先生晚年》，第 156 页。

[11]《蒋介石日记》（手稿本），1951 年 11 月 30 日，"上星期反省录"。

[12]《联合报》，1951 年 12 月 8 日。

[13]《蒋介石日记》（手稿本），1955 年 5 月 31 日，"上月反省录"。

[14] 佟建寅：《台湾历史辞典》，群众出版社 1990 年版，第 44 页。

[15]《顾维钧回忆录》（十），第 513 页。

[16]《顾维钧回忆录》（十），第 515 页。

[17]《蒋介石日记》（手稿本），1953 年 11 月 28 日，"上星期反省录"。

[18]《吴国桢口述回忆》，第 1 页。

[19]《吴国桢口述回忆》，第 97 页。

[20]《吴国桢口述回忆》，第 116—117、122、135—136 页。

[21]《蒋经国传》，第 214 页。

[22]《吴国桢口述回忆》，第 145—146 页。

[23]《蒋介石日记》（手稿本），1952 年 6 月 28 日，"上星期反省录"。

[24]《蒋介石日记》（手稿本），1950 年 3 月 11 日。

[25]《蒋介石日记》（手稿本），1953 年 3 月 7 日，"上星期反省录"。

[26]《蒋介石日记》（手稿本），1953 年 3 月 28 日，"上星期反省录"。

[27]《中央日报》，1953 年 4 月 11 日。

[28]《蒋介石日记》（手稿本），1953 年 4 月 11 日，"上星期反省录"。

[29]《蒋介石日记》（手稿本），1953 年 4 月 18 日，"上星期反省录"。

[30]《顾维钧回忆录》（十一），第 117 页。

[31]《蒋经国传》，第 216 页。

[32]《蒋介石日记》（手稿本），1954 年 2 月 6 日。

[33]《蒋经国传》，第 218 页。

[34]《联合报》，1954 年 2 月 27 日。

[35]《联合报》，1954 年 3 月 11 日。

[36]《蒋介石日记》（手稿本），1954 年 2 月 19 日，"上星期反省录"。

[37]《联合报》，1954 年 3 月 5 日。

[38]《联合报》，1954 年 3 月 11 日。

[39]《蒋介石日记》（手稿本），1954 年 3 月 20 日，"上星期反省录"。

[40]《蒋经国传》，第 222 页。

[41]《联合报》，1954 年 3 月 18 日。

[42]《蒋经国传》，第 222 页。

[43][44]《联合报》，1955 年 8 月 21 日。

[45]《联合报》，1955 年 10 月 21 日。

[46]《蒋经国传》，第 243 页。

[47]《风云丛书》编辑组：《孙立人自述生平》，海外出版社 1988 年版，第 9—12 页。

[48]《蒋介石日记》（手稿本），1953 年 1 月 17 日，"上星期反省录"。

[49]《蒋介石日记》（手稿本），1953 年，"本年度总反省录"。

[50]《蒋介石日记》（手稿本），1954 年 1 月 31 日，"上星期反省录"。

［51］《蒋经国传》，第 321 页。

［52］《蒋介石日记》（手稿本），1955 年 7 月 31 日，"上星期反省录"。

［53］《联合报》，1955 年 10 月 21 日。

［54］《孙立人事件翻案始末》，第 78 页。

［55］《孙立人事件翻案始末》，第 59—62 页。

［56］《孙立人事件翻案始末》，第 76 页。

［57］《联合报》，1955 年 10 月 21 日。

［58］《联合报》，1955 年 10 月 22 日。

［59］《联合报》，1955 年 9 月 30 日。

［60］《蒋介石日记》（手稿本），1955 年 7 月 18 日，"上星期反省录"。

［61］《孙立人事件翻案始末》，第 39—40 页。

［62］《孙立人事件翻案始末》，第 319 页。

［63］《联合报》，1953 年 10 月 2 日。

［64］《联合报》，1954 年 1 月 6 日。

［65］《李宗仁先生晚年》，中国文史出版社第 158 页。

［66］《联合报》，1954 年 2 月 2 日。

［67］《联合报》，1954 年 2 月 16 日。

［68］《联合报》，1952 年 1 月 12 日。

［69］《李宗仁先生晚年》，第 159 页。

［70］《联合报》，1954 年 3 月 14 日。

［71］《蒋介石日记》（手稿本），1954 年 2 月 20 日，"上星期反省录"。

［72］《联合报》，1954 年 3 月 21 日。

［73］《对第一届国民大会第二次会议闭会致词》，《蒋总统集》第 2 册，第 1891 页。

［74］《蒋介石日记》（手稿本），1954 年 2 月 27 日，"上星期反省录"。

第十章 "外交空间"的伸缩

［1］薛化元：《台湾历史年表》（1945—1965），台湾业强出版社 1993 年版，第 276 页。

[2]《联合报》，1958 年 3 月 15 日。

[3]《对苏伊士运河及日本之趋向等问题答问》，《蒋总统集》第 2 册，第 2477 页。

[4]《联合报》，1958 年 4 月 4 日。

[5]《联合报》，1958 年 4 月 3 日。

[6]《联合报》，1958 年 3 月 14 日。

[7]《联合报》，1958 年 3 月 19 日。

[8]《联合报》，1958 年 3 月 29 日。

[9]《联合报》，1958 年 4 月 2 日。

[10]《联合报》，1958 年 4 月 6 日。

[11]《联合报》，1958 年 4 月 10 日。

[12]《联合报》，1958 年 4 月 28 日。

[13]《联合报》，1958 年 4 月 29 日。

[14]《联合报》，1958 年 4 月 30 日。

[15]《联合报》，1958 年 5 月 1 日。

[16]《联合报》，1958 年 5 月 14 日。

[17]《联合报》，1958 年 5 月 16 日。

[18]《联合报》，1958 年 5 月 19 日。

[19]《在款接约旦国王胡笙国宴中致词》，《蒋总统集》第 2 册，第 2019 页。

[20]《在款接越南总统吴廷艳国宴中致词》，《蒋总统集》第 2 册，第 2033 页。

[21]《在款接菲律宾总统贾西亚国宴中致词》，《蒋总统集》第 2 册，第 2041 页。

[22] 沈剑虹：《使美八年纪要》，世界知识出版社 1983 年版，第 30 页。

[23]《联合报》，1960 年 6 月 18 日。

[24]《美国总统艾森豪威尔访华意义》，《蒋总统集》第 2 册，第 2512 页。

[25]《蒋介石日记》（手稿本），1960 年 5 月 30 日，"上月反省录"。

[26]《联合报》，1960 年 6 月 19 日。

[27]《联合报》，1960 年 6 月 20 日。

[28]《在款接美国总统艾森豪威尔国宴中致词》，《蒋总统集》第 2 册，第 2042 页。

[29]《与美国总统艾森豪联合公报》，《蒋总统集》第 2 册，第 2366 页。

[30]《联合报》，1960 年 6 月 20 日。

[31]《蒋介石日记》（手稿本），1960 年 6 月 20 日。

[32] 叶飞：《炮击金门》，载《中国老年报》，1989 年 8 月 20 日。

[33]《台湾问题大事记》，第 142 页。

[34]《使美八年纪要》，第 30 页。

[35]《联合报》，1964 年 1 月 24 日。

[36]《蒋介石日记》（手稿本），1963 年 10 月 26 日，"本星期反省录"。

[37]《联合报》，1964 年 1 月 14 日。

[38]《蒋介石日记》（手稿本），1964 年 1 月 19 日，"本星期预定大事"。

[39]《蒋介石日记》（手稿本），1964 年 1 月 18 日。

[40]《蒋介石日记》（手稿本），1964 年 1 月 18 日。

[41]《联合报》，1964 年 1 月 26 日。

[42]《联合报》，1964 年 1 月 24 日。

[43] 克莱恩：《我所认识的蒋经国》，台湾联经出版事业公司 1990 年版，第 160 页。

[44]《联合报》，1964 年 1 月 24 日。

[45]《联合报》，1964 年 1 月 25 日。

[46]《联合报》，1964 年 1 月 28 日。

[47][50]《联合报》，1964 年 2 月 12 日。

[48]《蒋介石日记》（手稿本），1964 年 2 月 10 日。

[49]《蒋介石日记》（手稿本），1964 年 2 月 15 日，"本星期反省录"。

[51]《联合报》，1964 年 3 月 5 日。

[52]《联合报》，1964 年 4 月 9 日。

[53]《联合报》，1964 年 5 月 13 日。

[54] 王文隆：《外交下乡，农民出洋：中华民国农技援助非洲的实施和影响》，台北：政治大学历史系，2004 年，第 63 页。

[55]《联合报》，1964 年 8 月 22 日。

[56]《联合报》，1964 年 9 月 22 日。

[57]《联合报》，1964 年 9 月 21 日。

[58]《蒋介石日记》（手稿本），1963 年 9 月 6 日。

[59]《驳斥池田》，《蒋总统集》第 2 册，第 2543 页。

[60]《联合报》，1964 年 10 月 10 日。

[61]《联合报》，1964 年 10 月 9 日。

[62]《联合报》，1964 年 10 月 29 日。

[63]《蒋介石日记》（手稿本），1963 年 10 月 27 日。

[64]《蒋介石日记》（手稿本），1963 年 10 月 30 日。

[65]《联合报》，1963 年 12 月 29 日。

[66]《联合报》，1963 年 12 月 31 日。

[67][68]《联合报》，1964 年 1 月 11 日。

[69]《联合报》，1963 年 1 月 15 日。

[70]《蒋介石日记》（手稿本），1964 年 2 月 26 日。

[71]《联合报》，1964 年 3 月 4 日。

[72]《联合报》，1964 年 3 月 5 日。

[73]《联合报》，1964 年 3 月 13 日。

[74]《联合报》，1964 年 3 月 25 日。

[75]《联合报》，1964 年 6 月 26 日。

[76]《联合报》，1964 年 7 月 5 日。

[77]《联合报》，1964 年 7 月 19 日。

[78]《联合报》，1964 年 9 月 12 日。

第十一章 经受新的内外冲击

[1] 王绍斋等：《俞鸿钧传》，台湾风云论坛社 1987 年版，第 208 页。

[2]《俞鸿钧传》，第 209 页。

[3]《联合报》，1957 年 12 月 3 日。

[4]《俞鸿钧传》，第 234 页。

[5]《联合报》，1957 年 12 月 11 日。

［6］《俞鸿钧传》，第 222 页。

［7］《联合报》，1957 年 12 月 11 日。

［8］《联合报》，1957 年 12 月 24 日。

［9］《俞鸿钧传》，第 203 页。

［10］《联合报》，1957 年 12 月 26 日。

［11］《俞鸿钧传》，第 204 页。

［12］《联合报》，1957 年 12 月 26 日。

［13］《蒋介石日记》（手稿本），1958 年 1 月 7 日。

［14］《俞鸿钧传》，第 233 页。

［15］《俞鸿钧传》，第 234 页。

［16］《俞鸿钧传》，第 242 页。

［17］《联合报》，1958 年 2 月 21 日。

［18］《联合报》，1958 年 2 月 26 日。

［19］《蒋介石日记》（手稿本），1958 年 1 月 7 日。

［20］《联合报》，1958 年 7 月 1 日。

［21］《联合报》，1958 年 7 月 2 日。

［22］［23］《联合报》，1958 年 7 月 3 日。

［24］《联合报》，1958 年 7 月 5 日。

［25］《联合报》，1958 年 7 月 11 日。

［26］《联合报》，1958 年 7 月 10 日。

［27］《陈诚日记》（手稿本），1958 年 7 月 13 日。台湾“中央研究院”近代史研究所档案馆藏“陈诚家族相关档案”。

［28］《蒋介石日记》（手稿本），1958 年 7 月 13 日。

［29］［30］［31］［32］《联合报》，1958 年 7 月 15 日。

［33］《联合报》，1958 年 7 月 16 日。

［34］叶飞：《炮击金门》，载《中国老年报》，1989 年 8 月 9 日。

［35］《蒋介石别传》，台湾风云出版社，第 108 页。

［36］《联合报》，1958 年 9 月 9 日。

[37]《传记文学》第 35 卷第 2 期，第 60 页。

[38]《蒋介石日记》（手稿本），1958 年 8 月 23 日，"上星期反省录"。

[39]《传记文学》第 35 卷第 2 期，第 59 页。

[40]《蒋介石日记》（手稿本），1958 年 8 月 26 日。

[41]《联合报》，1958 年 9 月 24 日。

[42]《联合报》，1958 年 9 月 14 日。

[43]《台湾近代重大战争》，台湾风云出版社，第 200 页。

[44] 李元平：《平凡平淡平实的蒋经国先生》，台湾中国出版公司 1978 年版，第 182 页。

[45]《四十七年双十节告全国军民同胞书》，《蒋总统集》第 2 册，第 2343 页。

[46]《联合报》，1958 年 9 月 30 日。

[47]《联合报》，1958 年 9 月 24 日。

[48]《联合报》，1958 年 9 月 30 日。

[49]《联合报》，1958 年 9 月 20 日。

[50]《联合报》，1958 年 10 月 3 日。

[51][52]《联合报》，1958 年 10 月 2 日。

[53]《联合报》，1958 年 10 月 7 日。

[54]《联合报》，1958 年 10 月 23 日。

[55]《蒋介石日记》（手稿本），1958 年 9 月 30 日，"上月反省录"。

[56]《蒋经国日记》（手稿本），1958 年 10 月 3 日。

[57]《四十七年双十节告全国军民同胞书》，《蒋总统集》第 2 册，第 2352 页。

[58]《四十八年元旦告全国军民同胞书》，《蒋总统集》第 2 册，第 2344 页。

[59]《联合报》，1959 年 3 月 23 日。

[60]《蒋介石日记》（手稿本），1959 年 3 月 21 日。

[61]《联合报》，1959 年 3 月 26 日。

[62]《告西藏同胞书》，《蒋总统集》第 2 册，第 2345 页。

[63]《联合报》，1959 年 3 月 29 日。

[64]《联合报》，1959 年 4 月 20 日。

[65]《联合报》，1959 年 3 月 26 日。

[66]《联合报》，1959 年 3 月 27 日。

[67]《联合报》，1959 年 4 月 1 日。

[68]《使美八年纪要》，第 32 页。

[69]《蒋介石日记》（手稿本），1959 年 3 月 21 日。

[70]《蒋介石日记》（手稿本），1959 年 5 月 30 日，"上月反省录"。

[71]《联合报》，1959 年 3 月 27 日。

[72]《台湾历史年表》（1945—1965），第 321 页。

[73]《台湾历史年表》（1945—1965），第 319 页。

[74]《联合报》，1959 年 8 月 10 日。

[75]《联合报》，1959 年 8 月 11 日。

[76]《联合报》，1959 年 8 月 13 日。

[77]《联合报》，1959 年 9 月 2 日。

[78]《联合报》，1959 年 8 月 19 日。

[79]《联合报》，1959 年 8 月 17 日。

[80]《蒋介石日记》（手稿本），1959 年 5 月 30 日，"上月反省录"。

[81]《四十八年双十节告全国军民同胞书》，《蒋总统集》第 2 册，第 2354 页。

[82]《联合报》，1959 年 9 月 1 日。

[83]《联合报》，1959 年 9 月 2 日。

[84]《联合报》，1959 年 9 月 1 日。

[85]《联合报》，1960 年 9 月 18 日。

[86]《联合报》，1960 年 6 月 30 日。

[87]《联合报》，1960 年 7 月 1 日。

[88][89]《联合报》，1960 年 1 月 27 日。

[90]《联合报》，1960 年 8 月 2 日。

第十二章　"雷震案"

[1]《台湾历史年表》（1945—1965），第 324 页。

［2］《台湾三十年（1949—1979）》，第 101 页。

［3］《联合报》，1960 年 2 月 20 日。

［4］《联合报》，1960 年 1 月 11 日。

［5］关于台湾时期蒋介石与胡适的关系，详见：陈红民、段智峰：《相异何其大——台湾时代蒋介石与胡适对彼此间交往的记录》，《近代史研究》2011 年第 2 期；陈红民：《台湾时期蒋介石与胡适关系补正》，《近代史研究》2011 年第 5 期。

［6］《联合报》，1954 年 3 月 21 日。

［7］《中华民国年鉴》前页所载《中华民国宪法》。

［8］《联合报》，1960 年 2 月 13 日。

［9］《联合报》，1960 年 2 月 15 日。

［10］《联合报》，1959 年 12 月 24 日。

［11］《联合报》，1959 年 12 月 26 日。

［12］《对国民大会第三次会议致词》，《蒋总统集》第 2 册，第 2034 页。

［13］《对国民大会第三次会议致词》，《蒋总统集》第 2 册，第 2036 页。

［14］《联合报》，1960 年 2 月 22 日。

［14］《联合报》，1960 年 2 月 29 日。

［15］《联合报》，1960 年 3 月 2 日。

［16］雷震：《雷震回忆录》，香港《七十年代》杂志社 1978 年版，第 77 页。

［17］［18］《联合报》，1960 年 3 月 4 日。

［19］《联合报》，1960 年 3 月 12 日。

［20］《联合报》，1960 年 3 月 14 日。

［21］《联合报》，1960 年 3 月 22 日。

［22］《蒋介石日记》（手稿本），1960 年 3 月 21 日。

［23］《对国民大会第三次会议闭会致词》，《蒋总统集》第 2 册，第 2037 页。

［24］《对国民大会第三次会议闭会致词》，《蒋总统集》第 2 册，第 2037 页。

［25］《联合报》，1960 年 5 月 21 日。

［26］《宣誓就任第三任总统致词》，《蒋总统集》第 2 册，第 2364 页。

［27］《雷震回忆录》，第 29 页。

[28] 李筱峰：《台湾民主运动四十年》，台湾自立晚报社 1988 年版，第 59 页。

[29]《雷震回忆录》，第 360 页。

[30]《雷震回忆录》，第 107 页。

[31]《婉辞各方发起祝寿并提出六项问题广征建议》，《蒋总统集》第 2 册，第 2326 页。

[32]《雷震回忆录》，第 110 页。

[33]《雷震回忆录》，第 76 页。

[34]《雷震回忆录》，第 69 页。

[35]《雷震回忆录》，第 74 页。

[36]《台湾历史年表》（1945—1965），第 289 页。

[37]《雷震回忆录》，第 331 页。

[38]《台湾三十年（1949—1979）》，第 109 页。

[39]《联合报》，1960 年 9 月 6 日。

[40]《联合报》，1960 年 9 月 5 日。

[41]《雷震回忆录》第 51 页。

[42]《雷震回忆录》第 37 页。

[43]《联合报》，1960 年 9 月 15 日。

[44]《联合报》，1960 年 10 月 9 日。

[45]《蒋介石日记》（手稿本），1960 年 8 月 31 日。

[46]《蒋介石日记》（手稿本），1960 年 9 月 8 日。

[47]《雷震回忆录》，第 160—162 页。

[48]《雷震回忆录》，第 180 页。

[49] 汪荣祖、李敖：《蒋介石评传》，台湾商周文化事业股份有限公司 1995 年版，第 818 页。

[50]《蒋介石日记》（手稿本），1962 年 2 月 24 日。

[51]《蒋介石日记》（手稿本），1962 年 3 月 3 日，"上星期反省录"。

[52] 薛正良：《阳明山会谈》，载台湾《历史月刊》第 30 期，第 49 页。

[53]《阳明山会谈》，载台湾《历史月刊》第 30 期，第 50 页。

[54]《蒋介石日记》(手稿本),1961年3月13日。

[55][56]《联合报》,1961年6月10日。

[57]《中华民国史事纪要——中华民国五十年(1961)5—8月》(初稿),台湾"中华民国"史事纪要编辑委员会1982年版,第468页。

[58]《中华民国史事纪要——中华民国五十年(1961)5—8月》(初稿),第686页。

[59]《中华民国史事纪要——中华民国五十年(1961)5—8月》(初稿),第701页。

[60]《蒋介石日记》(手稿本),1961年7月7日。

[61]《中华民国史事纪要——中华民国五十年(1961)5—8月》(初稿),第1195页。

[62]《中华民国史事纪要——中华民国五十年(1961)5—8月》(初稿),第1200页。

[63]《中华民国史事纪要——中华民国五十年(1961)5—8月》(初稿),第1156页。

[64]《中华民国史事纪要——中华民国五十年(1961)5—8月》(初稿),第1201页。

[65]《蒋介石日记》(手稿本),1961年7月7日。

[66]《中华民国史事纪要——中华民国五十年(1961)5—8月》(初稿),第1164页。

[67]《阳明山会谈》,《历史月刊》第30期,第51页。

第十三章 "反攻"新策略

[1]《国史馆馆刊》复刊第19期,第28页。

[2]《联合报》,1962年10月10日。

[3]《联合报》,1962年11月12日。

[4]《联合报》,1962年11月13日。

[5]《联合报》,1962年11月15日。

[6]《联合报》，1962年11月16日。

[7] 曾锐生博士1994年12月6日在台湾"国史馆"演讲《1950年代蒋中正先生反攻大陆政策》，见《国史馆馆刊》复刊第19期。

[8]《联合报》，1963年3月29日。

[9]《联合报》，1963年3月27日。

[10]《蒋介石日记》（手稿本），"民国五十一年大事表"。

[11]《联合报》，1963年4月10日。

[12]《联合报》，1963年1月13日。

[13]《联合报》，1963年3月2日。

[14]《联合报》，1963年3月2日。

[15]《联合报》，1963年2月1日。

[16][17]《联合报》，1963年1月1日。

[18]《联合报》，1963年4月24日。

[19]《联合报》，1963年3月29日。

[20]《联合报》，1963年1月11日。

[21]《蒋介石日记》（手稿本），1963年2月15日。

[22]《蒋介石日记》（手稿本），1963年4月30日，"本月反省录"。

[23]《联合报》，1963年1月12日。

[24]《联合报》，1963年2月1日。

[25]《联合报》，1963年7月20日。

[26]《联合报》，1963年2月1日。

[27]《联合报》，1963年10月30日。

[28]《联合报》，1963年10月10日。

[29]《联合报》，1963年9月11日。

[30] 参见《国史馆馆刊》复刊第19期，第28页。

[31]《蒋介石日记》（手稿本），1963年6月1日，"本星期反省录"。

[32]《"九月九日"的双重国耻》，《蒋总统集》第2册，第2057页。

[33]《联合报》，1965年9月5日。

[34]《联合报》，1964 年 11 月 21 日。

[35]《联合报》，1965 年 9 月 3 日。

[36]《联合报》，1965 年 1 月 2 日。

[37][38]《联合报》，1965 年 4 月 9 日。

[39]《联合报》，1965 年 1 月 1 日。

[40]《联合报》，1965 年 3 月 29 日。

[41]《联合报》，1965 年 9 月 3 日。

第十四章　政治新布局

[1][2]《联合报》，1963 年 11 月 13 日。

[3]《联合报》，1963 年 11 月 22 日。

[4]《联合报》，1963 年 11 月 16 日。

[5][6][10]《联合报》，1963 年 11 月 14 日。

[7]《蒋介石日记》（手稿本），1963 年 11 月 16 日。

[8]《蒋介石日记》（手稿本），1963 年 11 月 16 日，"本星期反省录"。

[9]《蒋介石日记》（手稿本），1963 年 11 月 23 日，"本星期反省录"。

[11]《联合报》，1963 年 11 月 22 日。

[12][13]《联合报》，1963 年 11 月 23 日。

[14]《联合报》，1963 年 12 月 5 日。

[15]《联合报》，1963 年 12 月 6 日。

[16]《联合报》，1960 年 6 月 4 日。

[17]《联合报》，1963 年 12 月 5 日。

[18]《台湾经济繁荣的功臣》，台湾风云论坛社，第 202 页。

[19]《蒋经国传》，美国论坛出版社 1984 年版，第 305 页。

[20]《蒋介石日记》（手稿本），1963 年 12 月 1 日。

[21]《联合报》，1963 年 12 月 16 日。

[22]《联合报》，1963 年 12 月 6 日。

[23]《联合报》，1963 年 12 月 11 日。

[24]《联合报》，1963 年 12 月 12 日。

[25]《蒋介石日记》（手稿本），1963 年 12 月 3 日。

[26]《联合报》，1963 年 12 月 15 日。

[27]《台湾经济繁荣的功臣》，第 203 页。

[28] 茅家琦：《台湾三十年(1949—1979)》，河南人民出版社 1988 年版，第 93 页。

[29][30]《联合报》，1965 年 3 月 10 日。

[31]《蒋介石日记》（手稿本），1957 年 9 月 27 日。

[32] 关于蒋介石晚年与陈诚的复杂关系，详见：陈红民：《台湾时期蒋介石与陈诚关系探微 (1949—1965)》，《近代史研究》2013 年第 2 期；陈红民：《从〈陈诚日记〉看台湾时期陈诚与蒋介石的关系》，《浙江大学学报(人文社会科学版)》2015 年第 4 期。

[33]《蒋介石日记》（手稿本），1958 年 7 月 13 日。

[34]《陈诚日记》（手稿本），1960 年 7 月 20 日。

[35]《蒋介石日记》（手稿本），1960 年 7 月 23 日。

[36]《陈诚日记》（手稿本），1961 年 7 月 2 日。

[37]《联合报》，1963 年 12 月 31 日。

[38]《蒋介石的宠将陈诚》，第 339 页。

[39][40]《联合报》，1965 年 3 月 6 日。

[41]《蒋介石的宠将陈诚》，第 341 页。

[42]《联合报》，1965 年 3 月 6 日。

[43]《联合报》，1965 年 3 月 7 日。

[44]《联合报》，1965 年 3 月 11 日。

[45]《联合报》，1965 年 8 月 31 日。

[46] 转引自刘红：《蒋介石大传》，团结出版社 2006 年版，第 1015 页。

[47]《中华民国史事纪要》(1966 年)，第 125—127 页。

[48]《蒋介石日记》（手稿本），1966 年 3 月 15 日。

[49] 台湾"国民大会秘书处"编印：《国民大会实录》第 5 编，1946 年，第 343 页。

[50]《蒋介石日记》（手稿本），1966 年 3 月 19 日，"上星期反省录"。

[51]《中华民国史事纪要》(1966 年)，第 569 页。

[52] 刘雍熙：《蒋经国在台三十年》，第 112 页。

[53]《透视第一家庭》（风云书系 8），台湾风云论坛出版，第 159—160 页。

[54]《透视第一家庭》（风云书系 8），第 159—160 页。

[55]《透视蒋经国的幕后清客》，台湾群伦出版社 1986 年版，第 19 页。

[56]《联合报》，1966 年 3 月 26 日。

[57]《台湾未来领袖》，台湾群伦出版社 1986 年版，第 160 页。

[58][59]《联合报》，1966 年 3 月 25 日。

[60]《蒋经国传》，第 406 页。

[61] 秦孝仪：《中华民国政治发展史》第 4 册，台湾近代中国出版社 1985 年版，第 1737 页。

[62] 李筱锋：《自我放逐的"大统领"——廖文毅》，载《台湾近代名人志》，台湾风云出版社，第 281 页。

[63]《联合报》，1965 年 6 月 9 日。

[64]《联合报》，1963 年 9 月 12 日。

[65]《联合报》，1964 年 1 月 1 日。

[66]《台湾近代名人志》，第 290 页。

[67]《联合报》，1965 年 5 月 15 日。

[68]《联合报》，1965 年 5 月 16 日。

[69]《蒋介石日记》（手稿本），1965 年 5 月 15 日，"上星期反省录"。

[70]《联合报》，1965 年 5 月 15 日。

[71]《联合报》，1965 年 6 月 9 日。

[72]《联合报》，1965 年 7 月 3 日。

[73]《联合报》，1965 年 5 月 19 日。

[74]《联合报》，1965 年 5 月 27 日。

[75] 关于彭明敏事件，参见陈红民：《台湾政坛风云》，江苏文艺出版社 1992 年版。

[76]《台湾历史年表》（1945—1965），第 420 页。

[77]《首届华侨节告海外侨胞书》，《蒋总统集》第 2 册，第 2293 页。

[78]《今日华侨自处和报国要道》,《蒋总统集》第 2 册,第 1954 页。

[79]《今日华侨自处和报国要道》,《蒋总统集》第 2 册,第 1955 页。

[80]《联合报》,1965 年 10 月 3 日。

[81]《联合报》,1965 年 11 月 8 日。

[82]《联合报》,1965 年 10 月 21 日。

[83]《联合报》,1965 年 11 月 18 日。

[84]《联合报》,1965 年 10 月 21 日。

[85]《联合报》,1965 年 10 月 22 日。

[86]《联合报》,1965 年 11 月 10 日。

第十五章　"中华文化复兴运动"

[1]《中华民国史事纪要》(1966 年),台湾中央文物供应社 1973 年版,第 861 页。

[2]《联合报》,1966 年 11 月 13 日。

[3] 谷凤翔:《古籍今注今译序》,台湾商务印书馆 1966 年版。

[4]《联合报》,1966 年 11 月 14 日。

[5]《台湾问题大事记》,第 282 页。

[6] 陈立夫:《从历史文化观点谈中国反共前途》,载《中华文化复兴论丛》第 6 集,第 14 页。

[7]《中华民国史事纪要》(1966 年),第 1097 页。

[8]《先总统蒋公嘉言总辑》,第 598 页。

[9]《蒋介石日记》(手稿本),1966 年 12 月 21 日。

[10] 邰定林:《台湾社会面面观》,河南人民出版社 1989 年版,第 274 页。

[11]《先总统蒋公嘉言总辑》,第 595—596 页。

[12]《台湾社会面面观》,第 264 页。

[13] 汪祖荣、李敖:《蒋介石评传》,第 820 页。

[14] 参见《中华文化复兴论丛》第 1 集,第 28 页。

[15]《先总统蒋公嘉言总辑》,第 600 页。

[16]《蒋介石日记》(手稿本),1967 年 8 月 18 日。

[17] 参见《中华文化复兴论丛》第 1 集，第 28 页。

[18] 参见《中华文化复兴论丛》第 1 集，第 3 页。

[19]《台湾问题大事记》，第 314 页。

[20] 参见《中华文化复兴论丛》第 1 集，第 28 页。

[21] 梁厚甫：《中国文化的素质——同化异族的功能》，台湾《新闻天地》第 1992 期，第 4—6 页。

[22] 参见《中华文化复兴论丛》第 1 集，第 250 页。

[23]《先总统蒋公嘉言总辑》，第 595 页。

[24]《联合报》，1971 年 2 月 12 日。

[25]《先总统蒋公嘉言总辑》，第 607 页。

[26]《先总统蒋公嘉言总辑》，第 594 页。

[27]《联合报》，1971 年 2 月 23 日。

[28]《联合报》，1972 年 7 月 28 日。

[29]《中央日报》，1973 年 12 月 7 日。

[30] 详见宋淑玉：《台湾中华文化复兴运动述论》，《北京联合大学学报》（人文社会科学版）2006 年第 4 卷第 2 期；李厚刚、洪明：《浅析台湾：中华文化复兴运动》，《华中科技大学学报》（社科版）2002 年第 1 期。

[31]《先总统蒋公嘉言总辑》，第 209、481 页。

[32] 蒋介石：《政府迁台后之教育》，载《中华民国第三次教育年鉴》，台湾正中书局 1957 年版，第 6 页。

[33] 蒋介石：《政府迁台后之教育》，载《中华民国第三次教育年鉴》，台湾正中书局 1957 年版，第 98 页。

[34] 转引自《中华民国开国七十年之教育》，台湾广文书局 1981 年版，第 66、67 页。

[35]《中华民国第四次教育年鉴》，第 861 页。

[36] 汪知亭：《台湾教育史料新编》，台湾商务印书馆 1978 年版，第 368 页。

[37]《台湾教育史料新编》，第 369—371 页。

[38]《中华民国第四次教育年鉴》，第 861 页。

［39］《先总统蒋公嘉言总辑》，第 491 页。

［40］《先总统蒋公嘉言总辑》，第 496—497 页。

［41］《台湾问题大事记》，第 291 页。

［42］郭为藩：《中华民国开国七十年之教育》，台湾广文书局 1981 年版，第 402 页。

［43］《台湾问题大事记》，第 312 页。

［44］《台湾问题大事记》，第 306、308 页。

［45］《中华民国开国七十年之教育》，第 403—405 页。

［46］《中央日报》，1972 年 2 月 21 日。

［47］谷凤翔:《中华文化复兴运动的时代使命》，《中华文化复兴论丛》，台湾"中华文明复兴运动委员会"（台北）编印，第 10 集，第 115 页。

［48］黄修荣：《国共关系 70 年纪实》，重庆出版社 1994 年版，第 1086 页。

［49］《先总统蒋公嘉言总辑》，第 795 页。

［50］秦孝仪：《革命文献》第 77 辑，台北中央文物供应社 1978 年版，第 216—217 页。

［51］《联合报》，1964 年 1 月 1 日。

［52］《联合报》，1965 年 1 月 1 日。

［53］《联合报》，1965 年 8 月 4 日。

［54］《先总统蒋公嘉言总辑》，第 832 页。

［55］李松林等：《中国国民党大事记》，解放军出版社 1988 年版，第 478 页。

［56］《联合报》，1969 年 3 月 17 日。

［57］《联合报》，1967 年 1 月 1 日。

［58］《联合报》，1967 年 3 月 29 日。

［59］《联合报》，1967 年 10 月 21 日。

［60］［61］《联合报》，1968 年 1 月 23 日。

［62］《联合报》，1968 年 10 月 10 日。

［63］《联合报》，1969 年 1 月 23 日。

［64］《联合报》，1969 年 10 月 10 日。

第十六章 "外交"大溃败

[1] 刘志攻:《中华民国在联合国大会的参与:外交政策、国际环境及参与行为》,台湾商务印书馆 2004 年版, 第 35 页。

[2] 俞鸿钧:《中国国民党第八次全国代表大会施政报告》(1957 年 11 月), 第 46 页。

[3]《联合国成败之关键》,《蒋总统集》第 2 册, 第 2441 页。

[4]《联合国十周年纪念文告》,《蒋总统集》第 2 册, 第 2315 页。

[5] 陈红民:《台湾"外交"制衡因素分析》,《南京大学学报》1990 年第 5、6 期, 第 90 页。

[6]《俄帝解散国际情报局之用意》,《蒋总统集》第 2 册, 第 2471 页。

[7]《恢复亚洲和平必先根除大陆共匪》,《蒋总统集》第 2 册, 第 2481 页。

[8]《阻止共匪混入联合国》,《蒋总统集》第 2 册, 第 2525 页。

[9]《蒋介石日记》(手稿本), 1961 年 9 月 10 日。

[10]《蒋介石日记》(手稿本), 1961 年 10 月 25 日。

[11] 关于蒋介石与 1961 年联合国大会的关系, 参见:陈红民:《蒋介石与 1961 年联合国"外蒙入会案"》,《社会科学辑刊》2012 年第 2 期。

[12]《蒋介石日记》(手稿本), 1971 年 1 月 1 日, "民国六十年大事表"。

[13]《联合报》, 1970 年 12 月 17 日。

[14]《中央日报》, 1971 年 3 月 12 日。

[15]《联合报》, 1971 年 6 月 16 日。

[16]《外交部公报》, 36 卷 3 号。

[17]《中央日报》, 1971 年 8 月 7 日。

[18]《联合报》, 1971 年 9 月 16 日。

[19]《联合报》, 1971 年 10 月 9 日。

[20]《联合报》, 1971 年 10 月 10 日。

[21]《联合报》, 1971 年 10 月 26 日。

[22]《尼克松回忆录》, 商务印书馆 1978 年版, 第 229 页。

[23] 基辛格:《白宫岁月》, 世界知识出版社 1979 年版, 第 225 页。

［24］《白宫岁月》，第 233 页。

［25］《尼克松回忆录》，第 229 页。

［26］《中华民国史事纪要》(1971 年)，台湾中央文物供应社 1973 年版，第 374 页。

［27］《使美八年纪要》，第 11 页。

［28］《联合报》，1971 年 4 月 12 日。

［29］《外交部周报》，第 1045 期。

［30］《使美八年纪要》，第 61—62 页。

［31］《中央日报》，1971 年 7 月 17 日。

［32］《蒋介石日记》(手稿本)，1971 年 7 月 16 日（8 月 27 日补记）。

［33］《台湾问题大事记》，第 367 页。

［34］《联合报》，1970 年 1 月 3 日。

［35］《中央日报》，1971 年 7 月 21 日。

［36］李松林：《中国国民党在台湾 40 年纪事》，解放军出版社 1990 年版，第 234 页。

［37］《使美八年纪要》，第 56 页。

［38］《蒋介石日记》(手稿本)，1972 年 2 月 28 日。

［39］《蒋介石日记》(手稿本)，1972 年 3 月 4 日，"上星期反省录"。

［40］《联合报》，1972 年 2 月 29 日。

［41］《台湾问题大事记》，第 419 页。

［42］《联合报》，1967 年 9 月 14 日。

［43］《联合报》，1969 年 3 月 17 日。

［44］《联合报》，1970 年 1 月 20 日。

［45］［46］《联合报》，1971 年 1 月 14 日。

［47］《联合报》，1971 年 5 月 20 日。

［48］《联合报》，1968 年 6 月 11 日。

［49］《中华民国史事纪要》(1971 年)，第 169 页。

［50］《中国外交史》(1949—1979)，河南人民出版社 1988 年版，第 52 页。

［51］《联合报》，1972 年 7 月 21 日。

[52]《蒋介石日记》（手稿本），1972 年 7 月 20 日。

[53]《大平正芳回忆录》，中国青年出版社 1991 年版，第 373 页。

[54]《中华民国史事纪要》（1972 年），第 259 页。

[55]《联合报》，1972 年 8 月 11 日。

[56]《中华民国史事纪要》（1972 年），第 753 页。

[57]《台湾问题大事记》，第 398 页。

[58]《中华民国史事纪要》（1972 年），第 662 页。

[59]《中国时报》，1972 年 9 月 19 日。

[60]《联合报》，1972 年 10 月 10 日。

第十七章　"革新保台"

[1]《国民党十大宣言》，《革命文献》第 69 辑，第 520 页。

[2]《蒋总统言论选集》（政治与经济），第 213—214 页。

[3]《蒋总统言论选集》（反共复国的理论与实践），第 251 页。

[4]《蒋介石日记》（手稿本），1969 年 1 月 16 日。

[5]《台湾问题大事记》，第 298 页。

[6]《先总统蒋公嘉言总辑》，第 769、770、771 页。

[7]《蒋总统言论选集》（政治与经济），第 216 页。

[8]《蒋总统言论选集》（反共复国的理论与实践），第 261 页。

[9]《联合报》，1969 年 3 月 30 日。

[10][11]《革命文献》第 77 辑，第 298—301 页。

[12]《台湾问题大事记》，第 322 页。

[13][14]《革命文献》第 77 辑，第 298—301 页。

[15]《蒋总统言论选集》（政治与经济），第 221 页。

[16]《先总统蒋公嘉言总辑》，第 805 页。

[17]《蒋介石日记》（手稿本），1969 年 6 月 14 日。

[18]《蒋介石日记》（手稿本），1969 年 4 月 18 日。

[19] 转引自范希周：《试析国民党的"党务革新"》，载朱天顺：《当代台湾政

治研究》，厦门大学出版社 1990 年版，第 58 页。

［20］《先总统蒋公嘉言总辑》，第 411 页。

［21］《先总统蒋公嘉言总辑》，第 435 页。

［22］《先总统蒋公嘉言总辑》，第 433 页。

［23］《先总统蒋公嘉言总辑》，第 432 页。

［24］《中华民国史事纪要》（1972 年），第 763 页。

［25］［美］何保山：《台湾的经济发展》，上海译文出版社 1981 年版，第 138 页。

［26］向诚：《近代史大观》（上），台湾艺文志文化公司印行，第 432 页。

［27］《中央日报》，1971 年 2 月 21 日。

［28］《自由中国周报》，1972 年 2 月 27 日。

［29］《蒋介石日记》（手稿本），1971 年 11 月 8 日。

［30］《台湾问题大事记》，第 388 页。

［31］《蒋介石日记》（手稿本），1972 年 5 月 20 日。

［32］《联合报》，1972 年 5 月 21 日。

［33］《台湾问题大事记》，第 388 页。

［34］［35］《联合报》，1973 年 10 月 26 日。

［36］《蒋介石日记》（手稿本），1968 年 2 月 20 日。

［37］《蒋介石日记》（手稿本），1971 年 6 月 9 日。

［38］《蒋介石日记》（手稿本），1972 年 4 月 28 日。

［39］《先总统蒋公嘉言总辑》，第 770—771 页。

［40］《蒋经国传》，第 325 页。

［41］《蒋经国传》，第 293 页。

［42］林立：《台湾史话》，香港 70 年代杂志社 1976 年版，第 243 页。

第十八章　蒋介石之死

［1］《蒋介石日记》（手稿本），1971 年 11 月 6 日。

［2］翁元口述，王丰记录：《我在蒋介石父子身边的日子》，台湾书华出版事业

有限公司 1994 年版，第 131 页。

[3]《我在蒋介石父子身边的日子》，第136页。

[4]《蒋介石日记》（手稿本），1970年3月11日。

[5]《蒋介石日记》（手稿本），1971年5月22日。

[6]《我在蒋介石父子身边的日子》，第139页。

[7]《我在蒋介石父子身边的日子》，第158页。

[8]《我在蒋介石父子身边的日子》，第167页。

[9]《蒋介石日记》（手稿本），1971年7月31日（9月8日补记）。

[10]《我在蒋介石父子身边的日子》，第167页。

[11]蒋经国：《难忘的一年》，台湾黎明文化事业公司1982年版，第8页。

[12]《我在蒋介石父子身边的日子》，第175页。

[13]《我在蒋介石父子身边的日子》，第176页。

[14]医疗小组撰述：《蒋总统治疗休养及逝世经过报告》，载《中华民国史事纪要》（1975年），第866页。

[15]《难忘的一年》，第36页。

[16][17]《总统府公报》，第2869号，1975年4月7日。

[18]《中华民国史事纪要》（1975年），台北"国史馆"1991—1993年编印出版，第878页。

[19][20]《联合报》，1945年4月7日。

[21]《总统府公报》，第2871号，1975年4月10日。

[22]《联合报》，1975年4月15日。

[23]《中央日报》，1975年4月16日。

[24]《青年战士报》，1975年4月17日。

参考文献

一、档案资料

《蒋中正"总统"档案》，台北"国史馆"藏

《蒋介石日记》，斯坦福大学胡佛研究所档案所藏

二、报刊资料

《"国史馆"馆刊》

《近代中国》

《历史月刊》

《联合报》

《人民日报》

《台湾研究》

《台湾研究集刊》

《传记文学》

《中央日报》

三、著作、论文

艾　恺：《西方史学论著中的蒋介石》，台湾谷风出版社1993年版。

陈伯中：《郑彦棻八十年》，台湾传记文学出版社1992年版。

陈布雷等：《蒋介石先生年表》，台湾传记文学出版社1978年版。

陈红民：《台湾政坛风云》，江苏文艺出版社1992年版。

陈红民：《台湾"外交"制衡因素分析》，《南京大学学报》1995年第5—6期合刊。

陈三井：《国民革命与台湾》，台湾近代中国出版社1980年版。

陈志奇：《美国对华政策三十年》（增订本），台湾中华日报社1981年版。

程舒纬等：《蒋介石秘史》，团结出版社2007年版。

程思远：《李宗仁先生晚年》，中国文史出版社1980年版。

佟　静：《宋美龄大传》，团结出版社2006年版。

《风云丛书》编辑组：《孙立人自述生平》，海外出版社1988年版。

封汉章：《台湾四十年纪实》，河北人民出版社1992年版。

傅　正：《雷震全集》（第27、28集），台湾桂冠图书股份有限公司1990年版。

高文阁：《台湾与大陆风云四十年》，吉林文史出版社1991年版。

冠维勇等：《宋美龄传》（风云书系18），台湾风云出版社。

冠维勇：《蒋氏父子的政治性格》（风云书系15），台湾风云出版社。

郭传玺：《中国国民党台湾四十年史纲》，中国文史出版社1993年版。

郭　桐：《蒋介石秘录之秘录》，香港广角镜出版社1978年版。

河阳等：《蒋介石揭秘》，中央党校出版社1994年版。

黄仁宇：《从大历史的角度读蒋介石日记》，台湾时报文化出版企业有限公司
1994年版。

黄嘉树：《国民党在台湾》，南海出版公司1991年版。

黄修荣：《国共关系70年纪实》，重庆出版社1994年版。

胡颂平：《胡适之先生年谱长编初稿》，台湾联经出版事业公司1984年版。

基辛格：《白宫岁月》，世界知识出版社1979年版。

蒋经国：《风雨中的宁静》，台湾黎明文化事业公司1977年版。

蒋经国：《我的父亲》，台湾正中书局1975年版。

蒋经国：《难忘的一年——七十岁生日有感》，台湾黎明文化事业公司1980
年版。

江　南：《蒋经国传》，美国论坛出版社1984年版。

克莱恩：《我所认识的蒋经国》，台湾联经出版事业公司1990年版。

李　敖：《李敖再数蒋氏父子》，台湾李敖出版社1987年版。

黎东方：《蒋公介石序传》，台湾联经出版事业公司1976年版。

李强等：《台美关系大事记》，厦门大学台湾研究所1983年版。

李松林：《晚年蒋介石》，九州出版社2006年版。

李松林：《蒋氏父子在台湾》，中国友谊出版公司1993年版。

李松林等：《中国国民党大事记》，解放军出版社1988年版。

李松林：《中国国民党在台湾40年纪事》，解放军出版社1990年版。

李元平：《"八二三"炮战秘录》（台湾日报丛书），台湾日报社1988年版。

李元平：《平凡平淡平实的蒋经国先生》，台湾中国出版公司1987年版。

李筱峰：《台湾民主运动四十年》，台湾自立晚报社1988年版。

林代昭：《战后中日关系史》，北京大学出版社1992年版。

林金茎：《战后中日关系之实证研究》，台湾"中日关系研究会"1984年版。

梁敬锌：《中美关系之论文集》，台湾联经出版事业公司1983年版。

刘　红：《蒋介石大传》，团结出版社2006年版。

刘志攻：《"中华民国"在联合国大会的参与："外交"政策、国际环境及参与行为》，台湾商务印书馆1985年版。

雷　震：《雷震回忆录》，香港《七十年代》杂志社1972年版。

马齐彬等：《中国国民党历史事件·人物·资料辑录》，解放军出版社1988年版。

茅家琦：《台湾三十年：1949—1979》，河南人民出版社1988年版。

尼克松：《尼克松回忆录》，商务印书馆1978年版。

翁元口述，王丰记录：《我在蒋介石父子身边的日子》，台湾书华出版事业有限公司1994年版。

日本大平正芳纪念财团编著：《大平正芳》，中国青年出版社1991年版。

邵毓麟：《使韩回忆录》，台湾传记文学出版社1980年版。

史全生：《台湾经济发展的历史与现状》，东南大学出版社1992年版。

沈剑虹：《使美八年纪要》，世界知识出版社1983年版。

沈　骏：《当代台湾》，安徽人民出版社1990年版。

孙宅巍：《蒋介石的宠将陈诚》，河南人民出版社1990年版。

台湾省"政府新闻处"：《台湾光复二十年》，1965年编印。

台湾省"政府新闻处"：《台湾光复三十五年》，1980年编印。

唐曼珍等：《台湾事典》，南开大学出版社1990年版。

薛化元：《台湾历史年表》（1945—1965），台湾业强出版社1993年版。

徐扬等：《陈诚评传》（风云书系17），台湾群伦出版社1986年版。

王　丰：《宋美龄——美丽与哀愁》，台湾书华出版事业有限公司1994年版。

王俯民：《蒋介石详传》，中国广播电视出版社1993年版。

王汉中等译：《外籍人士对蒋总统之推崇》，台湾黎明文化事业公司1975年版。

王梅枝、张秋实：《风雨危楼：蒋介石在1949》，团结出版社2007年版。

王绍禹等：《俞鸿钧传》，台湾风云论坛社1987年版。

王寿南：《王云五先生年谱家稿》，台湾商务印书馆1987年版。

王禹廷：《胡琏评传》，台湾传记文学出版社1987年版。

汪荣祖、李敖：《蒋介石评传》，台湾商周文化事业股份有限公司1995年版。

吴学文等：《当代中日关系》（1945—1994年），时事出版社1995年版。

谢益显：《中国外交史》，河南人民出版社1988年版。

施罗曼、费德林史坦著，辛达谟译：《蒋介石传》，台湾黎明文化事业公司1985年版。

彦奇等：《中国国民党史纲》，黑龙江人民出版社1991年版。

俞鸿钧："中国国民党第八次全国代表大会施政报告"（1957年11月）。

张山克：《台湾问题大事记》，华文出版社1988年版。

张其昀：《蒋总统集》，台湾中华大典编印会与"国防研究院"1968年编印。

张宪文主编：《蒋介石全传》，河南人民出版社1997年版。

张耀秋：《中华民国之国际关系》，台湾正中书局1987年版。

资中筠等：《美台关系四十年》（1949—1989），人民出版社1991年版。

古屋奎二：《蒋总统秘录》，台湾"中央日报社"1978年版。

郑南榕发行：《没有蒋介石的台湾》（自由时代系列丛书），台湾出版。

郑南榕发行：《论蒋介石的成败》（自由时代系列丛书），台湾出版。

钟器声等：《蒋介石》，香港广角镜出版社1983年版。

朱传誉：《中国国民党与台湾》，台湾国民党"中央党史会"1964年版。

《革命文献》，台湾"中央文物供应社"1984年版。

中国社会科学院近代史研究所译：《顾维钧回忆录》，中华书局1989年版。

中国国民党中央党史会：《先"总统"蒋公思想言论总集》，1984年编印。

《蒋介石别传》，台湾风云出版社。

《台湾经济繁荣的功臣》，台湾风云论坛社。

《台湾近代重大战争》，台湾风云出版社。

《台湾近代名人志》，台湾风云出版社。

《透视第一家庭》（风云书系8），台湾风云出版社。

秦孝仪：《先"总统"蒋公嘉言总辑》，中国国民党中央委员会党史委员会1981年编印。

于右任先生百年诞辰纪念筹备委员会：《于右任先生年谱》，台湾"国史馆"等1978年编印。

蒋经国：《"总统"蒋公哀思录》，台湾黎明文化事业股份有限公司1975年版。

《"总统"蒋公逝世之周年纪念集》。

《"中华民国"史事纪要》，台湾"中央文物供应社"1973年版。

《"中华民国"年鉴》。

图书在版编目 (CIP) 数据

蒋介石的后半生 ／ 陈红民等著 . —杭州：浙江
大学出版社，2010.3（2022.10重印）
ISBN 978-7-308-07441-4

Ⅰ．①蒋…Ⅱ．①陈…Ⅲ．①蒋介石（1887～1975）
－生平事迹 Ⅳ．① K827=7

中国版本图书馆 CIP 数据核字 (2010) 第 044067 号

蒋介石的后半生

陈红民等　著

丛书主持	葛玉丹　宋旭华
责任编辑	葛玉丹
装帧设计	虢　剑　黎　珊
出版发行	浙江大学出版社
	（杭州市天目山路 148 号　邮政编码 310007）
	（网址：http://www.zjupress.com）
排　　版	浙江时代出版服务有限公司
印　　刷	杭州杭新印务有限公司
开　　本	710mm×1000mm　1/16
印　　张	38
字　　数	530 千
版 印 次	2010 年 4 月第 1 版　2022 年 10 月第 4 次印刷
书　　号	ISBN 978-7-308-07441-4
定　　价	128.00 元